经以院士

建言开其

贺教育部

新工科向项目

心王三継

李培根

教育部哲学社会科学研究重大课题攻关项目

中部崛起过程中的
新型工业化研究

THE STUDY OF NEW INDUSTRIALIZATION
DURING THE RISING OF CENTRAL CHINA

陈晓红 等著

经济科学出版社
Economic Science Press

图书在版编目（CIP）数据

中部崛起过程中的新型工业化研究/陈晓红等著．—北京：
经济科学出版社，2012.9
（教育部哲学社会科学研究重大课题攻关项目）
ISBN 978 - 7 - 5141 - 2324 - 1

Ⅰ. ①中… Ⅱ. ①陈… Ⅲ. ①工业化 - 区域经济发展 -
研究 - 中国 Ⅳ. ①F424

中国版本图书馆 CIP 数据核字（2012）第 198487 号

责任编辑：齐伟娜 赵 蕾
责任校对：杨 海
责任印制：邱 天

中部崛起过程中的新型工业化研究
陈晓红 等著
经济科学出版社出版、发行 新华书店经销
社址：北京市海淀区阜成路甲 28 号 邮编：100142
总编部电话：88191217 发行部电话：88191537
网址：www. esp. com. cn
电子邮件：esp@ esp. com. cn
北京中科印刷有限公司印装
787 × 1092 16 开 29.25 印张 550000 字
2012 年 9 月第 1 版 2012 年 9 月第 1 次印刷
ISBN 978 - 7 - 5141 - 2324 - 1 定价：73.00 元
（图书出现印装问题，本社负责调换。电话：88191502）

课题组主要成员

陈晓红　李　健　曹　兴　游达明
洪开荣　任胜钢　冷俊峰　关　健
吴运迪　柳思维　胡树华

编审委员会成员

主 任　孔和平　　罗志荣

委 员　郭兆旭　吕　萍　唐俊南　安　远
　　　　文远怀　张　虹　谢　锐　解　丹
　　　　刘　茜

总　序

哲学社会科学是人们认识世界、改造世界的重要工具，是推动历史发展和社会进步的重要力量。哲学社会科学的研究能力和成果，是综合国力的重要组成部分，哲学社会科学的发展水平，体现着一个国家和民族的思维能力、精神状态和文明素质。一个民族要屹立于世界民族之林，不能没有哲学社会科学的熏陶和滋养；一个国家要在国际综合国力竞争中赢得优势，不能没有包括哲学社会科学在内的"软实力"的强大和支撑。

近年来，党和国家高度重视哲学社会科学的繁荣发展。江泽民同志多次强调哲学社会科学在建设中国特色社会主义事业中的重要作用，提出哲学社会科学与自然科学"四个同样重要"、"五个高度重视"、"两个不可替代"等重要思想论断。党的十六大以来，以胡锦涛同志为总书记的党中央始终坚持把哲学社会科学放在十分重要的战略位置，就繁荣发展哲学社会科学做出了一系列重大部署，采取了一系列重大举措。2004 年，中共中央下发《关于进一步繁荣发展哲学社会科学的意见》，明确了新世纪繁荣发展哲学社会科学的指导方针、总体目标和主要任务。党的十七大报告明确指出："繁荣发展哲学社会科学，推进学科体系、学术观点、科研方法创新，鼓励哲学社会科学界为党和人民事业发挥思想库作用，推动我国哲学社会科学优秀成果和优秀人才走向世界。"这是党中央在新的历史时期、新的历史阶段为全面建设小康社会，加快推进社会主义现代化建设，实现中华民族伟大复兴提出的重大战略目标和任务，为进一步繁荣发展哲学社会科学指明了方向，提供了根本保证和强大动力。

　　高校是我国哲学社会科学事业的主力军。改革开放以来，在党中央的坚强领导下，高校哲学社会科学抓住前所未有的发展机遇，紧紧围绕党和国家工作大局，坚持正确的政治方向，贯彻"双百"方针，以发展为主题，以改革为动力，以理论创新为主导，以方法创新为突破口，发扬理论联系实际学风，弘扬求真务实精神，立足创新、提高质量，高校哲学社会科学事业实现了跨越式发展，呈现空前繁荣的发展局面。广大高校哲学社会科学工作者以饱满的热情积极参与马克思主义理论研究和建设工程，大力推进具有中国特色、中国风格、中国气派的哲学社会科学学科体系和教材体系建设，为推进马克思主义中国化，推动理论创新，服务党和国家的政策决策，为弘扬优秀传统文化，培育民族精神，为培养社会主义合格建设者和可靠接班人，做出了不可磨灭的重要贡献。

　　自2003年始，教育部正式启动了哲学社会科学研究重大课题攻关项目计划。这是教育部促进高校哲学社会科学繁荣发展的一项重大举措，也是教育部实施"高校哲学社会科学繁荣计划"的一项重要内容。重大攻关项目采取招投标的组织方式，按照"公平竞争，择优立项，严格管理，铸造精品"的要求进行，每年评审立项约40个项目，每个项目资助30万~80万元。项目研究实行首席专家负责制，鼓励跨学科、跨学校、跨地区的联合研究，鼓励吸收国内外专家共同参加课题组研究工作。几年来，重大攻关项目以解决国家经济建设和社会发展过程中具有前瞻性、战略性、全局性的重大理论和实际问题为主攻方向，以提升为党和政府咨询决策服务能力和推动哲学社会科学发展为战略目标，集合高校优秀研究团队和顶尖人才，团结协作，联合攻关，产出了一批标志性研究成果，壮大了科研人才队伍，有效提升了高校哲学社会科学整体实力。国务委员刘延东同志为此做出重要批示，指出重大攻关项目有效调动各方面的积极性，产生了一批重要成果，影响广泛，成效显著；要总结经验，再接再厉，紧密服务国家需求，更好地优化资源，突出重点，多出精品，多出人才，为经济社会发展做出新的贡献。这个重要批示，既充分肯定了重大攻关项目取得的优异成绩，又对重大攻关项目提出了明确的指导意见和殷切希望。

　　作为教育部社科研究项目的重中之重，我们始终秉持以管理创新服务学术创新的理念，坚持科学管理、民主管理、依法管理，切实增强服务意识，不断创新管理模式，健全管理制度，加强对重大攻关项目的选题遴选、评审立项、组织开题、中期检查到最终成果鉴定的全过程管理，逐渐探索并形成一套成熟的、符合学术研究规律的管理办法，努力将重大攻关项目打造成学术精品工程。我们将项目最终成果汇编成"教育部哲学社会科学研究重大课题攻关项目成果文库"统一组织出版。经济科学出版社倾全社之力，精心组织编辑力量，努力铸造出版精品。国学大师季羡林先生欣然题词："经时济世　继往开来——贺教育部重大攻关项目成果出版"；欧阳中石先生题写了"教育部哲学社会科学研究重大课题攻关项目"的书名，充分体现了他们对繁荣发展高校哲学社会科学的深切勉励和由衷期望。

　　创新是哲学社会科学研究的灵魂，是推动高校哲学社会科学研究不断深化的不竭动力。我们正处在一个伟大的时代，建设有中国特色的哲学社会科学是历史的呼唤，时代的强音，是推进中国特色社会主义事业的迫切要求。我们要不断增强使命感和责任感，立足新实践，适应新要求，始终坚持以马克思主义为指导，深入贯彻落实科学发展观，以构建具有中国特色社会主义哲学社会科学为己任，振奋精神，开拓进取，以改革创新精神，大力推进高校哲学社会科学繁荣发展，为全面建设小康社会，构建社会主义和谐社会，促进社会主义文化大发展大繁荣贡献更大的力量。

教育部社会科学司

前　言

党的十七大提出了"坚持走中国特色新型工业化道路"和"大力促进中部地区崛起"两大战略，这不仅对我国新型工业化进程提出了新的要求，也对中部地区加速新型工业化进程，实现快速崛起提出了新的要求。因此，本项目以中部特色作为切入点，以中部崛起过程中如何实现新型工业化为突破，围绕探索中国新型工业化道路和如何有效促进中部崛起这两个核心问题，重点研究中部崛起过程中的新型工业化发展战略。

本项目主要从中部地区新型工业化的宏观背景分析出发，针对中部地区自身的工业发展特点，构建了由"经济发展、产业结构、科技创新、资源利用、环境保护"五大方面组成的中部地区新型工业化水平评价指标体系，建立了综合评价模型并对中部地区进行了评价。在此基础上，根据中部地区的社会经济特点，结合新型工业化的内涵，从创新驱动、城乡统筹、区域协调这三个方面，提出"立足三新、推进三化、促进三协调"的主导发展战略，丰富了中部崛起新型工业化理论；针对中部地区新型工业化的创新驱动问题，运用理论研究和统计分析的方法，从新型工业化进程中的动力创新、产业创新和要素创新三个视角以及三者之间的内在联系探析了制约当前中部地区新型工业化的主要因素，提出了相应的解决途径和提升中部地区新型工业化创新动力的协调发展机制、产业发展和要素创新政策；针对中部地区新型工业化的城乡统筹问题，以产业联系理论、农业贡献理论、农业剩余劳动转移理论以及城乡人口流动理论为基础，分析得出新型工业化与城乡统筹的相互作用机制，从农民非农化、农业产业化和新型城市化三个方面阐述了中部地区统筹城乡发展的突出问题，并对中部地区统筹城乡发展滞后状况提出了可行性建议和推进途径；针对中部地区新型工业化的区域协调问题，在准确界定区域协调发展内涵和归纳新型工业化下区域协调发展机理的基础上，以计算中部地区区域协调度和建立重大问题集合，区分了中部地区区域协调发展的内部评价标准和外部评价标准，通过借鉴国内外区域协调发展经验，从经济协调、行政协调和法律协调三个方面探讨了中部地区协调发展的新路径和对策选择；最后，紧密结合中部地区新型工业化特色，对产业、财税、投融资、科技和就业保障五方面的政策进行了揭示、归纳和研究，以支撑中部地区新型工业化的"三三"主导发展战略；并对中部地区新型工业化进行了实践研究，主要对中部六省调整产业结构、承接产业转移、规划产业战略方向等进行了比较研究，全面分析长株潭试验区推进新型工业化的改革探索，选取全国其他有代表性的综合配套改革试验区，借鉴其在经济体制改革、政治体制改革、文化体制改革和社会各方面的经验，探索中部建设两型社会的最佳途径，为我国走有中国特色的新型工业化道路、在中部推进中国特色新型工业化、实现中部崛起发展战略提供重要的政策依据和实践指导。

尽管本书的出版标志着此项课题正式完成，但我国新型工业化的发展方式转型还有大量的理论和实践问题有待解决，因此，本书仅是抛砖引玉，希望有更多的专家和学者提出宝贵的意见，并加入到这一有意义的研究中，让我们一道为中部崛起献计献策、为经济发展的美好明天继续前行！

摘　要

　　本项目以中部崛起过程中如何实现新型工业化为突破，围绕探索中国新型工业化道路和如何有效促进中部崛起这两个核心问题，重点研究中部崛起过程中新型工业化发展战略。第一章构建了由"经济发展、产业结构、科技创新、资源利用、环境保护"五大方面组成的中部地区新型工业化水平评价指标体系。第二章从创新驱动、城乡统筹、区域协调这三个方面，提出"立足三新、推进三化、促进三协调"的主导发展战略。第三章从动力创新、产业创新和要素创新三个视角探析了制约当前中部地区新型工业化的主要因素，提出了提升中部地区新型工业化创新动力机制。第四章从农民非农化、农业产业化和新型城市化三个方面阐述了中部地区统筹城乡发展的突出问题，对中部地区统筹城乡发展滞后状况提出了可行性建议。第五章从经济协调、行政协调和法律协调三个方面探讨了中部地区协调发展的新路径和对策选择。第六章对产业、财税、投融资、科技和就业保障五方面的政策进行了揭示、归纳和研究，以支撑中部地区新型工业化的"三三"主导发展战略。第七章对中部六省调整产业结构、承接产业转移、规划产业战略方向等进行了比较研究，全面分析长株潭试验区推进新型工业化的改革探索，对实现中部崛起发展战略提供重要的政策依据和实践指导。

Abstract

This project treats how to implement new industrialization in the process of Rise of Central China as a breakthrough, focusing on the new industrial development strategy centre on exploring the China's new industrialization road and how to effectively promote the rise of central China. In Chapter I, it builds five aspects of evaluation index system including "economic development", "industrial structure", "technological innovation", "resource utilization" and "environmental protection". Chapter II proposed the dominant development strategy of "based on three new", "advance three reform", "promote three co-ordination" through three areas of innovation-driven, urban and rural, regional coordination. Chapter III proposed innovative dynamic mechanism, and analyzed the major elements restricting the development of new industrialization in the process of Rise of Central China, through power innovation, industry innovation and elements innovation. Chapter IV elaborated the outstanding problems in the urban and rural development through conversion of farmers, agricultural industrialization and new urbanization, and proposed corresponding recommendations. Chapter V discussed central region coordinated development new path and countermeasure choice from three respects of the economic coordination, administrative coordination and legal coordination. Chapter VI studied the industry, finance and taxation, investment and financing, technology and employment security policies, in order to support the "three three" leading development strategy. Chapter VII undertook a comparative study among adjusting industrial structure, undertaking industry transfer, planning industry strategic direction etc. in the six provinces. Analyzing advancing new-style industrialization reform in Chang-Zhu-Tan pilot area, it provided important basis for policy and practice to achieve the Rise of Central China development strategy.

目 录

Contents

Contents

第一章

中部崛起过程中新型工业化的
现状与特色分析

第一节　中部地区新型工业化的宏观背景分析

一、全球经济一体化

20 世纪 90 年代以来，全球经济一体化进程大大加快，资本、信息、技术、劳动力、资源在全球范围内流动、配置、重组，生产、投资、金融、贸易等使世界各国、各地区经济相互融合、相互依赖、相互竞争和制约。经济一体化对世界的政治经济格局产生了深远影响，中国经济国际化趋势也将随着这一进程的加快而不断强化。

改革开放前，中国基本处于半封闭状态，对外贸易的规模较小。1978 年，我国进出口总额只有 200 多亿美元，外贸依存度仅有 9.8%。国家的统计报告显示，2008 年，我国的进出口总额为 25 632.6 亿美元，比 1978 年增长 123 倍，年均环比增长 17.4%。进出口贸易总额占国内生产总值比重由 1978 年的 9.7% 提高到 2008 年的 59.8%，提高了 50.1 个百分点。2008 年工业制成品的出口占出口总额比重的 94.6%，以食品、农副产品等为主的初级产品的出口占出口总额比重下降了 45.2%，机电产品和高新技术产品进口快速增长，而初级产品进口额占比下降。同时，利用外资规模不断扩大，2007 年对外直接投资（非金融部分）187 亿美元。中国进出口贸易总额居世界位次已由 1978 年的第 29 位跃升到 2007 年的第 3 位，占世界贸易总额的比重也由 0.8% 提高到 7.7%。中国对外贸易的国际竞争力明显增强，外贸对经济的贡献不断提高。2008 年我国进出口总额超过 2.5 万亿美元，受国际金融危机影响，2009 年我国进出口总额虽有所下降，但全年吸收外资仍超过 900 亿美元，超过英法两国，跃居世界第二位。

在进出口贸易方面，我国沿海区域具有发展边境贸易的良好条件，而中部地区发展对外贸易的区位条件存在着一定限制，进出口总额和外贸依存度比较低，与沿海区域存在较大的差距。中部地区的崛起是一个中长期战略，它与西部大开发、东北老工业基地振兴面临着不尽相同的问题。然而，中部崛起战略的制定和实施也离不开全球区域经济一体化的时代背景。随着全球经济一体化的深入发展，中部社会经济将从原来的"封闭"走向"开放"，逐步形成区域经济一体化，并融入全球经济一体化，在全球经济发展中的人力资本、自然资源、市场容量等优势将逐渐凸显。中部地区必须通过进一步深化改革，扩大开放，在借鉴东部沿海地区推进经济市场化、工业化、城市化、全球化的基础上，加速推进比较优势的发展战略，有效利用"后发优势"进行技术学习并积极提高对 FDI 的利用，积极构建与全球经济有机联结的战略平台。

二、信息技术革命

迄今为止，人类社会已经经历了六次技术革命。第一次是语言的创造；第二次是文字的发明；第三次是造纸和印刷术的发明；第四次是电报、电话、电视等现代通信技术的运用；第五次是电子计算机的发明和应用；第六次则是以电子计算机、通信卫星、光导纤维组成的现代信息技术革命的成果，是高度综合现代高科技的多媒体技术基础上的更高阶段上的信息革命。信息技术革命逐步改变了人类社会中信息存在、传递、处理以及利用的方法及形式。

美国是信息技术革命兴起最早、发展最快、水平最高的国家。信息技术革命推动了知识经济在美国的迅速发展，从而大大降低了美国经济增长对自然资源的依赖程度。美联储前主席艾伦·格林斯潘认为，信息技术提高了每小时的产出，减少了防止生产过程出现意想不到的情况所需的工作时间。这意味着经济可以比过去发展得更快，而不会引起通货膨胀。美国 90 年代的快速经济增长要归功于信息技术和生产率的提高。美国每亿美元产值的钢材消耗量 1970 年为 1.23 吨，1985 年下降为 0.28 吨。特别是 1989 年以来，尽管美国经济比 1960 年增长了

2.5倍，但钢材的消耗量只增加了40%，铜、铝、镍、锌等金属的消耗量也大大降低。

目前，中国所处的时代就是信息技术时代。信息的处理及传输将以多样化、功能高度综合、易于存取、同步传输、范围覆盖全球的方式进行。与以往以提高自然资源利用效率为特征的历次技术革命不同，信息技术革命最本质的特性就是实现知识、智力资源对自然资源的替代。信息技术提高了传统产业的生产率，且带来了新兴产业的新兴产品。中部地区正处在一个由工农业经济向信息经济转变的时期。信息技术在经济社会各个领域的广泛应用，给中部地区原有的经济格局带来了猛烈冲击，同时给中部地区的迅速崛起、实现中部经济跨越式发展也带来了新的机遇。能否抓住这一良好机会，充分利用信息技术革命所创造的各种发展契机，迎接信息技术时代的诸多挑战，成为关乎中部地区区域经济长远发展及其在未来经济格局中的地位的关键性问题。

三、科学发展观的提出

科学发展观是在党的十六届三中全会决定中正式提出来的。其基本内涵是：坚持以人为本，树立全面、协调、可持续的发展观，促进经济社会和人的全面发展，按照统筹城乡发展、统筹区域发展、统筹经济社会发展、统筹人与自然和谐发展、统筹国内发展和对外开放的要求推进各项事业的改革和发展。

科学发展观，是立足社会主义初级阶段基本国情，总结我国发展实践，借鉴国外发展经验，适应新的发展要求提出的重大战略思想。胡锦涛同志在党的十七大报告中提出，在新的发展阶段继续全面建设小康社会、发展中国特色社会主义，必须坚持以邓小平理论和"三个代表"重要思想为指导，深入贯彻落实科学发展观。

中部崛起是我国区域经济协调发展战略的重要组成部分。"十一五"规划首次把区域规划放在突出重要的位置，为落实区域发展战略，促进区域经济协调发展创造了更为有利的条件。中部地区崛起是统筹区域发展，促进东中西互动，实现优势互补、共同发展的必然选择。

新型工业化是科学发展观的体现。走新型工业化道路，是加快现代化建设，更快更好地发展中部经济的必然选择。只有贯彻落实科学发展观，推进新型工业化，有效发挥市场机制在配置资源中的基础性作用，以有效利用资源、减少污染的高新技术特别是信息技术为手段，以信息化带动工业化，实现工业的跨越式发展，才能适应生产力的发展要求和科技革命不断深化的大趋势，增强中部地区竞争力，进而实现财政收入的稳步增长和中部区域经济实力的增强。只有把贯彻科学发展观和推进新型工业化结合起来，才能实现目标和手段的统一。

四、中国特色新型工业化道路的提出

虽然我国工业化取得了巨大成就，但是由于存在多方面的制度性障碍和结构性矛盾，制约了我国工业化的进一步发展。同时，当前我国面临着资源枯竭、土地开发不合理、生态环境失衡、人口剧增等诸多挑战，这也要求我们不能再选择传统的工业化道路来完成工业化任务。

2002年党的十六大报告明确提出：坚持以信息化带动工业化，以工业化促进信息化，走出一条科技含量高、经济效益好、资源消耗低、环境污染少、人力资源优势得到充分发挥的新型工业化路子。

新型工业化道路的核心内容是发展科技和教育，深化科技和教育体制改革，加强科技教育与经济的结合。另外，繁荣农村经济、区域经济协调发展、深化经济体制改革、提高对外开放水平等也是新型工业化道路的内容。实现新型工业化道路还必须有体制保障，这就要求深化改革，扩大开放，转变政府职能，完善宏观调控。我国走新型工业化道路不但是顺应时代背景和历史条件的必然选择，也是消除我国工业化进程中障碍因素的必然要求。

中国的新型工业化道路包括两个含义：一是相对于我国原有的工业化道路而言；二是相对于西方发达国家走过的工业化道路而言。发达国家走过的传统工业化道路，虽然使社会生产力获得了极大发展，但也付出了资源过量消耗和生态环境遭到大规模破坏的代价。中国的新型工业化要坚持根据国情走出一条有中国特色的新型工业化道路，不能简单模仿西方模式。新的历史时期，选择这样一条道路，是我国长期对工业化道路进行探索的结果。

中部地区在中国区域经济发展中占有重要位置。近年来，随着东部沿海地区大开放，西部老工业区大开发战略的实施，中部地区经济发展相对滞后，出现了"中部塌陷"现象。新技术革命、经济全球化的发展，使实施资源导向的传统工业化战略和依靠规模扩张带动经济增长的粗放型发展模式难以为继。走新型工业化道路，是中部地区加快工业化进程的必由之路。中部地区走新型工业化道路要承东启西、连接南北、强化改革开放意识和可持续发展意识，努力实现由注重地区比较优势到积极创造竞争优势、由跟进式发展战略到跨越式发展战略、由传统工业化道路到新型工业化道路的突破，在推进中部崛起的过程中促进全面建设小康社会目标的实现和区域经济的协调发展。

五、中部崛起发展战略的提出

2004 年 3 月 5 日，国务院总理温家宝在政府工作报告中首次明确提出：促进中部地区崛起，形成东中西互动、优势互补、相互促进、共同发展的新格局。

2005 年 3 月，温家宝总理在政府工作报告中再次提出：抓紧研究制定促进中部地区崛起的规划和措施，充分发挥中部地区的区位优势和综合经济优势，加强现代农业特别是粮食主产区建设；加强综合交通运输体系和能源、重要原材料基地建设；加快发展有竞争力的制造业和高新技术产业；开拓中部地区大市场，发展大流通。

2006 年 3 月 27 日，中共中央政治局召开会议，研究促进中部地区崛起工作。中部崛起战略被正式作为国家经济工作的重点之一。

2007 年 10 月，党的十七大报告又进一步明确提出：推动区域协调发展，优化国土开发格局。继续实施区域发展总体战略，深入推进西部大开发，全面振兴东北地区等老工业基地，大力促进中部地区崛起，积极支持东部地区率先发展；走中国特色城镇化道路，促进大中小城市和小城镇协调发展，形成辐射作用大的城市群，培育新的经济增长点。

2009 年 9 月，国务院常务会讨论并原则通过《促进中部地区崛起规划》文件。该规划的通过对中部六省市在未来几年的发展有着重要推动性作用。规划提出：争取到 2015 年，中部地区实现经济发展水平显著提高、发展活力进一步增强、可持续发展能力明显提升及和谐社会建设取得新进展的目标。

中部地区在我国经济社会发展全局中占有重要地位，长期以来为全国经济社会发展作出了重大贡献。促进中部地区崛起，是党中央、国务院继鼓励东部地区率先发展、实施西部大开发、振兴东北地区等老工业基地战略后，从我国现代化建设全局出发做出的又一重大决策，是落实促进区域协调发展总体战略的重大任务。中部地区要发挥后发优势，加快工业化进程，坚定不移地以大开放为主线，积极实现由传统工业化道路到新型工业化道路的转变，在推进中部崛起的过程中促进全国全面建设小康社会目标的实现和区域经济的协调发展。

第二节　中部地区经济社会发展的基本特征

一、地理与经济

　　中部六省地处我国腹地，国土面积102.8万平方公里，人口总数约3.57亿，分别占全国的10.7%和27.0%（见表1－1），是我国重要的商品粮基地、原材料基地和工业基地。中部地区具有独特的"承东启西、纵贯南北"的居中区位优势，对区域经济发展有着巨大的影响。

表1－1　　　　　　　　2010年四大地区基本情况

	土地面积（万平方公里）	地区人口		地区生产总值	
		人口数（万人）	比重（%）	总值（亿元）	比重（%）
东部	91.6	50 663.7	38.0	232 030.7	53.1
中部	102.8	35 696.6	26.8	86 109.4	19.7
西部	686.7	36 069.3	27.0	81 408.5	18.6
东北	78.8	10 954.9	8.2	37 493.5	8.6
全国	960	134 091.0	100.00	401 202.0	100.00

　　资料来源：中国行政区划网；《中国统计年鉴（2011）》，中国统计出版社2011年版。

　　2010年，中部地区国民生产总值86 109.38亿元，占全国国民生产总值的19.7%，仅次于东部地区。河南、山西、安徽、江西、湖北、湖南生产总值分别为22 000亿元、9 088.1亿元、12 263.4亿元、9 435亿元、15 806.09亿元、15 902.12亿元。较上年增长率分别为湖北14.8%、河南12.0%、湖南14.5%、山西13.9%、安徽14.5%、江西14.0%。2010年中部各省地方财政收入合计10 260.88亿元，其中，河南2 293亿元、山西1 810.66亿元、安徽1 149.4亿元、江西1 226亿元、湖北1 918.94亿元、湖南1 862.88亿元，相对来说，中部六省地方财政收入偏低，财力较弱，对全国GDP的贡献度较低。因此，中部崛起需要对基础设施进行大量投资，而较弱的财力影响了中部地区在公共基础设施方面的投入，不利于中部经济的发展。

　　在对外货物贸易方面，与东部、东北部、西部地区相比，中部地区不仅远远落后于东部地区，而且也落后于西部和东北地区，劣势十分明显。如表 1-2 所示，东部地区商品进出口占全国总值比例始终保持在 89% 左右，中部地区出口总值则仅占全国总值的 4% 左右，不及东北三省的贸易额之和，甚至不及东部一个省——广东省的进出口总额。外贸依存度偏低，比全国的平均水平低 60.8 个百分点。在中部六省中，外贸依存度最高的山西只有 14.6%，河南最低仅为 6.2%。2007 年，全国实际利用外资 783.39 亿美元，东部、东北部、中部及西部地区三大区域实际利用外商直接投资额分别为 672 亿美元、96 亿美元和 46 亿美元，占全国的比重分别为 77%、11% 和 5%。由此可见，中部地区在吸引外商投资方面比较薄弱。在全球区域经济一体化的趋势下，中部地区要实现崛起就必须大力发展对外贸易。

表 1-2   **2006～2010 年各地区按经营单位所在地**

分商品进出口总额及其在全国的比重   单位：亿美元；%

	2006 年		2007 年		2008 年		2009 年		2010 年	
	总值	比重	总值	比重	总值	比重	总值	比重	总值	比重
东部	15 795.9	89.7	19 337.7	89.0	22 487.0	87.7	17 323.2	86.9	26 056.5	87.6
中部	539.8	3.1	743.0	3.4	989.3	3.9	779.0	3.9	1 168.9	3.9
西部	576.7	3.3	785.9	3.6	1 067.3	4.2	916.7	4.6	1 283.9	4.3
东北	691.6	3.9	870.7	4.0	1 089	4.2	909.1	4.6	1 230.7	4.1
合计	17 604	100	21 737.3	100	25 632.6	100	19 928	100	29 740.0	100

资料来源：根据《中国统计年鉴》2007～2011 年历年数据整理。

二、人口与就业

中部六省都是我国的人口大省。目前，中部六省人口 3.57 亿，占全国总人口的 26.6%，人口密度是全国平均水平的近两倍；其中农村人口 2.1 亿，占全国农村人口的近 1/3。总的来说，中部六省劳动力丰富，劳动力成本低，但农村人口过多，人口素质相对较低（见表 1-3）。

中部地区共有国家扶贫重点开发县 151 个，占全国国家扶贫重点县（592 个）的 25.5%；有革命老区县 136 个，占全国革命老区县（241 个）的 56.4%。尤其是在湘西、鄂西、豫西、晋西北、赣南等地区，革命老区县和国家扶贫重点县集中，农村人口 6 441 万人，占中部地区的 24.2%，贫困人口密度大，贫困程度深。概括来说，中部集中连片的贫困地区国土面积约占六省区的 1/3，人口总数占六省区的 1/4，经济总量占六省区的 1/7，国家扶贫重点县和革命老区县人

7

均收入水平占六省区平均水平的 70%。

表 1 – 3　　　　　中部地区人口城乡构成（2010 年）

	土地面积（万平方公里）	人口（万人）	城镇人口		乡村人口	
			人口数	比重（%）	人口数	比重（%）
湖北	18.6	5 728	2 635	46.00	3 093	54.00
河南	16.7	9 405	3 546	37.70	5 859	62.30
湖南	21.18	6 570	2 832	43.20	3 738	56.80
江西	16.69	4 462	1 927	43.18	2 535	56.82
安徽	13.9	5 957	2 508	42.10	3 449	57.90
山西	15.63	3 574	1 644	45.99	1 930	54.01

资料来源：根据《中国统计年鉴（2011）》整理。

据统计，中部地区城镇化水平比全国平均水平低 10 个百分点。农村居民人均消费额只相当于城镇居民的 30% 左右，恩格尔系数高达 50% 左右。以河南为例，2007 年，占全省 65.66% 左右的农村人口，居民家庭平均每人生活消费现金支出仅占消费总额的 22.8%。近年来，县域经济发展速度持续低于全省平均水平，农村剩余劳动力转移压力日益沉重。中部地区就业职工 2 518.0 万人，仅占总人数的 7.1%，2008 年末城镇登记失业率为 3.9%，就业压力极大。人力资本已经成为决定地区经济总量和城镇居民收入差距的最重要因素。如何贯彻"以人为本"的科学发展思想，提高中部地区人口素质及劳动力知识水平，变人口负担为人力资本，促进中部地区迅速崛起，是中部地区必须面对和亟待解决的关键问题。

三、资源与环境

中部地区自然、文化和旅游资源丰富，拥有比较雄厚的工业基础，是我国重要的煤炭、有色金属、黑色金属生产基地，煤、金、银、铜、钨、铝土等近 40 种重要或稀有矿产储量居全国第一，是我国重要的能源、原材料基地。其中中部地区的煤炭储量占全国 87.5%，铁矿储量占全国的 28.4%，有色金属产量占全国的 40.2%。

从气候条件来看，中部六省区的气候条件非常有利于农业发展。中部地区土地面积占全国土地面积的 23.51%，粮食、油料和棉花产量分别占全国产量的 30.6%、43.4% 和 27.9%，输往省外的粮食占全国各省粮食输出量的 50% 以上，是中国农产品的重要生产和输出基地。从煤炭产量来看，全国已探明的保有煤炭储量为 10 000 亿吨，山西煤炭储量约为 3 300 亿吨，占全国储量的 1/3，河南煤炭储量 880 亿吨，局全国第四位。江西、湖南为我国有色金属之乡，其中铜、钨等储量位居全国第一（见表 1-4）。目前，中部地区已经基本形成了以山西、河南、安徽为主的煤炭产地，以江西、湖南、湖北为主的有色金属基地。

表 1-4　　　　2010 年中国主要工业产品分布格局及占全国比重

主要工业产品产量		原煤 （亿吨）	原油 （万吨）	发电量 （亿千瓦小时）	粗钢 （万吨）	水泥 （万吨）
全国总计		32.35	20 301.4	42 071.6	63 723.0	188 191.2
东部地区	绝对数	3.05	8 219.1	17 443.6	34 631.9	76 027.3
	比重（%）	9.4	40.5	41.5	54.3	40.4
中部地区	绝对数	11.4	584.4	9 720.4	13 698.8	47 314.1
	比重（%）	35.2	2.9	23.1	21.5	25.1
西部地区	绝对数	15.2	5 840.7	12 230.6	8 359.4	53 391.7
	比重（%）	47.1	28.8	29.1	13.1	28.4
东北地区	绝对数	2.7	5 657.1	2 677.1	7 032.9	11 458.0
	比重（%）	8.3	27.9	6.4	11.0	6.1

资料来源：根据《中国统计年鉴（2011）》整理。

2007 年，中部六省 10 种有色金属产量达 551 万吨，占全行业的 39.4%，其中河南、湖南两省的产量居全行业前两位。各地区资源型产业分布格局及比重如表 1-5 所示：

表 1-5　　　　2005 年中国资源型产业的分布格局及占全国的比重　　　　单位：%

	有色金属矿 采选业	非金属矿 采选业	石油、天然气 开采业	煤炭采选业	占全国的比重
东部	38.44	61.03	40.25	32.09	47.13
中部	39.37	24.28	37.72	55.12	35.12
西部	22.19	14.69	22.23	12.79	17.75

资料来源：中华人民共和国科技部网站（http://www.most.gov.cn）。

同时，中部地区水污染比较普遍。山西受污染河流长达 3 753 公里，其中超五类污染河道占 67.2%，主要是煤矸石和矿井废水造成的。2009 年，湖南工业废水排放量 9.6396 亿吨，生活污水中化学需氧排放量 63.28 万吨，氨氮 6.00 万

9

吨，石油类 858.30 吨，氰化物 44.70 吨，汞 0.67 吨，铅 49.86 吨，砷 70.40 吨。湖北主要城市内湖和纳污河渠的污染仍十分严重。安徽淮河主要支流总体水质重度污染，巢湖湖区总体水质中度污染，总磷年均浓度上升了 8.8%，其中，东半湖呈轻度富营养状态，西半湖呈中度富营养状态，湖区主要污染指标为总磷、总氮。

城市和矿区空气污染严重。山西 13 个城市被列入全国 30 个空气污染严重的城市。2009 年，湖北、湖南参加统计的地级城市中可吸入颗粒物（PM10）年均浓度未达到二级标准的比例超过 21%；山西、湖南参加统计的地级城市中二氧化硫年均浓度未达到二级标准的比例超过 20%；湖南为酸雨主要分布区之一。中部地区自然灾害频繁，据农业部统计，我国 80% 左右的水、旱等自然灾害都集中在中部地区，每年各类灾损在 1 000 亿元左右。

四、产业结构与水平

中部地区产业结构特征可以概括为：工业化低于全国平均水平，与东部发达地区相比差距更大。工业内部结构偏向重工业，重工业比重高达 75.6%，轻工业比重仅 24.4%，比全国轻工业所占比重低 2.6 个百分点。中部地区较高的重工业比重是轻工业发展相对滞后的结果，重工业的层次和产品质量比较低，无法与东部地区相比。第一产业所占比例和第三产业所占比例高于全国平均水平，第二产业所占比例低于全国平均水平（见表 1−6）。中部地区在区域经济发展中存在的差距，深层次上是产业结构的差距。

表 1−6 **2010 年地区产业生产总值比较** 单位：亿元

指标		国内、地区生产总值	第一产业	第二产业	第三产业
全国总计		401 202.0	40 533.6	187 581.4	173 087
东部地区	绝对数	232 030.7	14 626.3	114 553.3	102 851.0
	比重（%）	53.1	36.1	52.1	52.9
中部地区	绝对数	86 109.4	11 221.1	45 130.3	29 758.0
	比重（%）	19.7	27.7	20.5	16.9
西部地区	绝对数	81 408.5	10 701.3	40 693.9	30 013.3
	比重（%）	18.6	26.4	18.5	17.0
东北地区	绝对数	37 493.5	3 984.1	19 687.2	13 822.1
	比重（%）	8.6	9.8	8.9	7.8

资料来源：根据《中国统计年鉴（2011）》整理。

第一产业的农业综合生产能力较强，农业比较优势突出。2008年，中部六省粮食、棉花、油料、肉产量在全国比重均超过30%。湖南、河南、湖北、安徽、江西的生猪养殖基地，河南的羊养殖基地，安徽、河南的家禽饲养基地，湖北、江西、湖南、安徽的水产品养殖基地对全国猪、羊和家禽类市场以及水产品市场的供应有着重要的影响。湖南省已形成优质稻米、柑橘等十大优势产业带；安徽通过示范扩大辐射面，建立小麦高产攻关核心示范区；湖北已建成1 000多万亩高标准农田。但从农产品加工来看，中部地区农副产品加工业发展速度还比较慢，农产品产业链短、附加值低，产业化水平低，农业生产的后劲不足。在发达国家，农业初级产品与加工品的产值比例已达到1∶5，我国平均水平仅为1∶0.8，中部地区有些省份还低于这个水平，如湖南仅为1∶0.7；缺乏系统的、操作性强的农业产业化政策。农业的发展长期滞后于国民经济其他部门，工农业比例关系失调，农业发展缓慢。

第二产业中的基础产业是中部产业结构中发展比较迅速的部分，能源、原材料、化学化工等基础产业都取得长足进步，对经济增长的拉动作用高于全国水平。中部六省坚持走新型工业化道路，工业经济转型步伐加快，实现了持续快速发展。2009年，中部第二产业对GDP增长的贡献率继续增加，达到35 554.2亿元，山西、江西、河南对经济增长的拉动作用进一步强化。中部六省规模以上工业总产值为89 129.34亿元，高于全国平均水平；规模以上工业企业主营业务收入88 503.88亿元，实现利润3 139.94亿元。但第二产业普遍存在规模化水平低、轻重工业比例失调的问题。这不仅对中部地区崛起发展不利，而且影响全国经济发展资源"瓶颈"制约问题的解决。由于中部地区具有相对比较优势的产业多是资源性或资源消耗性产业，高附加值产品不多。以湖北省为例，通过运用产业区位熵、科技区位熵对产业竞争力与科技竞争力的评价，发现该省优势产业主要集中在食品、饮料、纺织等资源加工类产业和汽车、金属、化学原料及化学制品等中高技术产业，高新技术产业在产业竞争优势上和科技竞争优势上均低于全国平均水平。

第三产业作为产业结构优化和升级的主要标志，改革开放以后也取得了长足的发展。中部六省地处我国内陆，是全国重要的交通枢纽，在发展交通运输、邮电通信等传统第三产业方面具有独特优势。湖北、河南、湖南等不仅是我国教育大省，而且聚集了众多科研机构，为咨询业、信息服务业、各类技术服务业等新兴第三产业发展提供了技术及智力支持。悠久的中华文明孕育的深厚中原文化和多彩荆楚文化，为中部发展旅游业奠定了相当好的人文、自然基础。中部六省发展第三产业有着突出的比较优势。

中部第三产业发展，仍主要集中在传统产业领域，第三产业发展滞后于第二产业。2009 年，中部地区产业生产总值第二、三产业比重分别为 19.8%、16.9%。中部地区第三产业生产总值占全国总值的 16.9%，比东部地区第三产业生产总值低 9.2%。中部六省第三产业发展滞后，不能为第二产业发展提供足够的服务，在某种程度上制约了第二产业发展。中部六省发展第三产业应从协调区域规划、合理布局产业结构和加快市场建设三个方面入手。

第三节 中部地区推进新型工业化的机遇与挑战

一、中部地区推进新型工业化的机遇

1. 世界制造业中心向中国转移

世界制造业中心是世界工厂的高级形式，包括产品制造、营销和研发三大内容。19 世纪上半叶，英国成为历史上唯一的世界工厂。1860 年，英国制造业占世界总量的 20%。20 世纪初期，美国的世界制造业中心地位达到顶峰，1913 年，美国的制造业产量占世界的 1/3 以上，是英国、德国、法国和日本制造业产量的总和。

产业梯度转移是随着经济的发展和科技的进步，交通运输、资源供给和产品需求等条件逐渐发生变化，引起某些产业从一个国家或地区转移到另一个国家或地区的经济行为和过程。产业梯度转移是由产品生命周期的不同阶段对技术和市场的不同要求以及区域间的相互关系所决定的。

近百年来，全球产业布局完成了三次大转移：第一次从 19 世纪后期开始，完成工业革命后的欧洲列强，将剩余的工业品、技术、人才和资金向美国转移，催生出了一个新兴工业帝国；第二次是在第二次世界大战以后，欧洲和美国制造业、电子产业等向亚洲主要是日本转移；第三次的移出地是美国、欧洲和日本，"承接体"仍是亚洲部分地区，"亚洲四小龙"悄然崛起。正在进行的第四次转移其传出者主要是当今发达国家、体制转型、市场开放的中国、印度是主要承接者，而中国无疑是主角。"中部崛起"是呼应第四次全球产业梯度转移浪潮的重大战略决策。

中部地区在全球产业梯度转移中面临着千载难逢的机遇，转移不仅来自欧美、日本和亚洲先期发达地区，还来自相对发达的东部沿海地区。联合国贸发会议发布的《2008 年世界投资报告：跨国公司与投资基础设施的挑战》中统计调

查的数据显示，2007年，中国吸引FDI达835亿美元，输出为225亿美元。据统计，2007年，中部地区固定资产投资为27 746.2亿元，占全国的比重为20.6%，高于东北地区的10.3%。发达国家向发展中国家转移的产业，由资源密集、劳动密集产业向资本、技术密集产业转变，且技术密集型产业在国际制造业转移中的比重不断上升。因此，随着世界制造中心向中国转移，中国急需大量掌握数控、焊接工程、电气控制、机械制造及自动化、模具设计与制造、铸造、热处理、设备维修与管理、电气设备安装等技术的"灰领"。

跨国公司要想有效传播技术，必须有能力强的国内公司相配合。提供高质量的基础设施是中部地区经济和社会发展的先决条件。大力承接先发地区的产业转移，带动自身工业化进程，发展新型工业化带动自主创新，将是中部地区加快发展、追赶衔接东部地区的一个基本动力和重要途径，中部地区新型工业化则将为这一路径的实现创造良好的条件。

2. 东部沿海制造业向内地转移

中国东部沿海地区是我国经济相对发达的地区，地理位置得天独厚，经济基础好，由于处于大陆东部和港澳台地区遥相呼应，因而被形象地称为"中华之翼"。20世纪80年代以来，随着对外开放政策的逐步实施，东部沿海地区凭借地理位置的优势及政府优先发展沿海地区的政策趋向，充分吸引接受了大量从亚洲新兴工业化国家和地区及美国、日本等发达国家转移扩散出来的劳动密集型制造业，加速了区域工业化的进程，经济取得了高速发展，成为我国区域经济发展的第一级。2007年，东部沿海省市制造业以约占全球9.0%的份额和全国3/4以上的份额，成为全球制造业的密集地带，也是我国最重要的制造业基地。进入21世纪以来，东部地区开始调整区域产业布局，实行产业区域转移，把资源和劳动密集型产业逐渐转移扩散出去，以集中发展高新技术产业和高端制造业，产业转移的方向是中西部地区。

无论从历史还是现在来看，东部沿海地区是中国整体经济发展战略中具有"起飞"功能和作用的经济区域，是全国接受国际制造业扩散辐射的优先区域和中国对外开放的前沿阵地。产业区域转移由政府引导、市场主导，主要是以产品市场扩张和资源利用为行为目标。梯度转移理论主张发达地区应首先加快发展，然后通过产业和要素向较发达地区和欠发达地区转移，以带动整个经济的发展。东部沿海地区是中国率先接受国外工业的"外部推动"地区。

目前，中部地区承接区域产业转移的时机已经日益成熟，并面临着良好的发展机遇。东部产业向中部转移的主要形式有四种：一是推进外资和东部地区的民营资本向中部地区转移（直接投资）；二是由东部接单，在中部地区设立加工企业，实行联合接单加工贸易；三是引导中部企业进入跨国公司和东部沿海企业的营销网络；四是东部和中部联合进行园区建设。中部地区的交通、通信和能源基础设施逐步完善，制度环境、投资环境、市场环境大大改观，其固有的区位劣势在不断弱化，外加低廉的土地、劳动力成本和丰富的资源，是大规模承接这种产业转移的理想区位。东部沿海地区产业向中西部地区转移扩散，顺应了经济发展规律和趋势，是落实科学发展观和统筹区域发展的现实途径，可以实现多赢。中部地区在承接区域产业梯度转移的过程中将发挥更为重要的作用，对中部地区积极发挥比较优势带来积极的正面影响。

3. 信息化发展及科技进步

党的十六大报告中提出："坚持以信息化带动工业化，以工业化促进信息化，走出一条科技含量高、经济效益好、资源消耗低、环境污染少、人力资源优势得到充分发挥的新型工业化路子。"进入20世纪90年代以来，技术变革加速，信息技术渗透到各个领域，对全球经济产生了重大影响。从世界范围来看，信息化已成为后工业化国家经济和社会发展的显著特征，表现出巨大的后发优势。

我国还处于工业化中期，要实现生产力的跨越式发展，绝不能走一些国家产业梯度转移的技术环节，而应该吸收信息时代技术革命的成果，加快技术和体制的创新，尤其是要重视信息化在工业化发展过程中产生的倍增和催化作用。在工业化进程中广泛应用信息技术，大力改善产业技术和管理水平，实现产业结构优化升级，提高经济增长的质量和效益。只有以信息化带动工业化，才能加速工业化进程，为提高城市化水平提供充分的资金、物质条件和优良的环境。

机械工业要得到快速发展，只有在产品中吸纳和融入信息技术，在管理中利用信息技术，才能使自身实现产业升级，跟上时代的步伐。制造业信息化对机械工业发展的促进作用大致体现在四个层面上：（1）在产品上，通过信息技术与先进制造技术的融合，传统的机械产品融入信息、计算机、激光等高技术，使之成为机电一体化产品、现代技术集成产品，从而使产品的功能提升、智能化水平提高，以满足信息时代对机械产品的要求；（2）设计、制造过程的自动化和智能化，使设计周期大大缩短、设计成功率提高、设计成本降低、市场响应速度提高，使制造过程自动化、智能化程度提高，产品质量和一致性提高，劳动强度减低；（3）在企业层面上，将企业的各类信息集成，形成资源共享，提高企业的管理水平、工作效率、经济效益，从而提高企业的市场竞争力；（4）在企业间实现信息的互通互连，使不同企业的资源实现共享，大大改变了机械工业的组织、研发、生产和经营模式，减少重复建设和资源的浪费，以适应经济全球化和网络化的要求，增强产业的整体竞争力。

以信息化带动工业化是实现新型工业化的基本特征。信息化主导着新世纪工业化的方向，使工业化朝着柔性化、高附加值化发展。信息技术促进了我国经济结构的调整，构建了新型工业体系，信息技术在新型工业化的征程中具有举足轻重的作用。只有用信息化武装起来的自主和完整的工业体系，才能为信息化提供坚实的物质基础。

4. 区域协调发展与政策推动

国家"十一五"规划提出：根据资源环境承载能力、发展基础和潜力，按照发挥比较优势、加强薄弱环节、享受均等化基本公共服务的要求，逐步形成主体功能定位清晰，东中西良性互动，公共服务和人民生活水平差距趋向缩小的区域协调发展格局。坚持实施推进西部大开发、振兴东北地区等老工业基地、促进中部地区崛起、鼓励东部地区率先发展的区域发展总体战略。

目前，我国东中西差距较大，发展极不协调，东部地区经过二十多年的率先发展，成功地构建了"珠三角"、"长三角"和"环渤海"经济圈三大增长极。随着西部大开发，其增长速度后来居上。西部大开发战略的全面实施对我国区域经济发展格局产生了重大的影响，给中部地区提供了一次综合性的发展机遇。中部地区在东部大发展和西部大开发的带动下，更利于发挥中部地区区位优势，寻求积极发展。区域协调发展是全面建设小康社会、加快推进现代化建设的重大战略任务。

中部地区的发展受到中央调控政策的影响。综观各国的区域经济发展政策，其政策目标取向大致包括两个相互联系的层面：一是积极的区域倾斜，即对选定区域单位予以利益补助；二是区域政策的集中化，即区域政策始终是一个来自高层决策的政策，国家关于促进中部崛起的发展战略，为中部地区的发展提供了新的契机。当前，国家已对中部崛起战略做了总体部署和安排，制定了支持中部崛起的各项政策，如国家发改委制定的指导和支持中部六省以中心城市和交通要道为依托，加快发展城市群、经济带等经济密集区的政策；支持中部加快结构调整，促进新型工业化的进程等。财政部也将加大对中部地区的支持力度，重点是财政转移支付力度。这些政策将有力地促进中部地区推进产业结构优化升级，提升经济增长质量和效益，实现跨越式发展。

二、中部地区推进新型工业化的挑战

1. 二元结构矛盾突出，统筹发展压力巨大

"三农"问题是我国经济发展状况的最基本特征，其本质是城市现代工业与农村传统农业的对立运动。2008 年，农村居民内部收入分配差距也略为扩大，农民人均纯收入的基尼系数为 0.3742，城乡居民收入差距也略为扩大，2009 年

15

中部城乡居民收入差距比在 3:1。

中部地区是我国"三农"问题最为突出的地区,直接表现是城乡二元经济结构。目前,中部六省人口 3.57 亿,农村人口 2.1 亿,是中国农村人口最为集中的地区。中部农业耕地面积为 45 849 万亩,仅占全国的 20%,低于西部 18 个百分点,低于东部 5 个百分点,中部单位耕地面积负担的农业人口明显高于西部和东部,农业劳动力转移压力大。中部地区城市化率只有 25%,城镇化水平比全国平均水平低 10 个百分点。2008 年,东、中、西部地区农民人均纯收入分别为 6 598 元、4 453 元和 3 518 元,分别比 2007 年增长 19.8%、14.3% 和 20.9%。中西部地区与东部地区农民收入差距缩小,西部地区与中部地区农民收入差距略微扩大。

中部崛起的关键是解决"三农"问题,而解决"三农"问题的关键是加快中部工业化、城市化的进程,转移农村剩余劳动力,增加农民收入,减轻农民负担,消除城乡分割的"二元"经济现象。

中部农业剩余劳动力高达几千万,超出东部 2 000 多万人,是全国农村剩余劳动力最多、压力最大的地区。从全国范围看,在外省市打工人数最多的是四川省,然后依次为安徽、湖南、江西、河南、湖北,都是中部省份。中部农民收入较低,农民负担相对沉重,农村第二、三产业发展相对滞后,农村教育程度也比较低,严重制约了农业的发展。破解"三农"问题的重点在中部,中部地区"三农"问题是否解决,直接关系到全国"三农"问题的解决,关系到小康社会的全面实现。

中部农业经济效益低,发展水平落后。经济结构存在偏差,农村剩余劳动力转移不足。2007 年,中部地区农作物播种面积 46 260.70 千公顷,相当于东部的 60% 左右,农业总产值仅相当于东部的 50% 左右。中部六省经济结构的偏差主要表现在:第一产业就业比重偏高而产出比重偏低,剩余劳动力转移极其不足,在城乡二元结构体制下,农业和农村的市场组织化和市场发育程度远远低于工业和城市,造成生产要素在城乡之间的合理流动和配置的巨大障碍。目前,中部的农村经济发展还非常落后,农民生活十分艰难,而农村人口向城镇转移又十分困难。

中部农业科技投入低,技术消化吸收能力弱。相对于东部发达地区,中部六省自身的农业科技供应能力和相关技术的消化能力显得极为薄弱。中部分布在第一产业的科研成果还不到全部科技成果的 18%;农业科技的人财物资源主要集中于种植业的大宗粮棉油作物,而园艺作物、特产经济作物、畜牧业和水产业领域的科技资源长期严重不足;农业科技力量主要集中于产中领域,产前、产后科技力量匮乏,产业化环节薄弱。中部虽然是全国重要的农产品生产加工基地,但总体上未能形成特色，农产品的知名品牌不多，具有竞争能力的产品少，企业绩效不高。

2. 资源能源供应趋紧，粗放增长难以持续

在过去的半个世纪里，由于资源宏观管理力度不够，导致不合理资源开采，使得资源耗费严重，我国单位产出的能耗和资源消耗水平明显落后于国际先进水平。按传统的工业化发展模式，中国要发展到发达国家的消费水平，资源供应将无法持续，生态环境也无法承受其巨大的压力。中国地质科学院全球矿产资源战略研究中心预测：未来 20 年中国石油需求缺口超过 60 亿吨，天然气缺口超过 2 万亿立方米，钢铁缺口总量缺口 30 亿吨，铜缺口超过 5 000 万吨，精炼铝缺口 1 亿吨。传统工业化道路实行的是以重工业为主导的赶超型战略，导致产业结构失调，国民经济低效益，最后也严重影响了工业化的进程。

中国的经济增长主要可以用要素的投入增长来解释。传统的工业化道路片面强调优先发展重工业，以牺牲农业和消费品工业的发展为代价，且过分强调经济增长的高速度，以资金的高投入和大量消耗自然资源为代价。传统工业化道路带来了自然资源的过度消耗、高耗能行业比重大，高耗能企业多，煤炭、电力和运输的依赖性较强，资源的瓶颈制约对中部地区经济发展有着较强的约束作用。湖南省近年来投资和生产快速发展，电力、钢铁、水泥等行业生产用煤剧增，煤炭市场呈现供不应求、价格持续上涨的态势，2006 年全省电煤消耗超过 2 000 万吨，缺口在 300 万吨以上。不合理的掠夺式开采与利用方式，超过了资源对经济社会的承载能力，导致资源质量的下降，数量的减少甚至消失。

中部地区经济基础薄弱，技术供给不足，加上特殊的外部环境，只能以生产要素的大量投入来换取经济的高速增长，加快工业化的进程。粗放型的经济增长方式以掠夺性地利用资源为代价，不顾经济的外部负效应，长期排放大量污染物，致使环境严重恶化。而且，随着工业的迅猛发展和人民生活水平的提高，由于能源的不合理开发和利用，能源的消耗量越来越大。中部地区经济发展对资源需求过分依赖，资源日益短缺将成为中部地区经济持续、健康、快速发展的重要制约因素。如果继续沿着粗放式经济发展模式走下去，难以有足够的资源总量来支撑高消耗的生产方式，更难以解决环境恶化的矛盾。

中部地区走新型工业化道路，标志着由传统发展观向科学发展观的转变，在经济增长方式上由粗放型增长向集约型增长转变，由传统工业化道路中单纯追求速度型增长，转而追求一种速度与效率并重的增长。中部地区经济社会发展应注重当前发展与长远发展兼顾，经济与资源和环境协调的发展。以技术进步为动力，使经济增长方式由粗放型向集约型转变，提高生产要素生产率对经济增长的贡献度，使经济增长朝着经济效益好、资源消耗低的路径发展，这既是新型工业化道路的特征，也是新型工业化的艰巨任务。

3. 行政壁垒制约严重，产业联动机制不畅

政府职能转变尚不能适应市场经济发展的要求，在经济体制改革及政府职能上还不能适应市场经济发展的要求，在对发展环境的改善上，比不上沿海发达地区，中部各省的观念也不尽相同。现行的分级财政制度、核算制度和地方政府承担的发展行政区内经济的职能使得区域内各地方政府为追求自身利益，借助行政力量在辖区范围内采取各种违背市场经济规律的手段，达到保护地方企业和市场的目的，结果造成省际间利益摩擦增多，地方保护主义盛行。加重了行政区划与经济区域错位的状况，严重阻碍了资本和技术要素的自由流动，迟滞了中部地区产业的分工和整合，不利于整个区域产业的发展。

总体来说，中部地区各省、各城市之间经济合作水平比较低。一些地方政府出于自身利益的考虑，对本区企业积极扶持和鼓励其发展，而对外地企业则通过各种非市场甚至非法手段进行打压和抑制，使其在与本地企业竞争中处于不利地位。同时，对于那些有可能对本区造成竞争的资源要素，限制其流入，而对本区有利的资源要素则限制其流出，人为地造成市场分割。一些地方政府出于争投资的心理需要，盲目扩建开发区，竞相压低地价，导致土地资源的浪费，阻碍了中部地区产业族群的形成。

中部地区内部发展存在诸多不协调，影响了中部崛起的进程。省际分割，没有形成区内协调发展合力。产业分工不明显，产业结构趋同，产业之间的关联程度小，严重制约了中部农业的产业化。作为提高农副产品附加值的加工行业，很大程度上只限于对农产品和矿产资源的简单加工，虽然大宗农产品产量大，但深加工系列产品少，没有形成较大的产业规模，产业链没有得到有效拓展。少数民族地区和边远山区的产业结构还十分简单，缺乏带动区域经济发展的支柱产业和骨干企业；由于长期偏重能源和原材料加工，加之以种养业为主导的资源开发型方式，直接影响了农村经济发展步伐。

受珠三角、长三角和环渤海三大经济圈争夺的影响，湖南、江西被囊括进"9＋2"泛珠三角，山西加入环渤海经济圈，安徽提出"东向战略融入长三角"，南京城市群将安徽的芜湖、马鞍山、滁州、巢湖四市纳入其中，江西提出"对接长珠闽"，中部地区经济板块被分割，各省对区内之间的合作没有引起足够的重视，区内没有协调发展机制，影响了中部经济区协调发展。中部区内交通运输、物流中心也未形成统一规划布局。传统工业企业重复，生产能力过剩，农业生产基地分散、规模小。在备战三线建设时期，中部各省发展自给自足的经济体系，相同工业产业严重重复，在进入市场经济时，有的产品不适应需求，一些企业缺乏原材料，处于半停产、停产状态，各省的工业主导产业分散、规模小，省

际主导产业没有联合重组成区域性全国性大企业、大集团。国家在中部农业省建设有一些粮食生产基地，但基地分散，规模小，在平原和大湖区，没有建设县际、省际连片的大型农业生产基地。

4. 环境支撑力度不足，企业创新能力不强

一个国家的区域经济政策是影响区际差距形成的主要因素之一。改革开放以后，中部地区有较长时期处于国家区域政策的"洼地"，相对东部及沿海地区而言，改革开放的步伐落后，经济社会发展缓慢甚至塌陷，与东部地区差距巨大，其很大部分的原因在于国家区域政策支持滞后。

中部地区发展政策的大背景是国家近二十年来实施的"非均衡发展战略"。20世纪70年代末中央重点发展珠江三角洲，80年代末倾力打造长江三角洲，90年代中期重点建设京津唐及渤海三角地带，90年代末实施西部大开发，2003年又提出振兴东北老工业基地，所有这些都与中部擦肩而过，从而使中部成为"政策边缘化地区"。这种政策边缘化主要体现在国家对中部地区发展在政策上的支持力度明显不如东部和西部。1992年中部沿江城市和省会城市获准对外开放，比东部沿海城市对外开放迟了13年。改革开放在东部地区连续25年的快速发展后，2004年国家才提出"促进中部地区崛起"战略。在关于西部大开发、振兴东北地区等老工业基地的政策中，有关中部比照进行的政策部分，在中部迟迟得不到落实，直到2006年，中部各省才开始做项目梳理，向国家发改委申报哪些是符合振兴东北老工业基地的政策，哪些符合西部大开发的政策。2004年国家提出促进中部崛起战略，但却迟迟未出台具体的政策，直到2006年4月15日才出台了《中共中央、国务院关于促进中部地区崛起的若干意见》。

高新技术产业持续不断的技术创新是高新技术产业发展的关键环节。中部地区科技创新能力较低，企业自主创新能力不强。科技部根据综合科技进步水平指数，将全国31个地区划分为五类：上海、北京和天津为第一类（综合科技进步水平指数高于60%的地区），中部六省除湖北为第三类（指数低于全国平均水平50.78%，但高于40%），其他五省湖南、安徽、山西、河南、江西均为第四类（指数在40%以下，但高于30%）。在中部地区的经济跨越式发展中，明确政府和企业的职能分工，形成鼓励和保护创新思想、产业技术创新的制度环境和创新技术，对于提高中部产业技术水平有着重要的现实意义。

中部地区科技人力投入不足，与东部地区有很大差距。2006年，从万人所拥有的科技人员数比较，中部地区与西部地区投入水平相当，分别为17.50%和16.09%，但低于全国平均水平25.38%，远落后东部的38.87%。中部与东部在科技人力资源方面的差距大，且正在逐年加剧（见表1-7）。中部六省在教育经费支出、医疗卫生、消费支出等方面远远低于东部发达省份。再加上，中部省份

在经济实力、优惠人才政策方面与东部省份存在差距，导致本地区培养的高层次人才流向东部发达省份，从而造成中部省份人力资本竞争力水平的降低。

表 1 - 7 　　　　　中部地区科技人力投入情况（2010 年）

地区	国有企事业单位技术人员（人）	R&D 人员全时当量（人年）
江西	695 946	34 823
湖北	860 619	97 924
湖南	967 338	72 637
山西	866 690	46 279
安徽	815 836	64 169
河南	1 125 997	101 467

资料来源：根据《中国科技统计年鉴（2011）》整理。

中部六省科技经费投入偏低。2010 年，中部地区 R&D 经费与其他地区相比差距较大。在中部六省中，湖北 R&D 经费投入相对较多，为 264.1 亿元（投入强度 1.65%）；江西 R&D 经费投入相对最少，为 87.2 亿元（投入强度 0.92%），与其他地区，如北京（经费投入 821.8 亿元）、江苏（经费投入 857.9 亿元）、广东（经费投入 808.7 亿元）、上海（经费投入 481.7 亿元）以及浙江（经费投入 494.2 亿元）相比差距非常大，且投入强度与全国水平（1.76%）也有很大差距。如表 1 - 8 所示：

表 1 - 8 　　　　　中部六省科技经费投入情况（2010 年）

地区	R&D 经费支出（亿元）	R&D 经费投入强度（%）
江西	87.2	0.92
湖北	264.1	1.65
湖南	186.6	1.16
山西	89.9	0.98
安徽	163.7	1.32
河南	211.2	0.91

资料来源：根据《中国科技统计年鉴（2011）》整理。

科技成果产业化能力不强。中部技术市场成交额占全国比重逐年下降，2010 年为 59.77 万元/万人，远远低于东部的 1 076.6 万元/万人；三种专利人均有效数 4.59 项/万人，远低于东部地区的 19.57 项/万人与东北部地区的 6.88 项/万人。如表 1 - 9 所示：

表 1 - 9　　　　　　四大区域科技创新产出比较（2010 年）

	万人科技活动人员论文数（篇/万人）	三种专利有效数（项/万人）	技术成果成交额（万元/万人）
东部地区平均	2 540.79	19.57	1 076.6
中部地区平均	2 354.38	4.59	59.77
西部地区平均	3 058.37	3.98	65.44
东北地区平均	2 512.96	6.88	159.0

资料来源：根据《中国科技统计年鉴（2011）》整理。

5. 区域集团竞争激烈，要素优势逐步流失

区域之间的联动协同发展对区域规模经济的实现是至关重要的。我国按部门、地区条块划分的行政管理体制，从根本上导致了地区利益冲突，使中部六省互相隔离，孤立发展，只注重自身的局部利益，缺乏全局的观念与协调行动的机制。从世界经济一体化的趋势看，区域之间的联合与合作已成为一种趋势。因此，打破区域独立发展的思维方式，确立区域协调、联动发展已是时代的要求。国家"十一五"规划提出了"健全区域协调互动机制"以及"主体功能区"概念。主体功能区的新提法和区域政府政策模式的转变，意味着中国区域发展和区域合作的导向变化，该构想强调区域经济的协调发展，即国家通过宏观政策和宏观调控确保区域经济非均衡度的适度化，实现社会的稳定和区域经济的协调可持续发展。

中部六省间的协调性和整合度较差，直接原因是缺乏一套有效的联动机制和统一的区域协调机构。中部各省地方政府的自我保护主义使得区域内各地区同时投资于某一个需求旺盛的行业，导致某一行业进入过度，并最终引发区域经济利益冲突。比如中部区域内能源领域的合作，省际间煤炭、水电等能源的产销合作，这些工程就可能引发材料需求膨胀，高额收益会吸引各地区大量企业投资于该产业。这时地方狭隘利益的驱动，就会导致重复建设、盲目投资。中部地区水网纵横，某些地方企业不负责任的排污行为很容易给其他地区造成严重的损失，引发区域利益冲突。这些类似的问题不解决将难以实现中部地区整体的健康、可持续发展。因此，为了保证中部地区区域联动的顺利实现，防止在新的经济建设进程中，出现区域经济利益冲突，必须制定出有利于市场经济机制发挥作用，同时能调动地方政府发展区域经济积极性的最优合作机制。

中部六省只有联动发展，促进"行政区划经济"向"经济区划经济"转变，才能实现跨区域的资源与要素整合、产业和企业的重组，实现"区域外部规模经济"。同时，通过六省联动，可以使它们在信息、基础设施、环保、产业及企

业政策等方面有更好地共享、合作或协调等，促成六省内企业、行业或地方的规模经济形成。

中部地区中小城市由于属于后进地区，具有相对优势，土地、劳动力、原材料等生产要素成本相对来说比沿海城市便宜；地理区位上紧邻东部，大部分地区属于东部城市的经济腹地，接受经济辐射的距离阻力也较少。但是，随着沿海城市生产要素成本的不断上升，许多劳动密集产业失去竞争优势。中部地区缺乏紧密的产业联系及统一的区域市场。中部地区利益难以协调，产业结构趋同现象普遍，产业之间互补性不强，地区比较优势难以发挥。地方保护主义严重，区域市场难以建立，商品与生产要素很难在区际之间自由流动与优化组合。主要体现在中部六省的自然资源和矿产资源，以及人才、信息、资金、技术等要素流动不畅。

第四节　中部崛起与中国特色新型工业化关系分析

一、中部地区是中国特色新型工业化的典型样本

2007 年 10 月，党的十七大进一步明确了要促进中部崛起，同时指出了我国在工业化过程中要走中国特色新型工业化道路。加快中部发展，促进中部崛起，在很大程度上取决于是否牢牢抓住了工业这个龙头，中部崛起的过程从某种意义上来讲就是工业化的过程。中部地区与发达地区最大的区别在于工业，要实现中部崛起，必须将工业化作为主攻方向，将提高工业化水平作为经济工作的中心任务，全力推进工业化进程。这既是增强经济竞争力的必然要求，也是经济持续快速发展的现实选择。

但在当前背景下，中部地区搞工业化不能走先污染后治理的传统工业化模式，中部地区的经济发展方式，要从主要依靠资源消耗转变为主要依靠科技进步、提高劳动力素质和管理创新上来。在新的历史条件下，实现工业化不能沿用传统的方式和途径，必须走出特色，走出传统，走出误区。作为中部，必须从自身实际出发，走出具有中部特色的新型工业化道路。中部崛起过程中的新型工业化应该是"科技含量高、经济效益好、资源消耗低、环境污染少、人力资源得到充分发挥以及与信息化相融合的工业化"。

中部地区是探讨中国特色新型工业化道路最好的样本。一般所讲的中国特色

在中部地区都可以得到体现,中部的基本区情与中国的基本国情尤为相似。我国的基本国情具有六个显著的特征:经济二元结构特征十分显著;存在巨大的城乡发展差距;人均资源占有量贫乏;经济发展的自然条件差,发展成本高;中国是后起的工业化国家;中国人口基数大,如果继续走其他国家以及中国传统的工业化道路,会影响我国的资源、环境和生态的承载能力,造成人与自然关系的紧张,影响经济发展的可持续性。

中部地区基本区情的几个基本特征是:都是内陆省份,开放不足,市场化程度较低;多是农业大省,城乡二元结构明显,"三农"问题突出;多是人口大省,劳务经济比重大,就业压力大;多是工业弱省,除省会等大城市外,基本上处于工业化初期,工业化任务艰巨;都是财政穷省,由于人口数量多,农业比重大,工业欠发达,地方财政都比较困难;都是资源性产业大省,经济发展受资源和环境的约束显著;都是灾害多发省,我国80%的旱涝灾害分布在中部地区。另外,中部工业门类较为齐全,产业基础较为雄厚,工业化程度较低,工业化进程发展态势同全国一致,快于西部地区,与东部地区差距较大;中部地区新型工业化所面临的产业创新、要素创新、制度创新、城乡统筹、区域协调等诸多问题正是中国新型工业化所面临的主要问题。相比其他区域,中部地区的基本区情与我国当前的基本国情最为吻合,从某种程度上讲,中部地区就是中国的缩影。可以说,中部地区是我国新型工业化的重点和难点所在,中部地区实现新型工业化将为中国特色新型工业化进程找到突破口,如果中部新型工业化的进程放缓,必将影响到全国新型工业化的整体进程。

从总体上看,中部地区人口众多、"三农"问题突出、经济增长方式粗放、工业化程度不高、城市化率低、资源环境压力大等一系列问题恰恰都是中国特色新型工业化过程中亟待解决的课题。因此,从这个角度讲,中部地区是中国特色新型工业化的典型样本。中部地区实现新型工业化需要解决的问题就是中国特色新型工业化需要解决的问题,如何在中部地区推进新型工业化,对于实现中国特色新型工业化有重要的参考价值。因此,以中部地区为样本,根据中部的特征,科学、系统地探索中部崛起进程中的新型工业化道路,对走出一条具有中国特色新型工业化的路子具有十分重要的理论和现实意义。

二、新型工业化是实现中部崛起的必然选择

中部崛起是党中央、国务院从我国现代化建设全局的高度,继东部开放、西部开发、东北振兴之后,在区域发展布局上作出的一项重大战略部署,对于形成东中西互动、优势互补、相互促进、共同发展的新格局,构建社会主义和谐社

会，实现又好又快发展具有重大的现实意义和深远的历史意义。

与新型工业化的要求相比，中部工业化整体素质还不高。一是中部国有企业组织结构仍然存在"大而全、小而全"的现象，造成资源严重浪费。二是产业技术素质不高。设备陈旧老化现象严重。一些企业包括一些大中型企业的技术设备大多是20世纪80年代的水平，企业和产品没有竞争力。工艺落后，如建材行业的大型水泥企业中落后的生产工艺仍占主导地位，大多数平板玻璃企业仍采用传统生产线。产品开发能力弱，工业产品中新、高、精、尖产品较少。三是产品结构与需求结构不相适应。名牌产品少，高科技、高附加值产品少。四是工业经济支撑点少，发展不平衡。中部工业经济的增长主要依赖于少数大行业、大企业和大城市，多数行业和众多的中小企业和中小城市工业增长相对缓慢，发展不平衡问题十分突出。五是产业间关联度低。中部工业的骨干企业主要集中在冶金、建材、机械、汽车、煤炭等基础原材料和装备行业，与地方经济的发展，特别是轻纺工业的发展缺乏有机的产业关联，没有形成相应的产业链，难以有效支持消费品工业的发展。随着中部地区经济社会的日新月异，传统工业化对环境的污染、破坏以及资源的浪费问题，也越来越引起人们的重视，尤其是它已经背离了可持续发展经济目标，新型工业化呼之欲出。新型工业化是党的十六大报告在全面总结工业化国家发展模式的基础上提出的，即科技含量高、经济效益好、资源消耗低、环境污染少、人力资源得到充分发挥。其内涵可以概括为"一个核心，五个要求"，"一个核心"是可持续发展，"五个要求"是市场化、信息化、城市化、国际化和绿色化。

中部地区新型工业化的核心是可持续发展。中部地区的新型工业化，要求在人口、资源、环境协调发展的基础上来进行，强调工业增长方式的转变和社会的和谐发展。在这个核心中，还包括动力、产业和要素创新，追求的目标不只是经济增长数量的增加，更是经济增长质量的提高，不仅要求经济现代化，而且要求社会形态高级化。中部地区要实现快速崛起，不仅仅要发挥后发优势，在引进西方发达的技术的同时，更要进行必要的制度变迁，加快区域经济的协调发展。

中部地区新型工业化须以市场调节为主，政府调节为辅。哈佛大学商学院的迈克尔·波特认为，有竞争力的集群是区域长期经济增长和繁荣的源泉。而这样的集群必然是由市场的选择决定的，政府在这个过程中只能辅以协调，不能强加干预。从历史上看，成功实现持续发展的工业化国家，也都是实行市场经济的国家。因此，中部地区的新型工业化道路，应该发挥市场在资源配置方面的主导性作用，同时也要发挥政府的引导与协调作用。

中部地区新型工业化必须以信息化带动工业化，以工业化促进信息化。中部地区的工业化道路不能简单复制发达国家的模式，应该发挥后发优势，重视以信息技术为代表的科技在推动工业化方面的巨大作用，将工业化和信息化二者结合起来，相互融合，相互促进，实现经济的跨越式发展，这样可以在资源节约、环境保护的基础上实现工业化，推进工业化水平的升级。

中部地区新型工业化须以新型城市化为内在动力，推进工业发展。新型城市化是中部地区工业化协调发展的内在动力，通过新型城市化，解决人口和土地之间的矛盾，扩大内需和刺激中部地区经济的发展。城市既是信息中心，也是资金中心和物流中心，如果中心城市辐射功能差，或者城市数量不足，会使第三产业发展空间不足而制约其发展，从而影响中部工业化进程以及经济和社会发展。

中部地区新型工业化须以国际化为外在激励，拉动经济增长。据国内外专家估计，FDI 对我国工业化的直接贡献约为 3% 左右。而中部地区开发不足，对外依存度低，FDI 对中部地区工业化的贡献率就更低了。因此，中部地区的新型工业化要以投资驱动为主转变为投资、消费、出口共同驱动，中部地区的新型工业化应该是在全球化条件下的新型工业化。

中部地区新型工业化须以绿色化为发展的生态标准，积极推进"两型"社会的建设，实现资源与环境的良性发展。绿色化与可持续发展是息息相关的。发达国家实现工业化，大都是采取"先污染，后治理"的策略，以消耗能源、牺牲环境为代价；中部地区的新型工业化强调要和谐发展，不能再走发达国家的老路，要把经济发展与环境保护结合起来，追求"绿色"，由粗放型增长转为集约型增长，避免目光短浅，从子孙万代长远的角度考虑工业化发展的问题。

目前，我国优先发展东部地区，中部地区发展相对较慢，但中部是东部进一步发展的腹地，中部与东部过大的发展差，势必从农业、工业、能源、原材料产业支撑以及市场吸纳、产业转移等各方面制约东部的发展；中部又是连接东部和西部的中心地带，历来是我国的优质农产品生产基地、重要的能源、原材料供应基地和重要的重工业生产基地，拥有较为雄厚的经济技术基础，特别是近年来，中部地区形成了一批特色鲜明的高新技术产业聚集区，中部地区的这些优势，将能够为我国经济新一轮大发展提供重要的动力来源，成为我国经济发展的"第四增长极"。另一方面，基于对区域经济增长规律、发展模式的分析，工业化是区域经济发展的主线，是区域发展不可逾越的历史阶段，从中部地区所面临的国际与国内环境、具备的基本条件来看，走新型工业化道路是实现中部崛起的必然选择。

因此，中部地区新型工业化不仅是中国特色新型工业化的重要组成部分，而且是实现中部崛起，促进区域协调发展的关键。中部地区要实现快速崛起，应该把握新型工业化的深刻理论内涵以及经济增长方式转变的一般规律，明确中部崛起战略与新型工业化道路两者之间的内在联系，抓住中部崛起进程中新型工业化道路的本质、内涵和特性，探索在中部地区推进中国特色新型工业化道路的对策措施，进一步贯彻科学发展观，实现中部崛起发展战略和区域经济协调发展。

三、中部地区推进新型工业化是科学发展观的具体实践

1. 坚持以科学发展观统领中部崛起发展实践

科学发展观是指导中部地区新型工业化的思想基础，中部崛起过程中的新型工业化必须以科学发展观为指导。党的十六届三中全会提出"坚持以人为本，树立全面、协调、可持续发展观，促进经济社会和人的全面发展"的科学发展观，这对于推进中部地区新型工业化有重要的指导意义。科学发展观为中部地区如何在推进新型工业化过程中把握工业化的发展规律、明确发展目的、丰富发展内涵、创新发展观念、开拓发展思路、破解发展难题，解决传统工业化弊端指明了方向。

科学发展观的内涵深刻，外延广阔，以科学发展观为指导，就必然能够确立中部崛起过程中的新型工业化发展模式。科学发展观是指导中部地区实现新型工业化的核心内容。科学发展观就是物质文明、政治文明和精神文明全面进步；统筹或兼顾城乡发展、区域发展、经济社会发展、人与自然和谐发展、国内发展与对外开放的关系，就是生产力和生产关系、经济基础和上层建筑相协调，就是经济、政治、文化建设的各个环节、各个方面相协调；在持续发展的同时，提高资源利用率，保护生态环境，改善生态环境，实现人与自然的和谐相处。

新型工业化道路的内容，一是加快科技进步及先进科技成果的推广运用，提高科学技术在经济增长中的贡献率，推动经济社会的信息化，带动工业化在高起点上迅速发展。二是根据市场变化的需求，生产适销对路的产品，逐步增强产品的市场竞争能力。三是优化资源配置，提高能源的开发利用率和原材料的使用效率，减少单位产品的资源占用量和消耗量。四是广泛推行洁净生产和清洁生产，有效保护和建设优美的自然生态环境，使经济建设与生态环境相协调。五是在充分利用劳动力成本低廉条件的基础上，大力提高劳动者素质，不断增加就业。这些都符合科学发展观要求。

科学发展观是指导中部地区推进新型工业化的方法论。科学发展观强调以全面、协调、统筹、创新的办法解决发展中的问题，也就是全面解决中部崛起过程中出现的地域、城乡、不同社会阶层和社会群体等差距较大的问题，促进整个中部地区社会的协调发展，共同进步。以综合配套改革、整体推进发展的方法，解决中部地区经济转轨和社会转型所面临的完善社会主义市场经济体制的艰巨任务，统筹兼顾中部地区各种社会利益关系和其他社会重大问题。

中部地区推进新型工业化是可持续发展观的具体实践，只有以科学发展观指导中部崛起过程中的新型工业化，才能有效解决中部地区城乡差距、地区差距、居民收入差距持续扩大，就业和社会保障压力增加，教育、科技、文化等社会事业发展滞后，投入产出的效率不高，可持续发展能力不强，经济社会发展与人口、资源、环境、生态之间不协调等错综复杂的矛盾，从而在中部地区走出一条全面、协调、可持续发展的新型工业化道路。

2. 实践科学发展观以推进中部地区新型工业化

"中部崛起"是对改革开放以来的中国经济发展总体战略进行阶段性调整，中部崛起过程中的新型工业化必须坚持"以人为本，全面、协调、可持续"的科学发展观。坚持以科学发展观统领我国经济社会发展全局，既是中国经济发展新阶段的总体要求，又是促进和实施"中部崛起"的战略要求。"中部崛起"的区域性战略取向应该是多方向发力，跳出"中部陷阱"，突破中部经济起飞瓶颈，实现中部地区的跨越性发展。

中部地区要实现新型工业化，就必须落实科学发展观，提高资源的利用效率，促进经济发展与人口、资源、环境的协调，从而为新型工业化战略的实施提供良好的生态环境。随着中部地区工业化、城市化的不断推进，资源和环境的约束还会进一步加大。中部崛起过程中要按照建设资源节约型、环境友好型社会的要求，大力发展循环经济，加大环境保护的力度，坚持预防为主、综合治理，坚决改变先污染后治理、边污染边治理的状况，切实保护好自然生态，按照谁开发谁保护、谁受益谁补偿的原则，建立健全生态补偿机制。

实践科学发展观，推进中部崛起过程中的新型工业化，需要党和政府的"政策"外力助推。中央政府可以通过制定相应政策，鼓励外资和东部产业向中部地区转移，并且将国家重大基本建设投资的区域重点由沿海地区转到中部地区。

实践科学发展观，推进中部崛起过程中的新型工业化，需要中部地区奋力"自我起跳"。中部地区实现"自我起跳"的"支点"就在于，充分发挥在资源、科教人才、市场区位等方面的优势，以具有规模效应的中心城市群为空间载体，建立与中国经济发展新阶段相适应、具有产业集群效应和比较竞争优势的主导产业部门，并由此实现有相当比重的农业劳动力和农村人口就近向中部地区的非农产业和城市群转移。

实践科学发展观，推进中部崛起过程中的新型工业化，需要改革、开放、创新、激发中部地区的经济活力。制度创新是实现中部崛起的必要条件。中部地区要着力推进制度创新和文化创新，大力推进市场化进程，大力发展非公有制经济，大刀阔斧地推进地方—政府自身改革，建立科学合理的地方治理结构和有效

27

率的地方治理机制，充分调动社会各方面的创造活力，给中部经济发展注入充足的起飞动力。

新型工业化在不同的国家和地区有不同的发展模式，但从各国和地区工业化进程来看，工业现代化赶超一直是后发国家和地区发展的主题，英国、美国和法国等发达国家的工业化历史都接近或者超过一个世纪，而后起的日本等一些新兴工业化国家的工业化时间基本上都没有超过 50 年，特别是亚洲新兴工业化国家是在 20 世纪 60 年代才开始真正的工业化进程，到 80 年代就完成了发达国家 100 多年的工业化进程。

目前我国整体正处于工业化的中期，我国的工业化道路具有一些与西方国家工业化道路不同的特点。中部地区在推进新型工业化进程中，要避免一般工业化过程所出现的各种问题，不能简单模仿西方模式，必须考虑工业化的 "新型"特征和中国特色，在全球经济一体化背景下，从根本上改变粗放增长的模式，突破资源与环境对经济社会发展的制约，把加速推进新型工业化作为促进中部崛起的主线和根本，坚持突出重点，充分发挥比较优势，依靠科技进步和自主创新，走一条科技含量高、经济效益好、资源消耗低、环境污染少、人力资源优势能够得到充分发挥以及与信息化相融合的、有中部特色的新型工业化之路。

第五节　中部崛起过程中新型工业化的特色分析

一、中部地区新型工业化的内涵与本质

党的十七大提出了 "坚持走中国特色新型工业化道路" 和 "大力促进中部地区崛起" 两个新的命题，这不仅对我国新型工业化进程提出了新的要求，也对中部地区加速新型工业化进程，加快实现中部崛起提出了新的要求。中部崛起的过程就是中部地区实现新型工业化的过程，中部崛起过程中的新型工业化要以中国特色社会主义理论体系为指导，以科学发展观为主线，以中部地区基本区情为出发点，在中部地区推进工业化，实现中部地区快速崛起。

中部崛起过程中的新型工业化要以创新为驱动力，特别要强调产业的科技创新和信息化、企业的技术进步、市场的规范性以及大量的研发投入，按照发展生产力的要求，加大结构的战略性调整，优先发展高新技术先导产业，壮大主导产业和支柱产业，来改造传统产业，从而不断依靠科技进步来优化经济结构，提升

产业的核心竞争能力。利用制度创新、科技创新和机制创新去保障和推进工业化、信息化的相互促进，在信息技术的参与下实现产业的跨越式演进，缩短产业间的产业级差，最终开创一条高技术含量、高经济利益、低资源消耗、低环境污染、人力资源得到合理优化配置，城乡统筹发展的，国内区域相互协调的可持续增长的工业发展新路。

中部崛起过程中的新型工业化应该是"科技含量高、经济效益好、资源消耗低、环境污染少、人力资源优化配置"的新型工业化：重视科技的作用，把高科技作为工业化的动力，用高科技武装新型工业；注重经济效益，把提高投入与产出之比、降低能源的消耗作为新型工业化的目标；强调保护生态环境，人与自然的和谐相处，实质是走可持续的发展道路；根据中部地区的实际情况，把新型工业化同解决中部地区劳动力资源和失业结合在一起，充分利用中部地区的人力资源。中部崛起过程中要以信息化促进工业化，以工业化带动城市化，推动中部地区传统产业升级，实现东中西部协调发展和中部地区的跨越式发展。

中部崛起过程中新型工业化的核心是以先进的信息技术改造与提升传统产业，以信息化来带动工业化；其关键是发挥后发优势，采取跨越式发展战略。要依靠科技进步，提高自主创新能力，实现创新崛起；以工业化带动城市化，解决城乡二元结构矛盾，统筹城乡发展；要依托国内外的开放环境，利用两个市场、两种资源，实现全球、区域的协调发展；要突破资源环境瓶颈的约束，促进人与社会、自然的和谐发展，实现可持续发展。

二、中部崛起过程中新型工业化特点分析

1. 利用后发优势，实现跨越式发展

中部崛起过程中的新型工业化应该利用后发优势，实现跨越式发展。中部地区在新型工业化过程中，有着明显的后发优势。在新型工业化进程中，中部地区对新技术、新工艺等方面有很大的选择余地和更好的灵活适应性。中部地区的后发优势主要表现在三个方面：一是可以利用"原发式"国家创造的先进科学技术与成果，同时还可以借鉴"原发式"国家工业化过程的经验教训，少走弯路；二是可以在比较短的时间内实现"原发式"国家用了很长时间才能实现的工业化；三是没有结构调整的沉重包袱，改革和创新发展的阻力小。

中部地区的后发优势主要包括两个方面：一是引进与创新方面的优势；二是借鉴与选择方面的优势。首先，中部地区要实现新型工业化，就必须引进国内外先进实用的科技成果，尤其是先进的信息技术，这对中部地区的工业化将起到显著的促进作用。传统产业的升级、改造都需要以最先进的信息技术作为工具，从

最基础的产业之上，使用全新的方式在更短的时间内实现新型工业化，从而迅速缩小与发达国家之间的距离。而且，经过引进吸收后的再创造，可以提升中部地区的科技实力，最终实现自主创新。其次，中部地区要实现新型工业化，就应该大胆借鉴国内外工业化道路的经验，吸取工业化过程的教训，制定更好的工业化发展战略。

中部地区后发优势对实现中部地区的新型工业化十分重要。但后发优势的实现需要一定的条件，这是一个不断学习、累积、创造的过程。中部地区要发挥后发优势的作用，实现新型工业化，从而使中部地区新型工业化实现跨越式发展。跨越式发展是指落后国家直接引进、学习和吸收先进国家的技术、管理和制度上的经验等一切可以利用的先进成果，跳过某些发展阶段，快速地提升工业化水平，实现科技、经济、社会的快速发展，从而跨越式地实现工业化。跨越式发展能打破缓慢、渐进的经济发展模式和常规的发展顺序，以超常的速度实现工业化，主要的表现特征是快速和突进，使用较短的时间，使经济社会从一个较低的生产形态发展到一个较高的生产形态，迅速提高生产力，从而使经济社会实现跨越式发展。

中部地区具有一定程度的发展能力，后发优势能使中部地区的经济社会迅速发展，实现新型工业化。后发优势能突破中部地区原有的经济、社会结构，快速地凝聚、培养和发展经济力量来促进工业化的发展。后发优势的发挥需要政府发挥作用，为实现后发优势提供所需的社会结构、文化价值和社会心理。但同时要处理政府这只"有形的手"和市场经济"无形的手"之间的矛盾，避免政府作用破坏市场经济。因此，在发挥政府作用的同时要积极推动市场经济制度的完善。只有这样，政府的作用才能对后发式工业化产生巨大的促进。

2. 推动科技进步，实现创新崛起

科技是第一生产力，中部地区要积极推动科技进步，实现创新崛起。中部崛起的制动引擎是区域的科技创新，区域的科技创新是在一定的区域及背景下由技术、科学、教育、社会、经济等多种要素构成的一种科学发展体系，其创新主体为企业，并由科研机构、中介结构、地方政府等单位构成。区域科技创新以区域科学技术创新实力为依托，包括对区域科技创新资源的有效利用，对区域间的合作和竞争进行协调，对区域内科技创新资源进行高效配置，从而促进区域开展创新成果推广、普及以及应用等一系列科技创新活动，最终提高区域的科技实力，提升区域的竞争实力，促进区域经济的发展。

中部地区的科技进步、工业化水平的提高，首先要重视信息化对工业化的推动作用。信息化是世界工业化发展的新趋势，在世界信息化的背景下，中部地区需要大力发展信息产业的步伐：加快信息技术产业和高新技术产业的发展，并实

现跨越式发展；使用信息化技术对传统产业进行改造，使中部地区的产业结构合理化和高级化，提高产业的信息化水平和现代化水平，使中部地区形成以信息产业为主导、制造业和基础产业为支撑、服务业协调发展的格局。把信息化引入到工业化中，驱动智能型生产力的产生，实现信息化和工业化相互促进、共同发展。

在实现中部新型工业化的进程中，要以信息化等高新技术来对传统产业进行改造，实现工业的现代化，从而提高中部地区工业的竞争力。中部地区传统工业产业的提升需要科学技术，通过科学技术的改造使一些产业进入世界领先的地位，使一批企业的科学技术水平以及生产能力达到世界领先的地位。大力发展信息化等高新技术产业，不断提高其在国民经济中的地位和作用。要在信息技术领域中，形成具有自主知识产权的核心技术，要具有制造核心设备的能力，从而增强信息产业在世界的竞争力。

在实现中部地区新型工业化的进程中，需要改造传统企业，实现传统产业的现代化。传统产业在中部地区占有较大的分量，但其劳动力水平较低、技术水平落后，严重制约着中部地区新型工业化的进程，因此要加大对传统工业产业的改造：在中部地区资源禀赋与区位优势的基础上，促进传统产业的技术进步和设备更新，提高传统产业的现代化水平；加快中部地区传统工业领域的产权制度改革步伐，使传统企业为了提高利润而采取先进的技术，并且通过技术改造等途径来增强企业在市场中的竞争力。

在实现中部地区新型工业化的进程中，要促进产学研联合，提高企业科技研发能力。中部区域科技资源丰富，具有雄厚的科教实力，其人才资源居于全国第三位。要充分利用现有的科技资源，使高校、科研院所、企业相互合作，形成合力，促进科学技术在三者间的流动，加快成果的转化和产业化，实现利益共享、风险共担、共存共荣、优势互补的"产学研"一体化的合作模式。因此，要加快产学研合作的发展进程，促进产学研联盟的实现，使科学成果驱动区域经济的发展。特别要加强对新能源材料、现代装备和高新技术的研发，落实中央关于将中部地区打造成"能源、原材料基地、现代装备制造及高新技术产业基地"的政策措施。

3. 解决二元结构突出问题，实现城乡一体化

推进新型工业化，促进中部崛起，需要城乡统筹发展。要把"三农"问题摆在实现中部崛起过程中的一个重要的位置，实施工业反哺农业、城市支持农村的策略，全面带动社会主义农村的建设，使城镇化得到健康发展。加快城乡协调发展的步伐，充分利用中部地区的资源、工业优势，争取在"十二五"期间，建立一批社会主义新农村，使中部地区形成城乡互动的新局面。中部地区要实现新型工业化，促进城乡统筹发展，必须从以下几个方面入手。

第一，要促进农业的工业化。从产业化的结构来看，工业化进程伴随着农业产业比例减少、工业产业比例增加和农业人口减少、工业人口增加。要用发展工业的思维，组织农业产业化经营，大力发展加工业，延长农业产业链条，增加农产品的附加值，提高农村的工业化程度。中部地区农业发达，城乡二元结构明显，因此，在二元结构的背景下，要实现中部地区的新型工业化，必须加快农业的工业化进程，实现城乡的统筹发展。

第二，要加快工业对传统农业的改造。二元经济结构转换的关键，就是对传统农业进行合理改造，改变生产要素的组合方式，提高农业经济效益，实现农业产业化、科技化、机械化和信息化。改造传统农业的目标是使用工业化的生产模式来对农业进行改造，用现代的技术对农业进行武装，用社会化的生产组织对农业进行推进。要通过建立适应市场的土地制度、打破农村人口流动的障碍、促进农村的投资、解决农民的创业权等途径来对传统农业进行改造，从而使农村的工业化得到迅速的发展。

第三，要加快基础设施的建设，制定合理的产业政策。要加快农村的交通、供电、供水、通信、教育、文化娱乐等基础设施的建设，使农村具有畅通的交通运输、信息网络。继续落实农村的义务教育，提高农民的素质。制定合理的产业结构，促进城乡工业的合理分工，根据城乡之间的资源优势，使城乡在主导产业的选择上更加合理，引导城乡根据资源优势、比较成本优势等建立具有优势的主导产业。

第四，要加强小城镇的建设，改善农村的投资环境。小城镇的建设，能够使城镇的工业化与城市的工业化共同发展，使乡镇企业能利用现代先进的企业制度对其进行改造，引导乡镇企业集中于小城镇，避免由于企业过度分散所带来的不良后果。依托乡镇工业的拉动，加快农村城镇化和农业产业化进程，促进乡镇工业向小城镇集中，引导农民向小城镇和第二、三产业转移，以农村工业化带动城镇化，以农村城镇化促进农民市民化，这是实现农村现代化建设的必由之路。

第五，要发挥市场机制的作用，解决城乡市场的分割和城乡市场体系的不对称问题，协调城乡两大市场和两大经济主体的关系，加强城乡之间的商品交换关系，建立城乡统一、竞争有序、规范的大市场。要重点培育农村市场体系，发展农村产品市场，发展农村劳动力市场、技术市场以及土地市场等各种生产要素市场，健全市场发育的基础条件，促进农村市场的发育。引导城乡横向经济的联合，促使城市工业向农村扩散，引领农村经济的发展。采取技术承包、咨询、科研联合等方式，提高农民的科学技术知识，促进农村的技术进步和城乡制度的变革。

4. 依托开放环境，实现全球、区域间协调发展

中部地区要实现新型工业化，必须依托开放的环境，实现与全球、区域的协调发展，这也是中部地区在经济全球化背景下求生存、求发展的选择。一个地区生产要素的合理流动、配置程度是由国际化和区域化的程度所决定的。协调区域发展的两翼是：开放度和分工合作。随着我国加入 WTO 以及改革开放程度的加深，中部地区融入世界经济和国际分工体系的程度也逐渐加深，因此，中部地区经济的发展必须要与国际接轨，融入经济全球化这一大背景。中部地区要充分利用国外的各种资源、积极开拓国外市场，加速发展。无论是国际竞争还是国内竞争，中部地区的竞争劣势实际上就是科技竞争力的劣势。在科技日新月异的今天，中部地区应充分享受世界技术文明与国内科技进步的成果，在其他国家具有相应的技术时，再自主进行独立开发是耗时耗力的，可以通过引进、消化、吸收进行再创造，从而能迅速地提高工业的技术水平，缩小与发达国家的差距。比如，日本就是利用了外国的先进技术从而从 50 年代的技术劣势国家发展成现在技术优势国家，这是由后发优势所引起的。日本从 1955 年到 1970 年共引进的技术 26 000 多项，通过对这些技术的消化、吸收和改造使其效率提高 30%，为日本成为世界具有技术优势的国家节省了 1/3 的时间和 90% 的经费。

中部地区要实现新型工业化，必须扩大开放，积极与跨国公司合作，充分利用已有的比较优势，创造出新的、更大的比较优势，从而使中部地区的比较优势不断升级，促进中部地区快速崛起。可以充分利用已有的比较优势，为产品的研发和国际销售奠定规模基础，也可以参与国际间产业的分工，形成比较优势，成为国际分工体系的一个不可或缺的部分，随后继续扩大优势。积极参与国际分工，可以使中部地区有效了解、引进、吸收外部的技术知识、制度、文化，使中部地区的经济和发展处于一种永不满足的超越自我状态。

中部地区要实现新型工业化，必须与国内其他区域协调发展，要充分利用中部地区的后发优势，大力加强与长江三角洲、珠江三角洲的经济联系，充分利用中部区位、资源和劳动力成本低的优势，抓住沿海地区产业升级和结构调整的有利时机，积极主动地接受沿海地区的辐射，全面推动中部经济与沿海地区经济的对接，提高区域经济竞争力。广东、江苏及浙江等沿海省份经济发达，而中部和西部地区经济相对滞后，加强中部地区与国内其他区域的协调发展，能促进国内规模市场的形成，增强彼此间的交流与合作。中部与其他地区是竞争合作关系，但总体而言，合作大于竞争。同时，还要以沿海为跳板，进一步扩大对外开放，提高对外开放度和开放水平。

5. 突破资源环境瓶颈，实现可持续发展

中部崛起过程中的新型工业化，必须突破资源环境瓶颈的约束，走可持续发

展的工业化道路。现阶段中部地区存在的三大突出矛盾是，人口基数大，资源浪费多，环境污染严重。中部地区的工业发展同时面临着资源供给不足和环境承受力较差的问题。因此，中部工业化的实现必须要坚持走低投入、低耗能、低排放、高效率、高产出、可循环的新型工业化道路，坚持发展资源节约型和环境友好型的社会发展模式，减少对资源的依赖以及对环境的破坏。

中部地区的新型工业化必须把资源节约放在优先地位，提高资源的利用效率。我国已经将资源节约列为基本国策，国家发改委将大力推进建设节约型社会的重点工作，国家环保总局也将推进环境友好型企业的工作。随着中部地区经济的进一步发展，对自然资源的消耗将不断加剧。中部地区要在竞争中求生存求发展，就必须继续坚持将资源节约放在优先地位，节能、节水、节电、节油等等，节约一切资源。开发和利用可再生资源和替代能源，注重非常规的新油气资源的开发利用，如深层油气、深层甲烷、天然气水合物、非生物成因天然气等等。坚持"走出去"战略，充分利用"两个市场、两种资源"，促使中部从外部获取更多的资源，增强其发展的后劲。

中部地区的新型工业化必须要加强治理城乡污染，重点流域重点城市重点治理，综合治理水污染、大气污染、噪声污染和垃圾污染。坚持预防优先，对基建工程、工业项目严格执行环境评测制度，使施工和环境保护同时进行。对工业技术进行升级改造、换代，对污染企业整顿和关闭，从而控制污染物的排放。加强对农村污染的治理和防治，及时、大力对源头污染进行控制。培育环保产业，向社会提供高效、低价的环保设备以及环保工艺，促进可持续发展。

中部地区的新型工业化必须要建立长效机制，建设资源节约型和环境友好型社会。政府要创造制度环境和政策环境，通过建立健全法律法规、标准标识、政策激励等途径，推动资源节约型和环境友好型社会的建设，建立并形成自律、高效的管理体制。企业的经营方式要从粗放型向集约型转变，提高管理水平，通过股份制改造，构建多元产权主体，使企业真正成为自主决策、自担风险的市场主体，从而对政府的财税政策、能源、原材料的供需量等做出快速反应，增强节约资源和保护环境的自觉性和积极性。

党的十六届五中全会指出，发展循环经济是建设节约型社会、环境友好型社会和实现可持续发展的重要途径。这为中部地区的新型工业化道路指明了方向。发展循环经济，实施可持续发展战略就必须做到：一是利用现代的科学技术，特别是节能、环保技术来促进对传统产业的改造，建设节约、环保型社会，迅速淘汰高能耗、高污染的企业、技术和工艺。二是开发新能源，特别是开发风能、太阳能、地热等清洁型能源，减少对环境的污染。三是高度重视发展循环经济模式，按照循环经济的理念、原则和技术要求进行产业布局调整，建立循环经济工业生产园、生态园。这样既可以充分利用资源，减少我国经济发展对资源的需求，又降低了环境污染。

　　实施可持续发展战略是走新型工业化的根本性要求，也是关系中华民族生存和发展的长远大计，推进工业化、现代化，必须坚持把可持续发展放在十分突出的地位。中部地区自然资源"总量大、人均少"，必须坚持可持续发展战略，把保护资源、治理环境放到重要位置上。实施可持续发展战略，实质就是要树立新的发展观，改变传统发展思维和模式，努力实现经济持续发展、社会全面进步、资源永续利用、环境不断改善和生态良性循环的协调统一。

第二章

中部崛起过程中新型工业化的
发展模式与总体战略

第一节 中部崛起过程中新型工业化的理论基础

本章拟对传统工业化理论的发展脉络、工业化阶段划分理论、新型工业化理论进行系统论述和梳理。

一、传统工业化理论的发展脉络

1. 霍夫曼工业化理论

1931 年，德国著名经济学家霍夫曼提出了以消费资料工业的净产值与资本资料工业的净产值的比例（霍夫曼比例）界定工业化过程的四个阶段（见表 2−1）：

表 2−1　　　　　　　　　　　　霍夫曼比例

第一阶段	第二阶段	第三阶段	第四阶段
5（±1）	2.5（±1）	1（±1）	1 以下

霍夫曼认为，在第一阶段，工业部门中消费资料工业占主导地位，资本资料工业的地位较低；在第二阶段，资本资料工业的地位迅速提高，但依然是消费资

料工业占主导；在第三阶段，资本资料工业的生产规模跟消费资料工业的地位持平；在第四阶段，资本资料工业超过了消费资料工业，并处于主导地位。

霍夫曼理论的提出在经济理论界产生了广泛的影响，其影响力持续至今。但霍夫曼理论与其他理论一样也存在着不足：第一，只从工业内部的资本资料工业和消费资料工业来对工业阶段进行划分是不全面的，没能照顾到第一次产业、第二次产业和第三次产业之间的变化规律。第二，霍夫曼比例相同的国家完全可能处在不同的工业化阶段，这就不能不使人怀疑其科学性和适用性。第三，忽视了既非消费资料，又非资本资料的工业产品即中间资料。第四，应用范围是有条件的，它只适用于市场经济体制下的工业化过程。

2. 西蒙·库兹涅茨工业化理论

1966 年西蒙·库兹涅茨提出了关于现代经济增长的六大特征之说：人均产值和人口的高增长率；生产率的持续提高；较高的经济结构转换速率；社会结构和意识形态的迅速变化；发达国家的对外扩张遍及世界每一处地方；大多数国家尚未取得最低限度的现代经济增长成就。

尽管库兹涅茨一再强调工业化只是现代经济增长过程中的一个方面，但是他实际上描绘的也就是有关发达国家由发动工业化直至基本实现工业化的过程。库兹涅茨把 57 个国家已折算成美元的 1958 年人均产值从高到低分成 8 组，并计算出这 8 组国家的 A（农业）、I（工业、建筑业和运输业）、S（服务业）三个部门产值在国内生产总值中的比重，由此得到 1958 年产值份额横截面。库兹涅茨对 A、I、S 的变化状况总结出了如下特点：A 部门产值在国内生产总值中的比重与人均产值反方向变化，S 部门产值在国内生产总值中的份额与人均产值存在同方向变化的趋势，但很不稳定。而且总的来说，A 部门和 I 部门份额与人均产值存在密切联系，S 部门的份额与人均产值的联系不太密切。西蒙·库兹涅茨进一步认为，生产部门产值份额存在差异，意味着生产部门的生产资源的份额也存在同样差异。

库兹涅茨的一国工业化过程是三次产业的转换过程的理论，较之霍夫曼的工业化理论更具有广阔视野，而且其工业化理论不仅仅注重于每个产业产值的对比，还注重每个产业劳动力在三次产业之间的转换分布，对解决像我国这样人口众多的发展中国家的工业化极具意义。但是库兹涅茨的工业化理论在知识经济特征日益明显的今天，明显显示出理论上的不足，其不足主要体现在其对信息化和工业化相互促进的关系上缺乏足够的预见性。

3. 钱纳里工业化理论

20 世纪 80 年代，钱纳里等人对工业化阶段的研究在库兹涅茨的基础上有了更进一步的发展。根据对多国发展的分析，钱纳里等将结构转换分成三个阶段七

37

个时期，并从不同部门对经济增长的贡献和各劳动要素的组合所具有的特点，对不同的阶段作了深入细致的研究：

第一阶段，初级产品生产。在该阶段，初级产品生产主要指农业占统治地位，制造业不能成为总产出的主要来源，农业部门仍然是产出增长的主体。

第二阶段，工业化阶段。该阶段以经济重心由初级产品生产向制造业生产转移为特征，制造业对增长的贡献逐步明显加大，经济结构进入巨变阶段。

第三阶段，发达经济阶段。此阶段的变化主要体现在：一方面，制造业的产值份额贡献开始下降，资本增长速度开始减小，资本贡献开始下降，全要素生产率贡献也开始下降；另一方面，农业由生产率低速增长的部门转变为劳动生产率增长速度最高的部门。

钱纳里工业化阶段划分理论的特点在于将工业化阶段与国民人均收入联系起来，另外，他在分析工业化过程中还分析了劳动、资本、全要素生产率等要素在不同时期对工业化的贡献并对工业化阶段进行了细分，等等。

4. 罗斯托工业化理论

罗斯托把人类社会的发展划分为：传统社会、为起飞创造前提条件的阶段、起飞阶段、向成熟推进阶段、大规模高消费阶段和追求生活质量阶段，共六个阶段。他并没有对工业化过程阶段进行直接的划分，但工业化过程与社会发展阶段有着紧密的联系，并且他对社会发展阶段的划分包含了工业化阶段划分的思想。

罗斯托认为，社会从以农业为主转化为以工业、交通业、服务业为主的过程是传统社会的特征之一，这一阶段为工业化的萌芽阶段。起飞阶段是工业化取得飞跃发展的时期。在这一阶段，基本的经济、社会、政治结构都产生了变化，以确保工业化的持续发展。在成熟阶段，主导的产业部门一般集中于钢铁、电力、重型机器制造等重工业，这一阶段的特点是技术日趋成熟，工业化的成果已经伸展到国民经济的各个领域。随着成熟阶段结束而出现的是大规模高消费阶段，在此阶段，人们对消费享受和福利非常注重，社会的第一目标已不再是工业化了，因此，在此阶段，社会的主导部门变成了耐用品消费以及服务业，不再是重工业部门了，工业体系的产品和商品都服务于人民。追求生活质量阶段，是工业化的最后一个阶段，在此阶段中，主导的产业部门变成了服务业，这也是划分工业社会与信息社会（工业社会之后的社会）的界限，意味着工业社会的结束，信息社会的兴起。

罗斯托把握工业化的阶段是根据整个社会、政治等的演变进行的，从而克服了阶段划分过程中可能出现的片面性，该理论对我们的启发主要有：第一，各个阶段主导产业部门是变化的；第二，以主导产业部门作为划分标准有一定的参考价值；第三，把国民经济的技术基础或技术水平作为划分的依据，这样体现出了工业化的实质；第四，罗斯托的工业化同时包括了"农业国"和"工业国"的工业化发展问题。

二、我国工业化发展阶段划分

1. 新中国成立之前的工业发展概况

中国的工业化历程始于第一次世界大战期间，已经经历了一个半世纪。但直到1949年新中国成立的时候，我国工业化都没有实质性的进展。1949年以前的中国，虽然表面上获得了政治经济独立，但实际上是一个半封建、半殖民地的国家，国内政治动荡，战争频频发生，直到1949年，农业仍占国民经济的52.5%，中国仍是一个传统的农业国家。期间虽有大工业的存在和一定程度的发展，但工业化真正起步的政治条件并未具备，可以说，中国的工业化在1949年以前并未真正起步。

2. 中国工业化初期探索阶段（1949～1978年）

1949年以后，我国工业化进程正式起步。在这一阶段（1949～1978年），我国初步建立了比较完备的工业化体系，并基本形成了以重工业为主的工业格局。

到1952年底，我国工业生产创历史最高水平，交通运输业也得到了巨大发展。1953～1957年的第一个五年计划开始，我国采取重化工业起步的超常规道路，实行"优先发展重工业"的战略。这条工业化道路克服了苏联工业化道路以过于损害农业利益来发展工业的弊端，被称为世界上第三条工业化道路。1953年，中国开始以苏联援建的156个重点项目为中心的、由限额以上694个建设单位组成的大规模工业化建设，国家投资766.4亿元，全部基本建设投资58.2%用于工业基本建设，其中88.8%用于重工业建设。到1957年，中国第一个五年计划超额完成，社会主义工业化的初步基础已经建立起来。但随之而来的"大跃进"和大炼钢铁不仅没有加速中国的工业化进程，反而带来了国民经济的全面失衡和严重困难。1965年，中国工业化的主要方向转为以"准备打仗"为指导思想的"三线"建设。1966年，"文化大革命"爆发。1971年，各地接过"准备打仗"的口号，地方经济出现了一个大办"五小"的工业化高潮。到1978年，我国工业占GDP比重已由1952年的17.6%上升至1978年的44.3%。

这一阶段工业发展处于动荡时期，期间最高增长速度是1969年的34.3%，最低是1967年的-13.8%，波动幅度高达48.1个百分点。因此可以说，虽然这一时期工业总产值年平均增长达8%，但工业内部结构遭到了严重的破坏，中国工业化模式处于一个扭曲畸形时期。1978年与1949年相比，重工业总产值增长了90.6倍，而轻工业总产值只增长了19.8倍，农业总产值只增长了2.4倍，1978年轻重工业比例为43.1∶56.9，轻工业产品严重匮乏（见表2－2、图2－1）。

表2－2　　　　　1952～1978年轻、重工业产值比重　　　单位：%

年份	1952	1957	1962	1965	1970	1975	1978
轻工业	64.5	55.0	47.2	51.6	46.1	44.1	43.1
重工业	35.5	45.0	52.8	48.4	53.9	55.9	56.9

资料来源：根据《中国统计年鉴（1990）》整理。

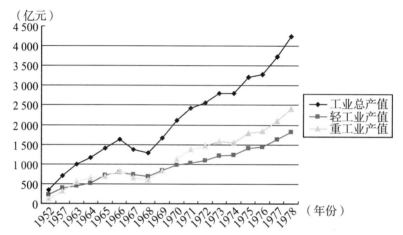

图2－1　1952～1978年我国工业总产值、轻工业产值及重工业产值变化趋势

资料来源：根据《中国统计年鉴（1990）》整理。

3. 中国工业化改革调整阶段（1978年至90年代初）

从1978年起，中国工业发展进入了一个改革发展的新时期。

1979～1984年，我国的工业发展摒弃了"先生产后生活"的思想，不再片面强调"重工业优先"战略，开始注重轻重工业的协调发展，"生产为生活服务"成为新的工业口号。自1980年起对轻工业实行了"六个优先"的政策。此后，被长期压抑的消费需求突然被释放出来，成为工业化的巨大牵引力。首先是以纺织工业为代表的轻工业获得了快速发展，在1980～1985年的工业总产值中（按1980年不变价计算），轻工业的比重迅速由47.0%上升到49.6%（见表2－3）。

这期间中国工业化进程道路开始发生重大转变：一是"重工业优先发展"的路线在理论上和实践上都得到了较为彻底的纠正，积累和消费之间关系趋于协调；二是在轻重工业关系得到初步调整之后，及时制定了能源、交通、农业科学技术等战略重点产业的倾斜政策。

表 2 – 3　　　　　1978～1984 年轻、重工业产值及增长速度

年份	绝对数（亿元）			增长速度（%）	
	工业总产值	轻工业	重工业	轻工业	重工业
1978	4 237	1 826	2 411	110.9	115.6
1979	4 681	2 045	2 636	110.0	108.0
1980	5 154	2 430	2 724	118.9	101.9
1981	5 400	2 781	2 619	114.3	95.5
1982	5 811	2 919	2 892	105.8	109.9
1983	6 460	3 135	3 326	109.3	113.1
1984	7 617	3 608	4 009	116.1	116.5

资料来源：根据《中国统计年鉴（1991）》整理。

1985～1992 年，中国工业化在《中共中央关于经济体制改革的决定》的导引下，顺利实现了发展和改革重心的战略转移。与此同时，长期以短缺为特征的供求状况开始发生转变，出现新中国成立以来的第一次社会性的商品供过于求现象。中国工业进入了基础产业加快发展和轻工业继续扩张的时期（见表 2 – 4）。

表 2 – 4　　　　　　1978～1991 年轻重工业产值比重　　　　单位：%

年份	1978	1979	1980	1981	1982	1983	1984
轻工业	43.1	43.7	47.2	51.5	50.2	48.5	47.4
重工业	56.9	56.3	52.8	48.5	49.8	51.5	52.6
年份	1985	1986	1987	1988	1989	1990	1991
轻工业	47.1	47.6	48.2	49.4	48.9	49.4	48.9
重工业	52.9	52.4	51.8	50.7	51.1	50.6	51.1

资料来源：根据《中国工业经济统计年鉴（1998）》整理。

伴随着轻重产业结构在不断纠正的过程中趋于均衡及国内市场的逐步开放，我国逐步融入国际分工体系。然而"七五"计划期间国民生产总值平均每年增长 7%，低于"六五"期间实际增长 10% 的速度。"七五"后期，受资源约束，我国经济转入治理整顿。80 年代末、90 年代初，出现了能源、交通、原材料等领域的紧缺局面，基础工业和基础设施成为制约国民经济发展的瓶颈。同时，资源、环境问题也日益突出。

总的来说，这一阶段（1978 年至 90 年代初），工业高速发展带来了国民经济中工业水平的提高，工业增长率的波动度明显下降，从而使经济增长率的波动

度随之下降。资源配置方式由单纯的计划手段转向计划手段与市场调节相结合，由封闭经济开始走向开放经济，工业化的总体进程也由工业化初级阶段向工业化中期过渡。

4. 中国工业化推进提升阶段（90年代初至今）

1992年，邓小平南方谈话发表以后，中国工业经济体制改革终于由以计划取向为主的改革转向以市场取向为主的全面改革新阶段。

"八五"期间是新中国成立以来经济增长速度最快、波动最小的5年。从"八五"期间的各项经济指标可以看出，此时的工业化仍然是外延发展为主，以缓解短缺为动力，以投入拉动为主的发展道路。"八五"期间投资增长的贡献率由"七五"期间的38.7%上升到41.5%，其中固定资产投资增长的贡献率由"七五"期间的26.6%上升到38.4%，消费增长的贡献率则由"七五"期间的61.5%下降为55.7%。由此可见，"八五"期间国民经济的快速增长，仍然主要是依靠投资需求拉动的，而且主要是固定资产投资需求拉动的。

90年代中期特别是1996年以后至今，中国的工业化进入了告别短缺的新阶段。但随之而来的是结构性矛盾开始深入到技术结构、产品结构、企业结构等更深的层次。在制约因素由供给转向需求之后，消费导向型的工业化战略则因缺少新的消费热点而短时间迷失了发展的方向，这一问题在1998年之后的两三年间十分突出（见表2-5）。深层次的结构调整成为这一时期工业化进程中的主线。

表2-5　　　　　　　　**1991～1998年轻重工业产值比重**　　　　单位：%

年份	1992	1993	1994	1995	1996	1997	1998
轻工业	47.2	44.0	47.1	47.3	48.1	49.0	49.3
重工业	52.8	56.0	52.9	52.7	51.9	51.0	50.7

资料来源：根据《中国工业经济统计年鉴（1999）》整理。

到1999年，虽然产业结构发生了一定程度的变化，如轻纺工业产品出口进一步扩大，基础产业得到加强，以房地产为代表的建筑业开始崛起，高新技术产业得到重视和发展等，但是，中国工业化整体上还没有过重化工业这一关，特别是装备工业中的重大装备和基础件是中国新工业化战略中要求进行进口替代和结构升级的重要部分，高新技术产业成为中国新工业化战略中要求大力发展的重要领域。

2000年10月，中共十五届五中全会通过的《中共中央关于制定国民经济和社会发展第十个五年计划的建议》明确指出：继续完成工业化是中国现代化进程中的艰巨的历史任务，并提出要以信息化带动工业化，发挥后发优势，实现社会生产力的跨越式发展。随着我国产业结构不断优化，工业制造业比例不断提升，经济得到长足发展，2005 年已超越法国成为世界第四大经济体（见表 2 -6）。

表 2 -6　　　　　中国工业总产值及构成（1999 ~ 2010 年）

年份	工业总产值（亿元）			构成比例（%）	
	全部	轻工业	重工业	轻工业	重工业
1999	126 110	62 051	64 060	49.2	50.8
2000	85 674	34 095	51 579	39.8	60.2
2001	95 449	37 637	57 812	39.4	60.6
2002	110 776	43 356	67 421	39.1	60.9
2003	142 271	50 498	91 774	35.5	64.5
2004	201 722	63 819	137 903	31.6	68.4
2005	251 620	78 280	173 339	31.1	68.9
2006	316 589	94 846	221 743	30	70
2007	336 768	146 612	190 156	43.5	56.5
2008	426 113	178 536	247 577	41.9	58.1
2009	548 311	161 498	386 813	29.5	70.5
2010	698 591	200 072	498 519	28.6	71.4

资料来源：根据《中国工业经济统计年鉴（2011）》整理。

总的来说，经过 30 年的改革开放，中国经济取得了巨大的发展。伴随我国社会主义市场经济体制的建立，在以市场为导向的经济发展的推动下和国际市场需求的拉动下，我国工业迅速成长，尤其是制造业和第三产业得到长足发展，电子、钢铁、机械、石化、化工、汽车、纺织服装等行业产值占工业总产值的比重不断提高，成为国民经济的主导产业。同时，在轻重工业结构变化方面基本保持了同步增长的格局。

三、新型工业化的理论分析

1. 新型工业化的提出

2002 年党的十六大报告强调，要走新型工业化的道路，大力实施科教兴国战略和可持续发展战略。实现工业化仍然是我国现代化进程中艰巨的历史性任务。目前我国能源缺乏，土地开发已近极限，生态环境严重失衡，人口剧增，这

43

意味着我们不能再选择传统的工业化道路，而要走出一条科技含量高、经济效益好、资源消耗低、环境污染少、人力资源优势得到充分发挥的新型工业化道路。

新型工业化道路的主要内容有：第一，以信息化带动工业化，以工业化促进信息化。第二，推进产业结构优化升级，形成以高新技术产业为先导、基础产业和制造业为支撑、服务业全面发展的产业格局。第三，发挥科学技术作为第一生产力的重要作用，依靠科技进步和提高劳动者素质，提高经济增长质量和效益。转变经济增长方式，实施科教兴国战略。第四，繁荣农村经济，加快城镇化进程。第五，逐步缩小东西部地区差距，加强东、中、西部经济交流和合作，优势互补、共同发展，促进区域经济协调发展。第六，坚持"引进来"和"走出去"相结合，全面提高对外开放水平，充分利用国际国内两个市场，优化资源配置。第七，坚持和完善基本经济制度，健全现代化市场体系和现代企业制度。深化分配制度改革，健全社会保障体系。加快政府职能转变，加强和改善宏观调控。第八，千方百计扩大就业，充分发挥我国人力资源优势。第九，保障职工权利，增加职工收入，改善和提高职工的生活质量。第十，把可持续发展放在十分突出的地位，实施可持续发展战略。

2. 中国特色新型工业化道路的内涵

胡锦涛同志在 2007 年党的十七大报告中提出，要提高自主创新能力，建设创新型国家。这是国家发展战略的核心，是提高综合国力的关键。要加快转变经济发展方式，推进产业结构优化升级，要坚持走中国特色自主创新道路，把增强自主创新能力贯彻到现代化建设的各个方面。要坚持走中国特色新型工业化道路，坚持扩大国内需求特别是消费需求的方针，促进经济增长由主要依靠投资、出口拉动向依靠消费、投资、出口协调拉动转变，由主要依靠第二产业带动向依靠第一、第二、第三产业协同带动转变，由主要依靠增加物质资源消耗向主要依靠科技进步、劳动者素质提高、管理创新转变。这既是对我国几十年来特别是改革开放以来工业化进程的经验总结，也是今后转变经济发展方式的必然选择。

中国特色新型工业化道路的内涵是对新型工业化道路内涵的深化和丰富，是在新的历史条件下体现时代特点、符合中国国情的工业化道路。总地说来，包括以下特征：第一，切实转变工业经济发展方式。第二，工业发展要符合时代的特征。第三，企业人力资源得到极大提升。第四，产业结构不断得到优化升级。第五，自主创新能力大大提高。第六，区域比较优势和企业比较优势得到充分发挥。

中国的工业化是在经济全球化步伐不断加快、中国融入世界经济一体化的情况下展开的，中国的工业化将是融工业化、后工业化、信息化和知识经济化为一炉的工业化。中国完成工业化不能通过传统的工业化道路来完成，必须走中国特色的新型工业化道路。

四、科学发展观与新型工业化

科学发展观是坚持以人为本，全面、协调、可持续的发展观。以人为本，就是要把人民的利益作为一切工作的出发点和落脚点，不断满足人们的多方面需求；全面发展，就是要在不断完善社会主义市场经济体制，保持经济持续快速协调健康发展的同时，加快政治文明、精神文明的建设，形成物质文明、政治文明、精神文明相互促进、共同发展的格局；协调发展，就是要统筹城乡协调发展、区域协调发展、经济社会协调发展、国内发展和对外开放；可持续发展，就是要统筹人与自然和谐发展，处理好经济建设、人口增长与资源利用、生态环境保护的关系，推动整个社会走上生产发展、生活富裕、生态良好的文明发展道路。

有什么样的发展观，就会有什么样的发展道路、模式、战略与方向。在传统发展观指导下，我国曾经走的是"先发展经济、后治理环境"或"先污染、后治理"、"先破坏、后建设"的粗放式的老工业化路子。科学发展观，是以"人"为中心的发展战略，是以追求生活条件改善、生活质量提高为核心，是一个多层次综合目标体系，追求的是社会经济全面发展，而不只单纯追求经济增长。

科学发展观强调以人为本，强调实现经济社会全面、协调、可持续发展，与新型工业化道路的要求是完全一致的。因此，坚持科学发展观：一要转变观念，坚持和树立正确的发展观、政绩观。我们要坚持经济、社会与环境协调基础上的可持续的发展观；坚持"绿色GDP"指标体系评价"政绩"。二是树立和落实科学发展观主要是要大力发展高新技术产业，积极推进经济结构调整，走新型工业化道路。三是产业选择与工业的空间布局要因地制宜，不能"一刀切"。四是要大力发展循环经济，通过发展循环经济道路来实现新型工业化目标，落实科学发展观要求。五是要正确处理新型工业化道路过程中的"成本补偿"问题。

走新型工业化道路就要以科学发展观为指导。科学发展观要求新型工业化道路要以发展目标为价值取向，要求政府高效廉洁、政府功能适度，要求对政府绩效的评价指标体系科学合理；要求企业能有效协调自身利益与他人利益、近期利益与长远利益等关系；要求消费者理性消费，树立科学的消费观，树立正确的世界观与人生观。

总之，科学发展观是"发展之硬道理"、三步走战略和两个大局部署、全面建设小康目标与走新型工业化道路等理论与实践的升华，是统领全局的指导思想和战略方针；新型工业化道路既是提炼科学发展观的重要认识来源和经验积累，又是落实科学发展观的基本路径。两者具有内在一致性，但又是属于不同层面的重大问题。中国经济发展必须在科学发展观统领下，走新型工业化道路；中国坚持科学发展观又必须落实到走新型工业化道路等具体实践上。

五、中部崛起过程中新型工业化理论框架构建

中部崛起过程中的新型工业化理论体系的提出，深刻联系了"坚持走中国特色社会主义道路"和"大力促进中部崛起"两大命题，在当前时代条件下阐述了如何在新形势下大力推进中部地区崛起，中部地区该走怎样的新型工业化道路这一重大理论实际问题。科学阐明了在中国特色社会主义思想指导下，中部地区推进新型工业化进程的思想路线、根本任务、发展动力、战略目标和实施路径，是贯通科学发展观、工业演化理论、区域经济学等领域，涵盖政治、经济、文化、社会建设等方面的系统的科学理论体系。这一理论体系的构建，创造性地提出了一系列促进区域发展的理论观点和战略思想，在新的实践基础上丰富和发展了中国特色社会主义理论体系。

1. 中部崛起过程中新型工业化理论体系的立论基础是社会主义初级阶段和工业化中期阶段

我国仍处于并将长期处于社会主义初级阶段，任何地区的发展都应当始终不渝地坚持"一个中心、两个基本点"的基本路线，同时工业发展已经成为推动地区经济不断向前发展的重要因素，而我国从总体上正处于工业化的中期阶段，离完成工业化还有相当长的一段路要走。就中部地区而言，一般所讲的中国特色在中部地区都可以得到体现，中部地区是探索中国特色新型工业化道路的典型样本，中部地区在推进新型工业化进程中，要始终牢记社会主义初级阶段和工业化中期阶段这一现实和理论基础，不能简单照搬西方模式，必须考虑工业化的"新型"特征和中部特色，把加速推进新型工业化作为促进中部崛起的主线和根本，走一条科技含量高、经济效益好、资源消耗低、环境污染少、人力资源优势能够得到充分发挥以及与信息化相融合的有中部特色的新型工业化之路。

2. 中部崛起过程中新型工业化理论体系的本质是中国特色社会主义

社会主义的本质，是解放生产力，发展生产力，消灭剥削，消除两级分化，最终达到共同富裕。中国特色社会主义的发展目标，是建设富强、民主、文明、和谐的社会主义现代化国家，这也是社会主义本质的体现。中部地区推进新型工业化进程，促进中部崛起必须坚持中国特色社会主义的本质，坚持经济建设，解放和发展社会生产力，实施适应于中部地区实际的人才培养战略和可持续发展战

略，提高中部地区区域自主创新能力，促进创新型国家建设的不断完善。

3. 中部崛起过程中新型工业化理论体系的核心是民生

中部崛起过程中推进新型工业化的指导思想是科学发展观，以人为本科学发展观的核心，也是党的根本宗旨和执政理念的集中体现。中部地区新型工业化进程的推进要把解决人民群众切身利益放在首位，把民生问题作为各项方针政策的出发点和归宿，做到"以人为本，民生优先"，认真履行和实践"发展为了人民、发展依靠人民、发展成果由人民共享"的思想理念，使全体人民朝着共同富裕的方向稳步前进。

4. 中部崛起过程中新型工业化理论体系的主题是区域科学发展

发展是硬道理，对建设中国特色社会主义具有决定意义。新型工业化进程要以科学发展观为指导，坚持区域协调发展，提出区域统筹发展的思路和布局策略，调动一切积极因素，实现资源有效整合，注重城乡统筹和改革创新，正确处理好改革、发展、稳定的关系，坚持经济社会发展与人的全面发展相统一。中部崛起过程中的新型工业化要走区域协调、科学发展、社会和谐的文明发展道路，充分发挥中部地区的区位、资源、产业、人才综合优势，形成东中西互动、优势互补、相互促进、共同发展的新格局。

5. 中部崛起过程中新型工业化理论体系的内容是创新驱动、城乡统筹、区域协调

（1）创新驱动。

中部崛起过程中的新型工业化进程应当把增强自主创新能力作为科学技术发展的战略基点和调整产业结构、转变增长方式的中心环节。自主创新能力的提升是推进中部地区产业结构调整的关键；是形成经济增长的内在动力；是推进新型工业化的必然选择；是中部地区经济社会持续发展的动力源泉。为了提升中部地区新型工业化水平，实现经济发展模式由粗放型增长方式向集约型的经济增长方式的转变，中部地区必须切实提高区域自主创新能力，加快建设产学研相结合的技术创新体系，努力实现新技术的产业化。

针对中部地区新型工业化的创新驱动问题，应从新型工业化进程中的动力创新、产业创新和要素创新三个视角以及三者之间的内在联系探析制约当前中部地区新型工业化的主要因素，围绕创新驱动议题，提出提升中部地区新型工业化创新动力的协调发展机制、产业发展和要素创新政策，为中部六省的新型工业化创新驱动提供理论支持和解决途径。为解决动力创新问题，必须控制投资率增长速度，调整消费结构，构建需求、投资、消费之间的协调机制。要解决产业创新问题，必须大力发展现代服务业，发展特色农业，培养战略性新兴产业和发展特色产业集群。要解决要素创新问题，必须强化政府服务与创新企业管理理念，加强信息化基础设施建设，努力提升信息化应用水平。

（2）城乡统筹。

坚持统筹兼顾是坚持科学发展观的根本方法。中部崛起过程中的新型工业化要逐步扭转区域发展拉大的趋势，逐步缩小城乡差距，坚持物质文明和精神文明两手抓，处理好经济建设、人口增长与资源利用、环境保护之间的关系，实现中部崛起与国际、国内其他区域的协调发展，做到系统谋划发展全局，审时度势统筹区域发展。

统筹城乡发展，其重要途径是以新型工业化来带动。统筹城乡发展就是把城市化与新农村建设相结合，实现城市基础设施、公共服务和现代文明向农村的扩展延伸。城镇体系是产业发展的载体，是新型工业化的空间基础和条件。统筹城乡发展，可以优化中部地区的人口和生产力布局，形成特大城市、大城市、中小城市和小城镇协调发展的格局。在不同层次城市群的引领下，各级各类城市加快发展符合各自要素禀赋和发展优势的产业，努力提升城市综合承载力，完善城市的集聚辐射功能，有力地推动城镇体系的产业结构优化升级，促进制造业和生产型服务业的协同发展。

（3）区域协调。

从根本要求来看，新型工业化强调工业对环境、资源的积极影响，实现区域协调，实现可持续发展。这有别于传统工业化的根本要求，将工业和经济社会、资源环境协调发展上升到了科学发展观高度。中部地区推进新型工业化进程中，为实现全面协调可持续发展，应以"两型社会"建设为重要着力点和抓手，坚持资源节约和环境友好的发展标准，大力转变经济增长方式，推动产业结构优化升级。

中部地区新兴工业化下的区域协调发展问题，需要在归纳区域协调发展的经典理论和准确界定区域协调发展内涵的基础上，分析新型工业化下的区域协调发展机理，通过理论分析探讨中部地区区域协调发展的战略取向和战略重点。中部地区还处在基本协调阶段，说明中部地区在发展经济、促进新型工业化和城市化的同时，还要注重环境的保护和建设以及资源的高效利用，以满足社会进步的需求。

第二节　中部地区新型工业化水平现状与比较分析

本节构建了新型工业化评价指标体系及模型，对中部地区新型工业化水平评价结果进行分析和阶段判断，同时，比较分析中部地区与其他区域的工业化状况。

一、新型工业化评价指标体系及模型构建

本书中，中部地区新型工业化评价指标体系由经济发展、产业结构、科技创新、资源利用和环境保护五大类组成[①]。指标体系的构建体现了新型工业化的科学内涵、产业结构优化升级方向、经济集约发展要求以及区域不同发展水平的构建思路，在以往的工业化指标构建的基础上突出了创新、技术进步和资源环境等问题。

在关于新型工业化指标体系的测算方法上，本课题选取了综合评价方法，其中运用了综合指数法对指标进行标准化处理后加权平均。本书提出了中部地区新型工业化水平评价的具体步骤：明确指标方向性；对数据进行标准化；确定权重；通过综合指数法进行评价和对评价结果进行分析报告。

在后续研究中，本书采用了以 2005 年全国平均水平为基准值的基数评价法，对中部地区新型工业化进程和现状分年度进行综合评价。

二、中部地区新型工业化水平评价结果分析及阶段判断

本书运用综合指数法对指标进行标准化处理后加权平均，以评价年度的前一年中部地区平均水平为基准值（基数为 1 000），对中部新型工业化进程和现状分年度进行综合评价。

计算公式：$N = \left[\sum (X_i \times W_i) / \sum (X_0 \times W_i) \right] \times 1\ 000$

上式中，N 为新型工业化指数，X_i 为第 i 项指标的报告期数值（经标准化处理），X_0 为第 i 项指标前一年中部地区平均值（经标准化处理）；W_i 为第 i 项指标的权重。N 数值越大，表示新型工业化水平越高。

本书以 2005 年中部地区平均水平为基准值，基数为 1 000。对中部地区 2006年、2007 年和 2008 年新型工业化水平分别进行了评价，评价结果如表 2 - 7所示。

[①] 中部地区新型工业化指标体系的具体构建过程在子课题——"中部崛起新型工业化理论与评价体系研究"中作详细分析。

表 2－7　　　　　　　　中部地区新型工业化评价结果

指标	基数指数（2005年）	2006年		2007年		2008年	
		评价指数	增长指数	评价指数	增长指数	评价指数	增长指数
经济总量	66.667	81.736	0.226	101.448	0.241	126.445	0.246
区域内生产总值	16.667	19.236	0.154	23.297	0.211	28.288	0.214
人均 GDP	16.667	19.208	0.152	23.073	0.201	27.854	0.207
区域内固定资产投资总额	16.667	21.571	0.294	28.642	0.328	37.880	0.323
地方财政决算收入	16.667	21.721	0.303	26.435	0.217	32.423	0.227
经济效益	66.667	71.605	0.074	88.578	0.237	90.906	0.026
工业增加值率	9.524	9.539	0.002	9.884	0.036	7.009	−0.291
总资产贡献率	9.524	9.541	0.002	11.983	0.256	11.938	−0.004
资产负债率	9.524	9.530	0.001	9.825	0.031	9.903	0.008
流动资产周转次数	9.524	9.540	0.002	11.596	0.216	11.938	0.029
工业成本费用利润率	9.524	9.763	0.025	12.888	0.320	10.875	−0.156
产品销售率	9.524	9.542	0.002	9.522	−0.002	9.504	−0.002
工业企业利润总额	9.524	14.150	0.486	22.879	0.617	29.739	0.300
社会发展	66.667	82.361	0.235	84.746	0.029	86.885	0.025
城市登记失业率	33.333	33.189	−0.004	33.923	0.022	34.226	0.009
城市化率	33.333	49.172	0.475	50.823	0.034	52.660	0.036
产业结构	200.000	212.592	0.063	233.138	0.097	261.486	0.122
第一产业	66.667	66.311	−0.005	70.211	0.059	78.965	0.125
第二产业	66.667	74.881	0.123	84.629	0.130	98.032	0.158
第三产业	66.667	71.400	0.071	78.298	0.097	84.489	0.079
创新环境	100.000	118.381	0.184	113.271	−0.043	119.771	0.057
研发投入	20.000	20.734	0.037	22.332	0.077	19.311	−0.135
创新主体	20.000	20.912	0.046	21.507	0.028	25.285	0.176
信息基础设施	20.000	22.353	0.118	22.353	0.000	24.200	0.083
知识产权保护	20.000	20.291	0.015	20.209	−0.004	20.209	0.000
资金获得的便利性	20.000	34.091	0.705	26.871	−0.212	30.766	0.145
技术进步	100.000	110.259	0.103	122.361	0.110	156.066	0.275

中部崛起过程中的新型工业化研究

续表

指标	基数指数 （2005年）	2006年		2007年		2008年	
		评价 指数	增长 指数	评价 指数	增长 指数	评价 指数	增长 指数
科技成果转化	25.000	25.058	0.002	27.773	0.108	30.667	0.104
新产品构成	25.000	26.145	0.046	27.654	0.058	19.321	-0.301
专利授权	25.000	30.851	0.234	37.546	0.217	81.123	1.161
企业信息化	25.000	28.205	0.128	29.389	0.042	24.955	-0.151
自然资源	100.000	108.871	0.089	118.013	0.084	136.766	0.159
能源集约利用	50.000	51.814	0.036	53.794	0.038	58.926	0.095
工业废物综合利用	50.000	57.058	0.141	64.219	0.126	77.840	0.212
人力资源	100.000	87.541	-0.125	126.854	0.449	142.729	0.125
劳动者就业	50.000	42.351	-0.153	47.720	0.127	78.028	0.635
劳动者素质	50.000	51.481	0.030	58.283	0.132	63.895	0.096
"三废"排放	100.000	103.223	0.032	110.929	0.075	194.094	0.750
工业废水排放	33.333	34.870	0.046	38.152	0.094	67.821	0.778
工业废气排放	33.333	34.140	0.024	36.996	0.084	55.627	0.504
工业固体废物排放	33.333	34.213	0.026	35.781	0.046	70.645	0.974
生态平衡	100.000	105.080	0.051	112.844	0.074	107.689	-0.046
水土流失	50.000	51.205	0.024	52.359	0.023	51.937	-0.008
城市绿化	50.000	53.875	0.077	60.485	0.123	55.751	-0.078
合计	1 000.000	1 081.648	0.082	1 212.182	0.121	1 422.837	0.174

从表2-7中，可以得到以下主要结论：

中部地区正处于工业化加速发展的阶段，走新型工业化道路是中部地区加快现代化建设的必然选择。

第一，中部地区新型工业化进程的推进过程十分明显。中部地区2006年、2007年和2008年新型工业化水平评价指数得分依次为1 081.648、1 212.182、1 422.837，增长指数依次为8.2%、12.1%、17.4%，反映了中部地区新型工业化的发展速度在不断提高，进程在不断加快。

第二，工业化进程和地区社会发展协调并进。评价结果中，社会发展指数增长速度是最快的，也是最稳定的，三年中平均涨幅达到了20%以上。这体现了在中部地区推进新型工业化的过程中，中部地区整体经济发展也呈现良好的增长势头。这主要得益于中央政府和地区政府对地方经济的大力支持，地方财政决算收入和区域内固定资产投资总额两个指数也证明了这一观点。

第三，中部地区的新型工业化进程基本兼顾了"两型"原则。中部地区新型工业化在追求工业化发展速度和质量中，节能减排目标实施完成情况和实施效果显著。这一结果可以从以下指标的变化上得到：从自然资源利用指数和"三废"排放指数两个指数可以发现，在 2006 年和 2007 年增长缓慢，均未超过 10%，而且 2006 年的"三废"排放指数只有 3.2%。工业废物综合利用和工业固体废物排放两个指标多年持续增长。当然，从评价结果看，还是存在一定的问题。比如 2008 年，"三废"排放增长指数飙升到 75%。同时，在生态平衡指标方面，没有较大波动，其中的城市绿化指数还略有下降。

第四，工业发展整体状况良好，科技创新在其中发挥了重要作用。中部地区工业经济效益指数从 2006 年到 2007 年有一个从温和增长到高速增长的变化，并在 2008 年金融危机时也保证了工业经济效益指数 2.6% 的增长，说明中部地区工业基本条件扎实，工业规模经济发展状况较好，工业经济运行质量和效益显著。究其原因，企业在自身发展过程中更加注重技术创新和技术发展的专利申请起到了重要的作用。三年间技术进步指数加速增长，其中专利授权指数和企业信息化指数都大大超过了技术进步指数的增幅，尤其在 2008 年，技术进步指数达到了 27.5%，专利授权指数翻了一番，增长了 116.1%。工业经济效益指数的快速增长和技术进步指数的加速增长，说明中部地区工业化进程中，科技进步和创新是至关重要的，中部地区的新型工业化走的是一条科技含量高的路子。

第五，产业结构调整得到不断推进，中部地区积极推进产业结构优化升级，产业结构指数的提高保持在 10% 左右。这得益于中部地区在转变经济发展中，较好地把握了时机，在加快振兴装备制造业、培育壮大新兴产业、改造提升传统产业、大力发展生产服务业的方面所做的工作效果显著。

第六，地区创新环境未得到较好发展。创新环境指数在 2006 年有 18.4% 的大幅上升以后就表现平平，甚至在 2007 年出现了 -4.3% 的负增加。其中大部分原因是由于 2007 年房地产市场和股票市场的高涨使得政府出台了一系列紧缩的货币政策，加上金融危机的影响，使得企业大幅减少了研发投入。但从政府资金占科技活动经费筹集总额比例、金融机构贷款支持比例、科技活动经费筹集总额等指标的变化上，也可以看出企业在政府政策性扶持下，也在通过各种渠道筹集科技经费，不断改善企业自身创新环境，

第七，中部地区人力资源优势开始得到充分发挥，人力资源指数波动较大，经历了 2006 年的大幅降低后，2007 年和 2008 年开始逐步攀升。究其原因，2007 年之前，中部地区在转变增长方式、调整产业结构的过程中，由于优化升级而造

成地区就业水平的暂时降低，而在 2007 年后，前期调整效果显著，部分产业升级基本到位，人力资源指数开始稳步上升。这也说明了人口就业的突出矛盾可以通过新型工业化进程的不断推进而得到很好地解决。

三、中部地区与国内其他区域的工业化状况的比较分析

中部地区是我国的人口大区、经济腹地和重要市场，在东部大发展、西部大开发、中部崛起的区域经济发展战略中，中部地区的工业化、现代化进程，在中国经济格局中具有举足轻重的地位。

1. GDP 比较

中部地区人均 GDP 低于全国平均水平。中部地区 GDP 占全国的比重偏低，按当年价格计算，2010 年中部地区 GDP 为 86 109.4 亿元，占全国 GDP 的 19.7%，人均 GDP 为 24 242 元，低于全国平均水平 29 992 元，同时也低于东部和东北部地区（见表 2 - 8）。最低省份安徽省人均 GDP 仅为 19 768 元。

表 2 - 8 　　　　　　中部地区与其他地区 GDP 比较（2010 年）

	国内（地区）生产总值（亿元）	占全国比重（%）	人均国内（地区）生产总值（元）
全国总计	401 202.0	100	29 992
东部地区	232 030.7	53.1	46 354
中部地区	86 109.4	19.7	24 242
西部地区	81 408.5	18.6	22 476
东北地区	37 493.5	8.6	34 303

资料来源：根据《中国统计年鉴（2011）》整理。

从 20 世纪 90 年代以来，与东部地区相比，中部地区 GDP 增长率基本上都低于东部地区。但这种情况从 2004 年开始得到了改善，从 2010 年数据来看，中部地区 GDP 增长率为 13.9%，高于全国平均水平。中部地区各省的 GDP 增长除河南较低外，其他均在 14% 左右。这说明中部地区工业化发展潜力很大，而且正在凸显出来。

2. 工业总产值

2010 年，各地区规模以上企业主要指标如表 2 - 9 所示：

表2-9　　　　　　　　各地区规模以上企业主要指标　　　　　　单位：亿元

	工业总产值	资产总计	企业单位数（个）	从业人数（万人）
全国	698 590.54	592 881.89	452 872	9 544.71
东部地区	428 118.56	337 319.63	291 092.00	5 844.50
中部地区	120 713.87	100 474.36	77 923.00	1 730.59
西部地区	90 905.19	105 343.85	49 248.00	1 280.47
东北地区	58 852.92	49 744.10	34 609.00	689.15

资料来源：根据《中国统计年鉴（2011）》计算所得。

中部地区工业总产值相比东部地区来说差距还很大，从绝对量上来看，在一定程度上来说，中部地区工业化发展潜力还有待于挖掘。从增长速度来看，中部地区规模以上企业工业总产值增长率为10%，高于东部地区的6%，但低于西部地区的11%和东北地区的14%。

3. 产业结构

中部地区经济结构调整空间很大。从图2-2中可以看出，中部地区第二产业产值所占比重已经跃居全国第一，第一产业产值所占比重排第二位，第三产业产值所占比重最少。说明与现代新型工业化配套的服务业发展还不够充分。

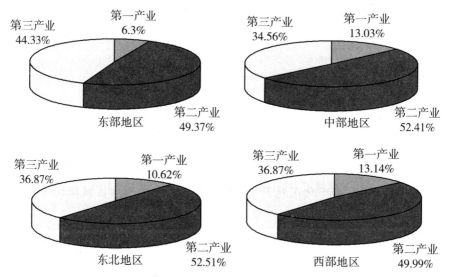

图2-2　各地区三次产业比值

资料来源：根据《中国统计年鉴（2011）》数据计算所得。

从图 2-3 数据对照来看，我国各地区就业结构水平普遍落后于产值结构水平，而中部地区与全国其他地区相比，不仅就业结构低于全国其他地区水平，且就业结构落后于产值结构，其就业结构整体上呈现出"一、三、二"的结构态势。

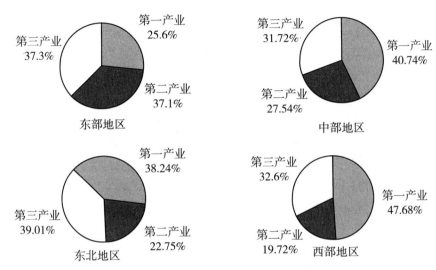

图 2-3　各地区三次产业从业人员比例

资料来源：根据《中国统计年鉴（2011）》计算所得。

4. 城市化率

中部地区城市化处于快速推进阶段。从城市化进程来看，中部地区城市化水平状态还落后于全国平均水平，到 2009 年末，中部地区人口总数为 35 603.52 万人，城镇人口总数为 15 046.79 万人，占人口总数的 42%，其中湖北最高，为 46%，河南最低，为 37%。

中部地区城市化率仅高于西部地区的 39%。而同期东部地区城镇人口占总人口的比重为 57%，其中北京和上海均超过 85%。东北地区城镇人口占总人口的 57%。

其实，中部地区城市化正处于大幅提高的阶段，中部地区城市化进程加速，对推进工业化进程有重要意义，它将有利于改变长期以来中部地区城市化滞后于工业的状况。

第三节 中部地区新型工业化的发展思路及战略目标

一、中部地区新型工业化的指导思想

推进中部地区新型工业化要以科学发展观为指导，坚持邓小平理论和"三个代表"重要思想指引，确定"三个基地、一个枢纽"的战略思想定位，以"显著提高经济发展水平、明显增强经济发展活力、不断提升可持续发展能力、努力构建和谐社会"为总体目标，以"跨越发展、突出特色、集成资源、整体优化、联动推进、开放创新"为指导原则，依托"两大经济带、三大平原农业、四大高新产业、五大支柱产业、六个城市群"的总体布局，加快产业结构调整，优化产业体系，增强自主创新能力，促进人与自然的和谐发展，努力走出一条产品质量高、经济效益好、资源消耗低、环境污染少、竞争能力强的新型工业化道路。

二、中部地区新型工业化的指导原则

1. 跨越发展原则

打破传统观念的束缚，树立超常规发展的思想，坚持有所为、有所不为，总体跟进、重点突破。选择若干具有自身优势和较大潜力的重大技术、重点产品、支柱与先导产业、中心城市，实现技术、经济、城市发展赶超全国乃至世界水平，以重点领域的跨越带动社会生产力的跨越发展。

2. 突出特色原则

坚持立足中部六省的科技、经济、社会优势，深化产业分工，合理布局区域战略性特色产业。以国内外市场为导向，以促进形成若干新兴支柱产业为目标，实施重点突破，形成有中部地域特色的高新技术产品群、高新技术企业群、高竞争力的产业群、强实力的城市群，以点带面，壮大特色产业和形成增长极，全面推进中部科技经济社会协调发展。

3. 集成资源原则

进一步解放思想，突破行政区划界限，放眼全国和世界，在资源配置上加强集成。积极加强政府部门的集成，统筹协调，搭建信息资源、人力资源、科技资源、金融资源、市场资源共享平台，实现各地区、部门的政策互动、战略联动，致力形成中部整体推进的合力。

4. 整体优化原则

优先发展区域的主导产业、优势产业和支柱产业，当区际交换能比区域自身经营有更大利益时，可通过区际交换、区际协作来满足自己的要求，而不是强调自我平衡，强求区域产业体系的完整性。合理的区域经济政策应当是重点倾斜、适度协调的政策，区域产业结构的变化应采取非均衡的发展方式。

5. 联动推进原则

建立协调中部地区区域发展的机制和平台，实现整体联动格局。中部六省既要竞争，更要结成战略同盟，形成地区互动、优势互补、相互促进、共同发展的战略格局。向东融合，向西拓展，创新区域合作机制，引导生产要素跨区域合理流动，推动区域协调互动、共同发展。

6. 开放创新原则

坚持对内开放与对外开放相结合，在更大范围、更广领域和更高层次上参与国际经济技术合作和竞争。充分利用国际、国内两个市场，优化资源配置，拓宽发展空间。强调自主创新与技术引进相结合，把引进和利用区域外技术、资本、人力作为加速中部发展的重要手段，加速体制创新。

三、中部地区新型工业化的发展思路

中部地区新型工业化的总体战略发展思路为：在国家促进中部地区崛起工作办公室的统一领导下，加速制度创新和机构创新的步伐，进一步优化政策环境，合理调整战略布局，构建战略发展模式，稳步推进具有中部特色的新型工业化进程。中部地区新型工业化战略发展思路见图 2-4。

1. 以产业结构调整升级推动中部工业城市的振兴

第一，用工业化理念谋划农业的发展。突出以两湖平原（江汉平原、洞庭湖平原）、黄淮平原、鄱阳湖平原为主的三大平原农业区，集资金、技术、管理、人才等优势，建立中部现代农业基地和商品粮基地，并提高农业产业化水平，用先进技术改造传统农业，以龙头企业带动支柱产业，把中部地区的农业资源优势转化为产业优势。第二，充分利用现有制造业的空间布局，发挥比较优势，积极承接产业转移。在产品选择及产业选择上，要选择那些既能发挥自身优势，国内又有足够市场需求的产品及相关产业。第三，促进资源型城市产业结构的调整和升级。要鼓励中部资源型城市加快结构调整和产业转型，积极培育接续产业，不断延长产业链条，提高加工增值程度。第四，加强科技创新功能，加速

57

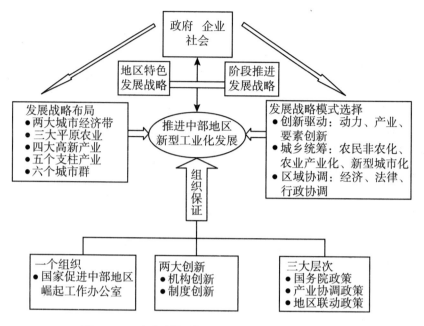

图 2－4　中部地区新型工业化战略发展思路

形成工业主导型产业结构。加快工业结构调整力度，着力整合提升汽车、医药、石化三大传统产业，重点发展光电子信息、新材料、先进制造技术、生物医药四大高科技产业，大力培育机电制造、材料工业、轻纺制造、能源电力及现代服务五大支柱产业。

2. 以城市群为依托推动中部区域经济发展

从空间布局来看，中部已初步形成"两横两纵"经济带，要进一步加快沿长江经济带发展，增强沿陇海经济带实力，提升沿京广经济带水平及培育壮大沿京九经济带。

加紧培育六大城市群增长极：武汉"8＋1"城市圈、河南的中原城市群、湖南的长株潭城市群、安徽的皖江城市带、江西的环鄱阳湖城市群、山西的太原城市圈等。这六个初具规模的城市联合体，具有较为明显的资源和产业优势，应加强中部各区域合作，发挥规模效应和聚集效应，形成竞争优势，并积极推动各城市群向周边城镇、农村辐射，推动中部逐层发展。

3. 促进中部地区之间的经济合作

打破行政管理机制的束缚，促进中部地区的城市群合作联动发展，加强各层次之间的横向交流与合作，推动"行政城市群"向"经济城市群"转变，实现经济一体化。第一，协调中部地区在交通、流通和融通方面的优势；第二，加强企业层面的经济合作和经济往来；第三，推动中部能源和原材料统一大市场的形成；第四，加强中部地区农业的合作。

四、中部地区新型工业化的战略目标

到 2015 年，中部地区的新型工业化水平将达到高速发展的成长期，中部六省的新型工业化水平在全国的排名中将名列前茅。随着经济的蓬勃发展、产业结构的逐步优化、科技能力的不断提高以及可持续发展的实现，中部地区的新型工业化水平将稳步攀升。

到 2015 年，中部地区新型工业化要努力实现以下目标：

1. 经济发展水平显著提高

实现经济质量和效益有较大提高，整体经济实力进一步增强，经济总量占全国的比重进一步提高。到 2015 年，初步完成经济发展模式由粗放型向集约型的转变。中部地区生产总值突破 21.71 万亿元，年均增长 19.2% 以上；区域内固定资产投资额将达到 14.5 万亿元，年均增长 15.6%；地方财政决算收入超过 2.08 万亿元，年均增长 24.8%。工业企业利润总额达到 79 941.92 亿元，年均增长 46.1%；工业增加值率达 36.15%，年均增长 1.1%；总资产贡献率超过 23.68%，年均增长 7.82%。城市登记失业率控制在 3.51% 以下，城市化率升至 83.5%。

2. 产业结构调整逐步完善

经济发展方式明显转变，承接产业转移取得积极成效，形成一批具有国际竞争力的自有品牌、优势企业、产业集群和产业基地。到 2015 年，初步形成以高新技术产业为主体，三次产业结构科学合理的产业体系。第一、二、三产业比例达到 12∶48∶40，其中第三产业增加值超过 4.949 亿元，年均增长 12.45%。进一步优化工业结构，重点培育发展高新技术产业和战略性新兴产业。

3. 自主创新能力显著提高

依靠体制创新和加大投入，初步建成以企业为主体的科技创新体系和产学研联盟研发平台，推动中部地区新型工业化走上科技创新驱动发展轨道。到 2015 年，R&D 经费占主营业务收入的比重超过 1.41%，年均增长 7.55%。进一步提升科技活动人员的整体素质，科学家与工程师占科技活动人员的比重达到 74.6%，年均增长 2.58%。拥有国家工程（技术）研究中心近百个、国家重点实验室 60 余个、逐步拉近与东部地区在发明专利申请量上的距离。完善法律体系，增强知识产权保护能力，侵权纠纷收结案比例达到 0.433%。综合科技进步水平指数升为 37.37%。

4. 可持续发展能力不断提升

达到生态环境质量总体改善、水资源利用更加集约、防灾减灾能力不断增强、主要污染物排放量得到有效控制的目的。根据两型社会发展需要，提高资源利用率，进一步加强低碳环保。单位工业增加值能耗降低至 1.35 吨标准煤/万元。工业固体废物综合利用率超过 90.5%，年均增长 40.3%。"三废"综合利用产品产值达到 1 659.9 亿元，年均增长 25.7%。万元工业增加值废水排放量低于 1.6892 吨/万元，且工业废水排放达标率达到 0.9567%。万元工业增加值废气排放量降至 3.18 标立方米/万元，工业烟尘去除量达 21 556 万吨。万元工业增加值固体废物产生量为 3.184 吨/万元，工业固体废物处置率达 23.366%。

五、中部地区新型工业化的实施途径

实现中部地区新型工业化战略目标的实施路径如下：

1. 增强创新驱动力

从长远看，只有解决了创新驱动力的问题，才能促进中部经济快速实现向集约型经济增长方式的转变，实现经济的健康、快速、可持续发展。

创新驱动包含三个方面的内容：动力创新、产业创新和要素创新。

中部地区新型工业化的动力创新要处理好投资、消费与净出口三者之间的关系。从经济发展和新型工业化进程角度看，三者共同为经济增长和新型工业化提供有力支持，消费、投资和出口三大市场动力彼此依赖，既相互矛盾又相互支撑。因此有必要对消费、投资和出口三大动力进行协调，制定三者平衡增长的机制，从而为中部地区新型工业化提供动力驱动。

中部地区新型工业化的产业创新需要重点关注产业结构创新、产业组织创新和产业协同创新。加速建立健全企业与政府、高校、科研机构、中介机构的协同创新体系，形成一个有利于研发、成果转让、信息交流与扩散的资源共享平台（见图 2-5）。

中部地区要实现依靠三次产业协同发展，首先要转变过去过分倚重第二产业的观念，确立产业协同发展的科学发展观。第一，加强现代农业的建设。用现代技术改造农业，用现代工业装备农业，用现代管理方法及手段管理农业，推进农业的集约化、规模化、专业化、产业化、市场化和国际化，加强农村服务体系建设，从根本上解决"三农问题"。第二，推进"工业立省、工业兴省"战略。中部地区应抓紧将资源优势逐步转化为工业经济发展的优势，并通过机制创新加快高新技术产业和现代装备制造业的发展，尽早实现成为全国重要的现代装备制造及高新技术产业基地这一目标。第三，大力发展现代服务业特别是推动面向生产

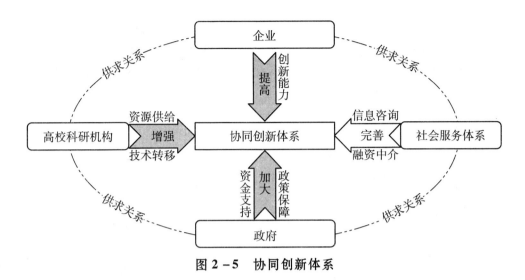

图 2 - 5   协同创新体系

的服务业的发展。以市场化、产业化、社会化为方向，改组改造传统服务业，发展现代服务业，拓宽服务领域，提高服务水平，着力推进跨区域、跨部门、集聚功能强、辐射作用大的增值工程、增率工程和增效工程，促进现代制造业与服务业的有机融合。第四，以产业创新促进产业协同的发展。不同产业间要在不断创新中相互寻求融合的交点，产生新的产业协同结构，促进产业协同的发展。产业创新协同体系见图 2 - 6。

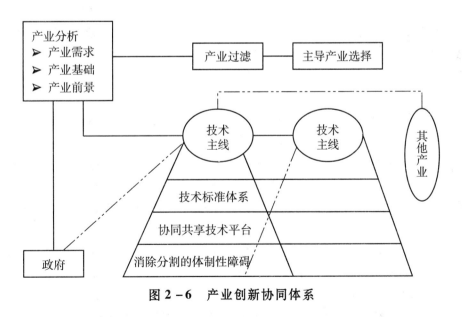

图 2 - 6   产业创新协同体系

2. 实现城乡统筹发展

城乡统筹发展是实现城乡经济社会全面协调发展的客观要求，是破解"三农"问题的根本出路；实现城乡统筹发展战略的基本要求是城乡互通、城乡协作、城乡协调、城乡融合（见图2-7）。

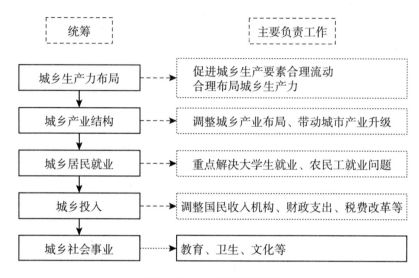

图 2-7　城乡统筹发展

第一，统筹城乡生产力布局。在研究和配置生产力时，把城市和农村放在国民经济这个总体框架内进行统一考虑，打通城乡生产要素合理流动的市场渠道，促进农村的劳动力、土地等生产要素和城市人才、资本和技术等生产要素的双向流动和有效组合。

第二，统筹城乡产业结构。使城市的产业布局与农村第二、三产业的发展合理分工，形成紧密的产业互动链条，由城市第二、三产业带动农村第二、三产业，由农村第二、三产业的发展，推动城市产业层次的提升。

第三，统筹城乡居民就业。把农民就业的着眼点从农村内部转移，从就近转移扩大到跨区域、城乡间的大范围转移，将转移渠道从单纯的农村第二、三产业拓展到整个城乡第二、三产业，改变转移方式，把单纯自发的分散式转移转化为有组织的、集群式转移。

第四，统筹城乡投入。逐步调整国民收入分配格局和财政支出结构，对农村发展给予更多的财力支持，调整农村税赋政策，在农村税费改革的基础上，分区域、分阶段取消农业税。

第五，统筹城乡社会事业。实行统一的社会保障政策，推动农村教育、卫生、文化等社会事业的发展，尽快缩小城乡之间社会事业发展方面的差距。

3. 实现区域协调发展

中部崛起应该作为板块整体崛起。这意味着一方面中部各省应促进与周边地区双边及多边合作关系的发展，另一方面各级政府应立足于本地区的特色和优势，从项目布局、土地使用、资金、税收、研发等方面，加大对各产业的支持力度，依托现有的工业基地，促进中部地区的协调发展。

中部六省社会经济发展状况在自然条件、资源开发、经济结构、人文环境等方面既有许多共同的特征，也有一定的差异性。中部地区区域合作与协调发展主要依靠互动机制来实现：第一，市场机制。市场机制是一个有机的整体，通过市场经济的选择，可以科学、合理地优化配置各种经济要素资源。第二，合作机制。合作机制是一种协议性的分工，成功的合作机制在于政府仅提供合作平台而不涉及具体运作。第三，互助机制。各级政府通过对资源的合理配置，促进企业间互惠互利项目的交流与合作。第四，扶植及补偿机制。通过政府转移支付及发展县域经济，带动城乡协调发展（见图 2－8）。

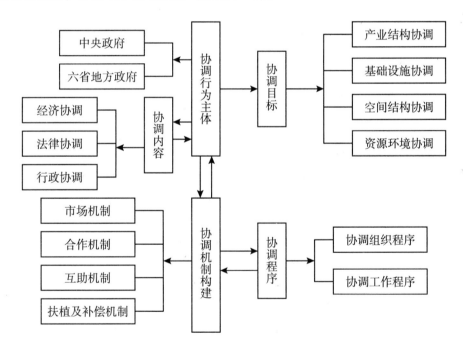

图 2－8　区域协调发展保障体系

中部地区新型工业化区域协同的重点内容在于实现经济协同、法律协调和行政协调。建立统一的经济、法律和行政协调机制，是促进区域资源整合、互动发展的基本条件。中部各省既要发挥各自的比较优势，又要整合资源，分工协作，联动发展。要突破区划障碍和省际界限，共同制定生产要素合理流动的统一规则，创新组织架构，建立研讨、决策、合作平台，促进资源、资本、技术、信息、人才的优化组合，真正实现各类生产要素的优化配置、资源共享，共同培育中部经济区统一、开放、竞争、有序的市场体系。加强中原经济区的区域合作与发展，应当把加快相互间的政策研究放在突出位置，通过经济研讨、高层论坛等形式，互相交流发展的战略定位、目标思路、政策措施，交流解决各自发展中遇到的困难、问题的方法措施和成功经验，互相学习，在事关经济区发展的共性问题上达成共识，加强合作与发展。

第四节　中部地区新型工业化发展模式研究

一、主要工业化国家发展模式分析及经验借鉴

产业革命以来，各国经济发展的历史同时也是工业化推进的历史。探寻国内外工业化的历史轨迹，有利于总结不同经济制度、历史文化传统、资源禀赋等背景下各国各地区的工业化战略的经验教训，推动中部地区新型工业化的发展。

1. 英美工业化模式及特点

工业革命揭开了英国工业化序幕，到19世纪30～40年代，英国基本实现了早期工业化。通过工业革命，英国的技术基础发生了根本性的变革，机器代替了手工工具，完成了工场手工业向机器大工业的过渡。随后工业化逐渐扩散到其他工业部门和交通运输业中。1825年，英国修建了第一条铁路，1870年，英国国内铁路网建成。利润的驱使使英国经济结构发生了变化，农业不再占优势地位，工业和贸易及交通运输业开始在经济中占据主导地位。对英国人来说，社会经济制度的演进和现代化的进程是相辅相成的，工业化是经济发展的自然历史过程。

英国工业化的特点主要有：第一，没有外力作用，由市场自发推动工业化，政府奉行自由放任政策，没有阻碍工业化进程。第二，工业化过程遵循正常的产业结构演进规律，即以轻工业为优先发展产业，通过产业联系带动重工业等国民经济其他部门的发展。第三，工业化的推进与社会经济、政治、文化等各方面的变化及现代化进程几乎浑然一体。

英国工业化进程是内生演进的。作为第一个工业化国家，它的经验是难以模

仿的。工业化的自发进程又决定了英国工业化时间较长，被更多的后来者超越，如美国，美国的工业化同属于内生模式，与英国相似，美国的工业革命也是从棉纺织工业开始的。19 世纪 30～70 年代，新英格兰地区的棉纺织业大发展；1843～1870 年间，铁路修建、重工业大发展；到 1880 年，美国工业产值超过英、德两国，成为世界第一工业强国。1894 年，美国的工业产值相当于整个欧洲工业产值的一半。

美国的工业化起步晚于英法，但速度较快，因此很快就实现了赶超。归纳美国工业化的经验，有以下特点：第一，重视制度建设、保护私有产权。产权保护制度为技术创新奠定了基础；第二，重视基础设施建设和产业间协调发展。基础设施建设特别是交通运输事业的高度发展，使地区之间的分工协作成为可能，为美国重工业的发展创造了前提。第三，提高劳动力的专业化素质和劳动生产率，实现结构升级。美国通过大力普及和发展教育、尊重知识、引进人才、发明劳动节约型技术、发展技术和资金密集型产业等手段和途径，努力提高劳动力的专业化素质，成功实现产业的优化和升级（见表 2 - 10）。

表 2 - 10　　　　　1870～1910 年美国制造业构成变化趋势　　　　单位：%

大类	具体部门	1870 年	1910 年	增减幅度 (1870～1910)
消费品制造部门就业人数占制造业就业人数比重（%）	羊毛和毛纺织品	5	2.9	-2.1
	棉花和棉纺品	7.29	1.18	-6.11
	皮革和皮革制品	9.56	4.72	-4.84
资本品制造部门就业人数占制造业就业人数比重（%）	钢铁	7.58	15.19	7.61
	运输设备	5.63	8.88	3.25
	木材和木制品	8	12	4
	印刷和出版业	1.5	6	4.5

资料来源：《美国工业化特点及其对我国的借鉴意义》国研网，2003 年 10 月 9 日，《新型工业化道路研究》课题组，李佐军。

2. 德日工业化模式及特点

日本真正进入工业化过程还是在第二次世界大战以后。1955～1973 年，日本政府围绕高速发展经济这一中心任务共编制了七个正式计划。日本历经 30 年完成工业化进程，到了 80 年代，日本已经成为世界经济大国（见表 2 - 11）。

表 2-11　　　　日本与其他发达国家的经济增长率比较　　　单位：%

国家	实际 GDP 增长率			人均 GDP 增长率		
	1970~1980年	1980~1990年	1990~2000年	1970~1980年	1980~1990年	1990~2000年
日本	4.6	4.0	1.6	3.3	3.4	1.3
美国	3.2	3.2	3.3	2.1	2.3	2.0
德国	2.7	2.2	2.4	2.6	2.0	2.1
英国	1.9	2.7	2.3	1.8	2.5	2.0
法国	3.3	2.4	2.0	2.7	1.8	1.7

资料来源：OECD, International Tradeand Core Labor Standard, 2000；日本内阁府，《经济财政白皮书》，2005 年。

以日本为代表的晚期工业化特点为：第一，大量引进欧美先进技术的同时，努力实现自主创新能力的提高；第二，注重环境保护，把推进工业化和加强环境保护统一起来，注意治理污染，节约利用资源；第三，发挥科技人员的创造性，为他们的工作和生活提供优惠条件；第四，用产业政策促进工业化进程，日本政府运用收入弹性基准和生产率上升基准相结合的原则，对未来产业结构进行规划，实施重点战略产业倾斜政策。

德国资本主义工业的发展比英国晚半个多世纪，直到 19 世纪三四十年代德国还是一个农业国，产业工人只占全国人口总数的 2.98%，1848 年资产阶级革命后机器大工业才逐步确立起来。1871 年德意志帝国建立后实现了大工业的迅速发展，在 19 世纪 70 年代末工业化程度达到了足以与英法匹敌的地位。

德日两国的工业化进程都比较快且成效显著，它们的工业化过程有许多共同点：第一，两国都具有后发优势，且在发展模式上都选择政府主导型的工业化发展模式。第二，德日两国的企业卡特尔化在工业化中充当了重要角色。在两国工业化过程中，企业卡特尔化成为工业化的一种主要趋势和选择形式，带动了产业规模经济的实现和国际竞争力的提高。第三，德日两国着力提高科教水平来促进工业化，真正做到了以科技教育立国，这种对教育的重视最终得到了远比其投入更多的回报。第四，重视工业化进程中的产业结构转换与升级。

3. 苏联中央计划工业化模式及特点

苏联真正推进工业化是从 1928 年开始实施第一个五年计划起步，1928 年，苏联采用了中央集权的计划经济体制，将农业创造的剩余向国家工业部门大规模转移，来加快工业化的进程。到 1940 年苏德战争爆发时，工业产值超过英、法、德，跃居欧洲第一。

苏联仅用了八个五年计划就实现了工业化。苏联工业化有两个最突出的特征：第一，主要工业部门的生产资料国有化，各种生产要素由中央直接计划调拨，社会经济调节具有高度计划性；第二，优先发展重工业，通过产业联系带动国民经济其他部门的发展（见表2-12）。

表2-12　　　　　　　苏联产业结构变化　　　　　　单位：%

产业	1970 年	1980 年	1985 年
农林业	16.1	14.1	15.8
工业	63.6	63.6	61.1
其他	20.3	22.3	23.1

资料来源：郭金龙，《经济增长方式转变的国际比较》，中国发展出版社2000年版，第160页。

苏联这种高度集权、集中资源、优势优先发展基础重工业的模式，有利于在较短的时间内实现工业化，对于战时的社会主义的胜利作出了巨大贡献，但这种体制也有较大的负面效应，体现在：第一，牺牲农业，以农业的低效率换取重工业的高速增长，使工业后期的增长丧失基础；第二，抑制市场交易，不仅对外贸易减少，而且国内产业间的交易也很少，经济活动效率低下。另外，过度注重重工业的投入而忽视了轻工业的发展，使人们生活水平跟不上社会经济的发展速度，造成民众的反感情绪。

4. 东亚新兴工业化模式及特点

东亚新兴工业化模式的典型是韩国。1960年以后，韩国的工业高速发展，一般被认为是出口主导型工业化。韩国的工业化发展模式是具有高线型成长模式的工业化模式。这种模式的特点是：第一，实行出口主导型的工业化战略。韩国根据自己劳动力资源丰富的优势，以及自然资源和资本缺乏、技术水平低、国内市场狭小的劣势，优先发展轻纺工业，扩大出口，完成资本积累。第二，采取政府主导型的开发战略。政府以制订开发计划为主，在计划实现、资金分配、基础产业的建设等方面广泛介入。特别是对战略产业进行保护和培育，提供生产补助金。第三，采取积极引进外资政策。国家通过外资引进法，支持外资引进。第四，采取不均衡增长战略。韩国的轻工业和重化工业并不是同时并行地均衡成长，而是不均衡成长。韩国成长的主导产业是重化工业，重化工业一直保持着比轻工业部门更高的增长率。政府坚持出口主导型增长政策，又通过金融政策对战略性的重化工业部门进行集中投资。

5. 主要工业化国家发展模式的经验借鉴与启示

主要工业化国家工业化发展模式对我国的启示：

第一，工业化过程的长期性。工业化是一个长期奋斗的过程，绝不可能在短期内通过走捷径一蹴而就，工业化必须经历一个循序渐进的过程。

第二，产业结构的高级化必须以协调化为前提。只有在各产业协调发展的基础上，随着技术的进步和国内产业竞争力的增强，才能逐步使产业结构升级。

第三，工业化必须以专业化为前提。工业化首先表现为人的专业化，劳动力专业化素质和劳动生产率的提高在工业化过程中起到了核心作用。

第四，工业化必须高度重视产业的聚集度。如美国的工业化表现为明显的产业聚集区域专业化和人口集中（城市化）。

第五，制度安排十分重要。正确的制度选择是工业化顺利推进的必要条件。

第六，贸易保护政策十分重要。我国仍然是发展中国家，还有很多幼稚产业需要保护，要理直气壮地争取发展中国家的应有权益，但是在国内则要尽快消除地方保护、区域封锁等，加快实现全国贸易自由化，形成统一市场。

二、中部地区新型工业化模式选择的基本原则及依据

1. 创新驱动原则

中部崛起过程中的新型工业化必须以创新为原动力，要紧紧依靠动力创新、产业创新和要素创新，这涉及中部崛起过程中的方方面面。其中，动力创新是中部地区新型工业化的引擎，产业创新是中部地区新型工业化的关键，要素创新是中部地区新型工业化的必然选择。

从总体上说，中部地区的经济发展在相当长时间内是由投资驱动的，中部地区要实现新型工业化，只有通过市场动力创新，由主要依靠投资、出口拉动向依靠消费、投资、出口协调拉动转变才能实现。

依托产业创新，积极推进中部地区的新型工业化，促进中部快速崛起。纵观世界各国的工业化道路，尽管其所处的历史时期、发展环境与具体方式不同，但有一点是共通的，即依靠产业创新。积极发挥产业创新的驱动作用，是中部地区加速工业化、实现对发达地区赶超的关键。实施产业创新，政府需加强对产业创新的政策支持力度，建立产业创新的制度安排，培育区域产业特色。

要素创新是中部地区推进新型工业化，实现创新崛起的必然选择。要充分发挥科技、人力、管理、金融等各要素创新的作用，打破常规，走集约化的增长方式之路。

2. 统筹发展原则

中部崛起过程中的新型工业化必须是城乡统筹发展的工业化，这是中部地区实现新型工业化的必然选择，也是中部地区全面建设小康社会的必然要求。要逐

步实现农民非农化、农业产业化、新型城市化。

农民非农化进程是现代化进程中社会结构优化的主要因素。政府应在农民自由流动、身份的转换、合作中介组织及二、三产业的发展、市场壁垒的取消等各方面给予政策和资金等方面的支持，建立有利于农民非农化发展的政策支持体系。

农业产业化是中部崛起过程中城乡统筹发展的必然趋势。中部地区要实现农业产业化，就必须确立中部地区的主导产业，实行区域布局，依靠龙头带动，发展规模经营。同时，围绕主导产业和重点产品，科学规划，合理布局，发展多种专业生产区和各类专业乡镇、专业村、户，建立各具特色的商品生产基地。

新型城市化是中部崛起过程中城乡统筹发展的现实选择。在城市化发展过程中，坚持两型社会建设对新型城市化的带动作用。中部崛起过程中的新型城市化应该坚持城乡互利，着眼于城乡共同繁荣，建立以城带乡、以工补农的新机制，实现城乡统筹发展。

3. 系统协同原则

协调发展不仅要求中部六省间通过省际联动，通过在产业政策、科技创新政策等方面协同，形成整体向上的力量，而且要求中部地区实现区域间经济的协调发展，特别是纳入经济相对发达的长三角、珠三角合作体系，意味着更大的市场和更有效的资源整合，使全国的经济发展形成东中西协调发展的有利局面。在当前全球一体化的大背景下，中部地区的发展应该与全球发展协调一致，要积极参与到国际分工中来。中部崛起过程中的新型工业化应该是区内协调、区际协调、全球协调的新型工业化。

三、中部地区新型工业化"三三"发展的主导发展战略

本书根据中部地区的社会经济特点，结合新型工业化的内涵，在中部地区新型工业化特色的基础上，从创新驱动、城乡统筹、区域协调这三个方面，提出"立足三新、推进三化、促进三协调"的主导发展战略。

1. 立足三新——产业创新，要素创新，制度创新

中部地区要走新型工业化道路，实现中部崛起，必须对走新型工业化道路所需的创新驱动进行分析，研究创新驱动的基本构成要素。中部地区新型工业化道路的创新驱动机制要立足于产业创新、要素创新、制度创新。

（1）产业创新。

产业创新是指在全球经济一体化背景下，由区域分工深化和技术提升而引起

69

的经济结构转换和产业转型。在新型工业化进程中，要推动产业结构优化升级，提升产业竞争力，必须通过产业结构创新、产业技术创新、产业组织创新、产业政策创新来增强产业优势，为产业寻求更广阔的发展空间，以增强自主创新和自我发展能力，促进区域经济的更快更好发展。

经济发展过程中，产业结构普遍呈现出劳动密集型为主→资本密集型为主→技术、知识密集型为主的演进轨迹。具体表现为：农业为主的产业结构→工业为主的产业结构→服务业支配地位的产业结构。工业化的进程表现为主导产业不断更替的过程，而工业化的历史内涵，是指经济体系的现代商品型的产业化改造。就是说，工业化的过程是产业不断创新的过程。

产业转换能力是区域经济发展的主要决定性因素。中部地区尽管拥有多项优势特色产业，产业发展基础较好，但其现有的高投入、高消耗的数量扩张型发展模式，将日益受到资源环境的瓶颈约束。实施产业技术创新，切实转变经济发展方式，确保中部地区综合优势的发挥，是贯彻落实科学发展观、实现中部地区崛起的必由之路。

（2）要素创新。

要素创新的目的是通过创新来保护和改善现有资源的品质和性能，并发展新的资源，提高区域经济的产出价值和效益。不仅基本要素需要创新，高级要素的创新更是新型工业化发展的重中之重，从科学技术、人才、有关机构、基础设施，一直到社会文化、国民素质等都应作为创新的对象。

进行要素创新是中部地区新型工业化的基本要求和必然选择。要素作为经济发展必不可少的组成单位，一直发挥着基础性的作用，从最基本的土地、资本、人力资源，到科技、管理、制度、文化、政策等要素外延，不仅受到经济发展的影响，同时也从更深层次推动着经济的提升。

从表2－13不难看出，中部六省各生产要素对经济增长的贡献率中，物质资本及劳动力等有形资本所占比重高达70%，而技术等无形资本的贡献率过低，要素资本贡献的失衡导致目前中部六省尚处于"高投入、高消耗"为主的外延式增长方式。

先进技术的应用能够保证新型工业化的健康发展，而人力要素是实现创新发展的根本所在。要实现推动中部地区新型工业化建设，就必须坚持以人为本，大力实施人力资源开发战略，把人力资源能力建设放在优先发展的战略地位。管理作为一种新型生产要素，其创新可以提高企业的运营效率以及变革和适应能力，从而增强企业竞争力。

表 2 - 13　　　　　中部六省各生产要素对经济增长的贡献率
（1979 ~ 2006 年）　　　　　　　　　单位：%

	物质资本	物质资本贡献分解		劳动力	人力资本	R&D 资本	全要素生产率 (TFP)
		物质资本积累	固定资产投资				
山西	45.28	17.2	28.08	7.81	16.09	1.52	29.3
安徽	40.74	20.6	20.14	14.52	16.76	1.59	26.38
江西	44.4	25.04	19.36	17.23	13.18	1.26	23.93
河南	46.67	24.12	22.55	19.14	14.38	1.38	18.43
湖北	46.7	22.85	23.85	7.54	18.38	1.73	25.65
湖南	45.9	18.85	27.05	9.54	17.35	1.63	25.57
全国平均	37.4 ~ 38.5			—	—	—	42.7 ~ 45.7

（3）制度创新。

制度创新的核心内容是社会政治、经济和管理等制度的革新，是支配人们行为和相互关系的规则的变更，是组织与其外部环境相互关系的变更，其直接结果是激发人们的创造性和积极性，从而不断创造新的知识，促进社会资源的合理配置及社会财富的涌现，推动中部地区新型工业化，最终推动中部地区的社会进步。

自主创新是强国之道，而制度创新是自主创新的保证，是促进自主创新和经济发展的一个非常重要的动力。所以，制度创新应该是需要优先解决的问题，也是在自主创新上取得突破的关键所在。应当从体制改革、机制完善、政策扶持、人才培养、作风建设等方面形成鼓励和支持自主创新的良好文化和制度环境，来保证中部地区新型工业化进程。

2. 推进三化——农民非农化，农业产业化，新型城市化

中部崛起过程中的新型工业化的城乡统筹发展研究需要对有关经济发展过程中的工业化、农村劳动力转移、经济活动空间集聚和资源空间配置等有关理论进行梳理，在对中部地区各省经济总体状况、国家有关中部崛起政策、农村劳动力转移、土地制度改革、城镇规划与建设、农业产业化等进行分析的基础上，推进农民非农化、农业产业化和新型城市化的实施。

（1）农民非农化。

中部地区省份 2008 年城镇化率平均为 43%，从业人员中非农业比例为 59.2%，非农产业比例为 85.7%，非农产业比例和城镇化比例、从业人员非农比例不协调，农民问题比较突出。

民为国之根，农为民之本，农村稳则天下稳。解决农村问题的关键在于如何使农民富裕起来，在这一过程中必然伴随着农民数量的不断减少。农民从第一产业农业向二、三产业转移，并且享有和城镇居民同等的机会待遇，具有和城镇居民相适应的思想观念和生活方式，成为现代意义上的城镇居民。这就是我们所说的农民非农化。

必须通过各种措施来促进中部地区农民非农化。夯实农民非农化的产业基础；提升城镇化规模和质量，中部地区要发展大城市，采取非均衡的小城镇发展模式，有重点、有规划地发展一批既能发挥资源效益和规模效益、又能有序吸纳剩余劳动力的高质量小城镇；改革户籍和就业制度，取消户口对居民迁移和流动的行政性限制与控制功能，调整户口的功能适应人口信息统计、社会治安的需要；加强农民职业培训和素质教育，加快中部农村劳动力市场信息网络建设，制定城乡劳动力职业技能培训规划；完善政策支农体系，以提升农业生产效率，间接促进农民非农化；加强政府对农民非农化服务；改革农村土地制度；实施农民变市民工程；降低农民进城门槛。

（2）农业产业化。

农业产业化是以市场为导向，以经济效益为中心，以主导产业、产品为重点，优化组合各种生产要素，实行区域化布局、专业化生产、规模化建设、系列化加工、社会化服务、企业化管理，形成种养加、产供销、贸工农、农工商、农科教一体化经营体系，使农业走上自我发展、自我积累、自我约束、自我调节的良性发展轨道。它的实质是对传统农业进行技术改造、推动农业科技进步的过程。这种经营模式从整体上推进了传统农业向现代农业的转变，是加速农业现代化的有效途径。

中部地区经济欠发达，农业比重较高，农村人口多，"三农"问题突出。积极推进农业产业化经营，是巩固中部地区粮食等农产品基地地位的需要，是加快中部地区农村劳动力转移、增加农民收入的需要，也是中部地区实现农业现代化的有效手段。实行产业化有利于解决中部农业小规模经营与采用先进科技的矛盾，较好地实现对农业资源的优化配置，有效地推动中部地区农业和农村经济向规模化、集约化和市场化方向发展；是连接城乡、促进中部崛起的重要途径。

（3）新型城市化。

新型城市化就是坚持以人为本，以新型工业化为动力，以统筹兼顾为原则，以和谐社会为方向，以全面、协调、和谐、可持续发展为特征，推动城市现代化、城市集群化、城市生态化、农村城市化，全面提升城市化质量和水平，形成科学发展、集约高效、功能完善、环境友好、社会和谐、个性鲜明、城乡一体、大中小城市和城镇协调发展的格局。

中部地区城市化滞后主要表现为：城市群实力不强，联系松散；城市资源环境矛盾突出，资源供应紧张，环境污染严重；城市化滞后于工业化与非农化；城市规模小，竞争力不强。中部城市化与其他地区比较最典型的差距在于特大城市、大城市偏少、城市规模偏小；小城镇综合实力弱；农民进城成本高。

中部地区要促进城市化发展，壮大城市群实力，将武汉、长沙、南昌等中心城市做大，二线城市做强，小城镇做精。建设资源节约、环境友好城市，以国家在中部地区设立两型社会建设改革试验区为契机，推进两型城市建设。强化中心城市辐射带动作用，实现大中小城市和小城镇协调发展、城乡互促互进是中部地区走新型城市化道路的核心任务。

3. 促进三个协调——经济协调，行政协调，法律协调

在本书研究中，区域协调发展内涵也可以理解为区域内部的和谐及与区域外部的共生，一种内在性、整体性和综合性的发展聚合。区域协调发展就是政府、执行者和相关局部群体的利益均衡，也是区内和区际全部社会群体及其代际间的利益均衡。在区域协调发展过程中，其区内和区际博弈主体策略的均衡及变化，实际上就构成了区域协调发展的动力源泉。

区域发展协调是相对的，不协调则是常态，区域经济正是在均衡与非均衡中不断发展的。在保增长、保民生、保稳定过程中，如何把推动区域协调发展放在突出位置，为经济平稳较快发展提供强有力的支撑，是中部地区推进新型工业化进程中要继续破解的大课题。

区域协调发展必然涉及以行政区划为单位的政府间的利益关系。为了实现各地利益的最大化，区际竞争难以避免。促进区域协调发展，实现区际共生，需要区际政府间横向关系的调整和改善。为了推进区域协调发展，中部各省应当建立区域协调机制，制定区域发展的总体规划，以避免重复建设和内部恶性竞争，中部各省市加强合作，对多方都有利，最终会形成多家共赢的局面。

中部地区新型工业化过程中，区域协调发展应当选取以下三条路径：

（1）经济协调。

中部六省区位相近、地位相近、发展状况相近、相互比邻，具有较大的经济协作空间。为了实现中部六省之间的协调发展，以及协调与东部、东北、西部地区的发展，适应经济全球化的发展进程，中部地区应当加紧完善基础设施建设一体化机制，建立区域人口流动机制，完善劳动就业待遇平等机制，构建产业优化升级一体化机制，形成以市场为纽带的融合互惠机制。

（2）行政协调。

协调发展实质上就是一种博弈均衡，区域发展虽然涉及的是经济区域，但经济区与行政区是密不可分的，一般情况下，经济区域是由若干个行政区构成的，各级政府密切合作，共同解决共同面对的公共物品供给和公共事务管理等诸多问题。要实现中部地区新型工业化发展的行政协调，应当重点建设中部地区基本公共服务公平供给机制，完善中部地区行政互助合作机制，构建中部地区区域利益补偿机制。

（3）法律协调。

区域协调发展社会价值的实现，需要我们修正以当前或局部群体利益为唯一标准的决策准则，需要考虑社会公平对于整个社会和生态的效用价值。区域经济发展需要多方面的协调，以法制协调的方式作为区域协调的基础，才能将以往非制度化的协调转向制度化的协调，从而实现区域经济的可持续发展。中部地区在推进新型工业化的进程中应当建立中部地区区域协调发展的中央法律协调机构和地方法律协调机构，建立有利于中部进行跨行政区建设和管理的法律法规体系。

第五节　中部地区新型工业化的战略重点

2003 年，温家宝总理在《政府工作报告》中首次提出"促进中部地区崛起"的战略构想。2006 年，党中央、国务院出台了《关于促进中部地区崛起的若干意见》。2009 年 9 月，《促进中部地区崛起规划》在国务院常务会议上获得原则通过。规划再一次明确提出将中部地区建设成为中国的粮食生产基地、能源、原材料基地、现代装备制造业基地、高新技术产业基地及综合交通运输枢纽的战略构想。

一、加快粮食生产基地建设

中部地区地处我国内陆腹地，土地面积 102.8 万平方公里，占全国的 10.7%，耕地面积 2 000 多万公顷，约占全国的 1/5，近几年来，中部地区粮食总产量占到全国粮食总产量的 32.01%，粮食增产对全国粮食的贡献率接近 40%，具体见表 2 - 14。

作为全国最大的商品粮生产基地，中部地区的农业竞争力仍然存在普遍偏低的现象（见表 2 - 15）。

表 2 – 14 　　　　2010 年中部地区粮食生产在全国中的地位　　　单位：万吨，%

地区粮食	总量	稻谷	小麦	玉米
全国	49 637.1	19 576.10	11 518.10	17 724.50
中部	15 886.60	7 777.20	4 876.20	3 151.05
中部/全国	32.01	39.73	42.34	17.78
山西/全国	2.09	0.01	2.02	4.32
安徽/全国	5.86	7.07	10.48	1.76
江西/全国	3.77	9.49	0.02	0.05
河南/全国	10.49	2.41	26.76	9.22
湖北/全国	4.38	7.96	2.98	1.47
湖南/全国	5.42	12.80	0.09	0.95

资料来源：根据《中国统计年鉴（2011）》整理。

表 2 – 15　　2007 年中部六省农业竞争力及部分次级指标全国排位

省份	农业增加值	人均农业增加值	乡镇企业增加值	农民人均纯收入	人均主要农产品产量	农业劳动生产率	农业竞争力
湖南	7	10	8	16	14	17	18
湖北	8	12	10	9	12	12	14
安徽	10	17	14	20	9	24	15
江西	15	16	15	13	11	20	22
河南	2	15	7	17	6	21	8
山西	25	29	12	19	26	30	31

注：表中各个指标为全国 31 个省市的排名。

资料来源：根据《中国省域经济综合经济竞争力发展报告》（2007～2008）整理。

　　为加快中部地区粮食生产基地建设，应积极发展现代农业，加快农业结构调整，大力推进农业产业化经营，加强农业农村基础设施建设，不断提高农业综合生产能力，持续增加农民收入，切实改变农村面貌。

　　1. 努力提高粮食综合生产能力，建立粮农收入的长效增长机制，确保农民增产增收

　　结合实施《全国新增 1 000 亿斤粮食生产能力规划（2009～2020 年）》，着力把中部地区打造成为高产稳产的粮食生产基地。到 2020 年，力争使中部地区粮食产量达到全国粮食总产量的 1/3，切实保障国家粮食安全。

　　安徽、江西、河南、湖北、湖南五个粮食主产省重点通过加强以农田水利设施为基础的田间工程建设，改进农业耕作方式，提升耕地质量，健全科技支撑与服务体系，提高粮食生产科技贡献率，加快优良品种选育及推广应用，完善粮食仓储运输设施，巩固提升全国重要商品粮生产基地地位。山西省要以晋中南产粮大县为重点，推进抗旱水源、农田水利等基础设施建设，加强地力培肥和水土保持，推广应用高产栽培、节水灌溉等技术，充分挖掘粮食单产潜力，增强区域粮食供给能力。

2. 加快农业结构调整，尽快培育、壮大龙头企业，大力推进农业产业化，不断壮大农产品加工业，稳步提高农业综合生产能力

大力发展棉花、油料等经济作物生产。稳定棉花播种面积，促进棉花生产向优势区域集中。继续支持长江中游"双低"油菜带建设，实现规模化、标准化、优质化生产。大力发展粮油、畜禽产品、水产品、果蔬及特色农产品深加工，强化质量和品牌建设。发展农业产业化经营，扶持农业产业化龙头企业，引导大型和特大型龙头企业向优势农副产品产区集聚，加快培育和发展农民专业合作社，引导龙头企业与农户建立利益联结机制，提高农业经营的组织化程度。

3. 完善农村基础设施

支持农村公路建设，提高农村交通网络的覆盖水平和通畅程度。到2015年，中部地区所有具备条件的建制村通达沥青水泥路。加强农村能源建设，继续实施中西部农村电网完善工程，重点对农网薄弱地区进行改造。加快农村小水电代燃料建设。积极推进无电地区电力建设工程，2015年以前解决无电地区居民用电问题。改善农村人居环境，着重解决人畜混居等突出问题，改善农村环境卫生状况和村容村貌。加快实施农村安全饮水工程，到2013年基本解决中部地区农村饮水安全的问题。

4. 优化农业生产区域布局

强化农业科技、农业物质装备、现代物流体系等保障条件建设，大力发展粮食产业，并根据中部地区不同的地理环境、气候条件、光热资源和物种特点，发挥地区比较优势，进行科学的农业产业选择，在坚持粮棉油基础农业的同时，重点发展高科技农业、生态农业、绿色农业、无公害蔬菜和高效经济作物，发挥湖泽地区特点，发展水生高技术、水生经济作物等。

中部六省应根据自身条件，因地制宜，加快农产品生产基地建设。

湖南省应通过实施超级杂交稻良种产业化工程，整合中国水稻工程研究中心、隆平农业科技创新中心、湖南省农科院等资源和力量，将湖南省打造成国际领先的水稻研发中心和全国性的超级杂交稻生产和推广基地，成为全国重要的"超级杂交稻种业基地"、"超级杂交稻生产基地"、"国家商品粮生产基地"，形成以环洞庭湖区、湘江流域为核心的优质稻产业带，并依托湖南水稻资源，以深加工为突破口，重点扶持、培育一批竞争力强的粮食产业化龙头企业。

河南省应重点推广优质小麦、专用玉米的种植。在"十一五"期间要稳定小麦生产总量，适度调减严重缺水地区的小麦种植面积，大力发展优质专用小麦，扩大高蛋白、高油、高淀粉等加工专用玉米的种植面积，加快饲料业、酿造业的发展，促进玉米转化；积极发展高蛋白大豆种植；在优化品种、品质、布局和提高加工转化水平上下工夫，做到产量与质量并重，以优质为主，做到种植业、养殖业、加工业合理配置、协调发展的大农业模式。

湖北、安徽、江西等省是我国水稻、油菜、柑橘、茶叶、麻类等的主产区，按照农业部优势农产品区域布局规划，应将该区域重点建设成为长江下游优质面筋小麦带，将江苏、安徽、湖北等 10 个地市的 20 个县市建设成为长江流域棉区，将江汉平原、洞庭湖、鄱阳湖等地的 40 个县建设成为长江中下游地区中的两个"双低"油菜优势区。中部六省应充分利用长江航运和京九铁路等交通优势，适当调减早稻面积，扩大优质稻和加工专用稻比重，适当发展优质杂粮和杂豆，改良品种，并发展与之相配套的市场流通体系和精深加工体系，大力发展高产、优质、高效、生态、安全的现代农业。

二、加快能源、原材料基地建设

中部地区能源资源禀赋条件较好，生产能力较强，在煤炭、电力、煤层气基地建设中取得了巨大的成就（见表 2–16）。

表 2–16　　　2007 年中部六省资源竞争力及部分次级指标全国排位

省份	人均年水资源量	主要能源矿产基本储量	人均主要能源矿产基本储量	资源竞争力
湖南	12	18	21	26
湖北	13	26	27	23
安徽	19	9	11	20
江西	10	22	23	28
河南	24	6	12	17
山西	26	1	2	3

资料来源：根据《中国省域经济综合经济竞争力发展报告》（2007～2008 年）整理。

2008 年中部地区原煤产量占到全国 39%，发电量占全国的 23%，在全国能源供应和能源基地建设布局中占有重要的地位，但也面临资源竞争力不强等问题。

中部地区加快能源、原材料基地建设，其基本思路为：不断巩固和提升中部地区作为国家重要能源、原材料基地的地位，加强矿产资源的高效利用，深化矿产资源的集中开发，开展矿产资源的精深加工，优化矿产资源的开发布局，增强矿产资源的安全环保。大力发展水电及输配电、电网技术，建设能源基地；坚持开发与保护并重，加强煤、铁、有色金属、磷等特色矿产资源的综合开发利用与保护，重点发展钢铁、有色金属、化工、建筑材料与产品，建设中部原材料基地；巩固金属材料、非金属材料等领域的优势地位，加快发展复合型功能材料、改性工程材料、生态环境材料等产品，进一步发展壮大新材料产业。

中部六省在加快能源、原材料基地建设、合理进行资源布局的同时，应进一步立足于各省的资源优势，实现项目、市场、资金、技术、管理相结合，要因地制宜，根据每个地区的不同优势发展自身的优势产业和支柱产业，改造原有的高能耗传统产业，加强各省之间的沟通与交流，合理地进行能源产业的整体区域结构布局。

1. 加强大型煤炭基地建设

推进山西晋中、晋东、晋北，安徽两淮，河南特大型及大型煤炭基地建设。晋东、晋北优质无烟煤和动力煤基地特大型重点建设现代化煤矿；晋中炼焦煤基地特大型重点建设煤矿，积极整合小型煤矿；河南做好煤炭基地老矿区接续工作；两淮适当增加煤炭基地开发建设的规模。湖北、湖南、江西以缓解煤炭调入压力为目标，主要是做好中小矿井的改造和整合，稳固现有的生产能力和规模。提高安全生产水平，加强煤矿安全技术改造。

利用开发地面煤层气资源。在有规模化开发煤层气条件的地区，鼓励实行先采气、后采煤。主要实施山西沁水盆地，安徽两淮，河南郑州、焦作、鹤壁煤层气开发利用示范工程，实施淮南高瓦斯高地压高地温煤层群瓦斯综合治理与利用示范工程。支持优势企业跨行业、区域和所有制联合开发利用煤炭资源，鼓励煤、路、电、化工、港口相关产业一体化发展。有序地推进煤化工产业化，开发和利用新一代的煤气化技术，逐步推进煤矸石无害化处理和综合利用。

2. 加快电网和电力基地建设

电源结构优化调整。加快大型火电基地区域级和国家级建设步伐，开发水能资源合理化，积极开发新能源和可再生能源，使得中部地区核电建设稳步发展。依托河南、山西、安徽地区丰富的煤炭资源，将小火电机组淘汰，对大型高效环保机组加大建设，积极发展热电联产，加强大型坑口煤电一体化电厂建设。鼓励江西、湖北、湖南调整能源结构，加快开发剩余的中小型水电资源。

电网建设继续加强。将现有输电网的输电能力提高，进一步加强山西煤电、安徽煤电、三峡水电等电源基地西电东送能力，以保证电力的安全高效输出。加强城乡电网建设与改造，促进输电网和配电网的协调发展。

3. 大力发展原材料精深加工

加快推进建材、有色、钢铁、石化等占优产业的布局优化和结构调整，优胜劣汰、控制总量，提升水平、加快重组，建设精品原材料基地。

优化发展钢铁工业。继续发挥中部地区作为国家重要钢铁生产基地的作用，依托大型钢铁企业，在强化节能减排的基础上，优化钢铁产品结构，加快开发和生产高技术含量和高附加值的钢材产品。加快马钢、太钢、武钢等大型钢铁企业跨区域联合重组和技术改造步伐。强化上下游企业与钢铁企业的战略合作，增强抵御市场风险，风险共担机制的能力。

积极发展有色金属精深加工。通过市场引导和政策规范，严格执行产业准入，发展有色金属深加工，使得冶炼和一般加工能力规模增长得到限制，将污染环境和浪费资源的落后产能有效淘汰。鼓励铜陵有色、江西铜业等骨干企业实施战略重组，努力实现高精铜材来替代进口，加快产品结构调整，建设全国重要的铜精深加工生产基地。鼓励重点企业发展铝镁深加工，配套整合电解铝、氧化铝生产能力。有效利用和合理开发镁、钛、铅锌等资源，支持发展优势企业。加强有色金属二次资源回收利用基地和再生资源集散市场建设。

加快发展石化工业。继续加强安庆、九江、洛阳、武汉等城市大中型石油化工企业改扩建和技术改造，加快中部地区大型原油加工基地的形成，实现集约发展。适当提高三大合成材料、芳烃和烯烃等化工原料生产能力，重点推进洛阳68万吨对二甲苯、100万吨精对苯二甲酸和武汉80万吨乙烯、长岭30万吨SBS（苯乙烯—丁二烯—苯乙烯嵌段共聚物）、苯二甲酸扩建等工程建设。加快建设大型磷化工、磷复肥生产基地及大型氮肥生产基地。

大力提升建材工业水平。推进建材工业产业升级和结构调整。加快水泥企业联合重组步伐，使得水泥行业的生产集中度逐步提高。大力支持沿主要交通干线、沿江建设大型新型干法水泥熟料基地，鼓励向下游延伸水泥企业，使散装水泥得到推广使用。普及余热发电、节能粉磨等新技术。支持利用煤矸石、矿渣、低品位原料、固体废物、粉煤灰和建筑垃圾等生产建材。提升玻璃深加工水平、陶瓷产品工艺和技术水平。

4. 加强重要矿产资源勘查

努力增加煤炭资源储备，加大力度勘查国家大型煤炭基地的煤炭资源。积极勘查湖南、江西等硬岩型铀矿资源，保障核电建设资源供应。提高铁矿石自给能力，做好山西、河南和长江中下游等省的铁矿勘查工作。加强勘查长江中下游、湘西—鄂西、南岭、东秦岭等重点有色金属成矿区带，探明新一批的矿产地。为矿业基地提供接替资源保障，努力挖掘资源潜力，在隐伏矿床开展找矿工作，力争在主要成矿区找矿取得突破。积极推进铜陵、大冶、德兴等大中型危机矿山外围和深部找矿工作，延长矿山服务年限，为资源储量增加后备。

总的来说，中部地区能源产业布局有以下几点考虑：煤炭的供给主要以安徽、河南以及山西为主；电力主要以河南、湖北、山西为主，其中重点开发湖南、江西的水电资源，扩大并稳固河南、安徽的火电生产，建设以长江三峡电站为中心的水电基地，积极发展新的水电资源，主要建设湘西北、赣江水系、鄂西南、皖西南山区、黄河小浪底等水电工程，在继续建设好原有基地的基础上，积极改建和扩建现有的火电厂，使得作为以火电为主的电力工业的中部地区逐步形成；石油供给重点以河南为主；在石油、电力和煤炭等能源产业布局合理化的同时，适当进行中部地区的天然气能源产业和沼气能源产业布局。从分省布局来说，山西要主要发展以火电为主的电力工业，煤炭工业；河南应主要发展以火电为主的能源工业；将湖北建设成为全国最大的水能工业基地。

中部地区原材料产业布局有以下几点考虑：作为全国有色金属和非金属工业重要基地的湖南，有色冶金工业以及以农用化学品和盐化工为主的化学工业等是发展重点；作为全国钢铁、汽车、化学和建材工业重要基地的湖北，主要发展以磷、盐化工和石油化工为主的化学工业，以水泥和新型材料为主的建材工业，以钢铁为主的冶金工业；河南重点应发展以铝为主的有色金属工业、建筑建材业以及以石油化工为主的化学工业等；山西重点发展以煤化工为主的化学工业和以铝为主的有色金属工业；安徽应主要发展以建材、化工、钢铁、有色金属为主的原材料工业；作为全国有色金属基地的江西，应主要发展稀土和有色金属工业。

三、加快现代装备制造基地建设

中部地区是我国重要的老工业基地，也是我国重要的装备制造业基地。总体来说，中部地区的装备制造业在全国没有明显的优势，但近几年来随着经济的发展、工业体系的建设，中部地区在交通运输装备、数控机床、冶金矿山设备等方面在全国具有相当优势，具备发展现代装备制造业的较强的实力和基础。如2010年，中部地区现代装备制造业规模以上企业数量占全国13.26%，而创造的工业总产值占到全国的18.54%，特别在专用设备制造业方面，企业数占全国15.95%，却创造了占全国52.43%的总产值（见表2－17）。

表 2－17　　　　　　　2010 年中部地区主要装备制造业

经济指标占全国的比重　　　　　单位：%

行业	企业数	工业总产值	流动资产合计	固定资产净值	主营业务收入	利润总额
通用装备制造业	13.17	18.38	11.24	13.12	25.77	15.93
专用设备制造业	15.95	52.43	19.74	17.42	61.05	24.99
交通运输装备制造业	17.60	22.99	16.27	18.09	25.36	15.75
电气机械及器材制造业	11.27	15.31	11.58	14.99	17.46	15.85
通信、计算机及其他电子设备	8.49	4.41	4.40	4.75	4.73	5.83
仪器仪表及文化办公用品机械制造业	10.69	10.07	11.21	15.38	12.04	16.68

资料来源：根据《中国统计年鉴（2011）》整理。

随着经济全球化、经济一体化步伐不断加强，世界制造业的重心正逐步向我国转移，中部地区良好的区位优势、丰富的产业历史积淀和较高的科研能力，使其具备了承接国际产业转移、加快工业产业集群发展、建设现代装备制造业基地的外部条件；同时，中部地区在通用设备制造、交通设备制造等产业上已经具有明显的比较优势和竞争优势，进一步做大做强有着十分广阔的发展空间。因此，中部地区应适应时代的要求，整合资源、发挥优势，打造中部地区现代装备制造业基地，这对于提高中部地区产业整体素质与综合竞争力，走新型工业化道路，推进新型工业化进程，促进中部地区经济发展，实现中部崛起和建设小康社会等方面具有重要的意义。

中部地区现代装备制造业应依托现有的产业基础和优势，以产业结构调整为重点，以重大项目为突破口，以产业园区和产业集聚区为平台，围绕中部地区装备制造优势行业，以核心技术、关键技术研发为着力点，增强自主创新能力，提高行业集中度，加快集聚发展，不断提升装备制造业的自主创新能力和综合竞争力。

在提升创新能力过程中，应坚持技术创新、体制创新及机制创新相结合，根据世界制造业技术集成化、极端化、绿色化、信息化和智能化的发展趋势，结合中部发展实际，重点围绕汽车、钢铁、化工、纺织、建材等主要支柱产业，从以下三个方面加强引进消化创新和集成应用创新：以填补国内空白、延伸产业链为目标，开发符合市场需求的中高端产品，提高关键产品的自主设计、制造和集成能力，支撑现代制造业聚集区的发展；大力推进制造企业设计、生产、营销、管理的信息化，提升制造业整体技术水平和竞争力；开发高效、节能、环保和可循环的新型制造工艺，提升资源利用水平，降低环境污染。

加快中部地区现代装备制造业基地的建设：

第一，发挥重大技术装备、交通设备制造业的优势，增强自主创新、系统集成能力，提升国产零部件配套水平，发展替代进口产品，扩大国内市场占有率。

第二，提高重型机械工业的竞争力。依托骨干企业，进一步提高机械制造业研发和制造水平，加快结构升级，完善产品系列，扩大产品市场占用率。促进矿山机械、工程机械发展，加快研发关键总成零部件，促进集群化发展。

第三，扩大重大成套装备制造业的国内市场占有率。加强技术引进和自主创新，重点研发先进适用、高附加值的主机产品和核心基础零部件。提升输变电、矿山、冶金、电力控制、环保等设备的技术水平。研发大型、精密、高速数控加工设备及关键功能部件和数控系统，以及中小精微激光加工设备等。

第四，支持重点汽车企业提升自主研发能力和研发自主品牌汽车。继续推动东风、奇瑞等重点汽车企业发展轿车等汽车产品，积极开发节能、环保、安全汽车新产品，加大新能源汽车研发和推广力度，鼓励产业重组。围绕整车发展，增强零部件配套生产能力，推进汽车零部件生产规模化、专业化建设。

第五，积极发展轨道交通设备制造业。依托株洲、大同、湘潭等地的产业基础，通过整车和关键部件的技术引进和自主研发，提升技术水平，增强创新开发和制造能力。着力研发大功率交流传动机车、城市轨道车辆及控制系统、牵引传动系统等轨道交通设备产品。

第六，壮大船舶工业实力。加快推进船舶工业结构调整，提高自主研发能力和船用设备制造能力。依托沿江城市的产业基础，增强工程船、挖泥船等特种多用途船舶的市场竞争力。积极开发船舶配套产品系列，延伸船舶工业产业链条。

中部地区应充分考虑现代装备制造业发展和布局现状，以区域内部大型骨干企业为核心，以众多装备制造产业集群和工业园区为支撑，形成布局合理、良性互动、结构优化、协调发展的空间格局。

具体产业选择及布局，可考虑：河南省发挥郑—汴—洛产业集聚区现有的电力控制保护设备制造及高压开关设备制造基地等产业优势，重点发展机械装备制造业；山西省依托太原、大同及长治等老工业城市，形成大—长产业集聚区，大力发展金属加工及汽车零部件产业集群；安徽省通过加快芜湖节能设备制造基地建设，整合合肥、芜湖等中心城市的资源要素，构建合—芜产业集聚区，重点打造汽车及零配件产业集群及装备制造产业集群；江西省的昌—九产业集聚区以汽车和航空设备制造业为主，应重点打造航空产业集群、汽车及零配件产业集群；湖北省应以武汉为中心，依托现有的三大经济密集圈，发挥大武汉产业集聚区的作用，促进汽车产业、船舶制造、机械制造及石化产业集群的发展；湖南省的建设目标是围绕长沙、株洲、湘潭等城市，建设长—株—潭产业集聚区，以工程机械制造业为龙头，建设长株潭高效及新能源发电设备制造基地。

四、加快高新技术产业基地建设

一直以来，中部地区是我国重要的粮食、能源和原材料生产基地，高新技术产业的发展尚处于初级阶段（如表 2－18 所示）。

表 2－18　　　　2010 年中部六省科技竞争力全国排位

省份	万人科技活动人员	R&D 经费占 GDP 比重	人均科技经费支出	高技术产业规模以上企业增加值	高技术产业规模以上企业增加值占全国比重	万人技术市场成交额	万人发明专利数
湖南	16	15	25	11	11	20	14
湖北	11	9	4	13	13	11	12
安徽	19	12	5	15	15	17	19
江西	25	19	27	10	10	22	28
河南	20	20	26	12	12	24	20
山西	15	18	12	21	21	21	18

注：表中各个指标中的数字为在全国 31 个省市中的排名。
资料来源：根据《中国统计年鉴（2011）》、《中国科技统计年鉴（2011）》整理。

由表 2－18 可见，中部地区科技资源和人才优势明显存在不足，科技竞争力亟待加强，因此，中部地区要大力发展高新技术，加快高技术产业基地建设，要在重新认识中部现状的条件下，有效整合资源，加强政策推动，走一条中部地区高新技术产业又快又好的发展道路。目前中部各省在信息技术、光电子科学和光通信技术、先进制造技术、农业新科技、生命科学和生物工程技术、医药工程技术等许多方面，都有各具特色的基础和应用研究的积累，各省应结合本地区产业优势及技术优势，选择优先发展的高技术产业：

第一，山西省可重点发展以有机肥料及微生物肥料为主的现代农业及以电子测量仪器为主的电子信息产业。

第二，安徽重点推进以电子器件为主的电子信息材料、节能环保型汽车以及以计数仪表、家庭视听设备、家庭影视设备等为代表的先进制造业；以中药饮品为代表的生物医药，及以轻质建筑材料为主的新材料产业。

第三，江西的先进制造产业以微电机及其他电机、环境监测仪器仪表为主，另外可重点发展生物医药及以有色金属、陶瓷等为主的新材料产业。

第四，河南省重点推进超级麦选育、制造业信息化等，其先进制造产业集中在绘图、计算机及测量仪器、机械治疗及病房护理设备等领域，新材料产业重点发展耐火材料、有色金属合金等，另可重点发展中药饮品、兽用饮品等生物医药产业。

第五，湖北省的产业优势及技术优势主要体现在：以电车、工业自动控制系统、通用仪表等为代表的先进制造业；以光纤、光缆、光学仪器及计算机网络为主的电子信息产业及生物技术与新医药和新材料等高新技术产业，另外湖北应重点推进汽车、钢铁等重化工产业的技术创新；

第六，湖南省优先发展的高技术产业为：电车、工矿有轨专用车辆、工业自动控制系统等先进制造业；中成药、中药饮品加工、化学药品原药等生物医药；生化农药、微生物农药等现代农业，另应加快有色金属深加工、新型工程机械、轨道交通等方面的科技创新与产业化。

中部地区加快高技术产业基地建设的关键在于：

1. 整合科技资源，加强高新技术产业的创新能力建设

中部要通过科技资源的整合，使中部六省的科研机构和企业的同类资源得到共享、异类资源得到互补，改进资源配置效率。加强高等院校、科研院所与企业的技术合作，促进企业成为技术创新的主体。加强技术创新服务体系建设，加快科技成果转化。

2. 加快高新区的建设，积极培育高技术产业集群

通过政策引导和科技力量的合理布局，在高新区形成科技资源的集聚和整合，一方面，通过政府的规划，发挥市场有效配置资源的机制，集成国家高新区、特色产业基地、大学科技园和专业技术孵化器等的优势基础；另一方面，通过科技计划的引导，建立一批特色产业基地，形成产业链和产业体系，逐步实现优势高技术产业集群，形成若干高技术产业增长点。

3. 建立合理的产业分工协作机制，推进高技术产业化建设

在各高新技术开发区之间形成积极有效的集成联动机制，提高高技术产业的关联效应，构建以企业为主体、产学研相结合的区域创新体系，促进科研成果转化和产业化；加强科技成果信息的沟通，促进资源共享机制的形成，降低科技产业化中的交易成本；加强孵化服务的公共技术基础设施平台建设和发展多种模式的高技术产业中介服务机构，促进科技型企业的技术创新和市场化。

五、加快综合交通运输枢纽建设

中部六省位于内陆腹地，具有承东启西、连南接北的区位优势，一直以来是我国的交通要道、客货运输的集散地和中转中心。全国约 1/4 的铁路、公路和河流分布于这一地区，货运量、客运量分别占到全国的 28.24% 和 21.62%（见表 2 - 19）。

表 2 - 19　　　2010 年中国四大经济区域交通干线及运力统计

区域 项目	全国 总计	东部地区		中部地区		西部地区		东北地区	
		绝对数	全国占比（%）	绝对数	全国占比（%）	绝对数	全国占比（%）	绝对数	全国占比（%）
铁路营运里程（公里）	91 178	20 351	22.32	20 774	22.78	35 965	39.44	14 088	15.45
公路里程（公里）	4 008 228	995 002	24.82	1 100 921	27.46	1 568 378	39.12	343 927	8.58
客运量（亿人公里）	3 242 739	1 539 172	47.46	701 153	21.62	789 507	24.34	212 907	6.56
货运量（亿吨公里）	3 182 627	1 237 872	38.89	899 031	28.24	787 197	24.73	258 527	8.12

资料来源：根据《中国统计年鉴（2011）》整理。

目前我国中部地区综合交通运输体系已初步建立，形成了由 6 个省会城市为核心的综合交通枢纽网络，中部六省以公路和铁路为主体、内河航运也占有一定地位的交通基本格局也已初现雏形，但是，与中部地区在全国交通体系中的枢纽地位相比、与未来中部崛起的要求相比还有很大的距离。这体现在：第一，交通线路总量仍然不足，网络有待完善；第二，交通运输结构还有待改进；第三，交通线路的技术等级较低，质量差，通达深度还有待提高；第四，枢纽建设滞后，内河港口功能有待完善，航空港规模不能满足需求。

构建顺应中部地区经济与社会发展需要，并具有较强引导支撑作用的综合交通运输体系，不仅对实施中部崛起、推进中部地区新型工业化建设具有重要作用，也是支撑全国经济社会全面进步，实现我国区域协调发展，构建和谐社会的需要。

中部地区加快综合交通枢纽建设的发展思路为：以建设连通东西、纵贯南北的运输通道和交通枢纽为重点，优化各种交通方式的资源配置，统筹各种交通方式的协调发展，加快构建综合交通体系，提高综合交通运输能力，充分发挥中部地区在全国综合运输大通道中的作用，强化其综合交通运输枢纽地位。

1. 建设全国性交通枢纽城市

以郑州、武汉等省会城市为重点，抓紧编制中部地区全国性交通枢纽城市的综合交通枢纽规划，统筹城市道路、铁路、公路、水路、航空等交通基础设施建设，优化各种运输方式的规划布局和建设安排，注重各种运输方式在路线、节点上的匹配和衔接。

加快建设一批功能完备、布局合理、集疏运体系完善的现代综合交通枢纽站场，积极推进客货运设施现代化，改善枢纽城市的交通设施条件，最大限度地发挥路网功能，提高运输效率和服务水平，将郑州、武汉等省会城市建设成为多种运输方式紧密衔接、交通基础设施完备、相关配套设施健全的全国性交通枢纽城市。

2. 加快铁路网建设

以客运专线、城际铁路、区际通道、煤运系统和重要枢纽为建设重点，扩大铁路网总规模，完善路网结构，提高铁路运输能力和服务水平。到 2020 年基本建成连贯东西、沟通南北的铁路运输通道。

加强路网主通道建设。根据国家中长期铁路网规划，突出"四纵四横"客运专线、区域干线建设和京沪、京广、京九线等电气化改造，实现既有繁忙干线客货分线，形成区域间大能力运输通道。扩大路网覆盖面，加快开发性新线建设。强化煤运通道建设，实施大秦线、朔黄线等煤运通道扩能改造。在长株潭城市群、中原城市群、武汉城市圈等地区规划建设城际客运系统。有条件的大城市适度发展城市轨道交通。

中部地区铁路建设重点为：加快京沪、京广、徐兰、杭昆、青太等客运专线和沪汉蓉快速通道、大同至西安等铁路建设，完善太原、郑州、武汉、长沙、南昌、合肥等枢纽站。新建合肥至福州、九江至景德镇至衢州、阜阳至六安、荆州至岳阳、赣州至韶关、衡阳至井冈山、怀化至邵阳至衡阳铁路、运城至三门峡至十堰等地区开发性铁路新线。强化晋煤东运、南运通道建设，实施大秦铁路 4 亿吨集疏运工程、朔黄铁路 2 亿吨扩能配套改造等煤运通道建设。建设山西中南部铁路通道。建设长株潭城市群、中原城市群、武汉城市圈等城际客运系统。

3. 完善公路干线网络

加快国家高速公路网建设，积极推进省际高速公路和城市群内城际高速公路建设，到 2015 年，基本建成中部地区国家高速公路网络和区域高速公路通道。注重路网改善，以国省干线公路建设为重点，提高干线公路技术等级，加强国道改造和干线公路省际公路建设，提高路网连通能力。

中部地区高速公路网建设重点为：加快湖南汝城至道县、吉首至通道、澧县至蓝山、岳阳至常德、江西鹰潭至瑞金、湖北麻城至武汉、宜昌至巴东等高速公路建设；新开工山西长治至吉县、灵丘至平鲁、江西瑞金至寻乌、龙南里仁至杨村、湖南界化垄至茶陵等高速公路建设；加强既有高速公路路网改扩建。扩容改造北京至港澳、连云港至霍尔果斯、上海至成都等高速公路；完善地方高速公路网络。

4. 加快机场建设

以改善中心城市航空运输条件和促进旅游资源开发为重点，通过新增布点机场建设和既有机场改扩建，完善干线机场功能，稳步发展支线机场，实现航空枢纽、干线和支线有机衔接，客货航空运输高效安全、全面协调的发展格局。进一步提升武汉、长沙、郑州机场在全国的地位，实施太原、南昌、长沙、张家界等机场改扩建工程，合肥机场迁建工程和吕梁、九华山、神农架、宜春等机场新建工程。研究论证武当山机场建设问题。

到 2020 年中部地区计划新增的机场有：山西吕梁、五台山机场；安徽九华山、蚌埠、芜湖机场；江西宜春、赣东机场；河南信阳、商丘机场；湖北神农架机场；湖南衡阳、岳阳、武冈、邵东机场等。

5. 提高水运、管道运输能力

以长江干线等高等级航道和主要港口为核心，形成航道干支通畅、江海直达，港口布局合理、设施完备，运输船舶标准化、专业化，支持保障系统完善、技术先进，与其他运输方式相互衔接、协调发展的内河水运体系。到 2015 年，建设和改善高等级航道里程 5 600 公里，其中一、二、三级航道 4 100 公里，四级航道 1 500 公里。

加快成品油、原油管道和天然气管道建设，进一步完善石油、天然气管网系统。建立覆盖中心城市和油气管道主干线沿线部分县级城市的管道网络，实现石油、天然气的网络化、安全化供应。重点建设河南平顶山、江西麻丘和湖北应城地下储气库，为西气东输二线配套。积极建设山西端氏—河南博爱、端氏—沁水、端氏—侯马等煤层气管道。

为实现以上战略目标，应采取以下措施：第一，制定中部地区现代交通综合体系总体规划并纳入法律框架，增强规划的法律效力，确保其实施的力度和效率；第二，建立中部地区现代交通综合体系发展的多方合作协调机制，促进中部地区交通全面协调发展。加强对中部地区跨省区的干线公路、航道等重要基础设施规划和建设的协调、督导和检查力度，实现跨省重要交通基础设施的通道资源、空间布局、建设时序、技术标准和运营系统等方面的统筹协调。积极培育道路运输市场和推进信息化建设，为中部地区交通运输发展创造良好的环境和条件。第三，实施优惠政策，扩展融资渠道，加大交通基础设施投资力度。进一步调整各类交通基础设施建设和运输业的税费政策，实行基础产业的优惠财政税收制度安排；进一步开放铁路建设的民间投资渠道；鼓励民间资本投入机场建设；加强对中部地区公路水路交通发展的信贷支持，建立内河航运建设基金，加快中部地区航运发展。

第三章

中部崛起过程中新型工业化创新驱动研究

第一节　中部地区新型工业化创新驱动机制研究

一、中部地区新型工业化创新驱动机制研究的必要性

温家宝总理在 2006 年全国科学技术大会上的讲话中强调："实现经济社会全面协调可持续发展，必须依靠科技进步和创新找出路、找办法，没有科技的发展和创新，就不可能真正走上科学发展的道路。"创新驱动是一种新的经济增长方式，是一种结构性的增长，它不仅可以通过创新解决长期增长中的要素报酬递减和稀缺资源制约问题，而且为经济持续稳定增长提供了可能，同时还能在日益激烈的国际竞争中占据竞争优势。全面落实科学发展观，实现经济社会又好又快发展必须使经济增长从依赖资源、投资驱动向创新驱动转变。

1. 中部地区区情的需要

从中部区情看，中部经济社会发展已进入了一个新的阶段，面临着一些深层次的矛盾和问题。产业结构呈现出"一高三低"，即传统工业和资源型工业比重高，高新技术产业比重低，农业产业化水平低，现代服务业比重低；对外开放程度不高，经济增长的动力和活力不足；经济发展与人口、资源、环境承载能力的

矛盾日益尖锐；传统的高投入、高消耗、高污染的增长方式已难以为继。这是中部地区必须突破的瓶颈制约。

中部各省都属于发展中省份，要实现跨越式发展，就必须把科技进步和创新作为经济社会发展的首推力量，推进经济增长方式由要素驱动向创新驱动转变。因此，走创新型崛起之路是中部地区的必然选择。

2. 中部新型工业化发展的需要

创新是推动生产力发展的不竭动力，新型工业化道路是中部工业走向高端化、低碳化的必由之路。坚定不移地走创新驱动的工业化新路是中部地区在工业化进程中着力于转方式调结构、增强工业竞争力、占据工业发展制高点、实现工业发展新跨越的必然选择。

在国际经济一体化的发展大势下，以低碳经济为主要特征的新一轮科技创新已然成为全球的热点，而中部地区正处在工业化加速迈进的关键阶段，创新能力不强严重制约了中部工业的高端化发展。面对新的机遇和挑战，唯有坚持创新驱动，才能实现弯道超车；面对新的市场和竞争，唯有走一条科技含量高、经济效益好、环境污染少、资源消耗低、人力资源优势得到充分发挥的新型工业化道路，才能在竞争过程中占据有利地位；面对新的形势和要求，唯有坚持集约式发展方式，走低碳发展之路，才能实现经济的健康发展。

二、中部地区创新能力现状与制约因素分析

1. 中部地区创新能力现状

总体上看，中国区域创新能力从东部沿海地区向西部内陆地区由高到低呈梯次分布。中部地区的创新能力与东南沿海相比具有较大差距，薄弱的创新能力是工业转型升级的瓶颈，成为不断拉大与东部地区差距的主要原因之一（见表3-1）。因此，提升中部地区的创新能力势在必行。

表3-1　　　　　　　　中部六省创新能力综合指标

地区	年份	综合值		知识创造		知识获取		企业创新		创新环境		创新绩效	
		效用值	排名	效用值	排名	效用值	排名	效用值	排名	效用值	排名	效用值	排名
山西	2005	24.18	16	16.99	18	16.75	22	26.87	22	27.16	13	28.82	11
	2008	22.54	22	17.41	22	14.93	24	25.04	22	23.04	17	28.35	23
安徽	2005	26.97	12	12.67	24	24.91	14	34.37	13	36.38	7	18.23	25
	2008	28.51	11	16.48	25	17.81	19	36.53	10	32	7	31.19	15

续表

地区	年份	综合值		知识创造		知识获取		企业创新		创新环境		创新绩效	
		效用值	排名	效用值	排名	效用值	排名	效用值	排名	效用值	排名	效用值	排名
江西	2005	21.90	22	10.44	28	26.57	12	30.61	18	19.67	25	18.91	22
	2008	24.48	19	18.66	20	19.58	14	28.62	20	21.56	23	31.01	16
河南	2005	23.3	19	13.24	23	20.87	18	28.31	19	27.61	11	21.00	19
	2008	26.8	16	20.15	15	16.08	23	32.78	15	28.16	13	30.41	18
湖北	2005	29.92	13	21.42	10	28.81	10	36.80	10	25.92	16	18.52	24
	2008	29.6	9	26.97	9	19.38	15	34.4	12	29.47	9	33.37	11
湖南	2005	25.15	15	21.40	15	25.55	19	33.49	14	25.78	16	16.49	26
	2008	27.67	14	26.42	14	18.68	17	33.15	14	25.95	14	30.66	17

资料来源：根据《中国区域创新能力报告》（2005 年、2006 年）、《中国区域创新能力报告（2008）》整理而成，科学技术出版社。

从综合创新能力水平来看，安徽、湖北、湖南三省处于全国的中上游，河南处于中游，而山西、江西处于全国的中下游；2008 年综合创新能力排名分别为第 12 位、第 9 位、第 14 位、第 16 位、第 22 位和第 19 位。从 2008 年与 2005 年的数据对比来看，除山西的创新能力大幅度下降外（由 2005 年的第 16 位降到 2008 年的第 22 位），其他五省均有不同程度的提升，表明中部地区整体创新能力的提升速度快于全国平均速度。从分项指标来看，知识获取和创新成果转换能力整体水平不高，虽然湖北、湖南、江西、安徽三省在创新绩效上提升很快，但整体上看来仍然处于全国的中下水平，有待于进一步加强。从知识创造来看，江西、河南有较大幅度的提升，而且提升势头明显。总之，中部地区创新能力基础薄弱，但发展势头良好，提升空间很大。

2. 中部地区创新能力制约因素分析

（1）企业创新的动力不足。

由于企业开展研发活动的高成本低收入效应，决定了企业在面对有限的资源和各种可行的使用方式时，它必须将资源配置到效益最高的使用方式上，并且更愿意将资源用于购买设备等形式的固定资产投资和其他生产用途，而不是投入到可以产生提高未来生产力的新技术的研发上，这种使用方式的选择导致了中部企业创新动力的不足。

（2）创新投入不足。

在创新投入方面，与我国的东南沿海发达地区相比，无论是企业自身的投入水平，还是地方财政投入都存在显著的差距。2009 年数据显示，中部地区 R&D

经费支出仅有383.78亿元，仅占全国的14.31%，地方财政科技投入157.94亿元，不及东部地区的1/5。

（3）创新主体不到位。

受计划经济惯性的影响，中部地区的不少企业，未能真正成为创新的主体。从外部机制看，地方政府引导、支持、鼓励企业创新的政策规制等尚不完善，未能从"控制型"政府中完全走出来，直接介入式管理方法仍然普遍存在。从企业内部来看，制度再造缓慢，法人治理存在严重缺陷，技术创新的激励机制尚未形成，经营者重速度、轻效益，急功近利，难以从战略高度重视技术创新。

（4）创新的制度体系不完善。

知识产权保护制度不完善，尽管中部地区已经制定了相关知识产权的法律，但在法律的执行上仍然非常薄弱；支持技术创新的财政税收制度、优惠制度很不规范，难以落实；企业在研发组织的设置上还不稳定，且对于研发人员的报酬安排也还没形成有效的机制。另外，中部地区不完善的金融体系严重制约了技术成果的产业化转化。

三、中部地区新型工业化创新驱动的作用机制

加速推进中部地区新型工业化，必须以创新为根本动力，实现从要素驱动型向创新驱动型的根本转变。中部地区新型工业化创新驱动的作用机制从总体上来说包括动力机制、传导机制和调控机制三种，其作用机理如图3-1所示：

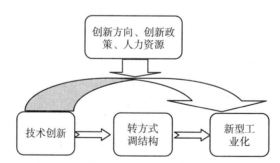

图3-1　中部地区新型工业化创新驱动的作用机制

1. 中部地区新型工业化创新驱动的动力机制。

如果说传统工业化更注重把科学技术作为已经形成的动力和手段，以达到加快经济增长的目的，新型工业化则需要把技术创新作为经济和社会持续发展的动力源泉。

首先，创新是新型工业化发展的灵魂和动力。走科技含量高、经济效益好、

资源消耗低、环境污染少、人力资源优势得以充分发挥的新型工业化道路，就必须充分依靠高新技术和先进适用技术，加快传统产业的结构调整，以改造升级。

其次，要有效落实信息化带动工业化、工业化促进信息化的发展战略，就必须着眼于信息技术的不断发展，不断提高工业设计研发信息化、生产装备制造数字化、生产过程智能化、经营管理网络化水平，深化信息化与机械化的融合发展，逐步提升产业化发展能力。

走好中国新型工业化发展道路，必须抓住本质，坚持把经济发展建立在科技进步的基础上，带动工业化在高起点上迅速发展，坚持注重经济发展的质量和效益，优化资源配置，提高投入产出效率和经济回报，坚持推广运用先进适用技术，提高能源、资源利用效率，突破能源、资源、约束，坚持以质取胜的战略方针，为中部地区提供能够引导消费、满足需求、质量优良的产品和服务，提升区域竞争力水平。

2. 中部地区新型工业化创新驱动的传导机制。

创新驱动的传导机制可以通过技术创新对"转方式、调结构"的中介作用来加速新型工业化进程。

（1）技术创新加快"转方式、调结构"步伐。

技术创新对经济增长方式的转变有巨大的推动作用，只有依靠技术创新，才能促进产业技术能力和经济水平的不断提高，我国中部地区经济增长正在由粗放型逐步向集约型转变，在这一转变过程中，技术创新是核心因素。

技术创新是产业结构升级的首要因素，每一次重大的技术创新都对产业结构产生重大影响，形成一批新的产业群，使社会生产力水平迅速提高。技术创新促使新的产业和产业部门形成，一方面原有产业和产业部门分解或分离出来，形成新的产业和产业部门；另一方面，科技革命又促进全新的生产部门形成。由于采用新技术、新工艺和新装备，技术创新还促使原有产业和产业部门得到改造。

（2）"转方式、调结构"加快推进新型工业化进程。

通过转变经济增长方式，加速产业结构调整，实现经济跨越式发展，促使经济增长从粗放型向集约型转变，正确把握中部地区推进新型工业化的形势，抢抓机遇调结构，搞好服务迎挑战。要围绕"促增长、调结构、强基础、壮产业"的目标，突出抓好协调服务，千方百计促增长；突出抓好结构调整，转变经济增长方式；强化工业发展基础，增强工业发展后劲；突出特色优势产业开发，壮大区域经济主导产业；推进产业融合，发挥信息产业的龙头作用，加速推进新型工业化进程。

3. 中部地区新型工业化创新驱动的调控机制

中部新型工业化创新驱动的调控机制是指把创新的目标、方向、推动力和创

93

新能力优化协调成为一种合力和整体力所表现出来的一种引导、控制的力量，使创新能够围绕中部地区的科技目标、经济发展需要和社会进步有目的地进行。创新驱动的调控功能，将在很大程度上影响科技创新的能力、水平，以及创新成果的社会经济价值。

（1）创新方向的调控。

创新方向是创新驱动的主导因素，是推动技术进步、经济建设，促进新型工业化的指针，也是指导创新人力资源进行创新的行动指南。

（2）创新政策的调控。

创新政策是创新驱动的根本动力，它对科技工作者的行为、工作方向与目标起着重要的调控功能。同样，创新政策也是新型工业化成功的保障，它是整个技术发展的行动指南和工作依据。通过创新政策的导向作用、保证作用和综合协调作用，激励、引导科技工作者围绕产业转型、新型工业化发展的要求来开展创新活动。

（3）人力资源的调控。

人力资源在创新驱动中是处于主导地位的能动性资源，是一种最活跃、最积极的生产要素。创新驱动的灵魂是创新，要加快实现中部地区新型工业化，人才是关键。人力资源的调控是工业化方向和科技创新的重要保证，应从工业化进步和经济建设的战略高度重视人力资源的调控。

四、中部地区创新驱动的基本问题

1. 中部地区动力创新研究

消费、投资、出口三大需求，被喻为是拉动经济增长的三驾马车。胡锦涛总书记在党的十七大报告中指出，今后几年要坚持走中国特色新型工业化道路，坚持扩大国内需求特别是消费需求的方针，促进经济增长由主要依靠投资、出口拉动向依靠消费、投资、出口协调拉动转变。这就要求中部地区在新型工业化的过程中不断转变经济增长方式，合理发挥消费、投资、出口三大动力对经济增长的推动作用。

（1）继续发挥投资对中部地区的推动作用。

投资需求是总需求的重要构成部分，其特点决定了其对中部地区的推动作用。消费需求的增长相对稳定，不易发生急剧的变动，而投资需求则上下摆动的幅度很大，其摆动幅度对总需求的影响也比较大，因而刺激总需求，解决总需求不足的问题，必须要刺激投资需求。

从经济增长的结构来看，投资是中部地区经济增长的主动力，而且其作用还在日渐增强。由数据统计分析，21世纪以来中部六省投资率迅速增加，除安徽省，其余几省投资率均趋向50%，这充分表明投资在中部六省的经济增长中所起的作用越来越大。

尽管我国近几年反复提出要进行经济转型，但不可否认这是个长期且富有挑战性的过程，因此在目前阶段鉴于投资需求在总需求的占比和影响力，中部地区不能盲目追求扩大消费需求而忽略投资需求对经济发展的作用，相反，应该合理调整投资和消费在总需求中的比例结构，充分发挥投资对经济的拉动作用。

（2）实现经济增长由投资驱动向消费驱动转变。

消费需求作为最终需求，对经济增长起着直接和最终的决定作用。从社会再生产来看，投资需求不过是中间需求，只有消费才是社会再生产的终点和新的起点。

扩大消费需求、刺激消费，是经济增长的根本动力。中部地区经济要确保长期稳定增长，就不能单纯依靠投资"单打独斗"。如果消费跟不上，社会再生产就不能顺利进行。投资增长会造成新的供给，而新的供给要靠新的消费消化掉。如果没有消费提供支撑，投资就可能在促进经济增长的同时，带来产能闲置、产品积压、效益下降，最终会造成经济的大起大落。因此，消费驱动型经济增长模式成了我们必须而且迫切的唯一选择。

尽管近些年来中部地区消费品市场出现了持续快速增长的势头，但是与投资和出口的高速增长相比，消费需求增速仍显不高。自2000年以来，中部六省消费率不升反而持续下降，部分省份的消费率已经降低至50%以下。从2000年到2006年，中部六省的年均消费率约为55%，甚至比这7年来全国平均水平57.13%还要低约2个百分点。内需不足已成为制约中部地区经济持续健康发展的障碍。数据显示，调整投资与消费的比例关系，强化消费对经济的拉动作用已刻不容缓。

因此，扩大内需已成为中部地区经济又好又快发展的战略性问题，虽然解决消费不足非一日之功，但是必须采取措施，促进经济增长方式有根本转变，让消费在未来经济增长中从"配角"转变为"主角"。

（3）新型工业化要求中部地区进一步提高出口对经济的推动。

出口作为拉动经济增长的"三驾马车"之一，在经济增长中发挥着扩大需求规模和优化资源配置的双重功能，对工业化和产业结构升级起着促进作用。

长期以来，中部地区对外贸易尤其是出口贸易与其在全国的经济地位不相适应。在拉动GDP增长的三驾马车中，拉动中部地区经济增长的动力还是来自投资，其次是消费，外贸仍处于缺位状态。2007年，中国外贸进出口依存度为0.57，中部六省平均外贸进出口依存度为0.1，远低于全国水平。中国和中部六省的外贸出口依存度分别为 0.32 和 0.06，说明中部地区外贸进出口能力较差，导致对经济拉动作用不明显。中部经济发展的外向度严重偏低，从总体上看仍属于内向型模式，这不但制约了中部经济增长的进一步扩张，也影响了区域经济发展活力的积累。

在经济全球化步伐加快的新形势下，提升综合经济实力在很大程度上要靠开放型经济拉动，中部地区要实现崛起，在新型工业化的进程中必须进一步扩大对外开放，加快调整出口贸易结构，实现出口产业升级，大力吸收外资和发展对外贸易。

2. 中部地区产业创新研究

产业创新是指在全球经济一体化背景下由区域分工深化和技术提升而引起的经济结构转换和产业转型。它是产业发展的动力源泉，也是产业竞争力得以实现的基础。在新型工业化进程中，要推动产业结构优化升级，提升产业竞争力，必须通过产业结构创新、产业技术创新、产业组织创新、产业政策创新来增强产业优势，为产业寻求更广阔的发展空间，以增强自主创新和自我发展能力，促进区域经济更好更快发展。

综观其他学者对产业创新的理解，尽管所分析角度与研究问题重点有所区别，但都强调了产业创新的主要目的及功能是增强产业的竞争力与竞争优势，实现途径是通过创新以提高产业水平。波特认为，区域创新体系的最高层面是产业创新，即在技术创新和要素创新的基础上，推进产业升级和结构优化。创新的重点是在竞争优势：一是以增强产业竞争力为目的，努力提高产业的内在素质，采用新技术，向高技术含量和高附加值产品生产方向发展；二是以增强自我调节和发展机能为目标，积极探索本地区经济发展的优势和特色，努力培育和发展有前途的替代产业和新兴产业；三是对产业内部组织形式进行探索和改革。

通常衡量产业创新的指标就是产业转型的能力。经济发展必然伴随着产业结构转换，产业转换的速度反映了经济发展的速度。产业经济理论和发展理论研究大多循着这样的思维逻辑构筑理论框架。经济发展的核心问题就是结构转换问题，结构转换的核心就是产业转型。众所周知，经济发展过程中，产业结构普遍呈现出劳动密集型为主→资本密集型为主→技术、知识密集型为主的演进轨迹。具体表现为农业为主的产业结构→工业为主的产业结构→服务业支配地位的产业结构演进路径。工业化的进程表现为主导产业不断更替的过程，工业化的历史内涵，是指经济体系的现代商品型的产业化改造。也就是说，工业化的过程是产业不断创新的过程。

由此可见，产业转换能力是区域经济发展的主要决定性因素。中部地区尽管产业发展历史积淀较深，同时也拥有多项优势特色产业，产业发展基础较好，但与新型工业化的要求还存在着很大的差距，因此需要通过产业创新，真正壮大中部产业，促进中部工业化进程。

3. 中部地区要素创新研究

要素创新的目的是通过创新来保护和改善现有资源的品质和性能，并发展新的资源，提高区域经济的产出价值和效益。而且不仅基本要素需要创新，高级要素的创新更是新型工业化发展的重中之重，从科学技术、人才、有关机构、基础设施，一直到社会文化、国民素质等都应作为创新的对象。

进行要素创新是中部地区新型工业化的基本要求和必然要求。要素作为经济发展必不可少的组成单位，一直发挥着基础性的作用，从最基本的土地、资本、人力资源，到如今的科技、管理、制度、文化、政策等要素外延，不仅受到经济发展的影响，同时也从更深层次推动着经济的提升。

技术要素特别是具有自主知识产权的关键技术是实现创新发展的核心要素，是区域竞争力的重要组成。在新型工业化进程中，科学技术已成为提高劳动生产率的最重要的手段和生产力发展的决定性力量。技术进步是产业结构升级包括工业结构升级的内在动力，而产业结构的调整和升级在新型工业化进程中举足轻重，因此先进技术的应用能够保证新型工业化的健康发展。

人力要素是实现创新发展的根本所在，是获取竞争优势最宝贵的战略资源。同其他资源一样，人力资源也是一种重要的社会资源。人力资源能力建设就是通过塑造、改善、培育、拓展人力资源发挥作用的环境和空间，不断提高其对社会的贡献能力。要推动中部地区新型工业化建设，就必须坚持以人为本的方针，大力实施人力资源开发战略，把人力资源能力建设放在优先发展的战略地位。

管理创新是实现创新发展的关键要素。管理创新是指对管理活动的创新，即通过改进和创新行为，创造一种新的更有效的资源整合范式，使之与环境相协调，以更好地实现组织目标，实现可持续发展和创新跨越。管理创新涉及政府和企业两个层面：首先，随着改革的深化和市场经济体制的建立，社会经济成分、市场形式、就业方式利益关系和分配方式等呈现出多样化的趋势，迫切需要政府与时俱进，进行管理创新；其次，对于企业来说，管理创新可以提高企业的运营效率以及变革和适应能力，从而增强企业竞争力。

信息化是新型工业化进程的必要支持。党的十六大报告中明确指出："实现工业化仍然是我国现代化进程中艰巨的历史性任务。信息化是我国加快实现工业化和现代化的必然选择。坚持以信息化带动工业化，以工业化促进信息化，走出一条科技含量高、经济效益好、资源消耗低、环境污染少、人力资源优势得到充分发挥的新型工业化路子。"2008年全国两会也提出要"坚持走中国特色新型工业化道路，推进信息化与工业化融合。"从党的十七大到2008年的两会，信息化与工业化的融合被提到前所未有的高度。因此，加快中部地区新型工业化建设必须深刻理解这个论断，大力发展信息化，促进"两化"融合，实现中部崛起。

第二节　中部地区新型工业化进程中的动力创新研究

许永兵（2006）通过数学模型验证了三大需求（消费、投资和出口）与经济增长的关系，指出三大需求的变化与经济增长呈正向密切相关关系。其他一些学者也认为投资、消费、净出口与经济增长之间具有双向决定关系。因此，中部地区经济的增长引擎将在消费、投资和出口三个方面全面启动，并将中部地区新型工业化带入快速、健康、持续的发展轨道。

一、消费动力对中部新型工业化的影响

孟昊（2005）在《消费与投资对中国经济增长贡献的比较分析》一文中曾指出，当期消费对于国内生产总值的影响大于当期投资的影响，当期消费对当期经济增长的推动力更强，并指出要实现经济的持续增长，最根本的办法在于扩大需求，刺激消费。

消费是一切经济活动的起点和归宿，是拉动经济增长的最终动力，也是推动新型工业化进程的根本动力。它的推动作用主要表现在两个方面：一是消费需求是社会再生产的终点和新的起点，是真正的最终需求，其规模的扩大和结构的调整是经济增长和新型工业化发展的根本动力；二是消费需求是经济稳定发展的重要保证。

第十届全国人大四次会议表决通过的《中华人民共和国国民经济和社会发展第十一个五年规划纲要》中指出："立足扩大国内需求推动发展，把扩大国内需求特别是消费需求作为基本立足点，促使经济增长由主要依靠投资和出口拉动向消费与投资、出口协调拉动转变"，进而"走一条科技含量高、经济效益好、资源消耗低、环境污染少、人力资源优势得到充分发挥的有中国特色的新型工业化道路。"由此可见，提升消费作为拉动经济增长主要动力的重要性与紧迫性。

以下将通过近10年的历史数据，分析消费动力对中部地区经济发展和新型工业化进程的强大推动作用。其推动作用主要体现在政府—居民收入、支出增加带动的消费规模扩大、消费热点的转移及由此导致的消费结构变化上。分析表

明，消费对经济增长的拉动作用虽然有所提升，但消费动力不足、消费率和消费水平与发达国家存在较大差距仍需引起高度重视。

1. 政府—居民收入、支出增加，引起消费规模扩大，推动新型工业化进程

经济增长和新型工业化的发展同时受政府和居民消费的影响，政府和城乡居民消费能力不强，会严重制约经济健康发展，而且随着滞后期增加，这些影响的力度会逐渐增强。从它们对经济增长的影响程度及若干学者的实证分析来看，政府的财政支出对经济增长和新型工业化进程的影响最大，其次居民的消费性支出对经济和新型工业化发展的带动作用也不容忽视。此外，消费又是收入的函数，消费能否快速增长在很大程度上取决于收入的增长状况。因此，政府财政收入和居民可支配收入的增长也是拉大消费规模、推动新型工业化进程的重要手段。

下面我们将用 2000～2010 年中部六省政府财政收入、支出和城乡居民可支配收入、消费性支出及中部地区社会消费品零售总额增长的数据，来论证政府—居民收入和消费的增长对消费规模扩大的影响，进而表明消费规模增长带动新型工业化发展的进程（见表 3-2）。

表 3-2　　　　　　中部六省 2000～2010 年财政总收入

和支出增长情况　　　　　　　　单位：10 亿元

年份	山西		安徽		江西		河南		湖北		湖南	
	收入	支出	收入	支出	收入	支出	收入	支出	收入	支出	收入	支出
2000	19.46	22.5	29	32.2	17.2	22.3	24.7	44.4	35.5	36.9	29.6	22.3
2001	24.37	29	31	40.1	20	28.4	26.8	—	38.6	47.6	35.9	42.3
2002	29.24	33.4	34.7	45.2	23.5	34.1	29.7	62.9	48.3	51.6	42.4	50.1
2003	37.96	41.6	41.2	50.8	28.6	38.2	33.8	71.7	67.7	53.4	48	59.2
2004	53.63	51.9	52	60	35	45.4	42.9	—	83.8	64.2	61.2	70.9
2005	75.83	66.9	65.6	71.3	42.6	56.4	53.7	111.6	100.6	77.5	73.8	86.5
2006	104.8	91.6	81.6	94	51.9	69.6	—	144.1	134.4	102.9	89.1	106.5
2007	120	104.3	103.4	121.9	66.5	90.5	86.1	—	111.5	125.6	111.9	134.1
2008	151.8	131.1	132.6	162.3	81.7	120.3	100.8	228.4	133.8	163.8	130.8	163
2009	155.1	156.1	155.1	214.2	92.9	156.2	129.2	290.6	153.4	209.1	150.5	221.0
2010	181.1	192.9	206.4	258.4	122.6	191.1	229.3	341.3	191.9	246.5	186.3	270.3

资料来源：根据《中国统计年鉴》和中部各省历年统计年鉴整理。

其中，2010 年中部六省财政总收入分别达到 1 810.66 亿元、2 063.8 亿元、

1 226 亿元、2 293.37 亿元、1 918.94 亿元和 1 862.9 亿元，同比分别增长
17.8%、33%、32%、19.3%、25.1% 和 23.3%。财政支出分别达到 1 928.38
亿元、2 583.5 亿元、1 911 亿元、3 413.22 亿元、2 465.18 亿元和 2 702.5 亿
元，同比分别增长 23.9%、20.6%、22.3%、17.5%、17.9% 和 22.3%。

表 3 - 3 　　　　中部六省 2000 ~ 2009 年城乡居民平均
可支配收入和消费支出　　　　　　单位：元

年份 / 项目	2000	2001	2002	2003	2004	2005	2006	2007	2008	2009
城镇居民可支配收入	5 272	5 745	6 432	7 101	7 887	7 243	8 161	11 620	13 020	13 990
城镇居民消费性支出	4 240	4 499	4 948	5 345	5 880	6 517	7 227	8 327	9 218	10 000
农村居民可支配收入	2 071	2 160	2 272	2 370	2 693	2 958	3 280	3 837	4 437	4 762
农村居民消费性支出	1 488	1 562	1 647	1 731	1 962	2 273	2 554	2 929	3 365	3 604

资料来源：根据历年《中国统计年鉴》整理。

由表 3 - 3 可以看出，中部六省城镇和农村居民人均可支配收入和消费性支出均呈明显递增趋势，而且城镇居民人均可支配收入和消费性支出的增速明显快于农村居民人均可支配收入和消费性支出的增长速度。

表 3 - 2 和表 3 - 3 反映出了近十年中部地区政府和居民收入支出的增长趋势，这些增长优势极大地提高了居民的生活水平，改善了居民的生活质量，进而提升了整个社会团体的购买能力，使居民有更多能力转向购买除衣食等基本生活必需品以外的商品，降低了居民恩格尔系数，并导致消费规模的膨胀和消费结构的升级。消费规模的扩张正是市场经济发展的前提和开放型经济发展的重要条件，消费结构升级又能促进新的消费热点的产生，带动中部地区新型工业快速发展。

接下来以 2000 ~ 2010 年中部六省社会消费品零售总额增长速度的数据对中部地区消费规模的膨胀进行直观展示（见表 3 - 4）。从消费品零售额总量上看，自"十五"以来，由于中部六省城乡居民和社会集团的购买能力明显提高，消费品市场供需旺盛，社会消费品零售总额快速增长，年均增长 14.02%，比我国年均 12.9% 的增长速度高出 1.12 个百分点。

表 3 - 4   "十五" 以来中部六省社会消费品
零售额的增长速度   单位：%

年份 省份	2000	2001	2002	2003	2004	2005	2006	2007	2008	2009	2010
山西	9.2	8.1	11.1	15.9	21.3	14.9	15.1	18.6	23.1	19.2	18.4
安徽	7.7	8.4	7.5	8.3	12.9	17.4	15	18.4	23.4	19.0	19.2
江西	8.4	8.3	9.1	10.9	14.8	16.6	15.5	17.9	23.7	19.3	19.2
河南	10.6	1.8	10.6	10.8	21.1	14.3	15.5	18	23	19.1	19
湖北	10.6	10.4	7.8	10.8	13.1	11.1	15.1	18.1	23.3	19.0	19
湖南	11.0	10.7	11.0	8.3	14.0	18.8	15.3	18.4	22.7	19.3	19.1

资料来源：根据历年《中国统计年鉴》整理。

以河南省为例，在"十五"前社会消费品零售总额已突破 1 000 亿元，2002
年、2005 年和 2007 年分别突破 2 000 亿元、3 000 亿元和 4 000 亿元大关，消费
品总额由 2000 年的 1 786.7 亿元上升至 2008 年的 5 650 亿元，增长了 3.16 倍。
2000~2010 年这 11 年来，山西、安徽、江西、河南、湖北和湖南消费品总额的
年均增长率分别达到 15.9%、14.29%、14.88%、14.89%、14.39% 和
15.33%，均超过 12.9% 的全国年均增长率。

除此之外，通过表 3 - 5 中部六省消费品零售额所占 GDP 比例也可以看出消
费品零售总额占 GDP 比例稳中有增，说明中部地区消费规模正在逐渐扩大，而
且消费正强有力推动着中部六省经济和新型工业化快速发展。

表 3 - 5   2000 年以后中部六省社会消费品零售额占 GDP 的比重   单位：%

年份 省份	2000	2001	2002	2003	2004	2005	2006	2007	2008	2009
山西	39.2	38.5	37.3	35.2	34.1	34.0	33.7	33.4	33.7	37.8
安徽	34.7	34.7	34.6	33.5	31.6	32.8	33.0	32.6	32.3	35.1
江西	35.2	35.1	34.0	32.6	30.3	30.5	30.5	30.6	32.0	32.4
河南	34.8	35.1	35.5	34.4	33.3	31.9	31.0	30.6	30.6	34.6
湖北	41.8	42.4	42.8	43.7	42.3	45.7	45.0	42.2	42.3	44.8
湖南	37.0	37.9	38.7	39.2	36.7	38.0	37.4	36.5	35.7	37.6

资料来源：搜狐财经 http://business.sohu.com/20060713/n244246796.stml。

综上所述，政府居民收入支出的增长引起了中部地区消费规模的极度扩张，
有力推动了中部六省的经济发展。

2. 消费热点转移，引起消费结构升级，拉动对新型工业的需求

由前面的分析可以看出，政府和居民收入的增加，使居民有更多剩余能力进行衣食外的消费，降低了城乡居民的恩格尔系数，带动了消费热点的转移，从而引起居民消费结构发生质的变化。恩格尔系数的下降和新的消费热点的形成（如汽车、移动电话和家居装饰）又会对汽车、房地产等新型工业的发展起到巨大推动作用，从而直接带动了钢铁、有色金属等重化工业产业的发展，对发展现代产业体系和推进信息化与工业化的融合起到了积极的推动作用。

（1）消费热点转移。

改革开放以来，中部六省的居民消费热点一共经历了两次根本性变化。第一次是80年代中期，当衣食等基本生活必需品得到满足后，居民的消费热点开始向"耐用品"领域转移，因此当时出现了家用电器等高档耐用消费品的消费高潮。耐用消费品供不应求，市场需求增长迅速，刺激了家电产业的投资和发展，消费结构得到初步升级。第二次是进入21世纪以后，居民消费需求开始走向多元化、丰富化和个性化，并逐渐过渡到享受型消费，因此产生了以住房、汽车、通信和教育娱乐等为主导的消费结构，消费结构得到再次升级。

"十五"以来，住和行的消费开始成为居民的消费热点，随之带动住宅、汽车、电子通信等产业快速增长。自停止住房分配后，中部地区房地产行业迅猛发展，尽管这点在城镇居民消费结构中反映得还不太明显，但在农村消费商品结构中表现比较突出（见表3-6和表3-7）。此外，由于通信事业迅速发展，通信工具升级换代加快和通信费用的下降，交通、通信等服务性消费也增长迅速；近十年旅游等新型行业的消费也急剧上升。在农村，消费结构也有着与城镇居民类似的变化，而且在通信、教育娱乐方面的消费增长较城镇而言增幅较大（见表3-7）。

表3-6　　　　2000~2009年中部六省城镇居民消费商品结构　　　单位：%

	食品	衣着	家庭设备用品	医疗保健	交通通信	教育文化娱乐	居住	杂项商品服务
2000	39.3	10.81	8.46	5.46	6.95	12.51	11.57	5.08
2001	37.57	10.92	7.68	5.81	7.66	13.28	11.91	4.92
2002	37.09	11.47	6.67	6.85	9.81	14.33	10.63	3.14
2003	37.61	11.42	6.47	6.81	10.09	13.94	10.71	3.05
2004	38.48	11.19	5.54	6.91	10.49	14.27	9.96	3.15
2005	37.57	12.12	5.81	7.07	10.05	13.41	10.40	3.22
2006	36.7	12.17	5.94	7.05	10.85	13.37	10.84	2.25
2007	37.19	12.02	6.47	6.81	10.81	13.09	10.19	3.42
2008	38.90	11.69	6.49	7.50	9.96	11.36	10.76	3.35
2009	37.58	11.57	6.92	7.37	10.81	11.37	10.96	3.42

资料来源：根据历年《中国统计年鉴》整理。

表 3 - 7   2000 ~ 2009 年中部六省农村居民消费商品结构   单位：%

	食品	衣着	家庭设备用品	医疗保健	交通通信	教育文化娱乐	居住	杂项商品服务
2000	52.44	5.83	11.54	4.24	4.45	4.83	13.47	3.2
2001	50.67	5.76	11.42	4.16	4.82	5.51	14.4	3.25
2002	49.04	6.00	4.17	4.91	6.22	11.8	14.94	3.01
2003	50.62	5.89	12.29	3.93	5.32	7.28	13.95	2.15
2004	50.62	5.77	11.6	3.68	5.24	7.85	13.17	2.06
2005	47.93	6.08	6.0	4.24	8.72	11.65	13.25	2.11
2006	44.88	6.14	6.37	4.51	9.32	11.42	15.0	2.35
2007	44.89	6.23	6.19	4.79	9.31	9.66	16.53	2.41
2008	44.82	5.94	5.11	6.39	8.89	8.34	18.37	2.14
2009	42.20	5.86	7.72	6.24	8.73	8.34	18.66	2.23

资料来源：根据历年《中国统计年鉴》整理。

（2）恩格尔系数下降。

恩格尔系数是指食品支出总额占个人消费支出总额的比重，能够反映一个国家或一个家庭消费结构的变化。一个国家或一个家庭恩格尔系数越小，代表该国家或家庭越富裕。根据联合国粮农组织提出的标准，恩格尔系数在 59% 以上为贫困，50% ~ 59% 为温饱，40% ~ 50% 为小康，30% ~ 40% 为富裕，低于 30% 为最富裕。据此标准，中部六省城镇居民已达到富裕水平，农村居民也已实现温饱（见表 3 - 8）。

表 3 - 8   中部六省城镇居民和农村居民恩格尔系数   单位：%

	山西		安徽		江西		河南		湖北		湖南	
	城镇	农村	城镇	农村	城镇	农村	城镇	农村	城镇	农村	城镇	农村
2000	35	48.6	45.7	54.25	43.04	54.5	36.2	49.7	41.5	53.2	35.6	54.2
2001	34.3	47.6	44.2	49.75	40.8	51.5	34.7	49.5	38.3	51.9	35.8	51.9
2002	32.5	43.9	43.2	47.46	40.5	50.2	33.7	48	37.2	50	36	54.1
2003	33.5	43.1	44.2	46.03	40.16	51.7	33.6	48.1	38.2	51.7	35.8	52
2004	33.9	45.8	43.9	47.5	43	54.4	35	48.5	39.3	51.5	34.9	48.6
2005	32.4	44.2	43.7	45.5	40.8	49.1	34.2	45.4	39	49	36.1	49.6
2006	31.4	38.5	42.4	43.2	39.7	49.3	33.1	40.9	41.5	46.8	39.9	51.2
2007	32.1	38.5	39.7	43.3	39.4	49.8	34.6	38	38.3	47.9	35.6	49.6

续表

	山西		安徽		江西		河南		湖北		湖南	
	城镇	农村	城镇	农村	城镇	农村	城镇	农村	城镇	农村	城镇	农村
2008	33.8	39	41.0	44.3	41.7	49.4	34.8	38.3	37.2	50	35.8	51.9
2009	32.8	37.1	39.6	40.9	39.8	45.6	34.2	36.0	40.4	44.8	38.6	48.9

资料来源：根据历年《中国统计年鉴》整理。

恩格尔系数的下降，消费热点的转移，逐渐改变居民以往的生活习惯，促使中部地区消费结构升级，同时也加大了对新型工业产品的需求，需求带动供给，带动新型工业及其辅助行业的发展，进而带动整个新型工业链的发展。

3. 政府—居民行为限制消费率增长，阻碍新型工业化快速发展

消费率是指最终消费占 GDP 的比重。改革开放以来，全国消费对 GDP 的贡献率呈现不断下降趋势，全国最终消费率由 1978 年的 62.1% 下降至 2009 年的 48%。中部六省也出现同样趋势，2000 年以来，中部六省消费率持续走低。

出现消费率偏低的原因：一是居民收入水平不高。近年来，虽然中部地区城乡居民收入均有增长，但增长速度缓慢，低于整个国民收入的增长速度。中部地区 2003~2009 年 GDP 每年以 11.79% 左右的速度增长，各级政府的财政收入也以年均 32.7% 的速度增长，但居民可支配收入的年均增长仅为 12.5%。二是城乡收入差距不断扩大。由前面表 3-3 的数据可以看出，城镇居民人均可支配收入的增长速度明显快于农村居民人均收入的增长速度。随着收入差距的扩大，社会财富将不断向高收入阶层集中，而低收入阶层消费能力不足，制约消费增长，从而使消费率呈现下降趋势。三是社会保障制度不健全。在社会保障制度还不健全的情况下，人们受心理预期的影响，控制即期消费增加储蓄，以应对未来随时可能出现的风险，从而导致中部地区储蓄率偏高，消费率处于较低水平。

通过表 3-9 和表 3-10 中的数据进一步呈现中部地区消费率的偏低现象。

表 3-9   2000~2009 年中部六省消费率与全国平均消费率比较　　单位：%

年份＼省份	山西	安徽	江西	河南	湖北	湖南	全国平均
2000	57.75	64.05	64.05	53.69	51.68	64.55	62.3
2001	58.5	64.1	62.8	55.2	52.9	64.1	64.1
2002	58	63.4	59.3	55.8	54.9	63.3	59.6
2003	54.6	63.4	53.4	56.4	56.6	62.2	56.8
2004	50.4	58.9	52	53	56.3	59.1	54.3

续表

省份 年份	山西	安徽	江西	河南	湖北	湖南	全国平均
2005	47.6	56.2	52.1	50.6	55.9	62	51.8
2006	47.1	55.1	50.8	49.7	56.7	60.9	49.9
2007	45.1	54.1	50.8	45.5	52.4	58	48.8
2008	42.9	52.7	50.5	42.0	50.2	53.6	48.4
2009	45.5	51.5	46.3	44.9	47.8	50.9	48.0

表 3 – 10　　　　　　　　部分发达国家消费率　　　　　　单位：%

年份 国家	2001	2002	2003	2004	2005	2006	2007
美国	84.6	85.9	86.5	86.1	86.4	86.5	—
德国	78.6	78.0	78.7	77.9	77.8	76.8	—
英国	108.6	86.1	86.5	86.5	87.1	86.4	—
日本	76.6	—	75.4	75.4	75.0	75.2	—
韩国	52.8	72.5	67.7	65.4	67.6	69.2	69.8

资料来源：根据世界银行数据整理。

由表 3 – 9 可以看出，除安徽省和湖南省，其余各省的消费率基本低于全国平均水平，与世界平均水平差距很大。中部六省 2003～2009 年 GDP 平均增长 12.37%，而最终消费年均名义增长 11.18%，低于 GDP 年均增长 1.44 个百分点。而且，消费增长幅度与 GDP 增长幅度的差距正在慢慢扩大。

由表 3 – 10 可以看出，中部六省消费率与部分发达国家的消费率差距更大。世界平均消费率和几个发达国家的消费率高位平稳且有微升趋势，世界平均消费率由 2000 年的 77.2% 上升至 2003 年的 79%，而中部六省自 2000 年以来，消费率不升反而持续下降，部分省份的消费率已经降低至 50% 以下。从 2000 年到 2009 年，中部六省的年均消费率约为 54.56%，甚至比全国平均水平 57.13% 还要低约 2 个百分点。

中部六省的消费率低于部分西部省市。2000～2009 年中部六省年均消费率为 54.56% 左右，明显低于重庆、甘肃（大于 60%）等西部省份。

中部六省消费率低于部分其他农业大省。中部六省均为农业大省，耕地面积占全国的 23.8%，整个中部地区的农业人口比重为 76.8%，高出全国平均水平 5.7 个百分点。然而与同样是农业大省的四川省相比，年均消费率远远低于四川省平均 62.5% 的消费率。

通过前面的数据和分析可以看出，由于居民收入水平、城乡收入差距和社会保障制度的不完善等因素，中部六省消费率普遍偏低，导致储蓄率和投资率相对较高，消费动力明显不足，影响消费需求的增长速度，进而影响由消费需求带动的新型工业的生产需求，阻碍工业化进程和现代工业体系的形成。而且这种高投资率、低消费率，消费—投资失衡的经济发展模式也不利于经济长期、持续和稳定的发展，无法为中部地区新型工业发展提供强有力的推动，必然减缓中部地区新型工业化发展的脚步。

二、投资动力对中部新型工业化的影响

孟昊（2005）在《消费与投资对中国经济增长贡献的比较分析》中指出，消费与投资都对经济增长具有重要的作用，而且二者具有联动的效应。从长期来看，投资的增长会带来消费和净出口的增加，历史数据和实证分析也证明了近些年的经济增长和财政收入增加主要由投资所带动。

投资动力在中部新型工业化发展中发挥的作用主要体现在投资规模扩大和投资结构变化两方面。投资规模扩大，使投资层面增加，对新型工业的投资规模也相对增加；投资结构变化，使更多投资转向新型工业，扩大了新型工业及其辅助行业的生产能力，进一步带动新型工业化的发展。此外，在关注投资规模和投资结构变化的同时，还应注意到中部六省投资率持续偏高的现象，这种现象会为经济的可持续发展和新型工业化进程带来负面影响。

1. 消费、出口增加扩大投资需求，带动对新型工业的投资

消费和净出口的增加会带动投资需求的增长。消费增加能带动消费需求，而消费需求会拉动工业再生产，引起投资需求；出口增加类同于扩大内需，只是将扩大的需求转移到国外市场，因此同样可以扩大投资规模，带动投资需求。

投资需求的增加可以透过投资规模来反映，为减少复杂性，我们仅依据中部六省固定资产投资总额对投资规模的扩大趋势进行粗略描述。从固定资产投资总额来看，中部六省投资规模逐年增加。2000~2010 年，固定资产投资总额由 6 025 亿元增加到 64 190 亿元，增长 10.65 倍，高于同期全国平均水平（见表 3-11）。

由上面的数据和分析可以看出，中部六省的投资总额逐年攀升，增长速度也呈现明显上升趋势。与消费类似，这些投资总额的增长也会扩张整个中部地区的投资规模，必然增加对新型工业的投资额度和投资规模，加大对新型工业及其辅助行业的投资力度，进而推动新型工业快速发展。

表 3-11　　　　　中部六省 2000~2010 年全社会固定
资产投资和增长率

单位：百亿元

年份	山西		安徽		江西		河南		湖北		湖南	
	投资总额	增长率（%）	投资总额	增长率（%）	投资总额	增长率（%）	投资总额	增长率（%）	投资总额	增长率（%）	投资总额	增长率（%）
2000	6.25	8.7	8.7	12	5.7	12.6	14.7	11.5	14.2	9.2	10.7	13.4
2001	7.08	13.3	9.6	11	—	—	16.3	10.3	15.5	9.2	12.1	13.4
2002	8.38	18.3	11.3	17.6	9.2	40	18.3	12.2	16.9	9.2	13.5	12
2003	11.2	33.2	14.8	30.4	13.8	49.3	23.1	26.9	18.8	11.1	15.6	14.8
2004	14.6	30.6	19.1	29.6	18.2	31.9	31	31.3	23.5	25.1	20	27.3
2005	18.6	25.8	25.2	31.5	22.9	26	43.8	41.3	28.3	20.3	25.4	28.2
2006	23.2	27.9	35.4	40.6	26.8	23.7	59.1	37	35.7	28.1	32.4	26.5
2007	29.3	26.1	51	44	33	23	80.1	35.6	45.3	26.9	42.9	32.4
2008	36.3	24.2	67.9	33.3	47.4	43.5	105	30.7	58	27.9	56.5	31.6
2009	49.4	36.2	89.9	32.4	66.4	40.1	137.0	30.5	78.8	35.6	77	36.3
2010	63.5	26.2	118.5	33.6	87.8	32.1	165.9	21	108	31.6	98.2	27.6

资料来源：根据历年《中国统计年鉴》整理。

2. 消费热点转移引起投资结构变化，投资重心向新型工业偏移

中部六省在投资规模扩大的同时，投资需求结构也在发生根本性变化。由于消费结构的变化，促使新的消费热点形成，使得消费结构向改善居民住房和交通条件方向升级，这些变化直接拉动投资重心向家电、房地产业、家居装饰和汽车制造等行业偏移，带动电视机、冰箱等家电产业和钢铁、建材等重工业产业的发展，促进新型工业化继续进行。同时，消费结构的加速转变也对强劲的投资需求提供了持续性的支撑，不断扩大国内市场。

从投资结构来看，以内涵型投资为主的更新改造投资增长加快，以外延型投资为主的基本建设投资运行平稳，以企业投资为主体的房地产开发投资更加理性。虽然高耗能、高污染的产业投资比例也有所增加，但相对于对低耗能、低污染的新型产业的投资比例，投资增长速度明显减缓，这说明了中部六省的投资结构正逐渐由高消耗、高投入和高污染的粗放型结构向低能耗、低污染的新型工业化方向转变。

3. 政府政策—居民行为促使投资率升高，影响新型工业化持续发展

投资率是资本形成总额占 GDP 的比重。改革开放以来，伴随着工业化和现代化进程，我国投资率不断升高，由 2000 年的 40.26% 上升至 2009 年的

56.8%。近十年中部六省的投资率也增长迅速（见表3-12）。

投资率不断提高的原因：一是粗放型经济增长方式，投资效率不高。发展经济主要依靠增加投入，追求数量扩张，造成投资规模不断膨胀。二是政府政策。国家累计发行长期建设国债，经过若干年不断的追加投资，国债投资的累积效应逐步显现出来，形成了强烈的投资惯性。三是储蓄率过高。由于社会保障机制不健全，居民抑制消费增加储蓄，使中部地区储蓄率一直保持较高水平，从而为投资提供了充足资金来源。四是投融资体制改革滞后和地方政府投资冲动。地方政府受政绩观的影响，制定一些不切实际的经济增长目标，导致投资比例的过高。

与全国平均投资率相比，中部地区投资率明显偏高。如表3-12所示，在2000~2009年期间，中部地区年均投资率为45.99%，全国年均投资率为41.31%，高出4.68个百分点。21世纪以来中部六省投资率增加迅速，除安徽省，其余几省投资率均趋向50%，这也充分表明投资在中部六省的经济增长中所起的作用越来越大。目前，投资需求在中部地区经济中的作用已经超过消费需求，占据主导地位，成为经济增长中最突出的动力。

表3-12　　　　　　中部六省2000~2009年年均投资率　　　　单位：%

年份	2000	2001	2002	2003	2004	2005	2006	2007	2008	2009
中部	40.26	39.67	40.13	41.88	44.73	46.32	48.43	49.8	51.9	56.8
全国	35.3	36.5	37.9	41	43.2	42.7	42.6	42.3	43.9	47.7

资料来源：根据历年《中国统计年鉴》整理。

在看到投资对经济增长的拉动作用的同时，我们也必须清醒地意识到这种高投资率将为新型工业化进程带来的弊端。高投资率意味着扩大生产能力，当生产能力持续超过有效需求时，就会导致生产能力利用率下降，投资回报率降低。而投资回报率的降低又会大大降低投资动力，导致对新型工业投资总量的大幅减少，阻碍新型工业化健康持续发展。

三、出口动力对中部新型工业化的影响

许多发达国家以及新兴工业化国家或地区所走过的历程都表明，经济的高速增长必然产生寻求产品销路并向海外市场扩张的需要。企业向海外市场推进的过程，也就是提高自身竞争能力、促进经济发展的过程。经济增长与出口的发展相辅相成，向海外市场出口成为带动经济高速发展的重要因素之一。

出口动力对中部地区经济发展的作用突出表现在出口规模、出口结构和出口

额所占 GDP 的比例上，其中出口规模和出口结构是衡量一国或地区对外贸易发展水平的重要指标。中国加入 WTO 以后，中部地区进一步参与经济全球化，加大对外开放程度，出口也进入一个迅猛发展时期，出口规模不断增加。在消费热点、投资结构、国家政策和技术进步等因素的影响下，出口结构也正发生巨大变化。出口总额占 GDP 比重也由 2000 年的 6% 提高到 2009 年的 9.15%，表明出口作为需求动力对中部地区经济增长和新型工业化进程的作用正在不断增强。

1. 投资、消费联动扩大出口规模，增强吸引外资能力，带动新型工业发展

由于中部六省的地理位置，中部六省的对外开放程度总体上不高，平均开放度不及全国水平的 20%。其中，河南省的开放程度最低，仅为 2%；山西的开放度也只有 3%。90 年代前，出口的产品多为初级产品，工业制成品比例较小。

但随着改革开放的深入和中国加入世贸组织，投资、消费得到极大解放，外资也大量涌入中国，为中部地区带来众多发展机遇。进出口快速增长，出口总额迅速增加，特别是近几年出口总额的增速明显快于全国平均水平，这一发展趋势带动了整条新型工业链条的发展。而且投资增加能够扩大生产能力，消费增加能够扩大市场需求，而生产能力的增长和市场需求的扩张都对出口有显著的正向影响。此外，各种进出口优惠政策、技术进步和资源环境压力，也极大地刺激了新型工业产品的生产，促进了新型工业化进程。

下面以加入世贸组织后中部六省出口总额增长数据进一步说明中部地区出口规模的增加（见表 3－13）。

表 3－13　　　　　2001～2010 年中部六省出口总额及增长率　　　单位：亿美元

年份	2001	2002	2003	2004	2005	2006	2007	2008	2009	2010
出口总额	100.56	111.75	146.17	194.22	244.58	327.82	438.98	599.92	969.03	634.75
增长率（%）	4	11.1	30.8	32.9	26	34	34	36.7	61.5	－33.5

资料来源：根据历年《中国统计年鉴》整理。

由表 3－13 可以看出，中部地区在中国加入世贸组织后进一步开放，出口规模扩大，而且在 2002 年以后出现平稳且快速增长趋势，出口总额以年均 30% 以上的增长速度急剧增加。除此之外，中部地区的出口合作国家也迅速增多，由原来主要向美国、东南亚、欧洲、俄罗斯等国家出口，增加至非洲、中亚、西亚和南美等地区，贸易触角向越来越多的国度延伸。

出口国度和出口总额的增加，促进了中部地区与外界的贸易联系，增强了中部地区对外资的吸引力。专家指出，外商在华投资现已显现由东部向中部转移的趋势。社科院工业经济研究所发布的《2006 跨国公司眼中最具投资价值中国城市》报告中指出，通过调查发现，目前对外资吸引力比较强的城市仍然分布在我国东部地区，但中部地区已经表现出了巨大的投资潜力，投资增长比较快，外资从东部向中部投资转移的趋势已经形成，最具投资潜力的城市大多分布在中部地区。这些出口和外资优势也会加大新型工业的投资力度，刺激对新型工业产品的消费需求，投资、消费联动进一步加速中部地区新型工业化进程，促进新型工业化的发展。

2. 投资、消费结构转变带动出口结构升级，加大新型工业产品的出口需求

加入世贸组织以来，中部六省保持对外经济高速增长的同时，出口商品结构也在不断优化。消费热点的转移和投资重心的偏移，导致消费结构和投资结构全面升级，两种结构的升级结合国家出口优惠政策、环境资源压力、技术进步及竞争压力等因素，使出口产品结构也发生了巨大变化。

加入世贸组织后，我国对一些行业允许外资进入，面对外资的冲击，行业竞争压力日益加剧，也迫使出口产品从单纯的价格优势向价格、质量、档次、技术含量等综合优势延伸，出口产品结构由劳动密集型逐渐向资本技术密集型偏移；投资、消费、出口三大动力结构变化共同作用，加大了对新型工业的投资力度，扩大了新型工业产品的消费规模和出口额度，增加了对新型工业产品的出口需求，三者的结构变化是推动新型产业化进程的长期动力。

90 年代以后，中部地区工业制成品出口比例快速增长，劳动密集型产品的贸易竞争力指数一直保持较高水平，表明劳动密集型产业在整体上仍是中部地区最具比较优势和竞争优势的产业，而且资本技术密集型产品的增长也较快。但初级产品出口比例急剧下降，贸易竞争力指数下滑。

以上分析表明，中部地区正处于出口结构转变时期，出口结构的转变也改变了出口产品生产企业的生产和需求，随着劳动密集型和资本技术密集型产品出口规模和总额的增加，对新型工业产品的需求也会随之增加，需求带动再生产，进而推动新型工业的进一步发展。

3. 出口产品处于产业价值链低端，影响新型工业化进程

加入世贸组织以来，在外向型经济发展战略的推动下，中部地区出口增长迅速，外贸依存度不断上升（见表 3 - 14）。外贸依存度（TD）是指一国或一个地区的进出口总额占该国或该地区国内生产总值的比重。一个国家或地区外贸依存度的高低，反映了它对国民经济作用的大小、与外部经济联系的多少以及经济开放的程度。

表 3 - 14　　　　　　2000 ~ 2009 年中部六省年均外贸依存度

年份	2000	2001	2002	2003	2004	2005	2006	2007	2008	2009
TD	6.2%	6.25%	6.36%	7.9%	9%	9.3%	10.2%	11%	11%	13.9%

资料来源：根据历年《中国统计年鉴》整理。

出口增长较快，外贸依存度不断升高的原因：一是在政治环境稳定、经济高速增长、市场潜力巨大、廉价的劳动力成本和优惠外资政策的吸引下，外资规模不断扩大，导致出口过快增长；二是政府鼓励出口，出口退税政策、关税政策、鼓励发展加工贸易政策、汇率政策等外资外贸优惠政策和公平贸易措施，进一步促进了出口的增长；三是长期高速的投资增长形成巨大产能，导致出口增长过快，长期以来，投资积累形成了巨大的产能，由于在国内消费相对不足，因此必然寻找国外市场，导致出口增长过快。

虽然中部地区外贸依存度不断上升，但与全国平均水平相比，中部地区外贸依存度仍然很低。2005 ~ 2010 年全国外贸依存度分别为 63%、65%、62%、63%、64% 和 80%，可见，中部地区的外贸结构仍有待调整。

从目前中部地区的出口现状和外贸依存度来看，中部六省在对外贸易产业链中仍处于下游状况，在整体的大循环中处于相对劣势地位。大量低水平的重复性投资，使国内产品相对过剩，也使出口的产品多是资源性产品和能源性产品。而且中部地区仍在劳动密集型产品方面具有优势，因此像轻工和家电等劳动密集型产业过度依赖国际市场。目前的投资、出口局面如果持续下去将会带来严重后果，一方面会加剧中部地区资源和能源供应压力；另一方面，还会使中部地区出口产品位于国际产业分工链的底端，不利于从根本上解决外贸出口中存在的"高消耗、高污染、高成本、低附加值"的问题。显然，这与 2006 年"十一五"规划要求的降低消耗、实现可持续发展的目标相违背。当前直接的、更多的影响是，引发贸易摩擦，招致贸易壁垒限制，增加就业压力，大大减少出口企业收益，严重阻碍产业结构的调整和转移，给新型工业化带来很大的负面影响。

四、中部新型工业化的动力机制创新

就投资、消费与净出口三者之间的关系而言，短期内投资会带来消费的减少，同时消费也给投资带来负面冲击，但长期来看，投资的增长会带来消费和净出口的增加，而消费和净出口的增加又会带动投资需求的增长。出口增加会抑制国内消费，消费降低又会抑制投资水平。但从经济发展和新型工业化进程角度看，三者又共同为经济增长和新型工业化提供有力支持，缺少任何一个动力，新

111

型工业化道路都无法继续下去。因此消费、投资和出口三大市场动力彼此依赖,既相互矛盾又相互支撑。然而目前中部地区三大动力明显失调:投资率过高,消费动力明显不足,外贸依存度较低,经济的增长主要靠投资和出口来拉动,消费需求增长相对滞后。为了解决这些问题,实现中部地区经济和新型工业化健康持续发展,就有必要对消费、投资和出口三大动力进行协调,制定三者平衡增长的机制。

1. 消费与投资的协调

目前中部地区在经济发展和新型工业化进程中始终存在着高投资、低消费的现象,经济增长主要由投资带动,这点可以从第一、二两节的分析中清晰地看出。由于以投资带动的高增长缺乏可持续性,因此,有可能形成新一轮的产能过剩。而且高投资率带来的生产能力的扩张,会在生产能力超过有效需求时,导致利用率的下降,降低投资回报率。此外,它还会带来粗放的经济发展方式,造成对资源的浪费和环境的污染。而低消费率则会造成消费动力不足,导致需求增长滞后,经济增长缓慢,同时刺激投资率的继续增长。而且由表3-3可以看出,由于收入差距的扩大,消费市场的繁荣还仅限于城镇,广大农村消费增速依然缓慢。如果这两大动力不能协调发挥作用,新型工业化进程将异常艰难。

因此,促进消费和投资动力的协调发展应当合理调整两者的比例关系,有些经济学家提出投资率保持在40%左右,而消费率应该提高到60%以上。

前面已经对消费率偏低、投资率较高现象进行了原因分析,这里将针对它们各自产生的原因提出具体可行的措施。

(1)控制投资规模过快增长,控制投资率增长速度。

第一,进一步调整优化投资结构,引导投资合理分布。消费是扩大投资的基础,因此投资必须首先围绕能带来即期消费的产业进行,以促进两个需求联动,形成扩大内需的良性循环。应该限制高能耗、高物耗、高污染行业投资的过快增长,避免低水平扩张和重复建设,积极推进粗放型增长向集约型增长方式的转变;支持技术水平高、有利于发展循环经济行业的投资和建设,同时加强薄弱、瓶颈行业的投资和建设,如农业和农村基础设施、教育、卫生等社会事业以及生态建设等,从而达到控制投资增长、改善投资结构、提高投资效率的目的。

第二,地区政府应正确认识经济增长的两面性。认识到在一定时期内,经济增长仍需依靠投资增长,但也要认识到当前投资增长速度偏快,将为新型工业化带来严重的负面影响。

第三,改革干部政绩考核方式,树立正确的政绩观。改变以"GDP论英雄"、以"财政收入论英雄"的政绩观,建立充分体现科学发展观的干部政绩考核体系。同时加大对各级领导干部的教育和培训,使之自觉服从国家宏观调控大局，增强全局意识和责任意识，落实和完善各项宏观调控措施，抑制投资过快增长。

第四，加快行政管理体制改革，建立健全财政支出、补贴制度。进一步规范政府行为，明确政府职能，逐步减少并最终取消政府对非公共产品的直接投资，制止政府变相为企业投资担保的问题，消除投资膨胀的制度因素。同时，通过政府财政支出、财政补贴政策影响总需求。一方面通过财政支出政策加大对基础设施、基础产业建设、农业生产和社会保障的投资；另一方面通过财政补贴政策贴补受物价影响比较大的弱势群体（如低收入者、部分农村居民）；补贴电力、石油等行业，鼓励生产，确保人们的生活稳定和经济的稳定发展，实现收入再分配。

（2）加大力度增加国内消费，提高消费率。

第一，增加中低收入群体的收入水平，不断提高他们的购买和消费能力。消费偏冷主要是由城市中低收入者和农民的购买能力不足造成的，而购买能力不足又是由于这部分人群的收入增长缓慢引起的。因此，增加这部分人的收入水平就成为当前扩大市场消费的关键所在。

第二，调整国民收入分配结构，缩小收入差距。理顺国民收入初次分配、二次分配的关系，通过加大公共财政支出建立良好的消费环境，通过税收调节促进收入的相对公平分配。防止收入差距进一步扩大，扩大中等收入阶层的比重，对高收入者，要加强个人收入所得税征管工作。合理调节少数垄断性行业的过高收入，坚决取缔非法收入。

第三，加快完善社会保障体系。重点建立健全农村最低生活保障、养老、医疗等农村社保体系，继续加强城镇"两个确保"和"低保"工作，积极推进医疗卫生体制改革，深化社保制度改革。

第四，培育消费热点，积极调整消费结构。引导消费向多样化、丰富化方向发展，鼓励多种消费方式，大力培育和发展消费热点，促进居民消费结构升级。

第五，适当扩大消费信贷范围。合理降低消费信贷门槛，建立个人信用评估制度，在以住房、教育和汽车消费为重点的领域，适当扩大消费信贷范围。

2. 消费与出口的协调

消费与出口动力从逻辑上看是相互矛盾的，出口增加会抑制国内消费，扩大内需、增加消费又必然会影响出口。消费是新型工业化的内生动力，而出口则是新型工业化的外在动力，因此如何利用消费动力的内在推动作用和出口动力的外在推动作用，就成为影响新型工业化进程的关键。

由前面的分析可以看出，中部地区的消费、出口现状是：受政府—居民行为及政府政策影响，居民收入水平较低，城乡收入差距加大，社会保障机制不健全，导致消费率逐年降低。而在目前世界市场的供求关系中，中部地区总体出口产品价格偏低，出口商品结构仍以低附加值产品为主，产品具有较强的替代性，缺乏竞争力。

面对消费、出口的逻辑矛盾和目前消费、出口现状，应协调发挥消费动力和出口动力，提升消费结构和改善出口结构，从而有效地为新型工业化提供市场动力。

提升消费结构的核心在于缩小收入差距，调整消费品供给结构，规范消费市场。一是统筹城乡发展，缩小城乡居民收入差距，加大对农村生产和基础设施建设的投资，增加基础教育资源的分配，千方百计增加农民收入，提高农村消费动力，扩大农村消费市场。二是加快推进以改善民生为重点的社会建设，实施扩大就业的发展战略，加快建立覆盖城乡居民的社会保障体系。三是深化收入分配制度改革，逐步提高居民收入在国民收入分配中的比重，提高劳动报酬在初次分配中的比重，使城乡居民收入同步增加。这样既有利于增加广大劳动者收入，也有利于合理调整投资与消费关系，促进经济社会健康发展。四是优化政府财政支出，加大在教育和科学技术方面的投资，依靠科技进步开发新产品，淘汰落后消费品，扩大消费市场，改善供给结构，促进新的消费热点产生，刺激居民消费欲望。

优化出口结构，调整外贸政策，统筹安排对内对外经济工作，把"引进来"和"走出去"更好结合起来，加快转变外贸增长方式，优化进出口商品结构，坚持以质取胜，增强应对国际市场波动的能力。

（1）合理利用外资和国外先进技术，改变要素禀赋。

生产要素特别是资本和技术这类"易流动"的要素在各国之间流动和重组，能够较快改变原有的要素结构和贸易结构。通过吸收外资和国外技术等渠道，中部地区可以在保持劳动力充足的同时，迅速增加资本和技术存量，不断增加出口商品的资本和技术含量。

（2）提高利用外资质量，同时鼓励国内优秀企业对外投资。

减少盲目的、不加区别的鼓励出口和引进外资的优惠政策，例如调整出口退税政策等，推动企业加快转变外贸增长方式，提高利用外资的质量和效益。鼓励国内企业对外投资，加大对外直接投资政策的支持力度，如加强对外直接投资贸易、税收等政策支持，成立专门机构对中国企业海外直接投资给予指导和扶持，降低国内企业对外投资的风险。

（3）提高出口产品的技术含量，积极开发高新技术产品。

把新技术、新材料和新能源等不断向传统产业渗透，提高这些产品的加工程度、技术含量、产品质量和档次；积极开发高新技术产品，因为高科技产品不仅售价高、利润丰厚，而且是出口商品结构优化的最终契机。因此，在对出口结构进行适应性调整的同时，要利用技术进步促使要素效率和要素禀赋发生变化，为新型工业化提供动力。

（4）调整和完善加工贸易政策，促进一般贸易的扩大发展，限制经营迂回性加工出口贸易。

（5）完善人民币汇率形成机制。应继续按照主动性、渐进性和可控性的原则推动汇率改革。密切跟踪分析国际经济金融形势变化，特别是美元汇率走势可能出现的趋势性变化，及早调整外汇储备资产的币种结构，防止美元一旦大幅贬值造成国民财富流失。

3. 三大动力机制协调

许多学者通过理论、实证多种方式证明，消费、投资和出口三大市场需求动力对经济增长和新型工业化进程起着非常重要的作用。近 10 年来，中部地区三大动力比例失调：消费动力不足；投资增长过快；出口增加但依存度较低，而且在目前的经济形势下，出口的作用十分有限，对经济增长的拉动力较弱。因此，我们需要建立市场动力的预警机制以协调三大动力的和谐发展。

市场动力警情是指市场动力不稳定、失衡等各种现象，一般是指重大的市场动力问题，如进出口政策变化、消费信贷率的变化等。市场动力经济预警就是针对市场动力中可能出现的警情进行分析和预报。建立这种预警机制需要两个关键步骤：

首先，对市场动力信息进行广泛收集、恰当处理和及时发布。如果无法得到及时有效的信息，或者得到的是未经分析的原始数据，就不能从中提取出有用的信息。因此，需要分地区、分时期、有针对性地进行信息的搜集和加工处理。这就要求建立专门的信息搜集和决策机构，定期收集、整理、分析和发布国内外市场动力的最新动态。对于收集到的信息应由分析机构相关领域的专家和技术人员进行分析、判断并进行预测，定期公布指导意见。

其次，建立配套的组织机构，确保预警机制发挥作用。预警机制是一个完整体系，需要一套系统的组织机构来运作和实施。这一体系应该由专门机构专人负责，形成从中央到地方、从地方到企业的长期稳定机制。同时应该统一领导，层次性管理，形成中央—地方—企业的领导管理机制。

第三节　中部地区新型工业化进程中的产业创新研究

党的十七大明确提出新世纪经济建设要坚持以信息化带动工业化，以工业化促进信息化，走一条科技含量高、经济效益好、资源消耗低、环境污染少、人力资源优势得到充分发挥的有中国特色的新型工业化道路。从实践和理论研究上看，新型工业化的实质是转变经济发展模式，在转变经济发展模式中，基于产业层面的创新对于走新型工业化道路有着至关重要的推动作用。

英国经济学家弗里曼·克里斯（Freeman Chris）首先系统地提出了产业创新理论。他从历史变迁的角度，对电力、钢铁、石油等八大产业的创新作了实证研究，提出：产业创新包括技术创新、技能创新、产品创新和流程创新，同时也包括管理创新（含组织创新）和市场创新。产业创新是一个系统的概念，系统因素是其成功的决定因素（Freeman Chris and Luc Soete，1997）。产业创新不但包括创造或进入新兴产业，而且也包括传统产业重组和升级。在新型工业化进程中，要推动产业结构优化升级，提升产业竞争力，必须通过产业结构创新、产业技术创新、产业组织创新、产业政策创新等各方面来增强产业优势，为产业寻求更广阔的发展空间，促进区域经济更快更好发展。

目前，中部各省支柱产业有比较强的特色，在 39 个产业中，共有 14 个产业起着支柱作用：石油和天然气开采业、电力蒸汽热水生产和供应业、烟草加工业、食品、黑色金属对五省的经济都起到支撑作用；有色金属、煤炭采选业、交通运输设备制造业分别对 3 个省起到支柱作用；医药制造业、纺织工业分别对 2 个省起到支柱作用。同时，中部地区有明显的资源优势。充分利用中部地区的区位优势和资源优势，利用产业创新形成合理的战略性产业结构优势，实现中部地区经济发展，对于促进中部地区经济发展乃至全国经济的持续、稳定发展具有重要的现实意义和深远的战略意义。

一、产业结构创新与中部地区新型工业化道路

走新型工业化道路是我国 21 世纪经济建设发展的新选择，同时也是我国从工业大国向工业强国转变的必然要求。在中国特色新型工业化的实现过程中，中部地区发挥着关键的作用。而中部地区的产业结构调整和优化升级则是中部地区新型工业化过程中的重中之重。

1. 中部地区产业结构整体发展现状

（1）中部地区产业发展现状。

"十五"以来，中部地区的经济发展成果显著。2010 年，中部地区实现地区生产总值 8.5 万亿元，占全国的比重由 2005 年的 18.8% 上升到 21.5%，人均地区生产总值达到 2.4 万元，比 2005 年翻了一番多。数据显示，近几年中部地区三次产业的生产总值都实现了持续稳定的上升，尽管第一产业上升幅度不明显，

但中部地区农业的基础地位是无法动摇的；同时第二产业也得到很大的发展，尤其是能源产业、制造业等第二产业的代表行业获得了较大发展，成为中部地区的支柱产业。近年来，第二产业在 GDP 中的比重上升趋势明显，特别是 2005～2010 年相对上升幅度较大。2009 年中部六省规模以上工业增加值比上年平均增长 13.8%，高出全国平均增幅 2.8 个百分点，其中，安徽、湖南、河南、湖北增幅均在 20% 以上；第三产业也呈现出繁荣活跃的景象，其在 GDP 中的比重持续上升。中部地区经济发展整体呈现出工业化进程的典型特征表现（见图 3-2、表 3-15）。

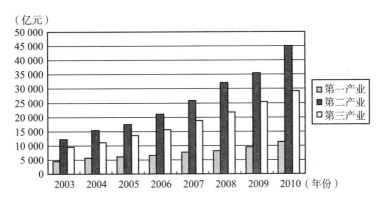

图 3-2　2003～2010 年中部地区三次产业发展趋势

表 3-15　　　　　2003～2010 年中部地区三次产业生产总值　　　单位：亿元

年份	第一产业	第二产业	第三产业
2003	4 432.52	12 324.04	9 591.90
2004	5 720.91	15 300.07	11 067.32
2005	6 204.54	17 412.70	13 613.10
2006	6 614.13	20 958.59	15 645.26
2007	7 597.81	25 734.57	18 708.54
2008	8 166.76	32 192.61	21 768.28
2009	9 606.34	35 554.24	25 416.98
2010	11 248.04	45 052.05	29 137.30

资料来源：根据《中国统计年鉴》2004～2010 年历年数据计算整理。

根据区位和产业贡献率计算情况，中部地区各省的主导行业分布在原料工业、燃料动力工业和农产品加工等领域：交通运输设备制造业、黑色金属采选业、食品加工业、黑色金属冶炼及压延加工业、烟草加工业、有色金属矿采选业、有色金属冶炼及压延加工业、自来水生产和供应业、石油加工及炼焦业、印刷业、记录媒介复制业、煤炭采选业、食品制造业、专业设备制造业、电力蒸汽热水生产和供应业、造纸及纸制品业、饮料制造业、橡胶制品业、木材加工业及竹藤棕草制造业、医药制造业。各省分别形成了一些附加值高、技术含量高的主导行业。行业之间的贡献率差距很大，每省都有一至几个高贡献率的拳头行业，如表 3-16 所示。

表 3-16　　　　　　　中部地区六省高贡献率的拳头行业　　　　单位：%

	交通运输设备制造业	黑色金属冶炼及压延加工业	烟草加工业	电力蒸汽热水生产和供应业	非金属矿物制品业	煤炭采选业	饮料制造业	有色金属冶炼及压延加工业
湖北	24.26	10.1						
湖南			48.7					
河南				17.02	11.87	15.5		
山西						73.7		
安徽				9.01		12.5	9.6	
江西				11.61				14.39

（2）中部地区产业结构存在的问题。

第一，产业结构协调度不够，产业规模较小。由统计资料可以看出，中部地区相对于东部地区乃至全国来说，第一产业所占的比重仍然很高，在第一产业内部，仍然偏重于农业，2008 年各省的农业均占到第一产业的一半或以上，如山西农业总产值占第一产业总产值的 61.47%，河南农业总产值占第一产业总产值的 56.92%，并且农业经济各行业之间的关联度不强，农村工业发展仍然缓慢；同时第二产业的比重首次高于东部地区，但仅仅高一个百分点，尽管中部地区的工业化水平有了很大的提高，但优势仍不明显；而第三产业的比重，仅占36.01%，甚至比西部地区的比重还要低，而且是以传统的流通和服务业为主，现代金融、通信和信息产业相当薄弱，现代化水平不高。并且中部地区大多数企业生产的专业化程度低，仍然处于自成体系的封闭式生产状态，企业之间缺乏合理的分工协作和联合，严重阻碍了中部地区的新型工业化进程。同时中部六省支柱产业的重叠度也是比较高的，在 39 个产业中，共有 14 个产业被各省列为支柱产业。烟草、石化、电力、食品、钢铁为五省共有，有色金属、煤炭采选、汽车为三省共有（见表 3-17、表 3-18、图 3-31）。

表 3 – 17　　　　2009 年我国各地区产业结构指标比较　　　　单位：%

地区	三次产业构成比重		
	一产	二产	三产
全国	8.54	49.16	42.30
东部	7.01	49.13	43.86
中部	13.61	50.38	36.01
西部	13.07	47.96	38.97
东北	7.01	49.13	43.86

资料来源：根据 2010 年《中国统计年鉴》数据整理。

表 3 – 18　　　2010 年中部地区六省三次产业生产总值及比重　　　单位：亿元

地区	地区生产总值	第一产业	第二产业	第三产业	三次产业构成（%）		
					第一产业	第二产业	第三产业
江西	9 435.00	1 205.90	5 194.70	3 034.40	12.78	55.06	32.16
安徽	12 263.40	1 729.00	6 391.10	4 143.30	14.10	52.12	33.79
山西	9 088.10	563.50	5 161.20	3 363.40	6.20	56.79	37.01
河南	22 942.68	3 263.20	13 226.84	6 452.64	14.22	57.65	28.13
湖北	15 806.09	2 147.00	7 764.65	5 894.44	13.58	49.12	37.29
湖南	15 902.12	2 339.44	7 313.56	6 249.12	14.71	45.99	39.30

资料来源：根据 2010 年各省统计公报整理。

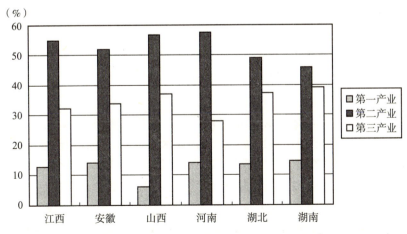

图 3 – 3　2010 年中部六省三次产业比重

第二，资源依赖度高，环境压力大。从行业结构看，各省产业结构层次普遍不高，重化工业比重较大，对资源性行业依赖较强，同时也给环境带来很大的压力。从表 3 - 19 可以看出，中部六省比重前五位的行业，基本上以能源、钢铁、有色、化工等行业为主。电力、钢铁在六省均是支柱产业。中部地区工业水平较低，当前正处于加快发展阶段，工业的比重还将进一步提高，加之产业结构调整仍需要一个过程，今后一个时期，高能耗行业投资增长偏快短期内不会改变，也加大了中部地区节能减排的工作难度。

表 3 - 19　　　　　　　中部地区产值比重超过全国 20% 的行业

行业	煤炭采选	黑色金属采矿	有色金属采矿	非金属采矿	食品加工	烟草加工	家具制品	非金属矿物制品	有色金属冶炼	专用设备制品
占比（%）	23.9	22.0	34.3	30.3	24.4	26.0	20.2	24.3	21.65	20.1

第三，资金投入不够。由于政策导向，东南沿海一直是我国开放带动战略的前沿地带，政府给予了许多优惠政策，目前西部大开发政策的提出使国家对西部地区加大了资金投入，致使中部地区积累的资金、技术、人才都向东、西部地区流失，这导致了中部地区相关产业的投资资金不足。尽管中部地区的固定资产投资增速超过了东部地区和西部地区，但总体规模还有待提高（见表 3 - 20）。

表 3 - 20　　　　2008 ~ 2010 年中部地区各省固定资产投资及增速　　　单位：亿元

省份	湖南	湖北	河南	安徽	山西	江西
2008 年	5 649.97	5 798.56	10 469.57	6 788.9	3 635.1	4 738.6
增速（%）	31.6	27.9	30.7	33.3	24.4	43.5
2009 年	7 703.38	7 866.89	13 704.50	8 990.73	4 943.16	6 643.14
增速（%）	36.3	35.7	30.9	32.4	36.0	40.2
2010 年	9 821.06	10 802.69	16 585.85	11 849.4	6 352.6	6 335.51
增速（%）	27.6	31.6	21.0	33.6	26.2	31.9

资料来源：根据《中国统计年鉴》历年数据整理。

第四，经济体制僵化，所有制结构不合理。改革开放以来，中部地区经济体制改革取得了很大的进展，但深层次的改革还未完全到位，体制性障碍仍然存在。在产业结构调整中，政府的职能作用没有发挥到位，监督管理缺乏透明度，"越位"、"错位"和"不到位"的现象较为普遍。市场的公平、公正、公开度不高，生产要素市场化程度较低，导致了中部地区的企业规模普遍偏小、产业发展的产品生产比较分散、产业集中度较低。而且中部地区在所有制结构方面国有资本比重偏高，缺乏市场的有效竞争。

第五，产业技术整体水平较低，产业技术结构不合理。中部地区近几年加大了技术投资与技术改造力度，尽管取得一些成绩，但总体水平与国内相对发达地区相比还是处于落后地位（见表3-21）。可以看出，2009年中部地区技术市场成交额远远低于其生产总值占全国的比重，并且这一比重还在逐渐降低（见图3-4）。与此同时，中部地区的科技产出水平很低，科技成果转化率低，科研开发与产业应用脱节，引进技术的消化、吸收迟缓，阻碍了中部地区的经济发展。

表3-21　　　　2004~2009年各地区技术市场成交额占全国比重　　　单位：%

年份	2004	2005	2006	2007	2008	2009
东部	71.40	74.80	73.34	73.84	73.59	73.30
中部	9.87	9.57	8.11	7.60	7.10	6.88
西部	11.34	8.35	8.29	7.22	7.95	7.76
东北	7.39	7.28	6.14	6.53	6.03	6.20

资料来源：国家统计局网站资料。

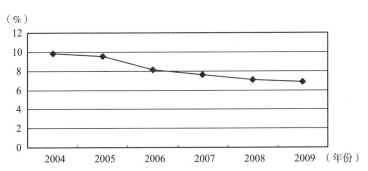

图3-4　2004~2009年中部地区技术成交额占全国比重趋势

2. 中部地区新型工业化进程中的先进制造业创新

党的十七大报告指出："发展现代产业体系，大力推进信息化和工业化融合，促进工业由大变强，振兴装备制造业，淘汰落后生产能力。"制造业是衡量一个区域综合实力和产业竞争力的重要标志。中部地区有良好的区位优势、资源优势以及丰厚的产业历史积淀，具备良好的建设现代装备制造业基地的外部条件。同时，中部地区在通用设备制造、交通设备制造等产业已经具有明显的比较优势和竞争优势，进一步做大做强仍有十分广阔的发展空间。因此中部地区在推进新型工业化进程中，应适应时代的要求，整合资源、发挥优势，打造中部地区现代装备制造业基地。

121

（1）中部地区先进制造业发展现状及问题。

近年来，装备制造业在中部六省经济发展中凸显重要地位。中部地区拥有全国最大的中、厚、薄板和特殊钢基地，最大的中型货车生产基地，最大的重型机床和包装机械生产基地，是我国第二大汽车生产基地等。中部地区制造业主导产业中，纺织、化学原料及化学制品、黑色金属、食品加工、交通运输设备制造、有色金属制造分别占全国总产值的 11.5%、12.1%、14%、14.8%、16.2% 和 23.8%，处于重要的地位。2008 年中部六省机械工业总产值达到 11.485 亿元，占全国机械工业的比重为 13.9%，机械工业主营业务收入达到 10.553 亿元，占全国机械工业的比重为 13.3%。

总体上，中部地区的装备制造业在区域经济发展中扮演着越来越重要的角色，但是，也应认识到，中部地区的装备制造业仍然存在规模偏小，研发与创新能力较低，生产集中度和产业协同能力较差等问题。

第一，总量规模偏小。目前，中部地区工业化率偏低，装备制造业总量规模偏小。中部地区规模以上装备制造业增加值仅占中部 GDP 的 10% 左右，占全国规模以上装备制造业的比重不到 20%，远低于长江三角洲、珠江三角洲和东北地区。

第二，结构层次和技术水平较低。中部地区装备制造业中资金密集、技术密集型的产业及高加工度、高附加值产品比重低。由于促进企业自主创新的技术进步机制尚未形成，企业缺乏不断创新的动力和压力，同时技术开发投入不足使得中部地区的科技创新能力仍然薄弱，产学研结合机制还没有得到根本突破。各产业、企业间有效整合不够，行业集中度低。企业的集成创新、引进消化再创新意识不够强，能力不足。

第三，经济增长方式粗放，资源环境压力大。制造业粗放型增长的状况尚未从根本上得到改变。其中以资源为基础的制造业增加值占制造业总增加值的比重都在 25% 以上，而高新技术制造业的比重均低于 11%。一些地方过度依赖能源、原材料产业，其中山西能源产业和冶炼及金属制品业增加值占工业增加值的 80% 左右。节能降耗、转变增长方式已成为中部地区装备制造业面临的紧迫任务。

第四，产业集中度低，区域配套能力不强。中部地区装备制造业大型骨干企业少，特别是缺乏集设计、制造、服务于一体的成套总包企业，围绕大型企业的中小企业群体尚未真正形成，原材料供应、外协配套件等相关产业发展不足，协作配套能力较弱，部分行业主要企业的装备水平不相适应，成套能力不足，尚未形成专业化分工、社会化配套的制造体系。

（2）中部地区新型工业化过程中先进制造业的发展策略。

第一，整合战略资源，推进中部现代装备制造业基地建设。中部六省在突出各自产业特色的同时也出现了严重的趋同现象，缺乏必要的战略联系，特别是缺乏战略协作与战略联合，这不利于中部地区整体特色优势的综合发挥，不利于中部相互联动、共同发展。

第二，要加大对装备制造企业自主创新的资金支持力度。首先要加大政府财政支出。政府应安排一定比例的经费，专门用于装备制造业的重大技术改造项目和对技术创新项目进行补助，并视财政增收情况逐年递增，设立装备制造业专项发展资金。其次，要通过财税优惠政策促使企业自身加大自主研发投入，增加专项资金支持高校、科研机构与企业的科技合作，特批相关项目提高科技贡献率。最后，要加大对中部地区装备制造业的金融支持力度。积极开发新型金融产品，加大与企业的合作力度，为装备制造企业提供更多、更好的金融服务。

第三，要构筑装备制造业研发创新体系和创新机制。在加大鼓励企业自主创新力度的同时，充分发挥现有研究机构的作用，建立具有中国特色的技术创新体系和创新机制。要加强重点学科支撑体系建设，依托中部地区有较强研发能力的高等院校，加快发展装备制造业急需的重点学科建设，促进形成多层次的研发支撑体系；通过共建技术中心、工程研究中心和项目攻关、技术引进、股份合作等多种形式的"产学研"合作方式，促进形成应用技术的支撑体系。

第四，壮大企业规模，组建一批具有国际影响力的大型制造企业。中部地区在制造业行业的先天优势比较明显，既有丰厚的自然资源，又有相对便利的交通，同时深厚的产业历史积淀也使制造业在全国占有一定地位。然而，随着全球经济一体化的发展，中部地区的制造业规模效应明显不足。为了与国际接轨，充分利用国际合作优势，中部地区应集中优势发展一批大型的跨区域甚至跨国的制造企业，使这些企业能够充分发挥支撑和带动作用，将中部地区的制造业带上一个全新的台阶。

3. 中部地区新型工业化进程中的高新技术产业创新

（1）高新技术产业发展的现状及问题。

2009 年，中部六省高新技术产业的主要经营指标比较如表 3－22 和表 3－23 所示。虽然中部地区高技术产业发展迅速，且促进了产业结构的明显改善，但是中部地区的高新技术产业发展还相对落后。

表 3－22　　2008 年全国及中部地区各省高新技术产业发展指标　　单位：亿元

地区	高新技术总产值	高新技术增加值	同比增长（%）
全国	58 000	21 700	14
中部	14 114.06	4 219.16	25.6
山西	952	350	17.1

续表

地区	高新技术总产值	高新技术增加值	同比增长（%）
江西	1 507.9	498.0	39.1
安徽	3 212.3	905.0	24.8
河南	1 560	262.32	23.3
湖南	3 529.86	1 098.84	30.7
湖北	3 352	1 105	24.2

资料来源：国家发展和改革委员会网站资料。

表 3-23　　　　　　　　2008 年、2009 年全国各地区高新
技术产业产值及比重　　　　　　　单位：亿元

地区	2008 年		2009 年	
	产值	比重（%）	产值	比重（%）
全国	58 316.24		64 719.8	
东部	49 869.33	85.52	52 659.00	81.36
中部	3 411.93	5.85	5 202.3	8.04
东北	1 875.96	3.22	2 209.2	3.41
西部	3 159.02	5.42	4 649.3	7.18

第一，产业增长速度较慢，整体规模不大。从整个中部地区看，高新技术产业虽然保持增长，但增速相对较慢。从总体上看，中部地区高新产业的规模还不大，如 2009 年江苏省的高新技术产业总产值 21 987 亿元，比整个中部地区总产值的一半还要高出很多，同时中部缺乏具有带动作用的骨干高新技术企业和市场占有率高的重点高新技术产品。

第二，科技竞争力较弱，优势集中在中低技术产业。从产业竞争力分析，中部地区中低技术产业具有一定的产业竞争优势；而从科技竞争力看，中部地区的优势主要集中在中低技术产业。以湖北省为例，该省的优势产业主要集中在交通设备、黑色金属、化学原料及化学制品等中低技术产业和饮料、纺织等资源加工类产业。

第三，资金投入不足，技术发展较慢且发展方式粗放。从科技投入来看，中部地区科技人才流失严重，科技经费投入明显不足，不能满足中部地区高新产业发展的科技支撑要求。2009 年全国及各地区科技进步统计监测结果显示全国平均科技进步指数为 56.99%；而中部地区六省科技进步指数均低于全国平均水平，如湖北为 51.49%，湖南为 44.22%，山西为 41.94%，安徽为 39.35%，河

南为 38.20%，江西为 37.68%。从全要素生产率（TFP）来看，中部地区各省改革开放以来物质资本对经济发展的贡献均高于全国水平（34.95%）；而全要素生产率则远远低于全国水平（44.2%，见表 3-24）。中部地区经济发展依然是依靠物质资本投入为主，发展方式粗放。

表 3-24　　　2009 年中部六省物资资本贡献率与全要素生产率　　　单位：%

省份	山西	安徽	江西	河南	湖北	湖南
物质资本贡献率	45.28	40.74	44.4	46.67	46.7	45.9
全要素生产率	30.82	27.97	25.19	19.81	27.38	27.20

资料来源：根据《中国区域创新能力报告 2009》整理而成。

第四，中部高新技术产业规划趋同现象严重，产业分工缺乏联动机制。在中部六省的高新技术产业发展规划中，大都把电子信息、生物工程、新材料、新能源作为科技发展的方向，彼此之间缺乏合理的产业分工，导致产业结构雷同，高技术产业关联效应不明显（见表 3-25）。这不仅表现在各高新区之间缺乏集成联动的机制，而且高技术企业和机构之间的关联协作也不强，没有形成相互支援、相互依存的产业分工协作网络，造成相关产业分散独立发展，产业集群形成困难。

表 3-25　　　　　中部六省国家高新技术园区、基地及重点领域

	一区多园	基地	重点领域
湖北武汉	东湖大学科技园，南湖高科技农业园，海外学子创业园，华软、天喻、曙光软件园	国家光电子产业基地（光谷）、国家火炬计划光电子信息技术产业化基地、高新技术产品出口基地、高新技术产业化示范基地、国家火炬计划湖北软件基地、新材料产业基地、中药现代化科技产业基地	信息光电子（光纤光缆、光通信器件等）、能量光电子（工业激光、医疗激光等）、应用光电子（光纤传感、光存储、光显示、光输入）、计算机软件
湖北襄樊	军工科技园、大学创业园、信息技术园、民营科技园、高科技农业示范园		汽车配套、新材料、光机电一体化、电子信息技术、航空航天

续表

	一区多园	基地	重点领域
湖南长沙	岳麓山高科技园、星沙工业高科技园、隆平农业高科技园、远大高科技园和政策区	新材料成果转化及产业化基地、先进制造技术产业基地、传感技术产业基地以及综合产业基地	电子信息技术及产品、新材料技术及产品、生物工程、医药工程技术及产品、光机电仪一体化技术及产品、新能源、高效节能技术及产品
湖南株洲	河西高新技术产业区、栗雨科技园、天台工业园、田心高科技工业园、董家段高科技工业园	国家新材料成果转化及产业化基地、国家"火炬"计划传感技术产业基地	新材料、先进制造技术、电子信息和生物医药
河南郑州	国家级大学科技园、中部软件园、生物医药产业园、光机电产业园、留学人员产业园、民营科技园	国家级超硬材料产业基地	信息产业、生物医药产业、新材料产业、光机电一体化
河南洛阳	银昆科技园、洛阳软件园、洛阳清华科技产业园、洛阳交大科技产业园、洛阳模具科技产业园		新材料产业、电子信息产业、生物工程产业、机电一体化产业、节能环保产业
安徽合肥	创业中心、软件园、留学生园、大学科技园、民营科技园	铜陵电子材料产业基地、国家"863"计划成果产业化基地3个、国家火炬计划软件产业基地	电子信息、生物医药、新材料、光机电一体化
江西南昌	金庐软件园、南昌大学科技园、浙江大学科技园		电子信息、光机电一体化、新型材料、生物医药、新能源
山西太原	电子装备与信息产业园、新材料园、E－制造园、数码港、留学生创业园、日化科技园		电子信息与光机电一体化、新材料新能源、生物医药、环保节能

（2）中部地区新型工业化进程中高新技术产业发展策略。

第一，突出企业技术创新的主体地位，增强企业自主创新能力。鼓励高新技术企业大幅度提高研发投入，成立企业内部自主研发组织，积极跟踪最新技术发展方向，掌握技术开发的主动权，使企业真正成为研究开发投入的主体；支持高新技术企业开发自主知识产权的高新技术产品和服务，提高企业竞争力和产业规模。

第二，构建科技创新平台，突出高新技术产业优势发展。中部地区应重点突出特色产业发展，构建适合高新技术产业发展的技术创新平台，建设一批国家级、省级重点实验室、工程技术中心等重点技术公共平台，重点支撑以电子信息技术产业、生物技术与新医药产业、新材料技术产业等特色产业的快速发展和提升，高度重视用高新技术和先进适用技术改造提高传统产业，大力发展附加值高、关联带动大的产业，使高新技术产业成为经济持续增长的重要支撑。

第三，促进产学研联合的协同机制，提高科技成果产出和转化水平。充分利用现有资源优势，使企业与高校、科研院所之间实现双向交流，形成以技术成果产业化为目标，以资产为纽带的优势互补、共存共荣、利益共享、风险共担的"产学研"一体化的新格局，各方形成联合协同运行机制，实现科研成果的商品化，提高科技成果的产出质量和水平。

第四，促进创新资源向高新技术产业集聚。加快各类创新要素向高新技术产业的集聚，形成产业优势明显、配套体系完备、创新能力强的高新产业集群；发挥大学科技园作为国家高新区二次创业创新源泉的重要作用，建立大学科技园孵化毕业成果及企业进入高新区的便捷通道；重点吸引高层次人才和紧缺人才，加大对留学人才的资助力度，完善引才机制，推进留学人员创业基地建设。

4. 中部地区新型工业化进程中的现代服务业创新

现代服务业是依托信息技术和现代管理理念而发展起来的，其发达程度已成为衡量区域现代化和竞争力的重要标志之一，是区域经济新的、极具潜力的增长点。促进现代服务业较快地发展，推动现代服务业与新型工业化的和谐统一发展，是实现"中部崛起"的必然选择。虽然中部地区整体上现代服务业内部结构不合理，核心型服务业比重偏低，对新型工业化的带动作用并不十分明显，但不可否认的是在新型工业化进程中，现代服务业正逐步发挥着越来越大的作用。

（1）中部地区现代服务业发展的现状。

由于传统观念根深蒂固，加上地理位置和交通设施条件等原因，使中部地区的服务业发展一直处在较低的水平。然而近年来，随着中部不断加快建设辐射力和带动力强的城市圈、城市群和经济带，城市化程度不断提高，这为现代服务业的发展奠定了基础。在承接东部产业梯度转移的过程中，中部正在兴起建设文化强省和旅游大省的热潮，旅游服务业正在成为中部省份新的经济增长点，并且旅游收入增长速度远远高于全国平均水平。为支撑传统产业和高新技术产业的发展，中部地区的信息、物流、金融、咨询、法律服务等现代服务行业都有了较快的发展。由此，中部地区服务业的发展已经初具规模（见表3－26）。

表3－26　　　　2007～2008年全国及中部六省服务业增加值　　单位：万亿元

地区	2007 年		2008 年	
	增加值	增速（%）	增加值	增速（%）
全国	96 328	11.4	120 487	9.5
河南	4 411.91	13.9	5 271.06	10.2
安徽	2 848.4	12.3	3 318.7	11.0
湖南	3 632.39	14.4	4 216.16	13.3
湖北	3 633.02	15.2	4 586.77	12.4
江西	1 732.0	10.7	2 005.0	10.1
山西	1 988.5	10.5	2 370.5	10.6

中部地区现代服务业发展的机遇与挑战是并存的，在发展的过程中也不可避免地出现各种问题，主要体现在以下几个方面：

第一，服务业发展较快，但仍然处于初级发展阶段。2001～2009 年，中部各省服务业增加值年均发展速度高于全国平均水平，但服务业占 GDP 的比重均低于全国平均水平（2009 年全国为 42.3%）。中部地区服务业近年来吸纳了从第一、第二产业转移出来的大批富余劳动力，但多数进入了劳动密集型行业，一半左右的劳动者在初级产业就业，比全国平均水平略高。

第二，生产性服务业发展偏缓，对经济发展间接贡献较低。目前中部地区已初步形成了传统与新兴服务业并举、行业逐步向产业集群方向发展的格局。但金融危机的出现对生产性服务业的发展造成了部分影响，增速明显下降。与发达国家生产性服务增加值占全部服务增加值比重 60% 以上的标准相比，中部地区存在着很大的差距。

第三，缺少龙头企业，现代服务业竞争力不强。随着中部地区服务业开放程度的加大，各类经济单位纷纷进入服务行业，资本结构日趋多元化，极大地增强了中部地区服务业发展的实力，促进了服务业的快速发展。但中部地区现代服务业缺少竞争力较强的龙头企业，大多数企业规模较小，分布散乱，行业管制不规范，特别是现代服务业资源缺乏整合，造成资源利用率较低，整体竞争力较弱。

第四，行业结构不合理，服务业整体水平较低。目前中部地区农村产业结构中，服务业比重较低，主要集中在一些传统的、低水平的交通运输业和商业、饮食服务业。农村居民年均生活消费支出中服务性支出较低，反映了中部地区农村服务业发展滞后和社会服务化体系的缺陷。中部地区县（市区）的经济结构调整基本都在农业内部进行，三大产业的结构调整没有质的突破。工业化进程滞后也制约了农村剩余劳动力的转移，加大了城镇就业难度，影响了城乡居民收入的提高，服务业没有大的发展，经济缺乏活力。

（2）中部地区新型工业化进程中现代服务业发展战略。

第一，优化和完善法规制度与政策措施。要通过各种宣传工具大力倡导加快发展现代服务业，从全局和战略高度认识加快发展服务业的重要性。要加强服务业发展规划和产业政策引导，着重从财税、信贷、土地和价格等方面加大政策的扶持力度，促进现代服务业生产要素的合理配置。为此，应对知识密集型服务业企业和列入国家产业指导目录鼓励类的服务业行业实行财税优惠，促进服务业集聚发展；完善价格政策，进一步推进服务价格体制改革，完善市场环境建设。

第二，着力发展生产性服务业。大力发展生产性服务业，其中应首选金融保险业和现代物流业为突破口。保持金融业持续发展，提高银行、保险业发展水平，建立多层次资本市场，积极发展直接融资，注重发展中小金融，增强金融服务功能。同时，可以将武汉打造为中部地区的金融中心，带动一批商贸中心、信息中心、科教中心；物流方面，一是大力发展第三方物流，建设武汉、郑州、合肥、长沙等大型物流枢纽，实现同产业、不同产业和地域内共同配送或统一集中发货，实现运输和库存集约化；二是大力开发和应用绿色物流技术，推广应用物流机械化、自动化、信息化以及网络化技术。

第三，大力发展信息服务业。运用信息技术对服务业进行改造和提升是发展现代服务业的有效途径。要完善电信基础业务，推进电信、电视、计算机"三网合一"，发展电子商务，壮大软件产业，广泛应用信息网络技术，推进信息化与工业化融合。要加快信息技术对服务业的提升和改造，推进专业市场信息技术外包。

第四，积极承接国际与国内服务外包。为促进尚处于起步阶段的服务外包产业快速成长，应根据国家产业发展的需要，扩大优惠政策在现代服务外包行业的覆盖面，并针对行业特点制定分类优惠政策。各省应根据自身比较优势确定重点发展领域、重点承接国家和地区，实行错位发展，打造城市服务外包品牌。服务外包基地城市应立足吸引跨国公司地区总部以及研发中心、设计中心、物流采购中心、管理营运中心等，发展高端服务外包产业。

5. 中部地区新型工业化进程中的现代农业创新

（1）中部地区现代农业发展现状。

由于自然资源禀赋等优势，中部地区农业的比较优势突出。中部地区历来是我国重要的粮食产地，长期以来，中部六省输往省外的粮食占全国各省市区粮食纯输出量的50%以上，以占全国10.7%的国土养活着28.1%的人口。2009年中部六省粮食总值为16 276.6亿元，占全国的27%，粮食增产占全国的一半以上。中部地区粮食生产关系到我国的粮食安全乃至国家战略安全，因此促进中部地区新型工业化建设，必须做好农业这篇大文章。

随着人口增长和耕地面积减少，粮食和畜产品成为日益紧俏的经济资源，中部地区在发展食品和轻纺工业，将农业资源优势转化为经济优势方面存在着巨大潜力。尽管如此，不可否认的是，在工业化的进程中如此大的农业占比也成为中部地区发展的重大障碍，主要表现在：

第一，农业基础设施保障能力低，就业转移压力大。中部地区由于缺乏生态环境保护意识，造成土地开垦过度，水土流失严重，自然灾害频发，同时农业基础设施建设投入严重不足，农业抵御自然灾害能力弱，中部的稻谷单产低于全国平均水平，与建设全国重要粮食生产基地的要求极不适应。按照中部六省全面建设小康社会的规划，大致需要将1亿农业人口转移为非农人口，按50%的就业率计算，需要将5 000万人转移到第二、第三产业，农业人口转移压力很大。

第二，缺乏合理规划，农业产业化程度低。由于中部各省农业分工不明显，农产品种植业缺乏统一、科学的规划，农业产业结构趋同，产业之间的关联程度小，未能有效拓展农业产业链，缺乏支柱产业和骨干企业，农业机械化程度较低，直接影响农业产业化发展后劲。中部地区的优质农产品大多以原始或粗加工的形式输送到外省或国外，农产品附加值极低，影响农业收入，严重挫伤了农民积极性。

第三，农产品深加工企业缺乏有效的生产协调和出口风险控制。目前，中部地区的农业产业化企业大多较为分散，各自为政，产品趋同，缺乏创新，技术含量低，农产品深加工的增值少。大部分出口农产品加工企业，对出口风险的抵御能力弱，出口通道单一，被中间商层层盘剥，利润微薄。更严重的是，各个企业间缺乏紧密的联盟，在市场上恶性竞争严重，严重制约农业加工业的发展。

（2）中部地区新型工业化进程中的农业发展策略。

"中部塌陷"问题提出后，社会各界提出了很多新的发展策略，诸如反梯度发展战略、打造2小时城市圈、实施城市组团竞争战略等。然而，农业是中部地区的主要产业和经济支柱，所有的发展策略都离不开农业的创新发展。

第一，发展特色农业，实现优势农产品深加工产业化。中部各省需坚持突出特色、集成资源、整体优化、联动推进的原则，根据本地各项优势和发展环境重点发展特色农业，充分挖掘各地的传统名优特色农产品，尤其是农产品深加工产业和生物医药产业，采取龙头企业拉动农业产业战略机制，建立各具特色的农产品深加工产业链。利用龙头企业群的核心能力和品牌延伸，适时进行产业链创新延伸，构筑农业产业化产业集群区域。

第二，集中科技优势，加大农业产业化的科技投入。在现有的产品基础上，进行技术创新、包装创新和工艺创新，提高农产品加工的现代机械化水平，变劳动密集型企业为资本和技术密集型的高科技加工企业；尤其要重视农产品加工中的农残控制和检测，以及包装物料的可降解研究，提高农产品出口的竞争力和自主权。支持农产品深加工企业大力发展循环经济，通过循环经济提高对农产品的综合利用率。

第三，转变观念，大力发展农业旅游。中部地区产业发展中农业占有绝对地位，同时由于地理位置优势，旅游业发展也相当迅速，这为农业旅游的发展提供了很好的机遇和基础。要转变农民和政府观念，鼓励农民自主创业，开辟新的增收渠道，积极投身农业旅游基础建设，使农业旅游成为农业发展的另一个增长极。

二、产业组织创新与中部地区新型工业化道路

纵观世界工业发展史，产业组织作为工业化实现过程的重要载体，其发展与工业化发展之间具有相互促进、相互制约的必然联系。工业化发展的方向在很大程度上取决于产业组织发展的基本趋势，而产业组织发展的合理创新也能够对工业化的发展产生积极的促进作用。因此，在中部崛起的契机之下，中部地区想要以更快的速度走上新型工业化的道路，积极开展产业组织创新、充分发挥其对工业化发展的促进作用显然是非常重要的。

1. 中部地区新型工业化进程中的产业纵向组织创新——全球价值链的视角

现代产业的发展已不再局限于一个国家或区域的空间范围之内，而是其各个组成环节被放置在了不同的国家或区域，产业全球化发展的实践已经突破了传统三次产业的划分，把传统三次产业进行糅合并纵向切割，建立了一个包括研发产业、制造产业和营销集成产业在内的纵向产业分工理论模型，而产业纵向组织则是整个产业分工结构中最基本的元素，在整个产业组织中具有特定功能。

（1）中部地区生产分工、制造外包存在的问题。

第一，处在价值链低端，产业竞争力薄弱。中部地区的产业在近十年的发展中已经形成了独特的格局，但是由于自主创新能力仍然处在较低水平，缺乏对核心技术和品牌的控制，使中部企业只能处在全球价值链的低端（如模块零件生产和组装环节，见图 3-5）。在东部地区，深圳、上海、北京的高新技术产业已占到制造业的 10% 以上，而中部的这一比重仅 5% 左右。中部地区出口的高新技

术产品大都是中低档产品及组装的非自主知识产权产品，这导致了中部企业在整体上处在价值链的从属和被支配地位，竞争力不足，严重阻碍了产业发展。

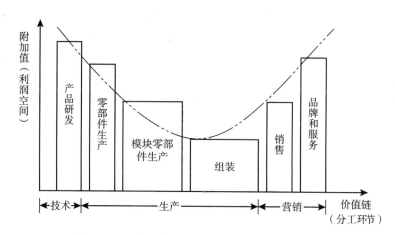

图 3 - 5　全球价值链的"微笑曲线"示意

第二，产业发展协调不足，企业生产分工效率低。中部企业处于价值链下游地位的同时，产业内企业之间的分工也缺乏效率。很多情况下，企业由于观念落后和技术水平不足，只能盲目跟随，产品重叠开发严重，不仅造成资源的闲置和浪费，也往往使企业过于重视相关产品的竞争而忽视合作，最终导致两败俱伤，而不是双赢的结果，这严重阻碍了中部地区新型工业化的发展。

第三，信息化滞后，生产分工发展受阻。信息技术的进步是促进全球价值链形成的主要原因之一，并逐步融合于全球价值链下的生产分工。也正因为如此，以全球价值链的视角对产业组织进行生产分工也必然要求信息化的融合。但是，从整体上看，中部地区企业的信息化水平还处在低水平。信息化建设的滞后限制了企业之间的相互沟通协调，阻碍了企业之间资源互补格局的形成，制约了产业内和产业之间的生产分工的发展。

第四，企业对嵌入全球价值链认识不足，没有上升到战略的高度。中部地区处在我国内陆，在外贸依存度上要低于东部地区，但随着全球经济的发展和中部崛起的进程不断加深，中部企业越来越不能"独善其身"。但是，积极嵌入全球价值链的这种观念可能只被企业的高层或者创新组织的某些人员认识到，并没有将这种观念注入企业的决策系统、企业文化和其他员工的价值观中，导致企业员工不能更好地沟通协作，不能为了一个共同的目标形成最大的合力。

（2）中部地区新型工业化工程中生产分工和制造外包发展策略。

鉴于中部企业整体上处于全球价值链的较低端，生产分工与制造外包的发展不仅要考虑如何使中部企业有效地嵌入全球价值链，并不断占据价值链高端地位，更要考虑依照新型工业化道路的要求，合理规划，发挥后发优势，实现产业赶超（见图 3 - 6）。

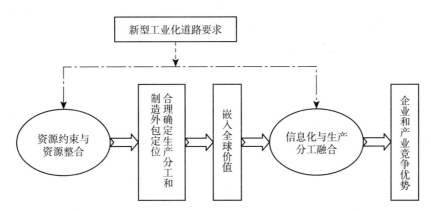

图 3 - 6　基于新型工业化道路的生产分工与制造外包发展策略

第一，改变企业观念，积极突破壁垒嵌入全球价值链。中部地区可以发挥比较优势，企业利用低劳动力成本优势和一定的产业基础，通过来料（来样）加工等形式，依托于一些高价值的品牌和竞争力强的跨国公司，进入全球价值链的上游生产环节，并在该价值链中的主导者支持下实现产品升级和过程升级。应鼓励大中小企业形成完整的合作型生产环节，嵌入国内价值链，融入全球价值链，实现企业创新。

第二，加强技术创新，加强对产业价值链的打造，提升增值水平。通过自主创新、合作创新和模仿创新等方式，增强产业的技术创新能力，提高现有产业的科技含量。在拓展传统产业价值链的基础上，通过高技术的嫁接，使得价值链的延伸改变原有的路径依赖，寻求新的价值增长模式和多元发展空间。

第三，以优势企业为重点，以高新技术企业为龙头，增强产业协调。鼓励企业之间的交流与合作，选择具有竞争优势的企业和企业群进行重点扶持，建立起跨地区、具有世界级和国内先进水平的龙头企业群，以此为基础适时推进中部企业对高端价值链的占领。同时围绕国家一些重大项目（如光电子信息技术、生物工程、电动车）在中部的实施，组织大规模的相关研究和推广，从而带动产业核心竞争力的提升。

第四，加强信息化建设，推动企业间形成合理生产分工格局。在加强信息化建设的过程中，中部企业首先要变革自身的管理模式与体制，从思想观念上重视信息化对于产业和企业发展的重要性，并保证信息化基础设施建设的投入，建立以服务产业发展为目标的信息平台，积极鼓励信息产业与其他各个产业的协同发展，增强信息化对整体产业升级的优化作用。

2. 中部地区新型工业化进程中的产业横向组织创新——区域经济协调的视角

与纵向组织不同，产业横向组织更多地反映产业功能在地域上的布局，同样也是产业结构的重要内容。从一个国家或地区的整体来看，其内部存在经济发展水平、资源禀赋的差异，产业在不同区域之间的发展内容和形式也必然要因势而异。因此，通过产业横向组织创新使产业布局与上述经济发展或资源禀赋的差异相适应，不仅是产业效率提升的重要途径，更是顺应新型工业化道路下社会资源高效使用要求的积极调整。随着东部地区 20 多年的政策优势和中西部被边缘化的影响，我国地区间呈现出较明显的经济梯度差异，东部—中部—西部的经济发展水平依次呈递减趋势，中西部与东部之间的差距也越来越大。缩小经济差距、实现"中部崛起"需要加快产业梯度转移、优化产业结构。

（1）中部地区承接产业梯度转移存在的障碍。

经过近几年中部崛起政策和资金的支持，中部地区基础设施建设方面取得了较大进展，经济总量明显增加，工业发展具有了一定基础，然而中部地区在优化升级自身产业结构，创造条件承接东部地区产业转移时，也面临着巨大的障碍。

第一，资源环境压力加大，新型工业化任务艰巨。为了发展经济，中部地区承接大量转移产业，这些企业大多是在东部地区已经不具备发展潜力或污染严重的行业，导致中部地区生态环境日趋恶化。很多情况下，为了追求经济发展所带来的强烈的现代化需求、密集的开发活动、大规模的基础设施建设和高物耗、高污染型的产业发展及产业转移给中部地区自身甚至整个生态系统造成了强大的生态胁迫效应。

第二，产业集聚对产业梯度转移的挑战。产业集聚使东南沿海地区形成了一个非常重要的"后天优势"，即高度专业化分工基础上的产业配套条件。这种状况对产业梯度转移提出了重要挑战，其中一个重要因素是劳动力的流动问题。发达国家和地区之所以向我国进行制造业转移，主要目的是分享我国劳动力等生产要素的低成本优势。而东南沿海地区在分享到中西部地区劳动力低成本的优势后，使东南沿海地区一些产业集聚条件形成，中部地区要获得这些条件的难度就大大增加。

第三，比较优势不够突出，缺乏产业转移吸引力。中部地区尽管有比较优势的资源，但并未构成对东部产业转移的强大拉力。沿海发达地区也存在相对欠发达的区域。为了促进区域发展，广东、浙江、福建等发达省份也出台一系列强有力的政策，包括改善基础设施、完善产业配套、优化投资环境、税收和土地优惠，鼓励本省资金向这些地方转移。这些政策客观上造成向中部地区进行产业转移资金的部分拦截。

此外，中部地区承接发达地区产业转移的障碍因素还有很多，如市场经济制度不健全；产业配套条件不足，使转移过来的企业难于集群植根；中部各地区间在招商引资上恶性竞争等。

（2）中部地区新型工业化进程中承接产业梯度转移的策略。

第一，产业转移来源地多元化。中部地区要坚持产业转移来源区域多元化，只要符合当地经济社会发展的需求，无论是国内还是国外，无论是长珠闽还是其他区域的资金和产业，都应该创造条件，积极高效地承接，以扩大中部地区资本来源，减少因区域经济变化带来的振荡，规避风险。

第二，加强区域环境规划，提高招商引资质量。中部地区在承接东部产业转移的过程中必须坚持走环保和可持续发展之路，"承接战略"不能走以牺牲资源、环境为代价的层次不高、水平又低的老路。要建立科学的环境评估体系，抓紧制定环保产业的技术规范和行为标准，完善监督机制，对环保产品实行质量认证和环境标志制度，规范市场运作。要增强招商引资的目的性，区分不同的产业转移类型，加强产业配套，实现从"引资"向"引产业"转变，使产业集群植根，形成区域竞争力。

第三，营造良好的产业转移环境。无论是承接市场扩张型还是成本节约型的产业转移，关键是营造适宜产业转移的良好环境。在硬件建设上：要着力搞好工业园区建设，把工业园区建设成为承接发达地区产业转移的有效载体；以形成产业集群优势为目标，加强企业间的联系以及技术和信息交流，把园区建设成为转变政府职能、提高政府办事效率、优化投资环境的改革试验区。在软件建设上：要不断完善市场经济制度，通过制度创新和体制改革，优化经济发展环境，推进承接产业转移工作的良性运转。

第四，发展特色产业集群，开展错位竞争。为克服和超越单凭廉价劳动力和自然资源优势参与引资竞争的局限性，适应国内外资本向产业集群方向转移的新趋势，中部地区有必要借鉴东部发达地区和国外的成功经验，制订本区域的产业集群发展策略。同时，为避免盲目重复和恶性竞争，要强调专业化特色，重点发展地区的特色产业集群，塑造专业化竞争优势。

3. 中部地区新型工业化进程中的产业虚拟组织创新

产业虚拟组织创新是产业横向组织与纵向组织的交融创新，其实质是以企业核心功能与非核心功能的分离为特征的产业横向组织创新，通过突破区域限制，实现与纵向组织创新的融合。从横向来看，企业核心功能与非核心功能的分离是对原有企业功能管理定位发展的创新，从纵向来看，企业功能在地域上的分散突破了发展水平或资源禀赋对纵向组织的约束。产业横向组织与纵向组织在产业结构形态上表现为辐射状网络的交互作用关系。这一产业组织形态上的创新有可能成为整个新型工业化发展非常重要的新的动力来源。

现在，学术界普遍认为虚拟组织是由一些各自独立的企业或企业的部门按照自愿原则，为实现某种共同的目标结合到一起，打破了传统组织结构的层次和界限，是一种松散的任务联盟。在虚拟组织内，最高决策层的权利和责任往往仅限于技术及新产品开发战略的制定，以及联盟各方面的协调等；联盟将只关心成员企业与联盟项目相关的经营问题，因此享有很大的柔性，既便于节约资源、发展核心活动，又具备良好的市场应变能力（见图3-7）。

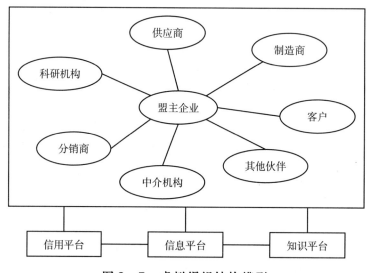

图3-7　虚拟组织结构模型

（1）中部地区产业虚拟组织创新存在的障碍。

第一，企业信用体系不完善，传统观念成阻力。虚拟组织的信用体系实际上就是合作关系的体现，相互关系建立在双边规制基础上。因此，信用是靠合作中建立的满意度，靠良好的长期合作伙伴关系来建立的。信用的量化评价要通过科学和严格的评价系统来实现，而中部却恰恰缺乏这种通过定性和定量相结合的办法实现虚拟组织的信用平台。中部地区乃至整个中国，盲目竞争、独自为大的思想都比较突出，在市场活动中，企业间的竞争意识过于强烈，合作意识比较缺乏，这也阻碍了信用体系的建立。

第二，基础设施建设相对滞后。信息化基础设施是现代虚拟组织的支持环境，是虚拟组织的各成员单位之间及其与盟主之间大量、频繁交换信息的基础平台和通道。中部地区的信息化综合水平与沿海各省相比存在着很大的差距，尤其是信息技术应用方面处在落后地位，降低了信息资源对经济的支持作用，各类网络建设相对比较落后，而且城乡互联网建设极不均衡，造成城乡信息交流严重受阻。

第三，缺乏国家信用法律体系的规范。虚拟企业是成员单位基于市场机遇而组成的临时性组织，组织成员之间关系主要依靠彼此信任来维系。由于各成员单位的本位思想，很容易发生非合作博弈理论中的各方次优选择导致合作失败状况。我国目前国家信用体系建设几乎还是空白，不能给失信的个人及企业及时有效的惩戒，这成为中部地区产业虚拟组织建立和发展的一大障碍。

（2）中部地区新型工业化进程中产业虚拟组织创新的对策。

第一，转变观念，增强竞争合作意识。虚拟组织要求企业放弃"大而全"、"小而全"的经营模式，注重优势资源的开发利用，虚拟非核心能力，把有限的组织资源投入到能给企业带来长期利益的核心能力的培育和开发上面。放弃绝对竞争思想，建立竞争合作观念。在政府计划中把企业间以动态联盟方式合作开发的项目作为一个重要的项目来对待。在组织关系方面，应鼓励企业联合开发，从竞争走向既有竞争、又有联盟的道路。

第二，加强基础设施建设。企业内部局域网是由企业自己建设，然而城域网、区域网、行业网、国家基础网络设施等则必须有政府的支持才行。因此，必须加大资金投入，加强虚拟组织的基础设施建设，包括信息技术和网络技术。加强企业地方信息库和传播中心建设，促进企业的网上经营活动。建立完善统一的资源共享信息网络系统，扩展现有网络中心对各种科技与经济信息的收集、过滤、加工、归纳整理，及时公布有关企业间合作项目。

第三，制度建设方面。高度法制化的经济环境是虚拟企业成长的制度保障。虚拟企业是战略联盟，不是传统意义上的独立法人，因此要从法律和政策上保护联盟成员自身利益，这是虚拟组织建立和运行的重要保证。建设适合我国国情的信用法律制度就是一项至关重要而且难度较大的工作，国家行政和立法部门应高度重视虚拟组织的组建和完善工作，借鉴发达国家在信用制度立法建设方面的经验，以鼓励和发展虚拟组织为目的，尽快建立起规范的法律制度，完善虚拟组织建设及运行的外部环境。

4. 中部地区新型工业化进程中的产业集群组织创新

产业集群也是产业横向组织与纵向组织的交融创新。产业集群实际上是通过分工专业化与交易的便利性，把产业发展与区域经济有效地结合起来，从而形成一种有效的产业组织方式，它将产业横向组织与产业纵向组织有效地融合，因此是一种区别于产业虚拟组织的新型产业组织创新形式。产业的集群式发展可以给企业带来低成本优势、创新优势和专业化优势，加之中部拥有大量的科研院所，科教优势突出，人才资源丰富，高级生产要素具有一定的比较优势，因而，加速实现中部地区高级生产要素的流通和资源共享，加快中部地区产业集群式发展，将会进一步促进产业结构的合理化和高级化，从而带动中部新型工业化的发展。

（1）中部地区产业集群发展存在的问题。

就中部地区产业集群发展模式而言，主要存在的问题表现在以下几个方面：

第一，集群内专业化分工不足，产业关联性不高。中部地区企业横向联系较少，龙头企业没有发挥真正的"羊群效应"，区域企业之间缺乏相互合作、诚信互动的文化氛围，企业"产品链"限于"体内循环"，缺乏广泛的分工协作。产业区内企业间既没有形成真正的专业化分工和基于共同的地域文化背景之上的相互认同和协同关系，也没有形成上、下游产业及支撑产业相互关联的互补效应，造成产业分工层次低，缺乏创新动力。中部地区低层次的生产分工格局，导致资源利用率低、产业技术水平低、产业关联度低。

第二，产业集群创新费用投入不够。在进入知识经济时代和经济全球化过程中，集群创新已成为区域经济发展和社会进步的牵引机，集群创新能力成为提升区域创新能力和区域竞争力的关键。中部地区与东部地区相比，创新费用远远不足，由此造成高素质人才缺乏、产业配套不完善、公共产品供给不足等，大多数产业集群还没有形成集群特有的创新功能，自主创新能力不强，没有形成技术创新服务网络。

第三，信息支持不足，缺乏区域协调机制。主要表现在以下几个方面：一是信息不充分。中部地区地方政府为企业提供信息的服务不够，政府垄断信息资源，协会等行会组织及其活动不够，企业之间及其他服务体系的协调性不足，信息透明度低，商业信息不充分。二是协调机制缺乏。中部区域只具有地理区域意义，缺乏深层次的文化、技术、人员、制度变迁等方面的交流和影响，协调机制的缺乏使得产业集群协调性不足。

（2）中部地区新型工业化进程中产业集群发展策略。

龚双红（2007）认为，产业集群竞争力是宏观维度（国家、政府层面）、中观维度（集群层面）和微观维度（群内企业层面）这三个维度各方面因素相互作用的结果（见图3-8）。当前中部地区的产业资源重复建设严重，产业集约化程度不高，加之行政壁垒及各省的利益导向，大部分产业的集群态势还非常分散。本部分从以下三个层面提出中部地区产业集群发展对策。

第一，对于宏观层面，主要包括以下几个方面：

一是制定合理的产业集群发展规划。要以国家产业政策为指导，结合各省实际，加快编制产业集群发展规划，尤其是支柱产业的发展规划和区域特色产业的发展规划，使之与土地利用总体规划和城市规划等相衔接。应逐步建立起各省产业集群发展的地理分布图和数据库，用产业集群规划指导产业结构优化升级，打破行政区划限制，在中部地区及各省内部形成较为合理的产业布局。

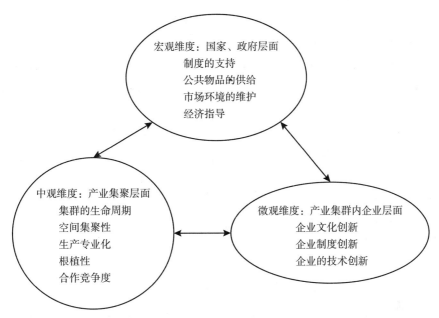

图 3 - 8 产业集群竞争力影响因素三维结构

二是营造良好的产业集群发展环境。各级政府要积极支持、引导和鼓励建立集群内企业的行业协会、同业公会等民间行业组织；进一步增加产业集群发展的公共政策和公共产品的有效供给；打破条块分割，建立区域间、部门间的协调机制，促进跨部门和跨区域之间的合作和交流；扶持建立服务于产业集群发展的专业人才教育和培训体系；出台支持产业集群发展的优惠措施，对发展产业集群和建立特色工业园区的布局规划、土地使用、税费减免、信贷支持、资金引导等方面进行倾斜，为产业集群发展创造良好的外部环境。

第二，对于中观层面，主要包括以下几个方面：

一是构建一体化的产业集群生产体系。重点扶持技术含量与附加值高、有市场潜力的企业成为集群的龙头企业，充分利用大型企业的规模优势和带动作用，积极推进与区域中小企业的分工与协作。对中小企业进行扶持、改造，使之成为大企业的加工厂、零部件厂、协作厂和配套服务企业。积极支持中小企业进入集群龙头企业的供应网络，成为其供应链的有效环节。

二是加强创新型产业集群的培育和发展。各级政府要采取切实有力的措施，发挥引导和管理的职能，从体制上、机制上为企业自主创新营造有利环境。加强产业集群内的企业与高校、专业研究机构的合作，形成集群的创新中心，增强集群的技术创新能力。加快创新型产业集群的健康发展，发挥产业集群对创造名牌的孵化作用；全面营造培育知名品牌的良性机制和环境氛围，建立企业争创名牌的长效激励机制。

第三，对于微观层面，主要包括以下几个方面：

一是加强企业制度创新。在及时、全面掌握市场信息的基础上，要着重培养企业的创新意识和创造能力。开辟企业与信息群或信息系统的新的有效的联系方式和途径，建立一种紧密的、渗透式的合作关系。尤其是要提高企业对信息的依赖和开发利用的意识及能力，提高企业对信息作出反映的灵敏程度。注重打造企业文化，突出建立和发挥企业品牌优势。优化企业组织结构，吸收和运用现代企业运营管理方法，找准定位，积极参与集群发展。

二是加强企业技术创新，提高企业自主创新能力。以自主创新能力提升推动产业集群的发展，企业自主创新能力的提升是关键。企业应重视对自主创新能力的提升，加大对创新研究活动的投入，并充分利用集群内的知识外溢效应，在吸收和消化的基础上开展自主创新，以较低的成本达到较高的创新起点，并最终促进整个产业集群创新系统的创新效率。

三、产业协同发展与中部地区新型工业化道路

产业协同是指开放条件下，作为国民经济运行的子系统，各产业或产业群相互协调合作形成宏观有序结构的过程。已有的对产业协同的研究主要反映在产业结构合理化等方面，从方法论上讲，绝大部分的研究还是静态研究。然而，协同是系统自组织的动态概念，国民经济各产业之间时刻处于动态平衡和失衡的交替当中，因此，有必要以动态的分析方法，来探究产业结构在运动中的平衡条件。

1. 中部地区新型工业化进程中的工业与现代农业的产业协同发展

（1）工业与现代农业的协同机制。

以工业化带动城市化，以城市化促进农业发展，走城乡互动、统筹发展的道路，不仅是新型工业化的重要特征，也是新型工业化的一大难题。新型工业化要求加强农业的基础性作用，并以工业化带动传统农业的现代化转型，形成工业与现代农业相互协同、共同发展的和谐局面。

工业与农业的协同作用主要体现在（见图3-9）：一是食品工业、烟草工业、生物制药工业等农产品加工工业为农业提供了广阔市场，同时农业也为农机工业、农用化工业提供了另一片市场；二是农机工业、农用化工业等农资工业的发展降低了农业投入成本，促进了农业资本形成；三是工业化带动了大量农村富余劳动力向城镇转移，为农业规模化、机械化经营创造了有利条件，同时农业就业人口的转移也为工业的发展提供了低成本的人力资源，促进了工业资本的积累；四是由工业化积累起来的社会资本为农业基础设施的完善提供了保障；五是工业的持续发展，也为农业农村发展培育了人才、注入了技术，加快了农村基础

设施建设和农村社会事业发展，从而为工业的发展加大原料支持。

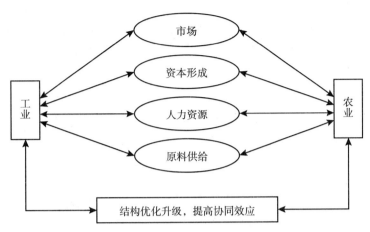

图 3 - 9　工业与农业协同发展相互作用示意

（2）中部地区工业与现代农业协同发展策略。

中部地区在推进工业化的同时实现了农业的稳定发展，其根本原因在于建立了"以工促农"的机制，工业化的成果惠及了农业和广大农村地区。2009 年中部地区农用机械总动力 28 350.3 万千瓦，占全国总农用机械动力的 32.4%（见表 3 - 27）。工业资本替代农业劳动力是一种典型的技术进步，农业生产因此获得了显著增长。

表 3 - 27　　　　2009 年全国及中部地区主要农业机械拥有量　　单位：万千瓦

地区/指标	农业机械总动力	农用大中型拖拉机动力	农用大中型拖拉机动力
全国	87 496.1	9 772.6	16 922.7
中部	28 350.3	2 039.7	7 161.0
占全国比重（%）	32.40	20.87	42.32
安徽	5 108.9	383.8	1 861.6
河南	9 817.8	816.8	3 806.1
江西	3 358.9	35.0	394.1
湖北	3 057.2	358.4	640.5
湖南	4 352.4	222.0	189.1
山西	2 655.0	223.7	269.6

资料来源：国家统计局网站。

在东中西三个地区中，中部地区无疑是农业最突出的地区，工业结构带有明

141

显的农业色彩，因此实现工业与农业的协同发展，必然会为中部地区的新型工业化进程发挥更大的作用。

第一，完善支农惠农政策，支持农民技能培训。不断增加财政支农投入，调整财政支出结构，提高财政支农资金占整个财政支出的比重。以农民使用技术、劳动技能为基点和支撑，加大对农民的培训支持力度，提高农民生产、就业和创新能力。2009 年中部地区三次产业就业人数之比为 42.76∶26.46∶30.78，第一产业就业人数比重比全国水平要高出 4.66 个百分点（见表 3–28）。因此，要进一步加强农村劳动力职业技能培训，切实提高农村劳动力的素质和转移就业能力，提高农业劳动力向工业产业的转移，推动新型工业化的发展。

表 3–28　　　　　　　全国及中部地区按三次产业分
就业人员数（2009 年底）　　　　　　　　单位：万人

地区	就业人员	三次产业分类			构成（合计＝100）		
		第一产业	第二产业	第三产业	第一产业（%）	第二产业（%）	第三产业（%）
全国	77 995.0	29 708.0	21 684.0	26 603.0	38.1	27.8	34.1
中部	20 414.5	8 729.1	5 401.0	6 284.5	42.76	26.46	30.78
江西	2 244.1	882.3	635.5	726.4	39.3	28.3	32.4
山西	1 599.6	635.8	419.4	544.5	39.7	26.2	34.0
安徽	3 689.7	1 579.6	1 041.7	1 068.0	42.8	28.2	29.0
河南	5 948.8	2 764.9	1 674.7	1 509.2	46.5	28.2	25.4
湖北	3 024.5	990.1	814.7	1 219.7	32.7	26.9	40.3
湖南	3 907.7	1 876.4	814.9	1 216.3	48.0	20.9	31.1

资料来源：国家统计局网站。

第二，努力转变工业和农业的发展方式，支持特色优势产业发展。在实现工业与农业的协同发展中，首要的就是转变工业的粗放式发展方式，加大工业科技含量，走节能环保之路，为生态农业的发展提供支持，同时加强农业科技创新能力建设，支持农业科技创新，加快农业科技成果转化，完善基层农业技术推广和服务体系。着力推进非粮作物制造生物质能源以及利用农业资源制取生物医药等高技术农产品加工业。加强基地与农户、企业之间的联合，发挥加工企业在引进、示范和推广新品种、新技术等方面的作用。

第三，建立开放式系统，促进工业与农业之间信息、能量的交换。在工业与现代农业协同发展的过程中，经济系统与社会系统之间、新型工业与现代农业之间都应该进行有效的协调与反馈，通过系统之间的互动不断交换能量与信息。以新型工业化为主导，实施兴工强农战略，以工促农，加快推进城镇化进程，同时统筹城乡经济社会全面、协调和可持续发展。加快信息产业发展，提高工业与农业的信息交流，实现技术、产品、市场共享与互促，推动要素重组创新，促进产业系统向有序结构发展。

2. 中部地区新型工业化进程中的工业与现代服务业的产业协同发展

与工业制造业发展减缓形成鲜明对比的是服务业发展的突飞猛进，而且，服务业内部也发生着显著的结构性变化，现代服务业从传统服务业中分离并得到快速成长，成为现代经济增长的重要支撑。制造业是第二产业的主干力量。二、三产业的不断融合在制造业领域中首先得到了实现。当制造业企业感到将其部分服务性活动从企业中独立出去更为经济时，制造业便将重要的服务活动外置，以推动产业活动的迂回性和服务业的市场化，带动服务业尤其是研发、咨询、信息等新兴行业的发展。

目前，中部地区经济发展总体上正处于工业化中期阶段，也处于服务业加速发展的重要阶段，产业面临结构转型和升级。随着专业化分工的深化和专业服务外部化趋势的发展，产业的竞争力也发生了结构性变化。制造业的竞争力将越来越依靠现代服务业的支撑，先进制造业和现代服务业的融合、协同发展将成为产业结构发展与转型的关键，这不仅关系着制造业的发展，也关系着现代服务业的发展。

（1）中部地区工业与服务业协同发展存在的问题。

第一，现代制造业发展不充分，缺乏集群效应。从目前的发展来看，中部地区现代制造业规模还不够强大，产业链条和价值链条不够长，很多企业处在价值链的低端，技术和知识密集型的产业比重较低，具有优势的产业集群尚未形成，与周边地区经济联系比较松散，对现代服务业的"拉力"不足，无法发挥服务业的规模效应。

第二，服务业发展的内部结构不合理。由于服务业整体发展不够成熟，传统服务业所占比重较高，而且缺乏产品创新，以科研和综合技术服务业等为代表的现代新型服务业的比重过低，尤其是"现代生产性服务业"，如咨询业、信息服务业、现代物流业等行业发展缓慢。这制约了服务业自身的进一步发展，也制约着工业部门的发展，产业融合发展不足成为经济增长的"瓶颈"。

（2）中部地区新型工业化进程中工业与服务业协同发展的策略选择。

第一，在大力发展工业的时，不断提高服务业在三次产业中的比重，实现二、三产业的融合发展，利用高端服务业改变经济从高消耗型向循环节约型转变。大力发展低耗能的现代服务业，形成以基础产业和制造业为支撑，服务业全

143

面发展的产业格局，实现粗放型增长方式向集约型经济发展方式的根本性转变，进而实现经济持续、快速、健康发展。

第二，加强建设工业和现代服务业共同发展的重点协调行业。首先，要突出发展具有全局性、先导性影响的基础服务业，主要是现代信息服务业、金融服务业和物流业等。加快发展信息化建设，提高信息服务业对其他产业的支持和影响力，使这些基础服务业真正成为其他产业的沟通桥梁，加快各个产业之间相互协同发展。其次，大力发展投资少、收效快、就业容量大、与经济发展和人民生活关系密切的行业，主要是社区服务、物业管理、房地产、饮食服务业以及旅游业等。当然，这些服务业要运用现代经营方式和信息技术进行改造，发展现代组织形式和服务方式，提高服务质量和经营效益，更好地为工业化和现代化服务。最后，发展与知识经济和科技进步相关的新兴行业。主要是文化产业、咨询等中介服务业、科技开发产业等。这些行业大都是知识性服务业，对从业者科学文化素质要求较高，由此决定了它们在现代化社会经济中具有特殊的作用：一是促进社会知识化信息化发展；二是满足和方便人民群众知识消费的需求；三是促进生产的集约化和产业结构的高度化等。

3. 中部地区新型工业化进程中的高新技术产业与传统产业的协同发展

高新技术对传统产业具有很强的渗透性。这种渗透不是简单的混合，而是高新技术融入传统产业中，成为传统产业技术的一种构成成分。一方面，在高新技术融入传统产业后，产生的经济效益是巨大的，甚至比高新技术独立作用产生的效益还大。另一方面，高新技术对传统产业内部结构、生产经营方式等方面的改造也是两者融合产生巨大效益的一种体现。高新技术产业为传统产业的发展提供了有利的技术支持，传统产业为高新技术产业提供了动力和方向。

随着经济全球化趋势的发展，中部地区高新技术产业薄弱、技术创新能力不强的问题日益明显。大力发展高新技术产业，积极利用高新技术改造和提升传统产业，实现高新技术产业与传统产业协同发展，是未来经济、社会发展的必然趋势。高新技术产业与传统产业协调发展是走新型工业化道路的现实选择。

（1）中部地区新型工业化进程中高新技术产业与传统产业协同发展存在的问题。

第一，技术产业发展同传统产业技术改造脱节。在高技术产业发展方面，长期以来在认识、体制上存在误区，突出表现为重视高技术研究开发，而忽视其产业化实际应用水平，对市场实现程度和获得商业利益强调不足。高技术的研究开发追求的主要是技术水平，对传统产业的高技术改造需求重视不够。

第二，高新技术产业规模仍然偏小，优势不突出。经过几十年的建设，中部地区虽形成了门类齐全的工业系统，但由于行业繁杂，难以形成"拳头"和强大的竞争实力。一些支柱产业虽具有技术优势，但专业化协作水平低，配套能力差，没有显现出更大的牵动作用；高新技术产业规模小，行业门类不齐全，产业优势不突出，加上传统产业所占比重较大，造成高新技术产业难以从整体上带动传统产业的发展。

第三，信息化基础建设不足，传统产业缺乏对外界的信息敏感度。中部地区由于现有的传统工业企业受信息化程度低、信息流通不畅、技术搜索成本较高等因素制约，对外界的信息敏感度较低，不了解最新的科技动态和客户需求信息。

（2）中部地区高新技术产业与传统产业协同发展的对策。

第一，深化科技体制改革，加大科技投入。加强以企业为主体的技术创新体系建设，建立以企业为主体的技术研究和开发体系。高科技的研发要重视为传统产业的改造服务，增强传统产业创新能力，形成有利于自主创新的组织体系和运行机制。建立和完善面向市场、为企业服务的技术创新服务体系，进一步完善以企业为主体的产学研相结合的机制。加大政府投入，提高政府资金的投入效益。通过相关的制度安排，使企业成为科技投入主体。

第二，加大教育投入，变劳动力成本优势为人力资源优势。长期以来，中部地区都存在着劳动力成本低的竞争优势，但在新的经济条件下，应把经济发展和盈利水平的提高建立在知识、技术基础上，而不是过度依赖劳动力成本优势。中部地区应加大教育投入和培训力度，提高劳动力素质，尤其是重点培养高科技素质、专业技术性强、创新能力突出的现代化人才，同时要制定政策，完善制度，全面实施技能人才开发战略。

第三，促进消费，拉动产业结构高级化。消费是促动产业结构升级的根本动因。尽管消费对中部地区的经济增长有很大贡献，但贡献率下降，并且多年来一直低于全国平均水平。因此，要在提高居民收入水平的前提下，通过改善居民消费预期、发展消费信贷、改善消费环境等形式扩大消费需求，为产业结构高级化奠定基础条件。

第四，促进信息产业发展，创造条件实现高新技术产业与传统产业的融合。加大信息建设投入，促进信息产业与传统产业的相互渗透，使拥有信息技术的产业部门与传统产业部门之间形成利益驱动基础上的相互融合共识；建立高新技术产业与传统产业协调发展的基础平台。积极发展现代服务业，尤其是改造传统产业所需要的各类专业中介服务机构。

4. 中部地区新型工业化进程中的产业融合

（1）新型工业化进程中产业融合的相关概述。

新型工业化的本质主要体现在对传统工业化方式的根本转变上，使产业间对信息共享、知识协同和交互服务等方面的同质性大大增强，而不同产业在实体产品、制造工艺和物质消耗等方面的异质性则相对缩小，从而实现跨越式发展与可持续发展的有机统一。这种新型工业化的本质规定性，势必孕育着产业融合的内涵。

产业融合意味着产业边界模糊，甚至消失，或者说是派生出新的产业形态或新的混合型产业。随着新技术革命的到来，在当今产业结构演变过程中，一方面，专业化分工趋势明显，不断从旧的产业或者其中的某个环节中分立出新的产业；另一方面，无论是三次产业间，还是各产业内部，相互渗透、相互交叉，融合趋势明显（并在融合中出现新的产业或新的增长点），产业界限日趋模糊。

从产业层面上看，新型工业化中信息化与工业化的互动所表现出来的融合，主要是数字技术在产业领域的广泛运用，并构建起互联互通的数字化信息流和服务流平台，从而大大突破了曾经分隔不同行业的障碍，促进了产业间的渗透与交叉，加快了产业结构的优化升级（见图3-10）。

但目前中部地区的比较优势在于充裕的低技能的劳动力资源，面对近期就业与远期发展的矛盾，在相当长的时间里，传统产业仍将在经济体系中占重要地位，因此，必须加快利用信息技术改造传统产业的步伐，必须推动工业化、信息化的进程，以争取在全球化产业价值链中居于有利地位。

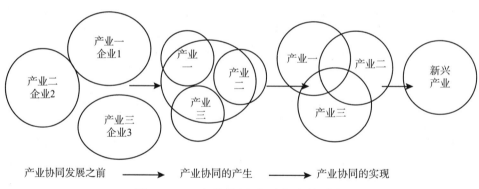

产业协同发展之前　　　　　产业协同的产生　　　　　产业协同的实现

图3-10　产业协同发展产生的过程

（2）中部地区新型工业化进程中产业融合的发展策略。

第一，强化和提升传统工业的新型化，提高能源、资源利用效率。目前中部地区仍然处于工业化中期，传统工业在工业经济中占有相当大的比重，高新技术产业发展不足，对经济发展的贡献率远远低于东部地区甚至全国平均水平，严重阻碍了传统工业的现代转型，要摆脱传统工业高投入、高消耗、高污染和低附加值的困境，要推进传统工业走新型工业化道路。扶持一批企业内资源循环利用的示范企业和企业间资源循环利用的示范生态工业园区，进行产业与产业之间、生产与消费之间资源反复循环利用的循环经济。

第二，大力实施"走出去"战略，与"引进来"发展战略相结合。对于中部地区具有"比较优势"的制造产业，要大胆实施"走出去"的发展战略，使之尽快成长为具有国际竞争优势的全球性产业。要切实利用先进适用技术改造提升劳动密集型产业，不断提高产业的技术水平和产业集中度，大力实施"名牌战略"，提高这类产业的国际竞争力。对于具有高成长性和较大市场空间而又缺乏技术优势的产业，要继续实施"引进来"的发展战略，把引进国外先进技术和自主创新结合起来，实现制造业的跨越式成长。

第三，以产业园区为基础，促进产业集群化发展，加快产业融合。工业园区已经成为企业良好发展的载体，为企业提供了一个相互沟通、协作和进行产业配套的机会，形成了产业集群式发展的模式，它不仅能加速当地工业化的步伐，而且也有力地推动了当地城市化的发展。中部地区各省均已形成了各自较具规模的产业园区，然而其发展水平与成功园区相差甚远，因此，要加大产业园区建设投入，突出优势，合理规划，建立有利高效的公共服务平台，保证园区内产业集群的良性配套发展，从而实现产业间发展的互动。

第四，推进农村金融改革创新，促进金融服务业对农业现代化的支持。中部地区农业在经济中的占比远远高于其他地区，因此很多产业中具有农业的渗入，因此，应加快农业的现代化建设，使服务业对农业的支持作用更加显著。降低农村金融市场准入门槛，通过调低最低注册资本要求，放宽境内投资人持股比例，鼓励各种资本到农村地区投资与收购金融机构。促进农村信用社发展，积极探索民间资本进入金融领域，发起设立社区性信用合作组织和资金互助组织，在成员内部开展资金互助和金融服务。

第四节 中部地区新型工业化进程中的要素创新研究

一、技术创新促进中部崛起新型工业化研究

我国工业化推进过程中存在的种种问题说明，仅仅依靠平面扩张推进工业化的增长方式并不具有可持续性。新型工业化提出的"以信息化带动工业化，以工业化推动信息化，走出一条科技含量高、经济效益好、资源消耗低、环境污染少、人力资源优势得到充分发挥的新型工业化路子"，与要解决的诸多问题形成一一对应关系。技术创新能够减少能源消耗、提高效率、减少污染，已经在实践

中得到大量的验证。所以，技术创新对新型工业化的作用不言而喻。甚至可以说，新型工业化在很大程度上就是技术创新的工业化。

1. 技术创新对新型工业化的驱动作用

如果说传统工业化更注重把科学技术作为已经形成的动力和手段，以达到加快经济增长的目的，新型工业化则需要把科学技术作为经济和社会持续发展的动力源泉。技术创新对新型工业化的驱动作用主要体现在以下几个方面：

第一，技术创新是经济增长的内在动力。在科技发展异常迅速的今天，科学技术对经济增长率的贡献越来越大，技术进步的贡献已明显超过资本和劳动力的贡献。

第二，技术创新提高了劳动生产率，特别是工业领域的劳动生产率。

第三，技术创新使产品成本下降，使消费品升级换代，改变了需求结构。

第四，技术创新是产业结构升级的首要因素。每一次重大的技术创新都对产业结构产生重大影响，形成一批新的产业群，使社会生产力水平迅速提高。

因此可以说，加快中部地区经济发展从投资驱动向创新驱动的成功转型，实现产业结构调整和经济增长方式的转变，关键在于技术创新。

2. 当前中部技术创新现状分析

（1）科研经费投入不足。

区域 R&D 经费支出与区域财政科技支出情况是衡量一个区域科技活动规模和科技投入水平的重要指标。根据 2009 年数据可以看出，中部地区 R&D 经费支出仅有 2 681.31 亿元，占全国的 14.31%，不及东部地区的 1/4；财政科技支出为 157.94 亿元，占全国的 12.05%，不及东部地区的 1/5。在总量的比较下我们可以看出，东部地区的科研经费投入远远高于其他地区，其他地区尤其是中部地区的科技支持力度有待于进一步加强（见表 3 - 29）。

表 3 - 29 各地区 R&D 经费支出及财政科技支出情况（2009 年）

单位：亿元

地区	R&D 经费支出	财政科技支出
全国	2 681.31	1 310.70
中部地区	383.78	157.94
东部地区	1 838.98	883.70
东北地区	202.36	96.42
西部地区	256.18	172.63

资料来源：根据《中国统计年鉴》（2010）资料整理计算。

（2）自主创新意识不够强。

2010 年数据显示，在发明专利申请量上，江苏以 50 298 件发明专利申请首次超越广东名列第一，广东以 40 866 件居次席，而北京以 33 466 件稳居第三位。排在前三位的发明专利申请量占到了我国申请总量的 44.3%，接近一半。其后依次是上海、浙江、山东、辽宁、四川、陕西以及湖北，中部地区只有湖北挤入了前十强，位居第十位。在发明专利授权量上，广东、北京分别以 13 691 件和 11 209 件位居前两位，其后依次是江苏、上海、浙江、山东、辽宁、四川、湖北以及天津。湖北位居第九位。江西、山西不管是在专利申请量还是授权量上，都处于全国的下游水平。从增幅上看，中部地区普遍存在较快的增长趋势，但在绝对量上与东部地区还是存在巨大的差距，创新意识有待于进一步加强（见表 3－30）。

表 3－30 　　　　　　中部地区专利申请/授权情况（2010 年）

省份	申请量（件）	排名	增幅（%）	授权量（件）	排名	增幅（%）
湖北	7 411	10	22.2	2 025	9	37.0
河南	6 408	13	29.4	1 498	14	32.7
湖南	6 438	12	45.8	1 920	11	9.6
安徽	6 396	14	43.2	1 111	17	39.7
江西	1 968	22	31.0	411	24	6.5
山西	3 046	19	25.8	739	20	22.6

资料来源：根据《中国科技统计年鉴（2011）》整理。

（3）企业创新能力过弱，成果转化滞后。

企业是科技创新的主体，要把科研成果转化为现实生产力，其任务最终是落在企业身上，因而企业才是区域创新能力的真正开拓者。地区企业创新能力与成果转化情况可以通过新产品项目数、开发新产品经费、新产品产值和新产品销售收入几个指标来进行衡量。2009 年，中部地区新产品项目数为 152 824 项，不及东部地区的 1/4；中部地区新产品产值仅占全国的 12.78%，远远低于东部地区，略高于西部地区与东北地区；在新产品销售收入上，中部地区实现新产品销售收入 74 037 433 万元，不及东部地区的 1/5（见表 3－31）。

（4）引进外资与高新技术等方面力度不大。

提高区域创新能力不能闭门造车，必须加大招商引资的力度，加强与外界的合作交流。总体上看来，中部地区在国外资金和技术方面的引进程度不容乐观。在外资引进额和增长率上表现最好的是河南，其两项指标分别是 116 238 万元和

表 3 – 31　　　　　　　　**按地区分大中型工业企业新产品**
开发及生产情况（2009 年）　　　　单位：万元

地区	新产品项目数（项）	开发新产品经费	新产品产值	新产品销售收入
全国	152 824	36 554 854	587 169 940	579 802 299
中部地区	23 300	5 727 764	75 067 671	74 037 433
东部地区	96 112	24 106 590	390 278 572	388 301 559
西部地区	22 537	3 741 718	65 119 296	60 757 889
东北地区	10 875	2 978 783	56 704 400	56 705 418

资料来源：根据《中国科技统计年鉴（2010）》整理。

47%，两项指标排名都位于全国第十。其中安徽、湖北在大中型企业国外技术引进额上都有大幅度的降低，尤其是湖北，其增长率是 – 65%（见表 3 – 32）。中部地区应加大招商引资力度，通过加大外资对中部经济的拉动作用来推动中部地区新型工业化进程。

表 3 – 32　　　**中部地区大中型企业国外技术引进情况（2008 年）**

省份	引进额（万元）	排名	增长率（%）	排名
河南	116 238	10	47	10
江西	97 155	12	22	25
安徽	79 261	13	– 18	23
山西	63 403	16	5	15
湖南	46 365	17	15	12
湖北	29 910	21	– 65	31

资料来源：中华人民共和国国家统计局网站。

3. 提升中部技术创新能力的对策建议

（1）增强科技创新意识，促进经济增长方式的转变。

相比东部沿海地区而言，中部六省科技创新意识还比较薄弱，还没看到科技在经济增长过程中的主要推动作用。中部要崛起，必须转变经济增长方式，使人力资本、自然资本和物质资本均衡发展，从依靠生产要素投入向依靠全要素生产率转变，紧紧依靠技术创新发展生产力，依靠科学技术实现经济和社会的协调发展。

（2）多渠道解决技术创新资金难题。

完善政府投入机制，发挥财政资金"杠杆"作用，通过设立企业自主创新基金与财政专款，支持企业研究开发。改进现行税收政策，鼓励企业加大研发投入。另外，企业自身也要增强创新意识，主动增加科技投入，确保 R&D 经费逐年递增，实现自我积累、自我发展。组织利用好民间资本，引导民间资本从事新技术、新产品开发，建立风险共担、利益共享的融资机制。

（3）积聚技术创新的人力资源。

人才是科技与知识的载体，是先进生产力的开拓者，也是科技发展的关键。中部地区要加快建立与完善人才培养、引进、使用、激励等各项政策。第一，推进教育体制改革，实施教育优先发展战略，加快形成结构合理、相互衔接、立体开放的现代教育体系。第二，实施合理的人才流动政策，形成内外开放的人才大市场，改善高层次经营管理、科研开发人才流动的环境，发展多层次、多种类的人才市场和中介服务机构，采取多种合理的人才流动政策，吸引国内外创新人才向中部地区集聚。

（4）营造良好的技术创新环境。

加大知识产权培育与保护力度，确保发明者收益，激发科研人员研发活力。加强科技创新的中介服务，尽快组建结构合理、门类齐全、机制灵活、功能完备的科技中介服务体系。

（5）完善创新合作机制。

发挥各级政府的行政组织和主导作用，统筹生产企业、大学院校、专业科研和金融机构的关系，有效开展"内引外联、整合资源"的专题产学研活动，促进科技创新交流合作。鼓励企业以技术合作、技术转移等方式开展联盟研发，实现企业之间优势互补，达到共赢。

二、人力资源创新促进中部崛起新型工业化研究

人力资源开发是中部崛起的一个重要课题，中部崛起最关键的问题是如何把人口数量过大的劣势转变为促进经济发展的人力资源优势，这就要求中部各省贯彻实施科教兴国战略，把科技和教育放在优先发展的地位，实施人才强省战略，不断提高其人力资本存量，为中部崛起的新型工业化提供人才支持。

1. 人力资源对新型工业化的驱动作用

中部地区新型工业化进程中的人力资源因素的重要性可以从以下几个方面进行考察。

（1）人力资源对信息化的支撑。

新工业化产生于信息时代，是以信息化为鲜明特征的。没有高素质的、熟悉信息化管理的人，就无法通过信息化真正实现组织的有效性、高效性和创新性，

151

充其量只能有限地提高一些效率；因为在这种情况下，信息的传递、整合受到局限甚至阻碍，高性能的网络应用系统也只能向客户提供低质量的信息服务，达不到其应有的效能。

（2）人力资源对现代企业的支撑。

现代企业的最终竞争力取决于人才的集聚、理念的整合程度及由此体现出的对瞬息万变的市场的适应性。现代企业如果没有人力资源的有效支撑，就不能很好实现内部绩效的严格管理、资金及技术力量的合理分割以及流程环节的科学监控和重组，也就无法适应国际市场日趋激烈的竞争。

（3）人力资源在政府转型过程中的作用。

政府的转型从理论到实践都将是一个极其复杂的系统工程，要顺利完成"服务型政府"转型，建设一个人民满意的政府，没有科学、规范、先进的组织机构和高素质、高能力、具有创新观念的人员队伍是不可能做到的。

2. 中部地区人力资源现状分析

中部地区人力资源开发状况由于受自然、经济、社会和体制等因素的制约，从根本上制约了中部地区经济和社会的可持续发展。

（1）中部地区人力资源总量大，但质量不高，与东部地区存在较大差异。

中部地区总人口达到 3.65 亿，占全国总人口的 28%。由 2009 年的统计数据可以看出，在抽样的人群中，中部地区文盲达到 18 677 人，占到全国文盲总数的 27.15%，从总体来看，中部地区的文盲率为 7.23%，高于全国平均水平 7.10%。可见中部地区人力资源整体素质属于中等水平，比西部平均情况要好一些，但与东部地区存在较大差距，这势必影响到中部崛起人力资源的开发和利用，从而也制约了经济的可持续发展（见表 3 – 33）。

表 3 –33　　　　　　中部地区按性别分的 15 岁及 15 岁
以上文盲人口（2009 年）

地区	全国	中部	山西	河南	湖北	安徽	湖南	江西
15 岁及以上人口（人）	968 469	258 243	25 137	67 885	43 505	44 116	47 036	30 564
文盲人口（人）	68 795	18 677	1 027	4 475	3 399	5 889	2 372	1 515
文盲人口占 15 岁及以上人口的比重（%）	7.10	7.23	4.08	4.59	7.81	13.35	5.04	4.96

资料来源：根据《中国统计年鉴（2010）》资料整理计算。

（2）中部地区人力资本投入不足，教育发展整体水平不高。

如表 3 –34 所示，在教育经费总额上，河南、湖南都被列入全国前十强，其中河南（6 561 522.8 万元）第 6 位，湖南（5 066 050.1 万元）第 8 位；江西、山西处于中下游水平。从国家财政性教育经费支出来看，河南最高，位居全国第5位，江西最低，位居全国第 21 位。在民办学校办学经费来看，安徽、河南、湖北、湖南都位居全国前十，但是中部各省在社会捐赠经费上排名相对靠后。但是，中部地区教育发展整体水平不高，主要表现为中部地区教学设备得不到更新，教师工资、住房及其他待遇得不到改善，这些都在一定程度上制约了教育质量的提高，从而也制约了人力资源素质的提高。

表 3-34　　　　　2009 年中部地区教育经费情况　　　　单位：万元

省份	合计（排名）	国家财政性教育经费（排名）	民办学校办学经费（排名）	社会捐赠经费（排名）
河南	6 561 522.8（6）	4 876 899.7（5）	39 888.9（5）	3 850.4（27）
湖南	5 066 050.1（8）	3 436 066.3（11）	35 151.5（7）	20 763.7（13）
湖北	4 519 592.5（12）	2 805 034.6（14）	38 819.6（6）	13 436.5（14）
安徽	4 383 731.6（13）	3 175 812.9（12）	59 818.5（3）	24 493.3（9）
江西	3 333 171.2（19）	2 217 897.2（21）	14 119.2（15）	11 370（17）
山西	3 328 404.4（20）	2 568 475.7（19）	25 208.3（11）	7 934.5（21）

资料来源：根据《中国统计年鉴（2010）》整理。

（3）中部地区农村人口多，城市化水平低，人力资源呈现二元化结构。

我国中部地区经济是一种典型的城乡二元经济结构，与此相对应的是比例不协调的人力资源二元结构。根据 2009 年有关统计数据显示，中部地区农村人口达到 20 557 万人，占中部总人口的 57.74%，高于全国平均水平 4.33 个百分点；相反，城市人口仅 15 046 万人，城市化率为 42.26%，低于全国平均水平（46.59%）。中部地区城乡二元结构决定了其人力资源能力系数偏低，人力资源系数呈较弱状况，反映出中部地区人力资源实现由劳动力数量优势向人力资本优势转变的艰巨性，同时也不利于经济的可持续发展（见表 3-35）。

表 3-35　　　　　中部地区城乡人口分布（2009 年）

地区		全国	中部	山西	河南	湖北	安徽	湖南	江西
城镇人口（万人）		62 186	15 046	1 576	3 577	2 631	2 581	2 767	1 914
乡村人口（万人）		71 288	20 557	1 851	5 910	3 089	3 550	3 639	2 518
人口比例（%）	城镇	46.59	42.26	45.99	37.70	46.00	42.10	43.20	43.18
	乡村	53.41	57.74	54.01	62.30	54.00	57.90	56.80	56.82

资料来源：根据《中国统计年鉴（2010）》整理。

3. 中部地区人力资源开发战略

（1）制定人力资源发展规划。

中部地区要依据本地区经济和社会发展状况对未来一定时期的人力资源数量、种类、结构、层次等进行科学预测，并制定人力资源开发规划，确定科学的人力资源开发模式，确保人力资源开发满足中部地区崛起的需要。

（2）坚持实施科教兴省战略。

坚持优先发展科技和教育事业，把经济增长转移到依靠科技进步和劳动者素质提高的轨道上来，保证政府财政性教育经费支出在地区生产总值中所占比重逐年增加。大力发展职业技术教育，以更好地满足产业结构调整过程中对高级人才的需求。积极发展职业技术教育，开展多层次多形式的职业教育培训，为工业发展提供优秀技术人才。

（3）积极稳妥地推进城镇化进程，逐步改变城乡二元结构。

中部地区过多的农业剩余人口已成为制约中部地区崛起的一个重要因素，中部地区应抓住中部崛起的良好机遇，合理规划现有城市空间布局，增加就业岗位，对于在城市已有稳定职业和住所的进城务工人员，要制造条件使之逐步转为城市居民，依法享有市民的权利和义务；同时，通过发展乡镇企业就地发展小城镇，吸纳更多农村剩余人口向城镇转移。

（4）加快人才市场建设，实现人力资源合理流动与优化配置。

中部地区应采取有效措施，为各类人才提供良好的发展平台，一方面留住人才，改善他们的科研和生活条件，解决实际困难，使他们真正安心为中部地区经济发展服务；另一方面，吸引外来人才，深化劳动人事制度政策，建立健全人力资源市场体系，逐步消除阻碍人力资源合理流动与配置的社会障碍，实现人力资源有序合理流动与优化配置。

三、管理创新促进中部崛起新型工业化研究

管理创新是指对管理活动进行创新，即通过改进和创新管理行为，创造一种新的更有效的资源整合范式，使之与环境相协调，进而促进经济发展，实现创新跨越。

1. 中部崛起新型工业化中的政府管理创新研究

在我国中部地区，随着改革的深化和市场经济体制的建立，社会经济成分、市场形式、就业方式、利益关系和分配方式等呈现出多样化的趋势，迫切需要政府与时俱进，进行管理创新。

（1）政府在新型工业化中的作用。

从新型工业化要实现的任务以及中国正处在由计划经济向市场经济转轨的现实情况来看，政府应成为引导新型工业化积极健康发展的施力者。

第一，政府是提高工业竞争力的重要因素。政府可以制定政策引导企业通过上市、兼并、联合、重组等形式，形成一批拥有著名品牌和自主知识产权、主业突出、核心能力强的大公司、大集团，带动产业链发展，提高产业的集中度。

第二，政府是构建新型工业化所需要的微观经济基础的重要力量。政府作为变革的启动者，必须创建通向市场经济的必备制度和意识；必须认识到社会独特的初始条件，识别发展中存在的潜在困难，处理预料之外的冲击，设立长期目标，并设计全面的具体的年度计划去实现它。

第三，政府能为新型工业化创造良好的社会氛围。中国要走新型工业化道路，政府就必须坚持以人为本，大力发展科技、教育和卫生事业，提高民族的向心力和凝聚力，为新型工业化道路的发展创造良好的社会氛围。

（2）政府管理现状。

随着社会主义市场经济的纵深推进，中部地区政府管理体制机制日益完善，但许多问题仍然没有得以有效解决，具体表现为"三位"现象突出、管理方式滞后、管理思想不到位、服务意识不强等方面。

第一，政府管理职能"三位"现象突出。一是政府"越位"，表现为政府对不应管的事情插手仍然较多；二是政府"缺位"，表现为政府没能履行好自己的职能，该做的事没能做好；三是政府"错位"，表现为政府与企业的分工不明，许多本应由企业做的事情政府代做了。

第二，政府管理方式滞后。"控制型"管理方式在中部地区各级政府中仍然大量存在。"控制型"管理方式侧重于对经济社会事务的直接管理、微观管理，习惯于行政命令、靠"红头文件"直接指挥，而不善于通过宏观调控进行市场管理。

第三，政府管理思想不到位。政府管理创新的整体思路没有太大的突破，没能完全突破传统思想的束缚，仍然停留在管制型政府的理念上，习惯于指标管理、数量管理、项目管理而不是规则管理、宏观管理、间接管理，没能真正贯彻"法制政府"、"有限政府"、"服务政府"等全新政府管理理念。

第四，政府服务能力偏弱、服务意识不强。中部地区各级政府在公共服务领域普遍存在公共服务投入上严重不足、公共服务产品供应不均衡、公共服务的手段单一、公共服务意识不强等问题。

（3）政府管理创新的途径。

政府管理创新和职能转变应解决好三个层面上的内容：一是观念层面，解决各级政府职能如何定位，政府与市场的关系问题；二是制度层面，如何通过制度创新实现政府职能转变的问题；三是技术层面，如何运用现代科学和管理技术提高政府管理的效率。

第一，建立有限政府，提高政府宏观调控能力。各级政府应该充分利用市场机制与社会力量，把主要精力集中到宏观调控与社会服务上来，减少对市场和企业的直接干预，真正实现"小政府，大社会"、"小统治，大服务"的治理目标。

第二，建立法治政府，规范行政执法行为。强化各级政府执法程序意识，严格按程序执法。加强程序制度建设，细化执法流程，明确执法环节、步骤，保障程序公正。建立行政裁量权基准制度，完善适用规则，严格规范裁量权行使，避免执法的随意性。加强行政执法队伍建设，狠抓执法纪律和职业道德教育，坚持文明执法。

第三，建立诚信政府，提高政府为民办事能力。加强政务诚信建设，坚持以诚信办事，通过诚信服务取信于民。强化政府工作人员诚信教育，加强政府诚信文化建设。在发展的道路上，要致力于改善民生，多为群众办好事、办实事。

第四，建立服务型政府，提高政府的服务能力。政府的管理方式必须由指挥经济变为服务经济，致力于营造良好的体制环境、法制环境、行政环境、政策环境和人文环境，努力形成一个"亲商、富商、安商"的社会氛围和一个"万众创业，万商云集"的发展局面。

第五，建立学习型政府，提高政府官员素质。各级政府需要通过不断学习来促进自我知识更新与自我完善，塑造"模仿—学习—创新"的知识增长链条。

2. 中部崛起新型工业化进程中的企业管理创新

企业管理创新是企业为了适应内外环境的变化而进行的局部和全局的调整与变革。在中部崛起新型工业化推进的过程中，企业管理创新尤为重要，其在全面提高现代化管理水平，改变传统的低水平、粗放式的管理模式等方面发挥着重要的作用。

（1）企业管理创新对新型工业化的作用。

企业管理创新的目的在于提高企业的经济效率与适应能力，企业管理创新是企业真正成为推进新型工业化发展主力军的重要保障。以信息化带动工业化是新型工业化的必然要求。作为工业化主体的企业，应该充分利用信息技术改造传统管理模式、创新管理理念和管理制度，把信息技术渗透到产品设计、制造、营销和管理的全过程，提高生产经营和管理的信息化水平，加快企业信息化步伐。

（2）中部地区企业管理的现状。

中部地区管理水平两极分化态势明显，大型企业能够有效利用信息技术，管理水平较高，中小企业管理水平则相对低下。总体而言，管理方式粗放、管理组织落后、技术水平不高等问题普遍存在。

第一，企业管理粗放。中部企业粗犷式的管理方式致使管理成本居高不下、资金利用效率低下。在考核方面，虽然许多企业内部经济责任制定得很细，也很严格，但考核不严、纪律不到位，导致考核走过场。

第二，管理组织落后。管理组织模式单一化，管理幅度过宽；企业的直线指挥系统和职能参谋系统交叉，容易发生矛盾，导致信息不畅，使企业决策者难以准确、及时地进行判断，工作权责不清；管理组织的适应性差，工作效率低下。

第三，技术水平不高。企业产品总体水平不高，产品结构不合理，管理的信息化水平不高，超前意识弱，科研开发投入少，企业发展后劲不足。

（3）企业管理创新的途径。

第一，实现管理理念创新。管理理念的创新在整个创新体系中起着非常重要的作用，而且涉及企业管理的方方面面，其中心始终是围绕着人来展开的。企业必须把以人为本的理念贯穿于日常经营管理之中，把以人为本的企业管理理念转变为推进企业科学发展的核心动力。通过树立服务型管理理念、学习型管理理念、团队型管理理念等新观念，提高企业运行效率。

第二，建立管理创新的激励机制。要实现企业的管理创新，建立科学完善的激励机制是非常重要的，中部地区企业应当引入多种激励方法，构建物质激励与情感激励相结合、短期激励与长期激励相补充的激励机制，加速企业管理创新，提升企业技术创新水平。

第三，提高信息化管理水平。信息化管理在我国发展迅速，并成为新的发展热点。全面的计算机管理，可以降低企业的经营成本，提高企业资金使用效率和效益。有助于企业建立科学的管理体系，推动企业的业务流程、管理流程的精细化、规范化和制度化，使各部门职责明确，科学合理，增强企业竞争优势。

第四，改进成本管理。成本管理是企业管理的重要系统，成本控制是实现企业利润目标的直接手段。企业必须精确计算各种原材料消耗成本、生产经营管理成本、环境污染成本，并对由此产生的社会环境代价进行评估。

第五，加强企业人才管理。21 世纪的竞争是人才的竞争，人才资源是第一资源。企业必须着力提高企业经营管理者的素质，创新用人观念，努力健全招聘制度，强调员工的创造性、适应性，并引导员工树立终身学习理念；加快完善激励机制，针对知识、技术开发中的独特性，实行有效的人才资源管理。

四、信息化建设促进中部崛起新型工业化研究

面对全球信息化的热潮，如何正确看待中部地区信息化发展在全国所处的位置，充分发挥中部地区的比较优势与后发优势，以信息化带动工业化，加速两化

融合，是我们需要认真研究的重要问题。

1. 信息化对新型工业化的驱动作用

信息化和工业化是既相互区分又紧密联系在一起的两个概念，是两个性质不同的经济发展历史阶段。我国走的是一条新型工业化道路，是新的、符合时代要求和国情的工业化新模式，它的每一环节、每一领域都需要用信息化来"武装"，信息化是新型工业化的核心和灵魂。信息化对中部崛起新型工业化的驱动作用主要体现在以下几个方面。

第一，信息化是中部新型工业化不可缺少的有机组成部分。进入信息时代，信息化是带动工业化的强大动力，信息化与工业化的融合，可以迅速提高工业化水平，加快工业化进程。

第二，信息化是实现新型工业化"资源消耗低、环境污染少"的重要手段。节能减排提高资源利用效率，实现经济社会可持续发展，其关键在于用信息技术对传统产业进行改造和升级，以信息化带动和提升工业化。

第三，信息化是实现新型工业化"科技含量高、经济效益好"的必然选择。以知识和技术为基础的信息化，改变了传统生产要素的构成和各种生产要素的重要性排序。以信息化带动工业化，有助于推动技术进步，实现经济增长方式由粗放经营向集约经营的转变，提高经济增长质量和效益。

第四，信息化可以加快新型工业化的进程，它是缩短与发达工业化国家、发达工业化地区差距的主要途径。信息技术是当代最具有渗透作用和增值功能的技术，其高度发展和广泛应用，为改造传统产业和培育发展战略性新兴产业提供了可能。

2. 中部地区信息化建设现状分析

中部地区信息化的建设现状可以从信息化资源投入、信息化基础设施建设、信息技术应用水平三个方面来进行比较分析。

（1）信息化资源投入（见表 3 - 36）。

表 3 - 36　　　　　　中部地区 2010 年电子信息产业固定资产
投资完成情况（500 万元以上项目）

项目	本年累计完成投资（亿元）			本年新增固定资产（亿元）		
	本年累计	上年同期	增减（%）	本年累计	上年同期	增减（%）
全国合计	5 993.0	4 146.6	44.5	3 345.8	2 621.1	27.7
中部地区	1 513.9	999.6	51.5	810.6	605.6	33.9
安徽省	370.6	159.1	132.9	110.9	71.8	54.4
河南省	304.2	221.6	37.3	180	144.9	24.2

续表

项目	本年累计完成投资（亿元）			本年新增固定资产（亿元）		
	本年累计	上年同期	增减（％）	本年累计	上年同期	增减（％）
湖北省	208.6	149.0	40.0	102.8	75.9	35.4
湖南省	173.4	112.8	53.8	96.8	55.5	74.5
江西省	404.2	308.0	31.2	313.7	249.8	25.6
山西省	52.9	49.1	7.6	6.4	7.7	−17.1

资料来源：中华人民共和国工业和信息化部。

在产业转移带动下投资增长较快，中部地区电子信息产业固定资产累计完成投资额1 513.9亿元，同比增长66％，占全国比重的25.3％，占全国比重上升1.2个百分点，其中湖南、安徽分别增长53.8％和132％。就新增固定资产投资来看，除山西外，其他中部五省都有新的固定资产投资，其中以湖南的增幅最大，同期相比增加了74.5％，远远高于全国平均水平的27.7％。总体来说，信息化建设的重要性在中部地区逐渐得到认同，信息化投入强度大幅度提升，且信息化水平还具有大的提升空间。

（2）信息化基础设施建设（见表3−37）。

表3−37　　　　　全国电话用户分地区情况（2010年）　　　　单位：万户

地区	固定电话用户	移动电话用户	互联网宽带接入用户
全国	29 438.3	85 900.3	12 633.7
东部地区	14 310.9	40 336.2	6 649.1
中部地区	6 191.6	17 928.9	2 424.8
西部地区	6 099.3	20 375.3	2 353.1
东北地区	2 836.7	7 219.2	1 206.8

资料来源：中华人民共和国工业和信息化部。

电话用户数是反映一个区域信息化基础设施建设状况的一个重要衡量指标，2010年全国各地电话设备的统计数据显示，中部地区电话数绝对量明显少于东部地区，不到东部地区总量的一半，且略大于西部地区。中部地区的信息化基础设施建设落后，有待进一步加强。

（3）信息技术应用水平。

我们可以从CN下注册区域名、WWW站点数、上网用户这三个指标来描述一个地区的信息技术应用水平。根据最新数据统计，中部六省每百人平均互联网用户远远低于全国的平均水平11.1，信息化在中部地区还未得到有效和充分的利用。

3. 加快推进中部地区信息化建设的思路对策

国家对中部地区的发展越来越重视，而以信息化带动工业化更是中部地区面临的机遇和挑战。中部地区应抓住机会，利用自身的比较优势，提高信息化水平，带动中部地区经济的发展。

（1）增强信息资源开发利用的意识。

中部地区应从政府、企业和民众三个方面来协同提高信息资源开发利用的意识。关于政府，可以将信息化列入到各级政府的工作计划之中，要求有关职能部门规划出信息化建设的步骤和程度，制定出具体的实施方法和手段。关于企业，由于它既是信息资源的生产者，同时又是信息资源的消费者，应积极地参与到信息化建设的进程中来。关于民众，应加大宣传力度，提高全民的信息认识。通过综合提升政府、企业乃至全民的信息认识，提升信息资源的开发利用水平。

（2）完善综合信息基础设施。

加大信息化基础设施投入，推动网络融合，加快实现向下一代网络的转型；加快综合基础信息平台建设，优化网络结构，提高网络性能。推动有线、地面和卫星等各类数字广播电视的发展，完成广播电视从模拟向数字的转换。应用光电传感、射频识别等技术扩展网络功能，发展并完善综合信息基础设施。

（3）努力提高信息技术应用水平。

企业要充分理解信息技术给我们的生产经营方式带来的深刻变化，积极运用信息技术开展电子商务。培养信息化人才队伍建设，鼓励各类专业人才掌握信息技术，培养复合型人才。努力构建以学校教育为基础，在职培训为重点，基础教育与职业教育相互结合，公益培训与商业培训相互补充的信息化人才培养体系。

（4）推进社会信息化。

加强信息技术在社会领域的应用，维护安定团结的社会秩序。促进城市的社会管理领域广泛应用信息技术，改善城市服务功能，方便群众工作和生活。提高各级医疗卫生机构的信息化水平，改善公共卫生管理水平和服务质量。加强社会保障信息化，做好就业指导和就业服务信息系统建设，提高社保工作水平。

第四章

中部崛起过程中新型工业化的
统筹城乡发展

第一节　中部地区新型工业化与统筹城乡发展关系

一、统筹城乡发展概述

1. 统筹城乡发展的内涵

统筹城乡发展是经济发展到一定阶段时，从偏重城市和非农产业发展、城乡分别治理，转向通过制度创新和政策创新，建立以城带乡、城乡互动的发展机制，将非农产业与农业、城市与乡村纳入同一个发展体系，统筹考虑和安排，促进资源在城乡有效配置，产业协调发展，提高城乡人民生活水平和增进其社会福利，保障平等发展权利，增强其发展能力，最终实现城乡全面小康。

中部六省是我国重要的经济板块，起着承东启西，连南通北的作用。2010年 GDP 为 85 436 亿元，常住人口 3.57 亿人，分别占全国的 21.5% 和 26.6%。作为全国的商品粮基地、重要的能源及原材料工业基地和现代装备制造及高技术产业基地，中部地区为我国经济发展做出了重大贡献。改革开放以来，中部地区经济社会发展取得了显著的成就，但是和沿海发达地区相比，仍存在一定的差距，工业化和城市化滞后，"三农"问题突出，统筹城乡发展是必须解决的问题。

2. 统筹城乡发展的理论基础

在发展经济学理论中，有关工业和农业发展关系以及有关人口流动的理论，可以作为统筹发展的理论基础。

（1）农业贡献理论。

产品贡献。农业为工业部门提供粮食和加工原料，工业化带来城市化，人口由农业流入工业等部门，由农村流入城市，城市人口粮食需求要由农业部门来满足；一些工业部门如食品、纺织等的发展依赖农业提供原料，只有其原料需求得到充分的满足，其增长速度才能提高。

市场贡献。农村是国内工业品的主要市场，农民从工业部门购买服装日用品、家电等消费品，以及农业机械、化肥、农药和地膜等农业生产资料，通过创造产品市场需求拉动工业等部门发展。农业生产率提高和农业技术进步需要更多农用工业品投入，同时农民会取得更多的收入，从而增加工业品的购买。

要素贡献。发展中国家农业部门是资本积累的重要来源，农民通过农产品销售获得收入，一部分供自身消费，另一部分形成农业剩余，通过储蓄转化为投资，成为工业资本。国家为了加速工业化进程，往往尽量把农业剩余转移到工业部门，一种方式是通过市场交换，使农业剩余依靠市场机制自动转移到工业部门；另一种方式是限制农产品的价格、征收间接税和调整汇率等，使工农业产品的贸易条件不利于农业，工业部门在不等价交换中把农业剩余转移过来，或者直接对农产品低价强制收购。除了资本要素之外，通过农业部门剩余劳动的转移，为工业部门扩张提供所需要的劳动。

外汇贡献。发展中国家工业基础薄弱，工业发展需要的技术、设备和中间产品必须用外汇从发达国家进口。发展农产品出口以赚取外汇，发展中国家具有比较优势：首先，可通过扩大经济作物的种植面积和加大劳动力投入来提高产量，这符合发展中国家劳动力资源丰富而资本稀缺的资源禀赋状况。其次，与发达国家的农产品质量差异较小，在国际农产品市场上的劣势不像在国际工业品市场那样明显。不仅如此，发展中国家通过增加粮食产量节约进口粮食的外汇支出，具有重大的经济意义和战略意义，宝贵的外汇优先用于购买机器设备等资本品，以形成长期生产能力。

（2）农业剩余劳动转移理论。

早在20世纪50年代，美国经济学家刘易斯认为，发展中国家一般存在二元经济结构，即传统农业和现代城市工业并存的状况，在农业部门中存在大量的剩余劳动力，在经济发展过程中农业部门劳动力向城市工业部门流动，为城市工业部门扩大和资本积累提供无限劳动供给。

拉尼斯和费景汉在刘易斯基础上进行了补充和修正，提出了更加精细的劳动力转移理论，把农业部门的劳动流入工业部门分为三个阶段：第一阶段是边际生产率为零的劳动，由于农业总产出不会减少，农业平均剩余不会减少，粮食短缺现象不会出现，因而农业劳动的流出不会受到阻碍；第二阶段流出的是边际生产率大于零，但小于不变制度工资的劳动，农业平均剩余减少，粮食短缺会引起粮食价格和工业工资上涨，劳动流出和工业扩张受到阻碍；到了第三阶段，工业部门要吸引农业部门的劳动流入，必须按农业边际生产率支付较高水平工资，农业劳动进入商业化阶段。如果在农业劳动流出的过程中，农业生产率得到提高，足以使农业的平均剩余不致降低，使农业部门的劳动流出和工业扩张不受到阻碍，即形成工农业协调发展的格局。

拉尼斯和费景汉强调了农业对工业的贡献不仅在于提供工业部门所需要的劳动力，还为工业部门提供农业剩余。如果农业剩余不能满足工业部门的扩张需要，经济增长就会受到阻碍，在发展工业的同时，一定要推进农业进步，否则工业化不可能顺利进行，很多发展中国家的实践可证明这一点。

（3）人口流动理论。

20世纪60年代和70年代之交，美国经济学家托达罗发表了一系列论文，阐述了他的人口流动理论。它试图解释发展中国家城市在普遍存在失业的情况下，农村人口向城市流动的原因。人口流动的基本力量，是比较了收益和成本后的理性经济思考，包括心理因素。使人们流入城市的动因是预期的城乡收入差异。农村劳动力获得城市工作机会的概率，与城市失业率成反比。人口流动率会超过城市工作机会增长率。托达罗人口流动理论的政策含义是：应尽量减轻城乡经济发展不均等现象，以免引起人口过度流动；创造城市就业机会时，努力增加农村收入和创造农村就业机会；从城市就业考虑，注重城乡均衡发展，发展教育、医疗等社会事业，推动农村居民收入和福利提高。

二、中部地区新型工业化对统筹城乡发展的带动作用

中部地区推进新型工业化对于统筹城乡发展具有重要作用。

1. 有利于发展现代农业，建设全国粮食基地

中部地区要成为全国粮食基地，担负国家粮食安全等战略任务，必须通过技术创新、管理创新和经营方式创新，改造传统农业，增加农产品尤其是粮食的产量，提高农产品的有效供给能力。在保证安全的前提下，要注重运用生物技术来挖掘农业生产潜力，改善农产品品质，保障商品农产品的质量。运用信息技术，提高土地等生产要素的利用效率，监控农业生态环境的变化，协调农业生产和生

163

态环境关系，实现农业资源的永续利用。广泛推广适用技术，促使农民根据资源的不同性质和用途，进行有针对性的开发和利用。根据中部地区农业资源条件，大力发展生态农业和特色农业，保证农业特别是粮食的综合生产能力的提高。用发展工业的理念引导农业，用现代装备武装农业，用现代技术支撑农业，用现代经营方式改造农业。

通过深化农村土地制度改革，推进农业产业化经营，提高农业发展的质量和效益，提升农业产业素质，不断提高农业经济社会效益，实现农业可持续发展，建设好国家粮食等农产品基地，保障国家粮食安全，为我国经济平稳发展奠定坚实的基础。

2. 有利于发展非农产业，推进农村城镇化进程

城镇化的过程是人口和经济在特定区域内不断聚集的过程，这一进程要有相应的产业作为支撑。农村城镇化的产业支撑基础是非农产业，如农产品加工业、特色资源开采加工业和商贸等服务业。但是中部地区多数非农产业规模小、技术和装备落后，资源利用率低，能源消耗大，环境污染较为严重；土地占用多而产出不高，需要进行全面改造和产业结构升级。新型工业化为农村非农产业发展带来了机遇，可用信息技术、新材料技术等改造传统的非农产业，降低物耗和能耗，减轻环境污染，提高技术和管理水平，提高经济社会效益。充分利用中部地区已有的县城与重点城镇的基础和功能，引导安排工程移民和企业向城镇聚集，实现集中连片发展，做好资源空间优化配置和有效利用，促进产业集群形成。

发挥后发优势和比较优势，提高核心竞争力，通过发展非农产业，引导人口向城镇集聚，带动城镇的经济发展，推进农村城镇化进程。

3. 有利于农业剩余劳动力转移，增加农民收入

中部地区农村人口众多，存在大量剩余劳动力，只有在推进新型工业化过程中发展非农产业特别是劳动密集型、技能密集型工业和服务业，才能有效转移农村剩余劳动力，解决人多地少的矛盾，提高农业劳动力人均土地拥有量，提高农业经营规模和新的要素投入水平，使农业劳动生产率得到提高，从而提高农民的收入，不断改善其生存质量和生活水平。

4. 有利于提高农民素质，加速实现农民市民化

以新型工业化推动统筹城乡发展，可以大力发展农村教育事业，特别是要利用城市的教育资源，借助于现代信息技术开展网络远程教育，推进农村中小学教育水平的提高。开展职业技术教育，多方面开展农民培训，培养农村产业发展需要的实用人才。将高等教育、职业教育、专业技术培训有机结合，使大多数农村劳动力特别是青壮年都能掌握一两门专业技能，增强农民适应身份转换的能力和城市生活适应能力，提高其人力资本的价值和素质，加速实现农民市民化。

5. 有利于实施支农惠农政策，建立解决"三农"问题的长效机制

中部地区长期以来对农村发展不够重视，阻碍了中部地区农村经济的发展，加重了"三农"问题，反过来也制约了城市工业化的进一步深入，最终制约了整个中部地区的经济发展。中部地区人口众多，拥有巨大的市场潜力和丰富的资源，通过以新型工业化统筹城乡发展，增强经济实力，提高资本积累量，提高技术水平，开发人力资源，创造更多的财政收入，增强政府调节能力，有利于制定支农惠农政策，以工补农，以城带乡，形成解决"三农"问题的长效机制。

三、中部地区统筹城乡发展对新型工业化的促进作用

中部地区落后在工业，希望和潜力也在工业。新型工业化需要市场、资金、劳动和土地等要素的支持，统筹城乡发展，可以更好地促进新型工业化的实现。

1. 统筹城乡发展能有效扩大内需

统筹城乡发展就是把城市化与社会主义新农村建设相结合，实现城市基础设施、公共服务和现代文明向农村的扩展延伸。基础设施如交通运输、供水供电供气设施的建设，带来水泥钢铁和装备等的需求，需要大量劳动投入从而可以创造客观的就业机会，增加农村居民收入；同时能改善农村企业的生产经营硬环境，提供更为完善的配套条件，可刺激其扩大投资和生产规模，促进相关制造业的增长。公共服务和现代文明的延伸，将会改善农村地区的消费环境，促进农村居民消费观念和消费习惯的转变，最终会拉动对工业产品以及服务需求的增长，为中部地区扩大内需和保持经济增长做出贡献。

2. 统筹城乡发展为新型工业化提供更好的支持

农村为新型工业化提供多方面的支持。一是提供粮食和农产品原料。城市居民的粮食和农副产品、以农产品为原料的工业如食品加工和制造以及棉纺、皮革、家具等产业都依赖于农业的支持。二是农村可以为工业化提供资本积累，中部地区有相当储蓄来自农村，可以转化为投资，为新型工业化提供支持。城乡统筹发展还可以提高农业综合生产能力，提高农业的生产效率，只有农业效率提高了，农业部门的剩余劳动力才能顺利转移出来，为新型工业化提供劳动力支持。三是为新型工业化提供土地要素支持，非农产业发展、城市的扩张需要土地供给的支撑，需要通过城乡统一规划建设以及土地合理利用来实现。

3. 统筹城乡发展能促进结构合理、功能完善的城镇体系形成

工业化和城镇化是一个互动的过程，城镇化为工业化提供空间支撑。城镇体系是产业发展的载体，是新型工业化的空间基础和条件。统筹城乡发展，可以优化中部地区的经济空间分布，塑造中部地区新经济地理，形成特大城市、大城

市、中小城市和小城镇协调发展的格局。目前中部地区的六大城市群如长株潭城市群、武汉城市圈等在不断成长，在其引领下，不同规模和等级城市根据各自要素禀赋等条件，大力发展优势产业和特色产业，特别是重视战略性新兴产业发展，努力提升城市综合承载力，增强城市的集聚辐射功能，推进产业结构优化升级，促进第一、第二、第三产业的协同发展。中部地区第一梯队的中心城市、大城市重点发展高附加值制造业以及生产性服务业，形成以服务经济为主的产业结构，如武汉、长沙等大城市，可发展电子信息、医药、新材料等高技术产业以及金融、物流等现代服务业；第二梯队城市如湖北黄石、湖南岳阳、江西九江等可发展钢铁、石油化工等产业。中小城市和中心镇因地制宜发展特色产业，特别是农产品加工、资源开发、旅游观光等产业，以产业促进人口和经济的集聚，促进城镇的成长，形成结构合理、功能完善的城镇体系。

4. 统筹城乡发展能促进三次产业协调

新型工业化需要农业、工业、服务业三次产业的协调发展，而不是单纯发展工业，否则，工业化是走不了多远的。当然，工业部门中的制造业特别是装备制造业的发展具有带动作用，能够带动农业和服务业的发展，以现代技术装备武装农业，为农业现代化提供物质基础。统筹城乡发展要求形成新兴城镇，发挥区位优势和资源优势，因地制宜发展产业，推进农村的专业化分工，发展农产品加工业和特色旅游业，发挥农业的多功能作用。以农业产业化发展重点，延长产业链条。从城乡一体角度考虑产业发展，使第一、第二、第三产业合理分布，协调发展，促进产业集聚，形成更多新兴城镇，推动第一、第二、第三产业协调发展。

中部地区工业部门的重化工业比重较大；服务业比重偏低，内部结构不尽合理，传统服务业占比较大，现代服务业发展不足；农业比重偏高，传统农业比重大，农业现代化发展不足，通过城乡统筹发展，协调各产业关系是解决问题的必然选择。

四、国内外统筹城乡发展的主要做法

发达国家和地区在经济发展的过程中均重视统筹城乡发展，积累了很多经验。日本和韩国是我国的近邻，在许多方面与我们有着相似或相近的背景，其在工业化进程中关于城乡统筹发展的一些经验，对中部地区具有重要的借鉴意义。

国内有不少地区根据本地实际情况，也探索出了统筹城乡发展的好的经验和做法，对中部地区更是具有启发意义。

1. 日本

（1）制定和实施统筹城乡发展的法规与政策。

日本重视以法律保障统筹城乡发展，缩小城乡差别和区域差别。1950年，日本制定了国土综合开发法，致力平衡区域发展。1967年制定了"结构政策的基本方针"，1968年创设了综合资金制度，1969年制定了《农振法》，1970年再次修改了《农地法》和《农协法》，并创设了农村居民养老制度；为解决农民就业问题，日本政府于1971年制定了《农村地区引入工业促进法》。为了建设农村地域环境，1984年开始了对《农振法》和《土地改良法》的修改；为规范农村村落及其周边地域土地利用秩序和促进村落的建设，1987年制定了《村落地域建设法》；由于农业是人的劳动和自然过程的结合，是典型的弱势产业，政府制定了法规政策对农业进行扶持，同时为传统农业现代化改造以及农村建设提供了法律保障。

（2）加强农村基础设施建设。

增加对农村建设的财政投入，运用政府财政资金，大量投资农业生产基础设施、农村生活环境设施，以及农村地区的保护与管理等。日本早在1930年就建立了补助金政策。在第二次新农村建设期间，政府加大了补助金农政的实施力度，选择3 100个市町村，推进农村基础设施建设和经营现代化建设，每个市町村政府补贴9 000万日元。在建设新村运动期间，除直接进行农产品价格补贴外，还建立农产品价格风险基金。近年来，尽管政府财政状况不好，政府每年对农村基础设施的投入，依然保持在11 000亿日元以上。

（3）推进农村土地规模经营。

为提高农业的劳动生产率，日本于1961年制定了《农业基本法》。1962年和1970年先后两次修改《农地法》，废除土地保有面积的上限，撤销对地租的限制。1975年政府制定了《关于农业振兴区域条件整备问题的法律》，允许农民经过集体协商，根据双方达成的协议条件，自由签订或解除10年以内的短期土地租借合同。以土地买卖和租借为主要形式的土地流动通过制度创新得以保障，为土地规模经营提供了前提。

（4）大力发展农村基础教育和职业教育。

1947年出台的《基本教育法和学校教育法》，实行9年制义务教育，全民基础教育得到巩固。到了20世纪80年代，全国已普及了高中教育。日本政府还特别重视农村职业技术教育，广泛发动私营机构参与其中，形成了多层次的可以满足不同需要的农村职业技术教育体系。

（5）建立城乡一体化的社会保障体系。

一是建立城乡统筹的养老和医疗保障制度。1959年颁布、1961年实施的新

"国民健康保险法"，将全国的农户、个体经营者等无固定职业和收入者纳入医疗保险。1959 年首次颁布、1961 年实施的"国民养老金法"，将原来未纳入公共养老保险制度的广大农民、个体经营者，给予基本的养老保险。到 20 世纪 60 年代，以农村公共医疗和养老保障为支柱的农村社会保障体系初步建立，并迅速普及。国民皆保险、国民皆年金体制的建立，保障了农民阶层的基本生活，改善了收入分配。

二是 1970 年创设农业从业人养老金制度。参加者的条件是具有一定面积以上农地耕作权的农民，兼业农民则鼓励其参加其他与其职业相关的社会保障。农民若要获得养老金保险，则要将所耕种的农用地经营权转让给他人。该项制度稳定了老年农民收入，缩小了城乡社会保障水平。不仅如此，它起到了鼓励老年农民、兼业农民"离农"的作用，并与扩大经营规模的农地政策形成相互补充的关系。

（6）支持农民组织开展农村建设。

鼓励成立农民组织，每个市町村几乎都设有农业协会，大部分农户均计入组织，以提高农业生产经营效率，以及改善农民的社会经济地位。农协提供生产生活多方面的服务，承接了政府转移的公共服务的功能。

农协作为中介组织，旨在各个商业环节上保护农民利益，排除金融资本、商业资本和工业资本对农民的盘剥。农民组织的基本形式是综合农协，但也存在专门性组织如专业合作社的方式，如为改良土地，发动农民组成"土地改良区"，将耕地所有者和耕种农户联合起来，统筹考虑土地改良事项。

2. 韩国

1960～1985 年，韩国城市化水平从 36% 上升到 65%，2005 年进一步提高到了 80.8%，在城市化过程中较好地实现了城乡统筹协调发展。

（1）改善农村基础设施，增加农民收入。

提高农民收入，形成农村的新风貌是韩国政府需要达到的目标。韩国从 20 世纪 70 年代起，加大了对农村交通、水利、电力等设施的投资，改善农村基础设施条件；大力培育良种，推广新的配套耕作技术，丰富农产品种类，改善质量。将城市化逐步向农村延伸，通过发展非农产业，吸纳农村劳动力，提高农民非农收入比重。

（2）建立高效的农业服务体系，提高农业生产效率。

韩国农业服务机构由中央农业振兴厅、各道的农村振兴院以及各市的农村指导所三级组织构成，该体系集科研、推广和培训于一体，是一个由国家财政投入支撑为农民提供综合服务的机构。各市郡的农业指导所都建有培训大楼，对农户进行各种免费培训。通过提供较为完善的服务，有力支持了农业的发展，对提高农业生产效率有很大的促进作用。

（3）提高农民的组织化程度，培养新型农民。

一是韩国各级政府都设有"新村建设研修院"，主要负责骨干指导员和中坚农民，通过他们发挥主导和骨干作用，推进新村建设；二是兴建村民会所，利用会所举办有关农业技术培训班和交流会并且展示各地农村发展计划和蓝图，鼓励农民同心协力建设新村，形成农村新风貌；三是大力发展农民协会，提高农民组织化程度。20世纪70年代，韩国基层农民协会数量达到了1 500个之多，有力保障了农民权益，促进了农业生产和农产品的流通，提高了农村公共服务水平。

（4）出台支农政策和实行行政推动，保障城乡协调发展。

从1970年开始，韩国发起了"新村运动"，以"勤勉、自助、协同"为基本精神向导，以振兴国家为口号，全面向工厂、学校及城市普及并推广到全国范围。政府制定了一系列支农惠农和推动农村经济、社会、文化、教育进步的政策措施，仅在1994年就制定了有关促进农渔村发展的14项40条政策措施，促使工业反哺农业，城市支持乡村。

政府通过行政推动来推进新村建设，起着新村运动启动者、组织者和主要投资者的作用，广泛发动农民和社会组织的力量，调动多种积极因素，形成一系列有效机制。韩国从中央到地方分层建立了专门机构，配备相应人员，负责组织动员工作和协调监督新村建设工作。

（5）统一城乡社会保障制度，免除农民的后顾之忧。

除了在养老制度上国家有一些特殊政策和规定，农民的社会保障大部分内容和城市居民相同。目前，社会保障大体上分为社会保险、公共救济和社会福利等，农民所涉及的社会保险主要有国民年金和医疗保险两个部分。

一是国民年金。1986年制定"国民年金法"，1988年1月开始实施。国民年金由韩国保健福利部主管，1995年7月开始扩大到农村和渔村，农民和渔民同样加入。雇用5人以上单位的保险费由雇主和被雇人各负担一半，而农民和渔民个人则考虑到其有限的负担能力，由国家财政支援一部分。农民年金制度从2004年开始进行了调整，实行退地补助政策。为鼓励农民到65岁后把地交给更有能力的人耕种，提高土地效益，政府规定，农民65岁后无偿转让土地的，政府财政每年每公顷土地给予农民300万韩元土地补助金。

二是医疗保险。医疗保险制度已经覆盖了全体农民。1963年，颁布了第一部《医疗保险法》。从20世纪70年代后期起，韩国开始实行强制性社会保险。1981年在农村进行第一批试点，1998年开始在全国农村强制实施，覆盖率达到了90%，还有10%的贫困农民纳入政府医疗救济。

三是公共救济和社会福利。对低收入和贫困居民而言，农村和城市在公共救济和社会福利上是统一的。按一定标准，将政府财政资金支付给低收入阶层，保障其基本生活，包括生活救济、津贴及各种灾难救护。

3. 成都市

（1）统一城乡规划。

成都市明确提出"以规划为龙头和基础"，统筹城乡发展。统一考虑城市与农村发展需要，坚持以城市带动农村发展，大胆进行思路和制度创新，将原来的城市规划转变为城乡规划，实行全域覆盖。

城乡规划把城市和农村作为一个整体进行统筹考虑，总体规划和各类规划互相融合、衔接一致。建立科学编制规划、严格执行规划的保障机制，规划意识得到全面增强，规划工作规律得到尊重，一切从实际出发，理论联系实际，广泛吸收社会各界意见，开拓性地实施城乡规划。科学的城乡规划为成都统筹城乡发展提供了蓝图和决策的依据，有力地推动了成都科学发展和全面小康社会建设。

（2）推行"三个集中"和实施"三大重点工程"。

首先，逐步实行"三个集中"。一是推动工业向园区集中，促进产业集聚发展，将经济要素集中在特定优势区域，加强企业之间的交流合作，共同利用基础设施以及环境污染的集中治理，培育工业经济新的增长点，为加快城市化提供产业支撑；二是农民居住向城镇集中，改善农民生活条件，提供更好的教育、医疗等公共服务，缩小城乡差距，提高居民生活质量，实现城乡协调发展；三是土地向规模经营集中，提高土地生产效率，推进农业产业化经营，逐步实现农业现代化。

其次，因地制宜，对暂不具备"三个集中"条件的广大农村地区，特别是基础设施比较差、经济发展水平不高的地处第三圈层远郊农村，实施农业产业化经营、农村发展环境建设和扶贫开发"三大重点工程"。

农业产业化经营主要采取的措施有：加强优势农产品生产基地建设，如着力培育优质粮油、水果、蔬菜、食用菌、茶叶、生猪、水产等十大产业；扶植农业产业化龙头企业；建立健全企业和农户等利益联结机制；加大政策扶持力度，如加大财政资金投入、落实税收优惠政策等。

农村发展环境建设工程包括农村基础设施建设、农村生态环境建设等。主要是加强水库和灌溉渠道建设、道路等设施建设、学校医院等设施建设、垃圾处理设施、农村卫生设施建设等硬环境建设，同时加强治安、落实国家政策等软环境建设，为农民增收、农村发展、农业增效创造良好的发展条件。

农村扶贫开发方面采取的措施是：成立农村扶贫开发领导小组，加强全市农村扶贫开发工作的领导；广泛发动群众，组织各级部门和社会力量积极参与；抓好农民增收与信息扶贫工作，创新扶贫管理机制，多渠道加大对扶贫开发的投入等。

（3）转变政府职能推动农村综合改革。

制度是发展的动力，只有转变政府职能，推进农村综合配套改革，才能为农村发展提供不竭动力，使农村获得持续发展的能力。

乡镇机构改革、农村义务教育改革、县乡财政管理体制改革是农村综合改革的"三驾马车"。

第一，针对乡镇发展空间不足、经济基础不强等问题，调整优化乡镇行政区划，制定严格的乡镇撤并标准，确定了 30 个重点发展镇。成都重新定位乡镇政府职能，改变长期存在的政府职能越位、错位和缺位的情况。做到强化规划、协调、服务职能，弱化直接参加生产经营的职能；强化城乡统筹发展职能，弱化传统单一的农业管理职能；强化公益事业发展职能，弱化一般事务性职能。

第二，规范财政转移支付，增强基层财政保障能力。加快财政体制改革，建立规范的财政转移支付制度，为各地区政府提供相对公平的财政能力，使政府具备履行自己职能的能力。对经济相对发达、财政收入规模较大、财政收入较多的乡镇，实行相对规范的财政管理体制，促进其增收节支、自求平衡；对经济欠发达、财政收入不多的乡镇，增加对其的转移支付，由县级财政保障其必要的支出。

第三，建立农村义务教育经费保障机制。实现城乡教育均衡发展，加大对农村教育投入，增加财政转移支付，保障中小学教师工资以及所需要的办公经费，力求使广大农村享受与城市同质均等的教育服务。

成都农村综合改革为成都统筹城乡发展增添了后劲，促进了政府职能转变，提高了公共服务水平，使得城乡居民共同受益，城乡共同发展、共同繁荣，共同推动了成都经济社会的可持续发展。

4. 嘉兴市

（1）推进城乡空间布局一体化。

把城市规划范围扩展到整个农村，做到"规划一张图，城乡全覆盖"。构建以嘉兴市区为中心，县市和滨海新区为骨干，中心镇与中心村为支撑的城镇框架体系。一是加快发展中心城市，重点建设"三横三纵三环十放射"的城市道路网络，提升城市功能，增强城市综合承载能力。二是积极培育中小城市。扩大城镇规模，加强基础设施配套，推进工业小区和居住小区建设。三是加快小城镇建设。适当调整乡镇区划，撤乡并镇，打造布局合理、特色各异的小城镇体系。四是整合实施中心村和农村居民点，规划农村新社区，在尊重农民意愿的前提下，适当兼并自然村，改造旧村庄，拆除空心村，形成规模适当、布局合理的村庄体系。

171

（2）推进城乡基础设施建设一体化。

完善农村交通设施，实施"乡村康庄工程"和"连村到组达户"道路建设，实现了村村通公路和城乡公交一体化，以市区为中心的半小时交通经济圈已经形成。实施城市管网与农村的联网供水工程，为 107.4 万人提供安全饮水，城乡一体化供水人口覆盖率已达 44.7%，自来水普及率 99.3%。城乡电网一体化改造完成，通信网络体系日益完善。农村有线电视、电话和宽带网络覆盖率达到了 100%。农民可以方便地通过互联网开展电子商务、享受公共服务等。

（3）推动城乡产业发展一体化。

一是改造传统农业，促进农业现代化。重点发展设施农业、外向型农业、生态农业和都市农业，发挥农业的经济、生态、文化和旅游等功能，提高农业综合效益。二是加快农村工业化步伐，培育特色优势产业集群，例如海宁皮革业、平湖服装业、海宁家纺业、嘉善木业、秀州丝织业等，形成了规模化、特色化的发展局面。三是大力发展第二、第三产业，实现城乡产业互动合作，拓展农民就业空间，提高农民收入。

（4）推进城乡劳动就业一体化。

建立城乡统一就业制度。实行暂住证、计划生育证、务工证三证合一，通过制度创新，有效配置和利用劳动力资源，促进其合理流动。加强农村劳动力培训转移工作，将其列入政府十大为民办实事工程，市本级财政统筹专项资金投入，对培训合格者发放职业资格证书和结业证，促进农村劳动力向非农产业转移。

（5）推进城乡社会保障体系一体化。

建立农村新型合作医疗制度和城乡一体化的重大疾病救助制度，覆盖率达到 100%。建立了农村居民养老保险制度，失地农民以土地换取社保。建立城乡居民失业保险制度和最低生活保障制度，对城镇"三无对象"和农村"五保户"对象实行集中供养，把老年人、残疾人、孤残儿童以及需要救助的特殊困难人群纳入福利对象范围。

（6）推进城乡社会发展的一体化。

加大农村中小学教育投入，推进学校标准化建设；调整中小学布局，将高中向中心城市和县城集中、农村初中向城镇集中、农村中小学及幼儿教育向乡镇和中心村集中；实行城乡校长挂职、师资交流和校际结对，实现城乡优质教育资源共享。抓好行政村文化中心、文化室等活动场所的建设；发展和保护"民俗文化"和"水乡文化"，加强对海宁皮影戏、平湖钹子书、海盐滚打、嘉善田歌等的保护与扶持，建设西塘、乌镇、盐官等江南水乡古镇。构筑覆盖城乡居民的社区卫生服务网络，做到小病不出社区，以政府购买公共卫生服务的方式落实社区卫生经费。

（7）推进城乡生态环保建设一体化。

推进"百村示范、千村整治"工程，抓好示范村建设和村庄整治，扎实推动示范区、生态乡（镇）建设。建立"户集—村收—镇运—县处理"的垃圾处理体系，消除农村环境脏乱差现象。对农业农村面源污染无害化处理、资源化再利用。以"河畅、水清、岸绿、景美"为目标，加强河道整治工作。大力打造绿色通道，做到卫生洁化、道路硬化、路边绿化、河道净化、村庄美化，建设宜居生态优美乡镇。

五、中部地区新型工业化过程中统筹城乡发展的基本途径

1. 推动农民非农化

农民非农化是指一部分农民通过本地和异地转移，从事二、三产业并成为城镇居民的过程。它是经济发展过程的必经之路，是农村剩余劳动力转移的结果，当农村剩余劳动转移完毕后，劳动者在农业部门和非农业部门的就业相对稳定，城乡人口分布相对稳定。中部地区农村人口过多，就业压力大。目前大约65%以上的农村户籍人口，有大量的剩余劳动力需要转移，需要实现非农化，即通过就地转移和异地转移，在非农部门就业。

尽管我国总体上已进入以工促农、以城带乡的发展阶段，处于加快改造传统农业、走中国特色农业现代化道路的关键时刻，目前应着力破除城乡二元结构，推进城乡经济社会发展一体化，但中部地区由于经济实力不够强大，转移农村剩余劳动力的任务更加繁重。2008年金融危机席卷全球，世界经济徘徊不前，失业率依然保持高位，对中部地区转移劳动力影响很大，此时，研究农村剩余劳动力转移就业问题即农民非农化问题就显得尤为迫切。

解决中部地区农村剩余劳动力转移就业即推动农民非农化有着重要的现实意义。一是促进农民收入的持续增长。"三农"问题的核心是农民的收入问题，解决这个问题的关键是大力推动农村剩余劳动力转移就业。二是为实现农业产业化创造良好条件，农村剩余劳动力转移有利于土地流转机制的形成，可以使土地相对集中，使一部分土地集中到种养能手手中，为集约经营、规模经营和农业产业化创造了条件。有利于实现农业机械化和先进实用技术的推广应用，提高农业技术水平、农业产出和经济效益。三是增强了农村发展活力。农村剩余劳动力转移不仅增加了农民收入，更重要的是通过工业文明和城市文明的熏陶，使农民更新了观念，开阔了视野，增长了见识，学到了技能，开发和积累了人力资本。外出从业农民将城市文明带到了农村，为农村经济繁荣注入了新的活力，推动了农村的开放和进步。四是加快中部地区产业结构调整，为实现工业化提供人力资源。

中部正处于工业化规模扩张和质量提升阶段，工业和服务业发展处于加速时期，对劳动力的需求增加，农民非农化正好满足了这种需求。农村剩余劳动力与资本、技术等要素相结合，将有力地推动中部地区新型工业化进程，同时，城镇化水平也不断提高。

2. 促进农业产业化

农业产业化是指以市场为导向，以农户为基础，以龙头企业或经济合作组织为依托，以效益为中心，以完善服务为手段，实现生产、加工、销售一体化经营，是适应现代市场经济要求和农业特点的经营方式。

农业产业化的基本特征是：第一，产业一体化。把农业生产的产前、产中、产后各环节有机地结合起来，使农产品的生产、加工和流通等环节相互链接，把千千万万的"小农户"、"小生产"和纷繁复杂的"大市场"、"大需求"联系起来，带动农业实现专业生产、规模经营和区域布局，实现农业再生产各环节之间的良性循环。第二，生产专业化。围绕某种产品进行生产，形成种养、产销、服务网络为一体的专业化生产，提高农业生产效率和效益水平。第三，产品商品化。农业产业化是为市场而生产的，要求商品生产率在90%以上，产品通过各种渠道投向国内外市场，满足消费者需求。第四，管理企业化。农业产业化要求用现代经营管理方式实现对农业的运作，生产规范化、标准化和集中化，根据市场需求安排生产经营计划。第五，服务社会化。通过各种中介组织，对各个组成部分提供产前、产中、产后的信息，以及技术、经营、管理等全方位的服务，做到资本、劳动、技术与管理的有机结合，提高效率，降低风险。

中部地区要保障国家粮食安全、食品安全和生态安全，同时面临国内外市场竞争的压力，迫切需要提高农产品生产能力、农业安全防范和生态建设能力。为了应对各方面的挑战，必须走农业产业化的道路，才能推进农业现代化，提高广大农民收入，全面建设小康社会。

第一，农业产业化能有效促进农民增收。中部地区农民收入不高，推进农业产业化是农民脱贫致富的重要途径，要从根本上提高农民收入，比较有效的办法就是推进农业产业化经营。通过农业产业化经营，拉长农业的产业链条，发展农产品精深加工，把企业经营引入农业领域，解决农户经营规模小，生产经营效益低下以及农业剩余劳动力转移的问题，做到劳动、技术、资金和市场的有机结合，激活中部地区的劳动力以及土地等资源，使农业增效、农民增收。

第二，农业产业化能推动中部地区农业现代化。目前以家庭为基本单位的小规模生产有利于调动农民的积极性，与现有的农村生产力是基本适应的，但是其缺点是农户生产要素过于分散，生产成本高，劳动生产率难以提高，农业基础设施建设和维护不足。加上中部地区耕地人均占有量低且分布不平衡，农村劳动力资源丰富但素质不高，中部农业必须要走集约生产经营道路，才能提高农业的劳动生产率。农业产业化经营，可以集约利用资源，延长农业的产业链条，实现规模经营，使农产品在加工、销售环节增值，提高农业的比较效益，增强农业自我积累与自我发展的能力。

第三，农业产业化能促进中部地区农村经济结构调整。农业产业化经营能够促进农产品生产优质化、农业布局区域化，发展高效、特色、生态农业，提高农业科技含量，促进农产品加工精深化，使农业产业链条拉长，提高农业附加值；同时，促进农村剩余劳动力转移，加快小城镇的建设和发展，推进农村城镇化进程。因此，推进农业产业化经营是经济结构调整的关键。

第四，农业产业化支撑中部地区社会主义新农村建设。按照"生产发展、生活宽裕、乡风文明、村容整洁、管理民主"的要求，坚持从中部地区的实际出发，尊重农民意愿，扎实稳步推进新农村建设。农业是新农村建设的基础，新农村建设不太可能建立在传统农业的基础上，只有推进农业产业化经营，才能增强农业综合实力，为新农村建设提供支撑。

3. 推进新型城市（镇）化

新型城市（镇）化是伴随着新型工业化而产生的，是以城市发展为核心，以市场机制为主导，以资源节约、环境友好、经济高效、社会和谐、大中小城市和小城镇协调发展、城乡相互促进为特征的发展过程。它体现了以人为本、全面协调、可持续发展的科学理念，适应了经济发展和人民生活提高的要求，提高了城市综合承载能力和生态宜居水平。

经济发展过程不仅是产业结构优化升级过程，更是人口、产业等在空间集聚的过程，也就是城市化过程。中部地区经济要实现又好又快发展，必须走新型城市化道路。

第一，推进新型城市化是落实科学发展观的客观要求。城市化与中部地区城镇居民和农村居民密切相关，涉及中部地区城乡、区域协调发展，涉及产业布局、资源利用和环境保护，涉及政府社会管理与公共服务等，因此必须始终坚持落实科学发展观，必然要求中部地区走资源节约、环境友好、经济高效、社会和谐、大中小城市和小城镇协调发展、城乡共同繁荣的新型城市化道路。

第二，推进新型城市化是实现新型工业化的重要途径。工业化与城市化相辅相成，共同驱动着中部地区现代化进程。新型工业化离不开新型城市化，而且后者恰恰是前者在空间形态的体现与要求。假如城市粗放发展，工业化就没有合理的空间载体，产业布局就不能优化，效益难以提高，没有新型城市化就没有新型工业化；相反，城市的集约发展，将带来资源节约利用和高效配置，促进生态建设和环境保护，推动传统产业改造和高新技术产业发展。新型城市化和新型工业

175

化构成了中部地区推进现代化的两大动力。

第三，推进新型城市化为中部地区建设社会主义新农村创造了良好条件。要建设社会主义新农村，从根本上解决好"三农"问题，要跳出农业与农村的局限，着眼于以工促农、以城带乡，走新型城市化道路，努力突破城乡界限，切实统筹城乡发展，积极推进城乡一体化。只有这样，才能更好地推动农村富余劳动力向第二、第三产业和城镇有序转移，促进城市基础设施向农村延伸、城市公共服务向农村覆盖、城市现代文明向农村辐射，为中部地区建设社会主义新农村创造良好的条件。

第四，推进新型城市化是以城市带动中部经济发展的迫切需要。中部城市化尽管取得了一定成绩，但是城市发展总体上是走粗放式、外延式扩张的路子，城市规模有限，实力不强，辐射带动能力弱。小城镇虽数量不少，但对周边地区带动作用有限。中部地区未来在扩张城镇数量的同时，要切实提高城市化的质量，这要求中部地区城市发展必须从粗放型转向集约型，从重视数量到提高质量转变只有推进新型城市化，才能进一步提高城市实力，增强其带动中部经济发展的能力，形成有力的经济增长极。

总之，推进新型城市化符合中部地区实际，体现了时代特征和城市化内在规律，是中部地区贯彻落实科学发展观，全面建设小康社会、实现现代化和中部崛起目标的客观要求，也是一项长期而艰巨的历史任务。

六、中部地区统筹城乡发展存在的主要问题

统筹城乡发展，建设社会主义新农村，是中部地区经济社会发展面临的重大战略任务。这不仅事关农村经济社会的发展，而且事关全面建设小康社会和现代化建设的全局。但当前，中部地区统筹城乡发展还存在着种种困难，有着许多不利因素，尤其是各类制度性障碍较为明显。

1. 农村资源外流严重

城乡统筹发展，有赖于城乡资源的合理流动和有效配置。随着社会主义市场经济体制的建立和完善，市场在城乡资源配置中的基础性作用不断强化，城乡资源流动加快，流动规模不断扩大，各种资源从农村流失严重。一是由于农业是弱质产业，风险大、比较效益差，资金回报率低，因此城市资源要素缺乏向农村流动的内在动力，农村资源要素如劳动力和资金等受市场利益机制的驱动，争相外流，向城市集聚，导致城乡差距不断扩大。二是政府垄断土地市场导致城乡差距扩大。政府在土地一级市场上进行垄断性征用，低价从农民手中取得土地，导致城乡土地市场价格差和城乡土地市场分割，造成大量无地失业农业人

口的出现，严重损害了农民、农村和农业利益，成为影响社会稳定的重要因素。有研究资料显示，改革开放 30 多年以来，中部地区各级政府向农民征用土地所产生的城乡土地价格差累计达到 6 000 亿元以上，这些资金又几乎全部投到了城镇，城乡差别日益扩大。在一些地区，由政府垄断性征用所导致的土地市场价格差成了政府推进城市化、维持政府运行的主要收入来源，也是引发社会矛盾的一个问题。

2. 城乡经济联系欠紧密

中部地区城乡经济融合度不高。城市与农村经济联系松散，城乡功能双向影响力度不足，城乡之间物质、能量、信息交换不畅通，没有形成紧密的经济联系。

城乡产业之间的关联度低，农产品加工业不发达。世界发达国家农产品加工业产值与农业产值之比为 3∶1，而我国仅为 0.5∶1；中部地区比重更低于全国平均水平。加工食品占饮食消费的比重发达国家为 90%，中部地区约占 25%。农产品加工业发达与否可以看成城乡经济联系的一个表征，由此可见，中部地区农村经济和城市之间关联度不高，农业产业链条不长，农产品加工程度不高，这既影响了城乡的产品和要素交换，更使城市和农村形成了彼此孤立的经济体系，难以实现资源优化配置以及提高经济效率的目标。

3. 城乡社会保障差别较为明显

当前，中部地区城市初步形成了社会保障体系，而农村的社会保障制度才刚起步，城乡差别较大。城市的大多数居民可以享受社会保障制度带来的好处，养老保险、失业保险和医疗保险覆盖面较高。相比之下，农村保障体系建设滞后，保障覆盖面不广、保障水平低、保障能力弱。农村人口享有医疗保险的比例较低，大部分医疗费用由农民自己承担。虽然目前中部地区正在推广农村养老、最低生活保障制度和新农村合作医疗，但总的来看不能满足整个农村人口的社会需要，是一种水平较低的社会保障。

4. 农村基础设施建设不足

近年来，中部地区大部分农村基础设施年久失修，功能老化，配套不全，加之管护不力，许多基础设施保障能力明显下降。水利是农业的命脉，中部"病险"水库较多，水渠大多年久失修，灌溉作用差，吃老本现象严重，绝大部分乡镇还没有用上自来水，部分可以用上自来水的农村，由于水源不足、管理不善等原因，也保证不了正常供水。又如在电力方面，由于农网改造尚不彻底，有的村社低压电线一拉四五公里，直接导致对农户的供电质量低下。中部地区总体而言，村级公路不但数量不足，而且现有公路通畅率低，路面质量差。农村的人行便道建设更为薄弱，农村多是泥泞小道，天晴的时候坑洼不平，下雨的时候路滑难行，部分群众的出行仍然有困难。

更为严重的是，乡镇污水处理设施缺乏，水体受到严重污染威胁；垃圾处理设施更是严重短缺，没有开展"户收集—村集中—镇（乡）转运—县处理"的农村垃圾处置。没有采取按照远离饮用水源、江河湖库的要求建设垃圾处理池，以就地填埋的方式处理农村生活垃圾，特别是一些居民就地焚烧垃圾，造成严重空气污染。

5. 农村金融服务落后

中部地区农村金融服务水平普遍不高，急需加强金融服务。由于农业风险高、收益不稳定且相对较低的特点，一些商业银行对农业发展的资金支持积极性不高，农民的低收入低储蓄使得吸收存款少而经营成本高，一些金融机构纷纷选择从县域及农村撤退，使得目前中部地区农村金融服务落后。

政策性银行支农功能弱化。农业发展银行主要是粮棉油收购贷款等金额较大的项目，不提供农村中小企业和农户需要的小额贷款。邮政储蓄银行以前只存不贷的经营制度，造成农业资金外流。农村信用合作社因其资本充足比率低，不良资产比率高，历史包袱沉重等原因，其作用发挥有限。由于农村金融体系存在缺陷，民间借贷应运而生。民间的资金融通虽然客观上为农业发展提供了一定的资金条件，但也加大了农业发展的金融风险，加重了农民负担，引发了诸多社会问题。

七、推动中部地区统筹城乡发展的主要对策

1. 实施新型城市（镇）化战略

实施新型城市化战略，可以从根本上解决城乡发展不平衡问题，为统筹城乡发展提供强大的动力。首先，要实现产业结构的城市化转型，在提高社会生产力的基础上，加强城市和区域之间的经济空间联系，促进城乡分工体系不断优化，实现城乡产业对接，不断调整优化产业结构和产业层次，增强城市产业对区域的辐射力，拉动区域产业结构的城市化转型。其次，实现空间结构的城市化转型。优化城乡布局的空间关系，拓展城乡经济的空间联系，充分发挥中心城市的空间影响作用，提高城市的集聚效应和辐射能力，形成城市经济圈的空间结构，带动整个区域经济发展。

提高城乡规划和建设管理水平。统筹城乡的规划布局，开展现代化城乡示范区建设，为新型城市化积累经验，打造具有中部地区特色的宜居城市。建立以主体功能区规划为基础，国民经济和社会发展规划、土地利用规划及城乡规划相互衔接的规划体系。合理划定功能分区，明确具体功能定位，改变城乡居民区与工

业、农业区交相混杂的状况。加强配套设施建设，因地制宜改造城中村、拆除空心村、合并小型村，改善农村人居环境。加强产业空间布局的统一规划，优化农村产业结构，统筹城乡产业发展。探索城乡统一规划、统一建设、统一管理的新机制，提高城乡规划建设管理水平。提高规划制订的公开性和群众参与度，广泛吸收社会各界意见，做到科学编制，充分反映公众需求。

2. 加快城乡制度一体化建设

中部地区以往实行带有向城市倾斜、对农村歧视的城乡不同制度，形成"城乡分治"的格局，要统筹城乡发展，消除城乡二元结构，就必须着力开展制度创新，以破解发展难题。一是建立城乡统一的户籍制度，打破城乡户籍壁垒。计划经济时代的城乡分割的户籍管理制度已经不适合现实的需要，虽然近年来各地在城市户籍管制上有所松动，但改革的步伐远远落后。要按照就业地登记户籍，剔除黏附在户籍关系上的种种制度差别，让农村劳动力依法享有当地居民应有的权利，承担应尽的义务。二是统筹城乡土地征用制度。严格界定征地性质，提高征地补偿标准。征地尤其是经营性征地，要切实尊重农民意愿，保护农民利益。三是建立城乡统一的就业制度。中部地区农村剩余劳动力多，人均拥有耕地量低于全国平均水平。要统筹城乡发展，出路在于转移农民，要取消对农民进城就业的种种不合理限制和歧视性做法，促进农村富余劳动力向城镇转移。政府应为农民工进行免费就业指导和培训，把实现农民充分就业作为重要任务，统一纳入政府基本目标体系。给农民以市民待遇，实现城乡劳动力市场一体化，可以加快中部地区城乡二元经济结构的转变，还可以降低企业用工成本。

3. 加强城乡经济融合和互动

要完善市场经济体系，消除商品和生产要素自由流动的障碍，保障经济主体的产权和从事交易的权利，形成城乡一体的市场体系。

一方面，从地域空间来看，中部地区的六大城市群已经初具形态，其中各等级规模的城市要发挥各自带动作用，特别是中心城市作为区域的发展极，如武汉、长沙、郑州、南昌、合肥、太原等，重点应发展先进制造业和金融、贸易、信息、服务、文化和教育等现代化的第三产业；中小城市如各省二线城市以生产性功能为主，和中心城市形成协调的产业分工；农村以农业生产为主，为城市提供粮食和农副产品，并充分利用城市资源支持自身发展。另一方面，从产业联系角度，推进城乡产业一体化，加强产业联系，将城市服务体系扩大到农村；农业通过产业化的途径延伸其加工销售环节，将加工和销售环节转入城镇。最终促进三大产业在城乡之间的广泛融合，通过交通信息基础设施建设和适当的政府政策推动，打破条块分割、地区封锁，提高城乡之间的经济关联性与协调性，增进城乡居民的福利。

4. 促进城乡基本公共服务均等化

缩小教育、卫生、文化、社会保障等公共资源配置的城乡差距，重点推动农村社会事业发展。增加财政对农村公共事业投入，推进城乡基本公共服务的均等化。确保农村义务教育经费供给，加强对农村教师的选拔、培养和使用，调动其投身教育的积极性。加强农村劳动者的职业教育培训，提升其知识和技能。加强乡镇卫生院和村卫生室建设，改善农村预防保健和医疗救治条件，提高新型农村合作医疗覆盖面和报销比例，提升乡村医生水平，建立城市医院院长挂职、医生交流和结对帮扶制度，充分利用城市的优质医疗资源。加强农民工权益保护，逐步实现农民工在子女就学、医疗卫生等公共服务方面与城镇居民享有同等待遇。

加快建立城乡统一的劳动和人才市场，实行公平就业。中部省份外出务工人员较多，要把农民工纳入城镇社会保障体系，特别是要建立跨省的养老保险接续办法，按照国家的统一部署，加快制订实施办法并切实执行。加快建立与经济社会发展水平相适应、城乡统筹的社会保障体系。健全农村养老保险制度，切实做好被征地农民的就业培训和社会保障工作。发展农村社会福利事业，建立较为完善的居民最低生活保障制度和"无子女、无工作、无收入"老年人供养制度，逐步提高最低生活保障标准和补助水平。建设好乡镇文化站、村文化室等设施，完善城乡公共文化服务体系。加强农村基层组织建设，发挥村委会、党支部以及村民议事会的作用，提高乡村治理水平。

5. 全面推进新农村建设

要按照统筹城乡发展的原则，在中部地区努力推进社会主义新农村建设，目前需要做好三方面的工作：一要优化规划布局。全面推行县市域总体规划编制，统筹布局城乡居民点，明确中心村、基层村以及需要撤并、迁移的村庄，统筹布局城乡基础设施建设，同时在遵守总体规划的前提下，开展中心村建设规划编制。二要推进基础设施一体化。重点做到垃圾处理一体化、污水处理一体化、公交一体化、供水一体化、供气一体化，改善农村居民生产生活条件。三要创新城乡规划建设管理体制。建立完善的城乡规划、工程质量安全监督管理机构，培养规划管理人才，加强建设质量的监管。

大力推进农村饮水安全工程，改善居民饮水条件。提高农村公路建设等级和标准，健全农村公路管护机制，特别注重乡道和村落便道建设，方便群众出行。有条件的地方实行出行公交化，建立方便快捷的公交客运网络。建设货运站场仓库，鼓励城市商贸流通企业向农村延伸，建设乡村商贸综合体。推进清洁、经济的能源应用，进一步改造农村电网，推广沼气、生物质清洁燃料、太阳能等可再生能源技术，建立沼气和种养相结合的农业循环经济模式。实施农村清洁工程，

加快"改水、改厨、改厕、人畜分离",提倡农村垃圾分类处理,建设人工湿地
处理污水,有条件的乡镇建立污水处理厂。

6. 完善农村金融服务

强化政策性银行的支农功能。农业发展银行的作用不能局限在只提供收购粮
棉等大宗农产品收购贷款,应延伸其作用,增加其对农业生产金融的支持。国家
开发银行要积极开发新型金融服务产品,将金融支持拓展到农业基础设施建设和
农业产业化、农业资源开发项目投资等领域。

探索农户土地承包经营权和房屋等的抵押贷款,拓宽农户可得资金渠道。发
展多种形式的新型农村金融组织和以服务农村为主的地区性中小银行,放松金融
管制,尽可能使民间信贷公开化、合法化,利用其积极作用,防止其消极作用。
发展小额贷款公司,开展"只贷不存"业务。支持农产品加工龙头企业及农业
高新技术企业发行股票、发行债券,进行直接融资。还可以与上海等地交易所联
手,建设区域性的农产品期货市场,如大米、棉花、生猪等。

发挥农村信用社作用,完善农村信用合作社的治理结构和经营机制。按照
"明晰产权关系,强化约束机制,增强服务功能,国家适当扶持,地方政府负
责"的原则,根据不同地区经济发展实际水平采取股份制或合作制等不同模式,
调动经营者的积极性,提高服务水平。允许有条件的农民专业合作社开展信用合
作,使成员之间进行资金互助,降低交易成本。

健全政策性农业保险制度。一是对涉农保险的政策扶持,免除营业税和降低
所得税,增加财政对投保农户的保险补助。二是推行农业再保险以及大灾风险分
散机制。农业是易遭受自然灾害损失的产业,尤其是重大自然灾害,需要建立巨
灾风险基金,对重大自然灾害的赔付,风险基金应给予一定补偿,分担一部分
风险。

7. 引导农村土地经营权流转

中部地区农村急需创新土地制度,以"三个有利于"的标准,在土地集体
所有的前提下,创新土地产权制度,实行土地股份合作制。把土地产权分解为土
地股权、经营权和使用权,让农民拥有股权,集体经济组织掌握土地经营权,土
地租赁者享有土地使用权。土地量化为股权,均等分给农民有利于土地产权的流
动和转让,实现土地的规模经营和农业生产效率的提高。

可以实行土地"股份 + 合作"流转模式,农户以土地经营权为股份共同组
建合作社,按照"群众自愿、土地入股、集约经营、收益分红、利益保障"的
原则,引导农户以土地承包经营权入股,合作社按照民主原则对土地统一管理,
统一经营,农民可以参加生产经营,也可以仅出股份。合作社和龙头企业联合经
营,形成"龙头企业 + 合作社 + 农户"的合作模式。合作社向农户分配保底收

益，再根据经营效益，在留足公积公益金、风险金之后，再按股份进行二次分红。

制定出台有关土地流转纠纷仲裁的法规和政策，着力解决土地流转纠纷，要简化程序，做好利益相关方工作，提高效率，公平合理解决土地争议。对农村土地流转仲裁机构，对其从编制、经费上给予保证，以便其正常运转。

第二节　中部地区的农民非农化

一、农民非农化的内涵

农民非农化是指一部分农民通过本地和异地转移，从事第二、第三产业并成为城镇居民的过程。中部地区的农民问题比较突出，农民问题的根本解决在于使农民富起来并使农民数量大幅度减少，即逐步非农化。农民非农化使农民从第一产业向第二、第三产业转移，同时享有和城镇居民同等的机会和公共服务，转变了思想观念和生活方式，成为真正意义上的城镇居民。

农民非农化是经济发展到一定阶段，就业结构变动的结果，是改变城乡二元结构、实现城乡统筹发展必经之路，有利于完善社会主义市场经济，促进劳动力自由流动、优化配置。

中部地区农民非农化进程不快，其原因是中部地区的工业化和城市化进程错位，城市化落后于工业化，城乡之间在经济、生活水平、思想观念、生活与行为方式和公共服务等方面差距较大。

美国发展经济学家拉尼斯和费景汉于 1961 年发表的论文《经济发展理论》，改进了刘易斯二元经济和劳动力流动理论，清晰地分析了工业部门和农业部门之间的关系，强调农业对经济发展的贡献除了为工业部门的扩张提供了所需的劳动力，还为工业部门提供农业剩余，如果农业的剩余不能满足工业部门扩张对农产品的需要，劳动力转移就会受到阻碍，因而主张不仅要重视工业发展，更要大力提高农业劳动生产率，没有农业的进步，工业化是走不了多远的。农民从农业部门向非农业部门即工业和服务业转移，由农村向城镇转移，其实质就是农业剩余劳动力的非农化转移。中部地区经济要又好又快发展，实现中部崛起、建设小康社会目标，必须大力推进农民非农化，促进农业剩余劳动力向非农产业转移，向城镇转移，以便实现劳动力资源在产业之间以及空间之间的优化配置。

二、农民非农化对中部地区经济发展的作用

中部地区农民非农化问题不仅是农民就业问题，它与中部地区的工业化、城镇化、市场化、信息化和国际化进程也紧密相连。农民非农化不仅会引发农民就业的变化，而且将推动整个中部地区经济、社会、政治和文化等方面的重大变迁，促进中部地区全面进步。

一是农民非农化带动农民就业结构的优化。农民的就地非农化转移，增加了农民的收入来源，拓宽了农民的增收渠道，使得农民的工资收入的比重提高，劳动力资源得到充分的利用，提高了农民福利；二是农民的跨地区转移就业，为城市工业和服务业发展提供了充足的劳动力，推动了城市产业结构的优化升级，为城市服务业发展做出了贡献，促进了城市经济的繁荣；三是农民非农化就业有利于加强城乡经济联系，缩短城乡差距和促进城乡融合，有利于城乡产业对接，进行合理分工，提高产业效益；四是农民的非农化转移减少了农村剩余劳动力，可促进农业劳动生产率提高，推动农业的规模经营和技术进步，转变农业发展方式，推动农业的产业化和现代化进程；五是农民的非农化转移加速了城镇化进程，有利于培育城市群、城市带、城市圈，发挥城市经济的积聚效应，做到不同规模等级城市互动融合，促进中部地区大中小城市协调发展；六是农民的非农化转移，为城市提供了新的居民，使得城市阶层多样化，带来了不同的理念和亚文化，有利于保存我国传统文化优秀成分，促进传统文化和现代文化的交流和融合，发展先进文化和理念，促进社会和谐；七是农民的流动和转移，要求完善劳动力市场，政府推动社会管理改革和创新，有利于市场机制完善，促进了政治和社会领域的改革。

不仅如此，只有农民大量地从农业中转移，提高城市化水平，才能加快实现现代化的步伐。发达国家的城市人口一般都在70%以上，中部地区的城市化水平不高，2009年平均为44.3%，低于世界城市化平均水平，甚至比很多发展中国家的城市化水平还要低。要实现城市化，必须大力降低第一产业就业比例，提高非农产业尤其是服务业就业比例，第三产业的从业人数应该超过第一、第二产业总和。美国等发达国家的第三产业的就业比重达到了60%～70%，不少发展中国家也在50%以上。农民非农化转移进入城市，尽管第二产业可以吸纳一部分劳动力，但是工业的特点是资本有机构成越来越高，创造的就业机会始终低于其增长率，而第三产业大多是劳动密集型的，可以为农村剩余劳动力转移提供大量机会。综观发达国家和地区的农业现代化过程，都伴随着劳动力由农业向非农产业、由农村向城市的大量转移，农民非农化是劳动力资源再配置的过程，目

前，中部地区单纯地在农业内部调整产业结构，只有局部和短期的效应，无法从根本上解决剩余劳动力问题，剩余劳动力得不到解决，劳动生产率就得不到提高，经济发展就会受到阻碍。

三、中部地区农民非农化的状况

经过 30 多年改革开放，我国经济发展取得了举世瞩目的成就，工业化和城市化水平快速提高，从经济落后的农业国转变成为世界第二大经济体，被世界称为"中国奇迹"。但是，由于地域广大，各地的区位条件、经济基础等差异性较大，发展不平衡，从总体上看东部地区的工业化、城市化水平大大高于中西部地区。

从全国的情况来看，1978 年，全国第一、第二、第三产业比重为 28.1∶48.2∶23.7，人口城镇化率为 17.9%，全社会从业人口中农业人口比重占了 70.5%，农民人均纯收入只有 134 元，基本上来自农业。到 2010 年，全国第一、第二、第三产业比重为 10.2∶46.8∶43.0，人口城镇化率上升到 49.7%，全社会从业人员中农业比重下降到 38.1%。农民人均纯收入提高到 5 919 元，来自非农产业收入超过了农业收入，占纯收入的 56.4%。农业就业人口比例大大高于农业在 GDP 中的比例，农民非农化不但明显滞后于经济非农化，而且存在较大的不稳定性，表现为流动性、季节性、临时性的农民工占务工经商农民的比例相当大。理论分析和实践表明，只有大量地转移农村劳动力，才能提高农业生产率，协调土地要素和劳动力要素的关系。目前，我国农村户均承包耕地仅 6 亩多一点，其中 14 个省区人均耕地低于 1 亩，更有 6 个省区人均耕地面积低于 0.5 亩。我国农村有 5 亿左右的劳动力，而从事农业生产只需要其中一半，农村剩余劳动力约有 2 亿~3 亿人，不为其找到出路，就会产生一系列经济社会问题。

中部地区省份 2009 年城镇化率平均为 43.1%，2008 年城镇化率平均为 41.7%，从业人员中非农业比例为 59.2%，非农产业的比例为 85.7%，人口城镇化比例小于产业非农化比例，就业结构比例落后产业结构比例，这也说明中部地区的非农化需要大力推进，具有较大的发展潜力（见表 4 - 1）。

中部地区农民非农化的途径目前如下：一是少数人通过高考、参军提干，在非农业部门就业而成为城镇居民；二是城市郊区农民土地被征用后转为城镇户口，征用单位和有关部门负责就业，分房或买房成为城镇居民；三是一部分进城务工经商，到城镇买房，成为城镇居民。但上述渠道是较窄的，没有为广大农民提供制度性的安排，农民的择业和选择居住的权利没有保障。

表4-1 　　　　　全国及中部六省城市化及非农就业比例　　　　　单位：%

年　　份		2009	2008	2007	2006	2005	2004	2003	2002	2001	2000
全国	城市化率	46.6	45.7	44.9	43.9	43.0	41.8	40.5	39.1	37.7	36.2
	非农就业率	61.9	60.4	59.2	57.4	55.2	53.1	50.9	50.3	50.2	50.1
	第二、第三产业比重	89.4	88.7	88.7	88.3	87.4	84.8	85.4	84.7	84.2	83.6
湖南	城市化率	43.2	42.2	40.5	38.7	37.0	35.5	33.5	32.0	30.8	29.8
	非农就业率	57.0	54.4	49.3	47.9	46.4	44.7	42.6	41.2	39.5	39.2
	第二、第三产业比重	84.8	82.0	82.3	82.4	80.4	79.4	80.9	80.5	79.3	78.7
湖北	城市化率	46.2	45.2	44.30	43.80	43.20	43.7	42.9	41.7	40.6	40.2
	非农就业率	64.8	64.6	61.2	59.2	57.6	56	54.9	52.6	51.6	52
	第二、第三产业比重	85.1	84.3	85.1	85.0	83.4	83.8	85.2	85.8	85.2	84.5
河南	城市化率	37.7	36.0	34.3	32.5	30.65	28.9	27.2	25.8	24.4	23.2
	非农就业率	51.7	51.2	49.5	47.7	44.6	41.9	39.8	38.4	36.9	35.9
	第二、第三产业比重	85.7	85.5	85.2	83.6	82.1	81.3	82.4	79.1	78.1	77.4
山西	城市化率	46.0	45.1	44.0	43.0	42.1	39.6	38.8	38.1	34.8	34.9
	非农就业率	59.9	59.4	58.8	57.7	56.5	56.2	55.7	53.2	53.1	53.3
	第二、第三产业比重	93.5	95.7	95.3	94.2	93.7	91.7	91.2	90.2	90.4	89.1
安徽	城市化率	42.1	40.5	38.70	37.10	35.50	33.5	31.5	30.3	29.0	27.8
	非农就业率	55.7	55.3	54.1	51.6	49.0	47.7	45.2	42.8	41.3	40.2
	第二、第三产业比重	85.1	84	83.7	83.3	82.0	80.6	81.5	78.4	77.2	75.9
江西	城市化率	43.2	41.4	39.8	38.7	37.0	35.6	34.0	32.2	29.9	27.7
	非农就业率	59.7	59.3	58.4	56.5	54.1	52.1	49.9	48.7	48.4	48.1
	第二、第三产业比重	85.5	83.6	83.5	83.2	82.1	79.6	80.2	78.1	76.7	75.8

资料来源：2000~2009年全国及中部各省统计年鉴和公报。

农民通过非制度性路径走向非农化，有的在原居住地就近城镇非农化，有的跨地域非农化即成为异地城镇居民，实现了职业和身份的双重转变。能够通过非制度性路径实现非农化的农民不多，他们中大多从事个体和私营经济，在市场经济竞争中获得优势，经济收入相对稳定，有些人取得了很大的成绩，成为农民企业家。在地区经济竞争的压力下，很多地方政府放松了对户口的限制，制订了一些宽松政策，特别是一些福利和户口脱离关系后，政府放松户口的成本大大降低。例如，有些地方政府对购买商品房达到一定数额的农民给予城镇户口的政策，这样，农民就变为城镇居民。

在经济上放松管制、择业自由增加的情况下，中部地区农民通过多种途径实现职业、身份的非农化，有的农民虽未实现身份上的非农化，但不再从事农业生产，而是从事工业、商业、服务业等非农产业，他们已实现了职业、观念和生活方式的非农化，不能再称为农民，也有一部分农民是兼业的，除了非农产业之外，农忙时还是从事一些农业生产。目前，中部地区和全国一样，小城（市）镇对农民进城落户没有太多政策性障碍，大中型城市仍有一定的限制。但是对农民本身而言，还是具有多方面的阻碍。

四、中部地区农民非农化存在的问题

1. 农民非农化进程受到双重制约

中部各地区的企业数量相对不多而且大多规模有限，创造就业机会不够，农民来自本地企业的收入增加较慢甚至下降，其收入对异地打工依赖较大，导致农村劳动力跨地区流动日益增多。中部省份大多是劳动力富余大省，如湖南省有超过 500 万人在省外如广东等地务工。我国很多地区城镇下岗职工多，许多城市多少存在限制农民进城就业现象，抑制了农村劳动力的跨地区流动。尽管现在限制逐渐减少，但是由于农民工社会关系少，信息掌握不足，知识和技能不高，难以适应对城市劳动市场的要求，就业仍存在困难。

2. 城镇化滞后阻碍了农民非农化

我国城镇化严重滞后于工业化，城市产业吸引了大量农民就业，但城镇并不能真正接纳他们，使农民像候鸟一样反复在城市和乡村之间迁移，形成了独特的"民工潮"现象。相当长时期，我国城市化政策没有及时转变，长期着力控制大城市规模，致力发展小城镇，由于违反了城市化的规律，结果不但大城市没有很好成长，小城镇也没有取得预期的成效。

一些地方搞小城镇规划，建小城镇带和小城镇群，兴建住宅楼、办公楼，却没有相应的产业和市场作支撑，只是消费性的城镇，不是生产型的，无法给农民创造就业岗位，也就无法使农民安居乐业。

城市是服务业发展载体，只有人们在城市集聚，服务业才会有成长的可能。中部地区由于城市化落后，消费者在空间上较为分散，大量服务都是农村自我提供的，而不是通过社会分工来满足需求，服务业没有很好地成长，就业机会创造有限，对农村劳动力吸收自然就不多。"亚洲四小龙"在经济高速发展时能够做到充分就业，是因为它们的城市化和工业化是同步的，形成了良性互动，而包括中部地区在内的我国城市化和工业化是分离的，只要工业化不要城市化。结果积累下来，农民产业和地域就业转移困难，非农化难以推进。

3. 受到户籍制度和劳动力市场分割的阻碍

长期以来户籍制度与居民享受权利相联系，而我国城乡居民的权利和利益是不平等的，因而户籍制度是二元结构，城市和乡村是分离的，客观上限制了居民在城乡和区域之间的流动。劳动力市场城乡分割，农民进城不仅受到就业歧视，而且在社会保险、教育、住房、公民权利等方面遭受到不平等待遇，农民工仅仅是城市过客，各种有形或无形的障碍阻挡了农民融入城市。

解决农民非农化问题要从两个方面考虑：一个如何使农民具有进城的资本；另一个是怎样降低农民进城的成本。

要通过制度改进，界定农民宅基地、房屋和承包经营土地产权，允许流动、允许抵押贷款，使农民现在的财产能够流动起来。目前，我国农村经济的主体是集体所有制，农民既不能转让产权，也不能改变用途，农民的财产不能流动，农民被迫束缚在土地上，难以选择自己的职业和居住地。城市只接纳农民工作，没有给农民社会保障等城镇居民待遇，难以在城市定居，农民即使进到城里，赚了钱也不会在城里买房子，而是会把钱寄回农村，再在农村建房子，造成土地等资源的浪费。农民人是在流动，但他的生产要素不能在城市和农村之间配置。农民不能进城，也不敢进城，过高的房价和通货膨胀也是很大的阻碍因素。

4. 农民非农化的就业能力不足

中部地区人力资源丰富，但素质普遍不高，人力资源有待开发，农民在劳动力市场上的竞争力不高。据统计，农村劳动力中，小学文化程度和文盲半文盲占40%，初中文化程度占48%，高中以上文化程度仅占12%。农村职业教育薄弱，实用性的技术培训很少，接受职业教育的高中阶段学生比例不到30%。许多农民甚至都没有受过职业技能培训。农村劳动者接受过初级职业技术教育或培训的仅为3.4%，而接受过中等职业技术教育的仅有0.13%。职业教育培训薄弱导致劳动者的职业技能不高，科学文化素质低，造成了他们对新技术、新知识的接受能力弱，不利于农民的非农化。

5. 地方政府对农民非农化服务不足

在中部的许多地方的农民非农化、剩余劳动力的转移问题还没有得到当地政府应有的关心和帮助，剩余劳动力的转移还处于自发和无序状态，这一部分农民还没有进入农村基层政府日常管理的范围，出去务工的农民被忽略和遗忘了。因为在一些农村基层组织及其负责人看来，农民一旦外出打工就脱离了管辖的范围，他们的生存和工作状况与自己关系不大，因而对他们在外面的生活和生产不予过问，不与劳务输入地政府、企业进行沟通协调，解决外出打工人员遇到的困难，给他们提供应有的支持和关心。实际上，农村外出打工人员知识经验不足，常常面临着巨大的环境和心理压力，被工头欺骗、被老板克扣工资、职业卫生条件差和人身安全没有保障的事时有发生，亟须地方政府提供应有的公共服务来保障他们的权益。

6. 农村土地制度不能适应新形势的要求

我国土地在城市中是国有，在农村是集体所有，尽管在农村明确了土地承包权利，时间为 30 年，但是进一步的产权规定并不明确，存在大量法规上的含糊和空白。近些年，为了快速工业化、城镇化，大量征占农村土地，耕地面积大量减少。为适应农村劳动力流动和土地规模化经营的需要，农村土地流转出现多种形式，促进了经济社会的进步和繁荣，但也产生了诸多负面的问题，主要表现为：相当多的地方政府低价向农民征收土地，然后通过市场转为经营性用地，获得大量土地差价收益，这是地方财政收入的重要来源。在征地过程中，农民得到的征地补偿严重不足，配套措施如社会保障、就业培训不到位，不能解决失地后的长远生计，产生了"三无"失地农民。发展现代农业需要适度规模经营，要求土地能够流转，向种田能手和现代农业经营者集中，以提高土地生产率，但是，农村土地流转市场不健全、不规范，产生的纠纷较多，加上一些乡村干部操纵土地流转，更是损害了普通农民的利益，因此，农村土地制度急需改革。

五、促进中部地区农民非农化的对策

1. 夯实农民非农化的产业基础

要大力发展非农产业，加强城乡产业对接，以产业结构的调整带动就业结构的优化，培植农民非农化的产业基础。

中部地区农民非农化的出路在于工业化，潜力在工业化，只有工业化才能带动非农化。虽然中部地区的比较优势在农业尤其是粮食生产上，但是在确保国家粮食安全的同时，应根据各地发展基础和比较优势，在宜农地区积极推进农业现代化，建设专业化、区域化粮食生产基地，在中心城市和资源比较丰富的宜工地区大力发展工业。特别是要注重第三产业发展，因为它们大多是劳动密集型产业，可以吸纳很多的就业。这些要求要始终贯彻到新型工业化进程之中，为此，一是要依托高新技术产业基地和开发区，有重点地推进各具特色的高新技术产业和战略性新兴产业发展，培育其核心竞争力；二是加大对传统产业如钢铁有色、建材、电力、化工、机械、汽车和食品加工等改造，提高技术水平和产业素质，培育中部六省的传统产业新优势。

2. 提升城镇的规模和质量

要提升城镇化规模和质量，为产业发展提供良好的空间载体，提高吸纳农业剩余劳动力的能力，为农民非农化打下基础。

中部地区要发展大城市，提高城市规模，强化聚集效应与规模效应。中部地区城市化水平远远低于东部地区，且大城市少，要借鉴东部沿海地区经验，发挥大城市的聚集效应，增强其对农村剩余劳动力的吸收能力。发展城市群，形成经济圈和经济带，使之成为地区的经济增长极和吸纳劳动力就业的基地，如河南的中原城市群、湖北的武汉经济圈、湖南的长株潭城市群、江西的环鄱阳湖城市群、安徽的合肥芜湖城市带、山西的太原城市圈等。

中部地区要大力发展中小城市，重点建设一批规模适当、效益较高的城市，建立多层次开放型的城镇体系，在保持农村人口合理流动的前提下，实现层层截流，既防止农村人口过多地冲击大城市，又能有效地提高城市化水平，充分吸收农村剩余劳动力。

要采取正确的小城镇的发展策略，因地制宜发展多样化产业，以业兴镇，以镇育产，镇产融合，吸引人口集聚，使农民安居乐业。

3. 改革户籍和就业制度

剥离依附在户口上的利益，实行居民居住证制度，平等享受权利和承担义务。给农民户籍自由选择权，有固定收入和住所的农民可以在城镇落户，其土地承包权在一定期限内不收回，但可以自愿转让。这样，户口成为一种人口信息统计手段，同时供社会治安部门掌握人口及其流动信息。

劳动就业制度既要反映市场经济要求，又要实现社会公平正义，要建立新的就业制度、教育培训制度、社会保障制度等，为农民非农化提供制度保障。

完善社会保障体系，实行基本保障全民覆盖，解决农村劳动力的后顾之忧。进一步整合城乡劳动力市场，协调城乡就业，加快中部农村劳动力市场信息网络建设，开展信息咨询、职业介绍、法律及保险等系列服务，为农村劳动力提供及时的劳务信息，避免农村劳动力转移的盲目性和降低转移成本。

4. 加强农民素质教育和职业培训

加快发展农村义务教育，除了9年制义务教育，在中部地区具备条件的地方，实行3年免费高中教育，以及免费的高中阶段的职业教育，加强财政转移支付，保障农村教育经费供给。在巩固农村基础教育的同时，大力发展职业技术教育，为城乡建设培养一大批有专业技能的劳动力。政府要重视农民就业技能的提高，转变思路和发展观念，把提高农民收入的重点转向提高农民知识和技能上来，授人以鱼不如授人以渔，提高创造收入的能力才是最重要的。建立劳务输出培训基地，计划好、组织好农民的职业培训工作。

重点加强农村培训网络的建设，依托中部地区的技工学校、农函大、农广校、乡镇成人学校、农技推广中心等各类教育培训机构，建立一批农村劳动力转移就业培训基地，形成示范带动效应。将劳动力的市场需求和教育培训有效对接，可以采用订单式培训，加强职业技能鉴定，发放职业资格证书和技能结业证书，提高劳动者的职业素质和就业能力。

我国珠三角、长三角等缺少大量的技术工人，仅珠三角地区大概就缺100多万技工，尤其缺乏高级技工，所以中部地区要发挥人力资源优势，通过培训和工作实践，大量培养技工特别是高级技工。

5. 完善支农政策体系

完善政策支农体系，以提升农业生产效率间接促进农民非农化。根据发展经济学理论，只有提高农业生产力和农业剩余，农村剩余劳动力才能顺利转移。国家支农投资应向中部粮食主产区倾斜，农业综合开发资金集中投向粮食主产区，在提高粮食综合生产能力的同时，促进粮食生产向区域化、专业化方向发展。增加和优化对农业的投入，整合现有农业项目和资金，适度归并支出事项，重点支持农业综合开发和农业产业化经营项目。加大农业基础设施特别是水库加固除险投入，增加有利于农民增收的补贴，扩大粮食直接补贴和良种补贴的标准和规模，增加对农民购买农机、化肥、农药、农膜等直接生产投入要素的补贴，加大对粮食产区财政转移力度和奖励力度。

增加中部地区有关良种培育、动植物疫病虫害防治等方面的基础研究和应用基础研究以及农业领域前沿技术研究的科技投入，增加对农业技术推广的资金补贴，提高农业的科技含量。加大对农产品检验服务和农产品市场建设的投资，建设一批专业批发市场，为减轻国家财政负担，可开放此类投资领域，吸引社会资本投入。

6. 加强对农民非农化的服务

农村基层政府应把外出打工人员的管理和服务纳入日常工作的范围，根据其需要，加强精神鼓励和公共服务。在政治上不断关心他们，做好党团组织的关系结转，在户口管理等方面给予最大的方便。鼓励他们适应时代发展的大趋势，去外部世界打天下，取得收入，学习经验，丰富阅历，以便改善生活以及为家乡建设做出贡献。通过建立一些劳务中介组织，为外出打工的农民提供信息咨询等方面的服务。目前，城市劳动力就业市场形势多变，外出打工人员由于信息不灵而常常对市场需求缺乏了解，付出了很多时间、精力等找不到工作。或者一窝蜂地涌向某几个大城市，或者一起流向东南沿海发达地区，总之，外出的盲目性比较大，这样便造成一些不必要的损失。农村基层组织要利用政府部门拥有的媒体、技术和信息资源，以及一些能够进行劳动力市场行情分析、预测的中介组织，及时地给外出打工人员提供信息咨询，提高他们外出找工作的针对性。要通过政策、法律和各类专业技术的培训，不断提高打工人员外出谋生挣钱的能力和素质。利用冬春农闲季节、外出打工人员普遍返乡的时机，把他们组织起来进行多方位的培训，把以往主要针对农村党员干部的培训，扩大到对包括打工人员在内的农村主要劳动力的培训。针对外出打工人员常常遇到劳动合同纠纷、人身权利遭到侵犯等实际情况，对他们进行有关法律常识、政策的培训和教育，让他们学会运用法律的工具保护自己的合法权益，同时也要求他们在打工过程中遵守国家的法律和法规。针对一部分外出打工人员缺乏应有的专业知识和能力，要对他们进行一些实用技术的培训，使他们能够由主要依赖体力获得报酬逐渐向依赖智力转变。

7. 改革农村土地制度

要确立长久的土地承包年限，更加明确土地承包经营权，这不仅对中部地区农业发展有着重要的作用和意义，而且对农民的非农化有重要的推动作用，现有土地承包关系要保持稳定并长久不变。20 世纪 80 年代初中央决定土地承包期为 15 年，90 年代初延长至 30 年。要给农民长久的土地使用权，可以规定 70 年或 90 年，有利于保护农民利益、调动农民积极性，实现农业可持续发展；有利于培育土地市场，促进城市化健康有序发展；有利于遏制城乡的圈地风，维护农村社会稳定；有利于农民非农化时，将土地承包权转移出去，获得一定收益，增加进城资本。

加强土地承包经营权流转管理和服务，建立健全土地承包经营权流转市场。要按照"依法、自愿、有偿"原则，允许农民以转包、出租、互换、转让、股份合作等形式流转土地承包经营权，发展多种形式的适度规模经营；同时，要特别重申土地承包经营权流转，不得改变土地农民集体所有性质，不得改变土地用途，不得损害农民土地承包权益。不得改变土地所有性质，就是要确保农民对承包土地的占有、使用、收益等产权。不得改变土地用途，就是要保护耕地，建立中部粮食生产基地，保障国家粮食安全。

完善规范征地制度。严格界定公益性和经营性建设用地，逐步缩小征地范围，完善征地补偿机制。明确界定政府征地权，主要限于公益性征地，政府为了公共利益的需要应该有征地的行政权力，但是不能向农民征用经营性用地。逐步缩小征地范围，给予农民足够的补偿机制，并解决好被征地农民就业、住房、社会保障问题。对依法取得的农村集体经营性建设用地，必须通过统一的土地市场，以公开规范的方式转让土地使用权，在符合规划的前提下与国有土地享有平等权益，允许农民依法通过多种方式参与开发经营。

完善农村宅基地制度。依法保障农户宅基地用益物权，农村宅基地和村庄整理所节约的土地，根据条件尽量复垦为耕地。如调整为建设用地，必须符合土地利用规划、纳入年度建设用地计划，并优先满足集体建设用地的需要。

8. 实施农民变市民工程

可以在中部有条件的地区实施"农民变市民工程"试点，取得经验后再全面铺开。按照"土地换社保"的原则，通过户籍制度改革与土地制度改革的联动，为所有农村居民提供"农民变市民"的自由选择权。即将农民自愿放弃的土地承包经营权（含自留地，以下同）和宅基地使用权收归国有，以此为前提政府将进城农民纳入城市的社保体系，并提供购买经济适用房的资金补助，变农民为市民。

按照自愿原则，在城市有稳定收入的农民、愿意放弃农村土地的可以转变为市民；其他的农民根据自身的条件，也可以选择放弃土地转变为市民。

农民变市民需要一定资金支持，为了弥补社保资金的缺口，要依靠宅基地转变为非农用地的变现收益。一是要把握"土地换社保"的资金需求，包括为进城农民提供社会保险、经济适用房，以及宅基地复垦和置换的全部支出，这是"土地换社保"的支出底线。二是鼓励异地置换。在将远离城市的宅基地复垦为耕地的同时，按照占补平衡的原则，相应增加城市郊区的非农用地。通过宅基地复垦增加的非农用地，还可以进一步在城市之间组织异地置换。在增加大中城市土地供应的同时，相应提高县级政府非农用地的收益。三是要落实专项贷款。为确保土地拍卖收入超过底线和满足近期的资金需要，可以非农用地储备为抵押，向银行争取长期专项贷款，满足"土地换社保"资金周转的需要。

9. 降低农民进城门槛

如果城市准入门槛非常高，就只有少数非常富有或者能力非常强的农民才能进城，而其他大部分人被挡在城市大门外，农民非农化仍然无法顺利展开。

目前，中部城市的营商成本较高，这和城市规划建设思路和方法有关，城市建设应走低成本扩张道路，不能过于超前，而是要和中部地区目前的经济水平结合起来。

农民进城最容易进入的领域是餐饮业、加工业、农产品交易或者服装买卖这些低成本生意，但是大多数城市商业店面的价格都较高，由于城市规划错误，使得商业店面的供给产生了不应有的短缺。

中部地区目前的城市道路系统与国外有非常大的差别。国外市区，特别是中心地带，是小而密的街区，块与块之间是 50 米、100 米或 150 米；中部地区城市道路间距非常大，大概是 500~700 米一个街区。假设一个街区是 500 米长乘以 500 米宽，周围是 50 米宽的道路，如果把道路缩小到 25 米宽，但街区变为 250 米乘 250 米，道路面积不变，长度增加一倍，道路投资一样，土地面积一样，但临街面增加了一倍，适于商业店面开发的区位供给大大增加，店面的市场价格就会降下去，进入商业等第三产业的门槛也会降低，很多微利的小型商业，就有机会成长起来。

城市土地供给的很大一部分成本就是基础设施的成本，而其中道路占了很大一部分。过多的立交、过多的大马路势必增加城市土地供给的成本，从而导致地价增高，居住和创业的门槛提高。

中部地区城市进入门槛很高还有一个原因，就是城市建设标准超前，基础设施建设成本很高，摊到土地上，使得房产的价格非常高，从而减少了就业机会。因此，在中部地区城市建设中，应注意土地利用的均衡性，尽可能提高土地利用率，降低土地使用成本，使农民进城的门槛变低。

第三节　中部地区农业产业化

一、农业产业化的内涵

农业产业化是以家庭为基本经营单位，以市场需求为导向，以提高效益为目标，以契约和资产为纽带，立足当地资源优势，围绕主导产业和主导产品，实行专业化生产、区域化布局和企业化管理，通过市场带龙头、龙头带基地、基地联农户的形式，按照产供销、种养加、贸工农、经科教一体化的要求，形成各具特色的生产经营体系，使农业经营逐步走上自我发展、自我积累、自我约束、自我调节的良性循环，以加速传统农业的改造和农业现代化的进程。在农业产业化经营过程中，主导产业是基础，市场需求是前提，龙头企业是关键，商品基地是依托，利益分配机制是核心。农业产业化也是产业链延伸过程，使得农业和二、三产业融合，使农业从封闭走向开放，从小生产、小商品走向大流通、大市场。

综观世界发达国家和地区现代农业的发展过程，加上我国农业发展成功的实例，尽管其具体形式和内容不同，但是产业化经营是相通的，产业化经营是实现农业现代化的必由之路。

农业产业化是继家庭联产承包责任制、乡镇企业之后农业发展的又一次飞跃，它能够有效改造传统农业，对农业生产要素进行重新组合，它是适应经济市场发展的产物，也是解决我国农业问题的新道路。

改革开放以来，家庭联产承包责任制对农村的发展发挥了巨大的作用，但是，随着改革的深入和市场经济的发展，这一制度却越来越难以适应新形势的需要。一是分散的农户小生产与大市场之间的矛盾；二是农户经营规模狭小与实现农业现代化的矛盾；三是农业比较效益低的问题日趋明显，农民收入增长缓慢；四是农业剩余劳动力转移与就业门路狭小之间的矛盾；五是产业分割、部门分割，农业的进一步发展条件恶化。各地在实践中，逐步探索出解决上述矛盾的一些新的思路和方法，农业产业化经营就是其中比较有影响的做法。

近年来，党中央、国务院高度重视农业产业化问题，各地区、各部门不断加强工作力度，全国的农业产业化取得了较大成绩。据统计，截至 2009 年，全国约有国家级重点龙头企业 530 多家，平均资产 3 亿～5 亿元，平均销售收入 5 亿～10 亿元，平均带动农户 5 万～10 万户；有省级重点龙头企业 5 000 多家。一个以国家级重点龙头企业为核心，省级重点龙头企业为骨干，小型龙头企业为基础的农业产业化体系已经初步形成，为农业、农村、农民带来了新的希望，展示了良好的发展前景。

二、农业产业化对中部地区经济发展的作用

自 20 世纪 90 年代中部地区开始推进农业产业化经营以来，龙头企业不断发展壮大，产业链条逐步延伸，主导产业初具规模，运行机制初步建立，有力促进了中部地区农村经济发展。

1. 农业产业化是中部地区建设农村小康社会的需要

农业是国民经济的基础，党的十六届五中全会提出，统筹城乡经济社会发展，建设现代农业，发展农村经济，增加农民收入，是全面建设小康社会的重大任务。同时，中央强调要"积极推进农业产业化经营，提高农民进入市场的组织化程度和农业综合效益"。党的十七大报告专门对"三农"工作做出了进一步部署，强调要加强农业基础地位，走中国特色农业现代化道路，推进农业产业化经营。中部地区经济欠发达，农业比重较高，农村人口多，"三农"问题突出。全面建设小康社会，提高农民收入，改善农村居民生活是当务之急，要牢牢抓住农民增收这一关键环节，积极推进农业产业化经营，提高农民进入市场的组织化程度和农业综合效益，切实增加农民收入，为建设农村小康社会打下基础。

2. 农业产业化是巩固中部地区粮食等农产品基地地位的需要

推进农业产业化能有效提高粮食等农产品综合生产能力,充分利用中部地区良好的农业生产条件,提高农业生产效率,巩固中部粮食等农产品基地地位。龙头企业与农户个体相比,具有强大的开拓市场能力,是带动农业结构调整的骨干力量。农业产业化经营依靠龙头企业带领广大农户闯市场,使农产品有了稳定的销售渠道,有效地降低了市场风险,减少了农业结构调整的盲目性。农业产业化经营有利于把农业生产、加工、销售环节联结起来,把分散经营的农户联合起来,有效地提高农业生产的组织化程度;有利于按照国际规则,把农业生产和农产品质量标准全面引入到农业生产、加工、流通的全过程,创出自己的品牌;有利于实施"引进来、走出去"的战略,全面增强中部地区农产品的市场竞争力。这对于把中部地区建设成全国粮食等农产品供应基地,保障国家粮食安全,具有重要的推动作用。

3. 农业产业化是加快中部地区农村劳动力转移增加农民收入的需要

中部地区传统农业比重较大,农业人口众多,剩余劳动力较多,尽管一部分劳动力外出打工,实现了产业转移,但是今后还是有相当一部分劳动者要从事农业,这就需提高农业产业素质和效益。发展农业产业化经营,可以有效地延长农业产业链条,尤其是通过对农产品的精深加工,增加其附加值和效益,使参与产业化经营的农民不但从种养业生产中获益,还可以分享加工、流通环节的利润,多渠道增加收入。

农业产业化的不断发展,创造了众多的就业机会,随着产业化经营的推进,生产、加工、运输、仓储、销售等各环节配套完善,生产和加工规模扩大,必将吸纳更多的农村剩余劳动力,有利于农村劳动力的分流和就地转化,农民就业机会多意味着收入提高的可能性大大增加。

4. 农业产业化是中部地区实现农业现代化的有效手段

中部地区农业大多以千家万户的分散经营为主,农业生产规模很小,这在一定发展阶段是可以接受的,但要升级时就显得不够了,因为组织化程度低使得吸纳新技术的边际成本高,农户通过采用新技术、发展高产优质农业能力和动力有限,先进的农业机械和农业科学技术难于推广。农业产业化提高了农业的组织化程度,有利于规模经营与采用先进技术,引入新的生产要素,促进传统农业向现代化农业的转变。

通过不断推进农业产业化,发展各种形式的农民合作经济组织和专业协会,把千家万户的农民联合起来,形成良好的利益联结机制,调动各方面积极性,提高要素报酬,将有效地推动中部地区农业和农村经济向规模化、集约化和市场化方向发展。

5. 农业产业化是促进中部崛起的重要途径

中部地区是典型的农业地区，农村户籍人口约占2/3，"三农"问题始终是区域改革发展稳定的根本性问题。只有做好"三农"工作，中部崛起才有坚实的基础，而解决"三农"问题的关键在于大力发展农业产业化。

中部崛起需要统筹城乡发展，农业产业化是连接城乡的最有效途径。农业产业化经营能把农村和城市的生产要素有机组合起来，把一、二、三产业有效衔接起来，打破二元经济结构，促进城乡经济有机融合。

中部崛起需要调整结构。农业产业化可打破农业和工业分割、生产与市场脱节、农村与城市分离的格局，做到农业与工商业有机结合，能带动相关产业共同发展，实现农村剩余劳动力转移和非农化，减少农民，增加市民，改善社会阶层结构。

中部崛起需要项目带动，农业产业化项目具有比较优势。农业产业化得到国家的财政税收扶持，在贷款、上市等方面优先，农业产业化项目带动作用强、污染小，符合新型工业化要求，是中部地区富有竞争力的引资载体。

中部崛起离不开县域经济的发展。县域经济要快速发展，只有依托本地资源，发展优势产业和特色经济。中部地区绿色特色农产品资源丰富，几乎是各省各地共同拥有的优势，只要农业产业化选对了方向，培育一批国家或省级农业产业化龙头企业，整个县域经济就能被带动起来。

中部崛起需要实施开放战略，农业产业化是开放的重要桥梁。中部是农业地区，而东部地区工业发达，通过开放战略和发展农业产业化，可以使二者实现优势互补。一方面，东部地区的资金、技术、人才能更好地发挥作用，到中部地区投资农业产业化项目，如农产品加工；另一方面，中部地区丰富的农特产品，可以通过产业化龙头企业，输送到沿海发达地区。通过农业产业化，推动中部地区对外开放以及合作交流。

三、中部地区农业产业化存在的问题

中部农业产业化发展取得了不少成绩，也必须清醒地认识到，目前中部地区农业产业化的总体水平还不高，发展中还存在一些亟待解决的问题。

1. 龙头企业力量不强

从中部地区目前的农业产业化经营实践来看，不但具有一定竞争力的农业产业化龙头企业数量不多，而且总体上规模都不大，带动力不强，效益不佳。

例如，中部地区的湖南全省省市级龙头企业发展到1 700多家，连接基地80万亩，直接带动农户490万户。农产品加工企业发展到4.3万多家，总资产700

多亿元，销售收入超过 1 000 亿元。但目前总体而言，全省龙头企业规模普遍还不够大，辐射和带动力量还不够强。1 700 多家龙头企业中，省级以上龙头企业仅 166 家，比例不足 10%。在 500 家国家级龙头企业中，湖南仅有 24 家，占 4.8%。目前，总资产在 10 亿元以上的只有正虹科技、亚华种业、金健米业三家，产值过 10 亿元以上的只有 6 家，仅为山东省的 1/3。多数龙头企业大多处于发展初期，规模不大，产权安排、治理结构和企业具体经营管理也存在问题。对农业和农民的辐射和带动能力不强，龙头企业收购省内农副产品原值占农业总产值的比重仅为 14.1%。以湖南株洲为例，该市目前国家级、省级龙头企业仅有唐人神集团和普兰特公司 2 家，其中唐人神集团每年肉制品加工消耗本地的生猪量也只占出栏猪的 3% 左右，其他的农产品加工企业规模、加工能力更小。

2. 区域特色和优势不足

主导产业是农业产业化经营的支柱，主导产业是否符合市场需求，是否具有优势，决定着农业产业化经营的方向。中部各省各地的自然资源、地理环境、区位状况不一，近年来，各地在依托本地资源培育区域主导产业、发展特色农业方面取得了较大成效，如湖南的花卉、蔬菜、西瓜、水产品、生猪等，河南的小麦、黄牛，山西杂粮，等等，但总体而言，各地区域特色不很明显，盲目发展、结构雷同的现象较突出。

3. 经营主体之间利益联结机制不完善

利益分配是农业产业化经营的关键，处理好农户、企业之间的利益关系至关重要。由于企业、中介组织通常比较关注短期收益，并在利益分配过程中处于相对主动的地位，因此在一些非合作制的产业化经营组织中，农户利益很容易受到损害，挫伤了农民积极性，制约了农业产业化的推进。

以中部地区湖南省为例，据调查，在 2008 年，全省以合同关系与农民建立利益联结关系的产业化经营组织达到 3 200 多个，其中龙头企业带动型 1 226 个，占总数的 38%，中介组织带动型 875 个（包括合作组织带动型 360 个），占总数的 27%。农民专业合作经济组织虽然已发展到 6 000 多个，但参加合作经济组织农户的比率仅为 7.8%，农民组织化程度依然不高。龙头企业占据主导地位、农民专业合作组织发展滞后，使农户的依从地位难以从根本上加以改变。只有农业产业化各经营主体之间的利益机制得以建立和完善，各方才能形成紧密的利益共同体，才能有效推进农业产业化经营。调查表明，湖南目前在龙头企业与农户的购销关系中，很多"合同"是"口头协定"或"君子协定"，真正签订订单的比例不高，而且违约现象屡有发生。

4. 农产品加工不发达

中部地区农产品加工业近几年有所发展，有些省份如河南还取得了显著的成绩，但就总体而言仍处于初级阶段。目前的农产品及其加工品普遍地表现为技术含量低，生产加工链条短，附加值不高，不能适应当今消费者日益提出的多样化、高品位、高营养、无污染等要求。如山西小杂粮总面积 133.3 万公顷，占全国总面积的 1/10，总产量在 25 亿千克左右，但其商品率仅为 10%，加工量仅占总产量的 2%，基本上是原料型加工或初级产品加工。杂粮功能性、适口性、方便性深加工产品的研发，尤其是各种杂粮复合制品的研发与规模化生产还很不够，销售范围不宽，品牌知名度不高。

湖南省也存在此类问题，一是农产品加工程度低。目前发达国家的农产品加工率一般达到 90% 以上，农产品加工业产值和农业产值的比率为 3:1 到 4:1，而全国这一比率为 1:1，湖南仅为 1:0.92。畜产品加工全省年出栏生猪 6 600 多万头，加工率不到 5%。农产品加工比例低，农产品难以转化增值，资源优势不能转变为经济优势，影响了农业经济效益和农民收入的提高，限制了湖南农业优势地位形成。二是农产品的精深加工少、产业链条短。湖南省目前农产品粗加工多、精深加工少、农产品科技含量低。如畜产品加工中，湖南 10 多家畜牧重点龙头企业也大多是卖初级产品，猪肉制品大部分是分割肉和腊味制品，虽有火腿肠，但所占的比重很小。湘莲是湖南特产，但是加工基本仍停留于去壳、通心的水平上，只有极少量的加工成莲蓉、湘莲饮料、莲心合片、莲心茶等科技含量较高的产品。湖南油茶产量位居全国第一、油菜籽产量位居全国第五，但进行精深加工生产的还是不多。

5. 农产品基地建设有待加强

从中部地区目前的实际情况来看，农产品基地建设还不够到位，高度专业化、优质化的原料生产基地在数量上、规模上都还不够，不适应农业产业化经营发展对农产品品质的要求。

以湖南省为例，目前全省农产品综合优质率仅为 46% 左右，在一定程度上制约着湖南农业产业化经营的进一步深化。目前全省许多龙头企业的主要加工原料要从外地购进，如旺旺食品的主要原料来自台湾和东北，高档烟的主要原料来自云南、津巴布韦、巴西等地。由于不合理使用化肥、农药、饲料添加剂以及工业污染等，许多农产品残留物超标，影响到农产品市场的扩展，市场形象受到损害。2008 年湖南省质监局对柑橘加工产品的抽检，115 个样品中有 98 个含有农药残留，67 个严重超标。

以山西为例，山西是全国的小杂粮王国，种质资源丰富，产品品质优良，但是规模很小，没有形成专业化生产、区域化布局。例如，全省常年播种苦荞麦面积只有 3 333.3 公顷，比不上四川一个企业的 6 666.7 公顷基地规模。大部分加工企业没有自己的原料基地，原料产量、品质得不到保证。

四、促进中部地区农业产业化对策

为实现中部崛起、建设农村全面小康社会等目标，必须大力推进农业产业化经营。

1. 培育和扶持农业产业化龙头企业

农业产业化龙头企业一手联系千家万户农民，一手联系国内外市场，是农业产业化的中坚力量，它具有开拓市场、引导生产、深化加工、搞好服务、优化生产要素组合等功能，是农业产业化状况的标志。中部地区要积极创造条件，大力培育和扶持农业产业化龙头企业。第一，以扶大扶强和扶持成长型企业并举为导向，培育一批有竞争优势和带动力的龙头企业，增加农产品加工能力，提高产品质量和效益。第二，要大力实施名牌战略，引导和支持龙头企业培育企业品牌，打造一批拥有自主知识产权、技术含量高、市场占有率高的农产品知名品牌。第三，引导和支持规模以上龙头企业采取多种方式，实行资产重组，实现企业的低成本扩张。第四，营造龙头企业良好的外部发展环境。如建立和完善农业风险投资机制，拓宽龙头企业的融资渠道；改善投资环境，通过招商引资，帮助有实力的龙头企业引进战略投资伙伴；对于龙头企业在基地建设、技术培训等具有公益性质的支出，财政应给予补贴等。

引导龙头企业提升精深加工能力，从数量价格竞争向质量与品牌竞争转变，由粗放经营转向集约经营。结合优势农产品产业带建设和龙头企业加工需要建设生产基地，提升生产基地的专业化、规模化、标准化水平。鼓励和支持龙头企业自建研发机构，或进行产学研合作，开发具有自主知识产权的新品种、新产品、新工艺，以及提高经营管理水平，开展技术推广和技术培训。鼓励龙头企业开展多元化经营，扩大农产品出口；充分利用国外农业资源，开展跨国投资经营。发展现代营销，和物流金融服务紧密结合，提高农产品销售效率。

强化农产品安全和企业社会责任。支持龙头企业实行标准化生产，对生产基地、产品加工、包装销售等各个环节实行严格的全过程质量控制。对农产品生产的产前、产中、产后实行全过程标准化管理，逐步推行 ISO9000、ISO14000、HACCP 等质量管理体系认证，加快与国际接轨步伐。严格农产品安全市场准入制度，通过定量包装、标识标志、商品条码等手段，推行农产品流通领域的标准化管理。支持龙头企业加强节能减排，发展循环经济，减少对资源的浪费和环境的破坏。鼓励龙头企业以多种形式参与新农村建设，通过村企互动、村企对接等方式，支持农村公益事业建设，形成企业与农村良性互动的发展局面。逐步开展社会责任报告制度，提高龙头企业履行社会责任的自觉性。

2. 发展具有区域特色的主导产业

应根据中部各地资源禀赋和区位优势，促进主导产业发展，做到专业化生产，区域化布局，形成农产品加工产业集群。中部地区地域辽阔，各地资源禀赋大不相同，只有因地制宜，以市场需求为导向，把握消费者需求和市场变化趋势，才能把资源优势转化为产业优势，形成能够不断成长的区域性主导产业，才能充分发挥农业产业化的积极作用。

中部地区有很多特色资源可以做大、做强，从而形成特色品牌。例如，粮油、茶叶、畜产品丰富，可以大力发展特色食品工业；中部山区毛竹、木材丰富，可以发展特色家庭装饰材料；棉花、皮毛产品丰富，可以发展品牌棉纺织业和制革业；还可以利用当地的资源发展工艺品生产、农家乐等特色旅游等。中部各省要立足特色推进农业产业化，如河南可发展集约型的现代农业，生产小麦、牛羊等优势产品，湖南等南方省份利用水资源充足、光热条件好，生产优质水稻、油菜等优势产品，建立具有中部区域特色的农产品生产带和加工集聚区，形成产业集群。

3. 加强农产品基地建设

农产品基地是龙头企业所需原料和销售的农产品的集中产地，是农产品批量、均衡供给的保证。针对中部地区高度专业化、优质化的原料生产基地少等问题，要按照"专业化、标准化、区域化"生产的要求，加强农产品基地建设。

专业化是指生产的农产品具有专门的用途，它有利于中部地区农产品生产与加工业的需求对接。标准化是指农产品按一定的标准组织生产、运输和加工，是产品质量和安全的保证，是开拓国际国内市场的前提。区域化则是指要本着因地制宜、发挥优势的原则，合理布局农产品基地，大力发展专业村、专业户，形成规模化的商品生产基地。

建设一批与龙头企业对接的优势农产品基地，支持龙头企业通过定向服务、定向收购等方式兴办农业产业化基地。鼓励农民专业合作组织创建农产品生产基地，建立多元化投资机制，形成发展合力。政府要集中农业综合开发、扶贫开发、退耕还林、粮食高产工程、水利等项目资金，向优质农产品基地倾斜。农民通过实行土地使用权流转，投入土地股份参与经营，转变农业生产方式，因地制宜发挥优势，形成各具特色的农产品生产基地。

4. 完善各经营主体之间的利益联结机制

农业产业化各经营主体之间的利益联结需要一个载体，农民专业合作经济组织能担负这种作用。它上连公司，下连农户，可以协调企业和农户的利益关系，能有效提高农户的交易地位，降低龙头企业和农户之间的交易成本。因此，要以促进农民专业合作经济组织发展为抓手，完善各经营主体的利益联结机制。

按照"民办、民营、民受益"的原则大力发展农民专业合作组织，逐步使其成为市场的主体。鼓励专业合作组织开展跨区域合作与经营，壮大自身实力，增强服务功能。支持龙头企业、农业科技人员和农村能人创办或领办各类中介服务组织，培育扶持专业大户和经纪人队伍，提高农民的组织化程度，总结推广"龙头企业＋合作组织＋农户"的模式。

建立和完善龙头企业与农户利益联结与分享机制，通过规范合同内容、明确责任程序、开展诚信教育等方式，发展订单农业，提高订单履约率，探索实行订单可追溯管理。通过开展定向投入、定向服务、定向收购等方式，为农户提供种养技术、市场信息、生产资料和产品销售等多种服务。鼓励龙头企业设立风险资金，采取保护价收购、利润返还等多种形式，与农户建立紧密、合理的利益联结机制。探索农民以土地承包经营权、资金等生产要素入股，实行合作制、股份合作制等形式，与龙头企业结成利益共享、风险共担的利益共同体。

5. 以科技和人才支持农业产业化

要围绕调整农产品的结构和提高农产品质量，调整科研方向。加强优质专用的动植物新品种选育，提供优质种苗；加强农产品安全生产技术的研究与开发，减少对农药、化肥和兽药的依赖，保障质量和安全；加强农产品加工技术的研究与开发，减少农产品流通损失，增加农产品的附加值。

要加大科技体制创新力度。为农业产业化经营服务的科研单位要实行企业化管理，市场化经营，增加其为企业服务的意识和动力；鼓励科研单位、科研院所之间的技术联合、优势互补、集中突破；健全农业人才培养和输送机制，加强科研队伍建设；积极支持创办科工贸、产加销一体化实体，特别是积极扶持科研院所大力创办科技型企业。

加强人才培训。做好各种形式的培训工作，以提高企业家、专业管理人员及技术人员的素质，要把政策培训与经营管理培训结合，生产管理培训与企业战略管理培训结合，省内培训与省外培训结合，理论培训与实务培训结合，促进中部地区龙头企业管理队伍素质的提升，使龙头企业的管理者真正成为会经营、善管理的企业家。

6. 完善农业产业化经营的服务体系

发展农业产业化经营，必须完善农业产业化经营的服务体系。

第一，应加强市场体系建设。要建立农产品物流中心、各类农贸市场和农副产品超市，拓宽农副产品销售渠道，切实解决农产品销售环节中遇到的难题。采取政府规划、多方出资、股份合作等形式，下气力抓好中部地区产地批发市场建设，要在大中城市建立长期合作的供销关系，鼓励农产品直接进超市。要大力发展电子商务、连锁经营、物流配送等现代流通方式，促进商品和各种要素的自由流动，降低交易成本。

第二，加强农业信息化建设。应充分运用信息技术等现代营销手段，建立统一的专门化的市场预测系统和信息发布系统，提供农业生产和农产品市场供求信息。围绕订单农业和农业产业化的发展，建立连接龙头企业、农产品批发市场、中介组织、科研单位、重点县乡和专业大户的信息网络。加大产品推介力度，开通网上交易，发展农产品电子商务。

第三，建立完善农产品检测体系。要加强农产品检测，改善检测手段，建立有序、规范、安全的农产品快速检测体系，营造诚信经营、放心消费、安全卫生的农产品市场。

7. 加强政策扶植和政府服务

中部地区各级财政部门按照中央要求设立了农业产业化财政专项资金，要继续加大政策执行力度，切实发挥效益。完善税收扶持政策，争取将农产品深加工增值税进销项税率统一调整为17%，鼓励龙头企业发展农产品精深加工，切实减轻企业的税收负担。继续加大金融支持力度，积极探索采取担保基金、担保公司等有效形式，对龙头企业的融资给予支持。

加强农业产业化统计工作，对龙头企业开展分行业统计，掌握分行业重点龙头企业经济运行情况，摸清家底，为产业发展、推动龙头企业建设提供科学依据。

要为农业产业化营造宽松的发展环境，具体来说：一是组织制定好农业产业化发展规划，以规划引导发展；二是制订并落实好有关的政策，以政策促进农业产业化发展；三是落实农村合作经济组织等相关的法律法规，调节农业产业化经营主体行为，协调好农业产业化各经营主体的利益关系，引导农业产业化发展。

第四节　中部地区新型城市（镇）化

一、新型城市（镇）化内涵

新型城市（镇）化是伴随着新型工业化而产生的，以城市发展为核心，以市场机制为主导，以资源节约、环境友好、经济高效、社会和谐、大中小城市和小城镇协调发展、城乡相互促进为特征的发展过程。它体现了以人为本、全面协调、可持续发展的科学理念，适应了经济发展和人民生活提高的要求，提高了城市综合承载能力和生态宜居水平。

首先，新型城市化是城市化与工业化的统一。世界经济发展历程表明，工业化与城市化是密不可分的，工业化带动城市化，城市化促进工业化，两者在互动中不断向前推进。工业化是城市化的基本动力，城市化是工业化的载体和持续动力，两者的良性互动和融合，不仅可以改善我国城市化滞后于工业化的结构性偏差，而且可以提升工业化和城市化的整体水平。

其次，新型城市化是农村与城市的统一。新型城市化以城乡统筹为基础，强调城市经济和农村经济的协调，使得人口和经济在地域空间优化配置。新型城市化促进农村人口向城市转移，改变乡村人口生产生活方式，促进经济活动方式的市场化，做到城乡产业对接，城市产业向乡村地域扩张，形成城乡的产业布局一体化。

再其次，新型城市化是农业与工业的统一。新型城市化要求工业带动农业，工业反哺农业，形成科学合理的专业化分工，打破传统城市化进程中农业和工业的分离状态。

最后，新型城市化是共性和个性的统一。共性是世界所有国家和地区的经济发展都要经过城市化，个性是城市化具体实现要根据具体情况来决定，要把城市化发展的一般规律与走新型城市化道路的特殊性相结合，我国人均收入水平不高、城乡差距大，决定了我国的城市化道路要走一条资源节约、环境友好、社会和谐的新型城市化道路。

新型城市化就是坚持以人为本，以新型工业化为动力，以统筹兼顾为原则，以和谐社会为方向，以全面、协调、和谐、可持续发展为特征，全面提升城市化质量和水平，走科学发展、集约高效、功能完善、环境友好、社会和谐、个性鲜明、城乡一体、大中小城市和城镇协调发展的新型城市化路子。在统筹城乡发展理念的指导下，实现发展和资源、环境有机协调，加快城乡一体化进程，建设现代城市和社会主义新农村并举，建立集群型、循环型、低碳型、生态型和可持续的城乡协调发展新模式。

党的十七大报告指出："走中国特色的城镇化道路，按照城乡统筹、布局合理、节约土地、功能完善、以大带小的原则，促进大中小城市和小城镇协调发展。以增强综合承能力为重点，以特大城市为依托，形成辐射作用大的城市群，培育新的经济增长极。"这实际上概括了新型城市化道路的重点内容。

未来 20~50 年是中部地区城市化，也是经济发展的关键时期，按照城市化发展规律进入城市化加速时期，城市化水平会有一个大的飞跃，经济发展会上升到较高水平。新型城市化与新型工业化的良性互动，必将对中部地区未来的发展产生重要的影响。

二、中部地区新型城市（镇）化和统筹城乡发展关系

1. 新型城市（镇）化促进统筹城乡发展

当前中部地区"三农"问题与城市化进程滞后有着密切的关系，由于城市化滞后，有限的土地承载着过多的人口，不仅造成人力资源的巨大浪费，还严重阻碍土地的规模经营，制约农村生产效率的提高。新型城市化进程将会有效转移农村剩余劳动力，促进居民收入提高，调整农村生产要素的组合，推动土地规模经营和农业劳动生产率提高。同时，推动农村企业向更高层次发展，帮助农村工业摆脱目前发展落后的现状，提高农村整体发展水平。

中部地区每个劳动力平均耕地面积大约3亩，而要实现农业规模经营，每个劳动力平均耕地面积至少要达到20～30亩，由此可以推出，必须有70%～80%的农村剩余劳动力转移出来，农村的规模经营才能实现。只有大力推进城市化进程，才能改变中部地区2亿多农民围绕土地谋生的生存状况，才能吸收农村大量剩余劳动力，扩展就业空间，这样，大量农村劳动力进城务工经商才会给家乡带来巨额的劳务收入，促进农村经济发展。

中部地区正处在城镇化发展的关键时期，坚持大中小城市和小城镇协调发展，逐步提高城镇化水平，对于中部地区统筹城乡发展具有重大的意义。新型城市化增强了大城市以及城市群的整体实力，可以更好地配置各种资源和生产要素，进一步发挥城市对经济社会发展的带动作用，提高中部地区经济发展的水平和整体竞争力。

2. 统筹城乡发展要求实施新型城市（镇）化

城乡统筹发展要求实施新型城市化，传统城市化形成的城乡分割的二元经济结构是"三农"问题形成的根本原因，难以做到统筹城乡发展。

实施新型城市化，必须立足城乡统筹，将城市化与社会主义新农村建设、促进农村剩余劳动力转移以及发展现代农业结合起来，推进城乡共同繁荣。一要加快中心城镇建设，要按照资源禀赋、发展基础和环境承载能力，建设一批综合承载能力较强的中心镇，提升对农村的带动作用、服务功能和集聚作用。二是加快推进农村改革。改革户籍制度，促进城乡人口自由流动，加强农民工培训，引导农民有序向城市转移。加强土地承包经营权流转管理和服务，建立健全土地承包经营权流转市场。加快农村金融改革，完善信用社治理和建设小额贷款公司。三是促进城乡基础设施和实行基本公共服务均等化。促进城市道路、管网、供水、供电、垃圾污水处理设施向农村延伸，教育、医疗卫生、社会保障等体系向农村覆盖，重点完善农村水、电、路等基础设施，沼气、垃圾和污水处理等生活设

施，推进教育、医疗、社会保障等公共服务均等化。

3. 统筹城乡发展推动新型城市（镇）化

统筹城乡发展增强了农村发展能力，不断推进农业产业结构优化升级，发展高效生态农业，壮大农业主导产业，发展农产品加工业，利用中部地区丰富的自然和人文资源，发展休闲旅游业以及旅游工艺品制造业、交通运输业、餐饮旅馆服务业等配套产业，吸收更多农村劳动力就业，促进人口向城镇集中，推动中小城镇建设，使得城乡生产力和人口布局更加合理，促进城镇规模的扩张和质量的提升，在农村发展的过程中推进新型城镇化进程。

统筹城乡发展要求深化改革，以城市和乡村改革协同推进新型城市化。深化城市改革，一要形成规范、运转协调、公正透明、廉洁高效的行政管理体制；二要建设能够提供优质公共产品、构建优良经济社会发展环境、保障人民权益的责任政府、法治政府、服务政府；三要不断深化统筹城乡体制改革，进一步改革户籍管理制度、建立城乡统筹的就业制度、推进征地制度改革、探索解决农民工社会保障问题，让进城务工农民能够"进得来，住得下"。要重视解决农民工的住房保障问题，使他们尽快享受到应有的待遇。深化农村综合改革，要深化乡镇政府改革，进一步转变乡镇政府职能，减少经济职能，强化服务职能，提高服务效率。明确土地产权，界定房屋和宅基地的所有权，鼓励土地承包经营权流转，积极推进农民专业合作组织发展，完善新型农村合作医疗制度和社会保障制度。

三、中部地区城市（镇）化现状及问题

1. 中部地区城市化水平不高

城市化是乡村分散的人口、劳动力和非农业经济活动不断进行空间上的聚集而逐渐转化为城市的经济要素，城市成为经济发展的主要载体的过程。在我国加速发展经济的过程中，城市化水平已经有了明显提高，2009 年已达到 46.6%，超过了国际公认的城市加速发展标志的 30%，但与同等收入水平的发展中国家相比，我国的城市化水平依然是很低的，中部地区更是如此，2009 年中部地区平均城市化率为 43.1%，比全国平均水平低 3.5 个百分点。由于具有良好的经济地理位置、较好的经济基础以及国家政策的支持等因素，我国东部城市化已经处于较高层次，中部地区城市化仍然处于中级阶段，城市化率偏低，规模普遍较小。有关资料显示，中部地区只有湖北省城市化率接近全国平均水平，达到 46.2%，其余五省城市化均低于全国平均水平，而河南作为人口大省，2009 年城市化水平只有 37.7%。

就城市构成而言，在全国 660 个城市中，东部地区有各类城市 300 个，占全

国城市总数的 44.9%，中部地区总人口 4.4 亿，但城市仅有 168 个（其中山西 22 个，安徽 22 个，江西 21 个，河南 38 个，湖北 36 个，湖南 29 个）。在我国 50 个综合竞争力最强城市中，东部有 40 个，中部仅有 5 个（武汉、长沙、南昌、合肥、郑州）；400 万人口以上的城市，东部有 7 个，中部仅有 1 个（武汉）；200 万～400 万人口的城市，东部有 16 个，中部仅有 3 个；100 万～200 万人口的城市，东部有 76 个，中部仅有 37 个；50 万～100 万人口的城市，东部有 132 个，中部仅有 81 个。

中部地区地市级城市数量见表 4－2。

表 4－2　　1998～2009 年中部地区地级市个数及城市规模统计

（市辖区非农业人口）

地区	年份	城市规模（个）				
		超大（200 万以上）	特大（100 万～200 万）	大（50 万～100 万）	中（20 万～50 万）	小（20 万以下）
湖南	1998		1	3	7	
	1999		1	3	8	1
	2000		1	3	8	1
	2001		1	4	7	1
	2002		1	4	7	1
	2003		1	4	7	1
	2004		1	4	7	1
	2005		1	4	7	1
	2006		1	5	6	1
	2007		2	4	6	1
	2008		1	5	6	1
	2009		1	5	6	1
湖北	1998	1		3	6	
	1999	1		3	6	
	2000	1		4	7	
	2001	1		4	7	
	2002	1		4	7	
	2003	1		4	7	
	2004	1		2	6	

地区	年份	城市规模（个）				
		超大（200万以上）	特大（100万~200万）	大（50万~100万）	中（20万~50万）	小（20万以下）
湖北	2005	1		4	7	
	2006	1		4	7	
	2007	1		4	7	
	2008	1		4	7	
	2009	1		4	7	
河南	1998		2	5	7	1
	1999		2	5	7	1
	2000		2	7	8	
	2001		2	7	8	
	2002		2	7	8	
	2003		2	7	8	
	2004		2	7	8	
	2005		2	7	8	
	2006		2	7	8	
	2007	1	1	7	8	
	2008	1	1	7	8	
	2009	1	1	7	8	
安徽	1998		1	3	6	2
	1999		1	4	7	2
	2000		1	4	10	2
	2001		1	4	9	3
	2002		1	4	9	3
	2003		1	4	9	3
	2004		1	4	8	4
	2005		1	4	8	4
	2006		1	5	7	4
	2007		1	5	7	4
	2008		1	5	8	3
	2009		1	5	8	3

地区	年份	城市规模（个）				
		超大（200万以上）	特大（100万~200万）	大（50万~100万）	中（20万~50万）	小（20万以下）
山西	1998		1	1	2	
	1999		1	1	2	2
	2000		1	1	4	2
	2001		1	1	4	4
	2002		2		5	4
	2003	1	1	1	4	3
	2004	1	1	2	4	4
	2005	1	1	2	4	3
	2006	1	1	2	4	3
	2007	1	1	2	4	3
	2008	1	1	2	4	3
	2009	1	1	2	4	3
江西	1998		1		4	
	1999		1		5	1
	2000		1		7	1
	2001		1		8	3
	2002		1		8	2
	2003		1		8	2
	2004		1		8	2
	2005		1		9	2
	2006		1		9	1
	2007		1		9	1
	2008		1		9	1
	2009		1		9	1

资料来源：根据《中国城市统计年鉴》历年数据整理。

2. 中部地区城市化质量不高

中部地区城市化滞后、质量不优除了表现为城市数量少和质量不高以外，还表现为现有城市结构的不合理，城市体系的不健全。由于中部地区现有大城市数量较少，城市联系不足，城市的聚集经济功能和辐射功能较弱，没有很好地发挥经济发展载体作用，加上地理因素、交通条件、经济联系等多方面制约，中部地区的城市难以发挥扩散效应，不能很好地带动周边地区的发展。

中部地区城市活力明显不足，集聚作用和辐射作用有限，重要症结就在于特色不鲜明，产业支撑基础不牢，城市综合承载力不足。与全国东、西部省份相比较，中部地区主要有三大资源禀赋特色：一是区域特色，位居华中，连接东西，贯穿南北，交通便利，武汉、郑州是全国交通枢纽，物资信息交流便捷；二是部分自然资源特色，土地类型多样，耕地资源广袤，气候条件适宜，水利相对便利，是全国重要的粮棉生产区，水资源以及稀有金属、煤、石油等矿产资源丰富；三是人文资源特色，中部地区是中华文明的发祥地，人文资源独具，大到长江文化、黄河文化，中到中原文化、黄洛文化、楚文化、湖湘文化、赣文化、徽文化、晋文化，小到县镇村文化，都是各具特色，历史源远流长，内涵博大精深。不仅如此，中部地区还有自己的产业特色，粮食棉花等农业生产，汽车、钢铁、电力、信息设备等工业生产在全国占有重要地位。中部地区城市化建设应当从这些资源禀赋和产业特色出发，扬长避短，优化利用特色资源，培育壮大特色产业，挖掘开发人文资源，精心打造城市品牌和人文景观，弘扬特色文化，建设资源优化利用、产业支撑有力、生态持续发展、居民生活提高、内涵丰富的充满活力的城市。

3. 城市群综合经济实力不强，联系松散

据公布的统计资料计算，2008 年，长江三角洲城市群、珠江三角洲城市群、京津唐城市群地区生产总值分别为 45 613 亿元、27 618 亿元、22 074 亿元，分别占全国 GDP 的 18.9%、10.3% 和 8.2%。上述三大城市群（包括市辖县）地区生产总值 102 305 亿元，占全国 GDP 的 37.4%。而中部城市群，经济总量最大的中原城市群 2008 年 GDP 为 9 084 亿元，分别只有长三角、珠三角、京津唐城市群的 17.9%、32.8% 和 41.5%，占全国 GDP 的比重只有 3.4%；经济总量最小的环鄱阳湖城市群 GDP 只有 3 641 亿元，分别相当于长三角、珠三角、津京唐城市群 GDP 的 6.9%、1.5% 和 15.8%，只占全国 GDP 的 1.3%。五个城市群的经济总量合计为 30 833 亿元，虽超过珠三角、京津唐城市群，但只有长三角城市群的 60.2%。可见，中部城市群的总体经济实力尚小。

中部地区六省对于发展战略有各自的提法，湖北以"武汉城市圈"争当中部崛起的"支点"，湖南省以"长株潭一体化"战略加强与泛珠三角地区合作；河南以"中原城市群"撑起中部崛起的脊梁；安徽将皖江城市带定位为"长三角的纵深腹地"；江西以环鄱阳湖城市群为核心对接"长珠闽"，倡导"中部崛起看江西"。各省区各自加强与沿海地区联系，内部联系和合作不多。

4. 城市的资源环境矛盾突出

中部地区城市化土地利用不够集约，形成了大分散和蔓延式的扩张。城市人均综合占地很快达到 110~130 平方米的高水平，这是大多数人均耕地资源比我国多几倍乃至十多倍的欧美发达国家的水平。据统计，中部地区 2006 年城市人均建设用地达到 129 平方米，超过经济发达国家人均 82.4 平方米和发展中国家人均 83.3 平方米的水平，单位建筑面积能耗比同等气候条件下的发达国家高出 2~3 倍。随着人口的不断增长以及建设用地的增加，可以利用的土地资源将越来越少。另外，环境污染日益严重，危害人民身体健康，恶化居住环境，对生态环境平衡造成严重威胁。农村的面源污染也很严重。工业废渣排放经雨水淋溶严重污染土地和地下水，一些企业废水未经处理直接排入江河湖泊，或者就地排放，造成严重的土地污染。据统计，中部地区工业废气和工业废水的排放量，2009 年比 2000 年分别增加了 45% 和 53%。

以湖南省长株潭城市群为例，长株潭"3+5"城市群，特别是中心地区长株潭三市，水、土、气、热等环境都存在不同程度的污染，影响了建设"两型"社会和实现可持续发展。长株潭三市目前唯一的水源是湘江及其主要支流。长株潭地区是以工业为主的城市，区内水网交错，容易导致污染传播，环境污染加剧，使湘江中下游出现普遍的水质性缺水。长株潭三市区表层土壤中镉、汞、铅等元素有一定污染，它们的平均含量明显高于全国平均值，株洲市尤为严重，约有 30 平方公里的土地受到严重的重金属镉污染，其产出的粮食、蔬菜等食物不能食用。

5. 城市规模小和竞争力不强

中部城市化与发达地区的差距在于特大城市、大城市偏少，城市规模普遍偏小。中部地区的城市数量相对东部地区来说偏少，只占全国总数的 25.5%，相当于东部地区的 72.4%，而与此对应的是中部地区土地面积是东部的 1.12 倍。东部地区平均每万平方公里拥有 2.53 座城市，而中部六省平均只有 1.63 座。从城市规模分布看，东部超大、特大城市分别占全国的 63.6%、47.5%，而中部这一比例分别只有 12.1%、26.2%，超大城市数中部不到东部的 1/5，特大城市只占东部的一半多一点，大城市数量也比东部少 21 座。中部地区虽然城市密度比西部地区高，主要原因是西部地区地广人稀，但大城市绝对数比西部少 2 个，尤其是超过 400 万人口的城市，西部有 3 个，中部只有武汉 1 个。中部六省与东北三省比较，东北三省拥有超大城市 4 座与中部持平，但每 10 万平方公里东北拥有 0.51 座超大城市，而中部只有 0.39 座。中部地区与另外三大地区相比较，超大城市、特大城市数量少且规模小，没有形成带动经济发展的强大增长极，是中部地区典型的特点。

中部地区的城市竞争力不强。2007 年综合竞争力排名前 20 名中没有一个中部城市，排名前 50 位的也仅有 6 个，前 100 名仅 12 个。全国人口第 4 大城市武汉的综合竞争力排名在全国仅居第 24 位，山西太原全国竞争力排名更是仅位于第 63 位。中部城市难以聚集足够的人流、物流、资金流和信息流，在市场机制作用下资源利用处于劣势，难以发挥经济增长极的作用，造成区域经济增长的动力不足。

影响城市竞争力的主要因素依次是基础设施、人才、政府管理和资本等。具体分析中部地区主要城市竞争力现状发现，虽然因为城市的规模、区位、经济发展水平等方面的差异，城市竞争力的优势和劣势各有特点，但其主要的弱势方面仍然有许多共同点。依据中国社会科学院城市经济研究所对我国城市分项竞争力的排名表分析，中部主要城市在区位、人才、科技竞争力上反而有优势，武汉上述三项在全国排名分别是第六、第九和第三位，郑州、合肥、长沙等省会城市也有优势；但在基础设施、资金、政府管理、企业管理和制度竞争力方面，中部省区的城市呈现普遍的弱势，发展软环境尤其是政府廉洁、高效等方面需要改进。

6. 小城镇综合实力弱

在中部地区小城镇发展过程中，存在重建设轻发展规划的状况，一些地区出现了先建设后规划或者边建设边规划的现象，规划不到位或没有发挥应有的作用，导致小城镇建设的布局不合理，功能定位不清。镇区人口数量低，使得小城镇发展空间和辐射空间狭小，对资源的利用能力小，对周边的资源和资金的吸引小，城镇集聚功能弱。如江西省 2008 年拥有 1 820 个小城镇，其中包括 716 个建制镇和 200 个重点镇。江西省建设厅对省内 130 个重点小城镇进行了调查，发现在产业结构上，小城镇农业仍占主导产业，第一、第二、第三产业比重约为 38∶30∶32，工业基础普遍薄弱，服务业落后；小城镇总体偏小，非农业人口平均在 3 000 人左右，建成区面积平均 0.4 平方公里。

与沿海发达地区例如浙江省相比，小城镇建设的综合实力也有较大的差异。2006 年浙江省共有 266 个城镇进入全国"千强镇"行列，而中部六省进入全国"千强镇"行列的总共只有 29 个。从"千强镇"所处位次的统计分布看，浙江 266 个"千强镇"中有 146 个居前 500 强，占总数的 55%，浙江排名最靠前的是杭州萧山区宁围镇的第 6 位。中部地区进入"千强镇"行列的城镇不仅数量少，排名也靠后，29 个城镇中有 22 个镇处于 500 名以后，整个中部六省排名最靠前的居第 29 名，而且进入前 100 强的城镇只有 1 个。

小城镇基础设施建设欠完善，有些镇水电气供应不足，道路硬化率低，住宅紧张，文化教育设施不健全，环境质量不高，从而使得非农产业基础薄弱，缺乏有利的产业支撑，就业机会少，对农村劳动力吸纳能力差。

城镇建设盲目扩大，脱离实际需要和承受能力。例如河南省长垣县一个年财政收入仅有 600 万元的镇，规划建造万人体育场；另一个地处豫西贫困山区的县，却要求各乡镇必须建设一条步行街和一个高档次、高标准的精品专业市场，沿街门面房必须是两层楼房。安徽省六安市一个拥有 15 万人口的镇，建了一个占地 100 多亩的广场。城镇化的目标首先是满足人的生产、生活和发展需要，要解决的是产业发展、就业、环境、社会保障等问题。加强基础设施建设，只是实现这些目标的手段，一些人在追求"政绩"的心理驱使下大搞形象工程，造成巨额投入浪费，提高了农民进城创业的"门槛"，限制农村人口向城镇转移，背离了城镇化的初衷。

7. 第三产业发展不足

中部地区的各省第三产业发展普遍滞后于第二产业，其吸收大量不同层次劳动力的优势难以发挥，第三产业对城市化的推动作用弱，抑制了其促进城市经济聚集效应的实现，影响了就业机会的创造和对农村剩余劳动力的吸收，也使得第二产业比重偏大，特别是能源、原材料工业比例较高，加上技术水平和管理水平不高，造成资源过度消耗和环境污染问题。

中部地区服务业处于初级发展阶段。2003～2009 年，中部各省服务业增加值年均发展速度高于全国平均水平，但服务业占 GDP 的比重仅安徽、湖南和湖北接近全国水平（2009 年全国为 42.6%）。传统行业稳步发展，交通运输、仓储、邮政业、批发零售贸易、餐饮业等传统服务业，增长速度保持稳定状态，增加值占服务业增加值的比重明显偏高。一些新兴行业特别是旅游业、房地产、信息、计算机服务及软件业、科研和综合技术服务业等的比重相对提高。按照发达国家生产性服务增加值占全部服务增加值的比重 60% 以上的正常标准，我国江苏、浙江、山东等省均在 30% 以上，特别在信息传输、计算机服务和软件服务业、科学研究、技术服务、房地产业等行业，中部地区落后于沿海地区，存在着明显的差距。

中部地区现代服务业龙头企业较少，行业繁杂，分布广泛，条块分割状态严重，一体化程度不足，缺乏对现代服务业资源的整合，企业竞争力较弱。服务业基础条件优势发挥不充分，中部地区一些中心城市的商贸、运输等行业基础较好，具有良好的服务业发展潜力，但未形成整体发展优势。例如，湖北武汉是全国第三大教育中心、第二大智力密集区，现代服务业增加值和从业人员分别占到全省的 37.1% 和 30.3%，资源过于集中于省会城市。其他省份也有类似的问题。

8. 农民进城成本高

农民想进城落户，就必须放弃土地承包权和宅基地权利，使得进城的成本太高，在现实中可以看到，很多人是在城市工作，而居住和户口在农村，甚至很多在城里工作多年，有了很高经济收入和财产的人也是这样。一些人在城乡之间不断移动，在城乡都有住房，造成了资源的浪费。

农村的土地目前是集体所有制，农民既不能转让产权，也不能改变用途。尽管目前有土地的承包经营权，但是承包经营权的转让是没有多少收益的，农民的房屋价值不高，也不能抵押贷款，更何况，农民进城工作万一失业，城市里社保覆盖面小，保障水平低，农民最终还是要回到农村，依靠承包土地作为最后的保障。由于这种集体所有制，导致农民的财产产权缺失，农民被迫束缚在土地上。农民在城里是一个流动的、打工的角色，没有长期的概念，像候鸟一样在城市和农村之间来回流动。农民进城的有形和无形的障碍太多，所以，就只能依靠人的往复流动，城里工作、农村生活，有钱不在城里消费，来适应资源配置和要素流动的空间错位。

四、中部地区新型城市（镇）化的途径

1. 单个城市实行社会经济结构的城市化转型

中部地区有 160 多座城市，每个城市所带动的区域社会经济结构城市化转型既有各自的个性特征，更有反映新型城市化道路一般规律的共性特征。这些共性特征包括以下四个方面：一是产业结构的城市化转型。即在工业化的推动下，城市与区域之间的经济联系不断加深，城乡资源配置和产业分工体系不断优化，从而导致城乡之间产业结构的联动调整与梯度提升，在城市所在的区域范围内，出现产业结构的城市化转型。二是就业结构的城市化转型。城市的产业发展不断扩大就业容量，既能使城市劳动者处于充分就业状态，又有一定的余力吸引农村劳动力向城市转移。就地实现劳动条件、劳动收入城市化，准城市化的农民会越来越多，当他们不向城市转移，就会就地实现就业结构的城市化转型。三是空间结构的城市化转型。城市不再是孤立地扩张，卫星城市将会蓬勃发展，人口城市化水平会显著提高。通过提高中心城市和卫星城市的集聚作用，促进空间结构的城市化转型。表现在区域方面：小城镇和新农村建设会蓬勃发展，通过发挥小城镇的带动作用和新农村的示范作用，促进农村空间形态的城市化转型。四是文化结构的城市化转型。城市在规模扩张的同时更加注重城市文化的提炼和弘扬，文化产业也会蓬勃发展，城市居民的文化素养不断提升，进城务工人员逐步在文化上融入城市社会，城市文化向区域小城镇和农村地区的辐射力和影响力逐渐增强。表现在农村方面：接受城市文化辐射的渠道越来越多，文化的封闭性、保守性逐渐淡化，现代文明逐渐成为农村文化的主流，农村风貌、农民意识更加普遍地向城市化转型。

2. 积极发展中部地区城市群

在东部沿海地区密集的城市群，聚集的城市人口和经济总量已经成为我国经

济发展的核心。2008 年京津冀、长江三角洲和珠江三角洲三大都市圈地级及以上城市地区生产总值（包括市辖县）106 243 亿元，占全国地级及以上城市地区生产总值（包括市辖县）的 33%。促进中部地区崛起，形成东中西互动、优势互补、相互促进、共同发展的新格局，给中部地区的新型工业化和新型城市化的发展带来了新的机遇。

中部地区发展城市群将为制定正确的发展战略和发展政策，构建中部地区的竞争优势，并为政府统筹协调城市群之间和城市群内部的整体布局，整合社会资源，加强区域规划合作，促进整个中部地区的发展提供依据，使中部崛起走出一条有中部特色的协作共赢的发展之路。

为了加快新型工业化中推进新型城市化的进程，中部各地区应以省会城市和资源环境承载力较强的中心城市为依托，编制沿干线铁路和沿长江城镇带规划，规划以武汉城市圈、中原城市群、长株潭城市群、皖江城市带为重点，形成支撑经济发展和人口集聚的城市群，带动周边地区发展。

3. 构建省会经济圈

（1）湖北省围绕武汉市，着力建设武汉大都市经济圈。

武汉市应扩大与黄石、黄冈、鄂州、孝感、咸宁、仙桃、潜江、天门等周边城市之间的联合协作，立足都市圈发展，构筑现代产业体系和现代化基础设施框架，加快基础设施衔接，促进产业合理分工，拓展和完善城市空间布局和功能分区，推动区域经济一体化。

以武汉为核心城市，按照以"一小时距离法则"，应不断优化都市圈城镇空间格局，积极发展中小城市，壮大城市规模。按照现代化国际性城市的长远发展目标，逐步形成三镇功能分区明显、卫星城镇拱卫、周边城市支持的现代化大都市的基本框架。同时应优化产业布局，建立具有竞争优势的产业集群，进一步强化和提升中心城市功能，加快塑造现代都市格局，以增强其吸引和辐射功能。

（2）湖南省以"长株潭"为中心，打造长株潭城市群。

长株潭城市群是京广经济带、泛珠三角经济区、长江经济带的接合部，区位和交通条件优越。三市通过资源整合和产业布局，目前已建成了 3 个国家级高新技术产业开发区，2 个国家级产业基地。三个城市的基础比较好，联系比较紧密，三个城市在半小时车程的范围内，具备大规模的集聚产业、集聚要素，长株潭城市群未来发展优势明显，正逐步打造生产、生态、生活协调发展的新城市群典范。近几年，长株潭三市经济保持强劲的发展态势，地区生产总值，进出口、实际利用外资占全省的比重都占有较大比重，产业发展较为合理，核心增长极的作用十分明显。2008 年，长株潭城市群的核心城市长沙，国内生产总值突破3 000 亿元，增长速度 15.1%，株洲市 930 亿元，增长速度 13.5%，湘潭市 655

亿元，增长速度为 13.8%，三城市增长速度均保持在 13% 以上。

（3）安徽省沿长江发展，构筑皖江城市带。

皖江城市带应以马（鞍山）、芜（湖）、铜（陵）三城市为城市群核心区，通过长江黄金水道，逐步成为承接长三角产业转移的重地。目前，安徽省 70% 的招商引资来自长三角，安徽省的农民工 75% 在长三角打工，这使得皖江城市群与长三角的产业分工更加明确。一方面应逐步成为长三角的原材料和配套产品生产基地，强化垂直的产业关联；另一方面应借助长三角的技术力量和产业优势，大力发展产品组装和深加工，立足产业错位发展和互补发展，强化产业关联。

（4）江西省以南昌、九江为支点，力推昌九工业走廊。

昌九工业走廊按照"高起点、高层次、多方位、开放式"的新要求，应依托园区办工业，以工业的崛起加速江西的崛起，加快昌九工业走廊及沿长江产业带建设，力争把昌九工业走廊建成江西省经济繁荣、工业发达的新型城市群，成为中部地区具有较强国际国内竞争力的外向型经济示范区，成为长江经济带重要的现代制造业基地，成为东、中、西部经济协调发展的重要战略支点。

（5）山西省谋划建设太原经济圈。

山西省应以加快太原经济圈建设为着力点，围绕"三大基地、四大中心"，以城市交通、通信等基础设施建设为突破口，积极推进太原、榆次同城化，强化太原与圈内城市间的经济联系，积极探索建立政府引导、市场运作、企业为主、社会参与的区域合作机制，深化与周边省市、中部地区和国内各经济区的交流与合作，不断提高太原作为中心城市的辐射力。同时应大力发展现代服务业，增强对全省的服务功能，努力打造华北地区重要的物流、信息流和资金流的集散地，不断提升对黄河中游经济区的拉动力，把太原市建成黄河中游区域经济发展的"发动机"。

（6）河南省以郑州为龙头，着力建设中原城市群。

中原城市群以河南省会郑州为中心，包括洛阳、开封、新乡、焦作、许昌、平顶山、漯河、济源在内共 9 个省辖（管）市，下辖 14 个县级市、34 个县、843 个乡镇。区域土地面积约 5.87 万平方公里，人口 3 950 多万，分别占全省土地面积和总人口的 35.1% 和 40.2%。中原城市群的区位优势明显，承东启西，连南贯北，是河南省经济发展最好的区域。在中部六省打造的经济圈中，中原城市群经济总量最大。2008 年，郑州市国内生产总值 3 004 亿元，洛阳市 1 919 亿元，许昌市 1 050 亿元，平顶山市 1 050 亿元，焦作市 1 031 亿元，新乡市 886 亿元，开封市 695 亿元，漯河市 550 亿元，济源市 227 亿元。"中原崛起看郑州"，郑州作为河南省会城市、中原城市群的龙头，应以现代化、国际化、信息化和生

215

态型、创新型城市为目标，不断增强核心城市的发展力、辐射力、带动力、创造力、影响力和凝聚力，大力实施中心城市带动战略，加快构建现代产业体系、现代城镇体系和自主创新体系，进一步强化枢纽城市地位，着力抓好大枢纽、大金融、大物流等区域性功能中心建设，全面提升城市综合承载能力和区域发展服务能力。应不断壮大中心城市，培育特大城市和大城市，积极发展卫星城，逐步调节城市群内各城市的规模结构、空间结构和功能分工，建设资源共享、生态共建、产业互补、各具特色、协调发展的现代化城市群是中原城市群建设的重中之重。

五、促进中部地区新型城市（镇）化的对策

1. 加强城市群合作

武汉市、长沙市、南昌市作为中部地区城市群的核心城市，要进一步扩大规模，优化城市形态和功能布局，提高综合承载能力，发挥辐射带动作用。株洲、湘潭、黄石、鄂州、马鞍山、芜湖、安庆、铜陵、九江、景德镇、上饶、鹰潭等区域中心城市，要以大城市群为依托，发挥优势，加快成长，培育新的区域经济增长极。小城镇（县级市）不求盲目做大，而在于做优、做精、做巧，重点发展特色产业和建设宜居城市，形成特色化和专业化。小城镇建设不在于数量的扩张，而在于质量的提高，要以产业为依托，按照社会主义新农村的标准，构建生态型、环保型、宜居型绿色小城镇。在城市群内，促进大、中、小城市和镇协同发展，逐步实现城乡一体化。

城市群之间要加强合作。一是建立市长联席会议制度，就资源配置、跨地区基础设施建设、发展空间布局、城市职能分工、共同市场开拓等重大问题取得共识，协商一致做出决定。二是建立城市群区域发展协调机制，统一协调解决区内资源开发、环境整治和基础设施建设等一市或单一部门不能解决的一些重大问题，整合有关区内发展的组织协调机构，以保证政策的统一和政令的畅通。要以市场为导向，消除城市群内区域合作的各种障碍。打破地区封锁的格局，消除不合理的行政干预和区域内的市场壁垒，规范市场经济秩序，统一规划和建设市场网络，在城市群范围内统一工业制品、农产品质量标准、检验检测标准和认证标准，互相认同对方的鉴定结果，促进商品自由流通，使商品、资金、劳动力和人才、技术、产权、信息等都实现无障碍流动。加强工商、质监、物价、食品药品监管、检疫、税务、海关等部门的合作，为区域内企业的生产、经营和服务活动及企业间的合作交流提供便利，促进商品和生产要素流通，降低交易成本。三是建立区域性各种行业协会和商会，以指导本行业协作与配套发展，加强行业内部

管理和协调，提高治理有效性，树立行业良好形象。

2. 建设"两型"和低碳城市

加快建设资源节约型、环境友好型（两型）城市和低碳城市。一是必须把节约土地放在突出的位置，提高城市建设用地规划的科学性，提高城市用地的效率。对于省会城市比如武汉、长沙等，要对建成区进行合理功能分区，优化城市土地利用结构，在充分挖掘建成区潜力的基础上，配合产业结构调整和升级，合理建设新城区；其他城市要加强土地规划和计划管理，从严控制新增建设用地总量，严格城市用地的审批制度，切实保护好耕地。各类城镇都要因地制宜，合理规划城区范围内的绿化空间，建设城市绿化带；加强风景名胜资源、历史文化遗产的保护，实现自然、历史、文化景观的长期利用，形成丰富的城市文化内涵和底蕴。

二是全面推进节能节水节材。大力推广新能源如太阳能利用，如太阳能热水器、太阳能发电等，在城市照明、空调等用电方面要做出规定，如路灯夏天推迟开启、提早关闭，空调温度规定范围等。要积极推广新型环保供水管材，全面开展节水型城市创建活动；大力开展城市综合节能，全面落实建筑节能强制性标准，加快现有建筑的节能改造；全面推广新型墙体等新建材，提倡简约实用的建筑装修和鼓励房地产开发商提供精装修房。

三是加强城市环境保护和治理，加强城市生态建设。严格环境标准，加强环境执法，对污染严重的企业实行关停并转。加大城市和小城镇污水处理设施建设力度，加快城市垃圾处理设施改造，加大城市大气环境治理力度，全面开展城市噪声综合整治。发展低碳经济，减少二氧化碳的排放，建设低碳城市。引导高污染企业进行技术改造，提高资源能源利用效率，加强环境监测和排污收费征收。通过降低税率、加大金融信贷资金扶持力度等措施引导和支持绿色产业及环保产业的发展。加强城市生态环境保护，重点加强水系、湿地等生态敏感区和风景名胜资源保护，加强城市中心绿地、道路两侧、河道两岸等重要地段的绿化建设，努力创建生态型城市。

3. 全面提升城市功能

一是积极推进城市经济转型和发展方式转变。坚持以提升产业层次、发展服务经济为主线，不断提高城市经济竞争力和城市带动农村发展的能力。大城市要着力增强自主创新能力，积极推进劳动密集型产业和城市和谐发展，在城市规划建设管理中切实贯彻科学发展观，以人为本，建设宜居城市。

二是提升城市文化内涵。充分发掘中部城市的自然和历史文化资源，延续城市历史文脉，保留城市历史记忆，突出文化底蕴和自然风貌，培养与时俱进的城市精神，形成特色鲜明的城市文化，使城市兼具历史积淀和时代特征。加强城市居民的道德教育、法制教育和科学文化教育，培育民主精神和公民参与意识，建设公民社会。倡导科学健康文明的生活方式。进一步改善城市街容市貌，稳步推进危旧建筑和背街小巷改造，注重历史文化和人文景观的保护。

三是加强和改善对进城农民的服务。继续对临时进城务工人员实行亦工亦农、城乡双向流动的政策，依法保障其合法权益；对在城市已有稳定职业和住所的进城务工人员，积极创造条件使之转为城市居民，享受城市居民的同等待遇；对因城市建设承包地被征用、失去土地的农村人口，要及时转为城市居民。同时，加快"城中村"改造，切实做好拆迁、建设、安置和撤村建居工作。

四是进一步加强城市管理。进一步转变城市管理理念，拓展城市管理内容，理顺城市管理区，对交通、环卫、公共秩序实行物业化管理，加强治安管理，创造平安环境，使城市居民安居乐业。深化城市基层社会管理体制创新，加强和改进社区服务，加快建设和谐社区、文明社区。

五是加快城市基础设施建设。中部地区大多数城市的基础设施老化，历史欠账较多，容纳能力有限，难以适应城市化的快速推进。因此，必须要加快中部城市基础设施建设的步伐，加大投资力度，合理运用经济杠杆，积极推进基础设施投资主体的多元化，尽量向民营资本开放。多方面筹措资金，根据需要与可能，合理安排基础设施规模和建设时序。

4. 加快产业结构调整和升级

要着力于产业结构的调整，一方面运用高新技术改造传统的低层次重工业，提升产业素质；另一方面，注重比较优势的运用，适当发展劳动密集型产业，有条件的地方要大力发展高新技术产业和战略性新兴产业。在科技和教育具有一定基础的武汉、长沙等地，可以因地制宜发展高新技术产业。产业的发展既要注重现有的比较优势，更要创造条件取得未来或者潜在的比较优势。

一是加快发展第三产业。巩固中部地区商品流通、交通、旅游等传统产业，发展金融保险、房地产、信息咨询等新兴产业，为城市提供更多的就业机会，凸显第三产业在城市化进程中的推动力。第三产业的发展是工业化进行到一定高度的必然产物，而第三产业一旦兴起，又会促进工业化向更高层次发展。因此，对于城市化水平偏低的地区，应该加速第二产业的发展，从而带动相关联的第三产业的发展。对于一些工业化水平高的城市应该适时进行产业升级，大力发展第三产业，并努力提升其质量和效益。

二是培育特色产业集群。知识经济时代，区域之间的竞争不再是单个企业间的竞争，而主要是产业集群间的竞争。中部地区在新型城市化过程中，将承接发达国家和东部沿海地区产业转移与自身资源的跨区域整合相联系，实现特色产业聚集与城市群发展融合，培育各具特色的产业集群，以此促进现有的武汉都市圈、中原城市群、安徽沿江城市带和长—株—潭城市群向更高层级的组团式城市群演化，打造更具活力、更有竞争力的区域经济增长极，推动中部地区城市化水平实现量的扩张与质的飞跃。

5. 强化中心城市辐射带动作用

区域经济发展要靠中心城市来带动辐射，国内的珠三角、长三角和正在崛起的环渤海地区都证明了这一点。要突出中部地区各省会城市的特色，发挥其作为全省的政治、经济、文化、科技、教育和金融中心的作用，利用自身的优势，重点发展第三产业和制造业，不断提高其作为中心城市的承载力和吸引力，加强对周边区域的辐射与带动。一要立足特有的区位优势，从更大的区域着眼，构建跨省域的中心城市；二要立足科技、教育、人才集中的优势，建设全省最重要的技术开发、应用中心和高科技产业推广中心；三要立足多种交通网络交汇的优势，建设全省最大的交通枢纽和商品集散中心；四要立足高层次的金融机构和高层次的证券交易中心，建设跨省域的金融市场；五要立足省级信息源头和通信枢纽的优势，建设省内最大的信息中心；六要立足省会城市的特有地位，建设全省经济组织、管理和服务中心。

发挥中心城市带动作用，实现大中小城市和小城镇协调发展、城乡互促互进是中部地区推进新型城市化的题中应有之义。城市要做大做强，核心在于提高综合竞争力，关键在于进一步明确城市定位，着力点在于完善城市功能，形成各自的城市特色。完善城市发展功能、基础功能、管理功能、服务功能。要着力提升城市品位，通过打造一批精品工程、塑造一批特色街区、挖掘一批自然和历史文化资源，延续城市文脉，不断提升城市品位。

提升中部城市尤其是中心城市的竞争力，其关键是强化创造良好的经济发展环境，完善社会主义市场经济体制，创造公平竞争的市场环境，通过制度创新，促进城市自然资源、基础设施资源和城市人文资源有效利用，着力营造良好制度环境、创业环境和人文环境，真正做到转变政府职能，拓宽投融资渠道，提升城市的基础设施、政府和企业的竞争力，实现城市综合竞争力的进一步提升，推动区域中心城市的发展。

6. 加强小城镇建设

要聚集各种优势资源发展中部地区现有的特大城市、大城市，使其真正成为中部经济、科技、文化、交通中心，并利用现有的交通网络和基础设施，通过商品和生产要素的自由流动，为中小城市的发展提供有利条件。积极发展小城镇，加快农村人口的城市化，以充分利用中部充裕的劳动力资源，促进城乡协调发展。

做好小城镇的规划，要统筹兼顾、突出特色，坚持工业立镇、科教兴镇、外向带动的战略，要注重城镇经济发展与资源、环境的协调。靠近中心城市的乡镇，要充分接受中心城市的辐射，加快产业结构调整，建设工业向导型的小城镇；在远离中心城市但农业生产、交通条件好的地区，大力发展农业产业化，建设农产品加工和集散型城镇。对中部地区内部条件较好的小城镇，要进一步优化和调整产业结构，加强基础建设，改善环境质量，提高综合实力；对于中部内部的欠发达地区小城镇，要抓住机遇，充分利用好国家促进中部崛起的优惠政策和条件，结合各自的自然、经济条件，培育新产业，加快发展。尽快建设一批规模适中、设施配套、功能齐全、经济繁荣、环境优美、竞争能力强、聚集效应明显的中心小城镇。

加快小城镇建设，可以充分利用市场机制，实现投资主体多元化。探索运用出卖、出租道路或桥梁的冠名权、广告权，组建专业经营公司投资经营，对城镇基础设施实行有偿使用制度，向受益单位收取城镇基础设施配套费、排污费等方式筹措资金，进行城镇道路、桥梁、排污供水等基础设施建设。通过发行专项债券和 BOT 方式吸收社会资金和外资。

小城镇要提高政府办事效率，强化公共服务，降低收费标准，优化软硬环境，切实降低企业初始投资成本和运营成本，引导村办企业迁入小城镇，特别是其中的工业园区。深化城镇住房制度改革，盘活城镇房地产，发展房地产业，鼓励农民带资进城购房经商。

7. 降低城市化成本

城市化的重要功能是促进人口和产业集聚，人口集中的主要来源是农村人口的转移，目前城市化的主要障碍之一是农民进城成本高昂，要切实降低城市化成本，一是政府要加强房地产市场的宏观调控，有效控制房地产价格过快上涨；二是加强经济适用房和租房建设，使得进城农民买得起或租得起基本住房；三是将进城务工经商的农民工纳入社会保障体系，落实医疗保险、基本养老保险；四是为其子女提供基本义务教育，可以在城镇就近上学；五是加强市场基础设施建设，为其提供价格合理的经营厂所等。

完善城市空间发展框架，加速近郊融入城区，辐射带动中心城镇和农村；通过产业、基础设施、公共服务对接，促进城乡资源优化配置，快速提升城市的带动能力。在推进城市建设中，探索基础设施优先、社会事业优先、生态环保优先、惠及群众优先的建设模式。建设对外交通、城市道路运行、城市客运、货运和内外衔接交通体系。规划建设发展急需的水、电、气、热、公交等市政公用基础设施，创造生产生活良好条件。大力实施生态建设，加快构建城市绿化，建设生态宜居城市。

第五章

中部崛起过程中新型工业化与
区域协调发展问题研究

第一节 区域协调发展的内涵界定与基础理论

一、区域协调发展的内涵界定

1. 区域协调发展的判别标准

不同于改革开放前突出公平为特点的区域均衡发展战略，也不同于1979～1995年实施的以突出效率为特点的区域非均衡发展战略，区域协调发展的最基本含义就是协调区域，强调发展中的"效率"与"公平"的统一。这里的"效率"指资源的优化配置和有效利用；这里的"公平"包括过程公平（机会公平）和结果公平（社会公平）两个方面。前者指要给各区域均等的发展机会，使得各区域在统一的市场上公平竞争、等价交换、互利共赢、共同发展，不以牺牲任何区域的经济利益为代价；后者指要对发展条件差的落后区域给予有效的扶助和支持，使各区域在共同发展中有效控制和缩小发展差距，并最终走向共同富裕。这里的"协调"主要是协调好我国经济整体发展的"效率"与各地区获得利益的"公平"的关系。

221

判别区域协调的四个标准分别为：

（1）区域之间经济联系日益密切。区域之间经济联系越密切，区域间经济发展的依赖性就越强，区域间的互动性也就越高。其主要体现为：以劳动地域分工为基础的区域市场逐步形成并不断扩大，区域封锁和市场分割趋向弱化，全国统一市场逐步形成，区域间生产要素和商品的交换除了受市场和价格因素的影响外，基本不受其他非市场、非价格因素的限制。在此基础上，区域之间经济交往的范围和深度得以不断扩大。

（2）区域分工趋向合理。各区域的产业发展和产业结构都是建立在自身经济基础上，而不是盲目追求眼前利益的结果。就"过程"而言，区域之间产业结构的趋同现象不断减少，区域产业结构的差异扩大，资源配置效率逐步提高，区域分工趋向合理。

（3）区域间经济发展差距在一定的"度"内，且逐步缩小。区域间存在经济发展差距，且这种差距有时可能还会扩大，这些现象都是正常的。但区域经济发展差距不应呈现急剧扩大或持续扩大从而形成两极分化的趋势，而应保持在一定的限度内，即不能影响区域经济的持续发展和社会稳定，并且这种差距在总体上还应当逐步缩小，以实现区域间的相对公平。因而，从状态上看，区域间经济发展差距应在一定的"度"内；从过程上看，区域经济发展差距则应逐步缩小。

（4）区域经济整体高效增长。正常情况下，区域经济发展速度会有所波动，也有可能此消彼长（当然，"彼"长不应当是"此"消的原因），但在整体上应当保持较高的发展速度，这既是现阶段我国国民经济发展的必然要求，也是为了避免区际"公平"的获得是以严重降低区域经济发展总体效率或某一区域的发展速度为代价（损害该区域的利益）。

结合上述四个标准，我们就可以针对特定地区的区域协调发展状况进行判别，但这种判别必须考虑特定区域在中国整体经济和世界经济中的特殊地位，以及该区域与其他关联区域之间的特殊联系。现实中，衡量区域经济是否处于协调发展状态，可以从以下两方面来进行判别：第一，观察区域间的经济利益是否同向增长。在市场经济条件下，如果各个区域的经济利益不能同向增长，就会破坏区域之间的正常经济关系，制造、加剧区域之间的冲突和矛盾，并导致国民经济长远发展的低效率。第二，观察区域间经济差距是否趋于缩小。区域经济差距若长期不缩小，就达不到区域协调发展的目的。

综观学术界对区域协调发展定义的探讨，可以发现，区域协调发展的研究经过了由区域内部之间协调延伸到内外部协调兼顾以及侧重于外部协调的发展历程，这种研究重心的变化是与经济发展的方向相吻合的。随着区域经济的飞速发展，区域内外部协调的重要性尤为突出。在本书中，区域协调发展也可以理解为区域内部的和谐及与区域外部的共生，一种内在性、整体性和综合性的发展聚合。区域协调发展就是区域内部形成一个有机整体，相互促进、协同，通过良性竞争与紧密合作，与区域外部融洽区域经济关系，创造最佳总体效益，形成优势互补、整体联动的经济、社会、文化和生态可持续发展格局。

2. 区域协调发展的基本特征

基于上述判别标准，区域协调发展的基本特征可以归纳为五点，即综合性、互制性、动态性、层次性和量化区间性。

（1）综合性。

区域经济协调发展是一个综合性概念，它不单纯指一个方面的协调，而是区域间各种协调关系的总和。无论是区域经济发展过程中区域间总量结构的协调，还是区域经济关系的协调，都是区域经济协调发展的内容之一，它们都不是全部内容，都不能涵盖整个区域经济协调发展的概念。

（2）互制性。

区域经济协调发展过程中，任何一个区域的变化和发展都以不损害对方及不给对方发展造成障碍为前提，而且要使一个区域的经济发展成为另一个区域经济发展的有利条件。换言之，每个区域都要以其他区域为自己的约束条件，选择自己的要素、调整自己的结构、改变自己的功能，以适应和促进其他区域的发展，使各区域要素不断更新、结构不断优化，区域间彼此依赖、相互促进，从而使各区域经济在动态反馈过程中获得持续发展。

（3）动态性。

区域经济协调发展是一个动态概念而不是静态概念。这包括两方面含义：一是对协调发展必须辩证理解。发展是协调的前提，只有相对于发展才有协调，协调是关于发展过程的规定，离开了发展就无所谓协调。一个孤立的、静态的系统，由于其没有过程，就只有平衡而没有协调。二是协调是有条件的。一个国家区域间的结构和关系不可能永远保持一种状态，在某种条件下，某一种结构或关系是最优的，但随着条件的变化，它又可能在变化了的条件下成为次优的、非优的甚至是不合理的。所以，应以动态的而不是静态的方法来认识与理解区域经济协调发展。

（4）层次性。

区域经济协调发展是一个相对概念，"协调"是相对"不协调"而言的。因相对性的存在，区域经济协调发展就会有程度之分，即根据协调的程度可以把其分为不同的层次，如协调、基本协调、不协调等。

（5）量化区间性。

由于区域经济协调发展是一个相对的和动态的概念，因此，也就决定了区域经济协调发展是一个"区间"概念，而不是"点"概念。也就是说，如果用定量指标来衡量这一概念的话，那么它最多只可能是一个区间，在这一区间内都属于协调发展的范畴。因此，期望用一个"点"来衡量区域经济协调发展状态是不可能的，也没有实际意义。

具体而言，"区域协调发展"应包括以下几方面的内涵：从结果上看，是指在发展的基础上实现区域间绝对收入差距的缩小，即能够使收入参数 σ 趋同；从过程上看，是指各区域都要发展，而且落后地区要尽量发展快一些，使区域间相对差距（增长率差距）缩小，即能够使增长率参数 β 趋同；从过程和结果的结合上看，是在满足区域利益的帕累托改进的同时实现公平，即实现区域利益的"分享式改进"，并最终走向共同富裕。

二、区域协调发展的理论基础

随着经济全球化和区域一体化的不断深入，全面统筹、协调可持续发展成为区域社会经济发展的重要途径和根本要求，区域协调发展强调区域产业结构、城乡结构、基础设施以及资源利用与环境保护等方面的全面可持续发展，最终达到一种高层次的和谐状态。高水平的区域协调发展的终极价值正是和谐的人文精神。因此，在这样的背景下，探究区域协调发展的理论基础及其带来的启示具有鲜明的时代意义。

1. 区域非均衡增长理论

区域非均衡增长理论包括：佩鲁的增长极理论、缪尔达尔的循环累积因果理论、赫希曼的不平衡增长理论、弗里德曼的中心—外围理论、威廉姆森的"倒U型"假说以及以工业生产生命周期理论为基础的区域经济发展梯度转移理论等。上述理论都认为，在市场经济及"二元经济"条件下，区域经济（增长）发展必然伴随着发达地区与欠发达地区的非均衡（增长）发展，市场机制并不能使区域间的差距自动消失。这些理论都直接或间接地表明了政府在促进区域经济均衡协调发展中的作用。

在区域非均衡发展理论中，缪尔达尔的"地理二元经济结构论"影响最大。他运用一系列概念，如"扩散效应"、"回波（流）效应"以及"循环累积因果关系"等，说明了一国经济发展中地理二元经济结构的成因，并提出了克服这种二元结构的政策建议。他认为发展中国家在发展过程中，因各地区的自然及外部影响要素不同，会出现地区间的不平衡，这种不平衡在"循环累积因果关系"的作用下不断加强，使得较先进的地区进一步发展，而落后地区更加落后。这是由于发达地区要素生产率高，价格高，不发达地区的生产要素就流向发达地区，而对生产要素（特别是对劳动力）的吸收是有选择性的，这样，经济发展的过程实际上是落后地区高质量的生产要素不断流失并向发达地区集聚的过程。这被其称为"回波效应"（"倒流效应"），他认为不存在当时主流经济学认为的"扩散效应"——发达地区的发展会扩散到落后地区从而带动落后地区发展。随着贫穷引起要素"倒流"，贫困地区就更贫困，而更贫困就更"倒流"，如此反复"循环累积"，使发达地区与不发达地区的发展差距越拉越大。

据此分析，缪尔达尔提出对区域经济发展的优先次序的看法。当某些先起步的地区积累起发展的优势时，应采取非均衡发展战略，通过各种政策倾斜，优先发展这些地区，求得高的投资效率和较快的发展，并通过这些地区的发展来带动其他地区的发展，但地区间差距不能太大，为避免"循环累积因果关系"的影响，防止两极分化，不能消极等待市场力量自发作用，必须由政府制定相应的政策和措施，刺激和帮助落后地区快速发展。

缪尔达尔的理论经统计方法检验，大致符合不发达经济的实际情况，因而受到了许多发展中国家政府的重视，被许多国家在规划区域发展时自觉或不自觉地使用。印度的坎德拉、巴西的马瑙斯等不发达地区的开发计划，我国在区域经济协调发展战略中提出的"两个大局"，都可以说是其理论的政策反映。

2. 区域发散理论

新经济地理理论中的区域发散理论兴起于 20 世纪 80 年代，这一理论从运输成本、聚集经济、规模经济、人力资本、外部性、递增收益、技术扩散等角度对影响区域经济发展的要素进行全方位探讨，提出了区域间经济发展趋异或区域发散的观点。该理论认为，经济要素的自由流动及流动方向并非像新古典增长理论所假设的那样，仅受由稀缺性所决定的价格影响，除此之外，还受制度性障碍以及其他因素的影响。如劳动力的流向除受工资待遇影响外，还受制度、文化差异、就业的信息成本、社会环境等影响；资本也并非总是从剩余地流向稀缺地，其流向会受到产业聚集和外部性所形成的递增收益效应的影响。

因此，要素的自由流动并不会自动纠正区域发散趋势，亦即不能自动纠正区域间发展的差距。政府的政策和制度会影响要素流动方向，不言而喻，不同的区域政策和制度，会导致区域的不同发展。如中国这样的大国，要使区域经济协调发展，制定适当的区域政策并使之法律化以保障其实施就尤为重要。

3. 区域乘数理论

区域乘数理论认为，任何区域的经济发展都应力求增加输出产品的生产，并使这种产品的生产不断提高竞争能力，以此开拓、占领越来越广泛的市场。同时这一理论也暗示，如果收入的其余部分用来扩大输出基础和非输出基础的生产，那么它的最终收入会以乘数效应增长，也就是说，输出及其收入对区域经济增值

225

的大小，取决于输出产品的输出净收入和区域经济的结构机制。这就是所谓的"输出乘数理论"，这种过程被称为区域经济发展的外部循环过程。

在四部门模型中，区域内的居民消费、政府支出、投资和进出口都会对此区域的经济增长产生乘数效应。但是，区域的经济活动并不仅仅局限在自身的单位内，随着市场体系的完善和一体化进程的加快，要素的流动、技术的溢出以及污染等负外部效应的影响超过一个区域的自身范围，并且对其他区域的影响也并非单倍线性方式，从而以乘数效应来对其经济的下一轮发展施加影响。

考虑 A 和 B 两个区域，如果区域 B 对区域 A 的边际投资倾向和边际吸纳出口倾向越大，那么区域 B 对区域 A 的关联乘数效应越大，也就是说，当区域 B 的国民收入越高，在区域 A 的投资越多，并且区域 B 的边际投资倾向越大，对区域 A 下一轮的经济发展拉动效应越大；同时区域 B 吸纳区域 A 出口商品的倾向越大，对区域 A 的关联乘数效应就越明显，即对区域 A 的经济贡献越大。

4. 区域相互依赖理论

区域相互依赖理论认为，各区域都生存于遍布全球的相互依赖网中，相互依赖使不同区域在许多领域拥有共同利益。因此，各区域都有义务共同努力，建设一个和平、稳定和协调发展的全球社会。这种依赖不仅体现在不同区域之间，也体现在区域内部，正是由于这种相互依赖关系的存在，增加了促进区域合作的前提和多种有力措施。相互依赖关系是一种过程，而且范围越来越广泛，使经济与政治之间、经济与生态之间的相互依赖、相互影响日益加深。相互依赖的核心是合作，处理区域关系的实质也是合作。

从区域协调关系行为体方面来看，政府不再是唯一的区域协调关系行为体，其地位和影响力的下降与非政府因素的上升形成鲜明对比。专设的区域协调机构、地方政府的协作组织、区域性经济组织以及各种非政府组织（如行业协会、各种学术和研究组织等）都可以担当区域协调关系行为主体，且影响力日益上升。

相互依赖理论对全球化时代国际合作前景以及国际制度作用的分析是乐观的，它强调多边管理机制、开放的经济和市场以及稳定的社会政治经济秩序，而这些都是区域协调发展所强调和追求的。区域发展正是依据区域间相互依赖的关系基础，通过区域间良好的竞争与合作，尤其是务实有效的经济合作，实现最终的协调发展。因此，在经济结构水平、国际专业化协作水平、科技水平和收入水平较高，市场容量较大，出口创汇能力较强，以及对外政策限制较少的区域之间在上述方面趋于一致时，在生产、商品、市场、技术、资金和人才等方面相互依赖性会较强，经济合作较快，区域的发展也较为容易达到协调发展的状态。

5. 区域可持续发展理论

工业革命以来，特别是 20 世纪五六十年代以来，人类不断反思自身的发展对资源环境乃至人类本身所造成的破坏和伤害，逐渐意识到要摆脱一系列经济、社会、资源、环境危机，就必须寻求新的发展模式。可持续发展理论就是在这一背景下形成的，它所表达的是一种既满足当代人需要，又不损害子孙后代利益的发展观。可持续发展理论突出强调的是发展，实现人口、资源、环境与经济的协调，强调代际之间在环境资源利用与保护方面的机会均等，强调建立经济增长新模式。

区域可持续发展理论认为，区域发展是一项综合性、复杂性、系统性的工程，涉及经济、社会、资源、环境等方面。在区域协调发展的过程中，"区域发展条件和基础分析→明确区内、区际协调发展的定位→制定区域协调发展机制→区域协调发展机制运作"的每个环节都需要可持续发展理论的指引。区域协调发展要立足于建立有序、和谐、良性、协调、公正发展的区域系统。

区域协调发展首先要紧紧抓住发展和全面发展这个基础和前提，立足于构建区内经济、社会、资源和环境各要素发展和全面发展的机制和框架，形成一个结构优化、富有活力、高效、持续的区域经济系统。同时立足于处理好区域系统各要素之间的协调关系，既包括区内协调，也包括区际协调；既包括人与自然的协调，也包括人与人之间的协调；既包括城乡协调，也包括经济社会协调。努力营造一个经济、社会、资源、环境协调发展的区域环境。

区域协调发展要强调公平性和以人为本。公平性包括当代人之间的公平、代际之间的公平和公平分配有限资源，要处理好局部与全局、近期与远期、当代与后代发展之间的关系。要紧紧围绕以人为本这个核心，以不断改善人们的生活质量、提高人口素质、满足人们多方面的需求，把实现人的全面发展和社会的全面进步作为区域协调发展的基本出发点和最终目标。

第二节　新型工业化下的区域协调发展机理

重点分析在新型工业化的创新驱动机制下，中部地区区内协调发展、区际协调发展和国际协调发展的主要表现，以及新型工业化对于中部地区区内协调发展、区际协调发展和国际协调发展的支撑作用。

一、基于主体博弈的区域协调发展动力

从主体博弈角度来看，区域协调发展就是政府、执行者和相关局部群体的利

益均衡，也是区内和区际全部社会群体及其代际间的利益均衡。从经济、社会和生态三个维度出发，区域经济社会的发展，不论是其经济价值，还是其社会和生态价值，都可以反映在一种特定形式的博弈均衡中，而其关联主体之间的期权博弈均衡、互动公平均衡和风险规避均衡实际上可以理解为发展价值内涵及其关联主体信念结构的不同表现形式。因此，在区域协调发展过程中，其区内和区际博弈主体策略均衡及变化，实际上就构成了区域协调发展的动力源泉。

区域协调发展归根到底还是发展问题，政府、执行者和大众都必须选择投资，否则协调发展无从谈起。那么，其中最为关键的就是三方利益之间的平衡，也就是发展的动力机制问题。

1. 区际共生动力博弈

区域发展虽然涉及的是经济区，但经济区与行政区是密不可分的，一般情况下，经济区是由若干个行政区构成的，因此，区域协调发展必然涉及以行政区划为单位的政府间的利益关系。为了实现各地利益的最大化，区际竞争难以避免。促进区域协调发展，实现区际共生，需要区际政府间横向关系的调整和改善。由当前的发展现状来看，区际政府合作的出发点更注重于经济价值的追求，那么根据上述期权博弈均衡的思维，政府是否支持是能否最大化区域经济价值的主导因素，由此可建立如下区际政府合作博弈：

		政府 B	
		合作	不合作
政府 A	合作	t + u, t + u	t, 0
	不合作	0, t	0, 0

图 5 - 1　区际政府合作博弈

在图 5 - 1 所示的博弈均衡中，区际政府在考虑自身经济利益最大化的前提下，t 和 u 这两个合作利益补偿的存在，使得区际的合作就应当是博弈双方理性的战略选择，从而构成区际共生的发展动力机制。

2. 区内和谐动力博弈

相对于区际共生，区内和谐更注重基于经济价值基础之上的社会价值的追求。通过以上互动公平均衡分析，区域发展只有在投资之后才能实现其社会价值。那么，在政府、执行者和大众之间就必须有一个共同选择的契合点，我们可以建立一个考虑社会（包括生态和代际）公平的发展心理博弈。这种博弈在各利益主体获取经济利益的同时，还考虑博弈行为是否公平地带给政府和执行者心理效用的满足，也就是从"其他人的快乐中得到快乐"的激励与满足。在区域发展中，实施协调发展就是一种利他表现，是一种体现了区内和谐的策略选择。

在这样的协调发展中，大众作为评判性的第三方，可以设想政府和执行者对于每一项发展行为，都会站在整个社会大众（包括生态和代际）的视角来权衡，而这种权衡的结果以及大众对此结果的认可程度就构成了寻求区内和谐的动力机制。

从图 5 - 2 可以看出，如果不考虑社会公平的效用影响（即不考虑 S 和 s），那么博弈的均衡结果将是不幸的：政府和执行者都选择非协调的区域发展。因为这种策略选择对他们有最大的物质利益（得益均为 10）。但如果考虑社会公平的效用价值，当 S 和 s 都足够大的情况下（譬如，S = 2，s = 1），协调发展就会成为博弈主体共同的策略选择。从另一个角度来理解，区域协调发展社会价值的实现，需要我们修正以当前或局部群体利益为唯一标准的决策准则，需要考虑社会公平对于整个社会和生态的效用价值，既然大众的认可和博弈主体的心理效用满足都要以协调发展作为依托，那么协调发展策略就应当是博弈双方理性的战略选择。

		政府	
		协调	非协调
执行者	协调	10 - S, 10 - S	8 - s, 4 + s
	非协调	4 + s, 8 - s	6 + S, 6 + S

图 5 - 2　政府和执行者的协调发展博弈（大众作为评判性的第三方）

3. 生态价值实现的动力博弈

鉴于以上风险规避均衡的分析，政府、执行者和社会大众都选择"不支持"的策略组合就反映了区域发展在特定策略环境的生态价值，在区域发展过程中，正因为对于风险结果的规避，博弈主体都选择"不支持"导致了区域发展整体价值的减损或无法实现，那么，政府和执行者在发展过程中必须考虑到对生态价值的补偿。环境价格是对生态资源所获取的效用的货币评价，随着经济社会的高速发展，当代人和后代人在最基本的需求满足后就会有更高层次的需求，环境价格也就日趋飞速增长，在这样的现实前提下，正是由于对生态风险的规避构成了区域协调发展中生态价值实现的动力机制。

二、后发区域与先发区域之间的协调发展

区域经济一体化可以实现全国统一的大市场，实现各种资源要素的充分流动，从而提高经济效率，加快区域经济的发展。但如果仔细分析，就会发现这种

观点存在很大缺陷，一体化所追求的是效率而不是公平，它在提高经济效率的同时可能扩大区际差距。协调发展强调的是逐渐缩小区际发展差距，核心是区际人际的公平。根据空间经济学的基本理论，笔者将讨论在区域市场规模和人口规模已确定的情况下，区际产业份额的变化所导致的区际和人际收入水平的变化，以及政府干预的主要方式。首先讨论市场力作用下区域产业份额的确定以及对区际人际收入水平的影响；其次讨论政府有效干预下的收入水平和社会最优产业的分布模式；最后讨论政府无效干预下的收入水平和社会次优产业的分布模式，以及政府主要的干预方式。本章的讨论主要围绕在经济自由化条件下，产业活动的重新布局所导致的区际人际收入水平的变化，也是本章的基本思路。

在市场力作用下，企业是可以自由选择生产区位的。本章根据自由资本模型，讨论在一体化条件下企业自由选择区位而导致的实际收入的变动问题。当讨论收入变动问题时，必须考虑两个问题：一是当企业自由选择区位时，不同区域实际收入水平是如何变化的；二是当企业自由选择区位时，不同区域不同要素所有者的实际收入水平是如何变化的。

1. 模型基本假设

有两个区域：北部和南部。两个区域市场规模不对称（假定南部的市场规模较北部小）；每一区域有两种生产要素：物质资本 K 和劳动力 L。劳动力在区域间不能流动，且假设劳动力全部就业，因此北部雇用的劳动力份额就等于北部的劳动力禀赋，南部也如此。资本可以流动但资本收益都返回到资本所有者所在地，因而资本流动不会影响市场规模，市场规模是外生决定的，也就是说历史已经造就了市场规模的差异。北部使用的资本份额和北部拥有的资本份额，可以分别表示为 S_n 和 S_k。

每个区域有两种生产部门：制造业部门 M 和农业部门 A。农业部门以规模收益不变和完全竞争为特征，只利用劳动力生产同质产品；制造业部门以规模收益递增和垄断竞争为特征，生产差异化的最终消费品，每种产品的生产需要 1 单位资本和 M 单位的劳动，因此北部使用的资本份额等于北部的企业份额，南部也是如此。两个区域的生产技术相同。农产品的区内区际交易无成本，制造业产品的区内交易无成本，但区际交易需支付交易成本，交易成本遵循冰山交易成本。

两个区域消费者的偏好相同，假设消费者消费农产品和工业品组合时的效用函数为柯布—道格拉斯效用函数，消费一组工业品组合时的效用函数为不变替代弹性效用函数。

2. 有关市场配置优化的结论

市场力作用下的产业配置取决于市场规模和贸易自由度；当某一区域的市场规模较大时，产业份额也就较大；当区域的市场规模已外生给定时，如果贸易自由度大，则可流动要素进一步聚集在市场规模较大区域，因而产业份额也就很大。

上述结论告诉我们，在市场力作用下，产业的空间分布主要取决于市场规模而不是比较优势或位置条件以及交通条件。它还告诉我们，当两个区域市场规模不等时，如果我们实行一体化政策（也就是贸易自由度很大），则市场规模较大的区域产业份额就更大。这在某种意义上解释了改革开放以来我国经济更加集中在东部地区，西部经济总量在整个国民经济中所占份额逐渐下滑的主要原因。正是由于劳动者和资本所有者的收入水平不同，因而在人口规模相同的情况下，资本所有者所占的份额越大，则该区域的市场规模也就越大，因而产业份额也就越大，这正是目前我国东西部发展差距越来越大的主要原因之一。

3. 有关收入水平区际差异的结论

在市场力作用下，产业活动的重新布局提高了产业份额较大区域的收入水平，降低了产业份额较少区域的收入水平，但它不会影响同一个区域内不同群体之间原有的收入结构。

从上述结论可以看出，产业活动的重新布局导致收入水平的区际不均衡。在市场力作用下，产业的转移将提高产业份额较大地区的实际收入水平，降低产业份额较小地区的实际收入水平。因此，如果产业的空间结构保持不变，就可以在保证不损害某一区域利益的同时也不会增加另一个区域的利益。但在市场条件下，因要素的趋利性特征，如果贸易自由度变大，则必然导致流动要素的转移和区际收入水平的差异。这就是说，在市场条件下，不进行干预就很难实现区际收入水平的帕累托改进。得出结论，当初始市场规模不等时，如果区际贸易自由度很大，则会进一步扩大区际产业份额的差距以及区际收入差距。可以看出，在无法人为改变现有市场规模区际差异的情况下，为了缩小区际收入差距，适度降低区际贸易自由度是很有必要的。

4. 有关收入水平人际差距的结论

当初始产业分布不均衡时，如果产业分布趋向更加不平衡，则损失者的福利损失大于获益者的福利增加部分；如果产业分布趋向于平衡，则获益者的福利增加大于损失者的损失部分。

实际上，笔者所说的产业转移或资本转移，并不主要指原来区位在某一地区的工厂搬迁到另一个地区，而主要指某一地区产业份额的变化情况，这种份额的变化不外乎通过两种途径——本地自生企业和流入的企业（或资本），如果自生企业较多或流入资本较多，则该地区的产业份额增加。在本书的模型中，某一商品市场中不同企业的技术水平相同，劳动者的技能相同，不同地区消费者（也是劳动者）的消费偏好也是相同的，这种情况可能与现实情况不符，但如果某一地区生产的某种商品种类较多（也就是企业数量较多），则不需从外地大量购入产品，减少了运输、销售等中间环节，消费者（也是劳动者）的消费价格指数较低，因而实际上可以提高收入水平。

上述结论描述的是产业份额的变动与劳动者实际收入变化之间的关系，当初始产业份额不均衡时，如果产业份额进一步向某一地区集中，则此时总体福利水平将下降，欠发达地区劳动者福利损失大于发达地区劳动者福利水平的增加，进而导致人际收入水平的巨大差异；当产业份额趋向于均衡时，总体福利水平将提高，此时欠发达地区劳动者的福利增加大于发达地区劳动者的福利损失，进而缩小人际收入水平的差距。

上述分析说明，要缩小区际劳动者收入水平差距，应尽可能地实现产业分布的均衡。然而，在市场力作用下，要素的趋利性特征使得各种生产要素向发达地区聚集，进一步加剧产业份额的不均衡。因此，政府必须采取有效措施防止这种现象的发生。正因为市场化下的最优产业分布并不必然产生区域协调发展的结果，所以政府干预区域经济发展的行政行为具有了理论合理性和现实必要性。

三、政府干预时的区域协调发展

1. 政府有效干预时的区域协调发展

根据上述结论，市场行为不会导致收入分配的帕累托改进，因此政府的干预是很有必要的。但政府的干预也不能把产业均匀地配置在不同地区，如果某一区域的市场规模较大，则该区域应拥有较大份额的产业。下文将主要回答两个问题——政府干预能否提高总体福利水平？什么是社会最优的产业分布？

为了讨论的方便，假设企业的行为是理性的，企业的目标函数就是尽可能扩大利润；政府的行为也是理性的，政府的目标函数是提高总体福利水平，尽可能实现区际收入水平的均衡。由于企业的目标函数就是扩大利润，因而企业定价时价格高于边际成本，或企业选择生产区位时不考虑消费者福利的损失和其他厂商的损失（市场扭曲）。根据政府的目标函数假设，政府的主要职责并不是干预市场的正常运行，而是主要解决各种市场扭曲问题，也就是解决定价过高、消费者福利的损失以及其他厂商的损失问题。

政府干预下有效配置的结论是：如果政府进行有效干预，则可以提高总体福利水平。此时，社会最优的产业分布要求人口规模较大区域拥有较大的产业份额；贸易自由度较大时，人口规模较大区域的产业份额要更大。

上述结论说明，社会最优的产业分布，不是均衡的产业分布，而是非均衡的产业分布，人口规模较大区域或市场规模较大区域应拥有更大份额的产业。反过来，人口规模较大区域的产业份额较小，或与人口规模同比例，则不仅降低人口规模较大区域的福利水平，同时也是无效率的配置。尽管社会最优的产业分布应该是非均衡分布，但这种非均衡程度超过某一临界值，则将损害人口规模较小区域的福利水平。由于人口规模或市场规模是外生的，因此产业高度集中在人口规模较大区域因而降低整体福利水平时，可能的解决途径之一是适度"降低"贸易自由度，适当保护人口规模较小区域的产业份额。

2. 政府无效干预时的区域协调发展

政府无法消除上述的扭曲现象，则总体福利下降，经济系统处于次优状态。假定边际成本定价无法实施，厂商以利润最大化为目标，完全自由定价。此时，因边际成本定价而获得的福利改进项变为零，造成总体福利水平的下降。

政府干预导致市场配置无效率的结论是：市场配置强调的是收入水平的高低，当某一个区域的收入水平较高时，市场会把更多的产业配置在该区域，进而扩大区际收入差距。这时，市场力作用下的产业分布是缺乏效率的。贸易自由度的相应结论是：市场规模和人口规模已确定时，适度降低贸易自由度，可以降低市场配置的无效率。在无法人为解决不同地区之间要素收益和相对要素禀赋差异的情况下，解决市场配置无效率的主要途径就是适度降低区际贸易自由度。适度降低区际贸易自由度，就是采取有效措施保护欠发达地区的产业活动。

上述分析表明，区域经济协调发展的核心是区际人际收入水平与产业分布和贸易自由度之间的关系。市场力作用下的产业配置取决于市场规模和贸易自由度，当某一区域的市场规模较大时，产业份额也就较大。当区域的市场规模已外生给定时，如果贸易自由度很大，则可流动要素进一步聚集在市场规模较大区域，因此产业份额也就很大。市场力作用下的产业配置提高产业份额较大区域的收入水平，降低产业份额较少区域的收入水平。当初始产业分布不均衡时，如果产业分布趋向于更加不平衡，则损失者的福利损失大于获益者的福利增加，如果产业分布趋向于平衡，则获益者的福利增加大于损失者的福利损失。这说明，当原有产业分布不平衡时，要缩小区际人际收入差距，产业配置应当尽可能趋向均衡。

如果政府采取有力措施，消除市场扭曲现象，则可以提高总体福利水平。此时，社会最优的产业分布要求人口规模较大区域拥有较大产业份额，当贸易自由度较大时，人口规模较大区域的产业份额要更大。这说明，在社会福利最大化条件下的产业分布，不是均衡的产业分布而是非均衡的产业分布，人口规模较大区域应拥有更大份额的产业。社会最优的产业份额所强调的是人口规模。

与社会最优的产业份额相反，市场配置强调的是收入水平的高低，当某一个区域的收入水平较高时，市场会把更多的产业配置在该区域，进而扩大区际收入差距。因此，除了一些特殊情况，市场力作用下的产业分布是缺乏效率的。但在现实中，不同地区之间的要素收益和相对要素禀赋差异是无法人为解决的。市场规模和人口规模已确定时，适度降低贸易自由度，则可以降低市场配置的无效率。

通过以上讨论，我们得出有关政府调控的重要结论：政府调控的第一个内容就是建立和完善市场机制，保护合理竞争，尽可能消除市场的扭曲；第二个内容就是对市场规模较小的欠发达地区实行区别于发达地区的一些特殊政策，尽可能保护欠发达地区的产业份额。

第三节 区域协调发展的评价标准

一、区域协调发展的内部评价标准

1. 区域发展协调度指标体系

在区域发展协调度指标体系中，其目标层 A 为区域可持续发展，其准则层 B 为资源系统 B1、环境系统 B2、经济系统 B3 和社会系统 B4，每个准则层又包括不同的指标层 C。

资源系统 B1：森林覆盖率（%）C11，人均水资源量（立方米/人）C12，单位工业增加值能耗（吨标准煤/万元）C13，单位产值能耗（吨标准煤/万元）C14。

环境系统 B2：工业废水排放总量（万吨）C21，工业废气排放总量（亿标立方米）C22，工业固体废弃物排放总量 C23，污染治理年度完成投资额 C24。

经济系统 B3：人均 GDP C31，第三产业就业人口比重 C32，农村居民家庭人均纯收入（元）C33，城镇居民平均每人可支配收入（元）C34，城乡消费水平对比 C35。

社会系统 B4：人均医疗机构床位数 C41，年人均预期寿命 C42，每 10 万人口高等学校在校生数（人）C43，国内三种专利申请受理量（项）C44，地区教育经费投入（万元）C45。

2. 区域协调发展系数的计算

根据各指标的权重和标准化得分值，采用线性加权模型 $B_i = \sum_{j=1}^{m} w_j x_j$，其中，$m$ 表示 B_j 子系统中包含的指标项数，w_j 为权重系数，分别计算一个区域四个系统的综合得分，如经济系统综合得分、环境系统综合得分、资源系统综合得分和社会系统综合得分。对分系统得分的计算数据来说，每组数据的变异系数 V 在统计学意义上表示该组数据的离散程度，离散程度越大，各个数据之间的差异

234

越大。结合中部地区的实际情况，在构建我国中部地区区域协调发展状况评价指标体系的基础上，以 2006～2010 年《中国统计年鉴》的数据为依据，以全国 31 个省（自治区、直辖市）作为样本，重点研究中部地区六省的协调发展状况，按上述方法计算出 2005～2009 年中部地区六省各自四个系统的综合得分值（见表 5－1）。

表 5－1　　　　　2005～2009 年中部六省的各子系统综合得分

省区 / 准则层 \ 年份		2005	2006	2007	2008	2009
山西	B1	0.22	0.20	0.20	0.20	0.20
	B2	0.49	0.48	0.54	0.49	0.53
	B3	0.23	0.25	0.26	0.23	0.26
	B4	0.27	0.28	0.26	0.26	0.27
安徽	B1	0.50	0.44	0.44	0.44	0.44
	B2	0.58	0.64	0.62	0.64	0.68
	B3	0.20	0.23	0.22	0.19	0.22
	B4	0.21	0.22	0.21	0.22	0.24
江西	B1	0.69	0.63	0.64	0.64	0.65
	B2	0.59	0.67	0.66	0.66	0.66
	B3	0.26	0.27	0.26	0.30	0.26
	B4	0.16	0.17	0.16	0.16	0.16
河南	B1	0.42	0.36	0.37	0.36	0.38
	B2	0.49	0.62	0.61	0.56	0.60
	B3	0.20	0.22	0.22	0.18	0.21
	B4	0.26	0.27	0.27	0.28	0.29
湖北	B1	0.49	0.43	0.43	0.43	0.45
	B2	0.58	0.64	0.65	0.64	0.74
	B3	0.28	0.26	0.29	0.27	0.31
	B4	0.30	0.31	0.28	0.28	0.29
湖南	B1	0.59	0.53	0.53	0.53	0.55
	B2	0.60	0.66	0.65	0.63	0.65
	B3	0.27	0.27	0.27	0.23	0.26
	B4	0.26	0.27	0.26	0.24	0.26

从经济学意义上讲，B1、B2、B3、B4 分别代表一个区域经济、社会、资源和环境四个子系统的得分，变异系数 V 越大，表示数据的离散程度越大，各个子系统之间的不平衡性越大，区域发展越不协调。区域发展的协调度用 1 和离散程度的差来表示，即 $1 - V$。因此，可以根据每个区域子系统得分的变异系数来计算特定区域发展的协调度，协调度：$B = 1 - V$；变异系数：$V = S/Y$。其中，Y 是四个子系统综合得分的平均值，S 为其标准差，V 表示变异系数。根据以上两个公式可以计算出中部六个省区及中部整体的协调发展程度，计算结果见表 5 - 2 和图 5 - 3、图 5 - 4。

表 5 - 2　　　　　　2005 ～ 2009 年中部六省的协调度及排名

年份　省区	2005		2006		2007		2008		2009	
	协调度	排名	协调度	排名	协调度	排名	协调度	排名	协调度	排名
山西	0.58	3	0.60	1	0.53	4	0.57	2	0.54	2
安徽	0.47	5	0.47	5	0.46	5	0.43	5	0.46	4
江西	0.40	6	0.43	6	0.40	6	0.43	5	0.39	5
河南	0.60	2	0.51	4	0.54	3	0.54	3	0.55	1
湖北	0.64	1	0.59	2	0.59	1	0.59	1	0.54	2
湖南	0.55	4	0.53	3	0.56	2	0.51	4	0.53	3
中部	0.57		0.54		0.54		0.53		0.53	

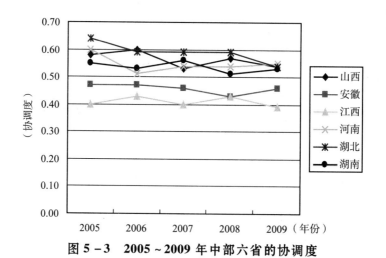

图 5 - 3　2005 ～ 2009 年中部六省的协调度

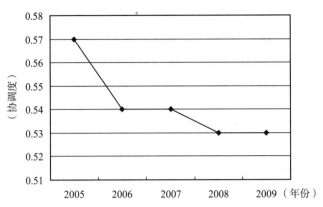

图 5 - 4　2005～2009 年中部地区总体的协调度

3. 区域协调发展度的判定

通过区域协调发展度来评价区域经济社会发展系统是否协调，常常不能得到"是"或"不是"的简单结论，因为系统的协调状态总是处于"协调"与"不协调"之间。如果把协调度的量度用［0，1］之间的数字来表示，那么协调度为 1，就代表完全协调，或者称为和谐；协调度为 0，代表完全不协调；如果协调度处于 0 和 1 之间，即处于（0，1）区间，则代表部分协调。

在实际应用时，可以把区域协调发展度的五种区间分别对应五种区域协调发展状况，即规定区域协调发展状况的协调度区间。我们规定协调度［0，0.30］为极不协调，［0.31，0.50］为较不协调，［0.51，0.80］为基本协调，［0.81，0.89］为比较协调，［0.90，1］为非常协调，以此建立判定区域协调发展度的判别标准。根据表 5 - 2 的计算结果和上述判定标准，可以对我国中部六省的区域协调发展程度进行区域划分，划分结果见表 5 - 3。

表 5 - 3　　　　　　　　区域协调发展度的判定标准

协调度值域	0～0.3	0.31～0.5	0.51～0.8	0.81～0.89	0.9～1
协调度评价	极不协调	较不协调 （33.3%）	基本协调 （66.7%）	比较协调	非常协调
区域划分		安徽、江西	山西、河南、 湖北、湖南		

4. 对中部地区区域协调发展的总体评价

根据上述计算结果，运用数量分析技术对中部地区区域协调发展状况进行评价，并对中部六省的协调发展水平进行分析、比较，从横向对中部六省的社会、经济发展与生态环境协调状况进行评价，使各省之间相互成为参照，从而找出某一省与其他省协调发展的差距和问题；从纵向对中部某一省一定时间段内的社会、经济发展与生态环境协调状况进行评价，分析存在的问题，并对这些问题的原因进行探讨，以期为中部地区区域协调发展政策的制定提供决策依据。

（1）子系统评价结果分析。

①资源子系统。从表5-1得出，纵向来看，2005~2009年，中部六省的资源系统综合得分值都有下降的趋势，证明近几年来，在追求高速度、高增长的经济发展时，忽略了资源的保护和有效利用，高耗能行业增加值占规模工业增加值的比重较大，导致非再生资源呈减少趋势，可再生资源也表现出衰弱态势，如果这个问题不得到重视，将会制约社会经济的发展和人们生活水平的提高。从横向来看，在六省中，江西和湖南的资源系统综合得分排在前列，相比较而言，这两个省的单位份额的资源消耗所产生的有益产品份额很大，也就是说，这些地区资源的生产效率很高。而安徽、湖北、河南的得分都不高，特别是山西平均综合得分只有0.21，说明该地区的经济增长方式总体上比较粗放，主要是靠大量开采利用自然资源促使经济增长，生产技术落后，并且环境保护不够得力，从而导致资源绩效偏低。

②环境子系统。从纵向来看，从2005年至2009年，中部六省的环境系统综合得分大致都有上升的趋势，说明在发展经济的同时注重了环境的治理，环境质量有所提高。从横向来看，安徽、江西、湖北和湖南的综合得分都比较高，环境子系统的协调发展水平较高，其中江西的5年平均得分略高，排在第一位，说明环境保护已引起了这四个省的重视，遵循了环境与经济协调发展的原则，有较强的发展潜力。而相比较而言，山西的综合得分值最低，和其他省区还有差距，应该在环境治理和建设方面加大力度。

③经济子系统。从纵向来看，山西、安徽、河南的经济系统综合得分在2005~2007年都是呈上升趋势的，湖北的经济发展状况很不稳定，其得分在这几年内起伏不定，湖南的得分在2005~2007年都保持稳定。前述五省的共同点都是在2008年经济综合得分有所下降，在2009年有所回升。这主要是因为在2008年，受特大自然灾害和外部环境恶化等不利因素影响，2008年下半年支撑这五省经济增长的因素发生了变化，表现在：由于受到金融危机的影响，大宗商品价格下跌，五省的优势能源、原材料行业增长明显减速；世界经济增长放缓直接对出口产生影响，五省的出口形势更加严峻；沿海地区企业由于资金链的紧张和经济减速的预期，其企业继续向内地转移产业受到影响等。而2009年经济回升主要表现在：经济总体运行不断改善；工业运行企稳回升；固定资产投资保持快速增长；消费需求持续旺盛，等等。相比较而言，这几年江西的经济发展势头良好，其综合得分在这几年总体呈上升趋势。从横向来看，其中湖北的5年平均得

分排在第一位，江西、湖南、山西分列第二到第四位，而河南和安徽的经济得分较低，相比较而言，经济发展没有其他四个省区快。

④社会子系统。从纵向来看，2005～2009年，山西、湖北、湖南的社会系统得分都呈下降趋势，江西基本保持稳定，河南、安徽的社会系统得分在这几年呈上升趋势。从横向来看，湖北、山西、河南和湖南的5年平均得分值较高，湖北排在第一位，这些省区社会化程度较高，集中表现在：社会组织服务功能和社会事务管理服务水平较高；社会福利事业快速发展，福利设施建设加快；对社会事业的发展给予了资金、力量配备和政策支持。而安徽和江西的排名靠后，其社会发展状况相对总的协调水平稍显滞后，需要通过加强基础设施建设，加大教育经费的投入、加大地区文化信息资源共享工程的投入、改善居民生活质量等来提高社会事业发展的速度。

（2）综合评价结果分析。

从图5-3可以看出，在中部六省中，从2005年至2009年，山西的协调发展不是很稳定，其主要原因是一直潜在的环境污染问题已成为制约山西协调发展的首要问题。随着人均收入水平的不断提高，环境污染程度在加剧。在"三废"治理资金投入上，只有工业废水治理投入增加幅度较大，而废气、固废的治理投资过低，以致环境污染没有得到遏制。山西的GDP增长速度在逐年加快，但环境恶化严重，事实证明，经济越发展，越需要环境保护的同步跟进。因此，加大对环境的保护和治理，调整产业结构，变粗放型、数量扩张型增长为能源资源节约型、技术知识内涵型的发展势在必行。

安徽的协调度在这几年稍有下降的趋势。其原因主要在于，一方面，这几年全省区域经济总量大幅增加，但各地区差距仍较大，呈明显的阶梯状分布格局，总体上看，安徽区域的发展是南强北弱。另一方面，资源型城市转型是安徽在区域经济发展中面临的重要课题，然而并没有在现有的区域经济政策中得到应有的重视。例如，皖北地区煤矿自然资源丰富，形成了以煤炭、电力、化工等重化工业为支柱产业的产业结构，但皖北地区的一些市的经济发展对资源过于依赖，粗放型增长方式与环境资源协调发展的矛盾日益突出，对区域整体的发展和提升有着制约作用。

江西的协调度得分相比较而言一直不高，这主要是因为其经济和社会发展不协调。近几年江西省实施大开放、工业化主战略，经济总量和结构都有了质的提升，但科技、教育、文化、社会保障等社会事业发展却相对滞后，在实际工作中应该增强紧迫感，采取有效措施，加快社会结构和体制转型，努力实现经济与社会、社会事业各领域的快速、稳定、协调发展；努力解决社会发展各领域内部的协调关系，深化社会事业体制改革；努力健全社会保障体系和社会事业发展机

239

制；努力加大投入力度，改善投入结构，改变社会事业发展滞后的局面，促进社会事业加速发展。

河南的协调度自 2006 年开始呈现上升的趋势并且暂时保持稳定。2006 年河南认识到制约其经济社会全面、协调和持续发展的一些因素后，从以下几个方面使其协调发展状况得到了改善：坚持发挥优势，统筹区域发展，继续保持比较发达地区健康快速发展的势头，同时加大对相对落后地区的扶持力度，推进区域联合与协作；坚持经济社会协调发展，实现社会全面进步，加大对社会发展领域和公共产品的投资力度，加快社会保障体制改革步伐；坚持可持续发展，加大污染防治和生态保护力度，努力提高环境质量，打造"绿色中原"，发展循环经济。

湖北的协调度在这 5 年稍显下降，但相对于其他五省而言协调度最高。全省经济保持了良好发展势头，转变经济发展方式，把扩大投资与优化结构结合起来。同时，湖北注重经济与社会的协调发展，社会事业保持较快较好的发展势头，社会事业公共服务综合能力有较大提高，社会发展基础设施建设进一步加强，社会发展领域改革取得新的成效，有力地促进了全省经济社会协调发展。另外，牢固树立经济社会与环境协调发展的理念，一手抓环境治理，一手抓生态建设，通过加大技术改造力度，减少工业污染物排放，切实解决结构性污染问题，加强地方环保法制建设，着力提高资源节约型、环境友好型产业比重等，使全省环境质量得到了明显改善。但是，湖北的资源利用情况也存在一些问题，与其经济发展现状不符——对自然资源的开发缺乏全面、整体的规划，从而造成自然资源的开发利用效益差；自然资源开发与科技投入、资金投入不协调，从而造成开发效果差，转换能力差；湖北的自然资源虽然丰富，但各种资源的配合较不协调，而自然资源的状况又直接影响着经济发展的速度，这一点使得湖北的协调度在这几年稍有下降。

湖南的协调度较不稳定，2007 年协调度达到这 5 年的最高值，而 2008 年的协调度是这 5 年的最低值。其原因主要是，2007 年，湖南在整体经济高速发展的同时，注重区域经济的协调发展，充分发挥各地的比较优势，完善区域互动机制，深化分工合作，在更大范围实现资源优势配置，并且加大湘西地区的开发力度，注重环境保护，加强生态建设。另一方面，创新性湖南建设加速推进了社会事业协调发展。教育强省战略成效显著，基础教育得到加强，"普九"目标实现，高等教育步入大众化发展阶段；文化事业和文化产业欣欣向荣；卫生事业不断进步，医疗卫生机构、人员稳定，农村卫生和新型农村合作医疗制度试点进展顺利。因此使得湖南的协调度在 2007 年达到了最高值。而在 2008 年，由于遇到历史罕见的低温雨雪冰冻灾害，以粮食为主的食品价格和原油、矿石为主的基础原材料价格上涨，这些对湖南的经济、生态环境等各个方面都造成了即期或长期的影响，使得湖南的协调度在 2008 年有所降低。

总的来说，从图 5-4 可以看出，中部整体一直处在基本协调阶段，2005～2009 年中部区域的协调度呈现下降趋势，特别是 2005～2006 年协调度显著下降。这说明中部地区在发展经济，促进新型工业化和城市化的同时，还要注重环境的保护和建设、资源的高效利用，以及满足社会进步的需求。因此，应该认识到协调发展的重要性，在促进中部区域经济发展的同时，也将影响中部区域发展的其他因素考虑进来，从而使中部区域发展的协调状况有所改善，使中部区域的整体协调度上升到一个新阶段。

二、区域协调发展的外部评价标准

1. 重大问题的界定标准

区域协调重大问题的界定标准必须包括四点：第一，是关系中部地区全局和长远发展、对提升中部地区整体竞争力具有重大影响的问题；第二，是市场作用发挥失灵，政府可以有所作为，需要从更高层面上来推动解决的问题；第三，是区域内各城市共同关注的，任何一方难以独立解决的问题；第四，是较短时期尤其是"十二五"期间内能够解决或部分解决的问题。

对区域协调的重大问题，若能协调解决落实到位，将可能极大提高区域整体有序发展的程度。但是，由于区域协调重大问题涉及范围很广，人们对它的认识参差不齐。所以，进行相关调查了解各城市各部门主体的意向，对于全面了解中部地区区域协调需求是十分必要的。

2. 区域协调发展的重大问题

区域协调重大问题主要表现在基础设施建设、政策法规协调、空间统筹布局、产业发展协调、跨区域环境综合整治和土地资源协调六个方面。

（1）基础设施建设：区域内重大基础设施建设缺乏综合协调，不同类型的交通设施建设缺乏协调，不同地区交通设施建设缺乏衔接，缺乏利益补偿。

（2）政策法规协调：缺乏处理区域协调问题的常设机构，缺乏统一的市场行业标准，缺乏区域协调的法律依据和政策保障。

（3）空间统筹布局：区域整体空间缺乏功能合理分工和有效管制，城市间联系不够紧密，次板块发展薄弱。

（4）产业发展协调：分工协作关系尚未形成，外资恶性竞争，合作领域狭窄。

（5）跨区域环境综合整治：跨界排污管制，跨界取水口保护，跨界流域治理。

（6）土地资源协调：土地指标严重不足与土地利用浪费并存，土地管理制度不协调，土地利用相关政策不够完善。

3. 区域协调的主要对策选择

针对区域协调迫切需要解决的重大问题，中部地区区域协调的主要对策选择应包括六个方面：

（1）基础设施建设的协调和共享。

在交通和通信联系日益发达的条件下，许多大型公共设施和基础设施的服务半径已经超出城市或区域的范围。而且，所有设施的建设和运营都有一定的规模门槛约束。如果允许各主体（特定城市或特定区域）从自身利益出发，囿于自己的属地范围进行大型基础设施建设，将降低设施的利用效率，造成成本的上升和资源的极大浪费。因此，需要在大型公共设施建设上进行协调，形成功能互补、共同享用的公共设施体系。此外，由于经济和社会活动的跨地界性，对于区域范围内的基础设施的整体系统运行提出了更高要求，使得各城市范围内自行规划建设的设施的衔接变得十分重要。只有通过协调和共享，才能大大提高基础设施的整体运行效率。

（2）共同的行为规则和标准的制定。

市场经济是法制经济，也是规则经济。只有制定一套公平公正的、大家共同遵守的规则，才能界定和约束各利益主体的行为选择，保证良好的市场运行环境。目前，区域协调中存在的诸多问题，如土地的低价出让、污染无序排放、设施建设标准不一造成难以彼此衔接等，很大程度上都源于缺乏明确指导和约束各地方政府的共同的行为标准和准则，而这正是区域协调应发挥的最重要功能。

（3）城市功能定位与空间布局的统筹考虑。

在城市空间发展和城市群形成发展的过程中，环境资源条件和经济社会特色是其发展的基础条件，但唯有进行合理分工和优化布局，明确差异化的城市功能定位，才能形成多元化的城市功能体系。中部地区城镇空间布局应该顺应世界级城市群的发展需求，发展全球城市，建设城市连绵区，组建网络城市，规划走廊城市。中部地区各经济中心城市应在整体化的城镇体系规划下谋求分工合作，建立动态的均衡布局，真正实现联动发展和共同繁荣。

（4）产业的分工与合作。

为了避免在城市与周边地区展开恶性竞争，避免关联城市或关联城市群之间产业结构严重趋同和资源浪费的现象出现，中部地区需要在产业方面进行协调，包括各城市在产业上如何进行分工合作，确定如何在产业政策上进行衔接以提高区域产业的整体实力等重大的分工合作事项。

（5）环境的治理与自然生态资源保护。

生态环境具有公共性，为了实现全社会生态环境的全面改善和建立良好的补偿机制，需要在各个区域发展主体间进行协调，如流域内污水的排放标准，固体废弃物的共同处理，大气污染的控制，水资源的分配利用等内容。此外，森林、湿地、生物多样性等自然资源，以及特殊的历史文化资源虽然可能只位于某局部地区，但却是整个区域的共有资源，需要共同努力进行保护。

（6）土地资源的高效利用。

中部地区一方面土地资源总量少、后备资源不足，另一方面经济建设需要大量土地。为了既保证经济发展需求又保护基本农田，中部地区应本着节约用地、高效利用土地资源的原则，走集约用地之路，在经济发展和耕地保护之间找到平衡点，将可建设土地的增量拓展与存量拓展结合起来，同时进行城市空间的外延拓展与内部空间的结构重组，做到土地资源的节约、集约和高效利用，进而提升中部地区的国际竞争力，促进其可持续发展。

第四节　区域协调发展的经验借鉴

一、国外大都市区域协调发展模式[1]

大都市是城市化发展到一定阶段的产物。综观国内外大都市的发展，大部分国际大都市虽实现了人口、产业和财富的高度聚集，较一般城市具有更强的城市功能，但各区域间往往并不能均衡发展。随着都市的扩张，区域之间的差距非但不能自然弥合，还可能迅速扩大，甚至会阻碍大都市自身发展及功能发挥。

1. 国外大都市的区域协调发展与大都市发展阶段紧密相连

欧美发达国家大都市普遍经历城市化、逆城市化、再城市化三个不同阶段。这三个阶段并不是各自孤立、截然分开的，而是相互交织，在时间上难以完全分开，在时点上也可能并存。大都市人口在中心城区、郊区的聚散是各阶段划分的基本表征，其实质上是城市与农村、大城市与小城市、中心城区与郊区经济社会各项事业非均衡发展状况的外在表现，间接反映出大都市区域协调发展的历程。

---

① 陈云、顾海英：《国外大都市区域协调发展的基本特征及政府调控措施》，载于《经济纵横》2006 年第 9 期。

大都市区域协调发展的中心任务及手段、措施是与所处阶段紧密相连的。

2. 国外大都市区域协调发展重在长期推进农业现代化、郊区工业化、乡村城镇化

中心城区与郊区的协调发展是国外大都市区域协调发展的重点。中心城区的不断扩展是大都市发展的必然要求，以日本东京、澳大利亚墨尔本、美国纽约等为代表的国际大都市，在 20 世纪 50 ~ 70 年代，城区范围迅速扩展到近郊甚至远郊，中心城区制造业、零售业等产业大批向郊区转移，人口加快向郊区扩散，郊区小城镇和各种规模的商业、工业、聚居中心大量涌现。实践表明，在中心城区扩张的同时，推动农业现代化、郊区工业化和乡村城镇化是国外大都市实现城郊协调发展的普遍选择。只有如此，才能增强郊区经济实力，发展农业，解决剩余农民的出路，改善郊区基础设施建设和居住环境，中心城区与郊区的协调发展才有可能实现。

3. 国外大都市区域协调发展不仅注重区域经济一体化，更加重视区域经济、社会、环境协调发展

城市化早期的欧洲及发展中国家的大都市，多数在都市快速膨胀时期过分强调城乡经济发展均衡，而忽视社会、环境协调发展，结果导致社会、环境与经济发展严重失调，基础设施与居民生活基本需要之间产生巨大缺口，发生了严重的"城市病"。所以，越来越多的大都市从历史教训中总结经验，逐步改变单一追求经济一体化的发展模式，而致力于城郊经济、社会、环境的协调发展。一方面，加大郊区基础设施、居民生活设施建设。尤其在第二次世界大战后，各国相继制定法律，规定大都市新兴工业区和居民住宅区都必须有相应的排水、给水和道路设施及垃圾处理设施，甚至详细规定每一居室的最小面积、居住人口上限及街道宽度等。另一方面，越来越重视郊区规划和环境保护。国外大都市纷纷出台一系列法律法规，加强规划管理，加大环境治理和保护力度，大力倡导可持续发展。

二、美国州际契约模式①

1. 州际契约的性质和历史

联邦制下的美国区域协调发展，主要采取"州际契约"（Interstate Compact）治理模式。州际契约是两个或者多个州之间的协议，缔约州受契约条款拘束，就像商业交易中双方或者多方当事人受契约拘束一样。同时，州际契约也受契约法

---

① 于立深：《区域协调发展的契约治理模式》，载于《浙江学刊》2006 年第 5 期。

的实质条款的限制，受宪法的禁止违反契约义务的法律的约束（联邦宪法，第1条第10项）。

这就意味着缔约州必须受到它们所同意的协议条款的拘束，即使这些条款与本州法律不一致时也必须遵守。简而言之，州际契约有点像国家之间的条约。州际契约具有制定法的效力和效果，与州法冲突时，它们优先适用，不管那些州法是何时制定的。然而，与条约不同，州际契约不能单独依赖于某个当事人的意志。州际契约一旦制定，就不能被成员州单方撕毁，除非州际契约本身允许这样做。州际契约被认为是保证州际合作最有效的方式，联邦国会和法院可以要求缔约方强迫遵守州际契约条款，例如《科罗拉多河契约》的签字州之间就发生过多起相互履约诉讼。

在美国法律史上，州际契约曾基于各种理由被制定，但是在20世纪以前州际契约是很少见的。在1783~1920年的137年间，由州批准的州际契约大约有36个，绝大部分是解决边界争议的，也有一小部分涉及水流的分配、航海权、桥和隧道的共用问题。自1980年以来，美国共新颁布的州际契约有22个，提议的州际契约有14个。

州际契约的目的范围从执行普通法律到为了共同问题而交换信息。州际契约被适用于资源保护和管理、公民保护、能源管理、法律实施、交通和税收等领域，有些州际契约的主题是教育、心理健康、工人竞争和低辐射放射性垃圾处理等。有些州际契约授权组建多州之间的管制机构。一般的州际契约具有单纯的立法目的，即创立一个不包含新机构的统一规制体系。

美国州际契约的调整范围和契约数量也都增加了，许多州际契约的缔约主体扩展到了更多的地区或者联邦政府，而较早的州际契约通常是在两个州之间缔结的。最近的州际契约，如《紧急事件处理协助契约》、《工业化/标准化建筑物州际契约》、《州际保险破产契约》，以及几个有关低辐射放射性垃圾处理的州际契约，都是被联邦国会授权制定的。

2. 州际契约的一般特征

州际契约已经被作为帮助州与州之间、地区和多州之间处理问题的一个有用工具。对于联邦干预和规制来说，州际契约也是一个有魅力的选择方案，因为州际契约在不放弃联邦国会职权的同时也给州提供了一个解决它们共同面临问题的有效果和有执行力的手段。

州际契约缔结的通常目的是：（1）就共同问题或者为了促进州的共同议程，在州之间建立一个正式的法律关系，如《能源管理协助契约》、《农业谷物销售州际契约》；（2）创立独立的、多州的政府机构（例如委员会），使得问题处理比一个州的单独行为更有效率，或者因为没有哪个州有权力单独处理该事务，如

245

《纽约—新泽西港口管理契约》、《特拉华河谷契约》；（3）为州际契约缔结的成员州的行政机关建立统一的准则或者程序，如《假释者和缓刑犯监督的州际契约》；（4）创造规模经济，如《西部高等教育契约》；（5）为了遵守或者执行联邦法，如《低辐射放射性垃圾州际契约》；（6）维护州的主权或者排除联邦规制行为，如《工业化/标准化建筑物州际契约》；（7）促进地区利益，如创立南部种植业政策管理局；（8）解决州际争端，如州际边界契约。

3. 州际契约的缔结

州际契约本质上是州与州之间的契约。为了便于履行，它们必然要满足有效契约的一般要求，包括要约和承诺观念。某个州根据制定法可以提出要约，所提出的契约条款要求一个或者更多的州批准后才能成立和具有实效。当其他州采纳了同样的契约语言和条款后，也就意味着它们接受了要约。一旦一定数目的州接纳了这个契约，那么州之间的"契约"就具有了法律效果和效力。但是，有的州际契约要求得到联邦国会的批准。

州际契约不一定必须经过国会同意。美国宪法第 1 条第 10 款规定："没有国会同意，州与他州之间不得签订协议或者缔约。"从历史上看，这一条款通常意味着所有的州际契约必须经过国会同意。然而，这个规定的目的并不是禁止州之间进行协议缔约行为。事实上，一直到 1787 年宪法起草时止，州际之间一直习惯于通过契约和协议来解决争议和处理问题。宪法中的州际契约条款的目的仅仅在于保证当时新国家和新联邦政府的优越地位，阻止州政府破坏联邦权威或者禁止通过州际契约来改变联邦与州之间的权力平衡。

联邦最高法院在 100 多年前的维吉尼亚诉田纳西州判例中表明，并不是所有的州际契约都要求联邦国会批准。现在，只有那些影响了联邦政府的权力授权或者改变了联邦制度政治平衡的州际契约才需要联邦国会的批准。

拟议的州际契约是否符合宪法规定的要求，最后要依赖于契约条款的目的和效果来确定。那些可能改变联邦制度平衡的州际契约就需要联邦国会同意，此类州际契约包括边界安排契约以及有证据表明可能对非缔约州产生歧视和偏见的契约。例如，两个或多个州之间的水流域协议可能影响非缔约州的水权，这就必须要求联邦国会批准。判断一个州际契约是否影响了联邦权力是相当困难的，一般来说，那些触及州—联邦相互利益关系的州际契约或者威胁干预联邦优先权学说的州际契约，通常要求国会同意。

4. 州际契约的修改和执行

州际契约一旦制定，它们就只能按照自身方式或者成员间相互同意的方式被修改或者终止。换言之，修改州际契约要求与缔结州际契约同样的程序，除非州际契约自身特别列出了其他的方法或者机制。违背州际契约条款就像毁约一样，可以得到司法救济。因为州际契约是州与州之间的协定，联邦最高法院是成员州之间争端解决的最通常渠道。不过，州际契约可以且一般是通过仲裁或者其他方式来解决争端的。

5. 颁布州际契约的期限

缔结州际契约并不一定非常复杂，但是缔约需要花费时间，特别是主要问题存在争议的契约。在 20 世纪 60 年代早期，人们对 65 个州际契约进行研究的结果表明：着手进行一项新州际契约的缔结，平均耗时总量大约是 5 年。这项研究结果并不适用于有关自然资源的州际契约缔结，涉及自然资源的州际契约的批准时间是相当长的。据调查，有 19 个涉及河流管理和水权的州际契约，它们的平均制定和颁布时间是 9 年。当然，这是一种例外。20 世纪 80 年代以后，州际契约缔结的速度有所加快。

三、欧盟国家契约模式[①]

20 世纪 80 年代以来，为了推进欧洲一体化进程的顺利进行，欧盟致力于解决成员国之间以及成员国各地区之间的协调发展问题，主要经验表现在三方面：一是形成了多层次、网络状的区域协调体系；二是构建了问题区域治理模式、创新区域模式、跨境合作模式和流域治理模式等多样化的区域协调模式；三是完善了法制、经济和行政等多管齐下的区域协调手段。

1. 多层次、网络状治理的区域协调体系

在纵向上，欧盟形成了超国家、国家、地方等多个等级层次的区域协调体系，实现了各个层次的权力平衡和利益表达机制的畅通。就超国家层次来说，欧盟针对成员国之间日益严重的区域问题，在其最重要的三个机构即欧盟委员会、欧洲理事会和欧洲议会中，为整个区域政策过程设置了专门的职能机构和顾问机构。在欧盟区域政策制定及协调的过程中，成员国政府居于第二个层次，它们一般都拥有自身的一套区域政策，同时接受欧盟统一的区域政策的协调与整合。

欧盟横向网络意义上的区域协调组织名目繁多。它们在整个区域协调政策的制定、执行和回馈过程中担当着重要角色，日益彰显出公共部门、私营机构与第三部门的"合力"作用。因此，从一定意义上说，欧洲区域一体化并不主要是一种政府间制定条约的事务，而是一种社会进程。在这些组织群体中，区域间组织、银行、利益团体、政策联盟、政党、公共舆论等形成几股重要的力量。

---

① 陈瑞莲：《欧盟国家的区域协调发展：经验与启示》，载于《理论参考》2008 年第 9 期。

247

2. 多样化的区域协调模式

传统上，欧洲共同体以资本、技术（研发）与贸易作为标准，把区域发展的模式划分为蓝色香蕉带、南部阳光地带、东西轴线带，也就是所谓的发达地区、欠发达地区和边缘地区。然而，全球化、知识经济和信息时代的到来，带来了技术进步、大规模创新能力、劳动力培训的进步和资本的更高流动性，这使得社会经济得以重塑，由此导致了经济、社会、政治发展的空间变化，其结果是一些区域得以复兴，一些区域衰败下去，新的城市与区域经济网络出现，以及跨边境的区域经济联系的凸显。在这种情况下，新的区域分类标准和发展模式代替了传统的三分法模式。目前，欧盟国家的区域治理与区域发展模式多种多样，如首都与大都市经济圈的形成、老工业基地的衰退与振兴、新兴的中距离外围地区的崛起、远距离的边缘地区的发展等。

3. 多管齐下的区域协调手段

从本质上说，区域协调发展就是要借助政府干预的力量，逐步调控因市场失灵所带来的区域不平衡发展状态。但政府与市场的相互消长关系告诉我们，政府在区域协调发展过程中的干预方式和介入程度必须适度，过分干预和干预不当会适得其反。欧盟是成熟的市场经济共同体，因而较好地处理了"看得见的手"与"看不见的手"在区域协调发展中的关系问题，形成了法制、经济和行政多管齐下的区域协调手段。

欧盟国家的区域协调政策是有法可依的，它奠基于宪政和相关的法律条文上。欧盟区域协调发展的经济手段，集中体现在设计精细的多种扶持基金上。这些扶持基金主要有结构基金、聚合基金、团结基金和预备接纳基金。此外，通过规范的行政调控手段，欧盟的区域协调发展政策得以付诸实施。特别值得关注的是，欧盟国家的区域协调政策和区域协调行为，严格遵照政府间关系的法理尺度，很少出现中央政府或上级政府越权干预区域发展的现象。它们习惯采用自下而上的结构改革，而非自上而下的行政区划调整来协调区域经济活动。

四、对中国区域协调发展的启示

1. 应构建区域协调发展的法制基础

中国之所以尚未有真正意义上的区域协调政策，根本原因在于我国区域协调问题上法制保障的不足。由于缺乏像欧盟国家那样完备的法律规范和制度基础，区域政策往往会出现变形和扭曲，导致区域政策执行效力下降。因此，我国在基本法律修订时应加入调控区域差距的法律条款、制定中央与地方关系法、制定国家区域开发方面的单项法律，构建区域协调发展的法制基础。

2. 探索全球经济一体化下的区域划分框架

我国原来的"东部、中部、西部"的区域划分方法，有点类似于欧盟传统意义上的蓝色香蕉带、南部阳光地带和东西轴线带的分类标准，直观上说有发达区域、次发达区域、边远落后区域的区分，但实际上这种区域划分框架太过粗糙，不具有真正实施区域政策的意义。在最新颁布的国土空间主体功能规划的基础上，还应比照欧盟的区域分类框架，由国家统一对四类功能区的二级乃至三级区域作更精细的划分。同时，针对不同功能区域的实际问题，实行分类指导的区域发展模式，如问题区域治理模式、主导城市带动模式、创新都市模式等。

3. 采用多样化的区域协调手段

不论是欧盟，还是美国，都采用了法律、经济、行政等多管齐下的区域协调手段。而如前所述，我国区域政策缺乏完备的法制基础，区域协调的经济和行政手段也是残缺不全，问题较多。就经济协调手段而言，我国没有欧盟那种结构基金、聚合基金、团结基金等设计精细的类似政策工具，有的只是一些扶贫资金、支农资金和西部开发转移资金等，区域政策效果有限。而且，由于我国区域协调发展的行政手段尚不规范、行政决策的科学合理性不够，项目报批流程尚不透明，因此，借鉴欧美区域协调发展经验，建立规范的行政协调体系也刻不容缓。

第五节　中部地区区域协调发展的路径选择

一、中部地区发展的经济协调

中部六省区位相近、地位相近、发展状况相近、相互毗邻，具有较大的经济协作空间。中部六省完全可以实现经济的多种形式的合作，率先实现不同程度的一体化，以促进中部的快速崛起。具体来说，要实现中部地区发展的经济协调，必须建立并完善以下五种机制：

1. 基础设施建设一体化机制

重大基础设施（如交通运输、通信设施、江河整治、能源保障和生态环境保护等）科学合理的布局和建设，不仅会显著提高基础设施的使用效率，而且将有力促进区域的协调发展。建设一体化的公路、铁路、机场等基础设施，形成方便快捷的综合交通网络，可以更好地发挥市场的资源配置作用，使体现地区优势的要素、商品等得以畅通地流动，互通有无，实现地区优势互补。

249

目前我国中部地区的基础设施建设存在由各地方政府主导，从而缺乏统一的规划、协调等问题，容易导致区域内基础设施项目重复建设，往往带来巨大的资源浪费。另外，个别地区在某些基础设施过剩的情况下仍在上马新的项目，而部分地区则存在着基础设施短缺的情况，区域基础设施资源不平衡的现象较为严重。

中部地区区域基础设施一体化建设，一方面要坚持基础设施跨区域、跨部门协调发展策略，打破行政区划界限，强化市场行为；另一方面要统筹规划、合理安排，以减少因管理体制不同而造成的各地之间的相互封锁、排斥和内耗，减少重复建设和资源浪费，增强地方间的吸引力和凝聚力。特别是在区域交通、能源、环境保护等大型基础设施项目的选址、立项、资金筹集、组织实施过程中应本着利益均享、投资共担的原则，调动各方面的积极性，多层次、多渠道、多形式地搞好基础设施建设，实现跨行政区域的基础设施互联互通、共建共享，推进区域经济社会的一体化。

2. 区域人口流动机制

国外发达国家不同区域之间的经济差距小，其中一个重要原因是其人口具有很高的流动性。同样，中国各省区间经济差距较大的一个重要原因也是人口流动性限制。这里所说的人口流动是指人口迁移，而且移民在新的居住地享受完全的国民待遇。

改革开放以来，中国跨地区人口流动数量越来越大，但人口流动的障碍并未消除，人口流动的高成本，造成生产与人口分布的不一致，这表现在两个方面：一是生产向东部地区集中的同时，人口没有相应地向东部集中；二是自然条件恶劣的西部地区生产占全国生产的百分比下降的同时，其人口占全国人口的百分比反而上升。生产与人口分布的不一致性一方面加重了地区经济差异；另一方面，人口相对过分集中于中西部地区，超过了中西部地区的自然承载力，造成了突出的人地矛盾，给本来就脆弱的生态环境带来更严重的破坏。

部分人口由较落后地区向较发达地区迁移，不仅是消除社会矛盾、建设和谐社会的重要条件，而且是合理缩小地区人均差距最为有效的途径。人口的自由迁徙是公民最基本的权利之一，也是社会文明的标志之一，还是充分发挥人口及劳动力资源优势的基本前提。因此，要加快中部地区人口流动机制建设，具体来说应做到以下三点：第一，政府尤其是流入地政府要加强信息发布和政策引导，及时发布当地的就业信息，既可以避免外来人口的盲目涌入给社会正常秩序带来负面影响，也可以减少人口的流动成本。第二，流入地政府要废除歧视外来人口就业的政策性限制，切实保障外来人口的基本权益，使流动成为"完全"的流动。第三，现行的户籍制度改革和设置，要适合社会公平、经济发展和方便人口流动。

3. 劳动就业待遇平等机制

在我国，"同工不同酬"现象比比皆是，不仅表现为不同地区的劳动就业机会及工资待遇显失公平，还表现在同一地区甚至同一企业内部，基于户籍身份不同的从业人员实行不同的待遇歧视，其中，农民工的工资待遇问题则更为突出。

农民工就业待遇的不平等体现在两个方面：一是农民工被迫接受低工资。农民工进城后，由于政府劳动部门对他们没有确定工资级别，只能由老板和用工单位来决定他们的报酬。在这种没有标准的情况下，农民工往往承担劳动负荷最重、最艰苦的体力活，而劳动所得的报酬只相当于正式职工的一半，甚至更少，且拖欠工资的现象也非常严重。二是农民工与城市工人同工不同酬。由于政策导向上存在固定工和临时工、本地工和外来工的区别，农民工往往被视为外来的临时务工者，在待遇上就天然地比城里人低一等，外来人员没有选择的余地，要么找不到工作，要么接受低工资。

我国规模庞大的"离土不离乡"的农民工多来自中西部地区的贫困农村，多流向东部沿海发达地区。农民工的工资待遇问题不仅关系着城乡、地区的协调发展，也关系着社会稳定及和谐社会的建设。各级政府要落实以人为本的执政理念，主动把农民工工作提升到战略位置，纳入社会经济发展的总体规划，作为管理服务的重要对象。具体措施包括：首先，要加快建立和健全劳动保护法律法规体系。要完善《劳动法》，加快制定《工资法》、《劳动合同法》等相关法律法规，增强调整劳动关系、维护劳动者合法权益的作用。其次，大力加强农村劳动力培训，全面提高农村劳动力素质。政府要组织动员全社会的力量，筹措资金，实行减免的培训优惠，组织农村劳动力开展职业技能培训。要合理布点，整合现有培训资源，共同做好农村劳动力的培训工作。最后，创新工会组织形式，保持顺畅的农民工利益诉求渠道。在农民工中建立工会组织不仅可以维护农民工最基本的合法权益，而且能使工会成为农民工融入城市生活的"助推器"。

4. 产业优化升级——一体化机制

当前，中国中部乃至全国经济发展中存在的突出问题和矛盾，并不是经济总量问题，而是经济结构矛盾，尤其是区域产业结构失衡所造成的产业结构不合理，主要表现为产业结构的"同构化"和"低度化"并存。

区域产业结构"同构化"和"低度化"导致各地区经济脱离当地条件和比较优势，背离地区间的产业合理分工，追求完整工业体系，从而形成门类齐全、自成体系的封闭式产业结构。其不良后果在于：第一，造成生产能力的相对过剩和供求关系脱节；第二，使各类稀缺资源相对"枯竭"；第三，难以形成规模经济，导致我国的经济竞争力较低；第四，削弱地区经济的互补性，引起地区间市场封锁与分割；第五，加剧了各地区产业发展失衡，产业政策失效，新的结构断层不断出现。另外，还会加大产业结构升级改革的难度，导致宏观经济波动加剧等。

产业结构的合理布局和优化升级，是保证中部地区区域经济持续、稳定、协调发展的基本前提，也是合理配置和有效利用地区资源，从而使区域经济获得较高效益的重要基础。中部地区要根据自身条件和比较优势，通过市场竞争确立优势产业和特色产品，发展优势经济和特色经济，坚决制止重复建设。中央政府要加大对中西部地区的支持力度，优先安排基础设施建设项目，引导东部地区的资源加工型、劳动密集型产业向中西部地区转移。中西部地区要加快传统产业改造和国有经济重组，促进资源优势与先进技术相结合，提高资源利用效率和资源产品的附加价值，不断淘汰落后生产力。

5. 以市场为纽带的融合互惠机制

长期以来，从总体区域分工上讲，我国中西部地区与经济相对发达区域之间形成了垂直的分工体系。在这样的产品分工交换格局中，东部输出的是加工制成品，中西部输出的则是结构层次低、产品增值率低的原材料及初级加工产品。由于目前我国要素市场化进程滞后，要素价格扭曲严重，表现为原材料及初级加工产品的价格与加工制成品的价格相对过低，尤其是资源价格扭曲较为严重。

资源的廉价使用甚至无偿使用现象普遍存在，资源价格既不反映资源真实价值，对资源市场供求关系的变动不敏感，也不反映资源外部成本，资源开发过程中对生态环境的破坏等外部成本并没有合理内部化，资源的优化配置缺少体制机制保证。资源价格扭曲的危害，既体现在微观经济行为上，也反映在宏观经济运行上。在微观上，一是资源行业门槛低，掠夺式开采普遍存在；二是资源浪费严重，资源综合利用效率低下。在宏观上，一方面不利于中西部的发展，在一定程度上造成了区域发展的不协调；另一方面经济增长方式粗放，经济发展被锁定在资源优势与能力劣势之间的路径依赖上，缺乏自主创新、科学发展的相应压力和动力。

加快推进资源产品价格改革，是完善我国市场经济体制的重要内容，也是推动资源、能源节约和经济社会可持续发展的迫切需要，更是落实科学发展观、促进经济增长方式转变的有效途径。资源价格改革应立足于通过市场调节实现对自然资源的合理配置。资源是一种特殊的商品，在市场经济条件下，资源价值包括自身存在价值、社会经济价值和自然资源生态环境价值。资源价格要能充分反映资源价值及其稀缺，通过市场充分实现资源价值，并在与资源开发相关的各经济主体之间进行合理的收益分配和价值补偿。

要按照"有序有偿、供需平衡、结构优化、集约高效"的要求创新资源价格管理体制，促使资源价格管理由单一的政府监管向政府监管与市场配置资源相结合转变。通过资源价格市场化改革，实现资源的有偿使用，加强资源市场和资源价格之间的联系，改变资源市场漠视价格变化、价格机制难以发挥调节作用的不合理状况，进一步理顺原材料及初级加工产品与加工制成品的比价关系，确保中西部地区调出资源和能源的应得利益。

二、中部地区发展的行政协调

随着经济一体化与全球化趋势的加剧，任何一个区域都不可能在经济发展中独善其身。不论是区域经济发展，还是区域公共管理协调，都需要各级政府密切合作，共同解决共同面对的公共物品供给和公共事务管理等诸多问题。具体而言，要实现中部地区发展的行政协调，必须建立并完善以下三种机制：

1. 基本公共服务公平供给机制

基本公共服务均等化就是全体公民享有基本公共服务的机会均等、受益大体相等，同时具有较大自由选择权，其实质在于政府要为全体社会成员生存、发展和提高担负责任，提供基本的公共产品和公共服务，并确保普遍平等的享受。目前，要通过基本公共服务均等化的努力，逐步缩小这些年来在公共服务方面的较大差距，让不同区域尽管在经济发展水平上不同，但在基本公共服务提供方面都要与整个国家的经济社会发展保持大体平衡。

实现基本公共服务均等化的主要途径有三条：第一，形成以公共服务为导向的财政支出结构。针对中部地区的具体情况，必须按照公共性要求调整财政支出结构，不断加大对重点支出项目的保障力度，向社会事业发展的薄弱环节倾斜，满足人们的公共需求，让人们共享改革发展成果。第二，以基本公共服务均等化为重点，规范中央与中部地区的财政分配关系。地区性行政管理、基础设施等地方性公共服务的支出责任由地方财政承担；对于具有"外溢效应"的公共服务，应由中央财政和地方财政共同承担。第三，坚持以政府为主导，实现公共服务参与主体的多元化。中部地区政府应鼓励市场化专业机构提供社区公共服务，对有关公共服务行业的经营性行为实行公开招标、委托经营、委托管理等运作方式以及政府特许经营制度，努力提高公共服务质量和运作效率。

2. 互助合作机制

中国各区域的自然禀赋不同，发展条件不同，各有各的比较优势，开展多层次、多形式、多领域的区域合作，有利于推进区域间的横向联合，实现区域间的优势互补、互利共赢、共同发展。中西部地区具有资源优势，东部地区具有资金、技术和人才优势，将东部地区的资金、技术和人才优势与中西部地区的资源优势结合起来，促进东部地区那些主要依靠中西部资源的产业向中西地区转移，既可以避免资源大跨度、大规模调动，降低全社会运输成本和交易成本，提高整体经济效率，也可以带动中西部地区的经济发展。

在保证中部地区战略性产业的合理布局前提下，中央政府应鼓励东部地区的大企业、大集团通过控股、参股、并购等市场行为，参与中部地区的产业结构调整，实现产业链、企业链的空间延伸。鼓励东部地区的民营资本西进，在基础设施建设、资源开发、能源发展、公共服务建设方面加强区域协作，改善中部地区的投资环境。与此同时，中部地区各省都要充分发挥沿边、沿江的区位优势，积极拓展各种形式的区域经贸合作。同时要发挥行业协会和中介机构的作用，建立区域合作服务体系。

中部地区互助合作机制的重点还在于制定区域发展统一规划。区域发展统一规划是加强与促进不同行政区之间协调发展、提高区域整体竞争力的重要前提与保障。此外，区域发展统一规划也可以统合整个区域的力量和资源优势，实现资源共享，增强区域的竞争力，避免因区域发展中的各自为政和重复建设导致不必要的浪费。就中部地区而言，区域发展统一规划的主要内容应包括：共同规划并构建区域性重大交通设施、重大通信设施、重大能源设施；统一规划并建设区域性大市场和现代物流中心、区域性重大金融设施网络化与信息化建设；区域性生态建设与环境污染综合整治项目的建设、区域性重大旅游文化与休闲设施项目的开发与管治；区域性水土资源的协调开发与管治等。

3. 区域利益补偿机制

所谓区域利益补偿机制就是要通过规范的制度建设，实现中央与地方、地方与地方的利益转移，使产业利益在地区之间合理分配。这种利益补偿机制主要表现为要建立规范的财政转移支付制度。针对我国长期采用纵向转移支付模式的现状，今后应选择以纵向转移为主、横向转移为辅的转移支付模式。

在区域利益补偿机制运行中，不管是纵向的利益转移还是横向利益转移，中央政府都处于核心地位，地方政府则是转移或被转移的对象。所谓区域利益补偿机制的中心环节，中央政府的主要工作准则就是大力推进主体功能区建设，增强我国的资源环境承载能力，实现经济发展和资源环境的协调，体现以人为本的发展理念与思路，促进产业政策与区域政策相结合，实现区域分工的协调。

我国原来的"东部、中部、西部"的区域划分方法，直观上说有发达区域、次发达区域、边远落后区域的区分，但实际上这种区域划分框架太过粗糙，不具有真正实施区域政策的意义。我国"十一五"规划已对国土空间的主体功能进行了重新分区，分为"优化开发"、"重点开发"、"限制开发"和"禁止开发"四种不同的区域。这种根据空间的主体功能进行区域分类是一大进步，但只有建立公平而有效的区域利益补偿机制，才可以有效解决主体功能区域划分的诸多矛盾。

如何对"限制开发区"尤其是"禁止开发区"进行公平合理的补偿，如何阻止产生更大的区域差异，中央政府应在政策和资金上加大向"限制开发区"和"禁止开发区"的倾斜。通过制定相应的政策法律，给"限制开发区"和"禁止开发区"以财政支持，从而改变它们在发展方面的劣势，缩小同"优化开发区"和"重点开发区"的经济差距，使这些地区最终实现"不开发的发展"和"不开发的富裕"。立足于自己独特的资源优势和区位状况，中部地区应学习和借鉴"莱茵河治理模式"的成功经验，构建流域生态系统共建机制和补偿机制，平衡上、中、下游地区的发展权利，实现流域内地方政府间的协调发展。

三、中部地区发展的法律协调

区域经济发展需要多方面的协调，如果仅仅依靠以往的会议协商、合作声明等非制度化的方式，显然收效甚微且非长久之计，唯有以法制协调的方式作为区域协调的基础，才能将以往非制度化的协调转向制度化的协调，从而实现区域经济的可持续发展。

1. 建立中部地区区域协调发展的中央法律协调机构

事实上，中部六省在一定程度上存在同质竞争和自谋发展之嫌。比如，六省在具体的产业规划上有一些相同之处：郑州、武汉、长沙、合肥甚至芜湖都把汽车产业作为自己的支柱产业，低水平的重复建设难以避免；同时，六省也都在忙着打造自己的经济核心。基于这种状况，不少人都担心中部六省各自为战、合力不足，而"中央要有一个牵头的部门统筹"的声音也不绝于耳。

从长远和国家加强统筹协调的角度来看，国务院成立区域发展局应该是一个方向。关于中部地区区域协调发展法律机制的中央协调机构，其设置方式有两种，一种是由国务院成立专门的区域发展局，另一种是将区域发展委员会挂靠在国家发改委。在不改变现行机构设置的前提下，第二种设置方式较为可取。

区域发展局应是一个级别比较高的区域管理机构，相当于副部级。区域发展局成立后，应把现在的西部办、东北办、中部办、东部办四大板块纳入该局，成立东北司、西部司、东部司、中部司，由区域发展局协调并统一区域政策。区域发展局的设置，有利于避免虽克服了省际利益冲突却产生了区际发展壁垒的情形。

2. 建立中部地区区域协调发展的地方法律协调机构

设立中部地区区域发展委员会。除了中央的协调以外，中部地区自身该如何协调发展也是关系中部崛起的重要环节。由于目前成立一个跨省的区域性国家机构存在宪政制度上的障碍，因此，此类协调机构只能是基于自愿原则建立的一个不具宪法地位、不具法律约束力的机构，即各省市的人大常委会、政府定期不定

255

期地就有关法律政策进行交流与协调，基于互利、共同发展的认识，将协调的意见反映在各自的活动中。因此，中部地区区域发展委员会不具有国家机关性质，而只是一个沟通协调机构和议事咨询机构。

虽然中部地区区域发展委员会不具有国家机关性质，没有相应的决策权，但是该委员会在中部各省协调发展中的作用是不容置疑的。在该委员会的协调下，一是要建立党政主要领导互访和定期磋商机制，在中长期发展战略及规划思路、区域发展政策、市场监管、跨省市重大建设项目布局等方面加强协调衔接，在涉及跨区域方面的决策上相互协商解决。二是中部地区要扩大和加强政府、企业与民间的沟通机制，建立以政府协调机制为主导的包括企业和民间等在内的多层次区域发展的协调机制。

3. 建立有利于中部进行跨行政区建设和管理的法律法规体系①

因为区域协调发展问题主要属于产业法的范畴，而产业法具有很强的阶段性，在立法和执法以及法律的表现形式方面具有很强的灵活性，这种灵活性的特点决定了产业法以行政法规为基本的表现形式。因此，应在国务院的统一协调下，联合中部六省制定《中部地区协调发展条例》，以便通过区域的共同立法来规范中部地区区域经济一体化进程，同时依法保障区域经济一体化进程中的社会稳定。

我国目前既没有关于区域发展的主体法规，也没有区域规划的相关立法。因此，有必要结合我国区域发展的实际，结合区域协调发展整体战略的实施，推进形成主体功能区，加快立法进程，把区域发展建立在政策、体制、规划和法律有机统一、全方位推动与约束的基础之上。应及时将中央经济区域发展的战略目标及相关政策上升为法律，加紧制定区域性法律的"基本法"，同时根据不同经济区域的特点，抓紧起草《中部崛起促进法》，加快制定和出台《区域规划编制与管理暂行办法》，加快《区域规划法》等重要区域规划法规的立法进程，进一步完善《地方组织法》、《立法法》等有关法律，对经济区域内各平级的地方立法机关联合制定跨行政区的区域性地方法规、规章，在主体资格、权限范围、法律效力、立法和审批程序等方面做出实体上和程序上的明确规定，规范地方立法协调工作。同时，尽快制定《行政协议法》，对目前区域经济一体化进程中大量出现的行政协议进行规范，奠定区域政府间行政协调的法律基础。

在省级立法机构的工作机制方面，主要应注意如下问题：第一，各省市的人民代表大会和人民政府在制定地方性法规和地方政府规章时，应该听取国家区域

---

① 张素伦：《区域协调发展法律机制研究——以中部崛起为视角》，载于《郑州经济管理干部学院学报》2007年第4期。

发展委员会和中部地区区域发展委员会的意见，中部地区区域发展委员会要及时将立法动态反馈给其他各省的立法机构，从而减少立法冲突现象的产生。第二，建立交叉备案制度。根据《立法法》备案制度的精神，可以考虑建立交叉备案制度，即中部六省的地方性法规和地方政府规章除了按照《立法法》的规定进行备案以外，还应该向其他省的省级人大常委会进行备案。当其他省市的省级人大常委会发现该立法有可能损害本省利益时，就可以提交中部地区区域发展委员会进行协调。同时借鉴《规章制定程序条例》的规定，实行生效前备案，有利于尽早发现立法冲突。第三，必须明确立法协调机构的答复期限。其他省的立法机构应该在该期限内尽快答复，期限届满仍未给予答复的，视作其他省的立法机构认可该冲突的存在。第四，应当确立立法协调机制的跟踪评价制度。

第六节　中部六省区域协调发展的对策建议

一、建立相对独立和实体运作的区域协调机构

区域协调发展既是我国区域发展的目标，也是我国长期坚持并实施的大战略，意义十分重大，既需要有规划和政策的配合，也需要有实施的主体。因此，应建立有实质权力的区域协调机构，譬如，可考虑成立国务院部委级区域协调发展委员会，或者国家区域政策委员会、或者区域开发署，专司区域协调发展职责。

区域政策是财政政策、金融政策、投资政策、产业政策、土地政策等的集合，不是一个部委所能包揽的。这个相对独立的国家区域协调发展委员会，其职责是编制区域性空间规划、主持制定区域政策、提出促进特定地区发展的目标和任务、负责跨省市行政区重大基础设施的规划和实施，负责跨省市行政区流域的治理与环境保护、区域合作机制的构建、促进国际次区域的合作等。

区域协调发展委员会可在西部开发办、东北振兴办、中部崛起办、扶贫办等国务院办事机构的基础上设立。这几个机构虽然服务对象不同，但功能都是一致的，经过整合，可以成为促进地方经济发展、区域协调和加强区际合作的重要政府部门。在该机构成立之后，其最重要和最紧迫的工作任务包括四项机制建设工作：第一，健全市场机制，打破行政区域的局限；第二，健全合作机制，鼓励和支持各区开展经济、技术和人才合作；第三，健全互助机制，倡导发达地区帮助欠发达地区；第四，健全扶持机制，加大国家对欠发达地区的支持力度。

二、提高中部地区的区内和区际贸易自由度

要实现区域经济的协调发展，不应过分地推崇区域经济一体化，应以提高区内和区际贸易自由度作为保护欠发达地区产业活动的基本措施。加强区内基础设施的建设和人力资本投资，建立和完善企业进入、退出机制，建立和完善区内各种要素市场等，都是提高欠发达地区区内贸易自由度的措施。这些措施可以提高欠发达地区生产和消费的区内贸易自由度，实现区内资源的优化配置。区内市场规模的扩大和区内贸易自由度的提高，有利于本地企业的自生和吸引外地企业落户在本地，这可以提高欠发达地区的产业份额。欠发达地区产业份额的提高，也就是产业集中度的提高，可以提高欠发达地区的经济增长率。区际收入差异主要取决于经济增长率和资本禀赋的多少，因此欠发达地区资本禀赋的扩大和经济增长率的提高，将缩小区际收入差异。

为了强化区际协调，提高区际贸易自由度是最为重要的区域协调政策取向，而提高区际贸易自由度的核心是加快各种生产要素的区际流动，实现生产要素在大范围内的重新配置，提高整体的经济效率。从国际经济学理论来看，提高区际贸易自由度，可实现更大空间范围内生产要素的优化配置，这可以提高整体的经济增长率，进而提高总体的收入水平。然而，目前我国国民收入的地区分配（财政支出），主要是根据各地区所掌握的资源的多少来决定的，因此区际收入差距并不会因整体经济增长率的提高而自然缩小。充分认清自己在区域产业分工和市场分异中的特殊地位，充分利用区际贸易自由度提高带来的机遇，是专门化区域协调发展机构首要的工作职责。

三、完善中部地区协调发展的"省际协议"模式

为便于同美国州际契约相对照，我国"长三角"和"泛珠三角"区域合作出现的行政契约（协议）可称之为"省际协议"，这种"省际协议"具有如下特点：（1）名称的多样性。有协议/协定、纲要、备忘录、倡议书、议定书、意向书、宣言和"共识"等近十种称谓。（2）缔结主体的多样性。既有省市政府及其首长、厅局之间、处所之间缔结的协议，也有学会和协会之间缔结的协议，但都没有经过立法部门的批准或备案，协议的权威性较差。（3）法律效果差。从协议条款中的权利义务逻辑结构上看，法律规则意识不强，条款内容具有原则性、宣言性和政策性，缺乏明晰的权利义务拘束力。（4）执行力较差。从执行机构和机制看，协议的执行方式并不是由一个独立的行政实体组织来操作的，而

是采取了联席会议和沟通联络这样松散的管理模式来执行。（5）务虚色彩浓。协议都是通过友好协商方式达成的，许多协议具有浓厚的务虚色彩，没有就实质问题进行实质性的探讨，而以契约方式形成决策恰恰是中国政府社会治理所缺少的。

应当说，"省际协议"适应了中国地方社会协调发展和法制互动的需要，是自发形成的一种制度创新模式，它彻底贯彻了契约方法论，以平等协商和妥协的方式形成决策，解决现实问题。但是，这些跨省、跨市的"省际协议"的合法性基础还有待夯实，其法律效力发挥的保障措施还有待加强。因此，中部地区应借鉴美国宪法创制的州际契约模式，以及"长三角"、"泛珠三角"兴起的区域协调发展契约治理模式，完善中部地区区域协调的"省际协议"模式，从而为建立支持中部地区可持续发展的区域协调机制奠定基础。

四、促进湘鄂经济区协调发展的政策建议

湘鄂经济区的行政当局要根据自身条件、竞争环境、消费需求等动态变化，科学确定自身各方面发展的目标、占据的空间、扮演的角色、城市的定位，在不断的合作发展中提高自身的经济竞争力，从而带动整个中国中部地区的发展。促进湘鄂经济区区域协调发展的具体政策建议包括以下几方面：

1. 制定切实可行的湘鄂经济区区域合作规划

根据《国民经济和社会发展第十二个五年规划纲要》、《国家主体功能区布局规划》，尽快制定《湘鄂经济区协调发展规划》，一方面对区域未来发展定位，对产业发展方向、基础设施的共建共享指明方向；另一方面对区域协调发展提出约束性的要求，并使其成为湘鄂区域合作制定共同行为准则的前提和基础。

2. 发挥高层政府统一行政约束力的推动作用

由于行政区域关系的制约，使得同处中国中部的长株潭城市群和武汉城市圈客观上存在着对资金、技术和人才等资源的激烈竞争关系。因此高层政府的行政约束力在区域协调中具有不可忽视的作用，其区域宏观调控政策是区域协调合作的保障，特别是跨省级行政区的区域合作，更需要高层政府统一的行政约束力，必要时应考虑中央政府的介入。

3. 建立地方政府长期有效的对话协调机制

对于跨省级的地方政府之间的协调合作来讲，更应建立长期有效的对话协调机制，以保障区域内各产业的良好发展，减少矛盾，深化合作。湘鄂地区要在思想观念上大破大立，要破除行政区划带来的人为设置的藩篱，从中部崛起的战略高度来充分认识经济区合作的重要性，认真分析各自所具有的竞争力优势，研讨

分工合作的领域、范围及模式，跳出谁是"中部龙头"的狭隘头衔之争，促进以两地区分工合作为基础的湘鄂经济一体化进程。

4. 建立以武广高铁为主线的湘鄂经济区

围绕武广高铁，加紧完善公路、铁路、水路网络，加强武汉和长沙两个城市在电力、电信及管道运输等基础设施方面的沟通和联合建设，最大限度地发挥现有交通在基础设施的区域协作中的作用；同时，发挥武广高铁大运量的城际轨道交通干线优势，建设一个纵横交错的现代化轨道交通网，把武汉城市圈和长株潭城市群的辐射力和影响力重叠，打破行政区划界限和地方保护，促进两城市之间生产要素的自由流动，引导和鼓励两城市间的产业分工、转移和调整，建立跨地域的行业联合机构，建立覆盖湘鄂地区的物流系统以及企业个人资讯共享制度，最终建立跳出行政区界的湘鄂地区经济一体化合作模式。

5. 建立统一的洞庭湖环境保护治理机制

洞庭湖是湘鄂经济区的天然联系和生态屏障，也是中国中部最大的湿地资源。建立统一的洞庭湖环境保护治理机制，不仅是保证湘鄂地区生态稳定的需要，也是中国可持续发展战略的重要内容。应考虑设立"洞庭湖生态环境管理局"，强化长江中下游生态环境建设，防止环洞庭湖水域的工业、生活污染。

中部崛起过程中的新型工业化研究

第六章

中部崛起过程中新型工业化的
政策与保障措施建议

第一节　中部崛起过程中新型工业化的产业政策研究

一、承接产业转移的政策

1. 承接产业转移的宏观政策

中部地区是沿海地区产业转移的重要地区，要立足中部地区的资源优势和产业特点，找准与长三角、珠三角产业发达地区的对接点，加快产业配套能力建设，优化政策服务环境，建设好承接产业转移的平台和通道，把中部地区打造成为长三角、珠三角制造业产业转移最佳承接地，推动加工贸易，实现跨越式发展。

（1）制定承接加产业转移规划。

要明确承接产业转移的方向重点，优化区域分工和产业布局，加强对中部地区承接产业转移的指导和引导，要根据各地的区位、资源和现有产业条件，结合地方自身发展的需要，优化区域分工和产业布局，加快形成各具特色、各有优势的产业布局。在特色资源对接上，充分发掘和利用中部特色优势资源，精心开发包装项目，争取更多的资源开发型项目进入外商投资合作的领域，把资源优势转化为产业优势。同时，充分利用现有存量资产，大力引进大企业、大财团和民间资本，参与企业改制重组，把闲置资产盘活为优良资产，实现低成本扩张、高效益发展。

（2）优化承接产业转移的环境，清除产业发展障碍。

切实解决经济发展环境中存在的突出问题，清除发展障碍，释放发展潜能。强化政策创新，努力破解土地、资金、人才、资源等生产要素制约，帮助外来投资企业渡过难关，让企业享受实实在在的优惠；加快大物流、大通关建设，建立健全商务、海关、检验检疫、外汇等部门协调联动机制，提高物流和通关效率，降低企业的综合营运成本；规范行政行为，加强项目服务，推进建设工程项目联合审批与联合验收、重大投资项目行政审批委托代办，提升政务服务中心功能。抓好承接产业转移的软环境建设。要围绕建设中部地区环境最好、效率最高、成本最低、回报最快，产业转移最佳承接地的目标，切实抓好政策环境、政务环境和社会环境建设。对产业转移中市场准入、财税扶持、项目用地、规费减免、融资担保、国际市场开拓、通关便利化等方面给予更多的扶持。

（3）对鼓励类产业转移项目实行规费减免，降低转移成本。

投资建设工业标准厂房的，减半征收城市基础设施建设配套费和工业厂房人防费。如对列入重点科技计划、重点技术创新计划、高技术产业化计划的项目，自立项之日起3年内政府免征购置新建生产科研办公用房的交易手续费和产权登记费，减半征收购置存量生产科研办公用房的交易手续费和产权登记费。对转移企业整体收购本地国有企业、转移企业开展自主品牌建设、鼓励转移企业开发并申报国家级自主创新产品等均可给予政策优惠。

2. 承接产业转移的税收优惠政策

（1）鼓励技术创新的税收优惠。

产业转移企业为研究开发新产品、新技术、新工艺，在一个纳税年度实际发生的技术开发费用，未形成无形资产计入当期损益的，在按规定实行100%扣除基础上，允许再按当年实际发生额的50%加计扣除。经省级认定的创新型转移企业，可参照前3年实际发生的技术开发费的平均数，实行研发经费预提留列支，年终据实结算。转移企业符合条件的技术转让所得，在一个纳税年度内，不超过500万元的部分，免征所得税；超过500万元的部分，减半征收企业所得税。

（2）对环保节能项目的税收优惠。

鼓励转移企业投资于《公共基础设施项目企业所得税优惠目录》中规定的国家重点扶持的公共基础设施项目和从事符合条件的环境保护、节能节水项目的所得，自项目取得第一笔生产经营收入所属纳税年度起，第一年至第三年免征企业所得税，第四年至第六年减半征收企业所得税。转移企业购置并实际使用的环境保护、节能节水、安全生产专用设备，其设备投资额的 10% 可从企业当年的应纳所得税额中抵免。

3. 承接产业转移的金融政策

建立协调机制，搭建融资服务平台。鼓励金融机构为转移企业提供开户、结算、融资、财务管理等金融服务，引导金融机构根据企业需求开展业务创新，及时满足企业多元化的金融服务需求。鼓励金融机构改进对企业的资信评估管理，对优质客户开辟"绿色通道"，发放信用贷款，并可发放应收账款质押贷款。在风险可控的条件下，积极探索对鼓励类产业转移企业工业知识产权和非专利技术等无形资产的质押贷款。指导和帮助转移企业在境内外上市融资，支持有实力的转移企业按照国家有关规定发行企业债券和短期融资券，允许转移企业以股权融资、项目融资和资产证券化融资等方式筹集资金。支持转移企业运用创业投资和风险投资工具，政策性金融机构要运用政策性资金支持鼓励产业转移企业的发展。保险机构要做好转移企业的保险服务工作。

4. 承接产业转移的要素支持政策

对科技含量高、经济效益好、资源消耗低、环境污染小的产业转移项目，优先用地预审，优先安排用电、用气、用水计划和指标，确保项目及时落地、按期投产。加强交通运输服务，将重点转移企业列入铁路、公路、港口等运输重点保障名单，在运输计划、车皮调配等方面给予优先保障。加强各类人才职业教育培训工作，为转移企业提供数量足够、技能熟练的劳动用工。

二、促进产业园区建设的政策

1. 注重规划引导，明确园区产业定位

加强产业政策引导，以产业园区为载体，推动产业集群发展。根据国家产业政策，结合中部地区经济发展情况，出台区域性产业政策，打造区域产业特色，错位发展。支持跨区域、跨行业和跨所有制的企业在集聚中重组，鼓励相邻区域的产业园区在协调中整合，避免产业趋同和重复建设，把产业园区办成发展现代制造业的集中区、吸引投资创业的集聚区、机制改革的先导区和循环经济的示范区。引导企业资金投向，避免低水平投资和重复建设。加强项目库建设，围绕重点产业，跟踪国内外行业发展以及产业转移的趋势，加强与国家大型企业集团的合作，规划一批重大项目尤其是源头项目，引进和培育发展可以产生产业集群的核心企业，围绕源头项目狠抓产业的拓展和延伸工作，引导和组织配套企业入园，增强园区内各企业的相关性和配套性，完善配套协作体系，促进产业集群发展。

2. 加大产业园区基础设施建设

完善公路、水、电、气、通信等基础设施，吸引银行、担保机构建立高效的服务体系，为企业入驻发展创造良好条件。完善政府服务，建立绿色经济信息平台，定期发布有关产业政策、发展规划、投资重点、市场需求和经济运行等方面的信息及预警信号，鼓励和吸引各类中小企业为龙头企业提供配套服务，完善产业链，促进产业集聚，实行产业园区内部采购制度，支持区内的企业发展。

3. 加强监管，集约利用土地

各地工业主管部门要协同相关部门加强对产业园区建设用地的管理，遵循合理利用土地、切实保护耕地的基本国策。产业园区建设用地必须符合土地利用总体规划并纳入土地利用年度计划，选址要纳入城市总体规划，集约、高效开发利用土地，促进产业园区土地资源的可持续利用和健康发展。严格禁止越权审批、圈占土地、低价出让土地等违规行为。要严格按照法定程序征用农村集体土地，并依据国家有关规定和标准给予农民合理补偿和妥善安置，切实加强基本农田保护。涉及农用地转用和土地征收，依法需报国务院批准的，要按规定程序报国务院审批。各地要按照相关规定程序和审批权限，通过开展土地置换等方式鼓励企业进入产业园区，合理整合工业零散用地。

4. 鼓励创新，实现结构优化升级

产业园区的规划、建设和发展要坚持高起点、高标准、高水平。要选择发展基础好、科技资源富集、工艺技术和产品先进、拥有自主知识产权、具有较强竞争力及带动性的优势企业作为园区龙头企业和主导产业。立足用先进适用技术改造传统产业，积极发展高新技术产业。克服片面追求产业园区规模和引资数量意识，注重园区项目的质量和效益，注重技术创新和管理创新，注重结构调整和优化升级，使产业园区成为推动技术创新和产品升级的强力引擎。禁止资源消耗高、环境污染重、废物难处理、不符合国家产业政策的落后生产技术、工艺、装备和产品进入产业园区。

5. 加强环保，实现绿色生产

产业园区要集约利用资源，发展循环经济，促进节能环保。要结合区域和产业发展规划，统一建设道路、电力、燃气、供水、排水、通信、消防等基础设施，实现资源共享；合理确定建筑密度、容积率、绿化率等指标，提高要素利用率。推广节约生产、清洁生产、安全生产技术和工艺，充分消纳工业固体废物。集中建设污水处理厂、热电联供等高效能公共设施。广泛采用建筑节能、节水等技术，鼓励雨水收集、中水回用等资源利用，实现建设成本低、生产效率高、经济收益大、环境保护好的工业发展目标。

6. 积极协调，建立多元化投融资服务体系

各地工业主管部门要积极协调金融机构对产业园区基础设施和重点项目建设

提供信贷支持，加强产业园区融资平台建设，建立多元化投融资服务体系，多渠道筹集资金，增强园区"造血"功能，解决园区企业融资难的问题。支持产业园区内自主创新能力强、成长性好、符合国家产业政策等相关条件的企业采用上市、发行企业债券等方式通过资本市场扩大直接融资。鼓励和吸引各类投资主体参与产业园区的建设发展。

7. 完善配套，提升产业园区服务能力

（1）加快公共平台建设，提升园区配套服务能力。

鼓励在产业园区内设立投资公司、担保公司和人才中心。建立面向园区产业企业和项目服务的信息平台、技术研发平台。创立或引进第三方物流。鼓励通过设立多种形式的创业服务机构，吸引国内外高素质人才到园区投资创业。研究鼓励园区承接高附加值服务业和服务外包业务等方面的政策措施，完善鼓励创新保障体系。

（2）进一步支持产业园区在新形势下创新体制和机制，为其健康发展创造良好的制度环境和政策环境。

对跨国公司为其配套的内资企业提供技术支持，加大政策鼓励力度；对发展中小配套企业的政策，部门之间应加强协调，做到政策目标一致；对大企业在科研、产品开发、产品配套等方面的支持政策要有利于促进企业之间的联系与协作；对引导行业协会发育、发展、整合的政策要加大力度。切实抓好重大项目的全程服务。凡重大招商引资项目，都实行全程代理、专人负责、跟踪服务，由监察、商务部门联合对政府相关部门进行行政效能监察，依法依规推进工作。

（3）重视对园区的供电、生活服务等方面的政策支持。

支持为生产、生活服务的配套设施建设，如扩大电网资源，确保重点企业用电，尽可能减少因停电造成的生产损失。学习沿海发达地区，为吸引高素质人才落地创业，在户口迁入、职称评定、子女入学、买房定居和个人所得税等方面给予优惠。加快培育和发展各类中介机构。加快建立现代物流、信息服务、金融服务等公共服务平台；加快培育在项目策划、市场分析、技术咨询、设计包装以及资本运作等方面的中介组织，充分发挥中介机构信息、技术、经验等方面的优势，使之承担更多的项目运作职能。

三、"两型"技术、"两型"产业的发展政策

1. 发展"两型"技术的政策

（1）加大资金投入。

设立"两型"科技产业引导资金，重点加大对环境无害化技术、资源综合

利用技术、能源技术等"两型"技术的研发投入。加快建立以企业为主体的技术创新体系，组织重大技术开发，推动建立"产学研"平台，促进能源节约与资源综合利用科技成果的产业化。

（2）加大财政转移支付力度。

要进一步完善中央对地方的节能减排专项转移支付，采取科学、规范、透明的方法将资金向中部地区倾斜，引导地方政府加大对企业节能减排的支持力度，调动地方企业节能减排的积极性。同时，建立完善落后产能退出机制，以金融危机提供的倒逼机制为契机，继续加大对小造纸、小化工等落后技术的淘汰力度。

2. 发展"两型"产业的政策

（1）大力推动产业的战略性结构调整。

"两型"社会建设的根本途径在于推动新型工业化，当前应着力推进传统产业改造升级，加快以高新技术和现代服务业为主体的"两型"产业发展。一是优化产业布局。结合主体功能分区，加强产业引导，整合资源，优化布局，建设专业化园区，形成特色鲜明、错位发展的产业格局。二是改造提升传统产业。以节能、减污、降耗和增效为目标，加快冶金、建材、电力、化工等传统产业循环经济和信息化改造，发展精深加工，提高技术含量，实现产业转型升级；制定并落实落后产能强制淘汰制度，关停一批"两高"产业，集中治理，限期达标。三是加速发展高新技术产业。以国家综合性高新技术产业基地为依托，加快技术创新平台建设，打造特色专业园区，形成产业集群。

（2）强化项目带动战略，促进产业持续发展。

以"两型"社会综合配套改革试验区为蓝本，推动中部地区的产业发展。试验区的产业项目建设，总体上要以"两型"产业为轴心，重点谋划一批对经济发展和技术进步带动作用强、产业关联度大、产品附加值高、市场前景好的产业项目。一是要建立完善"两型"社会建设重大项目库。围绕资源节约、环境友好、生态宜居、城乡统筹等重点，继续策划和包装一批具有全局性、战略性的重大项目。二是要优化产业项目布局。从体制、机制和过程整合上去解决这些传统产业和常规技术的更新换代问题。根据产业升级的方向，多上有利于资源节约、环境友好的项目，推进余热发电项目、资源综合利用项目建设。

四、提升高新技术产业和培育战略性新兴产业的政策

1. 提升高新技术产业和培育战略性新兴产业的财政政策

（1）增加财政对高新技术的投入。

从技术创新发展过程的特点是来看，需要依靠政府资助的领域首先是基础研

究活动。基础研究一般不能直接产生经济效益，作为市场主体的企业往往不愿意或无力对其进行投资。但它是新的技术思想、技术方法的源泉，政府应从社会整体利益出发，直接投资研究与开发（R&D）经费活动，才能不断推进技术创新的发展。其次是基地建设，如建立研究开发中心、专业实验室和信息库等。政府资助这些基地的建设，可使许多技术创新活动普遍受益，有力地推动技术创新发展。因此，首先要调整财政科技投入方向。财政的科技投入应由对科研机构、科技人员的一般支持，变为以项目为主的重点支持；科研计划实行课题制，大力推行项目招标和中介评估制度；发展和完善科技型中小企业技术创新基金，为高新技术成果转化后活动提供奖金支持。着重支持高新技术发展的重大领域和重大项目，提高科技投资的使用效率。其次要改变现有财政科技投入单一支持（企业）项目技术开发投入方式，支持公共性创新技术平台建设。具体来说，应结合公共财政支出和 WTO 规则，修改现行管理制度规定，允许将政府科技经费投入到为社会提供服务的公共性技术平台建设中；应在高新技术的重点领域搭建公共性技术平台，同时建立各类公共性科技服务平台，比如大型科研条件协作平台、科技投融资服务平台、孵化器平台等；应建立网上科研服务平台，加强科研信息化管理。

（2）政府担保和财政资助。

政府应改变单一的无偿投资方式，采用有偿投资方式。政府有偿投资的方式可以多种多样，其中运用贴息、担保等政策倾斜方式，就能起到"四两拨千斤"的作用，引导、拉动民间资金投入到高新技术产业的企业和项目中来。政府为促进高科技的进步与发展，对真正具有良好前景但也有较高风险的各种科技活动，以政府财政信用为后盾为其提供担保，保证高科技活动者能筹集到足够的资金开展各项科技活动，是一种非常有效的间接财政支持方式。采用这一财政支持方式，一方面可以缓解财政压力，另一方面也可以减轻财政支出对民间资本的"挤出效应"，同时也可以减少因监管不严而造成的财政资金浪费。

2. 提升高新技术产业和培育战略性新兴产业的税收政策

（1）系统规划设计税收优惠政策。

税收优惠政策应当与国家产业政策密切配合，坚持"有所为，有所不为"的原则，突出政策重点，减少"撒胡椒面"式的盲目性，根据高新技术产业发展的特点，尽量发挥有限税收政策资源的最大效能，实现税收政策资源的优化配置。在进行系统设计时应从三个层次去考虑：第一个层次是在高新技术产业化发展的不同阶段，税收优惠的侧重点应有所不同；第二个层次是高新技术产业化进程不同阶段所涉及的税种不同，税收优惠的具体方式也应有别，如对企业所得税可采取加速折旧、税项扣除、投资抵免等间接税收优惠方式，而对增值税、营业税则选择减免税、退税等直接税收优惠方式；第三个层次是税收优惠具体方式的选择问题。此外，要根据经济发展情况动态调整税收优惠政策的扶持范围，实现动态鼓励与静态鼓励的统一。

（2）采取直接优惠和间接优惠相结合的优惠方式。

直接优惠与间接优惠各有特点，应扬长避短。现行的税收优惠政策是以直接优惠方式为核心，重点在减税、免税、优惠税率和税收扣除等直接优惠方式上花大力气做文章，而在加速折旧、盈亏结转、税收还贷、延期纳税和特定准备金方面没有大的举措，直接优惠多，间接优惠少。其特点是对应纳税额的直接免除，政策透明度高，便于征纳双方操作，但它造成政府税收收入的直接减少，而且较容易产生税法漏洞，引起避税行为；间接优惠包括加速折旧、投资抵扣、亏损结转、费用扣除、提取风险准备金等，它在一定时期延迟了应纳税的时间，使政府保留今后对企业所得的征税权力，对企业来说主要是延迟了应纳税收的时间，从政府那里获得了一笔无偿贷款。而且间接优惠具有较好的政策引导性，有利于形成"政策引导市场，市场引导企业"的有效优惠机制，也利于体现公平竞争。借鉴国际经验对科研活动使用的先进设备、专用装置、房屋实行加速折旧，并在正常折旧的基础上给予特别折旧，即在折旧的资产使用的第一年允许按一定比例实行特别折旧，对利用国产设备的还可以再优惠，使企业放下包袱，轻装上阵，加快科技发展步伐。

3. 提升高新技术产业和培育战略性新兴产业的金融政策

高新技术产业对于资金的大量需求，必然要求金融体系提供效率高、规模大的金融支持。没有高效的、覆盖高新技术企业动作全过程的金融支持，就不可能有高新技术产业的快速健康发展。

（1）充分发挥银行的支持作用。

各商业银行为高新技术企业提供金融支持的出发点应是：以效益为中心，加大信贷投入，健全中介服务结构，建立支持科技进步的多渠道的投融资体系，完善企业内部运行机制，促进科技成果商品化、产业化。改变传统信用抵押担保模式，重视人才资本、知识资本在高科技企业中占有较大份额的客观实际，创新形式多样的贷款担保方式，满足高科技企业的融资需求。如一些高科技上市公司中，科技人员的个人股份的市值数额较大，所以科技上市公司股权质押应是一种值得商业银行考虑的科技企业融资的新渠道。同时，商业银行可尝试牵头组建专门的高新技术贷款担保公司，由银行、企业、社会机构和政府部门各方共同参与，具体操作方式可借鉴中国人民银行和住房和城乡建设部不久前出台的住房贷款担保公司的管理规定。

（2）建立高新技术产业风险投资机制。

要发展高新技术产业，反映在金融方面就是建立支持高新技术产业发展的风险投资体系，培育和发展促进资本与高新技术相结合的一套新的金融机制和模式，不仅对提高经济竞争力的长远战略目标会起到积极的作用，也是调整全社会的投融资布局，改善金融结构、机制的重要举措。风险投资是一种将资金投向风险较大、具有较高技术含量的新创企业以谋求高收益的特殊投资活动。由于具有这样的特性，风险投资才得以成为小型高技术企业形成和发展初期的重要资金来源，并在一些发达国家和新兴国家得到了长足发展。近年来，随着国家科技战略的推进，风险投资活动在中国蓬勃兴起，在政府的支持和推动下，各地纷纷设立风险投资基金，成立风险投资公司，外国风险投资家也开始进入中国市场。风险投资的主要投资方向是高新技术产业和新兴产业，一般有以下几大产业：自动化、生物技术、电脑和通信、能源和环境、时尚、运动、健康和休闲。即使按照"投资组合、分散风险"的原则，投资于几个不同产业、不同地区、不同企业，风险投资的性质也仍然是投资于高新科技项目，这正是它区别于其他投资的最显著特征。我们要注重发掘高效的风险投资主体，保证风险投资的方向不违背支持高新技术发展的初衷，正确发挥政府在风险投资基金建立这一市场行为中的作用。风险投资活动有着独特的运作方式，发展风险投资事业必须跳出传统思维，遵循其特殊规律做出特殊的制度安排才有可能取得成功。为了实现这种远远超出一般投资活动所带来的高收益，风险投资活动需要一个可靠的投资退出机制为之提供安全保障。

（3）依托资本市场，发展高新技术产业。

资本市场与高新技术企业的融资有着十分紧密的内在联系。首先，风险投资是资本市场的重要组成部分：根据一般性的统计，风险投资资金只占整个资本市场的很小一部分（在1%左右），但是这些投资能够为资本市场提供高质量的上市公司。同时，资本市场为风险投资资金的撤出创造了条件，鼓励更多的资本流向风险投资，形成一个良性循环；而且通过上市和上市后的再融资，上市后的高新技术企业能够迅速扩张成为大型企业。大量的社会闲散资金通过资本市场的有效配置，形成了实力雄厚的风险投资主体，特别值得指出的是，资本市场的发展为风险投资建立的退出机制对高新技术企业的发展具有相当重要的意义，因为风险投资收益主要不依赖于股息，而是靠创业公司的上市使股票市值呈十倍甚至上百倍地增长。尽管风险投资的成功率一般低至10%～15%，但绝大部分风险投资的创业公司中只要有一两个迅速成长并上市，即可收回全部投资，并获高额回报。在这个动作机制中，发达的资本市场发挥了十分关键的作用。借鉴发达国家的经验，鼓励高新技术企业采用发行股票、债券等方式直接融资，或采取金融租赁、商业票据、信托等方式间接融资；争取放宽对高新技术企业的上市条件，适当增加其上市额度，鼓励高新技术企业买壳上市，为高新技术企业进入资本市场提供中介服务；鼓励高新技术企业到海外资本市场融资，当前应当创造条件，帮助具有一定实力和规模的高新技术企业进入香港创业板市场和美国纳斯达克市场融资。

4. 提升高新技术产业和培育战略性新兴产业的贸易促进政策

（1）培育高新技术出口产业新的增长点。

政府必须实行战略性贸易政策，给予必要的政策倾斜和扶持，使之在未来几年内成为高新技术出口产业新的增长点，继续保持我国高新技术产品贸易高速增长的势头，继续发挥对外贸易增长的引擎作用。我国虽然制定了鼓励高新技术产品的出口政策，但产业重点不突出，政策过于宽泛，有限的资金难以集中发挥效力，而且出口促进措施主要集中在经营环节，很容易引起贸易摩擦。因此，今后应从宏观层面与管理机制上加大对高新技术产业的出口扶持力度，并根据国内外形势的变化，及时调整出口政策扶植的战略性目标产业。同时，围绕着提升高技术企业的国际竞争力，采取更有弹性、温和的制度设计。WTO 并非完全排斥补贴，其允许的补贴主要有可申诉补贴和不可申诉补贴两大类。在现行的 WTO 规则下，不可申诉的补贴用于 R&D 的补贴潜力最大。因此，我国应调整补贴的方向，将出口补贴的重点转向高技术产业的研发环节，把对出口企业的扶植集中到符合 WTO 规则的 R&D 补贴上，推进国内企业的技术和产品创新，促使我国高技术产业获得动态的比较优势。

（2）处理好自主创新与引进技术和外资的关系。

自主创新是我国技术进步的根本方向，我们要充分认识到外商投资企业技术转让的局限性和有偿性，自主研发核心技术，掌控技术主导权。从现阶段我国的技术水平和自主创新能力来看，在较长时间内，高新技术产业许多领域的发展仍离不开国外先进的技术、设备、人才和资金支持。引进先进技术、进口关键设备本身就是战略性贸易政策的手段之一，因而，应正确处理自主创新与引进技术和外资的关系，在集中国内优势资源重点扶持国内企业加强自主研发的同时，继续吸引外资投向高新技术产业，实现"开放"式的创新。

（3）支持高新技术企业扩大进出口，鼓励高新技术企业适度进口。

对高新技术企业进口货物，海关按照来料加工的有关规定，以实际加工出口数量，免征进口关税、增值税和消费税。从国外进口的用于高新技术开发而国内不能生产的仪器和设备，可免征进口关税和进口环节税。允许高新技术企业在高新技术开发区、经济技术开发区设立保税工厂。通过出口信贷、财政贴息、减免出口关税等办法，鼓励本地高新技术企业扩大技术及产品出口，开拓海外市场。

同时加大反倾销力度，保护国内高新技术企业的合法权益。政府应制定相关政策，理顺银行、保险和企业三者的关系，加强出口信贷和保险对出口促进作用的宣传和引导，发挥出口信贷和保险对大型机电设备等高新产品出口的促进作用。扩大高新技术产品出口范围，凡是国家没有限制的产品，都可以出口，并免征出口关税。对国外进口的高新技术产品征收一定关税，以保护本地高新技术产业发展。赋予有一定规模和实力的高新技术企业进出口经营权。要在优质技术领域形成若干高新技术产品出口基地，使一批自主知识产权和自主品牌的高新技术出口产品在国际市场占据较大份额，并培育一批以出口高新技术产品为主的世界级跨国公司。

（4）要健全高新技术产品出口服务体系。

为加速我国高新技术产品对外贸易的发展，必须进一步完善有关高新技术产品对外贸易的服务体系，加大力度改善高新技术产品对外贸易的软环境。要通过规范化的培训，使具有进出口经营权的科研院所拥有受过专业培训的技术贸易人才，并培养一批技术贸易管理人才和中介代理人才。要完善政府外贸管理部门的服务机制，重视向高新技术出口企业提供国际贸易信息，可以考虑实行信息交流计划，包括政府信息系统免费或低费向企业提供国际贸易信息，建立出口咨询网络系统，向企业提供国际贸易的专家咨询，提供贸易中介服务等。重点建设一批国际化的生产力促进中心，为行业及高新技术产品出口服务。发挥高等院校及有关咨询机构在科技与国际经贸方面的学科优势、国外合作关系和信息渠道，为科技兴贸提供多方面咨询服务，并开展知识产权管理和保护、国际标准认证、技术性贸易措施等相关方面的调研和战略研究。要促进出口企业通过国际标准认证，发展技术贸易中介代理机构，建立国家技术贸易市场信息与电子商务网络，建立高新技术产品出口分销服务中心。大力推广国际电子商务，加速我国进出口贸易手段由传统方式向电子化、网络化方式转变。要加强与银行、金融、税务、商检、海关等有关机构的协调工作，以保证高新技术产品对外贸易的顺畅发展；推进"关贸协作"的不断发展，进一步简化商检、报关手续，对符合条件的企业实现"便捷通关"。大力发展现代物流业和"电子通关"联网监管技术，为高新技术产品出口创造便捷的"绿色通道"。

五、促进装备制造业发展的政策

1. 设立装备制造业专项发展基金

（1）设立装备制造业振兴基金。

制约我国装备制造业发展的一个重要内容是技术研究与开发投入不足，先进

271

装备制造业中关键技术和设计等自主知识产品缺乏，在国内外有市场竞争力的高新技术产品不多。为支持装备制造业研发具有国内和国际竞争力的产品，支持装备制造业中关键技术设备的研发与生产，建议设立装备制造业振兴基金。该基金将主要用于重要技术研究开发补助，共性技术研究开发补助，参与官、产、学合作开发项目补助，对国家重点技术领域和重大研究开发项目、技术改造项目以及高精尖产品生产环节的流动资金贷款贴息。

在基金的资金来源上可考虑三个渠道：一是国家财政专项拨款；二是免除企业的欠缴税金（主要是企业增值税）和税收返还；三是将现有财政政策整合，即从电力等财力相对富足的产业基金中划拨出一部分款项"抽肥补瘦"，用以支持装备制造业的发展。今后可在此基础上根据实际情况加以适当调整。

（2）设立重大装备研制风险基金。

装备制造业产品生产周期一般较长，生产过程中资金的占用量相对较大，其行业口碑和品牌具有同等的重要性。此外，一些重大装备、高技术产业所需的装备受经济景气指数和固定资产投资规模的影响远远大于一般制造业，技术上的风险较大，从而所带来的投资风险也远远高于其他行业，这也是民营资本介入较少的主要原因。因此，设立重大装备研制风险基金非常必要。

2. 进一步优化财政税收政策

（1）振兴我国装备制造业的若干财税政策。

一是尽快出台新购机器设备所含增值税税金扣除的范围和办法；二是适当提高工业企业除房屋建筑物外的全部固定资产的折旧率、适当缩短工业企业全部无形资产的摊销期限；三是稳步提高中部地区企业的计税工资标准；四是豁免企业历史欠税。

（2）WTO规则框架下加大对国产装备制造业的合理保护。

主要包括：一是调整税收政策，我国已有能力制造的设备，停止减免进口关税；对出口的装备制造业产品在国内产、供、销环节所缴纳的增值税给予退税，推行装备制造产品零税率制度；提高成套设备、主机的进口关税税率，降低关键零部件、关键原材料的进口关税税率，拉大成套设备、主机、关键零部件、关键原材料的进口关税税率梯度，促进国外先进技术的转让和技术装备的国产化进程。二是灵活运用政府采购政策，加大对国产技术装备的采购比重。三是重点工程项目采购的装备，如果国内制造部分按投资计其比重超过一定比例，项目业主贷款时由国家财政予以贴息贷款。四是对出口技术装备给予长期优惠贷款和长期贴息贷款。

目前已初步实施在国内税收方面的政策有，通过加速设备折旧、税前扣除等税收激励政策，创造外部市场环境，提高自主创新能力。如对企业按当年实际发生的技术开发费用的150%抵扣当年应纳税所得额的税收优惠政策，支持企业研发投入。采取加速折旧方式，支持用户单位购买首台（套）国产重大技术装备。

3. 培育并促进产业集群发展

当代装备制造业发展的基本趋向，是以产业集群形式表现出的制造业专业化分工。从国际经验来看，国际上有竞争力的制造业产品基本上是依托产业集群生产出来的。产业集群在降低生产和交易成本、促进技术创新和组织创新等方面，都具有独到的难以替代的重要作用。振兴和发展我国的装备制造业，形成若干有国际竞争力的装备制造业基地，发展产业集群是必由之路。当前，要花大力气去重点培育和塑造一两个特大型装备制造企业，进一步提高产业集中度，以形成与国际装备制造大企业相抗衡的局面，使我们所掌握的核心技术与关键产品不会过多受国际市场左右。

4. 构建有利于装备制造企业发展的政策环境

（1）制定和实施振兴装备制造业的法律法规体系。

建议进行《装备制造业振兴法》的立法工作，明确技术装备在国民经济发展中的重要地位。同时，对国家确定要发展的技术装备，要从关键技术的攻关到核心设备的能力建设，从依托工程的落实到推广应用项目的安排，从制造部门的组织到与用户部门的协调，从资金的计划到政策的落实，做出统筹安排。近期内，可先安排有关部门抓紧制定《装备制造业现代化规划纲要》，确定装备制造业中长期发展战略，明确发展重点，建立重大装备自主化指导体系。

（2）进一步整合现有的配套政策。

一方面积极完善社会保障体系，推进企业主辅分离，进一步减轻企业负担。另一方面要完善企业退出机制，为装备制造业的振兴创造更为有利的条件。我国装备制造业的发展正处于机遇与挑战并存的关键时期，振兴装备制造业已经成为一项刻不容缓的任务。积极有效地发挥财税政策的支持与导向作用，对于我国装备制造业的振兴具有十分重大的意义。把"积极的财政产业政策"列入当前财税工作的重要议事日程，是21世纪我国装备制造业振兴的现实有效途径。

六、农业产业化政策

1. 农业产业结构调整政策

（1）切实加快农业和农村结构调整步伐，提高农业抵御自然灾害和防范市场风险的能力。

为了确保稳定增产，必须采取有效措施，依法保护耕地。加大农业投资力度，包括增加农业基础设施和科技的投入。通过政策引导、科技示范，提高农民投入的积极性。加强以水利建设为重点的农业基础设施建设，扩大旱涝保收、稳产高产农田。着力完善市场机制和政府宏观调控体系，以市场引导农业种、养殖结构的调整，同时以宏观调控减轻农业市场风险程度。

（2）发展特色农业，扶持农业龙头企业。

选准和开发有地方特色、市场前景好的主导产业和产品，发展、建立和扶持一批各具特色的以本地农产品为重点，具有辐射、带动作用的农业龙头企业。提升农业产业化档次，延长农业产业链条，增加农产品附加值。围绕农副产品深加工和农业产业化，逐步形成以主要农副产品生产基地为依托，以若干农业生产加工企业为龙头，生产、加工、销售一体化的农业和农村经济结构新格局。

2. 树立农业名牌观念

（1）增强创名牌意识是农业产业化的先决条件。

政府要切实转变观念，提高对农业创名牌重要性及紧迫性的认识。摒弃那些传统落后的农业生产经营观念，不断学习，树立名牌观念，将推进农业产业化，实施农业创名牌战略当做今后农村经济工作的重中之重来抓；要加强对农户的引导，帮助广大农民改变陈旧的农业观念；要加强对农产品加工企业、农业产业基地的引导与管理，通过制定一系列优惠政策和优惠措施对创农业名牌给予积极支持。

（2）加大农业发展的科技含量，开发高附加值的特色品牌。

引进吸收国内外先进并适合中部地区资源条件的新品种、新技术，开发高附加值的特色、名牌产品，实施名牌战略，积极发展农业科技型企业。进一步提高农业效益，加强精准农业、绿色食品、创汇农业的综合开发，重点强化名、特、新和鲜活农副产品的生产，逐步推广精细、无公害的农作方式，使高效农业成为新的经济增长点。

（3）实行标准化生产，提高农产品质量是打造农业区域品牌，提高竞争力的重要基础。

农业区域品牌建设要加强标准化建设和管理，加强农产品质量认证，实行农业生产的全程标准化。要根据农产品"从产地到市场准入"质量安全控制的要求，切实搞好与农产品质量安全相关的产地环境、生产技术规范、产品质量与安全、包装标识与储运、检验检疫方法等标准的制定和完善工作，实行生产标准与生产过程的多环节有机衔接。要规范产前、产中、产后的配套生产技术标准，制定严格的产品质量标准，同时加强对农业投入品的监管，建立健全农产品质量安全标准体系，稳定农产品的内在品质，以质量赢得消费者的认可和信赖。

（4）要着力抓好农产品生产基地建设，把创建农业标准化示范基地与发展农业区域品牌有机结合起来。

实现农产品生产经营的规范化、科学化、规模化。要大力推行原产地标识管理、产品条形码制度，做到质量有标准、过程有规范、销售有标志、市场有监测，夯实品牌农业发展的基础。

3. 大农业模式代替小农经济

（1）提高农业生产的组织化、集约化程度。

广大农户高度分散、规模过小的生产经营方式与社会化大生产、现代化大农业的要求不相适应。因此，各级政府要为农业创名牌消除体制障碍，构筑树立农业名牌的新机制，探索土地制度和农村户籍管理制度的创新。现行的土地制度使得土地资源不能自由流动，分散经营、封闭生产导致生产手段落后、劳动生产率低下、农业收入有限。因此，要建立一个适应市场经济需要的土地流动体制，在保持土地所有权不变的前提下将经营权有计划地集中，土地统一规划、统一开发、统一经营。

（2）发展农业虚拟企业，获取规模经济效应。

可以通过类似虚拟企业的经营模式，使得处于分散状态下的生产者和经营者可以在虚拟状态下实现集中，从而使区域内广大农户、生产基地、农业企业获取聚集规模经济效应，增加集聚系统内产业对产品的有效供给，从根本上增加产业的生命力。积极扩大农业生产的规模，改变传统的小农生产方式，推进农业向规模化、产业化和高科技农业方向发展，提高农业产业化水平。

4. 重视龙头企业、生产基地的建设

（1）重视龙头企业发展。

实现农产品的大发展、大流通、高效益，离不开加工型龙头企业的拉动作用。扶大做强一批龙头企业，是农业区域品牌化的关键环节。实施大品牌、大基地战略，做大做强龙头企业，培育支柱产业。以名牌产品为龙头、骨干企业为核心、专业化协作和资本运营为纽带，发展产业化经营。扶持有条件的龙头企业在优势产区建设农产品生产、加工、出口基地。支持龙头企业发展精深加工，促进农产品转化增值。发展专业合作组织，开展农业社会化服务，并以此为主要载体，带动形成支柱产业和产业集群，推动农业结构的优化升级。

（2）在生产基地的建设上，各地必须立足特色建基地，实行规模化、集约化经营。

在市场建设上，主要侧重于大型批发市场和专业市场，如蔬菜批发市场、水产品市场、畜禽市场以及大型综合农贸市场等。龙头产业、生产基地和各类市场的相互配套，使农产品产业化经营各环节紧紧相扣，产品批量生产、批量销售，形成良性循环，从而增强市场对主导产业和特色产品发展的带动力。

第二节　中部崛起过程中新型工业化的财税政策研究

一、建立健全资源有偿使用制度

1. 完善法律制度

要完善《节能法》、《水法》、《土地管理法》等法规，尽快制定《可再生能源法》，推动可再生能源的发展；并加大执法力度，加强对节能降耗的监督检查，落实工作责任，切实解决"违法成本低、守法成本高"的问题。还要建立能源、资源审计制度，进一步完善以节能减排为导向的经济政策和财税政策体系，与现行的环境评价制度共同构成社会性管理的新框架。此外，还应推动能源、资源产业的市场化改革，发挥市场对资源配置的基础性作用，建立科学的资源价格形成机制和价格结构，以改变当前因资源的低成本、非公开化而造成的浪费，引导企业加强对能源节约的管理，建立严格的能源精益管理制度，构建企业能源节约和管理的长效机制。

2. 建立资源节约和环境治理的市场机制

完善政府、企业和社会多元化的投融资机制。健全有关法规标准体系，发挥法律手段和价格、税收、信贷等经济手段及必要的行政手段对资源节约和环境管理的作用。培育专业化的环保设施建设与运营体系。按照"谁污染谁付费、谁治理谁受益"的原则，加强排污费征收使用管理。探索环境容量有偿使用制度，运用市场手段科学合理地配置资源。

3. 调整完善税制结构

（1）扩大资源税课税范围。

增加土地、矿产、大气、水等再生和非再生资源的各个领域的税目，科学制定税额标准，不仅要将资源级差纳入税额中，同时要将资源开采产生的环境成本考虑进去。制定必要的鼓励资源回收利用、开发利用替代资源的税收优惠政策，提高资源的利用率，使企业的部分外部成本内在化，既提高企业经济效益，同时提高企业开展技术升级改造的积极性。

（2）适当调整增值税、所得税和消费税等税种，提高企业购置除尘、污水处理和提高利用效率等环保设备的增值税进项税额抵扣标准。

对于企业在新产品、新技术、新工艺方面的研发投入，在计算企业所得税时，在税前全额扣除的情况下，其各项费用增长幅度超过 10% 以上的部分，可以适当扩大实际发生额在应纳税所得额中的扣除比例。同时，课征消费税以限制污染、浪费的生产行为。

4. 建立真实反映资源稀缺程度的价格形成机制

应该按照维护自然资源可持续利用的原则要求，构建合理的自然资源价格的差比价关系，正确处理自然资源与资源产品、可再生资源与不可再生资源、土地资源、水域资源、森林资源、矿产资源等各种不同资源价格的差比价关系；纠正原有的不完全价格体系所造成的资源价格扭曲，将资源自身的价值、资源开采成本与使用资源造成的环境代价等均纳入资源价格体系。通过完善资源价格体系结构，为资源有偿使用制度的实施提供体制保障。

二、建立生态环境补偿机制

1. 加强生态环境补偿的立法

目前，我国还没有一部统一的有关生态环境补偿的法律，现有立法比较零散、不全面、适应性不强，所以国家有必要制定《生态环境补偿法》，对生态环境资源开发与管理、生态建设、资金投入与补偿的方针、政策进行统一协调，科学确定生态环境补偿标准、补偿方式和补偿对象，这是建立和完善生态环境补偿机制的根本保证。

2. 创新环保监管和绩效评估体制

建立先进的环境监测预警体系、执法监督体系和应急综合指挥系统。实行公告、公示、奖励举报制度，完善公众参与和社会监督机制。将资源环境核算纳入科学发展评价体系，实行目标责任制和资源环境问责制。

3. 实施环境税收制度和生态补偿保证金制度

强化生态补偿的税收调节机制。根据我国的具体情况，可先将各种废气、废水和固体废弃物的排放确定为环境税的课征对象，同时将一些高污染产品，以环境附加税的形式合并到消费税中。调整和完善现行资源税，增收水资源税，开征森林资源税和草场资源税等；对非再生性、稀缺性资源的开发要逐步提高税率；扩大土地征税范围，并适当提高税率；发挥消费税在环境保护方面的调节作用。对新建或正在开采的矿山、林场等，应以土地复垦、林木新植为重点建立生态补偿保证金制度，企业须在缴纳相应的保证金后才能取得开采许可，若企业未按规定履行生态补偿义务，政府可运用保证金进行生态恢复治理。

4. 建立横向转移纵向化的补偿支付体系

我国财政部制定的《政府预算收支科目》中，与生态环境保护相关的支出项目约 30 项，但没有专设生态环境补偿科目。因此在财政转移支付项目中，应该增加生态环境补偿项目，并加大该类目的纵向转移力度，对限制开发区域和禁止开发区域予以相应的政策倾斜。为了减少应补未补、补偿过度和补偿不足等不公平和效率低下现象，更为重要的是要由中央财政确定横向补偿标准，将生态环境受益地区向生态效益提供地区的转移支付统一上缴中央政府后，再通过纵向支付将横向生态环境补偿金拨付给因保护或投入生态环境而丧失经济发展机会的地区和人群。

5. 建立健全生态环境补偿投融资体制

逐步建立政府引导、市场推进、社会参与的生态环境补偿和生态环境建设投融资机制，积极引导国内外资金投向生态建设和环境保护。按照"谁投资、谁受益"的原则，支持鼓励社会资金参与生态建设、环境污染整治的投资。积极利用国债资金、开发性贷款，以及国际组织和外国政府的贷款，努力形成多元化的资金格局。

三、制定中部财税激励政策

中部地区发展的差距在工业，发展的潜力在工业，近几年的加快发展也得益于工业。因此必须坚定不移地推进工业化战略，以工业振兴加速经济振兴，以工业崛起实现中部崛起。财政部门要创新财政管理方式，在继续优化发展模式、提高发展水平、增强发展后劲等方面做文章。财政收入增长的乏力和财政收入相对值的低比例均会直接影响财政作为一个宏观调控手段的有效发挥。财政收入不足将直接导致地方政府对公共工程、基础设施、科教文卫等一系列需要国家支持的部门的投入不足；没有足够的收入支撑，中部地区很多政策都没有资金去落实，财政对中部地区经济增长的乘数效应也会因此而削弱。中部地区地方政府欲支持高新技术产业发展，扶持国家重点企业，实现新型工业化，都需要财政收入的支持。

1. 推进财政体制改革，加大对中部崛起的倾斜力度

（1）对分税制进行局部调整。

如适当调整中央与中部地区的增值税分享比例，改企业所得税为中央与中部地区分率计征的"共享税"等。加大对中部地区一般性转移支付的力度，将农业人口、粮食产量、城市化水平等因素作为计算一般性转移支付的因素，并加大其权重，保证中部享有均衡的公共服务能力。

（2）实行中央专项资金补助向中部倾斜的政策，科学确定专项转移支付水平。

加大对中部地区农业、教育、卫生、环保、社会保障、公共服务设施建设等方面的投入力度，增强其自我发展能力。

（3）取消中部地区的体制上解。

目前中部地区是财政相对困难的地区，但仍然有部分省份担负财政体制上解任务，建议中央分年度予以取消。此外，针对中部各省都存在教育、文化、社会保障事业的溢出效应，建议研究省份之间或地域之间横向转移支付的政策措施，实现对中部地区的横向财政援助。

2. 充分运用倾斜财政政策，改进中部财政投融资环境

经济增长需要有相应的投资，而资金短缺是中部地区普遍存在的共同问题。随着社会主义市场经济的进一步深入发展，经济发展资金投入日益呈多元化格局，财政部门要适应这种变化，不仅需要直接增加投入，更重要的是发挥"引子钱"作用，通过财政政策在区域范围内积极筹措资金，引导社会资金的投入，为中部地区经济发展提供资金保障，营造良好的投融资环境和发展环境。压缩行政性基建、行政管理费等支出，扩大科技三项费用、技术改造资金等专项资金规模，提高财政对企业科技进步的支持能力。鼓励企业追加在中部地区的投资。对经济效益好，上缴税收多，而后续投入大的企业，在一定时期内，采取与扩大投入挂钩的办法，以财政支出的形式用于企业投资贴息。除国家限制项目外，对新迁入中部的企业，可以采取低价转让土地使用权，在一定时期内象征性收取土地使用租金或直接补助搬迁费用的办法等，鼓励企业在中部地区落户。

3. 设立中部发展基金

为加快中部经济发展，除国家政策性银行等金融机构的信贷倾斜外，从长远出发，建议设立中部发展基金，拓宽投融资空间。基金可主要由中央、省市财政资金和民间资本组成，其资金主要可投向交通、通信、能源等生产性基础设施，以改善中部地区的投资环境；投向教育、卫生、文化等社会基础设施，以积累中部地区持续发展能力；投向农产品基地开发、农民就业、信息和技术服务、重点产业扶持、扶贫开发等，以培养中部地区综合竞争力。此外，建议国家扩大世界银行、外国政府贷款对中部地区的投入规模，给予财力支持，延缓地方还贷压力。

4. 实施支持中部地区发展的税收政策

（1）率先在中部地区推广生产型增值税向消费型增值税转型的改革。

在东北老工业基地试行的增值税转型政策向全国推广之前，可以尝试率先在中部地区推行，将购入固定资产和专有技术的长期资本负担的税金作为进项税额进行抵扣，避免重复征税，鼓励固定资产投资和设备更新改造，帮助中部地区的企业降低流转税负担，而对于影响地方增值税收入的部分通过中央转移支付全额补助。

（2）提高资源税率，对中部地区为东部及全国经济发展提供资源性产品所作的贡献进行补偿。

扩大其征收范围，适当放松国家对资源产品的价格管制，增加对资源所在地的分成比例，逐步改变中部资源丰富但经济贫困的状况，把资源潜在优势转变成现实的经济优势。

（3）实行差别化税收政策，充分发挥税收的导向作用。

为实现我国区域经济的协调发展，采取有差别的税收政策，使税收优惠向中部地区倾斜，是一种十分必要的选择。继续清理集中于东部发达地区的各种税收优惠政策，加紧制定具有产业调节功能的税收优惠政策，如对产业投资多、周期长、风险大的能源、基础产业或优势支柱产业、高新技术产业，考虑给予流转税优惠或延期纳税、贴息返还的扶持政策。

5. 支持高新技术产业发展，促进中部地区技术进步和产业升级

（1）对新办企业，尤其是高新技术企业，比照执行西部地区优惠税收政策。

如新办交通、电力、水利、邮政、广播电视企业，上述项目业务收入占企业总收入70%以上的内资企业自生产经营之日起，1～2年给予免征企业所得税，3～5年减半征收企业所得税；放开高新技术企业地域界限，对建设在高新技术开发区外的企业，只要生产高新技术产品，经国家有关部门认定为高新企业，即可享受高新技术企业税收优惠，避免现行的同样是高新技术企业，区内区外区别对待的现状。

（2）对中部地区技术转让，无形资产、不动产转让收入给予税收优惠。

建议对单位和个人从事技术转让、技术开发业务和相关技术咨询、技术服务收入，经省级税务机关批准可免征营业税；对无形资产、不动产投资入股，参与接受投资方利润分配，共同承担投资风险的不征营业税，对其股权投资收入不征营业税等。

6. 完善具有区域调节功能的税收政策，促进区域和谐

建议调整现行增值税先征后返政策，对中部优势支柱产业、高新技术产业在增值税上实行一定比例的先征后返政策；对符合国家产业政策，有发展前景的企业，在实施中部崛起战略的初期阶段，实行延期纳税或贴息返还的扶持政策。同时，对中部地区大中型企业购进设备，实行增值税、关税的先征后返。如对企业新上项目进口设备，执行有关工业园区的税收优惠政策，一律先照章征收进口关税和进口增值税，自项目投产之日起5年内核查，每年返还20%，5年内全部返还进口设备所征税款。

四、加强对自主创新的支持力度

企业自主创新是一种包括了研发、成果转化、产业化生产阶段的科学研究活动，具有正的外部性特征，即创新活动给创新企业（创造者）带来私人收益的

同时，也给其他企业（或人）带来了收益，从而使得一个从事自主创新活动的企业带来的总社会收益大于该企业的私人收益。一方面，企业自主创新的外部性需要政府的财税激励。由于政府积极的财税支持，在一定程度上激发了企业创新的动力，使企业创新出了更多的项目。因此，政府实施财税激励，弥补了企业自主创新产生的溢出效应，大大促进了企业的自主创新。另一方面，企业自主创新活动具有的不确定性、高风险性，极大地抑制了企业的创新活动和社会的创新投资。政府提供一些支持措施，如特派专业科研人员、提供专项拨款、政府采购等，降低了企业的创新风险，政府的财税激励削减了企业自主创新的不确定性，降低了企业的创新风险，极大地促进了企业自主创新。

1. 加大财政政策对自主创新的支持

财政政策主要通过直接支出、购买、建立基金、贴息担保等方式对企事业单位的基础研究和共性技术的研发进行直接的支持，对中小型企业和风险投资进行引导性的扶持。

（1）增加财政对高新技术产业的投入。

要采取硬性措施，切实落实中央精神，确保财政科技投入的增长要高于财政经常性收入的增幅。各级政府特别是地方政府要把科技投入作为预算保障的重点。改变财政支持企业科技创新的方式，采取直接支持与间接支持相结合的方式，以间接支持为主。根据财政资金的性质，将其主要用于公共科技的研发，重点支持公益性和战略性的基础研究和共性技术的研发。对于具有竞争性行业的专有技术，宜采用间接支持方式，比如担保、贴息等，财政资金仅起引导和示范作用，将民间资本吸引到高新技术产业上来。制定切实可行的措施，确保财政科技资金的投向优化。比如财政科技资金的投向应该重视对创新人才的支持。发挥政府采购制度的作用，落实财政性采购资金对企业技术创新产品的首购和订购制度。

（2）要重视发挥财政政策的导向功能。

近年我国政府对企业特别是中小企业科技创新活动的支持，主要还是依靠税收优惠和数量有限的创新基金中的财政直接拨款与贴息。但财政的投入毕竟有限，除少量采用直接拨款方式外，应力求将财政贴息、合同制投入—退出方式等财政资金支持方式灵活运用，从而有效实现政府投入的放大效应和重点针对性。运用贴息、担保等工具，搭建银企合作支持自主创新的桥梁。以项目为纽带，通过财政贴息和财政担保等形式，搭建大额度、中长期贷款通道，构筑新型银政合作关系。尽快发展风险投资，引导民间资本介入自主创新领域。通过建立风险投资公司、实施政策性补助、发行高新技术产业债券等方式，积极培育多层次、多形式的风险投资主体；同时，建立完善风险资本的进入、退出机制，风险担保和管理制度，健全风险资本的运营体系，形成良性发展的风险投资机制。

（3）加大财政对产业共性技术开发的扶持力度。

要大力支持大型企业或企业集团直接建立研发中心或工程中心，组建具有国家级水平的研发团队，为企业开展竞争前技术、前瞻性技术和战略性技术的研发，以及涉及国家安全、体现国家战略思想和提升国家地位的重要技术的研发提供基础性条件。要大力支持公共技术研发平台建设，发挥公共技术研发平台的基础性支撑作用，为各类企业特别是中小企业进行自主创新提供基础条件和平台机制，满足各类企业特别是中小企业的技术创新需求。

（4）运用各种财政机制促进技术成果外溢。

通过各种政策导引和扶持，积极营造有利于科技成果产业化、应用化的外部环境，利用税收豁免、加速折旧、财政补贴等，鼓励企业建立科技创业、科技应用、科技产业化体系，壮大自有知识产权的储备，开发有较高技术关联度和贡献率的战略产品；建立中小企业信用担保体系和风险补偿机制，降低科技投入风险；通过财政参股、贴息、奖励等方式，充分积聚和优化整合民间资金，扶持一批创新型企业和科技企业孵化器及在孵企业，培育一批具有战略意义的项目载体，培育和发展各类科技中介服务机构，规范中介机构运作模式，打造中介机构诚信体系，支持科技成果产业化，实现创新技术的聚集和扩散。

2. 优化对自主创新的税收优惠体系

税收政策主要通过降低税率、费用扣除、加速折旧、减免税等方式对企业技术创新进行事前、事中和事后支持，特别是可以侧重于对竞争性领域的专有技术的研发进行间接支持。将区域性的税收优惠与产业优惠结合起来，根据产业的发展状况，实行动态的产业优惠政策。在政策工具上，完善税制，实现所得税优惠与流转税优惠并重，协调运用各个税种，发挥税制支持的综合效力。各级地方政府可以利用地方政府的分成（享）收入作为税收返还来支持省级开发区的高新技术企业。同时，在营业税、房产税、城镇土地使用税、土地出让金、交易手续费、产权登记费和契税等方面尽量给予优惠。

（1）通过税收优惠政策激励企业加大自主创新力度。

首先，在增值税方面要扩大增值税进项税抵扣范围，实现高新技术企业的增值税转型。允许高科技企业新增用于生产所需的机器、设备、交通运输工具等固定资产，以及厂房、实验室等生产用建筑的投资，分期分批抵扣增值税。对于企业购入的专利、特许权等无形资产，允许按合同的一定比例进入当期增值税的进项税额。其次，在企业所得税方面，要改变我国税收优惠政策的区域性导向，强化产业优惠导向。通过对整个高新技术产业的普遍优惠来体现产业政策目标。凡属国家急需大力发展的高新技术产业范围之内的高新技术企业，不论是否位于国家高科技园区内，都应该享受税收优惠。在费用扣除方面，要扩大企业费用扣除范围，并允许往后结转，加大支持的空间。最后，在个人所得税方面，对于个人投资高新技术企业的所得应该给予税收优惠。扩大对于高新技术人员个人所得税的优惠范围，不仅限于政府奖金，还应延续至企业奖金和企业给予的期权形式的收入。也可以借鉴国外的做法，鼓励个人进行风险投资，鼓励家庭进行教育投资，允许个人的风险投资所得免征个税，允许家庭的教育支出进行税前扣除或税收抵免。

（2）要重视发挥税收政策的杠杆调节与激励作用。

要借鉴国际通行的标准和经验，适度加大企业研发投入成本的税前扣除力度，允许企业结转当期研发投入成本，抵减未来一个时期的应税收入。要积极推进生产型增值税转为消费型增值税，推动企业形成自主创新的内在动力机制，鼓励企业加快技术改造和设备更新换代。要准确把握国内技术空白和市场需求，适时调整进口关税和进口增值税减免政策，不断提高政策的针对性和有效性，鼓励国内企业引进关键技术，进口用于研发、检测的设备。

（3）加强税收优惠政策执行的监管。

在税收政策执行过程中，借鉴国外经验，实行税式支出预算管理制度，全面把握支持企业技术创新的税收优惠政策的成本和绩效。加强税务监督，与技术鉴定部门相配合，对可享受税收优惠的技术创新成果进行鉴定，防止纳税人滥用税收优惠。同时也要监督税务人员，防止其寻租和设租。建立健全为纳税人服务的有效管理支持系统，完善申报登记制度，优化税务服务流程，充分发挥税收政策支持企业科技创新的作用。

（4）加强财税政策与金融政策、产业政策和科技政策之间的协调配合。

金融政策主要为企业的事前融资提供支持，可以重点扶持中小企业的风险投资。产业政策主要明确国家产业结构优化的方向。这几种政策必须通力合作，以科技政策为基础，才能形成政策合力，共同促进企业科技创新。同时，加强政府部门之间包括上下级政府部门、行业主管部门、技术管理部门与财税部门之间的协调配合，积极落实财税政策的实施，为高新技术产业发展提供最优的环境。税收立法权应该适度下放，赋予地方政府相机抉择的能力，为建设创新型国家服务。

五、建立和完善政府采购制度

我国已启动加入《政府采购协议》谈判，面临发达国家高技术产品进军国内政府采购市场的压力。减缓这一冲击，就需要在采购预算、采购计划、采购方式的确立、评标标准的制定、采购管理等工作中坚持自主创新的采购政策，增强政府采购对自主创新的扶持力度，从而不断提高国内经济实体的自主创新能力。在中部崛起过程中，促进新型工业化的发展，也应充分发挥政府采购的激励作用。

国际上，政府采购已成为刺激企业技术创新较为通行的做法。政府通过购买本部门或下属部门所需的高新技术产品，能够对处于早期的高技术企业起到一种"需求拉动"作用。而且政府采购能够降低自主创新的风险，激励企业积极进行技术创新。因为政府采购规模巨大，有利于利用国内市场、促进刺激高新技术产业的形成和发展，尤其对促进中小企业的技术进步更有益。

1. 将自主创新产品和服务纳入政府采购目录

财政部门应结合中部地区自主创新型企业、科研机构和产品目录，研究拟订年度政府集中采购目录，将涉及当地自主创新型企业、科研机构产品的采购品目编入政府集中采购目录，并根据其变动情况及时对政府集中采购目录进行调整，采取有效手段督促采购人自觉采购自主创新产品，支持自主创新型企业、科研机构参与政府采购活动。科技、贸工部门会同有关部门建立自主创新型企业、自主创新型科研机构和产品的评价机制，定期公布自主创新型企业、科研机构和自主创新产品目录。对于自主创新型企业或科研机构生产或开发的试制品和首次投向市场的产品，且符合国民经济发展要求和先进技术发展方向，具有较大市场潜力并需重点扶持的，以及具有自主知识产权的重要高新技术装备和产品，经科技、贸工部门会同有关部门认定后政府可以实施首购政策。

2. 创建良好法律环境

健全自主创新项目采购法规体系，创建良好的法律环境。为了实施促进自主创新的采购政策，财政部虽先后制定了《自主创新产品政府采购预算管理办法》、《自主创新产品政府采购评审办法》、《自主创新产品政府采购合同管理办法》等部门规章，细化了《政府采购法》相关条款的规定，填补了法律空白。但是，由于其法律位阶较低，约束力不够强，监督、惩罚等配套规定不健全，且条款的操作性仍需不断完善等原因，未能充分发挥政府采购对自主创新的扶持和激励作用。结合技术创新的特点，应进一步完善自主创新采购方面的配套规定，着手制定《采购外国产品审核办法》、《自主创新产品界定标准》、《自主创新项目采购信息公告管理办法》、《自主创新项目采购方式确定办法》、《自主创新项目采购评标标准制定办法》、《自主创新项目采购申诉办法》等规定。通过完善法律制度，从而构建一个良性的运行机制，构建公平、公正、透明的采购环境，从而保证各个创新主体尤其是供应商能够积极参与政府采购，激发具有创新能力的供应商对政府采购充满信心和希望，促进政府采购职能目标的实现。

3. 积极适用竞争采购

长期以来，我们相对注重对具有创新能力主体的无偿资金划拨，而忽略了通过竞争性方式激励创新主体的自主创新。这样就造成了能够获得政府直接资助的主体因为有了稳定的资金来源或者项目来源，从而缺乏进取与创新的动力。因此，首先需要改变政府的计划性投资方式，注重通过政府招标、投标等竞争性采购来促进自主创新对于基础性项目的科技创新，在政府采购中可以通过提高投标人技术创新指标的方式，保证具有创新能力的供应商参与竞标。对于具有自主创新技术的产品和服务，政府采购应该优先购买，并且采取首购政策，确保自主创新的可持续性。其次，为了避免分散采购、自行采购对政府采购职能的削弱，需明确集中采购机构对自主创新项目的采购政策和范围，加大自主创新产品、技术和服务项目的采购规模，充分发挥集中采购的优势和作用。

4. 优化自主创新产品评标方法

在政府采购评标方法中，在分值设定上考虑自主创新因素。以价格为主的招标项目评标，在满足采购要求的条件下，优先采购本地自主创新产品。其中，自主创新产品价格高于一般产品的，要根据科技含量和市场竞争程度等因素，对自主创新产品给予6%的价格扣除。自主创新产品企业报价不高于排序第一的一般产品企业报价5%的，将优先获得采购合同。以综合评标为主的招标项目，对自主产品给予10%的价格扣除，并按扣除后的投标报价计算其价格得分。对涉及自主创新产品的采购项目也可增加适当的附加分值，分值设定上应将供应商拥有技术专业人员情况、在本地区设置研发中心情况、在本地区售后服务网点、专业维修人员情况、服务响应时间等一并列入评审或谈判的技术性因素。其中，增加自主创新产品评分项，并设定5%的分值权重，增加自主创新型企业、科研机构评分项，并设定5%的分值权重。

5. 建立违规申诉机制和信息反馈机制

建立自主创新项目采购的申诉机制，确保自主创新政策的实施。相关规定虽已明确财政部门是自主创新产品采购的监管部门，但并没建立有效的供应商申诉机制。因此，需尽快开通自主创新项目采购申诉的"绿色通道"，从而使得在自主创新项目采购过程中，认为自己受到不公平、不公正待遇的供应商能够提出申述，有效维护其权益，促进自主创新项目采购预算、计划的依法落实，促进自主创新项目采购管理行为的规范化。同时，也要建立意见反馈机制，各机关事业单位要及时将自主创新产品的使用情况向产业主管部门反馈，产业主管部门根据反馈情况，修改自主创新型企业、科研机构和产品目录，建立自主创新产品使用意见反馈机制，推动自主创新企业技术进步。

六、积极探索环境税和碳税制度改革，构建中部地区环境税收体系

目前，环境税已成为许多发达国家主要的环境政策手段。发达国家主要的环境税包括：大气污染税、水污染税、噪声税、固体废物税、垃圾税、碳税。发达国家环境税制的实施，表明了环境税制在促进经济、社会与自然协调发展中的积极作用，为我国环境税体系的建立提供了可供参考的经验。运用税收手段加强环境保护，促进可持续发展，在国外有很多成功的范例。我国现行税制与目前的社会经济环境已经出现了许多不协调的地方，应进行增设或改进。

1. 改进资源税

资源税征收数额少，比重始终没有超过1%，而且由中央统一立法，拥有资源禀赋优势的省份没有机会通过税收手段取得自然资源带来的优惠。另外，现行资源税存在税额确定不公平，难以对中国的环境起到保护作用等缺欠。

2. 新增能源税和环境税

由于目前的环境污染和生态破坏基本上是由于化石燃料的开采和燃烧造成的，除"资源税"外，在消费端征收能源税则能充分体现"谁使用谁付费、谁污染谁负责"的公平理念。由于能源税的税基十分开阔，开征能源税肯定会对能源生产者和能源消耗大户产生额外的税负，因而在设计时必须充分考虑税收中性与税后调控的关系。

3. 用绿色税收加强对环境的保护

合理设置环境保护的税收和收费体系，开征环境保护税（或污染税），促进清洁生产，是提高资源利用效率，减少和避免污染物产生，保护和改善环境，保障人体健康，促进我国经济和社会可持续发展的客观要求。对于环境保护税，目前中国有两种不同方案：一是将现行的有关收费改成税，另一个是开征新的环境保护税。此外，对现行税制中的若干税种税目进行调整，也能改善其环境保护功能。

4. 调整税收优惠政策

目前世界上只有我国还在实行生产型的增值税，这种人为扩大税基以保证财政收入和抑制投资的做法，长期实行将妨碍经济持续增长，必须向"消费型"转变。但对投资过热行业要采取慎重措施，对环保产业适当减免税，对清洁、高效的能源和用能产品减免税，区分税率。例如，在消费税税率的设置上区别对待不同品质的汽柴油，将车船使用税改成汽车重量税，不同重量的车型设置不同税率；对那些用难以降解和无法再回收利用的材料制造、在使用中会造成重污染的

包装物品、一次性电池及氟利昂等产品征收消费税，并采用高税率。

5. 积极推进"费改税"

从税收负担率来看，我国的宏观税负水平并不高，但是由于名目繁多的"费"，使得我国企业的实际税负并不轻。从上届政府开始的税费改革目的就在于在规范政府收入机制的基础上，规范政府部门的行为。"费"的立法层次比税低，运作又不规范，因此，对各类收费在重新审视的基础上进行分类，取缔非法收费，将部分"费"改为税，保留收费的项目要加强管理，是解决当前政府收入不规范的关键。迄今为止，税费改革在农村地区有一定进展，其他方面的改革还有待出台。就保护资源和环境而言，目前迫切的任务有：取消部分排污费，增加相应税种；取消城市水资源费，矿产资源补偿费等，代之以范围更大、功能更为完善的资源税。

6. 实施有利于交通环境保护的"绿色"财税政策

征收汽车重量税；改革消费税；改革车辆购置税；从生产和购买两方面对那些提前达到国家下一阶段油耗限制标准和排放要求的车辆给予更多的税收优惠；实行差别化的停车收费制度，按照汽车的大小、重量和排污情况以及停车地点等确定停车收费率；适时征收排污费（税）等。城市机动车是主要的大气污染源，根据"谁污染谁付费"的原则，对机动车应该征收排污费（税）。

从经济合作与发展组织（OECD）国家发展实践来看，在环境税开征之初，其占总税收收入的比例约为6%，最高的葡萄牙和爱尔兰约在10%，此后这一比例逐渐上升，2004年达到15%左右。因此，在能源税税率设计上应坚持：一是不同种类能源实行差别税率；二是针对汽油、柴油等直接消费类能源应采用分时间段的累进税率，逐步调整到位，不宜操之过急。

第三节 中部崛起过程中新型工业化的投融资政策研究

一、继续争取中央的投资支持

实施中部地区崛起战略，是党中央、国务院为促进我国区域经济协调发展的重大战略部署。中部地区拥有丰富的资源和良好的发展基础，中部六省在充分发挥区域优势的同时，应科学制定本区域内的战略重点与发展规划，力争中央政府的投资支持。

1. 把握中央资金投向，突出重点策划申报项目

认真贯彻落实中央关于扩大投资需求、有效拉动经济增长的决策部署，切实加强与国家、部委各级部门的联系，对国家宏观调控政策导向和国债资金投资重点进行深入解析，对照政策选项目。为落实中央政策，同时也是为了应对全球金融危机、加快国内产业梯度转移、优化整体产业布局，商务部今后将重点在七个方面支持中部地区发展：一是支持中部地区设立产业转移示范园区；二是促进加工贸易向中部地区梯度转移；三是支持中部地区国家级经济技术开发区建设；四是支持中部地区进一步优化进出口商品结构；五是支持中部地区大力发展服务贸易；六是支持中部地区企业"走出去"；七是支持中部地区开展投资和产业转移促进活动。中央将加强对中部地区承接产业转移工作的规划引导，制定中部承接产业转移的产业导向目录；利用多边投资促进机制，支持中部地区加强同国际组织、境外机构的交流与合作；推动东部和中部以及中部省与省之间建立协调合作机制，加强投资贸易合作，共同开展多层次、多形式的投资促进活动。

2. 围绕中部区域经济社会发展问题，突出申报重大项目

中部地区基建投资潜力大，同时人口和经济要素也需要更加完善的基础建设网络支持。考虑到东部地区基础建设已基本饱和，而西部地区经济发展较为落后，人口众多而经济基础居中的中部地区是基础建设投资潜力和迫切性最强的区域。按照政策，那些扩大出口能力、促进自主创新成果产业化、推动产业结构优化升级、综合利用资源、节能环保有显著作用的项目，将优先获得第三批中央投资。中部地区应围绕"两型"社会建设策划申报项目，重点策划申报节能减排、污染源治理和生态建设等方面的重大项目。

3. 抓好项目的策划储备，做好项目对接

做好项目储备既是争取中央投资的必要前提，也是理清近期及中长期经济社会发展思路的重要途径。在充分分析中央投资重点安排方向的基础上，结合经济社会发展客观需要，围绕从发展规划中策划项目、对接投资政策包装项目、从发达地区及周边省市借鉴项目的思路，重点策划和储备保障性安居、农村民生工程和农村基础设施、教育文化和医疗卫生等社会事业、市政基础设施、节能减排和生态建设以及自主创新和产业结构调整八个方面策划储备项目。

4. 积极争取国家开发银行金融贷款

开发性金融不同于政策性金融，开发性金融是政策性金融的深化和发展，后者是把信贷资金财政化，前者是财政资金信贷化，即把财政资金用市场化的方法运作。开发性金融是实现政府发展目标，弥补体制落后和市场失灵，有助于维护国家经济金融安全，增强国家竞争力的一种金融形式。开发性金融一般为政府拥有、赋权经营，具有国家信用，体现政府意志，把国家信用与市场原理特别是资本市场原理有机地结合起来。

国家开发银行按照公开、透明、公平、公正的原则，通过政府选择项目入口、开发性金融孵化、选择市场出口三个环节，以未来的整体市场空间为依据，以政府协调下的治理结构弥补单个法人治理结构的不足，推动项目建设和制度建设。其中心内容是：开发银行通过与政府及相关部门签订开发性金融合作协议，共建协调高效的融资平台、信用平台。开发性金融机制发挥作用的过程，是广义的经济增长和市场化的孵化过程，是政府、金融机构、企业、市场四方共建信用和体制的过程。

（1）发挥开发性金融在新型工业化建设中的长期资金支持作用。

随着经济增长，我国人口多、资源少、发展不平衡等问题日益突出。在涉及国家经济整体发展的战略性领域，"两基一支"（基础设施、基础产业和支柱产业）领域的建设资金问题仍未得到彻底解决，特别是煤、电、油、运等能源交通供应又趋紧张，主要农产品以及重要原材料等也出现了资源约束。开发性金融运用市场化的运营模式，直接向上述"瓶颈"领域提供大额长期资金，促进新型工业化建设，支持经济的持续发展。

（2）发挥开发性金融的体制建设优势，构建可持续发展的制度基础。

制度建设滞后已成为我国金融可持续发展的"瓶颈"，这不可避免地给各类金融机构带来潜在风险。国家开发银行积极运用开发性金融的体制建设优势，按照科学发展观的要求，通过国家级政府组织增信，致力于推动市场制度建设，构建金融可持续发展的制度基础，促进国民经济整体运行效率的提高。

（3）发挥地方政府的优势，构建开发性金融合作机制。

从地方政府角度看，项目融资需要各级政府有相应投入，尤其要发挥组织协调优势，对贷款项目进行地方政府组织增信，有效整合各方要素，实现经济发展的良性循环。国家开发银行充分利用开发性金融的融资优势，与地方政府达成信用建设的共识，支持地方经济加快发展。特别是 20 世纪 90 年代中期以来，商业性金融普遍从县乡退出，"瓶颈"领域的发展需求与金融体制脱节，国家开发银行积极进入，有效填补这些空白。在具体做法上，国家开发银行充分运用和发挥政府组织增信的高能量，通过与地方政府签订金融合作协议，约定共建信用、贷款支持、承诺还款来源和方式等内容，建立起完善的风险控制机制和信用体系。

二、优化资本市场结构，多渠道提高直接融资比重

资本市场是社会主义市场经济的重要组成部分，是企业实现直接融资的重要

渠道和资源优化配置的重要手段。大力发展资本市场，优化资本市场结构，多渠道提高直接融资比重，是贯彻落实科学发展观，促进中部各省经济社会又好又快发展的重要推动力。中部各省经济增长主要靠投资拉动的状况在今后较长时期内不会改变，但由于中部各省资本市场发育程度较低，建设资金主要来自企业自筹、银行贷款和国家投入，融资渠道单一，融资结构不合理，直接融资比重非常低。单一狭窄的融资方式和渠道已无法满足经济快速发展和新型工业化发展的融资需求。因此，当前必须以发展资本市场为突破口，着力提高直接融资比重。

1. 统一思想、提高认识，明确企业上市融资的主攻方向

在指导思想上，要按照"政府引导、统筹规划、因企制宜、分类指导"的原则，坚持"五个结合"：推动企业上市与产业结构优化升级相结合，与做大做强优势企业集团相结合，与形成新的产业集群相结合，与提升区域经济竞争力相结合，与提升企业素质相结合；突出"四个优先"：符合产业发展方向、主营业务突出的行业龙头企业优先，产品技术含量高、具有自主知识产权的高新技术企业优先，经营活力强、成长性好的科技型中小企业优先，资源节约型、环境友好型企业优先。

2. 加快企业股份制改造步伐，培育更多的上市后备资源

围绕"做大基数、做优品质"的要求，进一步加大企业股改推进力度，协调处理好企业遗留问题，尽快把那些净资产数额较大、经济效益较好的企业，改造成股份制企业。对已股改并初步具备上市条件的企业，加强规范引导，着重解决其运行过程中普遍存在的控股股东行为不规范、"三会"议事规则不健全、制衡机制和激励机制不完善等问题，健全法人治理结构、董事会集体决策制度等机制，帮助企业加快建立现代企业制度。

3. 支持企业做大做强，推动更多的企业首发上市

对列入市重点上市后备资源库的企业，要采取有效措施，支持其尽快做大做强。投资新建符合国家产业政策的项目，要优先安排土地年度计划指标，优先办理立项预审、转报或核准手续。国家及省市贷款贴息、高新技术产业资金、工业发展资金、科技三项经费等各项政策性扶持资金，要优先安排重点上市后备企业。积极向商业银行推荐上市后备企业建设项目，引导信贷资金优先扶持重点上市后备企业。鼓励和支持信用担保机构为其提供融资担保服务。引导境内外各类创业投资企业和私募股权投资基金参与重点上市后备企业的培育。

4. 立足国内主板、中小板，抢占创业板，拓展境外资本市场

对于大企业和传统优势产业范围的企业，要把眼光瞄准国内主板和中小板，做好一切准备，争取在主板、中小板上市。对于科技含量高、成长性好、规模偏小的企业，要提前做好准备，力争抢坐头班车，推上创业板市场。与内地资本市场相比，中国香港、新加坡、纽约、伦敦等境外市场，有着发行审核简捷、上市速度快、配售新股不受时间限制、发行费用透明度高等优点，企业要根据自身实际和境外市场的特点，选择合适的上市渠道和形式，积极稳妥地走向国际资本市场直接融资。同时，还要进一步研究、探索"借壳"上市途径，引导企业积极向上市公司靠拢，争取早日进入资本市场。

5. 积极关注资本市场的金融创新，拓宽直接融资渠道

高度关注资本市场的金融创新工具、创新动向，做到有知识、有胆识、有反应、有作为。要结合中部各省的重点项目和重点工程，扩大固定收益类产品的发行，尤其是控股权比例较低和资产负债率偏低的公司要大力推动发行公司债、企业债，开发专项资产管理计划、短期融资债券等适合不同项目特点和投资者需求的创新金融工具。要积极创造条件，加快设立风险投资基金或投资机构，大力引进国内外风险投资基金和投资机构，努力解决企业融资难等突出问题。

三、构建多层次的中小企业融资体系

中小企业不仅是自主创新的源泉，也是我国经济增长不可缺少的一支重要力量。中小企业在繁荣国民经济、促进经济增长、增加财政收入、提供社会服务、解决人口就业、推动科技进步以及加快城市化进程等方面发挥着突出作用，成为国民经济和社会发展的重要组成部分和维护我国社会稳定的重要基础。但是，我国的中小企业普遍面临融资难问题，需要积极构建和完善符合中国实际的多层次中小企业融资体系，满足不同类型、不同发展阶段的中小企业的融资需求。

中小企业融资行为和融资难的问题，从表面看纯属市场融资行为和市场问题，但因为中小企业明显存在自身生产规模小、信用条件差、融资风险高、融资效益不佳等客观不利因素，所以中小企业融资具有政策性融资和市场融资的双重性，因此单纯依靠商业融资机构和市场是不能从根本上解决中小企业融资难的现状的，政府必须以积极的姿态、适当的形式参与其中。因此，必须构建有政府参与组织协调的，有社会、市场、金融机构、担保机构、中小企业自身等在内的，增强中小企业内源和外源融资能力的多层次全方位的融资体系。

1. 建立为中小企业服务的政策性银行和中小金融机构

近年来，我国中小企业有了长足发展，但是为中小企业服务的政策性银行和金融机构却很少。当前，中国金融竞争非常不充分，地方政府的行为又在严重影响着中小金融机构的贷款投向与结构，在不能确保中小金融机构具有足够的与地方政府谈判的能力情况下，放开民营或是中小金融机构的市场准入限制，市场型的中小金融机构就有可能蜕变成地方政府的"第二财政"。与其如此，不如自上而下建立一家政策性中小企业发展银行，以法定的中小企业贷款行为规避地方政府与市场竞争对中小企业贷款行为的扭曲。尽管市场性中小金融机构的建立可以促使优质的中小企业通过担保、补贴或是付出较高利率的方式来获取流动性资金贷款，但是一般中小金融机构很难给予中小企业中长期贷款支持。中小企业发展银行借助低于市场利率的政策性金融债券的发行，完全可以向中小企业提供优惠的长期性贷款资金。对于市场型的中小金融机构，监管指标要进一步明确单户最高贷款额与资本净值的比率。限制其偏离中小企业的贷款行为。政策性银行和中小金融机构主要的服务对象是中小企业，对当地中小企业的资信和经营情况比较了解，信息费用不高，较愿意为中小企业服务。

2. 完善国有商业银行信贷机制

目前，我国银行体系仍然是以四大国有商业银行为主，由于大银行和中小企业之间存在信息不对称、成本高、贷款风险大，银行主动参与服务中小企业的意识不强，普遍存在"惜贷"现象。我国以四大国有银行为代表的商业银行等金融机构主要将服务目标定为国有大型企业，信贷机制较单一，对大企业和中小企业的贷款申请采用相同的审贷模式，手续烦琐，时间较长，无法满足中小企业贷款需求时效性急的要求。因此金融机构应完善信贷机制，以高效、便捷、快速的服务来满足中小企业的要求。

3. 逐步建立多种形式的担保和再担保机制

建立中小企业信用担保体系，是世界各国扶持中小企业发展的通行做法。我国的中小企业信用担保体系由市、省、国家三级机构组成。其业务由担保与再担保两部分构成，担保主要以地市为基础，再担保主要以省为基础。依据《担保法》和有关法律规定，中小企业信用担保机构的法律形式可以是企业法人、事业法人和社团法人三类。所以，根据这三种形式可分别构建三种担保机构：

（1）中小企业贷款担保基金。

其资金来源主要靠中央和地方政府财政预算拨款和向社会发行债券，同时也可吸收中小企业出资和社会捐资，机构实行市场化公开运作，接受政府机构的监管。

（2）地方政府、金融机构和企业共同出资组建的担保公司。

由地方财政部门对金融机构做出承诺，保证责任并推荐中小企业，由担保公司办理具体担保手续，这类机构主要是为当地的中小企业提供担保，它兼有商业担保和信用担保的双重特点。

（3）由中小企业联合组建会员制的担保机构。

这类机构资金共同承担，自担风险，自我服务，能发挥联保、互保的作用，此类机构采取担保基金的形式，实行封闭运作。

总之，担保机构在建立之初离不开中央和地方政府在财政上的支持，其资金来源呈现多元化，成立之后应根据市场规律进行运作。但不管怎样，中小企业信用担保机构在创办初期不应以营利为主要目的，其担保资金和业务经费以政府预算资助和资产划拨为主，担保费收入只是为辅。

4. 积极扶持和发展中小企业融资中介机构

（1）发展可以分担融资风险的信用担保类中介机构。

组建以财政出资为主的省、市两级信用担保机构，就是希望通过信用担保的杠杆作用，增加中小企业的信贷投入。建议国务院尽快协调有关部门，研究起草担保机构、担保业务以及担保业管理办法，促进担保业长期健康发展。

（2）发展虽然不分担融资风险，但是本身具有较高风险评估能力的信用评级类中介机构。

防范和化解中小企业债务性融资风险，银行信贷与信用担保必须与加强中小企业信用征信体系建设密切结合起来，要建立一个全国性、共享性的中小企业信用管理系统，为信用评级中介机构的发展提供基础条件。

（3）发展远离风险型的融资租赁类中介机构。

设备租赁融资方式由于其融资与融物相结合的特点，出现问题时租赁公司可以回收处理租赁物，因而在办理融资时对企业资信和担保的要求不高，所以非常适合中小企业融资。此外，它属于表外融资，不体现在企业财务报表的负债项目中，不影响企业的资信状况。这对需要多渠道融资的中小企业是非常有利的。同时金融租赁也有利于促进企业技术改造，避免更新设备和处理旧设备的麻烦，从而加快设备更新。中小企业出现风险后租赁设备不用清偿负债，融资租赁中介机构可以在一定程度上与中小企业破产风险有效隔绝。

（4）发展中小企业融资与发展辅导中介机构。

中小企业融资难的问题之一在于中小企业缺乏值得信赖的财务信息以及可以吸引银行为之放贷的发展潜力。借鉴台湾地区中小企业联合辅导中心的经验，我们的中小企业融资与发展机构主要是为中小企业经营管理和融资方面提供帮助和支持，特别是财务管理和融资决策与诊断方面，甚至还可以为中小企业提供人才培训方面的支持，为其提供中小企业经营管理能力和财务管理知识方面的培训等。

5. 培育与发展适合中小企业特点的直接融资体系

我国多层次资本市场建设滞后，民间融资、上市融资、发债融资等渠道不畅，创业投资机制尚未形成，产权交易市场功能尚未发挥，中小企业难以通过直接融资渠道获得有效的资金供给。一方面，主板市场门槛过高，不便于中小企业进入市场。第一，主板市场现行的融资制度不便于中小企业进入资本市场。在现行制度下，企业上市程序复杂、上市周期长、成本相对较高，而且期间还充满了许多不确定因素。第二，现行发行审核标准不利于创新型中小企业进入资本市场。现行的发行审核标准强调企业过去的经营业绩和盈利能力等硬性指标，如对企业上市前三年的盈利要求，而不注重企业的研究开发能力、科技含量和成长潜力等软性指标，较适用于成熟型企业，不适用于初创型中小企业。另一方面，中小企业板规模太小，层次单一，也难以满足不同类型、不同阶段中小企业的融资需求。

因此，在推动针对中小企业的金融机制创新的同时，一是要稳步扩大中小企业板规模，加快创业板市场的形成与发展；二是鼓励各类创投机构加大对中小企业的投资力度，进一步规范各类产权交易市场，为各类中小企业产权、股权、债权等提供交易平台；三是整体规划，分步推进，搞好中小企业集合发债试点，提高中小企业集合债发行规模；四是鼓励大、中、小企业合作，发挥大企业资金优势，密切产业链上下游的联系；五是探索电子商务网络为中小企业提供联保贷款模式。

四、吸引资本市场对自主创新的投入

技术创新的成果只有转化为现实生产力才能对经济的发展产生促进作用。在科技成果转化为产业的过程中，需要资本性资金支持，而资本性资金不可能通过银行信贷机制形成，只能通过资本市场形成。也就是说，创业风险投资和多层次资本市场充当了技术创新的价值发现者，并调动社会资金投向最有希望的科技型中小企业，再通过科技型中小企业的技术创新活动，也就是成果转化过程使社会资金获得回报。这样既解决了科技型中小企业的资金短缺问题，又拓宽了社会富余资金的投资渠道，同时为全社会参与经济成长提供了可能。因此，创业风险投资和多层次资本市场引导创新资源向企业聚集，促进科技成果向现实生产力转化的作用十分显著。

在美国，以硅谷和华尔街为代表，形成了以科技产业、风险投资和资本市场相互联动的一整套发现和筛选机制。硅谷和华尔街引领的高科技浪潮，帮助美国实现了向创新型经济的转型。强大的资本市场和高科技产业成为美国最重要的国家竞争力之一。技术创新与资本市场的良性互动，保持了美国经济强国的地位。英国 AIM 市场以及韩国科斯达克市场和这些国家的创业风险投资也已经成为本国经济发展必不可少的支撑条件。可以说，活跃的创业风险投资和完善的多层次资本市场，是提高自主创新能力，建设创新型国家必不可少的基本要素和强大推动力，也是国民经济又好又快发展的必要保障。

1. 建立和发展支持自主创新的股票市场

认真落实《国家中长期科学和技术发展规划纲要（2006—2020 年)》若干

配套政策，支持有条件的高新技术企业在国内主板、中小企业板和创业板上市。大力推进中小企业板制度创新，缩短公开上市辅导期，简化核准程序，加快科技型中小企业上市进程。推进高新技术企业股份转让工作。启动中关村科技园区未上市高新技术企业进入证券公司代办系统进行股份转让试点工作。在总结试点经验的基础上，逐步允许具备条件的国家高新技术产业开发区内未上市高新技术企业进入代办系统进行股份转让。

（1）积极推动创业板的发展。

创业板为高科技企业提供融资渠道，通过市场机制，有效评价创业资产价值，促进知识与资本的结合，推动知识经济的发展。创业板为风险投资基金提供"出口"，分散风险投资的风险，促进高科技投资的良性循环，提高高科技投资资源的流动和使用效率。创业板增加创新企业股份的流动性，便于企业实施股权激励计划等，鼓励员工参与企业价值创造，还能促进企业规范运作，建立现代企业制度。

（2）深化"三板"，完善代办股份转让系统。

科学技术部、中国证券监督管理委员会、北京市政府需要一起继续推进中关村科技园区未上市高新技术企业进入代办股份转让系统的试点工作，积极动员更多的高新技术企业和合格投资者进入代办系统，进一步活跃市场交易，提高交易效率，完善各项制度建设。在此基础上，将其逐步覆盖到具备条件的其他国家高新技术产业开发区内的未上市高新技术企业。代办股份转让系统将会成为未来"三板"建设的核心，对于大量暂时达不到上市门槛的高新技术企业，可以先进入代办系统进行股份转让交易，待条件成熟后通过转板机制进入中小企业板或创业板，代办股份转让系统应该成为创业板的"孵化器"。同时应将产权交易中心纳入多层次的资本市场体系。

（3）大力推进中小企业板创新。

根据新《公司法》和《证券法》，在总结创新型小企业发展规律和特点的基础上，制定不同于传统企业的发行审核标准，重点关注创新型小企业的研究开发能力、自主知识产权情况和成长潜力。充分发挥保荐机构和证券交易所的作用，逐步提高发行审核的市场化程度。抓紧建立适应中小企业板上市公司"优胜劣汰"的退市机制、股权激励机制和小额融资机制，推进全流通机制下的交易与监管制度创新，构筑中小企业板的强大生命力。

（4）改革发审制度，提高发审效率，设立面向具有自主创新能力的科技型中小企业发行上市的"绿色通道"。

在现有法律法规框架下，对具有较强自主创新能力和自主知识产权，较好盈利能力和高成长性，并符合发行上市条件的科技型中小企业，建立高效快捷的融资机制，尽可能简化审核程序，提高发审效率，提供更快捷的融资便利。建议取消首次公开发行前为期一年的辅导期；适当放宽保荐机构推荐企业数量的限制；快速审核，证监会自受理企业发行申请之日起 2 个月内作出核准决定；通过发审会后由企业、保荐机构和交易所协商发行时间等。

2. 加快发展创业风险投资事业，支持企业自主创新

制定《创业投资企业管理暂行办法》配套规章，完善创业风险投资法律保障体系。依法对创业风险投资企业进行备案管理，促进创业风险投资企业规范健康发展。鼓励有关部门和地方政府设立创业风险投资引导基金，引导社会资金流向创业风险投资企业，引导创业风险投资企业投资处于种子期和起步期的创新企业。在法律、法规和有关监管规定许可的前提下，支持保险公司投资创业风险投资企业。允许证券公司在符合法律法规和有关监管规定的前提下开展创业风险投资业务。允许创业风险投资企业在法律法规规定的范围内通过债权融资方式增强投资能力。完善创业风险投资外汇管理制度，规范法人制创业风险投资企业外汇管理，明确对非法人制外资创业风险投资企业的有关外汇管理问题。

（1）尽快制定出台有限合伙制的法律。

有限合伙制是国外风险投资机构普遍采用的组织方式，能够有效吸引社会资金流入风险投资行业，有限合伙制在我国制度安排将会使我国风险投资的资金规模得以迅速扩大，运行效率更为提高，为做大做强我国风险投资起到积极的推动作用。

（2）加强对风险投资发展的引导力度，设立国家风险投资引导资金。

科技部对设立国家风险投资引导资金进行了深入研究，并一直在推动这方面的工作。其意义主要有两个方面：一是可以在风险投资的资金供给方面，以政府示范性引导资金拉动全社会各类资金投资设立风险投资机构，扩大风险投资的资金来源，增强国内风险投资机构的资金实力；二是可以通过引导资金的影响，引导风险投资机构加大对种子期和初创期科技型中小企业（尤其是自主创新能力强的企业）的投资，以此提升我国企业的自主创新能力。

（3）制定对风险投资的税收优惠政策。

对风险投资从高新技术企业所获得的股权转让中的增值部分给予必要的税收优惠，鼓励个人参与风险投资。按照"加强引导、密切合作、完善基础、积极服务"的指导思想，出台相关措施，引导风险投资参与自主创新战略的实施，鼓励和支持风险投资机构参与国家科技计划项目的产业化，帮助和推动具有较强自主创新能力的高新技术企业上市融资[①]。

3. 积极发展技术产权交易市场，为科技型企业提供融资

产权交易市场是多层次资本市场的组成部分，严格意义上说是场外交易市场

---

① 徐冠华：《发展具有中国特色的风险投资和资本市场促进自主创新战略实施》，载于《科技日报》，2006 年 5 月 16 日。

的重要形式。技术产权交易市场则是以科技成果及科技企业产权为交易客体的交易市场，其目的在于解决科技成果转化和科技型中小企业的融资问题。它更多地为中小型、科技型、成长型企业提供融资创业服务，是各类科技成果、项目和资本连接的"桥梁"。目前，国内重要经济中心城市和部分大城市已建立起各类技术产权交易机构。除了专门的技术产权交易机构外，我国已形成的长江流域、黄河流域、北方和西部四个区域性的产权交易共同市场，也为技术产权交易提供了较高的平台。在此基础上，探索建立全国性的技术产权交易市场管理机构，制定统一的管理原则，探索建立全国性的技术产权交易市场；建立技术产权交易全国信息共享平台，同时加强行业自律和监管；完善技术产权交易的法律法规，创新技术产权交易品种和交易制度。通过技术产权交易市场的作用机制，提高技术与资本两个市场的交易效率，为大量暂时达不到上市门槛的科技型中小企业提供融资渠道。

4. 积极发展面向科技型企业的债券市场，改变融资格局

新"融资顺序理论"认为，由于企业的利益集团占有信息的质量和数量都有所不同，企业的股票融资很容易被市场误解，因此企业的筹资偏好应该是"先内部融资，再债券融资，后股票融资"的顺序。现实中，在一些成熟市场经济国家，债券融资比例一般远远大于股票融资。积极发展债券市场，特别是面向科技型企业的债券市场有利于改变我国债券市场相对落后的局面，优化资本市场结构；有利于改变我国间接融资比重过高、银行风险集中且中小企业难以获取贷款的局面，优化融资结构；有利于推进企业技术创新。正因如此，2003 年 7 月，由科学技术部组织，国家开发银行承销，由天津等十二个高新技术产业开发区为主体，采用"统一冠名、分别负债、分别担保、捆绑发行"方式发行了总额 8 亿元的"2003 年中国高新技术产业开发区企业债券"。高新区企业债券的成功发行，极大缓解了我国高新技术企业的资金需求压力，为高新区建设提供了良好的硬件基础，既化解了企业技术创新融资困难，也为区内企业营造了有利于创新的良好环境。建议进一步探索多种形式的债券融资方式，鼓励具备条件的高新技术企业发行融资债券；完善支持高新技术企业发行公司债券的相关规定；通过税收优惠等措施，刺激科技型企业进行债券融资。同时加快债券市场制度建设，建立多层次的债券交易市场体系，培育机构投资者，健全债券评级制度，为企业通过发行债券融资创造良好的市场环境。

五、推进产业结构升级的投融资政策

产业结构优化是通过资源的重新配置，理顺各产业部门之间的关系，扶持主

297

导产业、配套发展辅助产业、适当发展基础产业，使区域经济各产业内部既有分工，又有协作，形成一个紧密联系的有机整体，促进地区经济发展。

1. 构造多元投资主体分工合作体系，推进产业结构优化与升级

（1）完善中央政府与地方政府的投资分工与协作关系，促进产业结构的优化与升级。

根据国际惯例，中央政府与地方政府的投资分工范围主要集中在社会基础设施等公共投资领域，涉及中央政府与地方政府的投资协作往往是通过股份制的方式加以实现的。具体来说，一方面，凡是跨地区、跨部门的大型社会基础设施建设项目，应当由中央政府进行控股投资，项目受益的地方政府进行参股投资，形成两级政府新型的股份合作的投资格局；另一方面，凡是重点地区的大型社会基础设施建设项目，应当由当地政府进行投资或控股投资，在地方政府无力承担全部投资的情况下，可以由中央政府适当地进行参股投资，以保障产业结构调整优化过程中两级政府各负其责。

（2）形成政府与企业的投资分工与协作关系，促进产业结构的优化与升级。

根据国际惯例，两级政府本应把投资分工范围限制在社会基础设施等公共部门领域，也就是政策性投资领域，而把大量的产业部门投资，也就是经营性投资交给国家控股或国家授权的各类企业投资主体，形成政府与企业之间大体上的投资分工关系。目前两级政府的投资范围均远远超过了交通运输、科技文教、大江大河等社会基础设施，外延到了能源、原材料、机电、轻纺等经营性领域，使政府投资需求远远超过了财政预算的投资来源，政府投资支出不堪重负。由于政府承担的投资范围太广，有限的财政资金承担了大量的经营性项目的开支，使得政府不仅无力为企业创造良好的投资环境，为社会创造更多的公共物品，而且没有足够的资金承担社会基础设施的投资建设，拓宽社会基础设施的"瓶颈"约束，而企业投资扩张一旦超越了自身范围，则往往要填补政府留下的社会基础设施的发展空白。对于地方政府而言，应当退出本地区需要的能源、原材料工业和机电轻纺工业的投资，主要承担农业、林业、水利，地区的交通运输、运输通信设施，科技、教育、文化、卫生，以及城市公用设施和服务设施的建设投资。在限制和缩小两级政府投资范围的同时，必须大幅度扩大企业产业投资的总体范围，使企业填补政府退出后的产业投资空白，真正成为竞争性项目或经营性项目的投资主体，并对竞争性建设项目的立项、筹资、建设、经营负全部责任。这样，在产业结构调整与优化过程中，政府应是社会基础设施的政策性投资主体，企业应是各类产业的经营性投资主体，彼此形成分工关系，各自发挥应有作用。

2. 构造以大企业为龙头的优势企业群，推进资产存量结构优化

（1）推动大企业、大集团沿着产业水平方向进行投资扩张，实现跨区域、跨部门、跨所有制、跨国度的横向并购。

由于我国存在着"大产业小企业"的矛盾，要实现产业结构调整与优化的目标，从微观来看，需要提高企业的规模经济水平；从宏观来看，需要减少企业之间的过度竞争，提高产业的集中度。而要提高企业的规模经济水平与产业集中度，最现实的做法就是合并"同类项"，实现同业"强强"企业之间的横向并购。

（2）推动大企业、大集团沿着产业垂直方向进行投资扩张，实现跨行业、跨地区、跨所有制、跨国度纵向并购。

长期以来，由于条块分割等一系列体制障碍，不仅使我国上游产业（初级产品制造业）、中游产业（中间产品制造业）、下游产业（最终产品制造业）之间往往相互割据、相互封闭，而且使得上游产业地区、中游产业地区、下游产业地区均各自追求自我延伸与自我循环，这就必然使得我国上游企业、中游企业与下游企业往往追求"大而全、小而全"的生产体系，在原料、技术、资金、销售等方面往往相互截留，没有形成相互促进、相互协调的产品价值链条的有机联系，投入产出的关联度与带动度较弱，使得企业的产品链条难以在纵向的价值联系中实现结构升级。

（3）推动大企业沿着资产股份化方向进行投资扩张，把中小企业纳入资产链条的轨道，推进资产结构的优化与升级。

一是大型企业集团把知名品牌等无形资产作为参股或控股条件，吸引同行业大量分散的优秀中小企业带资入股，加速名牌企业优质资产的低成本扩张，迅速形成围绕名牌大企业的卫星企业群，提高大型名牌企业的市场竞争实力与资产实力。二是强化大企业对中小企业的技术辐射能力。仅有大企业、大集团的技术创新与技术进步，无法实现整个产业的技术进步与升级，还应当发挥大企业、大集团的产品创新、技术创新的辐射作用，带动一大片中小企业的技术进步，才能推动整个技术结构的升级。因此，在加大对大企业技术进步投入力度的同时，必须加大中小企业之间的技术传递，尤其要加强与大企业有产业链联系的中小企业的技术扶持，吸收中小企业参与技术更新与消化吸收，形成支撑大企业技术进步的中小型优势企业群体，推动整个产业的技术升级与产业升级。三是与中小企业建立产销协作投资联系，推进产品结构的优化与升级。我国一些大企业在与国外厂商竞争过程中之所以居于劣势，关键不是本身的规模经济问题，而往往在于封闭式的"科工贸一体化、产供销一体化"的全能型投资模式造成生产成本相对较高，市场竞争力相对降低。

3. 开拓多元产业投融资渠道，推进产业结构优化与升级

（1）社会基础设施投融资政策。

一方面，对于社会效益和经济效益均好的基础设施融资，由于这类基础设施项目具有较强的投资回报能力，所以可以充分发挥市场在其中的作用。在现实生活中，这类社会基础设施项目的融资渠道很多，诸如可采取建设—经营—移交（BOT）项目融资方式、证券融资方式等，财政投融资可完全退出该领域。另一方面，对于社会效益好但经济效益一般或较差的基础设施融资，主要是指全国性的基础设施和为大型基础产业建设配套的项目。对于此类基础设施项目应当纳入各级政府的财政投融资范围，通过增加财政预算内拨款、国家政策性开发银行贷款或政府的基础设施专项基金来解决。

（2）基础产业投融资政策。

所谓基础产业主要指煤炭、石油、电力等能源工业和钢铁、有色金属、石油化工等原材料工业等。目前，我国基础产业的发展仍然滞后于整个国民经济发展的需要，因此，调整优化产业结构离不开拓宽基础产业的融资渠道。但需要指出的是，一方面，基础产业属于投资回报率较低但投资回收较为稳定的战略性产业，其融资方式既不同于社会基础设施又不同于制造业；另一方面，基础产业内部的投融资效益差别很大，不能对基础产业实行单一化的融资政策，而应当对基础产业进行产业细分之后，根据不同类型的基础产业项目确定不同的融资渠道。一是使国家定价的"瓶颈"部门的融资活动更加市场化、国际化。对于国家定价的基础产业来说，在难以通过国内资本市场筹措巨额建设资金的情况下，可以通过在境外上市发行股票及项目融资等方式吸引外资流入。二是使国家定价的"瓶颈"部门的融资纳入重点产业投资基金范围。近年来，国家与地方为了增强基础产业的投资积累能力与资金配套能力，开始建立两级基础产业国家发展基金。一级是国家专项产业发展基金，国家逐步建立化肥、煤炭、电力、铁路、石化等产业专项发展基金；另一级是地方专项产业发展基金，主要用于地方基础设施与基础产业的建设。现在的问题是，应当创造条件把两级专项产业建设基金捆绑起来使用，为需要重点支持的"瓶颈"产业的发展提供定向投入。然而，随着基础产业融资规模的扩大，依靠行政手段筹集基础产业国家基金的做法越来越困难，所以应当根据国家重点及优先发展的需要，设立封闭式的中国石油、电力、交通、农业等产业投资基金。基础产业投资基金除吸引企业法人资金及个人资金外，也可吸收社团法人资金，如养老基金、待业基金、保险基金等。

（3）制造业产业投融资政策。

从总体上来看，机械、汽车、电子、服装、家电等属于投资回报率与风险较高的竞争性产业，资金筹措应当由各类企业通过市场来实现。然而，如果以产业成长与竞争力为标准进行产业细分，制造业可以分为传统产业、支柱产业等，因此，在调整制造业的产业结构的过程中，不应采取"一刀切"的办法，而应当实施有重点、有区别的投融资政策与产业政策。

一是对于一些老工业地区的传统产业来说，未来的产业结构调整与优化方向不是进行规模扩张，而是调整与优化资产存量，促进整个产业等级与产业素质的提高。因此，传统制造业融资结构的调整应当与传统产业结构的调整方向保持一致。

二是对于已经严重过剩的传统制造业来说，不应再继续依赖指令性贷款等"输血"办法延长产业寿命，而是要严格限制其投资需求规模的无效扩张，引进资金对过剩的传统制造业进行产业重组与改造。然而，面对新兴产业良好的投资机会，要吸引外部资金来改造过剩的传统制造业是比较困难的。因此，可以效仿发达国家改造夕阳产业与老工业地区的做法，由各级政府出台一些鼓励产业重组与改造的优惠政策，利用传统产业的优良资源（地皮、厂房等），采取兼并、收购、承包、租赁、合资合作等方式吸引国内、国际的外部资金流入，进行产业重组与产业改造。

三是对具有发展前途的传统产业，改善产品结构，增加高附加价值的产销份额，从而推动传统产业的结构升级是今后的产业主攻方向。从资金筹措来看，不仅对于现有的技术档次高、预期销售效益好、出口创汇能力强的传统产业产品应当给予发行债券、股票、银行贷款、减税让利等方面的支持，而且对于未来国家产业政策鼓励发展的、有市场效益的、具有竞争潜力的传统产业的项目融资，尤其是有可能创造国家与世界品牌的、附加价值较高的传统产业项目融资要给予大力扶植。笔者认为，目前国家规定的建设项目资本金比例是按行业划分的，具体到有前途的传统产业往往难以落实，银行等贷款机构又往往只顾眼前利益而严重"惜贷"，使得传统产业中有发展前途的项目融资十分困难。因此，国家应当出台一些贴息等优惠政策，适当降低这些产业的融资风险，从而扫除传统产业迈向资本市场的重重障碍。

四是对于需要扶植与保护的成长制造业的融资，比如我国某些制造业（汽车产业、生物工程等）属于正在成长的产业，面临着强大的国际竞争压力，产业发展的巨额资金短期内难以自行解决。因此，幼稚产业的资金筹措除了通过市场进行直接融资和间接融资之外，也可以采取一些保护性的融资措施，诸如为有投资前途的项目银行贷款提供政府财政担保、增加国家财政贴息、加大国家专项贷款力度等，通过这些措施的实施帮助需要保护的成长产业缓解资本金不足的应急困难。在激烈的国际竞争形势下，提高成长产业资金筹措的能力，增强成长产业的资本积累能力与资金配套能力。随着产业成长的加快与国际竞争力的加强，对目前暂时处于成长阶段的产业筹资保护政策将逐渐减少。

五是对于需要重点支持的支柱制造业的融资。如我国机械设备制造业对于整个产业结构升级具有极大的推动作用。因此，应当把支柱制造业的融资作为整个产业融资的核心任务来抓。一方面，要积极扩大支柱制造业的直接融资渠道，采取多种证券融资形式，增强支柱产业的资本积累与资金配套能力；另一方面，要稳步扩大支柱制造业的间接融资渠道。由于我国的国情所限，直接融资在产业来源中的比重不可能提高得很快，间接融资仍然是支柱产业资金的主要来源。因此，努力开拓多条间接融资的渠道是缓解支柱产业资金紧张的重要途径，其中财政投融资发挥着重要作用。从进入国内资本市场来看，国家应当鼓励商业银行加大对支柱产业的投资贷款力度，尤其要加大国家开发银行的长期低息投资贷款比重，还可组织一些银团贷款加强对支柱产业资源加工、技术改造的贷款力度，以弥补支柱产业资金配套能力的不足。

（4）高新技术产业投融资政策。

一是国家级高新技术产业项目的融资。从国际上来看，发达国家为了发展航天、军工、信息高速公路等高新技术产业，尤其是在加强少数高新技术产业的国际竞争力方面，政府往往采取直接投资或订货投资等方式对高新技术产业注入资金，使高新技术产业获得来自财政方面的稳定的资金支持。现阶段，我国把航天、信息等高新技术产业列为国家战略性产业，面临着21世纪的国际竞争的挑战，这些产业都需要财政资金的大力支持。目前已经成功实行的"863"计划、火炬计划充分表明了这一点。

二是大型企业的高新技术产业项目的融资。高新技术产业属于"投入—高风险—高产出"的产业，应当实行与一般产业有区别的融资政策。其一是实行风险保护性融资政策。发达国家为了吸引高新技术产业扩大投资，往往采用财政贴息或设立风险担保基金等措施，降低投资贷款风险，为高新技术产业创造良好的融资环境。目前，我国高新技术产业的发展正处于成长产业阶段，面临着国际大公司的激烈竞争，承担投资风险的能力还不强。即使处在资本市场充裕的条件下，也往往采取过于求稳的战略而不敢大胆借贷融资，使得用于科研攻关的资金相对国际大公司相差悬殊。因此，高新技术产业融资规模的扩大还需要政府通过贴息等措施降低融资成本。其二是创造条件实行直接融资政策。目前，我国高新技术企业正经历着扩大开发规模的成长时期，许多开发项目是经国家审定的商品化、产业化的高新技术项目。国家对于这些高新技术企业的资金筹措除了给予税收、贷款等方面的重点支持以外，还应创造条件使高新技术企业跨入资本市场进行直接融资。[1]

---

[1] 王元京：《关于推进产业结构优化与升级的投融资对策》，载于《经济理论与经济管理》1998年第5期。

六、发展民间投资是重要战略选择

在后危机时期，让民间投资接力公共投资是促进中部崛起，实现新型工业化，保持经济可持续增长最重要的战略选择。相对公共投资而言，民间投资具有机制活、效率高、潜力大、可持续性强、有利于创业创新和就业的特点，是增强经济增长内生动力与活力、实现可持续发展的关键。当前需要拓宽民间投资领域，畅通投融资渠道，加大财税扶持，健全服务体系，创新投资方式，积极鼓励创业创新、刺激消费，进而有效带动民间投资实现对公共投资的接力。

1. 进一步扩大民营企业融资渠道，降低融资成本

一要继续加强资本市场制度建设，注重上市公司的结构优化。鼓励有条件的民营企业上市融资，稳步推进其发行、定价、审核、保荐等工作，加快面向中小企业的创业板的完善工作，为民间投资创造一个理想的融资平台，并适度推广产业基金、风险投资基金、私募股权基金等融资方式，落实信用担保、科技保险等优惠措施，发展信托、金融租赁等贷款渠道，做好民间融资服务。二要提高国有银行以及城市商业银行、信用合作社中中小企业的贷款比例，增加民间贷款规模，降低民间贷款门槛，加强贷款过程中的事前、事中、事后的全方位跟踪，减少银行放贷风险，同时要进一步开放民营参股银行市场，提高民间融资的稳定性和可持续性。三要增强民间融资的服务意识，在放贷、上市、基金融资过程中不断改进工作程序，尽可能减少中间费用的发生，建立信用评级制度。民间投资主体也要积极加强同银行等金融机构的长期合作，提高融资信用度，扩大贷款利率的优惠幅度。

2. 拓宽民间投资领域，提高民间投资积极性

要加快垄断行业改革，逐步消除行政性壁垒，降低民间投资市场准入门槛，拓宽民间投资领域，保障不同市场主体的平等竞争，防止大规模"国进民退"。要引导政府投资逐步退出一般性竞争领域，防止政府投资的过度扩张和对民间投资的挤出效应。要推进民营企业与其他所有制企业在投资审批、土地、外贸、财税扶持方面的待遇公平化。允许和鼓励民间资本进入铁路、航空、电信、能源、市政公用设施、金融和社会事业领域。同时，要通过优惠政策鼓励民间投资跨地区转移，并积极搭建平台鼓励民间资本参与国际竞争。继续采取利用政府投资拉动民间投资的基本策略，建立民间投资领域的指导性行业准入目录，逐步提高垄断产业、科教文卫、社会发展等领域的民间投资比例，在国家重点扶持的农业、民生工程、环保事业、基础设施建设等领域，通过财政补贴、税收优惠、经营权补偿、设施配套等措施，利用合资、合作、联营、项目融资等方式，提升民间投资的参与度，逐步将以政府投资为主的项目模式转变成以民间投资为主的模式，真正起到"四两拨千斤"的作用，特别是石油、电力等垄断性质的行业要加快引入民间资本，加强这些行业的适度竞争，并要适当鼓励民间资本进入金融服务业。同时，要调节好补贴、税收等优惠措施的度，改变目前民间投资的趋利特性，将投资的持续回报和我国经济的可持续发展作为民间投资的最终目标，这样民间投资对经济的贡献才会更为有效。①

3. 建立公共投资和民间投资的合作机制

当前，针对地方财力紧张、落实配套困难的问题，需要充分发挥民间资本的力量，借助民间投资来完成一些项目的开发。比如在城市开发建设方面，需要形成政府与民间力量合作，共同投资城镇化的格局。一些原来由政府提供的城市公共物品如基础设施、学校、医院等，也逐渐有非政府的多元化资金参与，并取得了很好的效果。因而可以积极创新投资模式，采取招标民间资本直接参与、特许经营、建设—经营—转让、建设—拥有—经营—转让、建设—转让—经营等模式构建公共部门与私人企业的合作模式，建立和完善公共投资带动民间投资的新机制。例如，杭州湾跨海大桥概算总投资约 118 亿元，其中民营资本占大桥总投资的 30% 左右。又如北京地铁四号线由政府提供 70% 的项目资金，其余 30% 通过项目融资方式筹集，由民间资本出资组建北京地铁四号线特许经营公司。

4. 加大对民企的创新扶持，引导企业转型升级

谁把握住了科技发展方向，谁就能够引领下一轮经济增长。科技创新投资是最重要的战略投资，新兴产业将成为推动世界经济发展的主导力量。当前，要积极调整政府公共投资的结构，加大技术改造和科技创新项目的资金安排并狠抓落实。要积极引导民间资本进入新能源、环保产业、生物医药、新材料、电子信息等新兴战略产业。要加大对企业转型升级、设备更新和技术研发的支持力度，提高创新基金的资助强度，扩大资助范围，加强地方财政对创新基金的投入。

5. 健全民间投资服务体系，营造良好市场环境

要理顺政商关系，转变政府职能，推动"全能政府"、"管制政府"向"有限政府"、"服务政府"转变。要进一步规范和改革投资审批、审核、备案制度，缩减政府核准范围，扩大项目备案权限。要简化审批程序，加强政府对民间投资的支持和服务。疏通民间投资融资渠道，构建多层次资本市场和银行体系，及时、有效地将民间储蓄转化为民间投资。构建民间投资的财税支持体系，提高投

---

① 刘刚：《激活民间投资的难点及重点》，载于《中国发展观察》2009 年第 12 期。

资回报率。对国家鼓励发展的领域和地区的民间投资项目，要通过补助、减免税、贴息贷款等优惠政策加以支持。以创业激活民间投资，实施"创业富民"战略，积极引导形成新一轮创业潮。以消费带动民间投资，拓展投资市场需求，倡导适度负债和超前消费的新观念，强化对中小企业的政府采购，尽快制定出台《中小企业政府采购管理办法》。①

七、建立低碳经济发展的金融支持体系

2009 年 11 月 25 日，国务院总理温家宝主持召开国务院常务会议，研究部署应对气候变化工作，到 2020 年我国单位国内生产总值二氧化碳排放比 2005 年下降 40% ~ 45%，作为约束性指标纳入国民经济和社会发展中长期规划，并提出相应的政策措施和行动部署。目前我国正处在工业化、城镇化快速发展的重要阶段，面临着发展经济和减少温室气体排放的双重压力。为了应对气候变化所带来的挑战及经济结构调整，向低碳经济转型是我国发展的必然选择。这一转变的实现将为我国金融体系提供全新的发展空间，金融领域的实践者和研究者应抓住这个大好时机，关注低碳经济转型所带来的挑战与机遇。

1. 大力发展以低碳金融为主旨的"绿色金融"

低碳经济的发展，不仅拓宽了商业银行的贷款产品范围和金融服务内容，给商业银行带来了新的收入增长点，而且给商业银行带来了金融创新的新领域和金融创新压力。"绿色金融"其实就是低碳金融，是服务于旨在减少温室气体排放的各种金融制度安排和金融交易活动。金融机构应对研发生产环保设施、从事生态保护建设、开发利用新能源、从事循环经济、绿色制造和生态农业的企业提供倾斜信贷、保险等金融支持，而对污染企业制定进行金融限制的政策和制度，以达到有效引导资金向环境良好企业流动的效果。2007 年以来，由国家环保总局与金融业联手推出的"绿色信贷"、"绿色保险"、"绿色证券"三项绿色环保政策，使"绿色金融"制度初具框架，为我国金融业挺进环保主战场奠定了坚实的基础。商业银行应将低碳经济项目作为贷款支持的重点，同时要积极创新贷款管理机制以适应低碳经济的发展需求。兴业银行 2006 年开始在国内首家推出节能减排融资业务，它针对不同客户群体和项目类型开发了七种融资模式。截至 2009 年 11 月末，该行累计发放节能减排项目贷款 187 笔，金额 137.37 亿元。实现在我国境内每年节约消耗标准煤 851.78 万吨，每年减排二

---

① 辜胜阻、潘登科、易善策：《民间投资接力公共投资：后危机时期的重要选择》，载于《当代财经》2010 年第 3 期。

氧化碳 2 685.34 万吨，年减排化学需氧量（COD）42.82 万吨，年综合利用固体废弃物 47.25 万吨。[①] 银行未来对于低碳经济的发展应给予一定的信贷倾斜，重点关注能效技术评估，大力支持诸如新能源等行业的发展。由于环境总容量是有限的，于是污染物排放指标具有价值，通过转让产生收益，因此，商业银行能够容许将其作为抵押物来申请贷款。特别是对于一些环保企业，可能没有抵押担保品，申请银行贷款也比较困难，这时完全可以把这种排污许可证作为抵押品，来为环保企业进行融资。

2. 开展低碳金融衍生品的金融创新

金融机构为了防范气候变化的不确定性带来的风险以及为了获得更多、更可持续的利润，开发了一些基于碳排放权的保险产品、衍生产品及结构性产品。于是碳排放权逐渐成为一种金融工具，价格越来越依赖于金融市场。这意味着金融资本介入低碳经济模式催生的碳排放权市场，使低碳经济的发展成为金融工具创新的载体。我国拥有巨大的碳排放资源，是清洁发展机制（CDM）项目最主要的供给国。我国提供的碳减排量已占到全球减排市场的 1/3 左右，是世界低碳产业链上最大的供给方。由于碳排放权交易具有"准金融属性"，因而其已成为具有投资价值的金融资产。我国现已形成的碳交易市场，主要还是以清洁能源发展机制为代表且基于项目的交易，还不是标准化的交易合约。因此应逐步实现碳掉期交易、碳证券、碳期货、碳基金等各种碳金融衍生品的金融创新。在构建和完善我国的碳交易市场过程中，逐步增加现有交易所市场的交易内容、丰富市场结构及扩大市场规模，尽快构建我国的国际碳交易市场，建立起较为完善的市场交易制度，强化市场的。

3. 加强低碳金融的宏观政策引导

"碳金融"的发展需要财税、环保及外汇管理等各项配套政策的大力扶持，然而目前的政策却严重"缺位"。比如，财政政策的引导作用没有发挥。2008 年第四季度，国家出台的"四万亿"投资项目中，有 2 100 亿元投向低碳经济，占全部投入的 5%，比例很小。应更好地发挥中国人民银行、银监会等部门的宏观指导作用，建立与节能减排项目贷款相关联的信贷规模指导政策；中央银行要充分利用"窗口指导"，引导银行加大对"CDM"项目的信贷支持，为低碳经济的发展创造稳定的货币政策环境。外汇管理政策方面，外汇管理部门应配合 CDM 机制研究并开通"碳金融绿色通道"，并将跨境"碳资本"自由流动列为逐步实现资本项目可兑换的先行目标。鼓励地方政府成立碳基金或担保公司，为金融机

---

① 雅虎财经，兴业银行：《发放节能减排项目贷款 137.37 亿》，http：//biz.cn.yahoo.com/091221/169/v20u.html，2009 年 12 月 21 日。

构开展"绿色信贷"可能产生的损失进行分担;引导地方政府发挥政府项目引导作用,在一些政府刺激经济项目贷款方面向"绿色信贷"开展较好的商业银行进行倾斜。

第四节　中部崛起过程中新型工业化的科技政策研究

当今世界,科技已成为推动人类社会发展的主导力量,促进创新已成为各国经济发展的战略首选。科技政策是指一个国家在一定的历史时期和一定的目标下,为发展科学技术和协调科技发展中的各种关系而规定的基本行动准则。在科学社会化的今天,科学技术与社会其他各因素(经济、政治、文化等)的联系日益密切,并彼此产生着互动的影响,而且这一影响是正效应与负效应的交织。在中部崛起过程和新型工业化过程中,科技政策应作为科学社会控制的主要手段来调控科技的发展,而正确的科技政策往往能促进科技的正效应作用,是结合中部地区的实际情况采取合适的政策。

一、正确处理经济政策和科技政策的关系

美国之所以在整个 20 世纪能够保持经济霸主的地位,依靠的主要是科技,特别是完善的科技创新体系,那么在我国中部崛起实现新型工业化的过程中,在产业结构调整中,应将经济政策和科技政策紧密结合,使这一复杂的系统工程协调配合。既要消除旧体制遗留的部门利益、条块分割的障碍,又要确立经济政策与科技政策的统一性、权威性以及各部门的协调配合,避免国家有限资源的分散重复、低效浪费,这对我们加速新型工业化具有特别重要的意义。我们要清醒地认识到,没有创新型发展就没有新型工业化。把自主创新作为科技发展战略的基本规划纲要,突出自主创新,突出知识产权保护,突出科技引领作用,健全以企业为主体、产学研结合的技术创新体系,实现经济政策与科技政策的良好结合。一是落实经济政策,营造良好的创新环境。完善成果完成人在专利权以及转让收入方面的激励政策,鼓励科研人员以本人完成的成果创办企业,给予科研单位一定的工资浮动分配等权力。二是培育企业成为创新主体。在当前市场发育不全、市场机制作用不足的情况下,政府的激励政策对有效引导企业技术创新活动具有重要作用。要通过税收优惠、研发补贴、专利让渡等方式鼓励企业创新,鼓励风险投资,完善交易制度,设立多元化、多层次、多地域的交易市场。三是加强技

307

术政策制定，引导产业发展。对于重点行业和领域要制定赶超计划，改变目前的技术管理无章可循、放任自流的局面。要加强重点领域关键技术、共性技术的联合攻关，强化军民共用，掌握民用最新技术、产品和服务，提升产业整体竞争力。技术政策的另一个方面是先进实用技术的推广。要大力推广实用技术的传播和使用，提高现实的生产力水平。要建立完善的技术推广体系，完善官、产、学、研结合的科技推广政策，支持科研院所和大学合建研究机构，鼓励产学研机构间的人员流动，鼓励大学、科研院所为地方服务。由国家、非营利组织、中介机构以及研究主体共同推广科技成果，并全面完善科技评估和法制建设体系。[①]

二、大力推进技术创新实现低碳经济

通过科技创新，大力推广先进技术，建立可持续发展的技术支撑体系。大力发展以信息技术、生物技术、新能源技术、新材料技术为代表的高科技和在工农业实践中有利于环保、节能的先进适用技术，大力发展低碳技术和开发利用低碳产品，实现低碳经济。用高新技术和先进适用技术改造传统产业，促进社会物质生产技术方式由原先以物质和能量的高消耗、低产出和排放大量废弃物为特征的传统生产工艺转向低消耗、高产出和废弃物还原利用的生态工艺，进而推动社会生产方式由资源攫取型向深层次的资源再生型转移。大力提高能源、原材料利用率，逐步建立节地节水型生态农业体系、节能节材型工业生产体系和高效降耗型综合运输体系，形成全新的生态农业和生态工业，以确保"生态—经济—社会"三维复合系统的良性循环，走一条生态效益型的经济增长之路。

1. 大力推广节能新技术

应大力推进节能减排科技进步，根据终端能源需求选择国家关键技术，大幅提高节能研发投入在能源研发投入中的比例，引导和鼓励企业开发节能技术，促进成果市场化、产业化。应组建一批国家工程实验室和国家重点实验室，攻克一批节能减排关键和共性技术。积极推动以企业为主体、产学研相结合的节能减排技术创新与成果转化体系建设，增强企业自主创新能力，推广一批潜力大、应用面广的重大节能减排技术。制定政策措施，鼓励和支持企业进行节能减排的技术改造，采用节能环保新设备、新工艺、新技术。推进节能技术进步，建立能源管理信息系统，推行绩效合同等政策和措施，促进工业部门的节能。

2. 大力开发新能源、新材料技术

要大力发展再生清洁能源，如太阳能、风能；要大力发展新型再生生态材

---

① 秦富：《以科技创新为引擎　加快经济增长方式转变》，载于《中国党政干部论坛》2006 年第 6 期。

料，减少对资源的消耗；要大力推广新技术，减少二氧化碳的排放量。以美国研究机构的要求，到 2050 年前，将温室气体排放量降低 64%。具体而言，要从 2008 年的 550 亿吨降至每年 200 亿吨，同时要提高碳对 GDP 的贡献率，由 2008 年的 740 美元提升到 7 300 美元。

3. 加强技术合作，确立碳交易制度

积极开展国际技术合作，通过共同研发、合理转让等方式提高科技水平和创新能力，尽快缩小与先进低碳技术方面的差距。中部地区企业应当积极参与全球、全国建立低碳领域的技术创新机制，力争在清洁和高效能源技术方面取得突破，在国内碳减排市场中取得竞争优势。

中部地区在我国的不同功能区中属于生态屏障区，依照国际通用的"碳源—碳汇"平衡规则，生态收益区应当在享受生态效益的同时，拿出享用"外部效益"的合理份额，对于对生态屏障区实施补偿，补偿原则是碳源大于碳汇的省份按照一定价格向碳源小于碳汇的省份购买碳排放额，以此保证各省经济利益和生态利益总和的相对平衡。

4. 发挥中部地区碳汇潜力

由于绿色植物通过光合作用吸收固定大气中的二氧化碳，因而通过土地利用和林业措施的调整，将大气温室气体储存于生物碳库中也是一种积极有效的减排途径。一方面，可以进一步完善各级政府和部门造林绿化目标责任制，加大植树造林、退耕还林还草等政策措施和重点工程建设，扩大森林草地面积，增强生态系统的固碳能力，增加碳汇吸碳的作用；另一方面，可以加大林地保护管理和森林经营力度，提高现有林地质量，巩固现有森林的碳贮存。

三、完善知识产权保护

伴随着知识创新和科技发展，知识产权制度在各国经济发展中的作用日益增强。特别是国家间的技术贸易迅速增长，企业间的竞争日趋激烈，各国的知识产权制度日臻完善，无疑，知识产权制度对于各国科技、经济发展作用是积极的，巨大的。虽然改革开放以来我国的知识产权管理和保护工作取得了明显进步，但由于起步较晚，在制度和管理体制方面还不够完善，人们对于知识产权方面的法律观念薄弱，使得侵权现象非常严重。这样，一方面国外企业总是对关键技术有所保留，限制了国际技术转移和技术扩散；另一方面也打击了国内科技人员创新的积极性，增加了科研开发的风险，阻碍了技术的升级和革新。大力发展教育事业并充分发挥现有科学技术人员的潜力，在与跨国公司、国外科研机构合作中迅速掌握核心技术或取得自主的知识产权，从而推进我国的工业化。中部地区要根

据实际情况，以培育自主知识产权为核心，以加强知识产权保护为重点，大力实施知识产权战略。

美国极力强化对知识产权的保护，原因在于它是世界上最大的技术输出国。由于知识产权制度对于创新扩散的规范作用，为国际技术转移提供了制度保障，作为中部地区，要十分注意引进其他国家或地区的先进技术，并对其加以学习、解析、消化、吸收，力图在此基础上进行新的创新。在发展新型工业化的道路上，要加强对新技术的专利保护。科研机构、高等学校和政府有关部门要加强从事知识产权保护和管理工作的力量。国家科技计划和各类创新基金对所支持项目在国外取得自主知识产权的相关费用，按规定经批准后给予适当补助。切实保障科技人员的知识产权权益，职务技术成果完成单位应对职务技术成果完成人和在科技成果转化中做出突出贡献人员依法给予报酬。依法保护非职务发明成果完成人的合法权益。建立重大经济活动的知识产权特别审查机制。有关部门组织建立专门委员会，对涉及国家利益并具有重要自主知识产权的企业并购、技术出口等活动进行监督或调查，避免自主知识产权流失和危害国家安全。同时，也要注意防止滥用知识产权制约创新。不仅要依靠知识产权制度来保护创新者的知识产权，并在企业取得创新成果的知识产权后，采取更有效的措施来有效保护创新者的知识产权：迅速扩大产量，使自己的产品成本沿着"学习曲线"迅速下降，确保使用新技术所生产产品的优质低价，持续改善产品"性能—价格比"，改善和扩大企业营销网络，以迅速扩大本企业的产销规模和市场份额，以此来抵制其他企业的非法模仿；对现有技术进行较为深刻的改进，沿现有"产品线"开发新的技术升级换代的产品，使模仿者跟不上创新者的知识创新、技术升级及产品换代步伐。

1. 完善产学研合作机制

产学研结合是以市场运行机制为基础，建立在企业、高等院校、科研院所之间，形成三者间相互补充、相辅相成的合作创新的组织形式。建立产学研合作机制，既能有效解决企业技术创新能力匮乏和自主创新意识不足的问题，同时又能推动科研院所和高等院校的技术成果迅速转化为生产力。目前，80%以上国有大中型企业都建立了与科研院所、高等院校的合作关系，高等院校50%的科研经费来自于企业，高等院校95%的科研成果通过企业向产业转化。科研院所、高等院校与企业的联系日益紧密，科研院所、高等院校在促进产业结构调整和高新技术产业发展中发挥着越来越重要的作用。

2. 发挥企业的主体作用

现阶段，我国经济的高速增长对技术创新的需求更加迫切，而技术引进又需要付出高额成本，且受制于人，无法形成竞争优势。因此，构建产学研合作机制，必须发挥企业的主体作用。

（1）强化企业主体意识。

企业在技术创新活动中，扮演着多种角色：其一，是新技术的创造者，全球范围内涌现的新技术和新产品多出自于企业，如空客的飞机、诺基亚的手机、索尼的照相机、西门子的家用电器和大型医疗设备等；其二，是先进技术的引领者，如微软引领软件的发展、英特尔引领芯片技术、杜邦引领化工领域；其三，是科技创新研发的投资者，美国研发资金的 60% 来源于企业，韩国三星集团一年用于研发的投入高达 50 多亿美元；其四，是知识产权的拥有者，创造和拥有知识产权是形成和提升企业竞争能力的关键，如 IBM 每 3 秒钟创造一个专利，海尔每天创造 28 个专利；其五，是先进管理模式的开拓者，由于企业技术创新活动与经济行为交织在一起，管理必将成为企业经营要素之一，沃尔玛就是采用先进的管理模式，尽可能降低经营成本，为顾客节省每一分钱；其六，是先进技术成果的受益者，先进的技术成果转化为现实生产力，企业可获得更丰厚的利润。总之，正是因为企业在技术创新活动中拥有多重身份，才决定了企业必然成为科技创新的主体。

（2）加强研发机构建设。

我国现行的科研体制是政府科研院所主导型，在制定国家科技发展规划时，不能充分考虑企业需求，在研究计划、科技投入和人力配备上不注重向企业倾斜。为构建以企业为主体的产学研合作机制，应逐步加强企业研发机构的建设，从运行机制、资金投入、人员结构及开发成果等方面深化管理，提高企业技术创新能力。

3. 改革科研院所体制，发挥骨干和引领作用

科研院所是我国主要的技术创新力量。必须对现有的科研体制进行改革，为科研人员营造良好的自主创新环境，充分发挥科研院所在技术创新中的骨干和引领作用。

（1）推进科研经费管理模式改革。

目前，我国的科研经费分配不尽合理。科研经费主要由中科院、科技部、教育部和国家自然科学基金委员会等主管部门负责支配，各主管部门制订各自的计划和独立的财政预算，其他部门也可根据需要安排科研项目和经费。这种管理模式导致的结果就是科研活动难以统筹安排、科研项目重复设置、科研设备重复购置、科研经费使用分散、相同内容、相同成员的同一项目可获得不同渠道的经费支持。此外，我国的科研经费还存在支出总额较高，但投入产出比率较低等问题。建设创新型国家和提高自主创新能力必须加快科研经费管理改革，提高科研经费的管理水平和使用效率。一方面，要建立国家科研经费分配机制，按照

311

"统筹规划、抓大放小"的思路，合并调整各部门的项目资源和现有计划，集中资金和力量攻关国家重点项目，改变条块分割，政出多门的现状；另一方面，要建立健全国家科研经费使用监管机制，建立若干个类似于国家自然基金委的组织机构。这个组织负责科研经费的使用和管理，由不同领域的专家和部门管理人员组成评估审议组，对重大科研项目的使用和投入产出率进行评估，政府部门负责过程监审，对不妥之处向科研经费审批和使用部门施行问责。

（2）建立科研院所科学的运行机制。

科学的运行机制是科研院所良性发展的重要保障，对于激发科研人员的积极性和培育自主创新能力有极大的促进作用。首先，实行专业技术职务评聘分离，把科研人员的管理由传统的身份管理转变为岗位管理、合同管理；其次，建立和规范科研人员薪酬制度，既要打破平均主义，又要防止分配不公；最后，建立符合科研人才成长规律的评价机制，并与分配机制挂钩，向科研骨干和重点岗位倾斜。全面落实好按技术、管理等生产要素进行分配的政策，通过分配制度改革，深层次调动各方积极性，激发科研人员的创造力，不断提高知识创新能力。

（3）优化科研院所组织结构调整。

组织结构的优化程度直接影响组织的效率和效益。因此，为使科研院所的知识创新能力大幅提升，必须采取有效的改革措施，对科研院所内部组织结构进行优化调整。例如，打破原有组织机构建制，按学科建设和技术开发优势，组建不同的研究开发单元（研究所、中心），实现科研、生产、经营一体化，转变单纯科研型为科研经营型。此项转型的意义在于，技术创新活动在经历了市场检验、不断获得有价值的反馈信息后，创新更具有实际意义，更具有生命力，从而使科研院所的自主创新能力不断增强，引领技术创新活动的作用不断凸显，真正成为建设创新型国家的骨干。

4. 提升高校自主创新能力，发挥基础和生力军作用

高等院校不仅通过提供集成创新技术，催生高新技术企业，而且通过技术与成果转化，提升企业的自主创新能力，为企业技术创新提供强有力的支撑。从欧美发达国家的经验来看，高等院校的核心竞争能力越强，其对企业技术创新的能力就越强，国家技术创新能力就越强。一方面，具有核心竞争力高校的教学实践与科研实践相结合，直接参与和推进了技术创新；另一方面，通过培养高素质创新型人才，为技术创新提供源源不断的人才支持和智力储备。高等院校既是高层次人才培养的主要基地，又是人才会聚的战略高地，也是科技创新的重要基地，在建立以企业为主体、市场为导向、产学研相结合的合作机制方面，具有得天独厚的优势和条件。因此，要发挥高等院校在技术创新中的基础和生力军作用。

（1）加强学科建设。

学科是高等院校的基本元素，科学研究、人才培养是按照各个学科来进行的，高等院校对经济建设和社会发展的作用又是通过各个学科表现出来的。当今世界，竞争力强的高校无不以拥有一流的学科而著称，如哈佛大学的政治学、医学居国际领先地位，耶鲁大学的法学和生物学堪称世界一流，斯坦福大学的信息学科享誉全球。因此，从学科发展寻找突破口是提升高校自主创新能力的捷径。第一，适实选择学科方向。科学发展的无限性决定了任何学科都有诸多发展方向，任何高校都不可能在所有的学科领域占据学术的制高点。所以，我国高等院校应坚持"有所为，有所不为"的原则，根据自身特点，选择建设自己的优势和特色学科。深入学科发展的最前沿，把握学科发展的脉搏，掌握学科发展的趋势，始终保持对学科发展方向的敏感度和前瞻性；深入探讨学科发展的可行性；注重发展增强原始创新能力的基础性学科和解决国民经济建设与社会进步问题的应用学科；在交叉学科和新兴学科上做文章，保障高校在未来学科发展中占据主导地位。第二，合理优化学科布局。合理优化学科布局就是在办学理念的指导下，构建综合性学科体系。现代学科的发展趋势是各门学科、各层次分支学科的交叉、渗透和综合，边缘学科、交叉学科、综合性学科不断地产生和发展起来，自然科学和社会科学相互汇流的势头日益强劲。综观世界一流高校，它们并不仅仅以一两个学科见长，而是拥有一批优势学科和特色学科，构筑了综合性的学科体系。如美国麻省理工学院虽然以工科闻名世界，但是它的理科、人文学科、管理科学等同样颇具实力。综合性不等于大而全，综合性也要区分不同层次。实践证明：高校没有工科就没有效益；高校没有理科就没有水平；高校没有文科就没有氛围。因此，综合性学科体系一般包含自然科学、应用科学和人文社会艺术科学。第三，培育学科带头人。学科带头人是学科发展的引领者、学科建设的组织者、学科资源的整合者、科技创新团队的协调者。培育学科带头人，就要大力倡导尊重知识、尊重人才，赋予学科带头人充分的学术权力和一定的行政权力；鼓励开展学术交流与合作，提高学科带头人的学术地位；加大学科建设投入，为学科带头人打造学科发展平台；建立适当的奖惩机制，给予学科带头人正确评价，奖优罚劣。

（2）加强制度建设，提升高等院校管理水平。

高等院校的管理水平关乎其未来的发展潜力。没有一流的管理，就谈不上制定科学的办学理念和发展战略，就谈不上构建高水平的学科体系，更谈不上吸引优秀的教学和科研人才。提高管理水平，关键是管理制度的制定。高校管理制度分为国家对高校的宏观管理制度和高校内部管理制度两个层次，高校管理制度不仅对广大师生有引导、规范、凝聚、激励的作用，而且对高校资源有整合作用。

制定高校管理制度，一是要体现大学精神，高校管理制度是大学精神的外部，是看得见的大学精神，体现大学精神的高校管理制度不会因为人事变动和外界环境而摇摆，会使大学精神不断传承和发展，只有这样的高校管理制度，才会有力量，有感召力。二是要与社会和学生的需求相一致，高校管理制度是用来管理高校的，但高校的价值目标是指向社会和学生的需求。因此，只有能够满足学生和社会需求的管理制度，才是先进的管理制度。三是要符合教育管理规律，教育有其特殊性和规律性，高校管理制度只有遵循教育管理规律，才能促进教育质量的提高。

（3）加强人才培养，赋予学生创新精神和实践能力。

高等院校最根本的任务是培养人才，按照产学研创新体系的构建要求，高等院校应把培养高素质创新型人才放在首位，注重培养学生的创新精神和实践能力。首先，学校要明确人才培养定位，根据自身发展情况面向政治、经济、科技、文化等各个领域，培养不同层次的综合型人才。其次，要改革不利于发现、选拔、培养创新型人才的传统教育模式，整合、改革与创新人才培养不相适应的学科专业结构，更新教学内容，调整课程体系，改进教学方法。最后，要创造公平竞争、鼓励个性、团结协作、勇于创新的人才培养环境。

（4）加强文化建设，营造勇于创新的文化氛围。

先进的文化是高校核心竞争力的体现。强大的高校文化将创建和谐、自由、平等、活跃的学术氛围，将全校师生员工的积极性调动和组织起来，为实现学校的办学理念和目标奋斗不息。哈佛大学"更要与真理为友"的办学理念构成其强大核心竞争力和重要文化基础；剑桥大学的"午后茶漫谈"活动成为大学师生自由交流、激发智慧的火花、成就科学技术创新极有价值的文化活动。

5. 促进"产学研"的协同互动

要真正发挥产学研合作机制的效用，必须在坚持企业的投资主体、实施主体和收益主体作用的同时，充分发挥大专院校和研究院所的技术支持作用，实行产学研结合。一是整合区域内的专家资源，成立区域专家组，帮助企业做好诊断、明确企业需求，结合企业的发展战略，帮助企业做主要工作的总体规划设计。二是依托区域内大专院校、科研院所、具有研发实力和工程经验的 IT 企业及基础好的企业技术中心，调动技术开发、中介服务、人才培训、软件和系统集成等多层次互补的专业化技术力量，建立起一批有水平、有信誉的合作推进机构，对企业提供规划、咨询、监理、实施、人才培养等多方面、多层次的专业服务。三是针对重大项目和关键技术，采用产学研结合的方式进行联合攻关。采用边开发、边实施方式，避免颠覆性错误，减少风险，突破技术关键，保证项目的顺利实施。

6. 构建良好的技术转外部环境

（1）更新理念，营造技术转移的良好环境。

在技术转移及服务的理念上坚持从适应性向主导性转变。社会服务是科研院所和高等院校的三大职能之一，科技成果转化是高校服务社会的主要途径。为营造良好的技术转移环境，促进科技成果转化的政策条例。要明确技术创新体系建设的战略目标，落实科技成果转化的若干措施；制订科技成果转化中的组织实施、收益分配、法律责任等，规范科技成果转化活动。稳定和壮大科技成果转化队伍，加强承担国家重大项目的能力。[①]

（2）面向需求，找准学科优势与地方产业的契合点。

理念的转变带来工作要求上的变化，科研院所和高等学校对技术转移工作的要求从注重数量型向注重质量型转变。科技创新已经成为我国经济增长的主要推动力，但现阶段国内企业的技术力量依然不足，对科技成果在成熟度、集成化方面的要求较高，使得企业对科研院所、高校科技成果也提出了更高的要求并希望其主动承担风险，对成果进行孵化培育，完善技术转移的支撑环境。

（3）创新模式，探索和实践政产学研合作的新途径。

创新合作模式，构建技术转移的外部环境。科研院所和高校大力培育应用项目，推进科技项目转化的同时，应积极探索和创新与地方政府及重点企业的合作模式。由政府、企业出财力，科研院所和高校出智力的方式建设产学研合作的技术转移平台，利用各自优势集成资源，确定符合产业发展方向的科研目标，建立完备的科研基地，将过去单打独斗转变为有组织的校府合作，提升当地的科技研发水平，促进当地产业结构升级，实现"双赢"。

四、完善科技创业体制

关于科技创业的定义有多种提法，约瑟夫·熊彼特认为，创业是新产品、新的生产方式、开拓新市场、利用新材料及经济部门新组合的"五新"活动；我国专家郁义鸿提出，创业是一个发现和捕捉机会并由此创造出新颖的产品或服务，实现其潜在价值的过程。总之，创业是把新技术、新知识通过商业化运作转化为可供社会需求的产品或服务的创新过程。综上所述，科技创业则是创业者利用商业机会，组合社会资源，把新技术、新知识转化为市场需求的产品或服务，以实现其应用价值和创造物质财富的科技创新活动。

中部崛起过程中新型工业化的科技创业体系必须从根本上实现对中部政策资

[①] 张晓东等：《探索研究型大学科技成果转化的新途径》，载于《科技日报》2008年。

源、设施资源、环境资源等系列科技企业公共资源的整合，促进中部创业政策、创业平台、创业基地的有效集成。积极发挥中部崛起的科技创业的集成创新功能、系统整合功能、共享联动功能等。

1. 建立科技创业联动支持体系

中部的科技发展，有赖于中部各省市之间的联动与协作。建立一个中部崛起科技创业联动支持体系，以某一个综合科技进步指数较高的城市为核心，其他省会城市为依托支点，促进多元创新创业主体的相互交流与合作。这需要通过资源、人才、技术、资金、政府和硬件基础设施等方面的联动，提高整体科技支撑能力，化单个省份的优势为中部区域整体优势，以有效提高中部科技创新创业能力。

2. 完善科技创业人才环境

高新技术改造传统产业的人力资源基础是要有合理的人才结构，即高级管理人员、中高级工程师及其中高级技工是改造传统产业实现新型工业化必需的人才。目前中部六省虽然产业工人队伍人数众多，但高中级技工青黄不接是一个不争的事实，为此要进行教育结构调整以适应产业发展需要，给予必要政策扶持与引导是我们的必然选择。如加强对科技人员科技创业的权益保障，降低创业的机会成本；鼓励科技人员利用其研究成果创办企业；科技人员可以持有创业公司股份；科技人员可以担任创业公司董事会成员等。

3. 完善科技创业的财税政策

目前，创新创业企业在市场竞争中处于弱势地位，通过优惠政策扶持使创新创业企业获得平等竞争的能力和机会；鼓励企业技术创新，加大对研究与开发的投入力度，对创新创业企业应采取优惠的财税政策：在一定时期对创新创业企业免税；更加灵活的企业股票安排；允许创新信托基金在所有创新创业企业投资；鼓励企业与那些训练有素、能够在他们专业领域提供最新技术的员工进行合作。

4. 采取多条资金渠道支持科技创业

政府可以多个层面、多种形式给予科技创业企业以支持和帮助。如创新项目竞争性评审资助、强化项目资助、风险投资，以多种方式对科技创业提供财力支持，包括企业起步前的科技资助、中小企业技术创新资助和入股企业。

第五节　中部崛起过程中新型工业化的就业保障政策研究

面对国际金融危机，我国政府做出了积极快速应对，特别是针对进一步严峻的就业形势，于 2008 年 12 月 20 日发出《关于采取积极措施减轻企业负担稳定就业局势的通知》，提出五条重要措施，帮助困难企业稳定用工岗位，稳定就业局势，通过减轻企业负担来保就业、保增长、保稳定。把促进就业作为基本优先目标，实施有利于增加就业岗位的经济社会政策更是中部崛起过程中实现新型工业化的重要之举。完善和加强就业保障政策主要从加快户籍制度改革、完善社会保障体系、完善城市就业制度等方面着手。

一、加快户籍制度改革

我国目前实行的户籍制度是基于 1958 年全国人大常委会通过的《中华人民共和国户口登记条例》。随着市场经济对社会流动的需求及城市化人口迁移对户籍制度的质疑，户籍制原有的行政管理、安全治理的功能日益弱化，突出表现的是其负面效应和滞后性。现有户籍制度的合法性不断受到挑战，改革势在必行。

1. 户籍制度的改革首先从改革社会保障制度上入手

放开户籍的难点在于社会保障在全国不是均一的，其支付是有界的。过去是职工所在单位负责，现在是地方政府负责，而且仅限于缴纳社保基金的就业人口。目前有些地区宣布一次性取消农业户口，变为统一的居民户口，但这解决不了城乡之间、地区之间人口自主迁移的问题，而只是户口名称上的变化而已。其结果会在居民面前形成新的国民待遇不平等，甚至是更加有利于对农民财产的平调和侵害。因此，第一步必须解决社会保障支付在全国的均一性和全覆盖问题。

2. 建立全国统一的户口登记管理制度，实现公民身份的平等

利用当前改革的好时机，消除城乡分割的二元结构户口管理制度，取消城乡分割的多种户口类型，按照经常居住地登记常住户口的原则，建立统一的户口登记管理制度。过去出台的一些申报户口的各种限制条件，都应在当前城乡统一户籍管理的改革中彻底取消，使户口登记能够如实反映公民的居住状况和城市化水平。进一步剥离与户籍直接联系的福利，既不应该让城镇人口继续维持因为户籍身份而享有的特殊利益，也不应该要求进入城市的农村人口去分享旧城市人口的特殊利益，而是让户口只具有标志居住地的意义，实现城乡人口的平等权利。总而言之，户籍管理要回归其本位——了解人口情况和证明公民身份。

3. 加快从单一行政性控制向行政性控制和市场推进相结合的转变

世界上主要发达国家都主张本国居民自由居住和自由迁徙的权利，它们实行的是"事后迁移"制度，即国家对公民的迁移和移居多采取的是市场加行政法治的管理手段，如加强城市管理水平来调节公民迁移和移居方向，这比我国单一的"行政审批"手段要更有效，更合理，更能保持整个社会的稳定。我国市场经济的发展需要人、财、物等生产要素的流动，然而户籍制度却用人为的力量来控制或者阻隔这一发展潮流，必然要付出巨大代价。所以市场经济的发展和对基本人权的尊重都需要户籍政策和管理手段作出改革，强调在尊重市场规律的基础上实行行政性控制，即从"事前迁移"到"事后迁移"的转变，这一转变是计划到市场之变，是行政到法治之变，蕴涵着公权对私权的充分尊重，有利于国家利益与公民利益的相互和谐。

4. 户籍制度改革以实现人口自由迁徙为目标

改革的最终目的是实现迁徙自由，而不是简单地消除城乡二元分割体制，也不是简单地为了处理农民工和人才流动问题，更不是简单地取消户口。而是要从根本上改变人口迁移方式，形成国家立法规范、社会经济调控、个人自主选择的迁徙新格局，使宪法规定的公民迁徙自由权真正成为现实。

二、完善社会保障体系

社会保障，是一个很重要的经济和社会问题。社会保障的主要作用，是帮助人们降低生活和工作中可能遇到的风险，保障社会成员的基本生活，增强他们的生活安全感。党的十五大报告明确提出，建立社会保障体系，实行社会统筹和个人账户相结合的养老、医疗保险制度，完善失业保障和社会救济制度，提供最基本的社会保障。

1. 完善农村和农民工的社会保障制度

农村社会保障是我国社会保障体系中最脆弱的环节，与发达国家不同，我国人口众多，农业人口比重相当高，而占总人口 80% 以上的农村人口长期与社会保障无关，处于空白状态，仅靠家庭保险。如果不解决这一部分人的社会保障问题，社会保障制度改革完善的成效就很难评判。特别是近年来农民收入的提高和部分农村城市化进程的加快，农民的保障要求提高。鉴于我国农村地域的广阔性及地区差异，我国可逐步地、有选择地、低起点地推进农村社会保障。从富裕的、接近城市的农村开始，逐步建立起农村自助性社会组织，在银行中开设储蓄保险账户及商业保险，开办保障养老、医疗、意外伤害等与农村生产方式相联系的基本项目，并给予其较高的税收、政策等方面的优惠，以提高农民参与社会保障的积极性。要把农村完全纳入统一的社会保险管理尚需一段相当长的历程，目前仍应以自愿、自助为主，但各级政府应积极鼓励和加强引导，切不可损伤广大农民的积极性。

根据农民工最紧迫的社会保障需求，坚持分类指导、稳步推进，优先解决工伤保险和大病医疗保障问题，逐步解决养老保障问题。所有用人单位必须及时为农民工办理参加工伤保险手续，并按时足额缴纳工伤保险费。各统筹地区要采取建立大病医疗保险统筹基金的办法，重点解决农民工进城务工期间的住院医疗保障问题。有条件的地方，可直接将稳定就业的农民工纳入城镇职工基本医疗保险。抓紧研究低费率、广覆盖、可转移，并能够与现行的养老保险制度衔接的农民工养老保险办法。总之，农民工的社会保障，要适应流动性大的特点，保险关系和待遇能够转移接续，使农民工在流动就业中的社会保障权益不受损害；要兼顾农民工工资收入偏低的实际情况，实行低标准进入、渐进式过渡，调动用人单位和农民工参保的积极性。

2. 采取有效措施加大对社会保障基金的筹集力度和管理力度

我国对社会保障基金实行的是收支两条线、专款专用制度。社会保障税本身具有的强制性保证了其来源的稳定性，而规范的征收方式一方面可以使负担社会保障税的单位和个人及时、足额地缴纳；另一方面也可以解决目前存在的因缴纳标准不一而造成的不同企业之间负担高低悬殊的矛盾。在对社会保障基金的管理方面，要防止社会保障基金被挤占、挪用，必须建立健全社会保障基金监管体系，建立内部监管、政府监管、社会监管的多层次监管体系。通过多重的审计机构和稽核检查机构避免贪污、挪用、私分基金等问题发生。在基金的投资方面，因为社保基金的收益与风险具有正向替代的关系，所以要在收益目标和安全目标之间进行权衡，根据社会保障基金的性质、收益目标和风险承受程度，预先确定一种合适的风险和收益标准。在进行投资时，要结合具体情况和实际需要，合理搭配投资品种，灵活选择投资方式，疏通基金投资渠道，加强投资管理，兼顾社会保障基金的收益性目标和安全性目标，实现社会保障基金的有效保值与增值。社会保障基金用于银行存款和国债投资的比例可适当降低，虽然企业债券、股票、实业投资和不动产的风险较高，但其收益率也高，社保基金可适当提高在这些领域的投资比例。总之，必须通过种种措施从根本上保证社会保障基金的应收尽收，防止社会保障基金的不良流失，实现社会保障基金的保值增值，最终保护全体投保者的利益和全社会的公共利益。总之，建立健全同经济发展水平相适应的社会保障制度事关人民群众的切身利益，事关和谐稳定的大局，因此，必须加快社会保障制度改革的步伐，使社会保障这项"关乎国运、惠及子孙"的伟大事业真正健康有序、扎实有效地顺利推进。

3. 发挥社会保障体系的消费乘数效应

社会保障体系通过养老、医疗、失业和最低生活保障等方面的制度安排，能够发挥其社会稳定器和安全网的作用。除此之外，社会保障体系还可以借助调节总需求，发挥稳定收入预期、刺激消费和平抑经济波动等积极作用。在一个相对完善的社会保障体系里，个人和家庭面临的不确定性和风险下降，对持久收入有比较稳定的预期，就会减少用于平滑消费的谨慎性储蓄，从而扩大消费支出。况且，在比较完善的社会保障体系里，社会保障的收入也是构成家庭持久收入的一个来源，对消费有长期的推动作用。从宏观层面看，社会保障收支是反周期的一项重要政策工具。当经济衰退导致失业率上升和家庭生活水平下降，失业保险和社会救助等方面的社会保障支出，有助于扩大社会购买力，拉动有效需求，促进经济复苏。当经济高涨出现了过热苗头时，通过减少社会保障支出，为过热的经济降温，有助于抑制总需求过度膨胀。可见，社会保障体系对刺激国内消费需求具有乘数效应和反周期效应。从长远来看，社会保障体系还具有动员社会储蓄，深化资本市场发展，以及促进社会公平等一系列重要作用。一项对中国的初步研究表明，改善社会保障覆盖状况能够显著提高城乡居民消费水平。城市家庭每增加一个有保障的人口，家庭消费支出将增加 1 041 元；相应地，农村家庭每增加一个有保障的人口，家庭消费支出将增加 483 元。无论是城市家庭还是农村家庭，改善社会保障状况对消费的刺激作用，低收入家庭的边际额度都大于高收入家庭，而且随着社会保障改善程度的提高，消费支出也呈现上升趋势。扩大社会保障的覆盖范围，将能够起到刺激和扩大消费的良好作用。扩大内需是保持中国经济平衡增长的关键。要做到这一点，在相当大的程度上取决于能否成功建立适合中国国情的、可持续发展的社会保障体系，包括基本养老保险体系、基本医疗保险体系、失业保险体系、最低生活保障体系、教育体系、住房体系等。只有这样，才能减少个人或家庭的谨慎性储蓄，不必因为担心子女的教育费用和医疗费用存钱，从而降低储蓄率，促进消费、扩大内需。城乡居民在拥有安全可靠的生活保障之后，才会对更加舒适的住房、便捷良好的交通等有进一步需求，从而推动消费结构向更高的层次演进。

4. 加强社会救助制度建设，发展社会福利和慈善事业

加强对困难群众的救助，完善城市低保、农村五保供养、特困户救助、灾民救助、城市生活无着的流浪乞讨人员救助等制度，逐步建立农村最低生活保障制度。完善优抚安置政策。发展以扶老、助残、救孤、济困为重点的社会福利。发扬人道主义精神，发展残疾人事业，保障残疾人合法权益。发展老龄事业，开展多种形式的老龄服务。发展慈善事业，完善社会捐赠免税减税政策，增强全社会慈善意识。另外，要发挥商业保险在健全社会保障体系中的重要作用。拓宽资金筹集渠道，加快廉租住房建设，规范和加强经济适用房建设，逐步解决城镇低收入家庭住房困难。

总之，建立健全同经济发展水平相适应的社会保障制度事关人民群众的切身

利益，事关和谐稳定的大局。因此，必须加快社会保障制度改革的步伐，使社会保障这项"关乎国运、惠及子孙"的伟大事业真正健康有序、扎实有效地顺利推进。共建和谐社会，共享发展成果，落实科学发展观，建设一个更加繁荣、富庶、文明的和谐社会，才是我们可以期待的美好未来。

三、完善城市就业制度

就业是民生之本，尤其在工业化、城市化的进程中城市就业问题是关系中国改革发展稳定大局的重要事情。城市就业问题解决得不好会直接影响改革、发展和社会稳定；而城市就业问题的形成和发展、城市就业问题的解决，又受到宏观经济和社会环境的制约。从这个意义上说，有必要牢固树立城市就业问题需要综合治理的观念，不能就就业论就业，而必须把城市就业问题置于宏观经济和社会发展大系统之中。

人口众多是中国的基本国情，庞大的人口规模对中国的就业提出了挑战。中国不仅劳动力资源丰富，而且劳动参与率也较高，这使得中国的劳动市场供给总量相对过剩，尤其是中国当前正处于经济结构调整和经济转轨时期，劳动力市场的供需矛盾更加突出。目前，中国政府将促进就业作为宏观经济调控的重要目标，通过采取各项措施积极促进就业，扩大就业规模，进而使得20世纪90年代以来中国的就业规模不断扩大。与此同时，随着中国经济体制改革的不断深入，经济结构调整加速，也使得中国的就业结构发生了巨大变化，这一点在产业结构、行业结构、所有制结构上体现得特别明显。此外，由于各地区发展不平衡，不同地区之间的就业结构变化也有所不同，在中部实现工业化过程中结合实际情况采取相关政策措施。

1. 切实抓好项目建设

以项目为载体，围绕特色资源，开发优势产业，增加就业岗位，扩大城市就业，同时，将招商引资与解决就业有机结合起来，加大引进项目时就业推介力度，结合实际制定优惠政策，鼓励企业优先使用本地劳动力，实现"招一批项目、兴一方产业、促一批就业"。

2. 落实优惠政策，扶持就业

各地政府应积极落实各项优惠政策，鼓励扶持下岗失业人员、城镇零就业家庭成员、退伍军人和大中专院校毕业生自谋职业和自主创业，鼓励引导企业吸纳上述未就业人员就业。

3. 强化服务工作，引导就业

要高度重视劳动力市场建设，把劳动力市场建设作为工作重点，按照"制度化、专业化、社会化"的要求，加大资金投入，加快建设步伐，完善服务功能，提升服务水平，逐步形成协调统一、竞争有序、调控有力、信息畅通、服务完善的劳动力市场服务体系。进一步放开和规范农村劳动力向城市或城镇的流动，把规范劳动力流动政策的设计着眼点从"合理卡死"和"初步放开"转变到"合理引导"和"积极放开"。劳动保障、人事、工会、妇联、共青团等部门，要通过举办就业再就业招聘会，给城镇下岗失业人员、城镇零就业家庭成员、未就业的大中专毕业生提供更多选择就业的机会，让求职者与用工企业面对面洽谈，进行双向选择，签订用工协议。要进一步健全人才市场运营机制，完善毕业生就业服务体系，为毕业生提供充足的就业岗位。要进一步完善公共就业服务制度，提高公共就业服务质量和效率。

4. 开展就业援助，稳定就业

各机关、事业单位、群众团体和国有企业要按不低于编制人数 1% 的比例开发公益性岗位，编制人数不足 100 人的，至少开发 1 个公益性岗位，帮助持有《再就业优惠证》的国有企业下岗失业人员、集体企业下岗失业人员、国有企业关闭破产需要安置人员、享受城市最低生活保障的长期失业人员、城镇零就业家庭成员实现稳定就业。当前特别要深入开展城镇零就业家庭就业援助工作，认真落实社保补贴、岗位补贴、小额贷款、税费减免等一系列扶持政策，开展挂钩帮扶，实行"一对一"帮扶，通过开展政策、服务、培训、岗位"四直通"活动提供全程就业服务。要设立专门服务窗口，开通零就业家庭就业援助绿色通道，实行零距离服务，积极推行有针对性的、个性化的援助措施，确保零就业家庭成员中至少有一个人实现稳定就业。

5. 鼓励全民创业，带动就业

劳动保障、人事部门要加强对全民创业的组织引导，制定和完善创业的具体措施，建立健全创业的支持服务体系。鼓励下岗失业人员、城镇零就业家庭成员、复员转业军人和大中专院校毕业生等各类人员创办企业，开发新岗位，促进再就业。就业服务机构要积极组织开展各种创业活动，对有创业愿望和具备创业条件的人员要给予政策咨询、开业指导、项目开发、创业培训、小额担保贷款、企业服务、跟踪扶持等"一条龙"服务。

6. 适度节制劳动力供给，提高劳动力素质

劳动力参与率是经济活动人口与劳动力资源的比率。从我国目前的现状来看，劳动力参与率过高，一是劳动者受教育程度低，素质不高；二是妇女和老年劳动者参与率太高；三是对劳动岗位需求的压力过大。为此，适当降低过高的劳动力参与率，有利于经济的健康发展和社会稳定，有利于劳动力素质提高。具体有以下三个措施：一是全面实行劳动预备制度。一方面，研究表明，我国改革以来的经济增长主要依靠大量资本投入支撑，经济发展所带来的就业增长已相对越来越少。经济结构转型期单纯依靠经济发展创造就业机会来缓解就业压力并不现实。另一方面，我国的劳动力参与率极高。这说明较多的年轻人没有得到良好的教育就过早进入劳动力市场，实际上，目前我国城镇就业压力加大，供给过剩的仅是低素质劳动力，而高素质劳动力却仍然短缺。因此，有效的办法是发展教育，推行劳动预备制度，让低素质劳动力参加学习和培训以后再就业，降低劳动力参与率。减少低素质劳动力的供给，提高劳动者的整体素质，既缓解就业压力，又为新一轮经济增长储备人才。二是大力开展职业技能培训。实践证明，造成职工下岗、失业的主要原因之一是因为产业结构调整升级，造成职工技术要求和劳动力素质之间的脱节而产生的结构性矛盾。因此，要把加强对在职职工和下岗、富余职工的技能培训作为一项长期任务来抓。在这方面，新加坡的经验值得借鉴。新加坡用大约 10 年时间进行扩大规模的产业结构调整，期间有一大批职工下岗。该国通过强化职业培训，对因产业结构变化而下岗的职工实行有组织的再培训，实行以新工种转换旧工种的衔接制度，并对在职职工进行超前培训，从而保证了绝大多数职工实现再就业。

经济社会发展到市场经济的阶段，社会财富以前所未有的速度被创造出来，这种速度是劳动分工扩展和产品服务交换相互促进的结果。这是经济学中的"斯密定理"和"扬格定理"相结合所能够告诉我们的。但是，熊彼特理论告诉我们，市场经济的本质是创新。经济在创新中才能产生巨大的效率和巨大的财富。劳动分工和产品交换成为企业创新的媒介和手段。因此，市场经济中就业的主体就不是简单增大的劳动量，而是直接从事企业创新活动的劳动量，以及围绕着企业创新而进行的科学技术创新、制度创新、社会生活创新和其他知识和理论创新的劳动量。为了扩大市场就业就必须首先扩大与企业创新相联系的核心就业。

7. 充分利用各类就业的替代性和互促性

各类就业具有替代性和互促性，要以互促性作为就业发展的准则。整个社会的就业并不是互不相关的，不同行业、区域或领域里的就业就像一个互联网络一样存在互动关系。正如有效率的分工能够促进总体分工规模的扩大，而无效率或反效率的分工会促使总体分工规模萎缩一样，就业也有促进和替代其他就业量的不同类型。我们要注意鼓励和发展具有互促性的就业类型，如基本建设和劳务服务方面的农民工就业，餐饮服务方面的下岗人员就业，民营和个体企业人员的创业性就业，农村和城镇的经纪人的就业，维护社会治安和社会秩序的就业等等，都能够拉动或促进相互关联的就业的发展；同时，要限制和削弱一些具有国内替代性和破坏性的就业类型，如：给消费者和其他企业带来过高成本负担的行政垄断行业就业，可能受到地方保护的假冒伪劣产品生产的就业，造成大规模环境和资源污染或破坏的违法企业的就业等，只会侵蚀社会的总体就业量，替代和限制真正就业尤其是核心就业的发展。

第七章

中部崛起过程中新型工业化的实践研究

第一节 中部六省新型工业化实践的产业创新探索

改革开放以来，中部六省的工业经济发展都取得了显著成就，并由此奠定了中部崛起的新型工业化基础。

一、中部地区产业结构现状

中部地区是我国重要的农业生产基地，粮、棉、油、肉等主要农产品产量在全国占有重要地位；中部地区拥有雄厚的工业基础，产业门类齐全，主要以煤炭、电力、交通运输、金属冶炼及食品加工业为支柱产业；服务业不断发展，第三产业增加值不断上升，邮电业务和旅游业的发展尤其迅速。

1. 产业结构不断优化调整

目前，中部六省整体呈现出工业化过程的典型特征（见表7–1），第一产业占比下降，第二产业比重上升，第三产业比重相对稳定，形成了"二、三、一"的格局。

表 7 - 1　　　　2002 ~ 2011 年中部地区产业结构占比情况

年份	第一产业	第二产业	第三产业
2002	14. 20	49. 20	36. 60
2003	14. 70	47. 80	37. 50
2004	17. 83	47. 68	34. 49
2005	16. 67	46. 77	36. 56
2006	15. 30	48. 50	36. 20
2007	14. 60	49. 45	35. 95
2008	14. 62	51. 17	34. 22
2009	13. 38	50. 20	36. 42
2010	13. 11	52. 66	34. 23
2011	12. 34	54. 10	33. 56

资料来源：根据山西、江西、安徽、河南、湖北、湖南统计年鉴和统计公报（2002 ~ 2011）整理。

　　随着信息化和全球一体化背景下经济技术的不断进步和演化，产业结构的演进正日益向高级化、合理化、科学化的路径发展。在国家宏观政策的引导下，中部省份的产业结构不断调整和优化，但结构调整的压力依然很大，产业整体的发展还处在相对较低水平，产业发展的协调性有待加强（见表 7 - 2）。

表 7 - 2　　　　　　2010 ~ 2011 年中部六省产业发展情况　　　　单位：亿元，%

区域	年份	第一产业		第二产业		第三产业		三次产业
		增加值	增速	增加值	增速	增加值	增速	结构比例
全国	2010	40 497	4. 3	186 481	12. 2	171 005	9. 5	10. 2∶46. 8∶43. 0
	2011	47 712	4. 5	220 592	10. 6	203 260	8. 9	10. 1∶46. 8∶43. 1
山西	2010	563. 5	6. 1	5 161. 2	18. 6	3 363. 4	9. 1	6. 2∶56. 8∶37. 0
	2011	641. 4	5. 9	6 577. 8	16. 5	3 880. 9	8. 6	5. 8∶59. 2∶35. 0
江西	2010	1 205. 9	4. 0	5 194. 7	18. 3	3 034. 4	10. 8	12. 8∶55. 0∶32. 2
	2011	1 391. 1	4. 2	6 592. 2	15. 5	3 600. 6	10. 7	12. 0∶56. 9∶31. 1
安徽	2010	1 729. 0	4. 5	6 391. 92	20. 7	4 143. 3	10. 0	14. 1∶52. 1∶33. 8
	2011	2 020. 3	4. 0	8 226. 4	17. 9	4 863. 6	10. 5	13. 4∶54. 4∶32. 2
河南	2010	3 263. 20	4. 5	13 226. 84	14. 8	6 452. 64	10. 5	14. 2∶57. 7∶28. 1
	2011	3 512. 06	3. 7	15 887. 39	15. 1	7 832. 59	8. 4	12. 9∶58. 3∶28. 8
湖北	2010	2 147. 0	4. 6	7 764. 65	21. 1	5 894. 44	10. 1	13. 6∶49. 1∶37. 3
	2011	2 569. 30	4. 4	9 818. 76	17. 9	7 206. 13	12. 0	13. 1∶50. 1∶36. 8
湖南	2010	2 339. 44	4. 3	7 313. 56	20. 2	6 249. 12	11. 5	14. 7∶46. 0∶39. 3
	2011	2 733. 66	4. 2	9 324. 73	17. 0	7 576. 80	11. 0	13. 9∶47. 5∶38. 6

资料来源：根据中国统计信息网站数据整理。

　　相对而言，长三角和珠三角地区经过改革开放 30 多年的快速发展，产业结构已发生了重大变化，传统的劳动密集型产业（如纺织、食品等行业）逐步退出了支柱产业的位置，而技术密集型产业（如电子通信等高科技产业）逐步占据了重要位置；京津唐由于特殊的地理环境和资源优势，第三产业的比值已超过第二产业；中部六省仍是农业大省，农业在生产总值中仍占有较大份额，2011年的比重超过了 12%，农民在全部劳动力中占一半以上，工业虽然也有较快的增长，但新型工业的地位不够显著。

　　2011 年中部六省与其他经济圈产业结构对比情况如表 7－3 所示。

表 7－3　　　　2011 年中部六省与其他经济圈产业结构对比情况

区域	第一产业	第二产业	第三产业
中部六省	12.34	54.10	33.56
长三角地区	4.76	49.51	45.73
珠三角地区	5.0	49.8	45.2
京津唐地区	6.23	44.19	49.59

　　资料来源：根据各地区统计公报数据整理。

　　注：长三角包括上海、江苏、浙江三省，珠三角主要指广东省，京津唐地区包括北京、天津和河北三省市，以下同。

2. 传统工业仍占主导地位

　　中部六省工业产业部门都已形成了具有一定比较优势的主导产业，但传统工业仍占主导位置，制造业、能源、原材料等重工业和一般加工业所占比重较大，高科技产业占的比重很小，缺乏带动力强、产业链延伸度大的高加工度、高技术含量产品与消费品，工业增长主要依赖生产要素高投入和资源高消耗。

　　目前中部六省主导产业见表 7－4。

表 7－4　　　　　　　　中部六省主导产业情况

省份	主导产业
山西	煤炭、电力、轻重机械、化工
江西	汽车航空、特色金属、生物制药、电子家电、食品、精化工及新型材料
安徽	汽车、家电、钢铁、有色金属、石化、机械
河南	汽车、火电、铝工业、食品、新材料
湖北	汽车、光电子、冶金、石化、纺织、建材
湖南	烟草、钢铁、生物医药、机械设备、高新技术

3. 平均工业总产值不高

近年来中部六省经济有较大的发展，经济总量占全国的比重为 21% 左右，与长三角地区的经济总量相差不大，并领先于珠三角和京津唐地区。但从平均量来看，中部各省明显落后于长三角和珠三角，2009 年中部六省平均工业总产值只有 11 690 亿元，分别是长三角和珠三角平均值的 48.85% 和 29.91%。

2007~2011 年中部六省与其他经济圈生产总值对比情况见表 7-5。

表 7-5　　　　　2007~2011 年中部与其他经济圈生产总值比较

年份	全国（亿元）	中部六省		长三角地区		珠三角地区		京津唐地区	
		绝对值（亿元）	占全国（%）	绝对值（亿元）	占全国（%）	绝对值（亿元）	占全国（%）	绝对值（亿元）	占全国（%）
2007	257 305.6	52 040.9	20.23	56 710.4	22.04	31 084.4	12.08	28 113.2	10.93
2008	300 670	63 188	21.02	65 497.7	21.78	35 696.46	11.87	33 031.0	10.99
2009	335 353	70 137	20.91	71 794.1	21.41	39 081.6	11.65	36 393.3	10.85
2010	401 513	85 437.4	21.28	85 002.72	21.17	45 472.83	11.33	43 083.83	10.73
2011	471 564	104 255.7	22.11	99 799.99	21.16	52 673.59	11.17	51 419.6	10.90

资料来源：根据《中国统计年鉴》（2007~2009）及 2010~2011 年统计公报数据整理。

二、中部六省承接产业转移现状

近年来，东部地区的产业升级、中央的政策引导、中部的资源成本优势及中部地区的大力招商促使国际和沿海大批产业项目转移到中部。目前缺乏对内资产业转移的统计数据，本章主要依据利用外资的情况判断中部六省产业转移的现状。据统计，2006~2010 年中部地区累计承接产业转移项目 13 603 个，占全国的 8.63%；实际利用外商直接投资金额 952.7 亿美元，占全国的 21.88%。

2006~2010 年中部地区利用外资情况详见表 7-6。

2007 年，国家对东部和中西部加工贸易产业实行差别性政策，将江西的南昌和赣州、河南的焦作和新乡、安徽的合肥和芜湖、湖北的武汉、山西的太原、湖南的郴州 9 个中部城市列为全国加工贸易梯度转移重点承接城市。随着大批沿海和国外产业向中部转移，2009 年在商务部授牌的 31 个"加工贸易梯度转移重点承接地"中，中部六省占了 20 家。

表 7 - 6　　　　　　　　**2006～2010 年中部六省利用外资情况**

省份	外商直接投资项目数（个）					实际利用外商直接投资额（亿美元）				
	2010	2009	2008	2007	2006	2010	2009	2008	2007	2006
山西	117	58	77	152	150	7.14	4.93	10.23	13.43	4.72
江西	1 092	821	689	867	982	51.01	40.24	36.04	31.04	28.07
安徽	281	303	256	506	592	50.14	38.84	34.90	29.99	13.94
河南	362	274	364	516	497	62.47	47.99	40.33	30.62	18.45
湖北	306	268	343	420	460	40.50	36.58	32.45	27.66	24.49
湖南	618	194	517	737	784	51.84	45.98	40.05	32.70	25.93
中部六省合计	2 776	1 918	2 246	3 198	3 465	263.1	214.56	194.00	165.44	115.60
全国	27 406	23 435	27 514	37 871	41 473	1 088.21	900	952.53	783.39	630.21
中部六省占全国比（%）	10.13	8.18	8.16	8.44	8.35	24.18	23.84	20.37	21.12	18.34

　　资料来源：笔者根据山西、江西、安徽、河南、湖北、湖南统计年鉴（2006～2010）整理得出。

　　随着劳动力成本上涨、产业技术升级和竞争压力的加大，东部沿海地区产业升级转型已越来越迫切，东部沿海一些省份提出"腾笼换鸟"，加快劳动力密集型和资源消费型产业向内地的转移步伐。中部地区利用自身资源和劳动力优势，大力承接东部沿海和国外劳动密集型产业转移成为当时的热点。起初，面对汹涌而来的沿海转移产业，中部一些地区承接产业转移缺乏理性，从而造成一些小化工厂、小造纸厂等高污染、高能耗的企业大量涌入，环境污染问题接踵而至。

　　随着对崛起之路认识的加深，中部地区在承接产业转移的战略思路上有了转变，已开始有理性地选择产业项目，坚持"环境优先"原则，坚持"择商选资"，严格实行项目预审制度。

　　另一方面，2008 年下半年爆发的金融危机对中部地区的新型工业化探索也产生了重要影响，中部地区更加深刻地认识到，单纯依靠资源、劳动力等生产要素来推进经济发展的方式已不可取，必须转变发展思路，加快自主创新和产业升级步伐，促进经济转型，走科学崛起之路。以低碳、新能源为主要标志的新兴产业发展道路进入中部地区的视野。

　　近年来，江西、安徽等中部地区着力推进低碳技术和新能源产业招商，大力发展光伏、风能和核能等战略性新兴产业。江西引进和培育了世界太阳能硅晶片

生产巨头赛维 LDK 公司、晶安高科、力德风电等一批新能源制造企业。2010 年
8 月 18 日，国家发改委启动低碳省和低碳城市试点工作，中部地区的湖北省和
南昌市名列其中，它们将加快建立以低碳排放为特征的产业体系。

从简单的产业转移承接，到走新型工业化道路，推进建设资源节约型和环境
友好型"两型"社会；从创新发展，到推进低碳经济、发展新能源，中部地区
产业转移在科学崛起的道路上大步前进。

三、中部六省产业发展和结构变动分析

1. 山西

2002 年以来，山西省 GDP 年均增速为 23.06%，2011 年 GDP 总量达
11 100.2 亿元，居中部第 6 位；人均 GDP 为 30 974 元。

从"十五"时期开始，山西大力实施"1311"（100 个产业化龙头企业、30
个战略性工业潜力产品、10 个旅游景区景点和 100 个高新技术产业化项目）、
"5533"（即"十五"后三年，工业结构调整实施五大战略，建设 50 个左右的高
速公路经济带工业园，培育 30 余户大公司和企业集团，规模以上工业企业销售
收入达到 3 000 亿元以上）等产业结构调整规划以及建设新型能源和工业基地的
重大战略，产业发展和结构调整取得重大进展。第一、二、三产业增加值比例由
2002 年的 9.80 : 53.72 : 36.48 演变为 2011 年的 5.8 : 59.2 : 35.0。[①]

2002 ~ 2011 年山西产业结构情况见表 7 - 7。

表 7 - 7　　　　　　　　2002 ~ 2011 年山西产业结构情况

年份	第一产业	第二产业	第三产业
2002	9.80	53.72	36.48
2003	8.76	56.56	34.69
2004	8.33	59.49	32.18
2005	6.28	56.30	37.42
2006	5.82	57.83	36.35
2007	4.70	59.98	35.32
2008	4.40	61.50	34.10

---

① 资料来源：《山西统计年鉴（2002）》及山西省 2011 年国民经济和社会发展统计公报。

年份	第一产业	第二产业	第三产业
2009	6.50	54.60	38.90
2010	6.20	56.80	37.00
2011	5.80	59.20	35.00

资料来源：根据《山西统计年鉴》（2002～2011）整理。

近年来，山西在巩固加强第一产业，优化提升第二产业，大力发展第三产业的基础上，重点抓好工业结构调整，通过淘汰关闭一批落后产能，为优势企业和新兴产业的发展腾出更大的市场空间和资源环境空间；通过改造提升一批传统产业，实现产品的升级换代；通过培育发展一批新兴产业，努力形成新的经济增长点；通过做大做强一批优势企业，提高经济发展的竞争力和综合实力。结合实际，山西制定实施八大产业调整振兴规划，在进一步抓好煤炭、焦炭、冶金、电力四大传统支柱产业发展的同时，积极发展新型装备制造业、现代煤化工、新型材料工业、特色食品工业四大新兴产业，构建山西现代产业体系。

2. 江西

2002年以来，江西 GDP 年均增长 25.16%，2011年 GDP 总量达 11 583.8亿元，居中部地区第 5 位，人均 GDP 为 25 884元。

"十五"以来，江西大力实施新型工业化战略，切实转变经济增长方式，通过实施"十百千亿工程"（即着力培育壮大并形成一批年主营业务收入超 10亿元、利税超 1亿元的农业产业化、旅游、商贸物流企业，一批年主营业务收入超 50亿元、利税超 5亿元的工业企业，一批年主营业务收入超 100亿元、利税超 10亿元的核心企业集团和工业园区，一批年主营业务收入超 500亿元、利税超 50亿元的工业园区，一批年主营业务收入超 1 000亿元、利税超 100亿元的优势产业）、"四个一"（即做优一批产品、做强一批企业、做大一批产业、做出一批品牌）战略，迅速壮大工业规模、提升工业发展层次、增强工业竞争实力，江西经济结构调整保持快速发展，取得了一定的成效。第一、二、三产业增加值比例由 2002年的 21.87：38.84：39.29演变为 2011年的12.0：56.9：31.1。[①]

2002～2011年江西产业结构变化见表 7-8。

---

① 资料来源：《江西统计年鉴（2002）》及江西省 2011年国民经济和社会发展统计公报。

表7-8　　　　　　　　　2002～2011年江西产业结构情况

年份	第一产业	第二产业	第三产业
2002	21.87	38.84	39.29
2003	19.78	43.36	36.85
2004	20.36	45.65	34.00
2005	17.93	47.27	34.80
2006	16.83	49.69	33.48
2007	16.47	51.65	31.88
2008	16.00	46.60	37.40
2009	14.40	51.20	34.40
2010	12.80	55.00	32.20
2011	12.00	56.90	31.10

资料来源：根据《江西统计年鉴》（2002～2011）整理。

江西大力组织实施产业经济"十百千亿工程"、高新技术成果产业化工程、高新矿产经济工程，努力打造具有竞争优势的百亿企业集团和千亿产业，促进了太阳能光伏、半导体照明和铜精深加工等一批市场潜力大、科技含量高、发展后劲强的优势产业发展壮大。

3. 安徽

2002年以来，安徽GDP年均增长11.05%，2011年GDP总量达15 110.3亿元，居中部地区第4位，人均GDP为25 340元。

安徽通过实施"861行动"（"8"是建设八大产业基地：加工制造业基地、原材料产业基地、化工产业基地、能源产业基地、高新技术产业基地、优质安全农产品生产加工供应基地、全国著名的旅游目的地、重要的文化产业大省；"6"是构筑六大基础工程：防洪保安工程、通达工程、信息工程、生态工程、信用工程、人才工程；"1"是力争到2010年，全省地区生产总值达到1万亿元），有重点地培育高新技术产业，发展壮大支柱产业，结构调整取得一定效果。第一、二、三产业增加值比例由2002年的21.65∶43.49∶34.86演变为2011年的13.4∶54.4∶32.2。[①]

2002～2011年安徽产业结构情况见表7-9。

---

① 资料来源：《安徽统计年鉴（2002）》及安徽省2011年国民经济和社会发展统计公报。

表 7 - 9   2002 ~ 2011 年安徽产业结构情况

年份	第一产业	第二产业	第三产业
2002	21.65	43.49	34.86
2003	18.45	44.82	36.73
2004	19.37	45.09	35.54
2005	17.98	41.32	40.70
2006	16.73	43.07	40.20
2007	16.30	44.66	39.04
2008	16.40	52.70	30.90
2009	14.30	56.60	29.10
2010	14.00	52.10	33.90
2011	13.40	54.40	32.20

资料来源：根据《安徽统计年鉴》（2002~2011）整理。

安徽通过推进合芜蚌自主创新综合配套改革试验区建设，在节能环保、电子信息、公共安全、光伏、文化创意等产业领域形成了一批成长性强的产业集群。

4. 河南

2002 年以来，河南 GDP 年均增长 20.03%，2011 年 GDP 总量达 27 232.04 亿元，居中部地区第 1 位；人均 GDP 为 25 962.5 元。

河南通过实施"8511"投资促进计划（围绕农林水利、交通、能源、城镇建设、自主创新、产业升级、节能减排、社会事业八大重点领域，重点实施 500 个亿元以上重大项目，带动全社会新开工项目总投资规模达到 1 万亿元，力争全省完成城镇固定资产投资超过 1 万亿元），产业发展和结构调整成效显著，第一、二、三产业增加值比例由 2002 年的 20.89:47.84:31.28 演变为 2011 年的 12.9:58.3:28.8。[1]

2002 ~ 2011 年河南产业结构情况见表 7 - 10。

表 7 - 10   2002 ~ 2011 年河南产业结构情况

年份	第一产业	第二产业	第三产业
2002	20.89	47.84	31.28
2003	17.59	50.39	32.02
2004	18.69	51.22	30.09

---

[1] 资料来源：《河南统计年鉴（2002）》及河南省 2011 年国民经济和社会发展统计公报。

续表

年份	第一产业	第二产业	第三产业
2005	17.87	52.08	30.05
2006	16.40	53.81	29.78
2007	14.77	55.17	30.05
2008	14.40	56.90	28.70
2009	14.90	46.10	39.00
2010	14.20	57.70	28.10
2011	12.90	58.30	28.80

资料来源：根据《河南统计年鉴》（2002～2011）整理。

河南在走新型工业化道路上围绕"链"（拉长产业链）、"环"（构建现代循环经济体系）、"镖"（建立起以科技为主导的梭镖形产业结构）、"特"（突出独具个性的特色经济），东引西进，通过围绕培育和壮大食品、有色、化工、汽车及零部件、装备制造、纺织服装等优势产业，形成产业带、工业园区、产业集群协同发展，提高了产业集聚度。

5. 湖北

2002 年以来，湖北 GDP 年均增长 14.92%，2011 年 GDP 总量达 19 594.19 亿元，居中部地区第 3 位；人均 GDP 为 34 029.5 元。

"十五"以来，湖北大力推进"三个三工程"以及八大行业结构调整和高科技产业化（"三个一批"、"三个一百"和"三个一律"："三个一批"指在推动国有经济战略性结构调整方面，一批大型国有企业成为混合所有制企业，一批国有骨干企业转制为民营企业，一批民营企业培育成为区域经济的排头兵；"三个一百"指在加快发展方面，重点支持一百家大型企业做大做强，重点培育一百家有发展潜力的中小企业，重点推进一百个工业重点建设项目；"三个一律"指在行政管理体制和行政审批制度改革方面，凡是可以下放的权力一律下放，凡是可以取消的收费一律取消，凡是可以精简的审批一律精简）。第一、二、三产业增加值比例由 2002 年的 14.21：49.16：36.63 演变为 2011 年的 13.1：50.1：36.8。[①] 工业结构呈现出"重型化、多元化、集群化、区域化、规模化、高级化"等特点。

2002～2011 年湖北产业结构情况见表 7-11。

[①] 资料来源：《湖北统计年鉴（2002）》及湖北省 2011 年国民经济和社会发展统计公报。

中部崛起过程中的新型工业化研究

表 7 - 11　　　　　　　　2002 ～ 2011 年湖北产业结构情况

年份	第一产业	第二产业	第三产业
2002	14.21	49.16	36.63
2003	14.78	47.77	37.45
2004	16.17	47.46	36.37
2005	16.60	43.10	40.31
2006	15.04	44.39	40.57
2007	14.93	42.97	42.10
2008	15.70	43.80	40.50
2009	15.20	43.90	40.90
2010	13.40	48.70	37.90
2011	13.10	50.10	36.80

资料来源：根据《湖北统计年鉴》（2002～2011）整理。

　　湖北从省情出发，提出加快建设"两圈一带"（武汉城市圈、鄂西生态文化旅游圈、湖北长江经济带）和"一主三化"战略。"两圈一带"战略的实施，使湖北发展实现了由"重点突破"向"多点支撑、协调共进"的转换；"一主三化"主要以民营经济为主体，以园区为载体，以特色为带动，以集群为依托，大力发展壮大县域经济。通过一系列措施，湖北逐渐构建起具有持续竞争力的、以高新技术产业为先导、基础产业和制造业为支撑的现代工业体系。

6. 湖南

　　2002 年以来，湖南 GDP 年均增长 17.16%，2011 年 GDP 总量达 19 635.19 亿元，居中部地区第 2 位；人均 GDP 为 29 828 元。

　　湖南先后通过实施"一化三基"（"一化"是指新型工业化，"三基"是指基础设施、基础产业、基础工作）、"四千工程"（培育形成千亿产业、千亿集群、千亿企业和千亿园区）、推进"四化两型"建设等措施，第一、二、三产业增加值比例由 2002 年的 19.52：40.02：40.46 演变为 2011 年的 13.9：47.5：38.6。[①]

　　2002～2011 年湖南产业结构情况见表 7 - 12。

---

① 资料来源：《湖南统计年鉴（2002）》及湖南省 2011 年国民经济和社会发展统计公报。

表 7-12　　　　　　　2002～2011 年湖南产业结构情况

年份	第一产业	第二产业	第三产业
2002	19.52	40.02	40.46
2003	19.11	38.68	42.21
2004	20.60	39.46	39.95
2005	19.57	39.88	40.55
2006	17.60	41.64	40.76
2007	17.68	42.57	39.75
2008	18.00	44.20	37.80
2009	14.50	51.20	34.30
2010	14.70	46.00	39.30
2011	13.90	47.50	38.60

资料来源：根据《湖南统计年鉴》（2002～2011）整理。

湖南在新型工业化过程中加快促进上下游配套和专业化分工的产业链和产业集群发展，逐渐形成了一系列优势产业体系，包括：以工程机械、特/超高压输变电设备、轨道交通装备、航空航天、汽车（含新能源汽车）、游艇、数控机床、工业自动化成套装备等为主的装备制造业；以先进储能材料、先进复合材料、先进硬质材料、金属新材料和化工新材料等为主的新材料产业；以文化艺术、新闻出版、休闲娱乐等为主的文化创意产业；以中药材种植、中成药、植物提取物、高端化学原料药、生物制品、新型医疗器械等为主的生物产业；以核能、太阳能、风能、非粮食类生物质能、煤层气等为主的新能源产业；以基础软件、网络产品、消费电子、通信产品、物联网等为主的信息产业。

四、中部地区产业发展的战略方向

中部六省既要紧跟国家对中部未来的战略要求，又要结合中部地区产业资源、环境基础与条件，形成各有特色的新型工业化策略模式。目前的典型模式是依托大城市圈和城市群发展产业集群，努力培育优势产业和提升核心竞争力，并以"两型"产业和"两型"社会建设为主要发展方向。

1. 中部地区的产业定位

国家在"十一五"规划纲要中提出了中部地区产业发展的功能定位，即"三基地一枢纽"：加强现代农业特别是粮食主产区建设，加大农业基础设施建设投入，增强粮食等大宗农产品生产能力，促进农产品加工转化增值；支持山西、河南、安徽加强大型煤炭基地建设，发展坑口电站和煤电联营；加快钢铁、化工、有色、建材等优势产业的结构调整，形成精品原材料基地；支持发展矿山机械、汽车、农业机械、车辆机械、输变电设备等装备制造业以及软件、光电子、新材料、生物工程等高技术产业。

"十二五"规划纲要则提出中部地区要发挥承东启西的区位优势，壮大优势产业，发展现代产业体系，巩固提升全国重要粮食生产基地、能源、原材料基地、现代装备制造及高技术产业基地和综合交通运输枢纽地位。

2. 中部地区各省重点发展的产业

"十二五"期间，中部各省都更加明确地提出要走新型工业化道路，改造提升传统产业，培育壮大新兴产业，加快发展现代服务业，加强基础设施和基础产业建设，发展现代产业体系。从各省重点产业选择的情况看，都比较好地突出了地区比较优势，注重产业的市场导向和技术进步，基本符合各省经济发展水平和工业化进程阶段的实际要求。

"十二五"中部各省构建的产业体系如表 7 – 13 所示。

表 7 – 13　　　　　"十二五"中部各省构建的产业体系

地区	产业体系
山西	按照以煤为基、多元发展的思路，大力发展循环经济，着力实施大项目、大企业、大园区战略，全面提高信息化水平，以建设中西部现代物流中心和生产性服务业大省为目标，重点推进现代物流业发展
江西	加快工业化进程，大力推动信息化与工业化深度融合，着力在提高工业园区集约化发展水平、培育战略性新兴产业、整合资源做大支柱产业、改造传统产业、淘汰落后产能等方面取得重大进展
安徽	实施新兴产业"千百十"工程，力争到 2015 年战略性新兴产业产值超万亿元，实施"三大千亿"计划，优化企业组织结构和布局
河南	加快建设产业集聚区，做优一批特色鲜明的产业集群，做精一批充满活力的特色园区；全面提高信息化水平，建设"数字河南"
湖北	大力实施"中小企业成长工程"，鼓励中小企业向"专、精、特、新"方向发展，努力把高技术产业发展成为地区经济的支柱产业，加快建设武汉物流圈、鄂西物流圈和长江物流带，把湖北建成中部乃至全国重要现代物流基地
湖南	以新型工业化带动农业现代化和新型城镇化，促进信息化与工业化深度融合，积极发展可再生能源，加强能源安全保障，构建现代产业体系

小结：

近年来，中部地区经济取得巨大的发展，但与东部相比还是存在相当大的差距，尤其是在产业结构上依然体现出重工业化的特点，高新技术产业和现代服务业发展相对缓慢，资源承载压力很大。根据国家制定的中部崛起战略，中部地区在产业方面应该从以下几方面进行创新：

第一，进一步加快结构调整和优化。从产业结构上看，要努力提高第三产业的比重，形成"三二一"型的产业结构，在第三产业中要逐渐提高生产性服务业的比重。

第二，充分考虑地区优势，有效承接产业转移。中部地区应以科学发展观统揽全局，依据地区本身的资源承载能力和特色优势，提高地区投资吸引力，"有力、有节"地承接产业转移；要鼓励促进所转移产业的技术进步，切实加快产业升级步伐，实现产业结构和布局的整体优化。

第三，利用主导产业，拉长产业链条。利用主导产业的前向、后向、旁侧关联，拉长产业链条，使其产生连锁效应或聚集效应。如通过对矿产资源的深加工、再利用等方式，实现采矿、发电、气、加工制造、再制造等产业的循环发展，提高资源的综合利用水平；以粮食产品为纽带，沿着原料—分离—方便面、啤酒、油、味精、燃料乙醇、气体二氧化碳、速冻食品—沼气等"吃干榨净"的产业化链条进行农产品的深加工，增加农产品的附加值。

第四，基于比较优势和竞争优势，大力发展优势产业。中部六省产业基础比较完备，科技和人力资源丰富，具有巨大的发展潜力，应充分利用其在农产品生产、矿产资源、旅游文化资源等方面的优势，以及"承东启西，纵南贯北"的区位条件，抓住机遇，把比较优势转变为竞争优势，大力发展优势产业。

第五，用高新技术和先进适用技术改造提升传统产业，大力发展新兴产业。中部六省在产业结构中应以传统产业发展为基础培育发展高新技术产业，有步骤地培育高新技术产业，加快发展有竞争力的制造业和电子信息、生物工程、新材料、新能源等高新技术产业和医疗保健、旅游休闲、生态农业等新兴产业。

高新技术产业的发展应着力于实现产业由快向强、由加工组装环节向研发营销环节、由追求数量增长转向追求水平提升的转变。加快生产要素向优势地区、中心城市、产业基地和重点园区的集聚，形成产业特色显著、配套体系完备、创新能力较强的高技术产业集群。

第二节　中部六省新型工业化实践的要素创新探索

一、中部地区要素资源现状

中部六省作为我国重要的农产品、能源、原材料和装备制造业基地，其在自然资源、人力资源、科技资源、农业资源和区位条件等方面要素都具有一定优势和特色。

1. 自然资源

（1）矿产资源丰富。

中国中部地区拥有丰富的能源和多种金属、非金属矿产资源。矿种多达 160 多种，45 种主要矿产潜在储量占全国的 44.8%，有 20 多种主要矿产资源的储量占全国的半数以上；其中煤炭保有储量占全国的 58%，石油剩余可采储量占全国的近 1/2，铝土矿保有储量占全国的 61%，铜矿保有储量占全国的 47%，磷矿保有储量占全国的 40%，稀土矿保有储量占全国的 98%。[①]

按照矿产分布及储量状况，中部六省已形成三大基地，即以山西、河南、安徽为三角的煤炭基地；以江西、湖北、湖南为三角的有色金属基地；以湖北、湖南为中心的磷化矿基地。[②]

（2）水资源充足。

除山西水资源较贫乏外，中部地区的水资源相对富余，区域内水域面积广阔，全国四大水系分布其中。2004 年，中部六省水资源总量为 7 025.43 亿立方米，占全国的 25.1%。[③]

（3）旅游资源丰富。

中部六省地处温带和亚热带，气候温和，日照充足，雨量充沛，拥有宜农平原、宜林山地、宜牧草场和宜渔湖泊等多种农业自然生态系统。中部六省自然地貌发育奇特，名山大川气势磅礴，革命遗迹寓意深远，风土人情绚丽多彩，名胜古迹数不胜数。在全国五批公布的共 177 个重点风景名胜区中，中部六省占 42

[①]　资料来源：中国各地区矿产资源分布，www.ky114.cn，2009 年 6 月 10 日，此处的中部概念不局限于中部六省。

[②]　王素芹：《影响中部地区产业集群的因素及建议》，载于《经济经纬》2008 年第 2 期。

[③]　刘光岭、卢宁：《中部经济崛起的路径依赖与路径选择》，载于《经济学动态》2007 年第 1 期。

个，其中，庐山、黄山等风景名胜区被列入《世界遗产名录》。

2. 人力资源

整体看，中部地区人力资源素质较高，人力资源成本比东部低。2010 年年底，中部六省总人口 35 696.6 万人，占全国总人口的 26.8%；从业人员 20 983.8 万人，占全国的 27.57%；在岗职工人数 2 832.4 万人，占全国的 21.7%。中部六省拥有高等院校 613 所，在校学生 611.9 万人，占全国的 27.4%，每万人口在校大学生 171 人。①

3. 农业资源

中部六省位于长江或淮河两岸，自然条件较好。中部地区以占我国 10.7% 的土地，提供了 1/3 左右的农产品。2010 年，中部六省粮食总产量为 1.67 亿吨，占全国的 30.6%；棉花产量 166.2 万吨，占全国的 27.9%；油料产量 1 400.6 万吨，占全国的 43.4%。② 在世界金融危机、国际大宗农产品价格上扬的背景下，中部地区农业优势得到体现，对全国的经济社会发展起到了重要的稳定、支撑作用。

4. 科技资源

中部地区高等院校和科研院所较多，科研开发能力较强，重点实验室、重点学科、人才队伍、基础设施以及科研平台等的建设也取得了一定成果，其不断发展与提升的研究与创新能力为区域性战略投资者选择中部地区发展高附加值、高技术含量产业，并积极承接国内外其他区域的高端产业转移提供了重要支撑。

根据科技部监测，安徽、江西、湖南、湖北 2009 年的科技投入都较 2008 年有明显提高。其中，湖南的科技活动投入指数由 2008 年的 36.62，全国第 21 位，上升到 2009 年的 39.73，跃居全国第 18 位；江西由第 20 位上升到第 19 位。变动最大的是安徽省，由 2008 年的第 19 位上升到 2009 年的第 14 位；而湖北由第 12 位上升到第 11 位，以 49.91 的高指数位居中部六省之首。此外，湖北、湖南的综合科技进步水平指数也都分别比 2008 年上升了 2 位，湖北以 51.49 的指数，居第 9 位，跻身于全国综合科技进步水平指数前十强。

5. 区位交通

中部六省地区东部（安徽、江西）紧靠长江三角洲；南部（江西、湖南）紧靠珠江三角洲、闽南三角洲和港澳地区；北部（山西、河南）紧靠以京津唐工业区为中心的环渤海经济圈，距离东北老工业基地也较近；西部（湖南、湖北、河南）则与贵州、重庆、陕西等省接壤，是东部产业向西部转移的桥梁与

---

① 资料来源：《中国统计年鉴（2011）》或笔者计算所得。
② 资料来源：笔者根据《中国统计年鉴（2011）》整理得出。

纽带，也是西气东输、西电东送的必经之路。

中部六省拥有以铁路、公路、水运、航空等多种现代化运输方式组成的交通运输网。铁路方面，京广、京九铁路纵穿南北，陇海铁路横贯东西，几十条干线和几百条支线铁路与主干线融会贯通，营运里程达 1.97 万公里。境内公路有京珠、沪瑞及几十条省际高速公路，有 10 纵 14 横的 24 条国道，以及成千上万条省乡道，通车里程达 104.44 万公里。水运以内河航道为主，长江、黄河两大主航道横贯东西，上百条河流与之相连。民航方面，以武汉、郑州、长沙、大原、南昌、合肥为中心的民用机场开通国内上百条航线，可直达全国主要城市及港、澳、台地区，部分机场还开通了国际航线，可以直接与国外进行交流往来。

二、中部地区要素资源评价

1. 科技投入不足

中部地区科技经费投入相对不足，不能很好地满足经济发展的科技支撑要求。据科技部对全国科技投入的评价看，2009 年科技投入指数排序中中部地区普遍低于全国平均水平，最高的湖北仍然低于全国平均水平 5.22 个百分点。

2009 年中部地区 R&D 经费为 834.41 亿元，占 GDP 的 1.19%，低于全国平均水平 0.51 个百分点；总量虽然高于珠三角地区，但占 GDP 的比重低于珠三角地区 0.48 个百分点；总量是长三角地区的 54.75%，是京津唐地区的 84.97%。从工业领域 R&D 经费看，中部地区工业 R&D 经费只有长三角的 50.4%，中部地区科研机构 R&D 经费只是京津唐的 30.12%，高等院校 R&D 经费只相对于长三角的 72.41%。

2009 年中部地区 R&D 经费与其他几个经济区的对比情况如表 7 - 14 所示。

表 7 - 14　　2009 年中部地区 R&D 经费与其他几个经济区的对比情况

地区	R&D 经费（亿元）	工业领域 R&D 经费（亿元）	科研机构 R&D 经费（亿元）	高等院校 R&D 经费（亿元）	R&D 与 GDP 之比（%）
全国	5 802.11	3 775.7	995.95	468.17	1.70
中部地区	834.41	573.2	109.36	78.44	1.19
长三角地区	1 524.17	1 137.3	164.03	108.34	2.12
珠三角地区	652.98	552.4	17.60	23.99	1.67
京津唐地区	981.95	330.8	363.08	98.41	2.70

资料来源：根据科技部网站和《中国统计年鉴（2009）》数据整理。

2. 科技进步水平缓慢，科技产出不高

从 2010 年科技部对综合科技进步水平指数的评价看，根据综合科技进步水平指数的高低，可将全国（不包括港、澳、台）31 个地区划分为五类：第一类为综合科技进步水平指数高于全国平均水平（58.22%）的地区，包括上海、北京、天津、广东、江苏和辽宁；第二类为综合科技进步水平指数低于全国平均水平，但高于 50% 的地区，包括浙江、陕西、山东、湖北、福建、黑龙江和重庆；第三类为综合科技进步水平指数在 50% 以下，但高于 40% 地区，包括吉林、湖南、四川、甘肃、河北、山西、新疆、内蒙古、青海、安徽、海南和河南；第四类为综合科技进步水平指数在 40% 以下，但高于 30% 的地区，包括江西、宁夏、广西、云南和贵州；第五类为综合科技进步水平指数低于 30% 的地区，仅包括西藏。中部六省大都分布在第三、四类之中，只有湖北位于第二类，也仅有 54.86%，低于全国平均水平 3.34 个百分点。[①]

从科技部科技活动产出指数看，中部地区科技产出不高，六省科技产出指数全部低于全国平均水平，中部地区最高的湖北，其指数低于全国平均水平 9 个百分点，低于北京 48.65 个百分点。[②]

3. 高新技术产业竞争力不强

中部地区在科技竞争和产业竞争优势上都低于长三角等其他几个经济圈，高技术产业虽然保持持续增长，但增速相对较慢。2008 年中部六省高新技术产业工业总产值只相当于长三角的 16.32%，新产品产值只是长三角的 15.13%。总体上，高新技术产业的规模不大，缺乏具有带动作用的骨干高新技术企业和市场占有率高的重点高新技术产品。

2008 年中部六省与其他几个经济圈高新技术产业对比见表 7 - 15。

表 7 - 15　　　　2008 年中部六省与其他几个经济圈高新技术产业对比

地区	工业总产值		新产品产值		工业销售产值		出口交货值	
	绝对值（亿元）	占全国（%）	绝对值（亿元）	占全国（%）	绝对值（亿元）	占全国（%）	绝对值（亿元）	占全国（%）
中部六省	3 411.93	5.85	417.94	4.04	3 279.35	5.79	400.83	1.27
长三角	20 900.46	35.84	2 761.63	26.67	20 373.74	35.94	13 193.4	41.85
珠三角	16 930.65	29.03	1 844.26	17.81	16 376.57	28.89	12 016.66	38.12
京津唐	5 600.45	9.60	2 622.61	25.33	5 516.75	9.73	2 560.8	8.12
全国	58 322.03	100.00	10 353.9	100.00	56 683.3	100.00	31 521.7	100.00

资料来源：根据《中国统计年鉴（2008）》整理。

①② 资料来源：《2010 全国科技进步统计监测报告》。

4. 创新能力不强

近年来，中部六省的创新能力虽然有不同程度的进展，但与发达地区相比依然存在较大差距（见表 7 – 16、表 7 – 17）。由于投入不足和缺乏强有力政策，中部地区在创新平台的建设方面相对滞后。

以 2009 年区域创新能力综合指标和 2008 年与 2009 年各地区创新能力排名变化的相关数据为例，虽然江西和山西两省 2009 年的创新能力排名均较 2008 年上升了 1 名，但进步缓慢；安徽、河南均稳定在同一水平；而湖北和湖南则分别下降了 1 名。另外，就 2009 年创新能力的六大指标体系而言，除了湖北和安徽两省有 3 个指标、河南有 1 个指标，跻身全国前十强外，其他省份的相关指标均在 10 名以后；而山西和江西两省在"知识创造"指标体系排名中更是处于下游行列。

表 7 – 16　　　　　2009 年各地区创新能力排名变化及指标调整的影响

年份	江苏	广东	北京	上海	浙江	山东	天津	四川	辽宁	湖北	安徽	福建	重庆	陕西	湖南	河南	黑龙江	江西	河北	山西
2009	1	2	3	4	5	6	7	8	9	10	11	12	13	14	15	16	17	18	19	20
2008	4	2	3	1	5	6	7	7	8	9	11	13	15	12	14	16	18	19	22	21
排名变化	3	0	0	– 3	0	0	0	2	– 1	– 1	0	1	2	– 2	– 1	0	1	1	3	1

资料来源：赵英淑，《区域创新能力：谁最强——解读〈中国区域创新能力报告〉》，载于《科技日报》2010 年 3 月 5 日，第 8 版。

表 7 – 17　　　　　　　2009 年区域创新能力综合指标

地区	综合值 1		知识创造 0.15		知识获取 0.15		企业创新 0.25		创新环境 0.25		创新绩效 0.20	
	效用值	排名	效用值	排名	效用值	排名	效用值	排名	效用值	排名	效用值	排名
江苏	55.63	1	39.00	4	52.94	2	70.16	1	48.25	1	61.16	2
广东	53.65	2	46.05	3	45.98	3	57.08	4	44.21	3	72.61	1
北京	53.19	3	81.62	1	39.23	5	47.92	6	45.58	2	58.45	4
上海	52.44	4	49.63	2	65.15	1	58.08	3	34.41	6	60.51	3
浙江	44.61	5	33.91	6	30.57	7	58.44	2	40.04	4	51.62	5
山东	40.41	6	27.27	11	27.54	9	54.09	5	38.11	5	45.70	7
天津	37.44	7	30.26	7	42.19	4	46.06	7	24.93	17	44.14	8
四川	33.61	8	23.55	13	27.88	8	40.26	11	32.61	7	38.37	11

续表

地区	综合值		知识创造		知识获取		企业创新		创新环境		创新绩效	
	1		0.15		0.15		0.25		0.25		0.20	
	效用值	排名	效用值	排名	效用值	排名	效用值	排名	效用值	排名	效用值	排名
辽宁	33.02	9	29.09	9	38.31	6	38.13	12	28.55	10	31.21	26
湖北	32.76	10	27.97	10	22.95	14	42.34	8	28.39	11	37.21	12
安徽	31.92	11	18.28	20	20.51	16	41.18	9	32.28	8	38.88	10
湖南	28.94	15	24.08	12	20.50	15	34.86	13	27.20	14	33.69	17
河南	28.40	16	19.40	19	18.13	22	32.97	14	30.62	9	34.37	15
江西	25.82	18	16.91	24	18.78	19	27.73	20	27.59	13	33.19	18
山西	24.69	20	12.92	28	18.32	21	30.08	17	23.42	21	33.14	19

资料来源：赵英淑，《区域创新能力：谁最强——解读〈中国区域创新能力报告〉》，载于《科技日报》2010 年 3 月 5 日，第 8 版。

三、各省开展要素创新的探索

1. 山西

2010 年年末，山西常住人口为 3 574.11 万人，其中 15～64 岁的有 2 692.38 万人，占总人口的 75.33%。铁路以同蒲线为主，辅以京原线、石太线、太焦线、太岚线、大秦线、侯月线等。随着石太铁路客运专线、太中银铁路、大同—太原—运城—西安客运专线及山西中南部运煤通道的建设运行，铁路运营里程达到 5 300 公里，与北京及周边中心城市的时空距离大幅缩短，太原至石家庄 1 小时、至北京 2.5 小时、至西安 2 小时、至郑州 2.5 小时；山西高速公路建设也取得巨大发展，2006 年就实现了省会到 11 个地级市 3 小时高速通达。2010 年年底公路线路年末里程 13.2 万公里，其中高速公路 3 003 公里。[①]

山西积极利用当地的科教资源，加强职业技能培训，2009 年成人技术培训学校培训结业的职工和农民分别共计 205.41 万人次，此类培训为山西提供了丰富的劳动力资源。

山西在科技创新方面所采取的措施主要有：

（1）加大科技投入。

2000 年以来，山西省 R&D 经费支出以年均 26.29% 的速度增长，2010 年达

---

① 资料来源：笔者根据《山西统计年鉴（2011）》整理得出。

到 89.88 亿元，分活动类型看，全省用于基础研究经费投入为 2.28 亿元，与上年基本持平；应用研究经费 16.43 亿元，增长 28.35%；试验发展经费 71.17 亿元，增长 8.23%。基础研究、应用研究、试验发展经费所占比重分别为 2.54%、18.28% 和 79.18%。①

（2）积极稳步推进创新体系的建设。

政府对自主创新的引领作用增强。各类企业投入 R&D 经费 74.59 亿元，比上年增长 14.86%；政府属研究机构投入 8.53 亿元，下降 9.32%；高等学校投入 6.27 亿元，增长 5.39%。企业、政府属研究机构、高等学校经费所占比重分别为 82.98%、9.50% 和 6.97%。②

分地区看，R&D 经费超过 10 亿元的有太原和长治 2 个市，共投入 62.61 亿元，占全省经费投入总量的 69.65%。R&D 经费投入强度（与地区生产总值之比）达到或超过全省水平的有太原和长治 2 个市。③

（3）加大研发队伍的建设。

山西省研发队伍建设主要通过政府部门和企业设立的专门研究开发机构来推动。2009 年全省共有各类研究开发机构 628 个。机构中专门从事 R&D 活动的人员 1.8 万人，是 2000 年的 1.66 倍，其中博士和硕士占 17.59%。机构 R&D 经费支出为 23.49 亿元，是 2000 年的 3.99 倍。机构中用于科研的仪器设备原价 49.9 亿元，是 2000 年的 3.83 倍。

（4）不断推动科技创新的发展。

2009 年全年全省受理专利申请 6 822 件，比 2008 年增长 26.7%；受理发明专利申请 2 422 件，比 2008 年增长 18.0%；180 个项目列入国家各类科技计划，获得国家资助 1.9 亿元；共取得 197 项科技成果，获得国家科技奖励 5 项，其中国家科技进步奖 4 项，国家技术发明奖 1 项。

2. 江西

江西位于长江中下游交接处的南岸，上接武汉三镇，下通南京、上海，东南与沿海开放城市相邻近，与上海、广州、厦门、南京、武汉、长沙、合肥等各重镇、港口的直线距离在 600~700 公里之间。京九铁路和浙赣铁路纵横贯通全境，交通便利，地理位置优越，2010 年高速公路里程达 3 088 公里，高速公路密度为每平方公里 18.64 公里。④

2010 年年末，江西总人口达 4 462.25 万人，其中城镇人口 1 966.07 万人，农村人口 2 496.18 万人。劳动力资源丰富，2009 年劳动力资源达 3 413.8 万人，

---

① ② ③ 资料来源：2010 年山西省科技经费投入统计公报。
④ 资料来源：《江西统计年鉴（2011）》。

较 2008 年增长 1.81%，占总人口的 77.0%。劳动力利用率只有 71.6%，可利用的劳动力资源还有一定的空间。①

江西省在科技创新方面所采取的措施主要有：

（1）大力培养 R&D 人员。

近年来江西加大 R&D 人员的培养，2010 年江西 R&D 人员 53 470 人，按实际工作时间计算的 R&D 人员全时当量 34 823 人/年，R&D 人员全时当量是 2000 年的 3.04 倍。2009 年基础研究人员全时当量 2 312 人/年，应用研究人员 5 965 人/年试验发展人员 24 778 人/年，分别是 2000 年的 2.48 倍、2.19 倍和 1.73 倍。②

（2）提高 R&D 经费。

2009 年全省 R&D 总经费 75.89 亿元，是 2000 年的 9.26 倍，年平均增长 28.06%。R&D 经费与当年国内生产总值（GDP）之比为 0.99%，比 2000 年提高了 0.58 个百分点。

按活动类型分，基础研究经费 2.12 亿元，占 2.79%；应用研究经费 12.92 亿元，占 17.03%；试验发展经费 60.85 亿元，占 80.18%。基础研究、应用研究和试验发展经费分别是 2000 年的 19.27 倍、16.78 倍和 8.31 倍。③

（3）加大研究开发机构的建立

2009 年江西共有各类研究开发机构 675 个。机构中从事 R&D 活动的人员 17 391 人，其中博士和硕士 3 549 人，占 20.41%。机构 R&D 经费 30.44 亿元，是 2000 年的 8.77 倍。机构中用于科研的仪器设备原价 37.16 亿元，是 2000 年的 1.88 倍。④

"七五"（1986～1990 年）以来，江西获国家级科技奖项目共 147 项，其中特等发明奖 3 项，一等奖 11 项，二等奖 133 项；科技进步贡献率近 50%。江西杂交水稻、发光材料、LED 半导体照明、新能源、新材料、新医药在全国占有一定的地位。目前，江西从事科技活动的人员 7.27 万人，科学家、工程师达到 4.42 万人，中国工程院院士 3 人，国家级"百千万人才工程"人选 21 人、院士后备人才 10 人、省主要学科学术和技术带头人培养对象 111 人、省青年科学家培养对象 18 人。2009 年年底共有国家级重点实验室 1 家，省级重点实验室 40 家；国家工程（技术）研究中心 3 家，省工程（技术）研究中心 69 家。全年受理专利申请 5 224 件，增长 39.5%；授权专利 2 915 件，增长 27.0%。全年技术市场合同成交金额 9.9 亿元。高新技术产业增加值 613.2 亿元，占 GDP 的 8.1%。

---

①② 资料来源：《江西统计年鉴（2011）》。
③④ 资料来源：《江西统计年鉴（2010）》。

3. 安徽

安徽位于华东腹地,跨长江、淮河中下游,经过多年建设,安徽以高速公路为骨架、以国省道干线公路为支撑、农村公路为基础,与铁路、水路、航空衔接的综合交通网络基本形成。到 2010 年年底,安徽铁路营运里程已达 2 850 公里,其中高速铁路营业里程已达 331 公里,实现了市市通铁路,合肥、芜湖、蚌埠、阜阳等市已成为安徽铁路运输的重要枢纽。合肥至南京 1 小时、至武汉 2 小时、至上海 3 小时即可到达,至北京 4 小时到达的京沪高铁安徽段、合蚌客运专线正在建设中。安徽公路里程达 149 382 公里。其中,高速公路 2 929 公里,一级公路 499 公里,公路密度 106.8 公里/百平方公里。共有港口 17 个、生产用码头泊位 1 269 个,其中 5 000 吨级以上泊位 56 个,年设计吞吐能力达到 3.39 亿吨,位居全国内河前列。在全省 17 个港口中,芜湖、安庆、马鞍山港口先后被国务院批准为对外贸易港,芜湖朱家桥外贸码头可以接纳来自世界各地的万吨轮;芜湖、马鞍山、铜陵、安庆、池州港已成为一类开放口岸。[①]

2010 年年底,安徽人口达 6 827 万人,就业人员达到 3 846.8 万人,为提高劳动力素质,安徽加大了对劳动力的教育投资,每 10 万人受大学教育的人数为 6 697 人,受高中教育的人数为 10 774 人。就业人员整体素质的提高,极大地促进了安徽经济特别是新兴产业的发展。[②]

近年来,安徽科技创新体系不断优化,科技创新环境明显改善,科技经费投入持续增长,基础研究实力显著提高,科技对经济社会发展的支撑引领作用日益增强。2009 年安徽 R&D 经费支出 138.54 亿元,较 2008 年增长 39.25%。2009 年安徽被批准为首批三个国家技术创新工程试点省之一,13 项重大科技成果获得国家科技奖,其中 1 项首次获得国际科学技术合作奖。科技研发实现新突破,建成世界首个量子通信网络,奇瑞混合动力轿车、科大讯飞畅言教学产品等成功面市。创新型产业加快发展,京东方液晶平板显示器、普乐非晶硅太阳能电池等重大项目扎实推进,高新技术领域新增规模以上工业企业 509 户。

随着安徽创新体系建设顺利进展,企业在技术创新中的主体地位越来越稳固,对科技进步和经济发展的推动作用愈发明显。规模以上工业企业的科技活动人员、科技活动经费支出、R&D 经费支出较上年均有显著增长。根据《中国区域创新能力报告 (2009)》,安徽区域创新能力居全国第 11 位,排在湖北之后,居中部六省第 2 位。其中,技术创新环境与管理综合指标、经济效益综合指标领先于中部六省,其企业技术创新能力居全国第 9 位。尤其是大中型工业企业科技活动经费内部支出总额占销售收入的比例、其技术改造的平均投入额以及拥有科

---

①② 资料来源:《安徽统计年鉴 (2011)》。

技机构的企业比例，均居全国第 1 位。并且，安徽的创新环境居全国第 8 位，显示出良好的发展氛围。创新绩效呈现总体上升趋势，2009 年位居第 10 位，比 2005 年的第 25 位有了大幅提高。其中，第三产业增加值不断上升，尤其是高新技术产业产值增长率以及占工业总产值的比例分别居全国第 3 位和第 1 位；高新技术产业就业人数增长率为 44.14%，居全国第 2 位。

4. 河南

河南是全国承东启西、连南贯北的重要交通枢纽，拥有铁路、公路、航空、水运、管道等相结合的综合交通运输体系，区位优势十分明显。共有京广、陇海、京九、焦柳、太焦、侯月、新荷、新月、宁西 9 条铁路干线和洛宜、汤鹤、安李、石林 4 条铁路支线在河南境内交会，形成了纵横交错、四通八达的铁路网。郑州北站是亚洲最大的编组站，郑州站是全国最大的客运站之一。公路运输体系日益完善，2008 年年底全省公路通车总里程 24.06 万公里（含村道），其中高速公路通车总里程达到 4 841 公里，已实现行政村村村通公路；省会到市、市到县、县到乡公路客运网络初步形成。航空运输快速发展。省内拥有新郑国际机场、洛阳机场和南阳机场三个民用机场，通航 10 个国家和地区；新郑国际机场是 4E 级机场和国内一类航空口岸。

河南是全国第一人口大省，2011 年年末总人口 10 489 万人，全省人口密度每平方公里 628 人，城镇化率达 40.57%。①

为提高劳动力素质，河南加大了教育投入。2009 年，全省小学、初中净入学率基本达到 100%，高中阶段教育毛入学率超过 80%。同时加强职业教育发展，2009 年中等职业教育招生 73.11 万人，在校生达到 187.91 万人，加大了对进城务工人员、农村实用人才和未升学高中毕业生的职业教育和培训。②

1999 年河南设立创新基金以促进科技的带动作用，10 年来，共有 470 个项目获得国家创新基金立项，获得创新基金资助 25 544 万元。2010 年 9 月，研究出台了《河南省自主创新体系建设和发展规划》，要求全省上下把自主创新体系建设作为转变经济发展方式、推动科学发展、加快两大跨越、实现中原崛起的重要战略举措。根据此规划，河南进一步采取有效措施，在重点领域培育一批创新能力强、具有市场前景的科技型中小企业；建立健全鼓励中小企业技术创新的信用担保制度，引导金融机构和中小企业信用担保机构支持中小企业科技创新和产业化；加强创新基金项目的组织实施，为科技型中小企业的发展提供原动力。

近年来，河南组织实施重大科技专项，自主创新能力不断加强，科技经费投

---

① 资料来源：2011 年河南省国民经济和社会发展统计公报。
② 资料来源：《河南统计年鉴（2010）》。

中部崛起过程中的新型工业化研究

入持续增长，基础研究实力显著提高。2009 年河南全年研究与试验发展（R&D）经费支出 149 亿元，比 2008 年增长 20.1%。年末拥有科学研究与技术开发机构 1 900 个，从事科技活动人员 22.65 万人；共有国家级企业技术中心 40 个，省级企业技术中心 521 个，省重点实验室 62 个。共有国家级创新型试点企业 14 家，省级创新型试点企业 140 家。全年共取得国家科技进步奖 25 项，省级科技进步奖 342 项；申请专利 19 590 件，授权专利 11 428 件，分别增长 6.4% 和 25.1%；签订技术合同 3 915 份，成交金额 26.38 亿元。

5. 湖北

近年来，湖北公路建设取得较大进展，2010 年，公路通车里程 206 212 公里，等级公路比重达 91.08%，其中高速公路 3 674 公里，高速公路密度达每平方公里 20.63 公里。湖北共有国家铁路干线 7 条（京广、京九、焦柳、汉丹、襄渝、宁西、武九线），其中繁忙干线 2 条（京广、京九线），另有合资铁路 1 条（长荆线）及武广铁路专线。①

2010 年年底，湖北常住人口为 5 723.77 万人，其中城镇人口为 2 846.13 万人，占常住人口的比重达 49.7%。湖北一直重视职业教育，2008 年，湖北与教育部签订共建武汉城市圈教育综合改革国家试验区协议，把职业教育确定为经济社会发展的重要基础和教育工作的战略重点。2010 年，全省中等职业教育学生达到 118 万人，职业教育的发展为社会提高劳动力素质起到了积极作用。②

湖北在科技创新方面所采取的措施主要有：

（1）大力推进科技体制改革和机制创新。

为推动湖北科技和高新技术产业的发展，2008 年 6 月出台了《关于深化改革、创新机制，加速全省高新技术产业发展的意见（试行）》。

湖北以此为重点展开了一系列措施，推进科技体制机制的改革创新：一是科技计划管理改革推出新举措。启动了 100 家创新型企业试点和 100 家农业科技创新示范基地建设，有针对性地解决全省重点产业发展中的关键技术难题，提升产业链、产业集群和特色板块经济的整体创新能力和竞争力，支撑和促进地方经济结构战略性调整和发展方式的转变；科技项目资金由主要流向高校和院所转向重点支持由企业牵头组织的产学研相结合的创新团队；项目管理从过分讲究规范程序转向更加注重效率和科学。

二是加大科研院所改革。省直属的化学研究院将其整体改制成混合所有制、非国有控股的股份制企业（华烁科技股份有限公司），省电子科研所成功转为民营科技型企业。

---

① ② 资料来源：《湖北统计年鉴（2011）》。

三是科技创业投资体系建设迈出新步伐。构建覆盖全省的创业投资服务体系。筹集了近 1 亿元资金建立了"湖北省创业投资引导基金"。

四是加大科技型中小企业的培育支撑。组织实施"中小科技企业成长路线图计划",面向科技型企业成长的全过程,针对中小企业成长的关键环节和需求,整合科技金融资源和政策,构建政府与社会各方面力量相结合的培育支撑体系。

(2)加快推进重点领域和重点产业的技术创新。

进一步加强创新能力建设,新组建省级工程技术研究中心 13 个,校企共建研发中心 6 个,省级重点实验室 10 个;组织实施省级科技计划项目 1 351 项,安排财政科技资金 3.3 亿元;争取国家科技计划支持的项目经费 15.3 亿元;登记省级重大科技成果 802 项,全省专利申请量首次突破 2 万件,达到 21 147 件,跃居全国第 8 位。同时,在增强科教面向国民经济主战场和增强企业科技进步内在动力上狠下工夫,引导科技要素向工业、农业、社会发展、节能减排和资源综合利用等全省经济社会发展领域聚集,充分发挥科技的支撑引领作用。

一系列的措施使得湖北科学研究和技术开发取得新的成果,2009 年共取得省部级以上科技成果 740 项。其中,基础理论成果 20 项,应用技术成果 693 项,软科学成果 27 项。全年共签订技术合同 5 694 项,技术合同成交金额 77.9 亿元,增长 24%。全省 R&D 经费支出 178 亿元,增长 19.4%,占全省生产总值的 1.4%。全年安排"863"计划项目 298 项(课题),经费 1.8 亿元,"973"计划项目 120 项,经费 11 692.11 万元。[①]

2009 年,湖北省高新技术产业实现了快速增长,湖北省高新技术产业增加值达到 1 331 亿元,同比增长 20.1%;高新技术产业总产值达到 4 062 亿元,同比增长 21.18%;高新技术产品销售收入 4 102.1 亿元,同比增长 33.3%;高新技术产品出口交货值 251.3 亿元;实现利税 376.5 亿元,同比增长 4.0%。[②]

6. 湖南

湖南属于内陆省份,位于我国中南部长江中游以南,全省面积过半为湘江流域和洞庭湖流域。地处长三角和珠三角接合处,承东启西、贯通南北,具有接受双向辐射的区位优势。从长沙出发,沿京珠高速公路,直通货柜车 7 小时左右可达广州,当天可抵香港,具有承接珠三角产业梯度转移、扩大与港澳地区交流等的地缘优势。

湖南有京广、焦柳铁路纵贯南北,浙赣、湘黔、湘桂、石长铁路连接东西,营运里程 2 799 公里。此外,境内还有地方铁路醴(陵)浏(阳)铁路、郴

①②　资料来源:《湖北统计年鉴(2010)》。

（州）嘉（禾）铁路、益阳铁路和专用铁路 1 200 余公里，株洲、怀化都是大型货运编组站，湖南 14 个市、州和大部分县（市）都有铁路经过，营运里程居全国第 9 位。2009 年通车的武广高铁在湖南境内有岳阳、长沙、株洲、衡阳、郴州四站，这将极大的刺激和带动湖南经济的发展。

湖南高速公路通车里程 2 227 公里，基本形成了以"一纵三横"的高速公路主骨架（"一纵"即京珠国道主干线湖南段，"三横"即上瑞国道主干线湖南段、衡昆国道主干线湖南段、长沙至张家界）。到 2009 年年底，长沙与全省 13 个市州全部实现高速公路相连，洞庭湖区国省道主要渡口一律改渡为桥，形成了以长沙、岳阳、常德、湘潭等地为中心，联络湖南各地 99% 以上的乡镇公路网。

湖南水运资源丰富，有位列全国第 3 位的航道里程，通航总里程 11 968 公里，其中等级航道 4 215 公里，已建成千吨级以上泊位 61 个，基本形成了以洞庭湖为中心，湘、资、沅、澧四水干流为主干的航道网络（湘、资、沅、澧四水及洞庭湖连通全省 70% 的市县），水运居中部地区第 1 位。

2010 年年末，湖南户籍人口总数达到 7 089.53 万人，其中城镇人口 3 069.77 万人，乡村人口 4 019.76 万人，城镇化率为 43.3%。湖南通过多年加快发展教育事业，人口科学文化素质显著提高。具有高中以上文化程度的人口比重为 21.32%，达到全国平均水平，初中适龄人口入学率达 99.66%。[①]

近年来，湖南科技创新体系不断优化，科技对经济社会发展的支撑引领作用日益增强。2009 年，湖南新增 2 个国家级、22 个省级工程技术研究中心，新增 4 个国家级、6 个省级企业重点实验室；承担国家"863"计划项目 191 项，高新技术产业发展项目 48 项，全省高新技术产业增加值 1 427.09 亿元，增长 24.7%；签订技术合同 5 257 项，技术合同成交金额 44.04 亿元；全年共取得省部级以上科技成果 982 项；完成省级及以上新产品开发项目 2 841 项，增长 1.2 倍；获得国家科学技术奖励成果 30 项。其中，获国家科技进步奖一等奖 2 项，国家技术发明奖二等奖 3 项，国家科技进步奖二等奖 25 项。成功研制"天河一号"千万亿次超级计算机系统；大功率机车、高压电抗器、220 吨自动轮卸车等具有行业领先水平的新产品成功投产。长沙高新区进入国家级创新型科技园区行列。

小结：

中部六省在自然资源、矿产资源、劳动力资源、农业资源等要素方面有一定优势和巨大潜力，高新技术产业亦保持持续增长，但增速相对较慢，需要在充分发挥自然资源等要素作用的同时，将科技创新放在首位，通过科技进步来

---

① 资料来源：《湖南统计年鉴（2010）》。

促进中部经济又好又快发展。中部六省加快高新技术产业发展要从以下几方面开始：

第一，建立并完善以企业为主体、市场为导向、产学研结合的技术创新体系。把建立健全技术创新机制作为建立现代企业制度的重要内容，鼓励企业建设各类研究开发机构和增加科技投入，使企业成为研究开发投入的主体。支持企业组建各种形式的战略联盟，在关键领域形成具有自主知识产权的核心专利和技术标准。大力扶持中小企业的技术创新活动，通过创业投资、贴息贷款、税收优惠等方式，支持其技术创新活动。增强企业的技术集成与产业化能力，促进企业之间、企业与大学和科研院所之间的知识流动和技术转移，支持企业大力开发具有自主知识产权的关键技术，形成自己的核心技术和专有技术，加快科技成果产业化步伐。支持有条件的企业深入开展技术获取型的对外直接投资，将海外研发机构的研究成果在国内迅速转化，实现"研发在外、应用在内"的格局。

第二，制定鼓励创新的政策体系。制定优惠的财税政策，建立稳定的研发投入增长机制，集中用于共性、关键性和前沿性技术的研究开发；对企业研发投入允许较大比例的直接抵扣税收；对社会力量资助科研机构和高校的研发经费，允许享受一定的税收优惠；建立技术创新加速折旧制度，允许符合条件的企业通过加速折旧，减轻所得税税负，增加内源融资供给；实施金融扶持政策，增加信贷品种，扩大科技信贷投入。此外，外贸、外资政策也应与鼓励自主创新目标相协调，实现民企的国民待遇，赋予国内企业自主创新行动以平等的市场竞争地位。

第三，营造有利于创新的市场环境。建立知识产权评估和交易体系，包括规范知识产权评估机构的认证制度，促进知识产权评估机构健康发育；建立知识产权交易市场，完善知识产权的转让、抵押、处置制度；形成业内自律和业外监管有机结合的运行机制。进一步健全维护知识产权的有关法律、法规，严格执法。建立宣传和协助维护知识产权的有关中介机构，逐步形成有利于知识产权维护的文化氛围。建立有利于自主创新的法制环境，完善知识产权保护制度。完善有利于创新的技术标准体系，通过国际标准和先进技术标准的推广、国际计量和技术法规的执行以及严格的监管制度，形成公平合理有效的企业技术进步推进机制。

第四，统筹兼顾不同行业与不同区域技术创新投入。中部地区传统产业所占比重大，部分企业设备与工艺落后，产品老化，已经在很大程度上制约了企业的发展；一些中小城市、特别是一些县级市，地方政府财政运转困难，科技投入不多，其后果是高新产业发展区域不平衡，今后在科技投入上必须统筹兼顾高新产业与传统产业、大城市与中小城市，从而形成经济长久协调发展的局面。

第三节　中部六省新型工业化实践的
制度与政策创新探索

一、我国区域政策演变情况

改革开放 30 多年来，我国针对不同时期的社会经济发展态势，制定并实施了不同的区域政策。主要是以经济特区为重心的沿海地区优先发展政策，以浦东开发区为龙头的沿海、沿边重点发展政策，以缩小差距为导向的西部大开发政策，以及振兴东北老工业基地、促进中部崛起等区域政策，有效地改变了原区域间低水平发展的格局，推动了区域经济社会的快速发展。

我国区域政策的演变如表 7-18 所示。

表 7-18　　　　　　　　我国区域政策的演变

区域政策	时间	包含区域	主要手段	主要目标
以经济特区为重心的沿海地区优先发展政策	1980~1992 年	广东、福建及其14 个沿海港口城市	优惠的财政、税收、信贷等政策	改革开放的试验田
以浦东开发区为龙头的沿江沿边重点发展政策	1990 年开始	浦东、长江流域6 个沿江城市及长江三峡地区，13 个沿边城市	增设经济技术开发区，扩大外商投资领域	通过上海的经济增长带动整个长江流域的联动发展，同时带动中西部地区的经济发展
西部大开发政策	1999 年开始	西部 11 个省市区	政策优惠、财政支持、加大基础设施建设和生态环境保护投入、人才和智力支持	缩小区域差距
振兴东北老工业基地	2007 年开始	东三省及内蒙古的部分地区	优惠的财税政策，国家的投入	区域协调发展
中部崛起政策	2008 年	山西、江西、安徽、河南、湖北、湖南	比照振兴东北老工业基地和西部大开发的有关政策	东西融合、南北对接，推动区域经济协调发展

353

国家发改委公布的《我国区域协调发展"十二五"思路建议》中,对我国区域经济的发展做了进一步的调整。"十一五"和"十二五"规划期间我国区域发展政策对比如表7-19所示。

表7-19 "十一五"和"十二五"规划建议中我国区域政策发展对比

项目	"十一五"规划	"十二五"规划
总体目标	根据资源环境承载能力、发展基础和潜力,按照发挥比较优势、加强薄弱环节、享受均等化基本公共服务的要求,逐步形成主体功能定位清晰,东、中、西部良性互动,公共服务和人民生活水平差距趋向缩小的区域协调发展格局	实施区域发展总体战略和主体功能区战略,构筑区域经济优势互补、主体功能定位清晰、国土空间高效利用、人与自然和谐相处的区域发展格局,逐步实现不同区域基本公共服务均等化。坚持走中国特色城镇化道路,科学制定城镇化发展规划,促进城镇化健康发展
政策框架	对四类主体功能区,在财政、投资、产业、土地和人口管理政策五方面实行分类管理的区域政策	建立健全"新"的区域政策体系框架,研究制定符合主体功能区理念的区域政策体系,提高区域政策的针对性和有效性。对优化开发区,严格限制污染,实行最严格的耕地保护制度和节约集约用地制度;对重点开发区,增强人口和产业的集聚能力;对限制开发区和禁止开发区,增加用于公共服务和生态环境补偿的财政转移支付,严格土地用途管制,建立生态环境补偿机制,鼓励生态移民
国土开发	根据资源环境承载能力、现有开发密度和发展潜力,统筹考虑未来我国人口分布、经济布局、国土利用和城镇化格局,将国土空间划分为优化开发、重点开发、限制开发和禁止开发四类主体功能	推动形成多极带动的国土开发格局,积极培育若干带动力强的发展轴带,引导重点城市群(带)集聚发展。围绕促进区域协调发展主线,以省会城市为核心,完善基础设施条件,发展特色产业体系,形成若干有较强带动作用的区域性增长极
区域联动	提出要"健全区域协调互动机制"。健全四个机制:健全市场机制,引导产业转移;健全合作机制,形成以东带西、东中西共同发展的格局;健全互助机制,发达地区帮扶欠发达地区;健全扶持机制,加大国家对欠发达地区的支持力度	提出"积极完善区域协调发展的体制与机制"。具体分为三个方面:加快建立全国统一市场体系,破除不利于市场一体化的行政性规章和管理措施;着力促进区域协调发展立法;完善中央和地方财力与事权相匹配的财政体制,完善财政转移支付制度,加大对欠发达地区的支持力度

项目	"十一五"规划	"十二五"规划
东部开放	鼓励东部地区率先实现经济结构优化升级和增长方式转变,率先完善社会主义市场经济体制,在率先发展和改革中带动帮助中西部地区发展	对东部地区来说,要做好区域发展的"领头羊"和对外窗口——加快构建现代产业体系,加快综合运输通道建设,加快海洋开发步伐,发挥中心城市辐射带动作用,率先建立资源节约型和环境友好型社
东北振兴	重在产业升级。加快产业结构调整和国有企业改革、改组、改造,发展现代农业,发展高技术产业。建立资源开发补偿机制和衰退产业援助机制,加强铁路通道和跨省区公路运输通道等基础设施建设,扩大与毗邻国家的经济技术合作	东北老工业基地"产业升级"仍是关键——加快发展先导产业和产业集群,促进产业结构优化升级,大力发展现代农业,加强重大基础设施建设,加快资源枯竭型城市经济转型,促进资源节约和综合利用
西部开发	大打"交通牌"。依托中心城市和交通干线,实行重点开发,建设出境、跨区铁路和西煤东运新通道,建成"五纵七横"西部路段和8条省际公路,建设电源基地和西电东送工程	坚持把深入实施西部大开发战略放在区域发展总体战略优先位置,给予特殊政策支持。突出"资源牌"。加快出境、跨区通道建设,加快资源优势转化为产业优势,引导资源富集地区、重点边境口岸发展
中部崛起	在发挥承东启西和产业发展优势中崛起。加强现代农业特别是粮食主产区建设,支持山西、河南、安徽加强大型煤炭基地建设;支持发展高技术产业;构建综合交通运输体系,加强物流中心等基础设施建设	中部地区要成为中国各区域协调发展的强劲内核——加强粮食生产基地建设,稳步推进能源、原材料基地建设,提升装备制造和高技术产业发展水平,加快综合交通运输枢纽建设,推进重点经济带(区)加快发展,加强两型社会建设

　　2009年国家先后批复了15个区域发展规划,还出台了11个产业振兴计划。由此带来资源配置及要素价格的变化,将会对包括资本市场在内的所有市场构成挑战。

　　首先,非均衡的发展模式已经走到尽头,新的发展方式正在逐渐展开。有别于前30年东部地区以点状或线状开发为特色的非均衡发展模式,未来的发展,将会以一种动态均衡的网格状方式走出一条新的发展道路。

　　其次,各地的资源禀赋与区位优势将更多地通过市场化力量重整,过去主要靠行政手段将生产要素向东部过度配置的格局正在被打破。新的格局下,将会更多地发挥市场对资源的配置作用。以往那种主要靠优惠政策来谋取竞争优势的做法将逐渐改变,各地只有发挥本地的禀赋优势或区位优势,才能获取更多话语权、议价权。

再其次，劳动力市场将出现明显变化，劳动力的地域流向会有新的态势，劳动力价格的地域差异也将会逐渐缩小。过去那种大量农民工往东走的景象会逐渐消失。而由于生产成本与生活成本日益高昂，东部地区经济增速将不可避免地进入慢通道，大都市的吸引力将逐渐转弱。甚至反过来，由于中西部比较优势明显，出于资本逐利性的考虑，有可能出现东部资金、技术和人流往内地走的景象。

最后，在各地区的比较优势重新洗牌之后，整个社会的各种资源，包括人流、物流、资金流、技术流、资本流、信息流等，都会根据市场化原则进行"大开大合"的重组配置。由于东部地区受到内外两头挤压，其产业形态必然要往高端寻找出路，这将对不同偏好的资源流向构成影响，也将有利于多样化区域经济发展新格局的形成。

二、中部地区区域政策与制度环境的评价

引起地区差异化及地区差异扩大的因素中，国家的差异化区域政策是重要原因之一。在中部崛起的过程中，只有有效利用国家已有政策，才能使政策因素在促进经济发展的过程中发挥应有作用。中部地区国家区域政策实施过程中的主要问题有：

第一，行政壁垒突出。我国"行政区划经济"从根本上导致了地区利益冲突，中部六省互相隔离，形成强大的行政壁垒，区域资源与要素难以整合，省际产业与企业难以重组。行政区经济未注重规划全局发展的"非均衡"战略，使区域规模经济难以实现。

第二，缺乏有效的联动机制。我国按部门、地区条块划分的行政管理体制，形成了地方政府极力维护地方利益的区域经济，各自为政，缺乏全局的观念与协调行动的机制。中部六省间的协调性和整合度较差，在计划和政策上没有互通，缺乏一套有效的联动机制和统一的区域协调机制。

第三，缺乏紧密的产业联系。中部地区利益难以协调，产业结构差异缩小，产业之间互补性不强，各地区工业产品结构趋于接近；主要工业产品生产的区域分布集中度下降；许多产品的生产缺乏应有的规模经济。

第四，缺乏统一的区域市场。中部地区区域市场难以建立，商品与生产要素难以在区际间自由流动与优化组合，主要体现在中部六省的自然资源和矿产资源，以及人才、信息、资金、技术等要素流动不畅。

因此，中部六省只有联动发展，促进行政区经济转变，才能实现跨区域的资

源与要素整合、产业和企业的重组，实现区域外部规模经济。同时，通过六省联动，可以使它们在信息、资金、人才、产业及企业政策等方面更好地共享、合作或协调，促成六省内企业、行业或地方的规模经济形成。

第五，地区利益与国家利益存在局部冲突。中部崛起战略的提出，从总体上讲，对于中部各省的发展将有极大的促进作用，但是，其中也存在着局部利益冲突，如地方经济发展与行业发展的冲突，地方利益与国家收益的冲突，地方经济发展与全国经济发展的冲突等，突出表现在烟草、煤炭等行业。这些行业作为中部地区发展较好的产业，为全国的经济发展作出了较大的贡献，但是存在着上缴国税比例过大，影响地方经济积累，或国家收取税率过低，地方收益过高等不平衡问题。

第六，经济开放度低，外向型与内源型经济结合度有待提高。我国的对外开放战略采取的是沿海地区率先发展，然后带动内陆地区发展的模式。这使本身具有发展外向型经济有利条件的东部地区，先行获得了利用地区优势发展对外经济关系的机会，而中部六省地处内陆的区位特点，加上在国家实施的梯度发展战略中的劣势地位，制约了中部地区的对外开放进程，经济的增长方式仍然依靠的是内生性的增长，不是外源性增长。另外，中部地区在发展外向型经济的同时，与内源性经济的结合较松散。该地区产业基础较好，钢铁、有色金属、汽车制造等工业在内地占有重要位置，但出口上述类型产品不多，在内源型经济的发展中，各省之间的合作还有待加强。

第七，资源流失现象严重，发展后劲不足。由于东部和沿海地区的快速发展，使中部的科技成果、资金、人力资本等资源大量流入上述地区，资源拉空现象严重，造成中部的后续发展力量明显不足。资金方面，东部地区及大城市吸走大量资金，中部自身吸引外资成果也不佳；科技成果方面，产业化能力不强，技术市场成交额增长缓慢；人才方面，经济实体中科技人员比例水平很低，人才严重外流。

三、各省开展制度与政策创新的探索

1. 山西

山西出台了一系列政策措施，从制度上保障新型工业化的发展。鼓励企业做强做大，提高行业集中度；制定山西主导产业振兴规划来达到产业升级与结构调整的目标；推进医药卫生体制改革，构建人人享有基本医疗卫生服务的全民健康体系；提高金融服务水平和质量；建立安全生产长效机制和质量管理体系，确保人民生命财产安全；加强环境保护建设，降低能耗排放，建设节约型社会；加强

357

城乡建设，提高城镇化率，进一步提高和保护农民的切身利益；加强标准化和品牌建设，提高科技水平，实现产业整体实力的提升。

近年来，山西紧紧围绕应对国际金融危机冲击，应对经济社会发展中存在的突出问题，提出"转型发展、安全发展、和谐发展"的活动主题和载体，出台了一系列政策措施。"三个发展"取得了实实在在的成果。不过在发展的同时，山西要立足于把解决当前问题和长远问题结合起来，把解决实际问题和建立完善的体制机制结合起来，进一步推动转型发展、安全发展、和谐发展。

当前山西新型工业化过程中，制度统筹和机制创新是需要突破的关键因素。要实现统筹和谐发展，就必须对严重影响和阻碍山西发展的传统制度进行改革，建立产业转型、资源循环、环境保护、城乡互动的良性循环、共同发展的一体化体制，实行制度创新。

2. 江西

江西在推进新型工业化方面的政策措施和机制制度建设主要体现在：制定主导行业规划，实现产业调整和产业升级的目标；提高自主创新能力，建设创新型江西；坚持城乡统筹发展，提高农民生活水平；加强环境保护，降低能耗排放；建立安全生产长效机制，预防事故发生；突出特色产业，加大招商力度。

进入 21 世纪以来，江西经济社会取得了长足发展。然而，随着区域经济竞争的日趋加剧，体制机制性障碍已成为制约江西经济社会又好又快发展的最大"瓶颈"。这种制约体现在政府管理体制改革滞后、市场体系发育失衡、市场主体活力不足、市场中介组织发育和法律制度环境较差和高效的开放型体制尚未形成。

3. 安徽

安徽在推进新型工业化方面的政策措施和机制制度建设主要体现在：推进工业行业产业结构调整和产业升级；加强城镇化建设，开创农村改革发展的新局面；加快园区产业集群发展，促进安徽经济平稳发展；保障农产品质量，完善城乡医疗制度，切实保护农民的利益；增强气象灾害和气候变化的监测力度。

安徽在寻求创新驱动方面，一是以培育更多的创新型企业为主体，围绕企业的创新需要，用政策创新调动企业技术创新，引导创新资源更多地向企业集中，支持更多的企业建立各类研发平台，让更多的创新行为在企业开花结果；二是紧抓产学研一体，积极探索产学研结合的新模式，加快推进"企业技术化"和"技术企业化"，推动产学研要素互通互动，加快科技向现实生产力转化；三是抓创新载体，着力发挥高新技术开发区等创新基地的作用。

4. 河南

河南为推进新型工业化步伐所进行的制度和政策建设主要体现在：大力实施

中心城市带动战略，加快城镇化进程，使其成为拉动内需、推动跨越、实现崛起的重要动力源，促进城乡区域协调发展；编制主导行业的振兴规划，实现产业结构调整和产业升级的目标，从而提升河南产业的整体竞争力；加强自主创新体系建设，提升知识产权的创造、应用和保护，实现中原崛起的目标；促进新型农村合作医疗制度建设，加强煤矿和食品安全生产，切实保护农民的生命财产安全；加强产业集聚区建设，培育河南的特色产业群。

5. 湖北

湖北在推进新型工业化方面的政策措施和机制制度建设主要体现在：提高行政效能，优化投资环境，更好地发挥投资的作用；编制主导行业发展规划，优化产业布局，实现产业结构调整和产业升级；深入推进农村综合配套改革，鼓励、支持仙洪新农村建设试验区先行先试，实施"镇千村"示范工程，抓好鄂州城乡一体化试点工作；抓紧国家确定武汉城市群为"两型"社会试验区的有利时机，加大可持续发展能力，带动湖北整体经济的发展；加强高新技术开发区和生态文化旅游圈建设，形成不同特色的经济增长模式；进一步提高金融和邮政服务水平，促进地方经济的发展；加强环境保护，降低能耗排放，加快"两型"社会建设；促进科研成果产业化，发展壮大高新技术产业。

湖北的机制体制创新主要体现在，一是要创新产业发展机制，优化鼓励创新的政策环境；二是推进社会体制改革，加快推进医药卫生体制改革，大力实施基层医疗卫生体系建设，完善城乡医疗卫生服务体系，完善社会保障制度；三是建立绿色 GDP 考核评价体系，探索"两型"社会指标监测和评价体系，建立节能目标责任评价考核体系。

6. 湖南

为推进新型工业化步伐，湖南出台了一系列政策措施。切实增强自主创新能力，着力强化企业的创新主体地位，建立完善企业实施重大科技专项和重点科技项目的创新机制，重点支持"双百"工程企业、"小巨人"企业和产业集群核心企业开展自主创新；抓住机遇推进湖南循环经济的发展，促进新型工业化经济的发展；制定主导产业发展规划，促进产业结构调整和升级，实现产业布局的合理化；加强农业基础建设，推进社会主义新农村建设；利用国内外两个市场，积极承接产业专业转移项目和实施海外并购；提高金融服务能力，缓解中小企业融资难的问题；加强知识产权和标准化对产业升级的促进作用，建设创新性社会；利用长株潭"两型"社会建设的有利时机，加大城市群经济和产业集聚区的建设，确保环境发展。

推动湖南新型工业化发展，主要是加强完善和优化发展的体制机制的建设，一是完善基础设施建设的体制机制，通过落实责任制考核的办法使基础设施建设的发展更加厚重；二是完善农村经济的机制体制，通过建立支持农村经济发展的长效机制入手，增加对农村的投入，逐渐缩小城乡差距；三是深化推进"两型"社会的建设，通过重点突破带动活跃全局，明确在资源节约、环境保护、户籍制度、市场监管、行政管理等重点领域和关键环节取得突破，鼓励建立低能耗、低排放、低污染产业发展的机制；四是建立持续改善民生的体制机制。

小结：

实现新型工业化，不仅需要结构创新、技术创新，更需要制度创新。制度创新是一个带有根本性、全局性、稳定性和长期性的问题，它决定了工业化道路的选择。这种创新主要有：

第一，区域一体化发展体制与产业布局优化机制。中部六省不管是对传统支柱产业的结构调整，还是发展战略性新兴产业等，都呈现出区域一体化或集群化的趋势。对主要表现为科技和人力资本复合型的以资本技术高密集型的产业来说，其布局与结构优化十分重要。

第二，新兴产业发展与创新体制建设。一是工业化与信息化融合机制，如大型装备设备的销售，可以通过互联网、物联网，把技术水准、产品标准和商品形态展示出来，这既降低企业的物流成本，同时也能提高产品知名度；二是战略性新兴产业发展激励机制；三是传统产业的改造机制；四是市场主导、产学研结合的科技创新体制；五是科技创新与信息化的公共服务平台；六是自主创新的政策环境。

第三，健全要素市场体制，构建新型工业化市场基础。要素市场是发展的载体和条件。中部六省在城乡土地管理制度改革，市场建设、多层次的资本市场发展，以及金融体系建设等方面都有很大潜力。

第四，可持续发展的新型工业化道路及其生态文明建设体制。包括节能减排机制和碳汇交易体制、资源性经济转型发展体制、循环经济发展体制、区域环保及生态修复体制，以及"两型"社会建设长效机制等。

第五，新型工业化和农业现代化、城乡一体化发展的体制创新。主要包括：一是统筹城乡规划体制。区域范围内的规划要考虑如何进行衔接、统一以及规划体制本身的创新。二是城乡基础设施和公共服务统筹建设机制。空间范围扩大，无论是产业布局，还是公共服务的范围都可能延伸，因此，相关的统筹机制建设要跟进。三是城际连接带新城、新市镇建设体制。在新城、新市镇建设包括小城镇建设过程中，不仅仅在连接带上的主要城市要发展，同时在连接带上的新城、新市镇包括小城镇的建设都要跟进，这样就可以以城带乡，以工促农，农村的城市化才有条件和基础。四是农村要素市场体系与新农村建设体制。要处理好城市和农村的关系，把农村的要素市场建设好。五是惠农政策体系与传统农业改造机制。惠农政策就是城市发展和财力增强后对农村、农民给予的更优惠的政策，包括公共服务政策、农业基础设施建设等问题。

第六，以人为本的和谐社会建设与管理体制创新。包括文化、教育、医疗卫生、体育事业及产业发展与体制创新，区域一体化的人口流动和人居环境建设，区域一体化的就业服务体系，区域一体化的社会保障制度，区域一体化的服务类社会组织的准入制度，区域一体化的社会服务和管理标准及其均等化机制。区域之间有差异，但是要逐步建立一体化、均等化的机制，形成区域发展的基本均衡和公共服务基本均等。

第七，服务型政府建设与行政管理的体制创新。中国的发展在某种意义上来说，政府的指导作用是不可忽视的。中国模式中微观层面的活跃市场基础和宏观层面的政府管理、经济调控是相辅相成、有机统一的。包括投资政策统一和审批制度简化机制。在区域内投资政策要统一，审批机制要简化；公共管理程序统一和彼此认同机制；不能画地为牢，不能区域之间程序不统一，标准也不统一；区域经济社会发展政策协调和执行机制；区域公共服务体系协同建设机制；区域公共服务标准协调与均等化机制；城市及城际管理、协调乃至同城化体制；区域法制协调与合作机制。

第四节 中部六省新型工业化实践的城乡统筹探索

一、中部六省城乡统筹发展现状

截至 2010 年年底，中部地区共有 3.57 亿人口，占全国 26.8%，其中城镇人口 1.46 亿人，占中部六省的 40.9%，农村人口 2.11 亿人，占 59.1%，农村人口所占比率高于全国平均水平 4.83 个百分点。另外从固定资产投资情况看，2010 年中部六省全社会固定资产投资额为 62 890.5 亿元，占全国的 23.2%。其中农村投资额为 7 267.3 亿元，占中部六省的 11.56%，低于全国平均水平 1.63 个百分点。长期以来中部六省由于投资少等因素，使得农村基础设施建设、医疗、卫生、社会保障、教育等远远落后于城镇水平。这些差距成为制约中部六省发展的重要制约因素。①

1. 与发达地区的收入差距较大

从城乡居民人均收入水平看（见表7-20），2010年，中部地区城镇居民家庭人均可支配收入为15 962元，比东部地区少7 311元，仅比西部地区多156元，比东北地区多21元；农村居民人均收入比东部少2 633元，比东北少924元，仅比西部高1 092元。而从居民收入增长情况看，各地区城镇居民人均可支配收入水平基本持平，中部地区9年间也翻了一番，在四大经济区域中处在第2位；农村居民人均纯收入的增长要慢于城镇居民收入的增长，中部地区排在东北、西部地区之后。此外，从城乡居民收入比看，中部地区2010年城乡居民收入比为2.90，低于西部水平，但中部地区城镇居民收入增长倍数比农村居民收入增长倍数高0.21，这说明中部地区9年来的城乡贫富差距呈加大趋势。

表7-20　　　　2010年各区域城乡居民人均收入及城乡收入比情况

地区	城镇居民人均可支配收入（元）		农村居民人均纯收入（元）		2010年城乡居民收入比
	2010年	比2001年增长（倍）	2010年	比2001年增长（倍）	
全国	19 109	1.24	5 919	1.01	3.23
东部	23 273	1.12	8 143	0.76	2.86
中部	15 962	1.26	5 510	1.05	2.90
西部	15 806	1.04	4 418	1.07	3.58
东北	15 941	1.31	6 434	1.19	2.48

资料来源：根据《中国统计年鉴》（2001，2010）整理。

2. 中部地区总体消费不足

从恩格尔系数看，2010年，中部地区城镇恩格尔系数为36.15%，比东部、东北地区分别高1.2个、1.61个百分点，仅比西部低1.58个百分点；农村恩格尔系数为42.46%，比东部、东北地区分别高3.35个、6.46个百分点，仅比西部地区低1.54个百分点，说明中部地区城镇和农村居民消费支出中食品消费比例较大（见表7-21）。此外，中部地区城镇居民人均消费支出分别比东部、西部和东北地区低4 871.73元、679.13元和974.31元；农村居民人均消费支出比东部、东北地区分别低1 777.97元、394.64元，仅比西部地区多419.94元，表明中部地区总体消费信心不足。

---

① 资料来源：笔者根据《中国统计年鉴（2011）》或计算所得。

表 7 – 21　　　　　　　2010 年各区域城乡恩格尔系数情况

地区	城镇居民			农村居民		
	人均消费支出（元）	人均食品支出（元）	恩格尔系数（%）	人均消费支出（元）	人均食品支出（元）	恩格尔系数（%）
东部	15 972.64	5 581.69	34.95	5 735.39	2 242.99	39.11
中部	11 100.91	4 012.66	36.15	3 957.42	1 680.44	42.46
西部	11 780.04	4 444.90	37.73	3 537.48	1 556.62	44.00
东北	12 075.22	4 170.65	34.54	4 352.06	1 566.55	36.00

资料来源：根据《中国统计年鉴（2010）》数据整理。

3. 县域经济规模不大

由中郡县域经济研究所 2010 年举办的第十届全国县域经济基本竞争力百强县（市），在 19 个省市区有分布，分别是：河北 4 个、山西 1 个、内蒙古 2 个、辽宁 7 个、吉林 1 个、黑龙江 1 个、上海 1 个、江苏 28 个、浙江 25 个、安徽 1 个、福建 7 个、江西 2 个、山东 27 个、河南 8 个、湖南 4 个、广东 2 个、四川 1 个、陕西 3 个、新疆 1 个。

第十届中国中部百强县（市）中部地区共有 105 个县入选，其分布是：山西省 15 个、安徽省 12 个、江西省 11 个、河南省 39 个、湖北省 13 个、湖南省 15 个。中部地区入选的虽然不少，但总体来看，表现出规模不大的特点，6 个评价指标都低于全国平均水平（见表 7 – 22）。

表 7 – 22　中部百强县（市）与全国县域经济百强县（市）的平均规模对比

指　　标	中部百强县（市）平均规模	全国县域经济百强县（市）平均规模	中部占全国比例（%）
人口（万人）	73.31	83.49	87.81
地区生产总值（亿元）	173.59	407.10	42.64
地方财政一般预算收入（亿元）	7.44	22.93	32.45
人均地区生产总值（元）	26 960	54 350	49.60
城镇居民人均可支配收入（元）	13 880	19 750	70.28
农民人均纯收入（元）	6 220	9 240	67.32

资料来源：根据《中国统计年鉴（2009）》数据整理。

二、各省推进城乡统筹的探索

1. 山西

党的十七大以来，按照科学发展观的指导，山西先后提出了"加快推进新型工业化、特色城镇化、农业现代化"和"转型发展、安全发展、和谐发展"的新思路、新要求。山西在城乡统筹发展，产销一体化经营的特色农业产业体系方面采取了一系列措施：一是制定实施了新一轮优势农产品区域布局规划，在积极推进雁门关生态畜牧经济区、中南部无公害果菜产业区、东西两山干果杂粮产业区三大区域建设的基础上，规划建设了大同、晋中、运城三个现代农业示范区；二是实施了粮食高产创建、高效园艺建设、规模健康养殖、农产品加工增值"四项工程"，启动实施了农产品加工龙头企业"513"工程；三是在产业发展上，具体规划建设了一批优势农产品带、产品区和基地县，集中资金扶持了33个优势农产品示范基地县。这些措施极大地促进了山西城乡统筹发展和农村经济及结构的调整。

（1）三个现代农业示范区扎实起步。

随着以特色优势农业为重点的农业产业结构调整步伐的加快，山西高效特色农业有了长足发展。目前，雁门关生态畜牧经济区建设初具规模，晋中、大同、运城三个现代农业示范区建设均已启动，成为引领山西现代农业发展的突破口。

（2）"四项工程"提升产业发展水平。

近年来，山西各地按照"重视粮食、做强畜牧、提高果菜、发展加工"的思路，规划建设了一批优势产业区、产业带和基地县，并在此基础上启动实施粮食高产创建、高效园艺建设、规模健康养殖和农产品加工增值"四项工程"。

（3）特色农产品产业化发展势头强劲。

山西通过大力实施农产品加工龙头企业"513"工程，以此带动山西农产品加工业实现质的飞跃。通过一系列不间断、大力度的扶持，山西农业产业化经营出现了可喜的局面，基本形成了北部乳制品加工，中东南玉米、肉鸡加工，南部果汁加工，东西两山杂粮、干果加工的产业化经营格局。

（4）农民专业合作社数量全国第一。

截至2008年年底，山西农民专业合作社总数达12 772个，连续两年全国第一，入社社员25万户，带动农户138万户，两者已经占到山西总农户的25%。据统计，2008年山西合作社社员人均纯收入达到5 175元，比山西农民人均纯收入高26.3%。蓬勃发展的农民专业合作社，改变了农业投资结构由政府主导向多元投入的转变。[①]

一些合作社已经承担起了发展现代农业的使命。如应县龙泉村建立胡萝卜合作社，把耕地集中起来规模经营，发展成了闻名全国的"胡萝卜第一村"；盂县2009年新发展养猪合作社30多个，极大地促进了养殖业的发展；平定县围绕无公害蔬菜基地发展了专业合作社，围绕特色农产品加工成立了保康黄瓜干、团团圆圆豆制品加工、鑫昌糯玉米加工、老石磨精细农产品加工等专业合作社。

科技进村入户万人行动，使实用技术与农业生产近距离对接，和农民零距离接触。从2008年开始，山西每年有一万多名科技人员活跃在田间地头，指导农民使用新品种和新技术，占山西农业科技人员的近40%，以农业项目为载体，实现了农科教结合，形成了首席专家指导，技术指导员入户，科技大户示范，带动一般农户的良好机制。

（5）创新农产品质量安全管理体系。

为实现农产品质量保证，山西主要抓好重点农产品、重点区域、重点环节、建设重点工程几个方面的工作。具体对策及措施主要有：一是建立健全法律体系，提供农产品质量安全法律支持；建立农产品质量安全监督体制，明确监督主体；建立农产品质量安全管理制度和质量安全检查制度、认证标识制度。二是加强农产品质量安全技术支持。农产品质量安全技术支持系统由有毒有害物质控制技术和有毒有害物质检测检验技术组成。三是建立和完善农产品质量安全认证制度。四是建立以市场监督为纲的农产品质量安全监督和管理机制，形成以监督促管理，以市场促生产的农产品质量监督管理机制。五是加快制定和推广应用农产品质量安全标准，加快建立标准化生产基地。目前，山西省共制（修）订农业地方标准260余个，引用推广国家、行业农业标准1 000多项。全省已建成省级农、畜产品质检中心各1个，市级农产品质检中心4个，63个县成立了县级质检中心（站）。

（6）加快农村新流通领域体系的建设。

2006~2009年，山西通过实施"万村千乡市场工程"，已累计建设与改造标准化农家店1万家，初步形成辐射全省70%的乡镇和35%的行政村的农家店经营网络，吸纳农村富余劳动力约2.5万人，使山西1 000万农民的消费环境得到一定程度的改善，扩大农村消费25亿元。

2. 江西

江西2/3的人口在农村，国土面积的2/3是山区，江西发展的工业项目2/3建设在山地和荒地上。近年来江西统筹城乡发展所采取的措施如下：

（1）扎实推进农业产业化"双十双百双千"工程。

[①] 李秀川：《山西省农民专业合作社的发展与思考》，载于《农业经济》2009年第7期。

2008 年江西开始实施农业产业化"双十双百双千"工程。即省重点抓好 10 个年销售收入超 10 亿元的龙头企业和 10 个与之相配套的农产品生产基地；市（区）重点抓好 100 个年销售收入超亿元的龙头企业和 100 个优质农产品生产基地；县（市、区）重点抓好 1 000 个"一村一品"示范村和 1 000 个农民专业合作社。

2008 年一年，"双十"龙头企业就兴建了连接基地 50 个，基地面积达 60 万亩；通过合同、订单等方式直接带动农户 237 万户，农户从事农业产业化经营户均增收比一般农户高出 200 元左右。

（2）大力改善农田水利基本设施。

江西紧紧抓住国家大力投入农村水利基础设施的机遇，以提高农业综合生产能力，改善农村生产生活条件为着力点，积极开展农田水利基本建设工作。着力抓好大型灌区续建配套和节水改造、节水示范项目建设、中小型灌区的维修改造、大型泵站更新改造，积极开展中低产田改造，坚持集中连片治理；着力搞好渠系配套、排灌分家等田间工程；抓好抗旱水源工程建设，大力兴建塘坝、蓄水池、打水井等小型水利工程；抓好农村安全饮水工程建设，确保解决农村人口的饮水安全问题。重点推进了山口岩和伦潭水利枢纽工程、廖坊灌区一期、大中型病险水库除险加固等一批重大水利项目建设。

（3）加快县域经济活力。

江西现有 10 个县级市、70 个县，这 80 个县（市）聚集了全省 89.82% 的人口，97.36% 的国土面积，2/3 以上的轻原料和工业品市场。近年来江西省在促进县域经济发展上取得了长足经验。如共青城强攻产业项目，变招企业为招产业，引导上下游企业抱团入园、整体进入；变粗放式发展为集约式发展，集中力量打造 60 平方公里青年创业基地，减少开发成本；项目合理布局，产业集群发展，做到土地集约利用。安义县求新思变、提出"无中生有"打造建材产业基地。吉安县选派干部到外地挂职取经；赣县实行铁海联运降低物流成本。丰城市发挥毗邻南昌的区位交通优势，着力发展现代物流产业，初步形成了梅林现代物流产业园、城市物流产业区，建设了国电丰城煤炭集散中心。

（4）加快新型城镇化建设。

2009 年 10 月 20 日，江西决定在南昌市、新余市开展统筹城乡经济社会一体化发展试点，加快把南昌市、新余市建设成为江西城乡一体化发展的先行区和示范区。试点的目的是最终实现统筹城乡六个"一体化"，即统筹城乡发展规划一体化、统筹城乡产业发展一体化、统筹城乡基础设施建设一体化、统筹城乡生态环境保护和建设一体化、统筹城乡劳动就业和社会保障一体化和统筹城乡公共社会服务一体化。

3. 安徽

近年来，安徽将城乡统筹发展提升到了战略的高度加以重视，取得了一定的成效。具体采取的措施和取得的效果如下：

（1）城乡经济发展一体推进。

近年来，安徽将城乡统筹发展逐步提升到战略高度，全省各地统筹城乡产业布局，让工业"长入"农业，使农村搭上现代经济的高速列车。马鞍山市把农村工业纳入全市工业体系整体规划，依托三个卫星城，五个重点镇，沿"一廊"、"一线"展开农村工业布局；芜湖市形成以县区和乡镇特色工业、都市型现代农业和农村现代流通业为支撑的特色产业体系，加快了城乡产业联系和融合；铜陵从产业规划、产业布局、产业政策、产业服务等方面入手，形成城乡一体的发展格局。以工促农，打造农业产业化企业。通过开展"121"强龙工程、"532"提升行动，安徽农业产业化省级龙头企业已达433家。

（2）基础设施下乡进村。

包河区这个合肥曾经人口最多、城乡二元结构最为突出的区域，如今车水马龙的都市和宛如桃源的小乡村和谐共存，条条平整的马路将城与乡密切相连，低保、新型医保、养老保障金为农民编制"安全网"。

让农村居民拥有均等化的公共基础设施、同质化的生活条件，是安徽统筹城乡发展的主要目标。安徽抓住城乡互动的关键环节，把统筹安排农村交通、电力、水利、卫生等基础设施建设作为不断提高"城乡融合度"的推动力。

数据显示，2009年安徽不通公路的行政村由2008年的39个减少到15个；解决了300万农村人口饮水安全问题；实施万村千乡市场工程，新增农家店3 000个，覆盖安徽所有乡镇和40%的村。信息建设规划到2012年，宽带互联网将通达安徽所有乡镇和行政村。

（3）公共财政普惠"三农"。

近年来安徽省财政投入不断向"三农"倾斜，从2005年至2008年，安徽省级财政用于支持"三农"的投入由223亿元增加到481.9亿元，年均增长29.3%，高于同期财政收入增长近3个百分点。2009年，安徽省级预算安排大幅度增加了对"三农"的投入，共安排支持农村改革发展方面项目支出58.3亿元，比上年增加11亿元，增长23.3%，占省级项目支出的32.8%。继续推进省级支农资金跨部门整合，整合支农资金8.4亿元，比上年增加1.2亿元，增长16.7%。全省100个县（市、区）全部开展了农村新型合作医疗，参合率达到93.43%，筹资标准达到人均100元，参合农民住院报销比例达到46%。

4. 河南

近年来，河南把解决"三农"问题作为各项工作的重中之重，毫不动摇地加强农业基础地位，落实支农惠农政策，抓好粮食生产，促进粮食转化加工，农业综合生产能力、产业化经营水平全面提升，初步走出了一条在加快工业化、城

367

镇化的同时发展粮食生产、解决"三农"问题的新路子。具体做法及效果如下：

（1）大力实施中心城市带动战略，加快城镇化进程。

河南按照统筹城乡、布局合理、以大带小的原则，大力实施中心城市带动战略。以中原城市群为"柱石"，着力打造中原城市群核心区，发挥郑州的龙头带动作用，积极推进郑汴一体化进程；以豫北、豫西、豫西南和黄淮地区为重要支撑，重点扶持黄淮地区加快发展，促进沿边各市开放开发；以县域经济为"基石"，扩大县级经济管理权限，激发活力，加大政策扶持力度，实施分类指导。

（2）建立农业支持和保护体系，全面发展农村经济社会事业。

以城带乡，工业反哺农业，从"三农"内部着手够解决城乡一体化方面的关键问题。具体而言，第一，统筹城乡规划编制，把城镇规划和农业及新农村建设结合起来，统一规划布局；第二，增加对农村基础设施的投入；第三，支持农村教育事业的发展；第四，完善农村科技服务体系；第五，加大农村卫生医疗事业投入；第六，着力解决好农民的社会保障问题；第七，建立多元化的农村投融资体制；第八，深化户籍制度改革；第九，加强领导管理，河南需成立一个统筹城乡发展的领导小组，专门对统筹城乡这项复杂的一体工程进行管理。

（3）用战略产业支撑中心城市，发挥城市带动作用。

河南实施中心城市带动战略就是要通过中心城市的率先发展，大力培育支撑产业，发挥城市经济带动作用。围绕战略支撑产业，加快发展大型龙头企业或企业集团，在河南农村地区城乡结合部或者有一定产业或者资源基础的地方，坚定不移地推动工业产业集群和服务业产业集群的发展，改变城乡二元经济结构，协调城乡产业关系。

5. 湖北

一直以来湖北对于钢铁、汽车等工业的投入十分重视，形成了湖北省"农业发展支持工业先行"的状况。随着经济的发展。湖北城乡二元结构逐步凸显。而且随着时间的推移，这种差异越来越明显。为缩短湖北城乡差距，加速湖北新农村建设，积极贯彻执行中央提出的"工业反哺农业"的战略方针，湖北在城乡统筹发展方面采取了一系列措施，并取得了一定效果，主要表现在：

（1）打造"城市圈"。

湖北地处中国的腹地，有着优越的区位优势，在缩短城乡差距的进程中应该充分利用湖北这一得天独厚的自然条件发挥区位优势，打造"城市圈"。目前，湖北城市化策略是紧密围绕打造武汉城市圈展开，形成武汉、鄂州、黄石、黄冈、孝感、咸宁、仙桃、天门、潜江协调发展的态势。

（2）贯彻执行"一主三化"的发展战略，大力发展县域经济。

针对县域经济发展这个突出薄弱环节，湖北提出县域经济要以民营为主体，走工业化、城镇化和农业产业化之路（简称"一主三化"）的指导方针。"一主三化"发展战略在统筹城乡发展进程中起到了积极作用。2009 年，全省县域地区生产总值突破 7 000 亿元，达到 7 208.57 亿元，增长 15%，增幅高出上年 0.6 个百分点，高出全省 1.8 个百分点，创 2002 年以来新高；占全省生产总值的 56.2%，对全省经济增长的贡献率为 59.3%。特色产业加快集聚。2009 年，县域规模以上工业增加值达到 2 363.75 亿元，占县域地区生产总值的比重上升到 32.8%，比上年提高 4.2 个百分点。县域三次产业结构为 23.0∶43.4∶33.6，与上年相比，第二、三产业比重提高了 1.7 个百分点。县域工业化率达到 38.5%，比上年提高 2.2 个百分点。

（3）特色产业加快集聚。

近几年来，湖北各地立足产业基础、资源优势，依托骨干企业、品牌，促进生产要素的合理流动，通过龙头企业的带动和园区的聚集发展，培育了一批支撑经济发展的特色支柱产业、特色产业带、特色产业园。

天门市通过培育，目前形成了纺织服装、机械制造、医药化工、轻工食品四大特色板块，四大板块经济产值占全市工业总值的 90%；大冶市通过龙头企业带动、品牌拉动、核心技术推动，形成了以劲牌公司为龙头，灵溪风味食品、真有味食品等具有大冶特色的食品饮料产业；京山的轻工机械、荆州区的石油机械、广水的风机、安陆粮机、武汉—十堰汽车产业、江汉平原农副产品加工等特色产业，也都已形成一定规模，具有一定市场竞争力。

（4）以园区为载体的区域经济加强。

湖北各地将开发区、工业园区建设与小城镇建设统筹规划，集中资金，完善配套设施，引导企业向园区集中，园区企业向关联产业链发展，提升了园区的聚集效应和产业的关联度。目前，湖北工业园区发展到 107 个，聚集企业 2.14 万个，年销售收入达到 1 332 亿元，吸纳农村劳动力 70 多万人。随州专用车改装、稻花香酒业、仙桃无纺布、鄂州金刚石刀具、通城涂附磨具、宜昌磷化工和电子材料、荆州石油机械、京山包装机械等一批产业集群快速扩张，抢占行业领先地位，具备了较强的竞争优势。

6. 湖南

近年来，湖南城乡统筹取得了很大进步，农业改革一直处于全国前列，社会各项事业都稳步前进，但在收入、消费、教育、医疗卫生和社会保障等方面还存在较大差距。为缩小这种差距，湖南采取了一系列措施。

（1）以农民专业合作社的新模式推进农业产业化发展。

为了推进农民专业合作社又好又快发展，2009 年，湖南决定建设 100 个农民专业合作社省级示范点并纳入为民办实事考核内容。据对衡阳、邵阳、郴州、永州、怀化等 46 个具有一定产业优势、运作比较规范、带动能力比较强的农民专业合作社的调查发现，示范效果日益显现。

（2）进一步推进城镇建设，提高县域经济的竞争力。

湖南坚持以科学发展观为指导，紧密结合实际，统筹城乡协调发展，不断加大城镇基础设施建设投入，积极推进新型城市化进程，全省城镇化率近年来呈稳步上升态势。2009 年，湖南省城镇人口达到 2 885.25 万人，较上年增加 132.34 万人，增长 4.8%，城镇化率为 43.5%，较 2008 年提高 1.35 个百分点。

2009 年召开的全国县域经济科学发展交流年会上，评出的中部县域经济基本竞争力百强县（市）中，湖南上榜的县（市）达 17 个，总数在中部省份中名列第 2 位，中部六省中山西省上榜 6 个、安徽 11 个、江西 10 个、河南 40 个、湖北 11 个、湖南 17 个。

（3）完善流通网络体系。

重点加强大型批发市场、公益性服务消费平台、仓储物流等设施建设，大力发展社区商业网点，壮大连锁经营，发展新型流通业；实施"万村千乡工程"、"双百工程"，在重点销区和产区新建或改造一批农产品批发和农贸市场；进一步扩大补贴品种范围，加大"家电下乡"推广力度；完善城市社区便民服务设施，选择一批菜市场进行标准化改造；促进城市耐用品消费升级换代，规范并大力发展旧货市场；支持大型流通企业跨区域兼并重组，支持中小商贸流通企业加快发展。

（4）扎实推进新农村建设。

加强农村基础设施建设，加大农田水利设施建设力度。加强洞庭湖和湘、资、沅、澧四水治理，抓好病险水库除险加固，加快大中型灌区配套改造，引导支持农民广泛开展小型农田水利设施、小流域综合治理等项目建设。发展设施农业、工程农业，提升农机装备水平。继续完善农村电网设施，进一步提升山洪地质灾害防御能力。坚持办点示范、点面结合、成片推进，继续实施新农村建设"千村示范"工程，推进农村社区建设试点。深入开展农村爱国卫生运动，扩大乡村清洁工程示范建设规模，整村推进田水路林综合整治。深入开展万企联村扶村，广泛动员社会力量参与新农村建设。

（5）切实推进长株潭城市群"两型"社会综合配套改革试验区建设。

坚以长株潭城市群为核心、市州中心城市为重点、县城和中心镇为依托，建设"3 + 5"城市群，形成特色鲜明、优势互补的城市发展格局。依托湘南三市毗邻沿海和岳阳城陵矶港通江达海，联通"珠三角"、"长三角"，加快建立开放型城市产业体系，加快湘南地区的开放开发。

小结：

中部六省要实现城乡统筹发展，取决于中部省份各城市和乡村之间联系的密切程度，它包括城乡之间各类资源的配置是否合理，各种经济要素的流动是否充分，农村经济实力的强弱、产业基础的优劣，城市和乡村之间在资源分配上是否平等等各种因素。提升中心城市地位、稳固农业基础、发展农村非农产业以及强化城乡经济联系等，都是推进城乡一体化的主要动力。具体体现在以下几方面：

第一，建立土地使用权的市场化流动制度。其一，对土地流转制度要进行广泛宣传，积极引导，使土地向业主集中成为农民的自觉行动；其二，培育大户，利用农业项目资金以及粮食直补和综合直补资金重点投入农村专业大户；用于发展农业生产，增强大户实力，以实力吸纳土地集中规模经营；其三，要进一步强化服务意识，简化程序，简化手续，营造廉洁高效的服务环境；其四，强化保障，要从防范流转风险上维护农民利益，建立起切实可行的土地集中流转过程中的风险防范机制；其五，建立制度，解决具体问题，规范管理土地流转行为。

第二，加强农业产业结构的调整。要在保护和提高粮食综合生产能力的前提下，继续按照优质、高产、高效、生态、安全的原则，走精细化、集约化、产业化的道路。应依靠现代科技改造传统农业，把我国精耕细作的传统与现代技术结合起来。要适应市场抓调整，突出特色抓调整，不断满足国内外市场日益增长的优质化、多样化需求，积极扩大优势农产品出口；应围绕加工抓调整，建好生产基地，壮大龙头企业，提高农产品附加值。保护好基本农田，大力加强农村基础设施建设。稳定粮食播种面积，优化粮食品种结构，着力提高粮食单产；要加大支持力度，增强龙头企业的带动能力和市场竞争能力，不断完善企业和农户"风险共担、利益共享"的机制。

第三，加强农业科技创新能力的建设。要继续支持农业科技创新，加快农业科技成果转化，完善基层农业技术推广和服务体系；要围绕增强我国农业科技的创新能力、储备能力和转化能力，改革农业科技体制，大幅度地增加农业科研投入。积极发挥农业科技示范场、科技园区、龙头企业和农民专业合作组织在农业科技推广中的作用。建立与农业产业带相适应的跨区域、专业性的新型农业科技推广服务组织。支持农业大中专院校参与农业技术的研究、推广。

第四，加强农业发展支撑条件的提供。积极发展农业保险，扩大农业政策性保险范围；建立健全重要农产品的期货市场，完善农产品价格形成机制和传导机制；加强农村信息基础设施建设，提高信息服务质量和水平；完善农村流通体系，推进农产品批发市场建设和改造，促进农产品质量等级化、包装规格化；完善鲜活农产品"绿色通道"网络；发展农资连锁经营，规范农资市场秩序。

进一步完善农产品的检验检测、安全监测及质量认证体系，推行农产品原产地标记制度，扩大无公害食品、绿色食品、有机食品等优质农产品的生产供应。

第五，加强农村基础设施和公共服务建设。以二元户籍结构为基础的城乡二元管理体制，是统筹城乡发展的最大障碍。农村与城市之间在基础设施建设、公共服务等方面存在显著差距，尤其是在子女入学、劳动就业、医疗卫生、社保、福利、高考、升职、培训等方面的差距严重制约了统筹发展。中部要实现崛起的目标，必须要实现农村的可持续发展，建立起城乡一体化的劳动保障、社会保障机制。

第五节 两大综合改革试验区推进"两型"社会建设的实践

继东部上海浦东新区、天津滨海新区和西部成渝城乡综合改革试验区之后，2007年12月，国务院批准武汉城市圈和长株潭城市群为全国资源节约型和环境友好型社会建设综合配套改革试验区（简称"两型"社会试验区）。在中部地区快速奋进崛起的关键时期，武汉城市圈和长株潭城市群"两型"社会建设的重大意义和深远影响不应低估。

一、武汉城市圈"两型"社会发展实践

武汉城市圈位于湖北省东部，是以武汉为中心，100公里半径范围内若干城市组成的经济联合体，包括武汉、黄石、鄂州、黄冈、仙桃、潜江、天门、孝感、咸宁9个城市。武汉城市圈在湖北省经济发展中具有重要地位，2009年城市圈产值占整个湖北的61.7%，是湖北经济的核心区域，也是湖北产业、生产要素最密集、最具活力的地区（见表7-23）。

表7-23　　　2009年武汉城市圈与湖北主要经济指标比较

城市	人口（万人）	面积（平方公里）	生产总值（亿元）	全社会固定资产投资总额	财政收入（亿元）	进出口总额（亿美元）	社会消费品零售总额（亿元）
武汉	835.5	8 494	4 620.18	3 001.10	316.07	114.72	2 164.09
黄石	258.56	4 586	571.59	343.05	26.03	11.50	256.09
鄂州	107.55	1 594	323.71	220.60	13.02	1.69	126.68
孝感	528.70	8 910	672.88	397.26	26.97	2.23	326.89
黄冈	739.61	17 457	730.19	553.29	32.16	4.79	340.07

城市	人口（万人）	面积（平方公里）	生产总值（亿元）	全社会固定资产投资总额	财政收入（亿元）	进出口总额（亿美元）	社会消费品零售总额（亿元）
咸宁	290.62	9 861	418.45	301.58	18.14	1.22	165.88
仙桃	151.76	2 538	242.55	120.05	5.05	2.74	127.87
潜江	101.63	2 004	234.01	123.96	4.86	1.65	86.36
天门	165.51	2 622	186.86	116.51	3.53	0.35	135.21
城市圈合计	3 179.4	58 052	8 000.43	5 177.4	445.83	140.9	3 629.14
湖北	6 141.8	185 900	12 961.10	8 211.85	814.87	172.28	4 965.82
城市圈合计占（%）	51.76	31.23	61.72	63.05	54.71	81.79	73.08

资料来源：根据《湖北统计年鉴（2009）》数据整理。

自 2007 年 12 月 7 日国家批准武汉城市圈为"两型"社会建设综合配套改革试验区以来，湖北省从九大创新机制、部省合作共建机制和"五个一体化"等方面推进武汉城市圈改革试验建设，效果显著。

1. 经济快速健康发展

（1）经济规模不断扩大，经济实力稳步增强。

2009 年，武汉城市圈加快转变经济发展方式、优化产业结构，总体经济保持快速稳定增长的态势。全年实现地区生产总值 8 000.43 亿元，占全省的 61.72%，较 2008 年增长 13.8%；完成城镇规模以上固定资产投资总额 4 857.66 亿元，占全省的 59.15%，比 2008 年增长 39.9%；工业生产继续保持快速增长的良好态势，完成工业总产值 9 705.36 亿元，占全省工业总产值比重达 62.35%，其中，纳入 2009 年武汉城市圈"两型"社会建设试验区重大项目共 156 个，年度计划总投资 982 亿元。

（2）承接产业转移能力进一步加强。

武汉城市圈要素聚集优势比较突出，投资、金融、技术等要素聚集度比较高。武汉城市圈积极利用要素优势，在吸引外资方面取得了实效，2009 年，武汉城市圈实际利用外资 26.76 亿元。世界 500 强企业有 66 家在武汉投资或设立办事处，其中有 8 家在武汉设立了区域性总部；中国企业 500 强中有 42 家在武汉设立办事处，89 家设立了经营机构。

（3）产业调整效果明显。

武汉城市圈产业门类齐全，轻重工业发达，是中部最大的综合性工业区，以光机电、光纤通信等为代表的高新技术产业的比较优势突出。在"两型"社会总体要求下，武汉城市圈产业结构不断演化，三次产业结构比例由 2005 年的 12.8∶43.4∶43.8 调整为 2009 年的 10.3∶46.2∶43.5，年均产业结构调整率为 0.47 个百分点。武汉市已经进入工业化中后期加速发展阶段，2009 年其第三产业比重达到 49.7%；其他城市则处于工业化中期起飞或起步阶段，第二产业为主的有黄石、鄂州、潜江等市，第二产业占比超过 50%。除了武汉和黄石两市以外，其他城市的农业经济比重相对较高（见表 7 – 24）。

表 7 – 24　　　　　2007 ~ 2009 年武汉城市圈产业结构情况　　　　单位：%

地区	2009 年			2008 年			2007 年		
	第一产业	第二产业	第三产业	第一产业	第二产业	第三产业	第一产业	第二产业	第三产业
合计	17.78	46.91	35.31	10.92	45.50	43.59	11.52	44.57	43.91
武汉	3.20	47.00	49.80	3.65	46.15	50.19	4.11	45.84	50.05
黄石	7.57	52.55	39.88	7.45	53.45	39.10	8.04	53.06	38.90
鄂州	14.30	56.00	29.70	15.39	54.89	29.72	15.34	51.89	32.77
孝感	21.30	42.10	36.60	22.21	41.13	36.66	22.70	39.70	37.60
黄冈	30.75	36.73	32.52	32.06	34.00	33.95	31.74	33.22	35.04
咸宁	21.50	43.20	35.30	22.23	43.23	33.97	23.86	41.79	34.35
仙桃	18.10	47.10	34.80	19.17	46.47	34.36	21.16	45.15	33.70
潜江	17.60	51.75	30.65	16.86	53.21	29.93	21.30	44.97	33.73
天门	25.70	45.80	28.50	25.02	39.53	35.45	26.41	37.22	36.37

资料来源：根据《湖北统计年鉴（2009）》数据整理。

（4）产业聚集趋势明显。

从集群个数看，湖北一半的产业集群集中在武汉城市圈。目前已基本形成了四大产业集群：光电子产业群主要集中在东湖高新技术开发区，以长飞、烽火等企业为龙头，形成了上下游产业链及其配套产业；汽车产业群形成了从孝感至武汉沿线汽车工业密集带；冶金产业群形成了以武钢和新冶钢为龙头企业的武汉至黄石钢铁走廊；纺织产业群形成了以武汉、孝感、黄石为中心的分布格局。

另外，武汉城市圈行业的互补性是城市圈形成和发展的重要支撑。各地支柱产业总体上差异性较大，产业同构的现象在城市圈中并不像国内有些城市群那样突出，武汉城市圈主要工业行业地区分布情如表 7 – 25 所示。这种产业的异构性，有利于建立合理的产业分工，形成互补，从而有利于在合作中形成圈的合力。

表 7 – 25　　　　　武汉城市圈主要工业行业地区分布情况

工业行业	城市
石油加工业	武汉
石油天然气开采业	潜江
黑色金属冶炼及压延加工业	武汉、黄石、鄂州
黑色金属矿采选业	黄石
有色金属冶炼及压延加工业	黄石
交通运输设备制造业	武汉、孝感
电气机械及器材制造业	武汉
通信设备制造业	武汉
非金属矿物制造业	黄石、鄂州、孝感、黄冈
金属制品业	鄂州、孝感、咸宁
化学原料及化学制品制造业	孝感、黄冈
纺织业	孝感、仙桃
纺织服装制造业	武汉、鄂州、孝感
农副产品加工业	孝感、仙桃、天门
医药制造业	武汉、黄冈、咸宁
木材加工及制品业	咸宁
造纸及纸制品业	武汉、仙桃
塑料制品业	孝感、仙桃、天门

（5）服务业发展提速。

近年来，武汉充分发挥承东启西、南北交会的区位优势，物流中心地位不断增强。交通运输、仓储、邮政业、批发零售贸易、餐饮业等传统服务业形成覆盖城乡的网络体系，产业保持稳定发展态势。目前武汉城市圈服务业覆盖了全部 14 个门类，已初步形成了传统与新兴并举、行业逐步向产业集群方向发展的格局。2009 年服务业实现增加值 3 456.17 亿元，增长 13.7%，增速高于全省 1.4 个百分点；服务业对全省经济增长的贡献率为 27.8%，同比上升 1.7个百分点。

2. 资源利用和环境保护效果明显

（1）能源资源消耗下降，资源的循环利用情况明显好转。

2009 年大东湖生态水网构建工程总体方案获国家发改委批准。水生态系统保护与修复试点工作通过国家验收。中心城区污水集中处理率达到 89.8%，比 2008 年提高 9.1 个百分点。新建、改建 6 座远城区污水处理厂，实现了每个远城区都有 1 座以上污水处理厂运行。武汉全市单位生产总值综合能耗降低 4% 以上，化学需氧量和二氧化硫排放量分别比 2008 年削减 2.3% 和 2.5%。

（2）污染排放减少，城乡居民生产生活环境明显改善。

生态环保是武汉城市圈"两型"社会建设的主要任务之一，为此专门制定了生态环保专项规划，成立了湖北环境资源交易所，开展主要排污权竞价交易，建立了跨区域的环保监管体系。城市圈各市都在开展湖泊生态修复与治理工作。通过对资源利用、环境友好等五大类 28 项武汉城市圈统计监测指标数据进行综合加权测算，2009 年武汉城市圈"两型"社会建设总指数为 89.56，比 2007 年、2008 年有明显提高，比全省平均水平高 2.35 个百分点。

（3）打造"两型"产业，发展循环经济。

武汉城市圈把发展循环经济作为"两型"社会建设的突破口，积极探索经济增长新模式，在产业规划和布局上以园区为载体，以产业为链条，突出节能减排与环保投入，从"企业内部循环"、"园区之间循环"、"产业配套循环"、"城市圈内外循环"等多个层次构建循环经济发展体系。

排污权交易试点正式启动，设立了循环经济发展引导专项资金，争取获批了循环经济产业投资基金。目前已展开了青山—阳逻—鄂州大循环经济示范区建设、资源枯竭城市转型改革、大东湖生态水网构建示范工程、污染物排放权交易改革等改革试点。2010 年 6 月，武汉东湖高新技术开发区等 20 个单位被命名为 2010～2011 年度省级生态文明建设示范基地。宜昌市成功创建国家环保模范城市，实现了全省创建国家级环保模范城市零的突破。

在产业发展方面，重点推进"两型"技术创新基地试点、产业园区互动发展试点、产业集群发展新机制试点。2009 年 3 月 18 日，在武汉光谷联合产权交易所，排污权交易正式启动，首日成交额 95.6 万元；3 月 27 日，华中地区第一家环境资源交易机构——湖北环境资源交易所在武汉成立。

3. 社会生活全面和谐发展

武汉城市圈重点推进科技、教育、文化、卫生、体育劳动社保、体育、旅游、信息和宣传九个联合体建设。在科技方面，推进科技信息平台、大型科学仪器共享平台、科技企业孵化平台、科技成果交易服务平台、农业科技信息服务平台五大平台建设，促进科技资源共享。在文化方面，建设了武汉城市圈图书馆联盟网站，圈域内公共图书馆馆际间互通阅览服务已全面展开；建立了武汉城市圈演艺联盟。在卫生方面，建成了武汉城市圈突发公共卫生应急指挥系统，武汉的医疗机构与其他八市医疗卫生机构开展了"双向转诊和院际会诊"协作，建立"一对一"的对口协作机制。通过社会事业资源联动共享建设，达到了整合公共资源、提高公共服务水平的目的。

武汉城市圈在"两型"社会建设方面虽然取得一定成绩，但面对日益严重的环境压力、市场竞争和科技发展，武汉城市圈将从产业双向转移、圈域快速通道、商业连锁经营、社会事业资源联动共享和农业产业一体化"五个一体化"为切入点，加快推进武汉城市圈"两型"社会的建设。

产业双向转移方面，按照研发、营销、总部经济向武汉市集中，一般性加工制造业向城市圈其他城市发展的思路，大力推进产业园区互动发展。

圈域快速通道方面，各种交通运输通道和交通枢纽初步衔接、优势互补的综合运输网络基本形成，武汉外城区至周边 8 市初步实现 1 小时左右经济圈。

商业连锁经营方面，运用现代物流推动城乡一体化，加快推动工业品下乡、农产品进城；围绕武汉城市圈支柱产业，发展配套性强、辐射面广的专业市场。

社会事业资源联动共享方面，《关于建立武汉城市圈社会事业资源联动共享体系，促进公共服务均等化的指导意见》的出台，将充分发挥圈域内资源优势、弥补利用不足，推进教育、科技、医疗卫生、社会保障、文化、广电、体育、旅游、信息等方面的资源整合及联动共享，促进公共服务均等化，促进政府主导的公益性社会事业和市场取向的社会产业发展，引领武汉城市圈社会事业全面进步、实现经济社会协调发展。

现代农业产业一体化方面，研究出台《武汉城市圈农业产业一体化实施方案》，积极推进农业产业结构及布局的一体化、农业市场及信息网络一体化、农业发展体制机制及政策一体化、农产品质量安全与农业行政执法一体化、农业科技培训及推广一体化、农业机械化社会化服务一体化、农业"走出去、引进来"一体化、农业资源环境保护利用一体化和农业防灾减灾体系建设一体化。

4. 科学规划部署，大胆改革试验

在武汉城市圈"两型"社会改革试验总体方案的基础上，湖北编制了空间、产业发展、综合交通、社会发展和生态环境建设 5 个专项规划，制定了投资、财税、土地、环保、金融、人才支撑 6 个配套支持政策，提出了产业双向转移、社会事业资源共享、圈域快速通道建设、现代农业产业化、商业集团连锁经营 5 个"撤藩篱、破壁垒"的工作方案，出台了改革试验 3 年行动计划，确定了 20 个改革专项和 38 项改革任务。

为探索全新的建设模式，武汉城市圈对金融、能源、土地等九大体制机制进行大胆创新。例如，在金融方面，搭建统一的投融资平台，成立了湖北省联合发展投资公司,由湖北省和城市圈九市国资委与武钢、东汽、三峡总公司等六大企业出资组建,注册资本 32 亿元,统筹对试验区内基础设施、高新技术产业、节能环保产业等前瞻性、基础性、公益性项目进行投资。

部省合作是武汉城市圈"两型"社会试验区的又一创新和特色。湖北省已与教育部、卫生部、铁道部、交通运输部、人民银行等 70 家部委和单位签署合作协议或备忘录,通过部省合作,争取到了一批国家支持政策和项目。在国际合作平台方面,与法国深化合作,搭建了鄂法城市可持续发展合作平台。

5. 扫除地区壁垒,全民共建共享

电信资费"同城化"改革在武汉和鄂州之间率先试点,两市固定电话和手机通信资费下调,基本接近本地通话费标准。"交通一体化"进展迅速,圈内城际间基本上建起了快捷直达的高速公路,武汉与 8 市初步实现 1 小时经济圈目标,鄂州等市目前正在探索与武汉建立城际公交试点。

社会事业资源共享方面也迈开步伐,《关于建立武汉城市圈社会事业资源联动共享体系,促进公共服务均等化的指导意见》的出台,将大大推进圈内教育、科技、医疗卫生、社会保障、文化、广电、体育、旅游、信息等资源的联动共享,打破区域、城乡、身份的限制,促进公共服务均等化。

以前只在武汉市公交车上可以使用的 IC 卡,目前不仅向出租车、路桥收费、天然气、自来水、有线电视等十多个领域扩展,还向孝感、黄石、咸宁等城市延伸,逐步在城市圈实现一卡通用、一卡多用。

2009 年 9 月,武汉市中心城区 100 家超市设立旧电池回收点,2010 年 4 月又新增 100 家,每个废旧电池按 0.1 元的价格回收,费用 90% 由财政补贴,10% 由企业承担。武汉市还推出免费自行车服务,为市民解决城市公交"最后一公里"难题,倡导绿色出行理念。

二、长株潭城市群"两型"社会发展实践

1. 长株潭城市群"两型"社会改革创新总体进展

自 2007 年获批为国家"两型"社会建设综合配套改革试验区以来,长株潭城市群将加快发展方式转变与推进"两型"社会建设有机统一于科学发展观的实践,以推进新型工业化、新型城镇化、农业现代化、信息化为主导战略,全面推动"四化两型",把增强自主创新能力作为加快经济发展方式转变和"两型"社会建设的中心环节,以加快发展方式的转变促进"两型"社会建设,促进试验区实现科学跨越式发展,切实把党中央、国务院的重大决策落到试验区改革建设的实处。

（1）改革创新促进试验区发展全面加速。

①核心增长极作用进一步凸显。获批国家综改试验区以来，长株潭城市群在全省的 GDP 占比和对经济增长贡献率不断提高，作为区域核心增长极的作用进一步凸显。到 2009 年，长株潭三市实现 GDP 总额 5 506.7 亿元，占全省的 42.6%，对全省经济增长贡献率达到 55%，八市 GDP 占全省比重提升至 80%，提前一年实现"十一五"规划目标。国家首批试点设立的 20 只新兴产业创投基金中有 3 支落户试验区；8 家企业首发上市融资，创下湖南省近 10 年新上市企业数量之最。"3 + 5"八市实际利用外资 36.4 亿美元，占全省的 79.3%。

②新型工业化、新型城镇化水平明显提升。到 2009 年，长株潭三市工业化率由 2007 年的 39.7% 提升至 43.52%，"3 + 5"八市工业化率由 2007 年的 38.6% 提升至 42%，高新技术产业增加值占 GDP 比重较上年提高 1.2 个百分点。新型城镇化方面，2009 年，长株潭三市城镇化率达到 56.29%，八市城镇化率达 46.2%，较 2007 年提高 2.7 个百分点，人均城市公共绿地面积较上年增加 0.4 平方米。

③经济结构进一步优化。截至 2009 年，"3 + 5"八市三次产业结构为 12.5∶48.7∶38.8，与 2007 年相比，第一产业比重降低 3.4 个百分点，第三产业比重增加 3.9%。消费对经济增长的拉动作用明显，2009 年八市社会消费品零售总额比上年增长 19.4%。

④资源、环境的承载能力明显增强。与 2007 年相比，"3 + 5"八市 2009 年万元 GDP 能耗降低 10.92%，城镇生活垃圾无害化处理率提高 12.5 个百分点，城镇生活污水集中处理率提高 17.6 个百分点，万元 GDP 用水量减少 62.4 吨。

⑤社会民生得到改善。2009 年，"3 + 5"八市实现地方一般预算收入 539.0 亿元，较 2007 年增长 43.78%，其中长株潭三市为 351.6 亿元，较 2007 年增长 48.76%。"3 + 5"八市城镇居民人均可支配收入增长 12.3%，其中长株潭三市较上年增长 12.8%。"3 + 5"八市农民人均纯收入较上年增长 11.7%，其中长株潭三市增长 14.8%。积极开展城乡统筹就业安置，八市城镇登记失业率控制在 4.2% 以内。

（2）改革创新框架基本形成。

①完善改革专项方案和规划体系。在改革总体方案指导下，组织开展了省直部门负责的 10 个专项改革方案的编制工作，布置衡阳、岳阳、常德、益阳、娄底五市和示范区十八片区编制改革实施方案，将"两型"社会改革建设的目标、原则、路径和要求具体化为实施方案、政策措施和重大项目。2010 年年初，10 个专项方案都通过了专家论证，并已上报省政府，其中财税、金融、国土三个专

项方案上报国务院待批；环保专项方案和长株潭三市总体方案已由省政府印发执行。

②探索指标和标准体系。试验区积极推进"两型"社会建设要求的指标化、标准化。启动"两型"社会建设综合评价指标体系建设，探索编制"两型"统计指数。组织专家学者开展标准研究，对"两型"产业、企业、园区和县、镇、农村等标准进行初步探索，引导、规范"两型"改革建设。

③构建工作推进体系。按照"省统筹、市为主、市场化"的原则，形成了省市合作、部门联动、社会参与的工作机制。建立健全工作机构，"3＋5"八市"两型"机构建设基本完成。构建高层推进机制，出台了全面推进部省合作的指导意见，34个部委和71户央企、金融机构与湖南省开展了合作共建，形成了国家力量集中推动湖南发展的新局面。完善政策法规体系，省委、省政府颁发全面推进试验区改革建设的实施意见等系列文件，省人大出台保障试验区改革建设的决定，《长株潭城市群区域规划条例》经修订后已颁布实施。强化重点工作推进机制，建立了常务副省长任组长的联席会议机制、八市规划局长联席会议机制、目标任务分解和责任考核机制，联合省委、省政府督察室定期对试验区重点工作进行督察。强化社会化推动机制，广泛开展"两型"机关、园区、企业、学校、家庭等十余项创建活动，充分动员全民全社会广泛参与。

（3）体制机制创新探索全面展开。

长株潭三市努力加快产业优化升级、促进节能减排、自主创新等方面的改革试验，探索有利于产业、市场、人才、技术聚集、多种所有制发展的制度体系，探索新型工业化和"两型"社会建设的新道路。

①创新资源节约体制机制。节能推向深入。城市群单位GDP能耗不断下降，带动2009年全省万元GDP能耗下降5.1%，降幅创历史新高。一是探索节能减排价格机制。出台了运用价格杠杆促进生产方式转变的文件，建立绿色电价机制，开展分质供水和阶梯式水价改革试点，运用价格杠杆抑制污染物的排放，深化电价、水价改革，形成污染物排放价格机制。二是突出建筑节能重点。先后出台民用建筑节能条例、建筑节能与科技及标准工作要点等文件，示范推广绿色建筑。2009年全省完成新建节能建筑1 415万平方米，新增节能能力37.3万吨标煤。三是推动汽车节能。全面实施长株潭公交电动化三年行动计划，计划三年内用混合动力公交车替代燃油车，现投入运营的清洁能源的士和混合动力公交车达1 000余台。

节地形成模式。省政府建立市州政府土地管理和耕地保护责任目标考核办法。建立土地节约集约利用专项考核，将园区用地效率纳入新型工业化考核指标，作为土地利用年度计划和市州干部考核评价的重要依据。开展土地综合整治。改革征用地审批方式，推行整体规划、整体设计、整体报批；开展先征后转试点，分区域、地块、计划批准征收，积极推进城乡建设用地增减挂钩，探索增减挂钩建设用地节余指标有偿转让制度。以长沙为代表，探索了五种节地新模式，即城市建设节地模式、农民安置节地模式、开发园区节地模式、新农村建设节地模式和道路建设节地模式。在探索创新节地模式的同时，加强制度建设和创新，出台了各主要地类控制指标体系；正在研究制定节约集约用地的评价指标体系、考核办法和奖惩制度，以制度化推动土地资源由粗放利用全面转向集约利用。

节水全面启动。2009 年全省万元工业增加值用水量下降 24%，万元 GDP 用水量下降 13.5%。长、株、潭三市跻身全国节水型社会建设试点城市。编制了节水型社会建设规划，优化水资源调度。试行分质供水和阶梯式水价制度，制定了具体实施办法，率先在长沙市进行阶梯式水价试点，在湘潭市试行非居民用水超定额累进加价制度。推进水务管理一体化改革，三市都组建了市水务局。

节材广泛探索。对利用工业废渣生产新型墙体材料减免增值税和所得税。长沙、株洲取消宾馆酒店免费提供一次性日用品，2009 年长沙市宾馆日用品消耗每月同比减少 20 万套件，年节约资金上千万元。株洲市正在建设新型墙体材料基地。

②创新环境保护体制机制。牢牢守住环境保护"底线"，注重存量消化与增量遏制，运用行政、经济、法制和社会手段，促进生态文明建设，实现生态环境与经济社会发展"双赢"。与 2007 年比，2009 年试验区城镇生活垃圾无害化处理率提高 12.5 个百分点，城镇生活污水集中处理率提高 17.6 个百分点，万元 GDP 用水量减少 62.4 吨，湘江流域重点断面功能区水质达标率提高 2.5 个百分点，提前一年完成"十一五"二氧化硫削减目标任务。

环境治理市场化率先探索。实施流域生态环境补偿，采取上游对下游超标排放实行赔偿，水质优于目标值下游给上游补偿的办法。开展排污权交易试点，湖南省纳入全国排污权交易试点省份，出台了湖南省主要污染物排放权有偿使用和交易管理办法。长沙市率先成立环境资源交易所，对坪塘产业退出企业实行环境资源收购，并组织对市内企业的 COD、SO_2 进行了成功拍卖。加快城市生活垃圾无害化处理，出台城镇生活垃圾处理收费管理办法，采用 TOT、BOT 等运作模式，加快建立城镇生活垃圾处理系统，2010 年三市城市生活垃圾无害化处理率达 100%。开展环境污染责任强制性保险试点，将化工、采选、有色等高环境污染风险的企业作为环境污染责任险试点的重点范围，在全国成功实现首例环境污染责任险理赔。目前全省投保单位 140 多家，试点走在全国最前列。

城乡垃圾收集处理扩大覆盖。探索农村环保自治模式。全面推行"户分类、村收集、镇（乡）中转、县（市）处理"的一体化垃圾处理模式，构建"以县为主、市级补贴、镇村分担、农民自治"的垃圾处理投入机制，村民分户分类建池，设立保洁员分户收集，成立环保自治合作社分村分解减量。

③创新流域综合治理体制机制。改变分段、分专项治理的传统模式，对湘江全流域实施综合治理，坚持上下游联动、江湖联动、水陆空联动、存量消化与增量遏制联动。推动湘江流域纳入国家大江大河治理范围，重金属治理列为国家专项试点，大力推进"一带、四区、五大工程"建设（一带，即湘江风光带建设；四区，即长沙坪塘、株洲清水塘、湘潭竹埠港、衡阳水口山整治；五大工程，即实施重金属污染治理工程、流域截污治污工程、城市洁净工程、农村面源污染治理工程、生态建设工程），湘江流域的突出生态环境问题得到大幅改善。实施湘江流域水污染整治三年行动计划，到2009年年底，城市群累计完成污水处理设施建设投资104.9亿元，新增日污水处理能力169.5万吨，2010年新增污水处理能力420万吨，实现设市城市和县城污水集中处理设施全覆盖。全省关停564家纳入治理的企业，限期治理到位59家，660家造纸企业减少到207家。推进项目化治理湘江，将治理措施转化为一个个具体项目，责任落实到城市群各地和省直部门。

④创新产业结构优化升级体制机制。试验区坚持以产业发展和优化升级为重要抓手，大胆突破，率先在产业发展领域加快探索"转方式、调结构"的机制体制，促进"两型"社会建设与新型工业化实现良性互动和深度融合。2009年，试验区三次产业结构调整为12.5：48.7：38.8，与2007年相比，第一产业比重降低3.4个百分点。新型工业化水平显著提升，2009年，"3＋5"八市工业化率较2007年提高3.4%，高新技术产业增加值占GDP比重提高3.9%。

产业重组加快推进。支持重大产业项目建设，成功引进比亚迪、菲亚特、克莱斯勒等重要战略投资者。实施"走出去"战略，2009年，全省对外投资带动外贸出口超过3亿美元，实现外经和外贸联动互利，一批大型企业到欧美实施并购，建立研发中心，获取资源、技术、市场。

"两型"产业逐步聚集。积极培育壮大新能源和节能环保产业，加快园区经济集约发展。长沙高新区获批国家级创新型科技园区，湘潭高新区升级国家级高新区，汨罗循环经济园纳入国家"城市矿山"示范基地项目。全省重大优势产业基本上聚集在示范区，正在筹划建设央企对接合作产业基地，以"两型"龙头项目为载体，合作打造一批具有国际竞争力的"两型"产业集群。

战略性新兴产业蓬勃发展。出台加快培育和发展战略性新兴产业总体规划纲要以及七大产业专项规划，促进战略性新兴产业加速崛起，初步形成新能源、新材料、生物医药、电子信息、节能环保、航空航天等新兴产业集群。2009年，新兴产业产值达到1 200亿元，占全省高新技术产业产值的26.7%。

落后产能退出进展加快。集中运用政策引导、倒逼机制、合理补偿等手段，对落后产能和污染企业分批次实行关、停、并、转和产业整体退出。制定"绿色信贷"目录，以企业环保信用作为贷款标准。

自主创新能力进一步提升。出台促进产学研结合增强自主创新能力的意见，实施节能减排科技支撑行动方案。试验区成为全国七大综合性高技术产业基地之一，搭建了电动汽车、轨道交通等技术创新战略联盟，"十一五"以来在风电、轻型飞机等领域实施科技重大专项36个，集中突破272项关键"瓶颈"和共性技术难题，自主研发了污泥常温深度脱水、城市生活垃圾处理、餐厨垃圾处理、废旧冰箱无害化处理、非晶硅光电幕墙等一大批"两型"技术和产品。

⑤创新土地管理体制机制。创新土地节约集约利用模式。以考核促节约，出台节约集约用地考核办法，考核结果向社会公示，作为土地利用年度计划安排和市州干部考核评价的重要依据。将园区用地效率纳入新型工业化考核指标，组织开展77个开发园区土地利用水平考核评价。

推进农村土地流转交易。积极探索建立城乡统一的土地流转交易市场，实行土地使用权、林权、承包经营权统一归口交易。株洲市耕地流转的比重达到32%，高出全省平均水平12个百分点。

推进土地综合整治。省委、省政府下发关于推进土地综合整治的意见和考核办法，以城乡建设用地增减挂钩和土地整理复垦开发为平台，整体规划，聚合资金，整村连片推进田、水、路、林、村整治。2009年全省安排省以上综合整治项目35个，建设总规模1.65万公顷。

⑥创新投融资体制机制。为解决好"政府平台、资本金、抵押物、现金流"四个问题，着力推动融资主体、融资项目、融资条件、融资手段市场化，湖南发展投资集团有限公司与国家开发银行共同编制了《长株潭城市群"两型"社会建设系统性融资规划（2009~2020）》，研究提出了市场化融资模式及运作方案，获批筹建"两型"产业基金，设立"两型"城市投资基金。截至2010年年初，建设投融资平台13个，发行债券102.8亿元，8家企业首发上市融资，加上集合信托、产权技术交易、私募等方式，城市群融资额占全省比例超过八成，2009年直接融资超过380亿元。

⑦创新城乡统筹发展体制机制。突出推进城市群一体化建设的重点。实施"642"工程，全面推进城乡规划、基础设施、公共服务、产业发展、生态环境、管理体制6个一体化，重点抓好农村土地管理制度、城乡人口户籍制度、农村社

会保障制度和农村金融制度 4 项创新，打造一批"两型"示范村镇。突出"两型"综合交通体系建设，努力打造以城际轨道交通为主轴、以水能充分利用为重点、以公路和其他交通方式为支撑的"两型"综合交通体系。推进一体化信息体系建设，长株潭三市成功实现通信同号升位；金融领域推行进口企业办理"异地付汇视为同城业务处理"监管方式，推广金融 IC 卡试点，推动统一跨行存取款和跨行交易费用；广电领域长株潭三频道实现三市交叉落户、节目资源共享，共同建设长株潭无线广播电视发射中心；户籍管理，在长株潭三市实现了"网上户口迁移"，迁移人员可在迁入地实现"一站式"办结迁移手续，每年可为长株潭居民节省 1 600 多万元的交通费和工本费。

着力改善民生建设。改善农村基础设施，2009 年，长株潭三市完成农村公路建设 2 500 公里，县到乡镇公路、通畅工程、通达工程建设全面推进。保持人居生态环境，坚持生态优先，突出"反规划"做法，留足生态用地、农用地。坚持紧凑集约，推进卫星城建设，长沙大河西先导区积极探索多组团空间发展模式，株洲市获批国家可再生能源建筑应用示范城市。加强城市综合整治，长沙社区环境整治改造获得联合国改善人居环境最佳范例奖（迪拜奖）。株洲市开展城市"四创四化"建设，改造老工业城市面貌，被授予"国家卫生城市"。

不断健全农民利益保障机制。株洲高塘村创造"四变"模式，即先安置后拆迁，村组变社区；征转分离，村民变居民；以工补农，分散变集中；扶贫促富，村民变股民。积极探索农村集体土地征收补偿资金入股经营，形成了湘潭"九华模式"。就业安置方面，长株潭三市被列为全国首批创建创业型城市。

⑧创新科技与人才管理体制机制。长株潭城市群充分发挥科教优势，构建支撑"两型"社会建设的技术创新体系和人才保障体系，助推孵化系列"两型"技术与产品。搭建政策平台，出台了《湖南省中长期人才发展规划纲要（2010～2020）》、《促进产学研结合增强自主创新能力的意见》、《节能减排科技支撑行动方案》、《关于引进海外高层次人才实施意见》，将长株潭高技术产业基地范围拓展到全省。构建工作平台，以平台构筑、母体培育为手段，引导重点企业、行业联盟成为技术革新的主体。搭建引智平台，与国家外国专家局签订合作框架协议，以城市群名义统一人才招聘，打造各市人力资源共引共享平台。

通过一系列技术攻关，试验区在垃圾处理的减量化、无害化、资源化等方面取得众多突破。城市生活垃圾分选及综合利用、餐厨垃圾处理、废旧冰箱无害化处理等技术设备研发成功，项目建成投入使用。

⑨创新行政管理体制机制。将转变政府职能，建设高效规范的服务型政府作

为"两型"社会建设的基础工程。2008年出台《湖南省行政程序规定》,是我国首部地方性行政程序规定。2009年又出台《湖南省规范行政裁量权办法》,是我国首部全面、系统规范行政裁量权的省级政府规章。全省下放审批权限74项,取消年检年审项目26个,清理规范性文件7.7万件,废止1.1万件,宣布失效2.5万件。

促进行政权力"阳光化"运行,全省发改系统执行规范权力运行制度,制订运行流程图,加强风险管理和控制;审计系统实施"四分离"改革,审计项目相关四项权能由不同职能部门行使,并相互制衡。探索行政管理体制改革,各示范区率先进行大部制改革,实行"2号公章"制度(即把11个政府部门的公章刻个"2号公章"放到一个管委会),示范区管委会行使市直部门部分行政许可权。打破行政区划体制障碍,采取行政区划、行政托管等方式,解决制约试验区整体规划建设的行政区划体制障碍。

⑩探索示范区体制机制改革创新。五区十八片充分发挥"先行先试"优势,突出抓好规划编制、基础设施建设、产业发展、生态整治等工作,各项经济指标远高于全省平均水平。一是规划编制全面启动。18个片区有8个总体规划通过评审,另外10个正在开展编制工作。形成了环保、产业、土地、空间、主体功能区"五规合一",市、区县、乡镇、村"四级覆盖",城市规划"坐标"、土地规划"指标"和发展规划"目标"三者统一的"两型"规划体系。二是基础建设全面铺开。示范区坚持项目带动战略,以道路交通建设为重点,加快污水处理厂、垃圾焚烧发电厂等设施配套。三是"两型"产业加快集聚。优化提升产业结构,大力发展以新能源、新材料为代表的新兴产业,形成集聚化、集群化、高端化发展态势。四是环境保护加速推进。各片区实行传统产业退出,环境状况不断改善,空气质量、水体环境均创历史同期最好水平。

2. 长株潭试验区推动产业结构升级的改革创新

(1)全面推进试验区产业结构改革创新。

2007～2009年,试验区三大产业齐头并进,"两型"产业发展明显提速,"3+5"城市群三大产业发展速度进一步提升,尤其是第二和第三产业增速喜人(见表7-26、表7-27)。2009年第一、第二、第三产业分别实现产业增加值1 299.46亿元、5 035.20亿元和4 012.85亿元,分别同比增长1.41%、17.50%和25.62%。"3+5"八市三次产业结构为12.5:48.7:38.8,与2007年相比,第一产业比重降低3.4个百分点,工业化率提高3.4个百分点,高新技术产业增加值占GDP比重提高3.9个百分点。

表 7 - 26　　　　2007~2009 年 "3 +5" 城市群产业增加值　　　单位：亿元

城市	产业	2007 年	2008 年	2009 年
长沙	第一产业	138.80	172.38	179.40
	第二产业	984.83	1 567.41	1 893.59
	第三产业	771.56	1 311.27	1 671.77
株洲	第一产业	96.60	109.60	107.82
	第二产业	396.30	497.20	560.30
	第三产业	255.80	302.70	354.45
湘潭	第一产业	79.80	92.89	89.33
	第二产业	245.70	331.45	387.76
	第三产业	197.60	230.42	262.29
衡阳	第一产业	201.40	235.75	240.47
	第二产业	335.43	412.36	500.36
	第三产业	286.68	351.98	427.18
岳阳	第一产业	176.84	190.21	190.15
	第二产业	444.63	571.80	648.84
	第三产业	294.37	343.72	433.16
常德	第一产业	208.30	239.30	257.36
	第二产业	364.50	468.20	531.04
	第三产业	291.30	342.30	450.83
益阳	第一产业	106.18	145.00	142.89
	第二产业	131.17	170.68	223.30
	第三产业	171.50	195.60	225.43
娄底	第一产业	87.69	96.25	92.04
	第二产业	217.14	266.23	290.01
	第三产业	144.68	165.92	187.74

资料来源：笔者根据《湖南省统计年鉴》（2007~2009）数据整理得出。

表 7 - 27　　　　2009 年 "3 +5" 城市群产业增加值　　　单位：亿元

城市	第一产业	第二产业	第三产业
全省	1 969.67	5 682.19	5 278.83
"3 +5" 城市群	1 299.46	5 035.20	4 012.85
长沙	179.40	1 893.59	1 671.77

城市	第一产业	第二产业	第三产业
株洲	107.82	560.30	354.45
湘潭	89.33	387.76	262.29
衡阳	240.47	500.36	427.18
岳阳	190.15	648.84	433.16
常德	257.36	531.04	450.83
益阳	142.89	223.30	225.43
娄底	92.04	290.01	187.74

资料来源：根据《湖南省统计年鉴（2009）》数据整理。

2009 年，"3 + 5"八市工业化率达到 41.98%，较 2007 年提高 3.4 个百分点，长株潭三市规模工业增加值是 2007 年的 1.3 倍，"3 + 5"八市达到 1.7 倍（见表 7 - 28）。工业已经成为了试验区经济增长的重要引擎。

表 7 - 28　　　2007 ~ 2009 年"3 + 5"城市群工业增加值　　单位：亿元

城市	2007 年	2008 年	2009 年
全省	3 360.59	4 280.16	4 814.40
"3 + 5"城市群	2 712.56	3 773.19	4 343.83
长沙	771.56	1 311.27	1 554.54
株洲	347.10	439.50	493.11
湘潭	216.30	298.11	348.93
衡阳	335.43	381.02	432.22
岳阳	407.92	527.88	580.27
常德	320.70	419.50	473.68
益阳	113.63	149.78	200.00
娄底	199.92	246.13	261.08

资料来源：根据《湖南省统计年鉴》（2007 ~ 2009）数据整理。

"3 + 5"八市实现高新技术产业增加值 1 273.53 亿元，占 GDP 的比重为 12.31%，较 2007 年提高 3.9 个百分点，成功引进了一批战略投资者和重大项目聚合了发展能量，推动了产业向高端化、高新化、"两型"化的方向发展（见表 7 - 29）。

表 7 - 29　　　　　2009 年 "3 + 5" 城市群高新技术产业发展情况　　　单位：亿元

城市	高新技术产业增加值	增速（％）
全省	1 427.09	24.7
"3 + 5" 城市群	1 273.53	25.3
长沙	453.10	33.9
株洲	204.29	30.3
湘潭	154.96	20.9
衡阳	127.66	24.8
岳阳	146.61	24.8
常德	80.88	9.5
益阳	38.75	6.9
娄底	67.28	6.9

资料来源：根据《湖南省统计年鉴（2009）》数据整理。

（2）完善产业规划和标准体系。

湖南省政府出台了一批产业发展规划，以长株潭为重点编制实施了电子信息产业、新材料产业、物流业等 12 个产业振兴规划，加快调整产业结构，进一步提升优势产业地位。编制了《长株潭城市群产业发展体制改革专项方案》和《长株潭城市群资源节约体制改革专项方案》，省政府办公厅批复后将实施。出台了《湖南省环境保护产业发展规划（2009～2015）》，重点建设六大园区，打造千亿产业。编制了《长株潭城市群工业布局规划》，正在与湘江流域重金属污染治理等相关规划衔接。对《长株潭现代物流业发展规划》进行了修改提升。同时，制定了《湖南省原材料行业结构调整和优化升级方案》，起草了支持株洲清水塘循环经济工业区试点优惠政策文件。

同时积极开展 "两型" 系列标准研究。"两型" 产业、"两型" 企业、"两型" 园区、"两型" 技术和产品等标准，已经通过专家最终评审，并作为规范性指南发布。

（3）提速发展 "两型" 产业。

在全面促进经济发展方式转变，推进 "两型" 社会建设的背景下，围绕构建资源节约型和环境友好型产业体系的目标，试验区高度重视 "两型" 产业发展，积极推进产业 "两型" 化转型，着力构建支撑 "两型" 社会建设的 "两型" 产业体系，"两型" 产业逐渐发展壮大，牵引作用显著。

2009 年，试验区积极落实国家产业调整和振兴规划，出台十二大产业振兴方案，为巩固传统产业的优势，快速做大做强新兴产业奠定了坚实的基础。2009

年，湖南省过千亿元产业增至 5 个，50 个重点产业集群加快发展，试验区实现高新技术产业增加值 1 273.5 亿元，同比增长 25.5%，占 GDP 的比重由 2007 年的 8.4% 上升到 12.3%，初步形成了信息、生物、民用航空航天、新材料、新能源等优势产业为主体的高新技术产业发展格局。长沙工程机械、株洲轨道交通列入国家首批新型工业化产业示范基地。试验区销售收入过百亿企业达到 10 家，华菱、中联、三一、中电等 48 所企业迅速壮大，有效带动了工程机械、电力机车、风电装备、太阳能光伏等"两型"产业的迅速发展。

2007 ~ 2009 年，试验区多管齐下推动"两型"产业做大做强。一是加速推进产业重组。先后出台加快引进战略投资者的指导意见等文件，建立引进战略投资者"一事一议"的联席会议制度和"一项一策"的个性化服务，普遍推行"一家受理，全程代办"的服务模式，支持重大产业项目建设，成功引进比亚迪、菲亚特、克莱斯勒等重要战略投资者。实施"走出去"战略，2009 年，全省对外投资带动外贸出口超过 3 亿美元，实现外经和外贸联动互利，一批大型企业到欧美实施并购，建立研发中心，获取资源、技术、市场。中联重科收购意大利 CIFA 公司，成为世界混凝土工程机械第一强；南车时代收购英国丹尼斯公司，跻身世界铁路电气设备制造商前列；三一重工引进德国技术，成为全球高速铁路路面铺轨设备主要供应厂商。广汽集团收购长丰汽车股份，比亚迪、北汽、陕汽重卡、菲亚特、克莱斯勒等积极入湘，提升了湖南汽车产业在全国的地位。二是加快"两型"产业向园区及示范区聚集。长株潭试验区进入全国六大综合性高技术产业基地，长沙高新区获批国家级创新型科技园区，湘潭高新区升级国家级高新区，汨罗循环经济园纳入国家"城市矿山"示范基地项目，湖南成为国家级高新区数量最多的中部省份。目前，全省重大优势产业基本上聚集在示范区，2010 年上半年示范区十八片区中有七个片区高新技术产业增加值占工业增加值比重超过 50%。三是加大对落后产能的改造或退出实施力度。集中运用政策引导、倒逼机制、合理补偿等手段，对落后产能和污染企业分批次实行关、停、并、转和产业整体退出。长沙整合国家淘汰落后产能奖励资金、污染物削减补偿、土地出让金返还等资金渠道，用于坪塘 13 家企业整体退出。同时，制定"绿色信贷"目录，以企业环保信用作为贷款标准。2009 年，试验区与"两型"直接相关行业贷款同比提高 4 个百分点，排污耗能严重的电力燃气行业贷款同比下降 2 个百分点，试验区六大高耗能行业增加值占地区工业增加值下降 4.4 个百分点。

（4）布局战略性新兴产业。

作为战略性新兴产业的主体，高新技术产业快速成长，成为试验区经济发展最活跃的因素。2009 年，试验区高新技术产业增加值为 1 273.53 亿元，同比增长 25.5%，占 GDP 的比重由 2007 年的 8.4% 上升到 12.3%，初步形成了信息、生物、民用航空航天、新材料、新能源等优势产业为主体的高新技术产业发展格局。电子信息、先进制造、现代交通、新能源与节能、环境保护五大低碳行业产品增加值占到全部高新技术产品增加值的约五成。文化创意产业作为湖南省战略性新兴产业的重要组成部分，2009 年实现增加值 270 亿元，占全部文化产业的 40%。

近年来，围绕科教兴湘、建设创新型湖南等战略，先后出台了促进高新技术产业发展的政策法规、专项规划 20 多个，初步营造了有利于新兴产业发展的政策环境。试验区把发展战略性新兴产业、建设高技术产业基地、引进战略投资者作为率先转方式、调结构、建"两型"的重点工作，初步培育形成了先进装备制造、新材料、文化创意等特色产业。在装备制造业领域，工程机械、轨道交通、输变电设备、新能源装备等在全国范围内具有一定影响力和知名度，其中工程机械产业在国内市场占有率达到 26%。在新材料领域，以先进储能材料、先进复合材料、先进硬质材料为特色，销售收入居全国第 3 位。文化创意领域，基本形成了广电、出版、动漫、演艺娱乐四大优势板块，拥有中国文化发展 20 多个第一，湖南卫视、快乐购等品牌效应不断提升，原创动漫产量连续 5 年居全国第一位。

城市群内产业分工更趋合理，优势产业的市场份额逐步提高。初步形成了以长株潭国家高技术产业基地为中心，以长沙、益阳、常德等 7 个高新区为载体，以优势产业为龙头的集聚式发展态势。2009 年长株潭三市高新技术产业销售收入占全省的 58%，"3 + 5"城市群占全省的 88%，7 个高新区占全省的 48%。新材料、先进装备制造、生物等优势产业增加值占全省高新技术产业增加值的近 80%。长沙以电子信息为主的高新技术产业逐步发展壮大，以金融、文化、旅游等为代表的第三产业发展成效显著，形成了媒体传媒、文化旅游、卡通动画等文化支柱产业，电视湘军、出版湘军、文学湘军、"蓝猫"等一批知名品牌驰名全国，长沙国家软件产业基地即将成为中部地区最大的国家软件产业基地；株洲交通设备制造、有色冶金等传统工业产业优势明显；湘潭逐步成为试验区内新型制造工业中心和新兴的科教基地。2010 年，长株潭城市群正式获批国家"三网融合"试点，为产业提质升级带来了良好机遇。

试验区出台加快培育和发展战略性新兴产业总体规划纲要以及七大产业专项规划，促进战略性新兴产业加速崛起，初步形成新能源、新材料、生物医药、电子信息、节能环保、航空航天等新兴产业集群。坚持立足产业基础和科技支撑，大力推进新能源产业发展，形成从原材料、零部件到整机的完整产业链，形成装备与材料配套的产业集群，目前，仅风电年产值就超过 100 亿元。提高电动汽车等产品研发和生产能力，电动汽车突破一批核心技术，形成了从电池、电机、电控、电动空调到整车的完整产业链，试验区获批国家节能与新能源汽车示范推广试点。积极发展环保装备制造业、资源综合利用产业、洁净产品制造业和环境服务业，扶持发展一批环保骨干企业。2009 年，新兴产业产值占全省高新技术产业产值的 26.7%，达到 1 200 亿元。试验区先后建立了电动汽车、轨道交通、风力发电、轻型飞机等一批产学研结合的技术创新战略联盟，组织实施了一批科技重大专项，引进长沙航天科技园、比亚迪新能源汽车、湘潭台湾 LED 光电产业基地等重大项目；株洲先进兆瓦级风力发电机组产业化完成项目可行性研究，湘电风能启动 3MW 海上风力发电机组研制，有望形成销售收入超过 50 亿元的风力发电机制造产业。中电集团 48 所旗下太阳能光伏产业基地，在国内具有优势垄断地位。试验区高新技术产业发展成效卓越，高新技术产业发展平台优势明显，巩固了战略性新兴产业的发展基础，描绘了试验区战略性新兴产业发展的美好蓝图。

（5）进一步提高产业聚集度。

省政府加快经济发展，打造较为完整的工业体系和优势产业集群，培育了如华菱钢铁、中联重科、三一重工等一批具有较强竞争力并在全国同行业处于领先地位的龙头企业，使重点企业迅速成长，优势产业不断壮大。2009 年年末，全省规模工业企业户数 12 390 家，比 2005 年增加 4 368 家；主营业务收入过 100 亿元、10 亿元和 1 亿元的企业分别为 9 家、100 家和 2 370 家，分别比 2005 年增加 3 家、48 家和 1 764 家。全省规模工业企业累计实现主营业务收入 12 769.40 亿元，实现利润 571.90 亿元。2009 年，工程机械、风电产业、光伏产业、轨道交通等新兴和优势产业在金融危机蔓延、国际市场萎缩等不利因素影响下依然保持 50% 以上的较快增速，工程机械产业规模居全国第二位、利润规模居全国第一位；轨道交通累计生产各类电力机车占全国总拥有量的 70% 以上。全省规模工业中装备制造、钢铁有色等十大优势产业实现增加值 3 221.67 亿元。2009 年，全省 5 个行业（机械、石化、食品、有色、轻工）主营业务收入过千亿元。

通过加快园区集聚效应，试验区在形成产业集群、推进新型工业化及促进科技创新等方面发挥了"领头羊"作用，园区工业生产快速增长，对全省工业经济增长的贡献不断提高。2009 年，全省共有省级以上开发区 77 家，其中国家级开发区 6 家。全省省级及以上产业园区拥有规模工业企业 2 973 家，企业个数是 2005 年的 3.3 倍；实现规模工业增加值 1 557.85 亿元，是 2005 年的 5.4 倍。2006～2009 年，园区规模工业生产年均增长 25.0%，增速均明显高于规模工业平均水平。全省园区实现工业增加值 1 470.83 亿元，占全省工业增加值的 30.6%。全省园区完成高新技术增加值 920.0 亿元，占全省高新技术增加值的 64.5%。园区规模工业增加值占全部规模工业的比重由 2005 年的 17.8%，提高到

2009 年的 36.6%；占当年全省地区生产总值的比重由 2005 年的 4.5%，提高到 2009 年的 11.9%。随着产业园区基础设施投入力度的加大，园区集聚效应的持续释放和配套体系的逐步完善，湖南产业园区逐步形成了工程机械、有色冶炼、轨道交通和汽车、钢铁冶炼、农副食品加工、化工、电气机械以及器材七大产业集群。

（6）增强企业自主创新能力。

长株潭三市加快企业技术中心的布局，研发聚集效应日益凸显。山河智能、隆平高科、华联瓷业三家省级技术中心晋升为国家级中心，占全省新晋国家级中心的 60%；省茶叶公司、中铁轨道等 7 家企业技术中心认定为省级企业技术中心，占全省新认定省级中心的 44%。加大企业技术创新支持力度，企业自主创新能力稳步提高。三一重工、中联重科、山河智能、隆平高科等企业纷纷在发达国家设立研发机构，追赶国际先进技术。三一重工 72 米臂架泵车、湘潭电机 220 吨电动轮自卸车等一批具有行业领先水平的新产品顺利投产。

（7）加大资金政策扶持力度。

试验区积极争取资金扶持，推进产业结构改革创新。南车时代、中联重科、株冶、湘钢、圣得西等长株潭城市群重点企业技改项目列入国家新增中央投资计划，获中央预算内资金补助近 4 亿元；省内技改专项资金、中小企业专项资金、节能专项资金以及省新型工业化引导资金等均安排了近 40% 的资金支持长株潭地区重点企业技术改造项目建设。

加强对重点企业的政策指导和支持。三一重工、中联重科、湘潭电机等 14 家企业和园区申报国家机电产品再制造试点；湘潭电机、三一重工、中联重科等 7 户企业申报国家重大装备进口关键零部件免税资格；长株潭地区 13 家物流企业纳入营业税差额纳税试点范围，享受相关税收优惠政策；加大对长株潭地区创业项目和创业示范基地的支持，将发展较好的长沙高新区创业基地及株洲高新区创业基地作为典型示范；选择长沙通程同升湖山庄大酒店空气源热泵等一批项目，积极推进节电示范工程建设，并在长株潭地区积极推广使用纯电动汽车、电动快速服务抢修车和电力工程维护车等。

3. 创新试验区农业结构

（1）加大财政支农力度，提高农业综合生产能力。

全省加大财政支农资金投入，2009 年财政农林水事务支出达 262.62 亿元，增长 23.6%。全年发放粮食直补 5.57 亿元、农资综合补贴 33.26 亿元、良种补贴 10.71 亿元、农机具购置补贴 6.77 亿元。全年省级林业投入 8.09 亿元，增长 192%。农业综合生产能力得以继续提高。全省新增农田有效灌溉面积 33.9 千公顷，新增节水灌溉面积 21.9 千公顷，分别增长 64.0% 和 36.0%。农村用电量 86.61 亿千瓦时，增长 6.3%。全省年末农业机械总动力 4 352.64 万千瓦，增长 7.9%。

（2）创新农业体制机制，发展现代农业。

2009 年，全省农产品加工业发展提速，全年销售收入增长 23.3%，其中 315 家省级以上龙头企业实现销售收入 1 500 亿元，增长 25.5%。现代烟草农业建设试点取得新的成效。休闲农业成为农民致富新渠道，完成经营收入 47 亿元，增长 23.7%。农民专业合作组织发展迅速，总数达 9 275 个，加入农户 140 万户。县域经济发展加快，长沙 4 个县市进入全国百强县。新农村建设"千村示范工程"扎实推进。在连年增产的基础上，2009 年湖南粮食总产终于取得历史性突破 300 亿公斤。出栏生猪 7 856 万头，增加 800 多万头，外销量居全国第一位，生猪产业也成为省农业经济第一支柱产业，进入了加快推进标准化规模养殖的重要转型期。

省政府通过实行领导联系产业制度、完善专业合作组织、强化部门服务等工作机制，加强对农业产业化工作的领导，建立龙头企业与农户之间稳定的利益联结机制，完善"公司＋基地＋农户"、"经营大户＋农户"等多种联结方式，大力培育专业合作经济组织，提高农民的组织化程度，形成了齐抓共管的工作格局，促进了农业产业化的快速发展。推进农业标准化，特色农产品绿色食品认证大提速。全省共建立 50 多个绿色食品标准化生产示范区，示范面积 450 多万亩。加快绿色食品认证工作的推进力度，着力推动"湘味"浓厚的特色农产品发展，涌现出唐人神、舜华鸭业等一批行业龙头企业。深化产业结构调整，推动农业规模化、集约化生产。长沙近年来集中打造花卉、水产、茶叶、优质稻规模生产优势，打造了四大百里优势产业走廊。其中，百里花卉苗木走廊实现年经营收入 20 多亿元，出现了一大批资产达几十万元、上百万元的经营户。麻阳苗族自治县发展冰糖橙特色产业，全县柑橘常年产量 35 万吨，产值 3.5 亿元。

此外，中国中部（湖南）国际农博会已连续举办 12 届，成为湖南重要的品牌展会之一，有力地促进了湖南省农业结构调整、农业产业化发展，已成为湖南省农业现代化的重要信息平台，为城乡统筹发展、农民增收作出了贡献。

（3）实施绿化造林，凸显林业产业活力。

实施造林绿化工程，成效显著。全省 2009 年共投入 46.8 亿元，完成荒山荒（沙）地造林面积 125.03 千公顷，其中人工造林面积 99 千公顷。四旁零星植树 1.06 亿株，年末实有封山（沙）育林面积 519.36 千公顷，幼林抚育作业面积 654.70 千公顷，成林抚育面积 240.37 千公顷。林业显现活力。2009 年木材产量 546.12 万立方米，竹材产量 7 343.33 万根。森林公园接待游客 1 260 万人次，实现旅游收入 115.5 亿元。

（4）加快试验区工业结构升级步伐。

试验区的工业经济化危为机，逆势上扬，一些重要指标取得历史性突破，实现了又好又快发展。

省委、省政府密集出台《湖南省人民政府关于促进工业企业平稳较快发展的若干意见》等数个文件，落实结构性减税、缓缴相关费用、部分产品临时收储、暂停检查评比等一系列措施。2009 年，试验区有产业结构调整、技改、中小企业、节能等 326 个项目获国家各类支持资金 9.9 亿元。22 个省直部门组成 7 个服务工作组开展"企业服务年"活动。举办机械装备、品牌食品、输变电设备等 8 场产需合作对接洽谈活动，扩大生产工业品销售。强化运行监测分析，着力完善工业经济运行动态监测，改月调为旬调，将重点园区纳入监测范围。2009 年全省实现规模工业增加值 4 250.06 亿元，增长 20.5%，其中"3 + 5"城市群实现规模工业增加值 3 641.85 亿元，增长 19.67%（见表 7 - 30）。

表 7 - 30　　　　2009 年"3 + 5"城市群规模工业发展情况　　单位：亿元

城市	规模工业增加值	增速（%）
全省	4 250.06	20.50
"3 + 5"城市群	3 641.85	19.67
长沙	1 158.21	19.80
株洲	426.20	19.30
湘潭	334.72	20.60
衡阳	370.39	24.40
岳阳	576.10	18.90
常德	384.44	15.10
益阳	164.41	24.20
娄底	227.38	17.80

资料来源：根据《湖南省统计年鉴（2009）》数据整理。

①调整工业结构。试验区加大工业结构调整力度。一是启动实施"四千工程"，取得初步成效。2009 年，轻工行业成为全省第 5 个千亿产业，中联重科、三一重工主营业务收入均突破 300 亿元，株洲电力机车集团主营业务收入首次突破 100 亿元，全省百亿企业增至 9 家，长沙工程机械、株洲轨道交通列入首批 62 家国家新型工业化产业示范基地。二是大力实施产业振兴。制定并实施全省"9 + 3"重点产业振兴规划，积极支持长丰集团、湖南有色控股集团等企业开展战略重组和战略合作。安排专项资金奖励汽车整车，工程机械主机企业扩大省内配套，扶持食品产业和现代物流业发展。三是加大淘汰落后力度。"十一五"以来关停小火电机组 138.5 万千瓦，提前完成国家下达的计划；全省新型干法水泥

比重首次超过 50%，浮法玻璃占平板玻璃产量比重达 90% 以上。2009 年年底，六大高耗能行业增加值增速低于规模工业 6.6%，占规模工业的比重下降 4.4%。高加工度和高技术行业增速分别快于规模工业平均水平 9.1% 和 2%。高新技术产业实现增加值占规模工业比重提高 3.2%。

②提高企业技术创新能力。一是技改投资力度加大。2009 年安排技改专项资金 3.86 亿元，带动全省完成工业技术改造投资 2 036.43 亿元，增长 36.7%。二是狠抓重大项目建设。全省技改项目新开工 7 424 个、全投产 4 891 个，湘潭吉利二期、巴陵石化年产 20 万吨 SBS 装置、中联重科大吨位汽车起重机生产基地等一批重点项目建成投产。三是推动企业自主创新。完成省级及以上新产品开放 4 417 项，增长 131%，大功率机车、高压电抗器、220 吨电动轮自卸车等一批具有行业领先水平的新产品顺利投产。年内国家级和省级企业技术中心分别新增 5 家和 16 家。工矿企业获得专利授权 3 693 项，增长 66.1%。四是推进企业品牌建设。新增中国驰名商标 15 件，驰名商标总数达 62 件，继续位居中西部省份第 1 位。

③大力发展非公有制经济与中小企业。2009 年，全省非公有制经济增长 15.1%，比 2008 年提高 0.7 个百分点；增加值占全省 GDP 的比重达 54.9%。2010 年前三季度，全省非公有制经济继续保持良好的发展态势，实现增加值 6 098.16 亿元，占全省生产总值的比重达 57.6%，比上年同期提高 1.4 个百分点；同比增长 16.0%，比全省生产总值增速快 1.2 个百分点。全省非公有制经济完成投资 4 371.70 亿元，占全社会投资的 64.5%；同比增长 38.6%，增幅比全社会投资高 8.3 个百分点。非公有制经济施工项目 14 988 个，增长 32.1%，其中投产项目 4 362 个，增长 37.5%，非公有制经济发展成效初现。

2007 ~ 2009 年，试验区大力推进中小企业的发展。一是推进全民创业。安排专项资金完善重点创业基地建设，举办全民创业巡回报告会，2009 年全省新登记注册各类企业 3.38 万户，增长 28.6%。二是完善服务平台，推进中小企业信用担保体系建设。推动各市州组建注册资本金 1 亿元以上的中小企业信用担保公司，全省担保机构发展到 142 家。三是鼓励中小企业直接融资。友阿股份、博云新材、爱尔眼科、中科电气等企业先后在中小企业板和创业板上市。2009 年，全省中小企业实现增加值 3 501.1 亿元，增长 18.6%，非公经济增加值 7 099.2 亿元，增长 15.1%。全省主营业务收入过亿元工业企业达 2 370 户，比上年增加 632 户。109 户"小巨人"计划企业完成销售收入 454.2 亿元，增长 32.1%。

④积极推进大规模并购重组。"两型"社会建设推动了长株潭城市群的产业并购重组。通过并购重组，整合优势，致力于形成以高新技术产业为先导，技术产业和先进制造业为支撑的产业格局，促进了产业整体素质的提升，积极推进外

引内联，促进优势企业与世界 500 强、港澳台大企业，尤其是中央企业和国内大型民营企业对接合作，鼓励私募基金、风险投资基金投资新材料以及航空航天等领域，重点培育太阳能光能产业、风力汽车、发电装备等优势产业，坚持大集团融资、大集团整合、大集团发展，集中力量培育发展了华菱钢铁、有色控股、香梅等大型集团。

通过大规模地引进战略投资者和并购重组，不断改造升级本地优势传统产业，试验区成功引进广汽、菲亚特、长沙航天科技园、比亚迪新能源汽车、湘潭台湾 LED 光电产业基地等一批战略投资者和重大项目，聚合了发展能量，推动了产业的高端化、高新化、"两型"化。长株潭获批进入全国七大综合性高技术产业基地，电子、生物、新材料、新能源、民用航空航天五大领域同时获得支持。八市实现高新技术产业增加值 1 273.53 亿元，占 GDP 的比重为 12.31%，较 2007 年提高 3.9 个百分点。

截至 2009 年年底，试验区纳入高新技术产业统计的企业共 743 家，占全省的 47.0%。完成高新技术产品产值 2 542.95 亿元，增长 28.0%；实现增加值 812.36 亿元，增长 30.3%；完成销售收入 2 457.70 亿元，增长 27.7%；实现利税 282.51 亿元，增长 47.1%。总产值、增加值、销售收入、利税分别占全省的 56.5%、56.9%、57.4% 和 59.9%，增速分别比全省平均水平快 5.0 个、5.6 个、6.7 个和 13.2 个百分点，成为全省增长最快的地区，拉动全省高新技术产业增长 16.7 个百分点。

4. 积极推进试验区服务业结构创新

试验区认真实践科学发展观，深入贯彻落实国务院关于加快服务业发展的政策精神，加快转变经济发展方式，服务业继续保持了平稳较快发展。

（1）增强试验区服务业集聚效应。

2009 年，"3 + 5"城市群八市中，限额以上服务业企业收入增幅超过全省平均水平 22.4% 的有长沙、衡阳、娄底，增幅分别达到 24%、26.5% 和 29.9%。分区域看，长株潭三市限额以上服务业企业实现收入 3 764.53 亿元，同比增长 23.2%，比全省平均增速高 0.9 个百分点，"3 + 5"城市群实现收入 5 013.68 亿元，增长 22.6%，增幅比全省平均水平高 0.2 个百分点；一点一线地区实现收入 4 689.80 亿元，增长 23.7%，比全省平均增速高 1.3 个百分点。

随着"两型"社会改革和建设的不断推进，"3 + 5"城市群继续受到服务业企业青睐，成为其进驻的热地。特别是省会长沙，依然稳坐服务业的龙头地位。2009 年，长沙限额以上服务业企业实现收入 3 111.05 亿元，占全省限额以上服务业企业总收入的 51.9%，对全省限额以上服务业收入增长的贡献率为 54.9%；服务业实现增加值 1 671.78 亿元，增长 13.9%，占全省服务业增加值的 31.7%；

服务业增加值占 GDP 的比重为 44.6%，比全省平均水平高 3.8 个百分点。

（2）提高服务业规模化程度。

2009 年，全省限额以上服务业单位（不含公共管理和社会组织以及铁道部所属企业事业单位，下同）达到 13 257 个，其中企业法人 9 611 个，事业法人 3 646 个；总收入达到 6 843.77 亿元，增长 21.4%，其中企业法人营业收入 5 996.03 亿元，增长 22.4%；固定资产原值 3 498.99 亿元，增长 7.8%，其中企业法人 2 375.31 亿元，增长 7.3%。分行业看，批发和零售业、金融业、房地产业企业总收入依次为 2 823.38 亿元、1 188.90 亿元、832.73 亿元，居各行业企业总收入规模前三位，企业总收入增长较快的是批发和零售业，房地产业和卫生、社会保障及社会福利业，增幅分别为 25.9%、42.8% 和 24.9%。限额以上服务业企业单位营业收入平均达到 6 239 万元，比上年提高 1 141 万元，其中，金融业、信息传输、计算机服务和软件业、批发和零售业单位平均收入依次为 3.95 亿元、1.52 亿元和 1.31 亿元，居各行业单位平均收入前三位。年营业收入亿元以上企业达到 933 个，比上年增加 189 个，其中，过百亿元的企业 3 个，50 亿~100 亿元的企业 8 个，10 亿~50 亿元的企业 70 个，1 亿~10 亿元的企业 852 个。分行业看，亿元以上企业主要分布在批发零售业、房地产业、金融业，所占比重依次为 53.7%、23%、10.2%。

随着服务业的快速发展以及服务业领域的进一步拓宽，其吸纳劳动力的功能得到更好的发挥。2009 年，服务业发展继续为"促就业"发挥作用，限额以上服务业吸纳从业人员 169.62 万人，比上年增长 3.7%。其中，限额以上服务业企业吸纳从业人员 99.39 万人，比上年增长 4.9%，事业单位吸纳从业人员 70.23 万人，比上年增长 2%。分行业看，2009 年，限额以上服务业企业从业人员较多的是批发和零售业、金融业、交通运输仓储邮政业、住宿和餐饮业、房地产业，分别为 19.78 万人、19.61 万人、15.32 万人、13.72 万人、10.44 万人。

（3）提升市场化开放水平。

随着金融体制改革和国有企业改革的大步推进，湖南服务业所有制结构日趋多元化，已经成为现代服务业发展的中坚力量。

受房地产外商投资萎缩的影响，2009 年服务业利用外资规模有所下降，实际利用外资 5.6 亿美元，比上年减少 3.19 亿美元，其中房地产业实际利用外资 1.78 亿美元，比上年减少 3.04 亿美元（见表 7 - 31）。

与总体规模下降的趋势相反，利用外资结构和质量进一步提升。一是生产性服务业利用外资比重增加，2009 年，生产性服务业实际利用外资 2.47 亿美元，增长 5.8%，占全部服务业的比重为 44.1%，以上年比，上升了 17.6 个百分点，其中，交通运输、仓储及邮政业，科学研究、技术服务和地质勘察业实际利用外资大幅增长，增幅分别为 156.3%、99.5%。

表 7 - 31　　　　　　　服务业各行业实际到位外资　　　　　单位：万美元

	2009 年	2008 年
全省总计	459 787	400 515
交通运输、仓储和邮政业	9 233	3 602
信息传输、计算机服务和软件业	800	6 984
批发和零售业	7 508	7 314
住宿和餐饮业	4 509	10 314
金融业	—	—
房地产业	17 774	48 184
租赁和商务服务业	4 958	4 335
科学研究、技术服务和地质勘察业	2 208	1 107
水利、环境和公共设施管理业	6 598	4 213
居民服务和其他服务业	861	296
教育	196	190
卫生、社会保障和社会福利业	—	187
文化、体育和娱乐业	1 370	1 220
服务业合计	56 015	87 946
生产性服务业合计	24 707	23 342

　　资料来源：根据《湖南省统计年鉴》（2008~2009）数据整理。

　　二是利用外资领域进一步拓宽。继 2007 年第一家外资银行——汇丰银行和第一家外商投资性公司——湖南湘投国际投资有限公司，2008 年第一家外资旅行社——湖南永安国际旅行社有限公司和第一家外资国际海运船务代理公司——长沙浩瀚船务代理有限公司落户湖南省后，2009 年又有第一家外资学校——长沙（玮希）国际学校入驻长沙经开区，填补了外资在这些领域的空白。截至 2009 年，服务业外商投资（含港澳台商投资，下同）企业达 327 家，其中，外商投资企业最多的是房地产业，为 167 家，其次是住宿餐饮业，为 45 家。在行业分布上，除农林牧渔服务业，其他所有的服务业行业门类均有外商投资企业，说明湖南省服务业对外开放力度不断扩大，对外开放程度明显提高。

　　（4）促进生产性服务业平稳增长。

　　随着国家和省地保增长、扩内需一揽子计划的实施，全省生产性服务业经受住了金融危机的冲击，各行业出现了企稳回升、持续向好的趋势。2009 年，生产性服务业实现增加值 2 339.6 亿元，同比增长 11.9%，对 GDP 增长的贡献率为 16.2%。

交通运输业。全省货运量同比增长 11%，货物周转量同比增长 5.6%。特别是湖南民航运输在 2009 年保持高位运行，旅客吞吐量首次突破 1 000 万人次，达到 1 280 万人次，增长 32.1%。物流企业业务规模逐步增长，企业现代转型不断加快，信息技术被广泛运用，大型制造企业物流专业化水平不断提高。

现代金融业。各类金融机构抓住适度宽松货币政策的机遇，努力扩大信贷投放，2009 年新增贷款 2 528 亿元，同比增加 1 242 亿元，创历史最高水平。企业直接融资 442.2 亿元，增长 62.7%，其中首发上市融资 62.4 亿元，也创历史最高水平。

信息服务业。全省软件业面对金融危机的冲击逆势而上，企业营业收入呈现高增长态势，软件业收入和利润同步高增长，大中型企业收入所占比重大，全省限额以上计算机服务业企业实现营业收入 5.7 亿元，同比增长 10.9%。

科技服务业。委托研发、技术交易、科技咨询、科技孵化、创业投资等科技服务蓬勃发展。2009 年，限额以上科技服务业实现总收入 132 亿元，比上年增长 18.6%，其中企业营业收入较上年增长 18.0%；限额以上科技服务业事业单位实现收入 39.6 亿元，增长 20.2%。

农业服务业。种苗、农资、农技、劳动力培训、农产品检测检验、动物防疫等农业服务体系不断健全，农民专业合作组织加速发展。2009 年以来全省新发展农民专业合作组织 870 个，为 2008 年的 2.3 倍，目前全省农民专业合作组织达到 9 275 个，居全国第 4 位。

（5）强化特色产业主导地位。

文化产业在改革创新中各项经济指标逆市上扬。"十一五"以来，湖南文化产业稳步发展，增加值以年均 20% 的速度递增。2009 年总产出达到 1 594 亿元，增加值达到 682 亿元；全省文化产业增加值占 GDP 比重高于全国水平，居全国第 6 位，中部第 1 位。广电集团、出版集团和动漫等优势产业继续保持高速增长。2009 年，广电集团总收入达 75 亿元；出版集团实现利润约 2.7 亿元，同比增长 6%；湖南日报报业集团广告收入同比增长 18.4%；全省演出收入 1.7 亿元，同比增长 10%。快乐购、红网、华生手机报、网络广播、移动电视等一批新兴文化产业迅速成长。其中，红网市场份额居地方新闻网首位，华声在线（湖南在线）入选中国十大门户网站品牌。旅游产业实现旅游总收入过千亿元的奋斗目标，达到 1 099.5 亿元，同比增长 29.1%，其中国内旅游收入同比增长 30.3%；接待入境旅游者 130.9 万人次，同比增长 17.9%，接待国内旅游者同比增长 25.3%。

（6）大力发展新兴服务业。

服务外包、电子商务、家政服务、新媒体等服务业新业态来势喜人。全省服务外包合同执行金额 3.3 亿美元，同比增长 1.8 倍；新增服务外包从业人数 1 万人，同比增长 700%。特别是以三辰、山猫、宏梦等公司为代表的影视动漫企业，成为在全国最具竞争力的外包企业集群。服务出口的国家（地区）由 2007 年的仅日本等少数国家，扩增至美国、新加坡、韩国、日本、中国香港、加拿大、意大利、英国、德国等国家和地区。自 2008 年湖南成为国家移动电子商务试点示范省以来，全省移动电子商务手机用户规模从 120 万人发展到 350 万人，月交易金额连续数月超过 2 亿元，用户规模和月交易金额双双居全国第一。此外，以计算机、手机和新型电视为显示终端的新媒体产业来势良好。金鹰网作为"湖南卫视新媒体"及"第一网络娱乐生活平台"的品牌印象深入人心；体坛网 1 年来日均点击量从 20 万发展到 500 万，跃居国内体育网站/频道第 4 位。2010 年 11 月 5 日，湖南广播电视台与中国网络电视台 IPTV 项目合作签约，迅速、优质地推进湖南省 IPTV 集成播控分平台的建设，这一崭新平台在长株潭城市群所开展的 IPTV 业务，将向用户提供高质量的电视直播、点播、时移、回放以及实用性增值业务服务，标志着试验区"三网融合"取得重大进展。

三、我国探索区域发展模式创新的比较分析

1. 国家综合配套改革试验区总体概述

综合配套改革试验区是我国在经济社会发展的新阶段，在科学发展观的指导下所推出的一项战略性创新举措。国家设立综合配套改革试验区的目的，是为探索建设和谐社会、创新区域发展模式、提升区域乃至国家竞争力的新思维、新路径、新模式和新道路，通过选择一批有特点、有代表性的区域进行综合配套改革，以期为全国的经济体制改革、政治体制改革、文化体制改革和社会各方面的改革提供新的经验和思路。

截至 2011 年 3 月，国务院已经批准了 10 个国家级综合配套改革试验区。

（1）国家级综合配套改革试验区。

①全面型试验区。上海浦东新区：2005 年 6 月，国务院批准上海浦东新区进行综合配套改革试点。按照中央的要求，浦东新区综合配套改革试点要立足"三个着力"，即着力转变政府职能，着力转变经济运行方式，着力转变城乡二元经济与社会结构。上海市研究制定了《浦东综合配套改革试点总体方案》和《2005～2007 年浦东综合配套改革试点 3 年行动计划》，共确定了 6 个方面、60 个具体改革事项。主要包括政府体制、市场体制、企业体制、中介组织体制、公

共部门体制、科技创新体制、人力资源开发体制、城乡统筹发展体制、涉外经济体制、社会保障体制10个方面。经过多年发展，浦东新区已成为上海新兴高科技产业和现代工业基地，成为上海新的经济增长点。

天津滨海新区：2006年5月26日，国务院颁布《推进天津滨海新区开发开放有关问题的意见》，正式批准天津滨海新区成为继上海浦东新区之后的又一国家综合配套改革试验区，明确天津滨海新区的功能定位是：依托京津冀、服务环渤海、辐射"三北"、面向东北亚，努力建设成为我国北方对外开放的门户、高水平的现代制造业和研发转化基地、北方国际航运中心和国际物流中心，逐步成为经济繁荣、社会和谐、环境优美的宜居生态型新城区。着重探讨新的城市发展模式，其目的是在引进外资和先进技术，推动环渤海地区经济发展的同时，走新型工业化道路，把增强自主创新能力作为中心环节，积极发展高新技术产业和现代服务业，提高对区域经济的带动作用。

深圳市：2009年5月初，《深圳市综合配套改革总体方案》获得国务院正式批复通过。该方案提出了深圳"争当科学发展示范区、改革开放先行区、自主创新领先区、现代产业集聚区、粤港澳合作先导区、法制建设模范区，强化全国经济中心城市和国家创新型城市地位、加快建设国际化城市和中国特色社会主义示范市"的目标定位，在中国做具有特色的"新特区"。

②专题性试验区。统筹城乡——重庆市、成都市：2007年6月，国务院批准重庆市与成都市设立全国统筹城乡综合配套改革试验区。这是我国在新的历史时期加快中西部发展，推动区域协调发展的重大战略部署。国家要求成都市和重庆市从实际出发，根据统筹城乡综合配套改革试验的要求，全面推进各个领域的体制改革，并在重点领域和关键环节率先突破，大胆创新，尽快形成统筹城乡发展的体制机制，促进城乡经济社会协调发展，为推动全国深化改革，实现科学发展与和谐发展，发挥示范和带动作用。2010年12月中旬，成渝经济区区域规划获国家发改委审批通过，据初步规划，成渝经济区区域规划将涵盖四川15个市和重庆31个区县。成渝经济区定位为继长三角、珠三角、京津翼之后我国经济增长第四极。

"两型"社会建设——武汉城市圈、长株潭城市群：武汉城市圈和长株潭城市群作为全国资源节约型和环境友好型社会建设综合配套改革试验区，围绕"两型"社会，推进经济又好又快发展，促进经济社会发展与人口、资源、环境相协调，希望在解决资源、环境与经济发展的矛盾问题上有所探索，避免走"先发展、后治理"的老路，切实走出一条有别于传统模式的工业化、城市化发展新路，为推动全国体制改革、实现科学发展与社会和谐发挥示范和带动作用。

新型工业化——沈阳经济区：2010 年 4 月 6 日，国家发改委批复设立沈阳经济区国家新型工业化综合配套改革试验区。以区域发展、企业重组、科技研发、金融创新四个方面体制机制创新为重点，紧扣新型工业化主题率先突破；配套推进资源节约、环境保护、城乡统筹、对外开放、行政管理等体制机制创新，为走新型工业化道路提供支撑平台和配套措施。

经济转型——山西省：2010 年 12 月 13 日，国务院批准设立山西省为国家资源型经济转型综合配套改革试验区，是目前批准的唯一一个在全省域、全方位、系统性地进行资源型经济转型综合配套改革试验的区域。山西省将在全省域内紧紧围绕产业的优化升级、战略性新兴产业的发展，整个产业结构的调整和资源型经济转型进行全面的重大探索。

国际贸易——义乌市：2011 年 3 月 4 日，国务院发文批复同意实施《义乌市国际贸易综合改革试点总体方案》。提出建立新型贸易方式、优化出口商品结构、加强义乌市场建设、探索现代流通新方式、推动产业转型升级、开拓国际市场、加快"走出去"步伐、推动内外贸一体化发展、应对国际贸易摩擦和壁垒等方面的主要试点任务，并进一步提出优化国际贸易发展环境、健全金融机构体系、提升金融服务能力、改善金融生态环境、构筑区域合作优势和新型公共服务体系等保障措施。

至此，全国形成东（上海、天津、深圳、义乌）、东北（沈阳）、中（武汉、长株潭、山西、安徽、江西）、西（成都、重庆）互动的试点格局。

（2）六大综合配套改革试验区的发展态势。

上海浦东新区在转变政府职能、改革行政管理体制着力较大，并取得明显进展。通过实施"大系统综合"的"小政府，大社会"体制，浦东新区政府机构的数量相当于浦西其他区的一半左右，人员相当于其他区的 2/3 左右。如在全区组建了陆家嘴、张江、金桥、外高桥、川沙、三林六个特色鲜明的功能区域，成立功能区域党工委、管委会，分别作为区委、区政府的派出机构，行政功能主导、统筹发展职能，从而在全区形成了新区—功能区—街镇的互补型管理模式；率先在上海全市组建区级市民中心，并努力将其打造成为政社合作互动的平台；率先组建了全国第一家社区服务行业协会和社区工作者协会；建立了体制内的监察制、体制外的投诉制、社会化的评估制和自上而下的问责制，对进驻市民中心的 93 个审批和办事事项实现电子监控。这些都是综合配套改革所带来的新举措，在一定程度上也代表了对我国行政体制改革未来发展方向的有益探索。

天津滨海新区尤其关注其打造"北方经济中心"所需要的管理体制创新，重点推进金融改革和创新、土地管理改革和创新、建设东疆保税港区、改革海关特殊监管区域管理体制等。通过引进外资和先进技术，增强自主创新能力，发展高新技术产业和现代服务业，提高对区域经济的带动作用，最终推动环渤海地区经济发展。银行、证券和保险业等金融改革创新也开始在滨海新区起步，不少重大金融改革项目已经安排在滨海新区先行先试。

重庆和成都具有明显的城乡二元结构特点，城乡差距大，区域发展不平衡，是典型的"大城市带大农村"地区。因此，这两个地区都将改革聚焦于城乡统筹发展，打破城乡制度藩篱，改变中国城乡二元经济结构，促进城乡经济社会协调发展，建立健全城乡统一的基本公共服务体系，健全城乡统筹的社会保障制度，为全国范围内实现全面小康目标提供经验。

武汉城市圈和长株潭城市群则围绕"两型"社会展开探索，着力解决资源、环境与经济发展的矛盾，形成人与自然之间良性互动、和谐发展的局面。《武汉城市圈总体规划纲要》明确提出武汉城市圈要建成绿色、宜居、和谐的"生态型城市圈"的构想。《长株潭城市群区域规划》中则指出长株潭城市群不仅要优化经济结构，提高经济总量，更要在环保和生态方面率先取得突破。

六大综合配套改革试验区的行动框架比较见表7-32。

表7-32 六大综合配套改革实验区的行动框架

改革领域	浦东新区	滨海新区	成都	重庆	武汉城市圈	长株潭城市群
行政管理	(1) 推动政府转型，建立公共服务型政府管理体制； (2) 促进经济社会协调发展； (3) 加快科技体制改革； (4) 探索建立人力资本优化积累机制	(1) 推动行政管理体制改革，转变政府职能； (2) 深化科技体制改革，增强自主创新能力； (3) 深化涉外经济体制改革，充分发挥对外开放门户作用； (4) 改革土地管理制度	(1) 探索行政管理职能向农村延伸服务的有效途径和办法； (2) 在规划、国土、建设等方面进一步理顺管理体制和运行机制	(1) 按照统筹城乡发展的要求，进一步明确政府的职能，进一步简政放权； (2) 科学设置行政机构	(1) 加强资源节约和环境保护，促进可持续发展； (2) 增强自主创新能力，推动创新型城市建设	(1) 资源节约体制改革； (2) 环境保护体制改革； (3) 基础设施共建、共享机制建设； (4) 行政管理体制改革

改革领域	浦东新区	滨海新区	成都	重庆	武汉城市圈	长株潭城市群
经济增长	(1) 推动各类要素市场发展和金融创新，完善现代市场体制； (2) 探索混合所有制的实现形式，增强微观经济主体活动； (3) 扩大对外开放，形成适应国际惯例的市场运行环境	(1) 深化企业改革，发展混合所有制经济； (2) 推进金融改革创新，创建与完善现代金融服务体系； (3) 改革资源节约和环境保护等管理制度，发展循环经济	(1) 推进市场化，构建新体制、新机制； (2) 推进工业化，强化产业支撑； (3) 推进农业现代化，加快现代农业建设； (4) 推进城镇化，完善中心城区整体功能； (5) 推进国际化，增强影响	通过多种途径和方式，把土地经营权流转起来，调动城市的资金、技术、人才等要素向农村流动的条件，推进以规模化、专业化、集约化为特征的现代农业发展	(1) 加快先进制造业和现代服务业发展，推进城乡经济一体化； (2) 鼓励自主创业，推动全民创业； (3) 加强集约节约用地，走集约型城市化发展道路	(1) 土地管理体制创新； (2) 产权发展体制创新； (3) 自主创新体系建设； (4) 金融服务创新协调； (5) 对外开放体制创新； (6) 财税体制改革
公共服务社会管理	(1) 大力培育和发展中介组织，提高经济活动的社会组织化程度； (2) 建立科学的调节机制，完善现代社会收入分配与保障体系	推进社会领域改革，创新公共服务管理体制，构建覆盖城乡的基本公共服务体系	在基础设施建设、社会保障、城乡就业、农民工培训等重点领域尽快取得突破	围绕解决好农民工问题进行制度创新，形成农村人口向城镇转移的"吸纳"机制和城市带动农村、工业反哺农业的"扩散"机制	加快文化建设，促进文化事业和文化产业发展	(1) 社会保障体制改革； (2) 户籍制度改革

改革领域	浦东新区	滨海新区	成都	重庆	武汉城市圈	长株潭城市群
区域增长	率先消除城乡二元结构的制度障碍,推进城乡一体化发展	(1) 推进城乡规划管理体制改革,促进滨海新区与市区和谐发展; (2) 深化农村体制改革,建设社会主义新农村	(1) 探索城乡户籍有序流动办法; (2) 建立城乡一体的就业政策,促进城乡公共服务均等化	拓展"一圈两翼"发展新格局,为统筹城乡发展提供重要的战略平台	推进城乡发展一体化,促进武汉城市圈共同发展	推进"3+5"城市群建设(长株潭+益阳、岳阳、常德、娄底、衡阳)

(3) 截至 2009 年,六大综合配套改革试验区的情况对比。

2009 年滨海新区受投资和消费高速增长的提振,全年实现地区生产总值 3 810.67 亿元,同比增速达到 23.5%,为五大经济区之首;武汉城市圈、长株潭城市圈和成都、重庆的经济总量相差较大,但受地理位置、产业结构和政策环境的综合影响,GDP 增长速度比较接近,2008 年三大经济区 GDP 分别实现了 12.57%、14.5% 和 14.7%、14.9% 的较高增长速度;受经济危机影响,浦东新区 2008 年 GDP 同比增速仅为 10.9%。

从发展效益来看,2009 年浦东新区每平方公里实现生产总值 70 175.4 万元,人均生产总值 146 907.6 元,均为各经济区最高;武汉城市圈每平方公里生产总值为 1 378.1 元,人均生产总值 26 677.6 元,低于长株潭城市群的 1 966.7 元和 41 604 元,也低于成都的 3 634.1 元和 39 509.3 元。

从个人收入水平来看,浦东新区城镇居民可支配收入和农民人均纯收入均最高,2008 年全年实现城镇居民可支配收入 29 116 元,同比增长 9.3%,农民人均纯收入 12 401 元,同比增长 9.2%;武汉城市圈人均收入水平较低,与同处于中部地区的长株潭城市群相比,城镇居民人均可支配收入低 2 029 元,同比增速也低 3.5 个百分点。武汉城市圈人均收入及变动与重庆市基本接近,均呈现出人均收入水平较低、增长速度接近、农民人均纯收入增速高于城镇居民人均可支配收入增速的状况。

从城乡收入差距的绝对数值来看,浦东新区城乡收入差距最大,2009 年浦东新区城镇人均可支配收入与农民人均纯收入的差额为 16 715 元,武汉城市圈和重庆分别为 11 760 元和 11 213 元。但是城乡收入比(农民人均纯收入/城镇居民人均可支配收入）则表现出截然相反的情形，2009 年浦东新区城乡收入比为 0.43：1，而武汉城市圈和重庆市的城乡收入比分别为 0.3：1 和 0.29：1，均小于浦东新区，这表明虽然武汉城市圈和重庆市城乡收入绝对数额较小，但是由于收入基数较低，城乡收入的相对差距反而更大。

2. 中部地区综合配套改革试验区及其他战略支点

武汉城市圈、长株潭城市群、山西先后获批为国家级综合配套改革试验区，中部地区其他省份亦通过积极谋划，制定各自在中部地区发展格局中的战略地位，在新起点上进一步提出了完善区域经济布局的战略构想，并获得国家的支持和批复。至此，中部六省都形成了各具特色的改革试验区或示范区。

安徽皖江城市带。2010 年 1 月，中国国务院正式批复《皖江城市带承接产业转移示范区规划》，这是中国批准设立的首个国家级承接产业转移示范区，它标志着产业梯度转移正式上升为中国国家战略之一。

皖江城市带处于中国人口密集、消费需求较大的最靠近东部的中部地区，以合肥为中心，半径 500 公里覆盖上海、江苏、浙江、河南、江西、湖北、山东、安徽七省一市，这一区域经济发展水平高，消费潜力巨大。无论是国内生产总值，还是社会消费额，占全国的比重都接近 1/2，皖江城市带无疑将是拓展国内市场、启动内需的关键区。2011 年 8 月，安徽宣布撤销地级巢湖市，原辖区县"一分为三"划归合、马、芜三市，这将有利于充分发挥中心城市的辐射带动作用，做大"合肥经济圈"，从而带动江淮城市群发展。

截至 2011 年 5 月，皖江城市带已完成固定资产投资 1 219 亿元，占安徽全省的 75.3%，示范区九市实现生产总值 1 967 亿元，增长 14.5%。众多战略性新兴产业纷纷落户示范区。作为我国承接产业转移的"先行先试区"，皖江城市带示范区必将依托自身优势和政策扶持，成为承接我国新一轮产业转移的重点区域。

环鄱阳湖生态经济区。江西省在"昌九工业走廊"基础上提出了"环鄱阳湖城市圈"的发展战略。2008 年 2 月 26 日，江西省人民政府印发关于建立环鄱阳湖生态经济区会议纪要的通知。通知指出，环鄱阳湖生态经济区的建设范围是以鄱阳湖为核心，以环鄱阳湖城市圈为依托，强化三带，构建四区，构筑高层次的生态经济圈。2010 年 1 月，国务院正式批复《鄱阳湖生态经济区规划》，把鄱阳湖生态经济区规划上升为国家战略。根据这项规划，鄱阳湖生态经济区包括江西省会南昌、著名瓷都景德镇等 3 个城市和 38 个县（市、区），面积约为 5 万平方公里，占全省总面积的三成；人口约 2 006 万人，接近全省总人口的一半，经济总量占全省的六成。

在城市圈经济功能构架方面，南昌的现代制造业，九江的石化工业和港口经济，景德镇的瓷业，上饶的金属冶炼，新余的钢铁，抚州的纺织印染，宜春的工程机械等都有很强的互补性。交通构架方面以京九、浙赣为大十字的铁路交通，以赣粤、沪瑞、京福高速，赣江、长江为主的通江连海航线，以南昌昌北机场改扩建为门户的空港，形成了"环鄱阳湖城市圈"的基本框架，环鄱阳湖城市圈将成为江西经济以及中部经济崛起中不可或缺的组成部分。

太原经济圈。太原经济圈的建设是按照"中心集聚、轴线拓展、外围协作、分区组织"的思路，以构建成"叶脉型"城镇布局框架，形成以太原经济圈为中心，以太原城镇发展轴带为主干，晋北、晋中、晋南、晋东南四个城市经济圈为主体的"一核、一带、四片"的发展格局。

按其规划，太原经济圈分三个层次推进，首先是加快太原市区的发展路线；其次是提高太榆区域经济一体化水平；最后是推进太原经济圈的拓展提升。在产业对接、资源共享、环境同治、制度接轨的基础上，实现公交互通、金融同城、电信同区、电力同网、信息共享，逐步实现区域经济一体化。

中原城市群。中原城市群以郑州为中心，包括洛阳、开封、新乡、焦作、许昌、平顶山、漯河、济源共9个省辖市（县），土地面积5.87万平方公里，人口3 872万人。在河南《中原城市群总体发展规划纲要》中，"集合城市"、"共生城市"、"经济城市"等城市群发展的新概念、新思路令人瞩目。中原城市群发展的框架结构：在空间上以郑州为中心，并形成三大圈层，都市圈、紧密联系圈和辐射圈。《纲要》明确提出，实施区域性中心城市带动战略，加强以郑州为中心的中原城市群发展。

河南都市圈建设的突破口是"郑汴一体化"，其核心就是打破传统行政区划束缚，促进郑州、开封两市发展融合，对跨区域的交通、能源、生态、环境等重大基础设施进行统一规划和布局；同时，优化户籍、就业和社会保障制度改革，推动行政区域有序调整，开展城乡一体化试点；推动郑汴、郑洛、郑新、郑许之间的空间发展和功能对接；加强巩义、偃师、新郑、长葛等重要节点城市的建设。

中原城市群是北京、武汉、济南、西安之间，半径500公里区域内城市群体规模最大、人口最密集、经济实力较强、工业化进程较快、城镇化水平较高、交通区位优势突出的城市群；其与长三角、珠三角、京津冀三大城市群及其他城市群发展相互呼应，是河南省乃至中部地区承接发达国家及我国东部地区产业转移、西部资源输出的枢纽和核心区域之一。

中原经济区。2011年1月26日，中原经济区被正式纳入《全国主体功能区规划》；2011年3月的"两会"上，"中原经济区"正式被写入《国家"十二五"规划纲要（草案）》；2011年9月，国务院出台了《关于河南省加快建设中原经济区的指导意见》。这意味着中原经济区建设已提升为国家战略。

中原经济区是以全国主体功能区规划明确的重点开发区域为基础、中原城市群为支撑，涵盖河南全省、延及周边地区的经济区域，该区域的功能定位是：国家重要的粮食生产和现代农业基地，全国工业化、城镇化和农业现代化协调发展示范区，全国重要的经济增长板块，全国区域协调发展的战略支点和重要的现代综合交通枢纽，华夏历史文明传承创新区。河南省是人口大省、粮食和农业生产大省、新兴工业大省，解决好工业化、城镇化和农业现代化协调发展问题具有典型性和代表性。《指导意见》指出，积极探索不以牺牲农业和粮食、生态和环境为代价的"三化"协调发展的路子，是中原经济区建设的核心任务。

　　支持河南加快建设中原经济区，是巩固提升农业基础地位，保障国家粮食安全的需要；是破除城乡二元结构，加快新型工业化、城镇化进程的需要；是促进"三化"协调发展，为全国同类地区创造经验的需要；是加快河南发展，与全国同步实现全面建设小康社会目标的需要；是带动中部地区崛起，促进区域协调发展的需要。《指导意见》提出了要将中原经济区建设成为城乡经济繁荣、人民生活富裕、生态环境优良、社会和谐文明，在全国具有重要影响的经济区。

　　城市密集、人口集中、分工明确、优势互补都市圈的形成，已成为一个国家和地区经济加速发展的特征和动力。面对发展机遇，地域辽阔的中部六省纷纷提出了各具特色的都市圈构想及定位。随着六大城市群建设步伐加快，中部地区将成为继长三角、珠三角、京津冀之后，中国城市化发展新的动力区。

　　小结：

　　中部地区正处于工业化中期加速阶段，如果按照传统的工业化发展模式，这个时期的经济发展将会造成资源环境恶化的严重后果；为了探索新的道路，中央决定在我国中部地区的长株潭城市群和武汉城市圈设立全国资源节约型和环境友好型社会建设综合配套改革试验区，目的就是要两地通过体制和机制的创新，走出一条有别于传统发展模式的新型工业化和新型城市化的路子来，为全国做出示范（见表7-33）。

表7-33　　　　　　2008～2009年武汉和长株潭城市圈（群）与
全国主要省市单位能源消耗对比

地区	单位GDP能耗 （吨标准煤/万元）		单位工业增加值能耗 （吨标准煤/万元）		单位GDP电耗 （千瓦时/万元）	
	2009年	2008年	2009年	2008年	2009年	2008年
武汉城市圈	—	1.47	—	2.04	—	1 032.78
长株潭城市群	1.41	1.37	1.71	1.72	1 058.63	978.27
湖北	1.23	1.31	2.35	2.7	1 018.45	1 103.9

地区	单位 GDP 能耗（吨标准煤/万元）		单位工业增加值能耗（吨标准煤/万元）		单位 GDP 电耗（千瓦时/万元）	
	2009 年	2008 年	2009 年	2008 年	2009 年	2008 年
湖南	1.20	1.23	1.57	1.98	911	975.49
全国	1.32	1.42	2.22	2.45	1 356.01	1 449.97
北京	0.61	0.66	0.91	1.04	681.85	719.61
天津	0.84	0.95	0.91	1.05	782.88	910.42
上海	0.73	0.80	0.96	0.96	808.49	884.13
江苏	0.76	0.80	1.11	1.27	1 064.25	1 149.44
浙江	0.74	0.78	1.12	1.18	1 176.50	1 202.08
广东	0.68	0.72	0.81	0.87	1 002.09	1 085.49

资料来源：根据中国统计信息网数据整理。

"两型"社会的前景就在于，当中部地区实现富民强省目标时，人民有干净的水喝、能呼吸清新的空气、在宁静恬淡的环境中生活。中央把改革试验任务交给中部，目的就是提高发展质量，促使中部地区发展得更好、步子更稳。从长远来看，如果改革成功、转型顺利，中部地区为发展付出的代价就会少之又少；反之，如果不搞"两型"社会建设，中部地区在工业化的过程中，可能会付出不可估量的发展成本和巨大的发展代价。因此基于"减量化"、"再利用"、"资源化"原则之上的循环经济模式无疑具有重要的实践价值，是实现相对落后地区跨越式发展的不二选择。

（1）大力发展循环经济。

武汉城市圈和长株潭城市群循环经济发展水平并不高，必须采取具有针对性的措施提高循环经济发展水平，实现经济的可持续发展。

第一，加快推进企业实行清洁生产。改变污染源末端治理为生产全过程控制，从生产设计、工艺技术、原辅材料和能源的选用，到设备的制造、安装、运行、维护、报废等生产和服务的各个环节，努力降低物耗、能耗，切实控制污染的产生，努力实现经济效益与环境效益相统一。

第二，推进工业园区生态改造，发展"两型"产业，积极探索有效的循环经济模式。在整合各类工业园区的基础上，按照循环经济的原则要求，推进城市圈（群）工业园区的生态化改造。按照产业链、供应链的有机联系，逐步实现上、中、下游物质能量逐级传递，资源循环利用，污染物减量化、资源化、无害化。

（2）努力推进资源节约，切实加强环境保护。

第一，大力推进以节能、节水、节地为重点的节能降耗，加大环保工作力度。围绕建设"两型"社会的目标，以节能、节水、节地为重点，实施一批节约降耗示范工程，提高资源利用效率，减少自然资源的消耗。进一步健全环境监管体制，提高环境监管能力，加大环保执法力度，实施排放总量控制、排放许可和环境影响评价制度。大力发展环保产业，建立社会化、多元化环保投融资机制，运用经济手段推进污染治理市场化进程。

第二，加强资源综合利用和危险废物集中处理，加大生态环境综合整治力度。大力开展资源综合利用，提高资源利用效率，最大限度地利用各种废弃物。加强对废弃物产生量大的重点行业的管理，提高工业"三废"综合利用率；进一步推进物资的回收加工和再生利用，积极发展资源再生产业，推进重点资源回收循环利用体系，实施危险废物产生、运输、经营、贮存、处理处置等全过程的许可制度，对危险废物转移实行有效的事前监控和事后监督；加快建设一批危险废物集中处置设施，确保实现工业危险废物安全处置率、医疗废物集中处置率和废旧放射源集中处置率100%。

第三，大力宣传资源节约、环境保护知识，形成全社会节约资源的消费模式。"两型"社会建设是一项全局性、长期性的系统工程，需从政府、企业、社区三个层面加强宣传教育，树立资源节约、环境保护的观念；要从孩子抓起，大力培育节约文化和建设节约文明，转变奢侈的消费观念；除了在生产环节、流通环节要形成节约型的生产方式以外，也必须在消费环节形成节约型的消费模式，端正消费观念。

（3）在基础设施、产业布局、区域市场、城乡建设、环境保护与生态建设五个一体化上实现新突破。

五个一体化是"两型"社会建设综合配套改革试验的突破口。武汉城市圈和长株潭城市群应抓住综合配套改革的机遇，突破行政区划的壁垒，加快改革发展步伐，在五个一体化上实现新突破，实现规划统筹、交通同网、信息同享、市场同体、金融同城、科技同兴、环保同治，真正实现经济社会与资源环境的协调发展，以及人与自然的和谐发展。

武汉城市圈和长株潭城市群在加快工业化与城镇化进程中，要重视吸取沿海地区城市圈发展中，资源和生态环境严重透支，生态环境与资源又反过来制约经济社会发展的教训，彻底改变以牺牲资源和环境为代价的粗放型经济增长方式。要按照可持续发展的要求，对自然资源实行节约、集约利用与优化配置结合，协调好生产、生活、生态安全对水土资源的需求；制定统一的城市圈环境保护与生态建设的共同目标，建立跨流域和跨地市的环境协调机制（包括水质考核制度，污染排放市场交易机制，生态补偿及监管机制，治污设施优化配置与资源共享），构建城市圈一体化的生态系统格局。

可以说试验权是中央给予湖北、湖南综合配套改革试验区突破现行体制最大的优惠政策。这意味着武汉城市圈和长株潭城市群在"两型"社会建设试点过程中拥有较大的制度创新自主空间，因此，应当在科学发展观的正确指导之下，用好用活自主权，本着"又好又快"的战略思想，在重点领域和关键环节率先突破，大胆推进多领域的制度创新，激活发展动力，营造创新环境，尽快形成有利于能源资源节约和生态环境保护的体制机制。

第六节　中部六省新型工业化实践的经验总结

2008年开始的全球性金融危机对各国经济带来深刻的影响，各国为应对危机，纷纷采取一系列刺激经济振兴的措施。专家普遍认为，这次危机不是一个简单的商业周期，更涉及结构性调整，其影响将是长期的，短期政策的刺激不足以从根本上化解危机；危机使得经济的全球化变得更加复杂，不仅体现在贸易保护主义抬头，更重要的是世界经济格局正面临重大调整。这对我国既是挑战，也是机遇。深化改革，加快新型工业化步伐，优化提升产业结构是化危为机、实现和谐可持续发展的根本途径。

与此同时，随着人类面临严峻的气候变化和能源安全的威胁，发展低碳经济成为解决气候变化、能源短缺与经济发展矛盾的根本出路，正在成为全球经济和社会转型不可阻挡的新浪潮。世界各国争先把低碳经济作为发展新战略，我国也积极探索低碳经济发展模式，将低碳经济与建设"两型"社会作为重要的国家战略。

未来一段时期，按照科学发展观的要求和中央"十二五"规划精神，指导我国经济发展的基本思路概括为：一是更加注重推动经济发展方式转变和经济结构调整，提高经济增长质量和效益；二是更加注重推进改革开放和自主创新，增强经济增长活力和动力；三是更加注重改善民生，保持社会和谐稳定；四是更加注重统筹国内国际两个大局，努力实现经济社会平稳健康发展。今后我国改革面临的主要问题仍然是转变发展方式，实现绿色、协调、和谐、全面和可持续发展。

一、中部六省新型工业化发展战略与思路比较

为实现我国区域的平衡发展，2009年国务院先后批复了《珠江三角洲地区

411

改革发展规划纲要（2008~2020）》、《关于支持福建省加快建设海峡西岸经济区的若干意见》、《关中—天水经济区发展规划》、《江苏沿海地区发展规划》、《横琴总体发展规划》、《辽宁沿海经济带发展规划》、《促进中部地区崛起规划》和《中国图们江区域合作开发规划纲要》8个规划；2010年8月，国家发改委发布《促进中部地区崛起规划实施意见的通知》和《关于促进中部地区城市群发展的指导意见的通知》。至此，我国包括长三角、珠三角、北部湾、环渤海、海峡西岸、东北三省、中部和西部在内的新的区域经济版图逐渐成形。

中部地区近6年的年均经济增速在18%左右，在全国所占的比例保持在20%~24%之间，在新型工业化方面不断取得突破。

中部六省新型工业化发展战略与思路比较见表7-34。

表7-34　　　　　　中部六省新型工业化发展战略与思路比较

省份	战略思路	新型工业化战略	区域带	发展重点	实施策略
山西	整合资源、改造提升	继续做强做优煤炭业、深化整合焦化工业、加快发展电力工业、优化冶金工业结构、大力发展煤化工、振兴装备制造业等七大优势产业为重点，推动产业技术升级	打造太原都市圈	建设全国新型能源基地和新型工业基地，实现传统产业新型化和新型产业规模化；积极加入京津冀和环渤海经济圈，加强与中部五省合作	"1311"工程；"5533"工业计划
江西	自主创新，加快崛起	加快传统产业改造；加快发展高技术产业；壮大支柱产业；发展重大基础工业	加快发展昌九工业带和鄱阳湖生态经济区	把江西建设成为沿海发达地区的"三个基地、一个后花园"	"十百千亿"工程；"四个一"战略
安徽	东向发展、创新推动	发展先进制造业，包括汽车业、化工业、装备制造业、加工制造业；发展材料产业、轻纺产业	优先发展合肥和实施皖江城市带，加速融入长三角经济圈	"实施东向战略，发展东向经济"，"融入长三角，依靠高科技，抓好两流域，唱好黄（黄山）煤（煤炭）戏"	"861"行动计划

省份	战略思路	新型工业化战略	区域带	发展重点	实施策略
河南	工业兴省、开发带动	发展高新技术产业、优势产业、大力发展建筑业、集约发展建材业、加快发展轻工业、优先发展钢铁业	建设郑洛汴工业轴和中原城市群	重点抓"一区一道三基地",打造中原经济区	"8511"计划
湖北	发展改革、解决矛盾	突破发展高新技术产业;做大做强支柱产业;改造提升优势产业	以武汉为核心的"1+8"城市圈	把湖北建设成重要的农产品加工生产区、现代制造业聚集区、高新技术发展区、现代物流中心区力	"三个三"工程;弯道超车向直道超越转变;"千亿产业"计划;"八大抓手"
湖南	结构升级、转变方式	培育壮大支柱产业;大力扶持新兴产业;改造提升传统产业	突出加快"一点一线"和京广线沿线地区,特别是长株潭"3+5"城市群的发展;突出加快湘西地区的开发	做强长株潭城市群,建设湘中经济走廊,发展湘西经济带	"一化三基";"弯道超车";"四大千亿产业"计划;"四化两型"

二、中部各省推进新型工业化的基本经验

1. 影响中部地区新型工业化发展的主要因素

（1）资源因素。

自然资源。一是六省自然资源禀赋不一,从区域工业经济总体发展上看,中部地区仍然是一个自然资源相对贫乏的区域,但具有较好的资源配套设施,通过适当的区域合作可以为工业的发展提供原材料保障。二是中部地区自然资源的优势主要集中在可耗竭的自然资源上,主要为矿产资源,而在其他方面的自然资源优势并不突出。如何利用好中部地区的资源,将资源优势转化为经济优势,是关系中部地区实现工业崛起的一个重大问题。

人力资源。中部六省科教人才方面发展较好,科技资源较丰富,科技创新能力较强。在加速推进新型工业化的关键时期,尤其要求重视和加强技术进步,进

一步提高劳动力素质水平，但目前相比较东部发达地区来说，科技进步在中部经济增长中尚未占据主导作用，科技投入强度偏低，科技力量较弱，新产品投入力度不够，科技成果转化率不高，人才向东部地区流失的现象仍然严重。合理利用本地区的人力资源，是保障中部地区实现工业崛起的重要方面。

（2）环境因素。

人文环境。中部有较深厚的传统文化积淀和人文传承，以中部地区为重点实施地区的计划经济时期，导致中部地区在走向市场经济的改革过程中形成了"等、靠、要"思想，加上较严重的官僚制度等，致使中部在现代工业社会建设中步伐缓慢。虽然近年来人文环境逐步改善，但传统观念在一定范围内还有不同程度的余留，文化因素对中部新型工业化的发展有一定制约。

工业环境。中部工业结构离高度化和合理化的要求还有较大差距。一是重化工业的水平不高，技术含量较低。二是工业所有制结构不尽合理。三是产业聚集度低。四是企业规模普遍偏小，特大型企业缺乏，工业总量规模占全国比重不高。

政策环境。政策因素对中部工业经济发展有积极影响。目前国家采取的中部崛起政策并不是排他性的，而是统筹兼顾性的，区域的功能性政策及产业选择政策显得非常重要。

（3）效率因素。

资源配置效率。中部地区国有工业企业普遍存在着资源低效配置的问题，资本收益较低，企业的持续发展能力不足，在东部和沿海地区的快速发展产生强大极化效应的情况下，导致一部分资金、科技成果和人才外流的现象，严重制约了中部地区新型工业化的发展。

工业化程度。山西等中部省区的传统工业密集，资产存量大，结构矛盾突出，结构调整的难度较大。中部地区总体上城市化进程与发达地区比较，差距明显，城市经济在区域发展中的主体地位还未充分显现，也制约了工业规模的扩张和结构调整，影响到中部整体竞争力的提升。

技术创新。目前中部工业的技术条件在钢铁、汽车、煤炭等行业具有一定的优势，如何在保证已有优势行业技术的前提下，发挥后发优势，在新兴高技术行业提高自己的技术创新能力，是关系中部工业崛起的因素之一。

政府效率、商业与金融效率。从总体上来看，中部地区的政府运行效率、商业与金融效率都急需提高，以保障中部地区新型工业化的健康发展。

2. 中部地区推进新型工业化和崛起战略的基本经验

在全球产业竞争日趋激烈、国内经济快速发展的背景下，中部各省纷纷提出走"工业强省"、"工业兴省"的发展道路，确立了工业优先发展的战略。中部崛起战略实施以来，工业化加速推进，工业增加值实现了两位数的增长，中部各省在中部崛起战略引领下推进新型工业化的创新探索值得总结。

（1）推进结构调整提升工业总体竞争力。

以规模化、集群化、品牌化为导向，促进生产要素向优势领域集聚。中部地区选择了市场空间大、增长速度快、转移趋势明显的汽车、钢铁、化工、电子信息、食品、纺织等作为优势产业，重点发展。随着国家实施十大产业调整振兴规划，沿海产业转移加快，进一步推动了主导支柱产业做大做强。

各省根据实际情况，选择和形成了各具特色的支柱产业。如安徽抓住国家支持自主品牌汽车发展的政策机遇，从自主创新能力建设、重大关键技术开发、自主开发技术的产业化方面，重点支持奇瑞、江汽、华菱等骨干整车企业和专用车企业发展，推进骨干企业建立战略联盟，提高核心竞争力。河南建设全国优质棉纺基地，发展化纤、织造和纺机三大行业；进一步壮大以铝为主的有色工业，大力发展铝精深加工。湖北重点发展光通信系统及设备、移动通信终端、新型电子元器件等优势产品。湖南突出发展装备制造、钢铁有色等产业，努力突破核心技术，发展高附加值、高技术含量的精深加工产品和国内短缺产品。山西深入推进煤炭资源整合、煤矿兼并重组，形成若干亿吨级和千万吨级大型煤炭企业集团，推进煤、电、路、港、航一体化经营。江西对汽车航空及精密制造产业、特色冶金、电子信息、中成药和生物医药产业延伸产业链，提升产业层次，提升产品技术含量和规模效益。

（2）积极培育战略性新兴产业。

把培育战略性新兴产业作为抢占未来制高点的重要突破口，大力推进知识产权战略，按照领军企业—重大项目—产业链—产业集群—产业基地的思路，加大引导和扶持力度，推动科技与经济的紧密融合，加快科技成果转化和产业化，不断提高高新技术产业的比重，提升中部地区产业整体水平。

积极扶持新材料、新能源、信息产品和先进制造等具有竞争优势的高新技术产业，加快形成新的经济增长点和竞争优势，研究拟定加快培育发展的政策措施，力争形成掌握核心关键技术、拥有自主知识产权、资源消耗低、带动系数大、就业机会多、综合效益好、产业布局合理的新兴产业体系；加快培育高新技术服务市场主体，完善技术研发和技术交流平台，提高园区的企业孵化能力。

在武汉东湖高新区，"中国光谷"已经成为我国光电子领域智力最密集的区域，在光通信领域已经拥有4项国际标准，光纤光缆的生产规模跃居全球第2位，国内市场占有率达到50%。江西南昌高新区已经聚集联创光电、晶能光电、欣磊光电等龙头LED企业，带动30多家上下游企业，全省LED产业有望很快突破1 000亿元。湖南工程机械产业在2007年率先突破1 000亿元规模，长沙规划了10平方公里以上的发展空间，着手引进和培育工程机械优势企业，促进工程机械产业成群成链。河南的装备制造业同样具有相当雄厚的基础，将向"高、精、专、深"方向发展，按照竞争力最强、成长性最好、关联度最高的原则，来培育河南的战略支撑产业。

（3）扎实推进技术创新促进产业升级。

一是加强技术创新能力建设。鼓励和引导企业加大研发投入，加大企业技术中心建设力度，构建企业技术创新平台和载体；推进创新型企业试点工作，促进企业创新主体的形成，使企业成为创新投入和创新成果应用的主体。大力推进产学研合作，促进创新成果转化。以产业发展的重大需求为导向，引导和支持企业与高校、科研院所、中介服务、金融机构形成"技术创新战略联盟"，构建多元化的技术创新服务体系。加强技术创新和成果转化服务平台建设，建立一批产业共性技术研发中心，推动共性技术研究及成果应用。

二是大力推进技术改造。充分利用高新技术和先进适用技术改造提升传统产业，发展深加工，提高附加值，实现传统产业优化升级、产品更新换代，促进产能大型化、生产集约化、利用清洁化、发展高端化。实施品牌战略，培育发展具有自主知识产权和特色的自主品牌。组织实施重大技改工程，集中力量抓好一批投资大和对提高品种、质量及工艺技术水平具有突破带动作用，对推动传统产业改造升级、主导产业优势发挥具有突破带动作用的共性技术和关键技术提升改造项目。

三是加快推进"两化"融合。以促进信息技术的深度应用为途径，加快信息技术在研发和生产过程中的广泛应用，实现企业产品设计智能化、生产过程自动化、关键设备数字化、管理控制一体化、资源配置科学化、经营管理协同化、销售服务网络化。大力推进以煤、焦、钢铁等大宗商品为主的电子商务，提升信息化与工业化融合水平。围绕企业、行业、区域层面选准切入点，组织实施"两化"融合试点，提高区域、产业、企业信息化水平。

（4）深度培育市场主体促进企业发展。

一是培育领军企业。开展规模经济培育活动，实施大企业大集团战略，通过营造发展环境、整合配置资源，着力培育一批技术先进、核心竞争力强、主业优势明显的行业龙头企业和企业集团。引导推动企业通过技术改造和新上项目、引进战略合作伙伴、重组联合、资本运作等途径和方式，迅速发展。进一步完善大企业联系与服务机制，推进大企业直通车服务，完善服务平台。

二是推进中小企业成长。研究出台贯彻落实国务院《关于进一步促进中小企业发展的若干意见》的实施办法，细化措施，促进中小企业发展政策措施落实，进一步改善中小企业发展政策环境。进一步明确责任，强化措施，深入推进"成长工程"，推动中小企业走"专、精、特、新、配"的路子。深化重点行业和骨干企业电子商务应用，积极搭建面向中小企业的信息化服务平台，推动中小企业利用电子商务手段开拓国际市场，推进现代信息技术对传统商贸方式的改造。

三是大力发展产业集群。通过以产业基地和工业园区为载体，促进企业集中、产业集聚、土地集约，拉长产业链。通过规划引导和重点培育，着力抓好重点成长性产业集群和各地特色产业集群，加大培育力度。要依托资源条件、产业基础和龙头企业，扩大产业规模，延伸产业链条，做大做强特色优势产业。

（5）加快发展现代服务业。

一是大力发展生产性服务业。引导制造业与服务业融合，推动制造业物流外包，积极鼓励引导工业企业优化管理流程，推动工业上下游服务环节的外包，提高生产性服务业的市场化程度。推进知识、技术、信息等服务要素在工业链条上的有效应用，引导一部分企业从以生产为中心向以服务为中心转变。推进生产性服务业技术创新、组织流程创新以及服务模式创新，拓展服务领域和增加服务品种，通过服务创新带动规模扩张。鼓励服务外包企业自主创新，培育一批领军企业，创建一批知名服务品牌。积极开展服务贸易，学习先进服务技术和管理经验，并在技术法规、标准、认证体系上与国际市场逐步接轨。推动生产性服务业的区域性集聚。通过规划布局、政策引导等手段，有效整合各方资源，科学引导区域服务业的集聚发展。支持引导中心城市建设各类生产性服务业功能区，在服务本地产业的同时，强化对周边区域的辐射带动。

二是积极发展生活性服务业。改造提升商贸流通业，积极推广新型流通方式，加快流通领域电子商务发展。立足保障基本需求、推动合理消费，加快构建以政府为主提供基本保障、以市场为主满足多层次需求的住房供应体系。优化住房供给结构，合理引导住房消费，满足多元化市场需求。坚持公益性和营利性相结合，建立健全社会福利、社会保障和经营性服务相结合的居民服务网络体系。

三是培育发展新兴服务业态。拓展服务业发展领域，培育发展一批潜力大、成长性好的新兴服务业。大力发展信息服务业，支持网络增值服务、信息安全、数字内容和软件服务外包、电子商务等产业发展。加快建设软件服务外包基地和物联网产业基地。大力发展科技研发、技术交易、信息咨询等服务产业，推动科技、创意企业孵化园区建设。积极发展会展业，打造食品、医药、汽车、机械装备等知名会展品牌。大力发展中介服务、家庭服务、养老服务和健康产业，不断提高社会化、专业化、产业化发展水平。

（6）大力发展循环经济。

按照"多联产、全循环、抓高端"的思路，全面推进各类产业特别是传统产业循环化发展。构建循环经济关键、共性技术研发体系，加快技术服务平台建设，引进、开发和应用源头减量、循环利用、再制造、零排放和产业链接技术。加强循环经济地方立法和执法工作，完善循环经济标准规范和政策体系，增强循环经济的科技支撑、政策激励和法律保障。

（7）加快城镇化进程。

一是发挥区域中心城市和城镇群辐射带动作用。科学规划城市功能定位和产业布局，把省会、沿江等周边地市发展成为经济实力强、综合承载能力高、辐射带动力大的区域中心城市。中部六省纷纷提出了各自的都市圈构想及定位。安徽提出构建"一轴双核两翼"的皖江城市带承接产业转移示范区产业空间格局及打造"合肥都市经济圈"为安徽首位核心圈都市区；河南提出以"均衡发展"为战略方针的"郑汴洛—中原生态经济区"；江西在"昌九工业走廊"基础上提出了"鄱阳湖生态经济区"和"环鄱阳湖经济圈"的发展战略；山西打造"一核一带四片"的太原经济圈；湖北建设武汉城市圈；湖南打造以长株潭为基础的"3＋5"城市群。

二是加快推进城镇化，统筹城乡发展。把县城和重点镇作为统筹城乡发展的突破口，引导生产要素、优势资源向其集中，推动基础设施向农村延伸、社会事业向农村辐射、公共服务和社会保障体系向农村覆盖，发挥县城和重点镇承接大中城市、带动农村的桥梁纽带作用，促进城乡协调发展。着力做大做强一批县级市和县城，培育县域经济集聚中心。选择基础条件好、发展潜力大的重点镇予以扶持，进一步带动小城镇发展。整合开发区，促进人口、产业集中集聚。

（8）加快推进农业现代化。

一是提高农业综合生产能力。坚持因地制宜原则，按照高产、优质、高效、生态、安全的要求，调整优化农业结构，保障农产品有效供给。强化现代农业技术体系建设，健全新型农业科技创新体系，进一步加快农业科技推广包括新型农机具推广应用，提高农业机械化水平。实施优势农产品区域布局规划，推进菜篮子工程、畜牧业升级和水产跨越工程，积极发展生态农业、休闲观光农业。

二是大力发展县域经济。加强规划引导，坚持民营主导、园区承载、集群推进、循环发展的思路，大力推进县域工业化。以县级工业园区为载体，打造特色产业集群。大力发展休闲农业、乡村旅游等新型服务业；建立完善支持县域经济发展的政策体系，优化县域发展环境，加大招商引资力度，引导人才、资本、技术等生产要素集聚，不断增强县域经济实力和发展活力。

三是建立新型农业社会化服务体系。支持供销合作社、农民专业合作社、专业服务公司、专业技术协会、龙头企业等提供多种形式的生产经营服务。健全农村流通体系、农产品市场体系和农村综合信息化服务体系，发展农产品现代流通方式，健全农产品质量安全监管体系。加快基层农技推广、水利技术服务和动植物疫病防控体系建设。加强农村金融、政策性保险和信息服务。

三、促进中部地区新型工业化发展的政策选择与建议

中部六省要加快转变经济发展方式，涉及发展战略性新兴产业、低碳经济、生态建设、节能减排、城镇化建设、自主创新、收入分配等经济社会发展的各个方面。要取得实质性进展，必须从政策上进行科学谋划，有力引导，营造良好制度环境，强化创新驱动和特色发展，抓住关键环节，实现重点突破。

1. 中部地区新型工业化发展的政策选择

（1）以科学发展观为指导，选择新型工业的增长方式。

坚持以科学发展观为指导，发展循环经济，搞好生态工业园建设，依托信息化和技术进步，走新型工业化道路，是中部经济发展的必然选择，也是实现中部地区加速发展的重要途径。

要对传统产业实行改造和升级。能源、原材料产品是支撑工业发展的重要基础，合理开发优势突出的能矿资源，是中部加快发展的必然选择。要加大对电力、冶金、煤炭、石油、化工等行业的投入。要大力发展以农产品为原料的特色轻加工工业，尤其在纺织、食品、饮料等传统行业，提高这些行业产品的技术含量，改变向东部沿海输出粗加工产品的现象。

要大力发展高新技术产业，优先发展一批产业化前景明朗、具有市场潜力或拥有自主知识产权的高新技术产品。以信息化促进工业化进程，在工业企业中大力推广应用计算机集成制造技术，降低制造成本，提高产业整体效率。

要高度重视中部工业发展中的生态环境问题，以实现中部人口、资源、环境的全面协调可持续发展目标。

（2）以创新为动力，选择优势主导产业。

中部工业发展应该以创新为动力，选择具有比较优势、动态增长优势、有特色、有广阔前景的区域主导产业，尤其要重视发展技术劳动密集型或知识劳动密集型，以及资本技术密集型产业，不断提高产业技术含量和技术进步水平。具体可选择以下主导产业：

以汽车为龙头的机电制造业。中部汽车业具有一定的规模效益优势和创新动力，建议通过鼓励创新重点扶持新能源汽车产业和先进装备制造业的发展，促进产业集聚和技术进步，进而拉动中部钢铁冶金业等产业链的延伸发展。

以钢铁为主导的现代冶金和材料制备工业。中部地区是传统的冶金工业基地，黑色金属冶炼及压延加工业是其支柱产业。全力支持以钢铁为主导的冶金材料工业的发展，同样需要以创新为动力，促进重工业持续发展。

以农产品深加工为基础的食品、轻纺制造业。中部六省中农业大省居多，农产

品加工业已有一定的基础，充分发挥农业及劳动力资源优势，积极发展农产品深加工为基础的食品、轻纺制造业，是中部实现农业大省向农工贸强省转变的现实选择。

以电力、煤炭为核心的能源工业。中部地区应在强化与推动水电资源开发的基础上，提高电、煤等资源的综合利用水平，促进传统资源型工业的技术进步；走资本—技术密集型主导产业发展之路，推进技术进步与创新，这是中部变资源优势为竞争优势的可靠保证。

以光电信息、生物医药、新材料、软件产业化等为重点的高新技术产业。应进一步深化科技体制改革，拓宽科技融资渠道，建立运用高新技术产业发展风险投资机制，以国家级、省级高新技术开发区为载体，加快发展光电信息、生物医药、新材料、软件产业化等为重点的高新技术产业。鼓励有条件的地方加强与东部沿海地区创新要素对接，大力发展总部经济和研发中心，支持建立高新技术产业化基地和创新孵化园，促进创新成果转化。

现代服务业。适应新型工业化和居民消费结构升级的新形势，大力承接发展商贸、物流、文化、旅游等产业。积极培育软件及信息服务、研发设计、质量检验、科技成果转化等生产性服务企业，发展相关产业的销售、财务、商务策划中心，推动服务业与制造业有机融合、互动发展。依托服务外包示范城市及省会等中心城市，承接国际服务外包，培育和建立服务贸易基地。

（3）以结构调整为主线，坚持走结构优化升级之路。

结构调整的重点是工业所有制结构、产业布局结构、企业规模结构的调整，它是中部欠发达省份工业发展的基础和核心性问题。要适应工业化发展和市场竞争，必须对现有工业产业结构进行调整，促进不同区域、不同产业部门的专业化分工，提高主要产业部门之间的关联度，同时对企业组织结构进行重组和调整，结合地方实际，选择重点发展有地方特色的工业企业。在改造提升传统工业的同时，中部六省应根据地方现实情况，有选择地发展高新技术产业以及建设高新技术产业园区，促进地方工业结构的逐步优化升级。

调整工业的所有制结构。地方工业结构的调整一定要吸纳民间资本参与，这是中部欠发达地区工业发展规划的重点，也是工业结构调整的关键。要降低产业进入门槛，减少人为的和环境上的进入障碍。为此需要做到：进一步开放市场准入政策，吸引民间投资；加快国有工业企业股份制改造，实现公有制工业与非公有制工业的多元投资主体的融合。

优化工业布局。中部地区要想实现工业的崛起，必须根据自身在资源禀赋上的差异做文章，利用能源和原材料的互补性为中部六省进行区域合作提供有利条件。区域内部要进一步加强合作，整合内部资源，创建中部畅通的物流，为产业的流动以及优化配置提供条件。要继续引进发达地区先进的生产工艺，淘汰落后产业链。要打破地方保护的障碍，从而在体制上为构建科学的新型产业体系创造更加优越的环境。

调整产业组织结构。中部欠发达地区大型企业的比重和产业集中度不高，在结构调整中，一方面通过扶优扶强，重点扶持一批有优势和有可能做大做强的骨干企业，迅速提高企业的平均规模和竞争力；另一方面通过扶小促优，增强小企业的活力。与此同时，需要实施市场化的企业并购、资产重组，形成优势产业群，形成大、中、小企业的有机结合，实现产业规模效应。

2. 促进中部地区新型工业化的政策建议

就促进中部地区的经济崛起而言，其宏观政策支持体系主要包括财政政策、金融政策、收入分配政策和人才开发政策等方面。

（1）促进中部崛起的财税政策建议。

加大对中部地区的财政转移支付，构建阳光化的转移支付制度体系。完善和规划中央财政对中部地区的转移支付制度。一是增加一般性转移支付规模，优化转移支付结构。二是加强中央对中部地区专项转移支付的管理。三是建立资金运用的监督评价体系，着力提高中部地区财政转移支付资金的利用效果。

完善财政奖励补助政策，切实缓解中部县乡财政困难。首先，中央财政在加大财力性转移支付力度的同时，加大"三奖一补"，适当提高资金规模。其次，适当提高财政困难县基本财政支出标准，调整精简人员奖励办法。最后，研究建立县乡政府支出安排绩效评价体系，加大资金使用监管力度。

推进中央与地方财政关系的法治化进程，构建阳光财政制度体系。首先，加快构建完整统一的公共预算体系。其次，推进预算管理的阳光化进程，逐步提高财政支出的透明度。最后，完善包括转移支付预算在内的复式预算体系，全面提升预算管理的法治化水平。

调整政府投资制度，提升中部地区投资环境的综合竞争力。加大财政支农投资。支持中部新农村建设，加大农业补贴力度，设立中部农民专项基金。对中西部地区符合条件的国家级经济技术开发区和高新技术开发区公共基础设施项目贷款实施财政贴息。

支持产业结构优化。投资支持中部传统工业基地的改造与升级，完善财政贴息和投资信贷制度。修订产业结构调整指导目录和政府核准投资项目目录，强化对产业转移的引导和支持。根据中西部地区产业发展实际，研究制定差别化产业政策，适当降低中西部地区鼓励类产业门槛，适当下放核准权限。对符合国家产业政策的产业转移项目，根据权限优先予以核准或备案。支持在有条件的地方建设国家高技术产业基地。鼓励省级技术改造等财政专项资金优先用于符合条件的产业转移项目。支持中部地区根据产业发展和自主创业的需要，设立产业投资基金和创业投资基金。

（2）促进中部崛起的金融政策选择。

通过国家金融政策的倾斜和引导，建立适合于中部各省经济发展的区域化投融资体制新架构。即银行业、信托业与保险业"三位一体"，分散投资风险，增强投资力度；商业银行和投资银行联动，实现生产能力的扩张和产权关系的调整与再配置，逐步形成经营主体多元化、运行机制市场化、经营方式集约化、监管法治化、发展产业化的适合中部的区域化投融资体制。

积极发展创业投资，推进中部地区高新技术产业发展。一是利用证券市场为中部地区创投企业提供融资渠道。二是制定相关的政府采购政策，支持中部地区创业投资企业的发展。三是大胆引进国内外的风险投资公司参股各高新技术企业；同时引入国际通行的风险投资管理模式，尽快和国际惯例接轨。

构建中部地区标志性的金融控股公司结构。结合中部地区金融业发展的现实态势，在大型金融控股公司治理结构的选型上，可以考虑建立以股份制商业银行为主体的金融控股公司，进行混业经营的实践尝试。支持中西部地区金融机构参与全国统一的同业拆借市场、票据市场、债券市场、外汇市场和黄金市场的投融资活动。鼓励和引导外资银行到中西部地区设立机构和开办业务。有序推进村镇银行、贷款公司等新型农村金融机构试点工作。

完善、优化中部民营中小企业的融资机制。一方面，中部地区商业银行可以集中资金，对与其建立主办关系的民营中小企业加大投入，帮助企业形成新的经济增长点。另一方面，建立主办银行制度有利于拓展中部地区金融业务范围，有利于银行大规模发展表外业务。

（3）完善中部地区收入分配体系的政策选择。

加大对中部地区教育投入的支持。要加强对中部农村地区的基础教育投入；通过各种鼓励措施，使东部地区的教育优势传到中部地区；继续严格落实中部地区义务教育的普及。

缩小城乡收入差距，推进中部广大农村地区的城市化水平。加大对"三农"的支持和保护力度，加大对农村的公共投资，加快城市化进程。

完善社会保障体系，构筑中部地区社会保障安全网。强化最低生活保障，保障居民基本生活；采取有效措施，拓宽社会保障基金的来源；加强对政府部门的监督，规范资金的运用，提高投资效率，保障运营的风险。

（4）促进中部地区新型工业化发展的土地政策。

在坚持节约集约用地的前提下，进一步加大对中西部地区新增建设用地年度计划指标的支持力度，优先安排产业园区建设用地指标。严格执行工业用地最低出让价标准，进一步完善体现国家产业政策导向的最低价标准实施政策。探索工业用地弹性出让和年租制度。

（5）推进中部地区市场发展的商贸政策。

支持在条件成熟的地区设立与经济发展水平相适应的海关特殊监管区域或保税监管场所。支持有条件的沿边地区设立边境经济合作区、跨境经济合作区。培育和建设一批加工贸易梯度转移重点承接地。对加工贸易重点企业给予贷款支持。加大对"大通关"建设和口岸建设的支持力度，推进中西部地区与东部省份的区域通关改革。

（6）推动中部地区进一步对外开放的政策。

积极吸引跨国公司进入国有工业企业产权改革领域，参与国企的产权制度创新。应全面减少中部地区国企在竞争性领域中的比重，扩大竞争性工业领域对外资和跨国公司的开放，提高产业竞争力。

积极吸引跨国公司进入中部地区工业化中的支柱产业和龙头企业，参与技术改造和产业升级，借跨国公司之力使中部地区形成一批有规模经济优势的大型工业企业或企业集团。

借助跨国公司的强势品牌进行品牌扩散。采取品牌特许经营和生产或品牌转让等途径，使中部地区工业产品拥有国际品牌和更多国内品牌。

（7）推动中部地区企业创新的政策。

加大对科技创新和科技成果转化的支持力度。切实加大对科技的投入，鼓励科技创新和创业，强化产学研合作、成果转化的平台建设和基地建设，重点支持对产业转型发展、技术突破等科研活动的支持。

建立科技创新风险保障机制。为营造鼓励创新、宽容失败、提倡竞争的社会氛围，中部六省应在加强知识产权保护，完善法制环境的同时，特别要通过建立科技创新风险机制，对于失败的科技创业项目给予一定的财政补贴，同时建立首台（套）采购补贴机制，只要是拥有自主知识产权的首台（套）设备，给予用户一定的风险补贴，从而加快科技创新项目的市场化。

进一步改善产权制度安排。确立按要素分配的分配方式，把发展动力建立在保护合法财产和知识产权的基础上，建立新的激励机制。

积极推进政府管理体制改革，充分发挥市场配置资源的基础性作用。必须建立一个高效率的市场经济新体制，使中部地区的企业发展有规范的制度基础。在加快市场化取向的经济体制改革中，注意政府适当干预和介入的原则和范围。要按照市场经济的要求，尽快转变为廉洁、高效的服务型政府，不断消除行政审批带来的垄断和对经济发展的制约。

（8）构建促进中部崛起的人才开发政策。

实施中部创新工程，关键是要有人才保障。中部六省要加大对人才的引进、培养、选用、激励、流动等方面的改革，建立推动中部创新发展的人力资源保证体系。中部六省应不断推进人才开发的资源共享、政策协调、制度衔接和服务贯通，建立中部地区人才开发新机制，实现区域联动，共同发展。

人才培养政策。应充分挖掘各级财政增加教育投入的潜力，确保现有预算口径教育支出的稳定增长。政府资金投入还要有效引导教育方向，充分发挥高校和科研机构在自主创新中的中坚作用。鼓励产学研联合，培养自主创新人才。

人才激励政策。要切实加大科技投入，不断提高研发支出占财政支出的比例，引导和鼓励企业增加研发投入。加大对有重大创新成果的个人奖励力度，设立人才创新专项基金，鼓励和支持人才进行科学研究。

人才吸引政策。建立人才流动的柔性灵活机制，采取多样化的就业方式，并建立企事业单位吸引人才的税收优惠政策。

（9）强化基础设施与基础产业发展的政策。

构筑统一的信息网络平台。构建中部统一的产业信息网络平台，加强信息公开与共享，保障中部产业创新发展的区域间信息联通、信息共享和信息传播。

完善物流基础设施。推进新型工业化，需要基础先行，特别是加强物流基础设施建设，整合物流资源，提高物流整体运营能力，使物流产业朝着系统化、信息化、社会化、综合化和全球一体化方向发展。

大力发展现代生产性服务业。我国生产性服务业整体发展滞后比较严重，不但比重偏低，而且高度化不足，成为制约新型工业化发展的重要因素。有必要加快生产性服务业的发展，加强投入与税收扶持，建设生产性服务业集聚区，形成与先进制造业发展相适应的、完整的生产性服务业体系。

（10）促进中部地区协调发展的政策。

建立多层次、体系化的联动机制。中部六省要在更大范围内实现资源的共享和整合，通过计划、主体、项目、产业、资源等方面的联动，统筹建立从原材料、生产、回收、再加工、循环利用的完整产业链，建立推进中部资源整合发展的创新体系和循环经济体系，加强中部与中央、中部与东西部以及中部各省市之间的联动与协作。

完善法规支持体系。通过建立健全中部六省统一的法规监控和创新政策，为中部的创新发展提供制度和政策保障，形成有利于创新的社会氛围。

加快城乡制度一体化建设。一是建立城乡统一的户籍制度，打破城乡户籍壁垒。二是统筹城乡土地征用制度，严格限制土地的征占，缩小征地范围，提高征地补偿，完善征地补偿办法。防止农业利益外流，农民利益受损，防止城乡用地成本不均衡的现象发生。三是建立城乡统一的就业制度。

加强城乡经济融合与互动。一方面，从地域空间来看，中部六省中心城市作为区域的发展极，重点应发展金融、贸易、信息、服务、文化和教育等现代化的第三产业；中小城市如各省二线城市以生产性功能为主，充当中心城市向农村扩散经济技术能量的中介和农村向城市集聚各种要素的节点；农村以规模化、专业化的农业生产支撑大中小城市对资源和要素的需求，延伸其加工销售环节，将生产和销售环节延伸至城镇，获取农业经营的规模效益和城市化发展的整体效益。另一方面，推进产业垂直一体化，推动城市自上而下延伸服务体系。

促进城乡基本公共服务均等化。统筹教育、卫生、文化、社会保障等公共资源在城乡之间的均衡配置，把社会事业建设的重点放在农村。全面提高财政保障农村公共事业水平，加快建立城乡统一的公共服务制度，健全以常住人口为目标人群的公共服务体系，率先实现基本公共服务均等化。

全面推进新农村建设。要推进基础设施一体化。在推进城市基础设施向农村延伸的过程中，要努力坚持做到"六个一体化"。即实行城乡规划一体化，垃圾处理一体化，污水处理一体化，公交一体化，供水一体化，供气一体化。

完善农村金融服务。强化政策性银行的支农功能，解决农业发展融资难问题；探索农户土地承包经营权抵押贷款。针对农户因缺乏可供担保的财产导致融资难问题，中部地区需要探索开展农村土地承包经营权抵押业务；发展多种类型的小型农村金融机构；健全政策性农业保险制度。

（11）促进中部地区经济发展低碳化的保障政策。

鼓励节能减排。建立健全能耗评价考核机制，强化节能减排目标的监督执行，严肃查处环境违法行为。坚持产业结构调整与污染防治相结合，让不同行业产业链条延伸和"耦合"，大力发展循环经济。

加强生态治理。加大生态治理和建设力度，有效保护生态和控制环境污染，实现人与自然的和谐共存。

建设宜居城市。通过制定城市发展战略、干预资源要素的空间流动，优化投资环境和生活居住环境，完善城市基础设施，完善社会保障制度和收入分配制度，解决城市失业和贫困，改善城市生态环境等措施，构建适合人居的城市。

鼓励低碳生活。大力发展公共基础设施，鼓励城乡居民选择低碳的出行方式；加大对节能器具补贴的范围和力度，鼓励居民使用节能器具；加大节能环保的宣传和教育，培养良好的生活习惯。

参 考 文 献

［1］ Ahokangas P. , "Small technology-based firms in fast-growing regional cluster", *New England Journal of Entrepreneurship*, 1999 （2）: 19 – 26.

［2］ Ajit Singh, "Capital Account Liberalization, Free Long-term Capital Flows, Financial Crises and Economic Development", *Eastern Economic Journal*, 2003 （29）: 191 – 192.

［3］ Ali Massoud, "Capital Flows Composition and Economics Growth in Developing Countries", A Dissertation of Claremont Graduate University, 2003 （6）: 102 – 110.

［4］ Apolinar Mesa, "Emerging Market Disinflation in the 1990s: The Role of Capital Flow", A Dissertation of Economics Department at Fordham University, 2003 （4）: 197 – 204.

［5］ Baptista R. , "Do firms in clusters innovate more?", *Research Policy*, 1998 （27）: 525 – 540.

［6］ Becker Gray and Murphy Kevin, "The Division of Labor, Coordination Cost, and Knowledge", *The Quarterly Journal of Economics*, 1992 （11）: 1137 – 1159.

［7］ Carman M. Reinhart, "Some Perspective on Capital Flows to Emerging Market Economies", *NEBR Report summer*, 2004 （4） 54 – 59.

［8］ Chai-Anant, Chayawadee, "Capital Flows, Invetor Behavior, and Macroeconomics Policy in Thailand and other Development Countries", A Dissertation of University of Michigan, 2003 （7）: 73 – 79.

［9］ Chris Freeman, "A hard landing for the 'New Economy'? Information technology and the United States national system of innovation", *Structural Change and Economic Dynamics*, 2001 （12）: 115 – 139.

［10］ Chris Freeman, Continental, "National and sub-national innovation systems—complementarity and economic growth", *Science Direct*, 2002 （6）: 191 – 211.

中部崛起过程中的新型工业化研究

［11］Chung S. ，"Building a national innovation system through regional innovation systems"，*Technovation*，2002（11）：485 – 491.

［12］Franco Malerba，"Innovation and the dynamics and evolution of industries: Progress and challenges"，*Science Direct*，2007（9）：675 – 699.

［13］Jeremy Howells，"Innovationand regional economicdevelopment: A matter of perspective?"，*Science Direct*，2005（7）：1220 – 1234.

［14］Jonathan Shalev，Loss Aversion Equilibrium，Discussion Paper，CORE，July 23，1997，http: // www. repec. org.

［15］Kazuyuki Motohashi，Xiao Yun，"China'sinnovation system reform and growing industry and science linkages"，*Science Direct*，2007（4）：1251 – 1260.

［16］Matthew Rabin，"Incorporating Fairness into Game Theory and Economics"，*The American Economic Review*，1993，83（5）：1281 – 1302.

［17］Mohammed I. Ansari，"Sustainbility of The US Current Account Deficit: An Econometric Analysis of The Impact of Capital Inflow on Domestic Economy"，*Journal of Applied Economics*，2004（7）：249 – 269.

［18］Moheb Ghali，Masayuki Akiyama，Junichi Fujiwara，"Factor Mobility and Regional Growth"，*The Review of Economics and Statistics*，2004（2）：78 – 84.

［19］Smit，Han T. J. and Ankum，L. A. "A Real Options and Game-Theoretic Approach to Corporate Investment Strategy under Competition"，*Financial Management*，1993，22（3）：241 – 250.

［20］Smit，Han T. J. and Lenos Trigeoris，"Quantifying the strategic option value of technology investments"，Working Paper，Department of Finance，Erasmus University，Paper presented at the 8th annual conference on Real Options Theory，2004.

［21］Tversky，A. and D. Kahneman，"Advances in Prospect Theory: Comulative Representation of Uncertainty"，*Journal of Risk and Uncertainty*，1992（5）：297 – 323.

［22］Wolfgang Gerstlberger，"Regional innovation systems and sustainability-selected examples of international discussion"，*Technovation*，2004（1）：749 – 758.

［23］Xibao Li，"China's regional innovation capacity in transition: An empirical approach"，*Science Direct*，2009（2）：338 – 357.

［24］Young A. ，"The Tyranny of Numbers: Confronting the Statisical Realities of the East Asian Growth Experience"，*The Quarterly Journal of Economics*，1995（11）：641 – 680.

［25］艾智科：《现代田园城市：统筹城乡发展的一种新模式——以成都为例》，载于《城市发展研究》2010 年第 3 期。

［26］安红美：《城市化中我国农民市民化的推进——以成都市统筹城乡发展为例》，载于《中国商界》（下半月）2008 年第 2 期。

［27］安虎森：《产业空间分布、收入差异和政府的有效调控》，载于《广东社会科学》2007 年第 4 期。

［28］安虎森、蒋涛：《一体化还是差别化——有关区域协调发展的理论解析》，载于《当代经济科学》2006 年第 4 期。

［29］安徽省统计信息网（http：//www. ahtjj. gov. cn）。

［30］安世银：《依靠三次产业协同带动经济发展》，载于《中国党政干部论坛》2007 年第 12 期。

［31］包克辛：《关于统筹城乡发展的思考与建议》，载于《中国党政干部论坛》2009 年第 12 期。

［32］毕吉耀：《如何看待和应对全球经济失衡》，载于《宏观经济研究》2006 年第 9 期。

［33］蔡昉：《贯彻落实科学发展观，统筹城乡发展》，载于《中国经贸导刊》2009 年第 2 期。

［34］蔡立力：《崛起中建设"两型社会"的城市群区域规划——长株潭城市群区域规划提升》（纲要），载于《城市规划》2009 年第 4 期。

［35］曹华：《改善投资、消费、出口的比例关系促进经济协调发展》，载于《经济问题探索》2007 年第 5 期。

［36］曹建海、李海舰：《论新型工业化的道路》，载于《中国工业经济》2003 年第 1 期。

［37］陈大勤：《构建区域创新体系的理论与实践》，载于《安徽警官职业学院学报》2004 年第 6 期。

［38］陈东林：《三线建设——备战时期的西部开发》，中共中央党校出版社2003 年版。

［39］陈继初：《新型工业化进程中企业自主创新政策研究》，载于《求索》2009 年第 5 期。

［40］陈锦华：《第八个五年计划期中国经济和社会发展报告》，中国物价出版社 1996 年版。

［41］陈劲：《中国本土企业自主创新的路径模式探讨》，载于《自然辩证法通信》2007 年第 3 期。

［42］陈柳钦：《产业发展的相互渗透：产业融合化》，载于《贵州财经学院

学报》2006 年第 3 期。

[43] 陈柳钦：《产业发展集群化、融合化和生态化研究》，载于《当代经济管理》2006 年第 2 期。

[44] 陈琪：《关于中部区域创新体系建设的思考》，载于《中国软科学》2008 年第 5 期。

[45] 陈瑞莲：《欧盟国家的区域协调：发展经验与启示》，载于《理论参考》2008 年第 9 期。

[46] 陈文玲：《促进中部地区崛起的政策建议》，载于《中国经济时报》2006 年第 5 期。

[47] 陈文玲：《我国消费需求发展趋势及特点》，载于《商业研究》2008 年第 2 期。

[48] 陈永国：《统筹城乡发展的国际经验、教训及启示》，载于《生产力研究》2008 年第 19 期。

[49] 陈云、顾海英：《国外大都市区域协调发展的基本特征及政府调控措施》，载于《经济纵横》2006 年第 9 期。

[50] 成思危：《中国企业管理面临的问题及对策》，民主与建设出版社2000 年版。

[51] 程瑜：《统筹城乡基本公共品供给的对策研究》，载于《中国财政》2009 年第 11 期。

[52] 丛颖：《利用 FDI 促进新型工业化发展》，载于《合作经济与科技》2008 年第 8 期。

[53] 崔功豪：《区域分析与区域规划》，高等教育出版社 2004 年版。

[54] 崔晓黎：《城乡户籍制度改革与政策建议》，载于《今日中国论坛》2009 年第 1 期。

[55] 崔向阳：《新型工业化道路内涵探析》，载于《社会科学辑刊》2003 年第 3 期。

[56] 党国英：《统筹城乡发展要有更积极的城市化政策》，载于《中国城市经济》2007 年第 12 期。

[57] [德] 鲁道夫·吕贝尔特著，戴鸣钟等译：《工业化史》，上海译文出版社 1983 年版。

[58] [德] 马克思、恩格斯：《马克思恩格斯选集（第二卷）》，人民出版社 1974 年版。

[59] 邓慧君：《中部地区现代服务业与新型工业化的耦合研究》，湖南大学出版社 2008 年版。

[60] 董芹芹、谢科范、翟运开：《中部崛起的科技创业支持体系分析》，载于《科技进步与对策》2007 年第 8 期。

[61] 董迎：《统筹城乡发展的思考与建议》，载于《中国经贸导刊》2010 年第 7 期。

[62] 杜占元：《科技创新是新型工业化的动力源泉》，载于《科技创新》2004 年第 13 期。

[63] 冯健：《转型期中国城市内部空间结构重构》，科学出版社 2005 年版。

[64] 冯亚平、项玲：《投资、消费、出口的不协调影响经济健康》，载于《审计与理财》2006 年第 11 期。

[65] 傅春、王圣云：《科学发展与区域协调——兼论金融危机下中国中部崛起的战略路径》，载于《科技管理研究》2010 年第 10 期。

[66] 龚文霞：《论我国中部崛起与人力资源开发》，载于《管理视野》2006 年第 7 期。

[67] 国家统计局：《中国区域经济合作的格局和走向》，载于《经济日报》2006 年 5 月 26 日。

[68] 国家统计局：《中国统计年鉴》，中国统计出版社 1996 ~ 2009 年历年版。

[69] 国务院发展研究中心“中国特色城镇化的战略与政策研究”课题组：《济源统筹城乡发展推进城乡一体化成效显著》，载于《重庆理工大学学报》（社会科学版）2010 年第 4 期。

[70] 郭葆明：《统筹城乡发展的制度背景及其实现途径》，载于《经济与社会发展》2009 年第 12 期。

[71] 郭克莎：《中国工业化的进程——问题与出路》，载于《中国社会科学》2000 年第 3 期。

[72] 郭克莎：《中国制造业发展趋势与沿海地区制造业发展战略》，载于《开放导报》2004 年第 8 期。

[73] 郭生练、胡树华：《中部区域创新发展战略研究报告》，经济管理出版社 2004 年版。

[74] 郭晓丽：《实现消费、投资和出口协调拉动经济增长财政政策研究》，载于《现代商贸工业》2009 年第 4 期。

[75] 韩永文：《促进经济增长由主要依靠投资、出口拉动向依靠消费、投资、出口协调拉动转变》，载于《宏观经济研究》2008 年第 2 期。

[76] 何山、胡树华：《中部科技发展战略的基本思路和对策》，载于《科学学与科学技术管理》2005 年第 9 期。

[77] 郝爱民、邱长溶：《我国中部地区工业崛起的路径选择》，载于《经济

纵横》2005 年第 11 期。

[78] 河南省统计信息网（http：//www. ha. stats. gov. cn）。

[79] 胡鞍钢：《中国新发展观》，浙江人民出版社 2004 年版。

[80] 胡长顺：《21 世纪中国新工业战略与系部大开发》，中国计划出版社
2002 年版。

[81] 胡德龙：《中部地区的经济增长方式及崛起路径研究》，载于《科技进
步与对策》2007 年第 11 期。

[82] 胡国庆、许玉平：《中部地区承接产业梯度转移浅析》，载于《经济与
管理》2008 年第 2 期。

[83] 胡树华、陈丽娜、石永东：《中部地区科技能力评价》，载于《中国科
技论坛》2004 年第 5 期。

[84] 胡树华、管顺丰、汪秀婷：《国家创新战略》，经济管理出版社 2003
年版。

[85] 胡树华、杨威：《中部区域产业创新研究》，载于《武汉理工大学学
报》2004 年第 8 期。

[86] 胡星：《新形势下中部地区产业承接战略的路径选择》，载于《中州学
刊》2007 年第 9 期。

[87] 湖北省统计信息网（http：//www. stats-hb. gov. cn）。

[88] 湖南省统计信息网（http：//www. hntj. gov. cn）。

[89] 洪开荣：《特大型工程项目的期权博弈评价体系》，载于《社会科学辑
刊》2006 年第 3 期。

[90] 侯景新、尹卫红：《区域经济分析方法》，商务印书馆 2004 年版。

[91] 黄本晓：《科技进步与区域发展》，武汉大学出版社 2002 年版。

[92] 黄国胜：《统筹城乡发展视角下的新农村建设》，载于《西北大学学
报》（自然科学版）2010 年第 3 期。

[93] 黄蕙萍、杨肖：《区域经济可持续发展条件下的中部地区产业布局研
究》，载于《社科纵横》2008 年第 6 期。

[94] 黄明哲：《欠发达地区统筹城乡发展推进城乡一体化的思考》，载于
《江西师范大学学报》（哲学社会科学版）2008 年第 5 期。

[95] 黄泰岩、李德标：《我国新型工业化的道路选择》，载于《中国特色社
会主义研究》2003 年第 1 期。

[96] 黄贤金、肖思思：《资源节约型社会发展综合评价指标体系及其应
用》，载于《经济地理》2008 年第 1 期。

[97] 季爱华、顾银宽：《中部地区崛起的战略定位与路径选择》，载于《安

徽工业大学学报》（社会科学版）2006 年第 4 期。

[98] 嘉兴市统计局课题组：《统筹城乡发展中"嘉兴模式"研究》，载于《调研世界》2010 年第 7 期。

[99] 江西省统计信息网（http：//www. jxstj. gov. cn）。

[100] 江小涓：《我国出口商品结构的决定因素和变化趋势》，载于《经济研究》2007 年第 5 期。

[101] 江彦：《走新型工业化道路　实现信息化、绿色化》，载于《中国制造业信息化》2006 年第 2 期。

[102] 姜爱林：《50 年来中国工业化研究概述》，载于《学术论坛》2002 年第 4 期。

[103] 蒋义、张磊：《财税激励：中部崛起的助推剂》，载于《特区经济》2007 年第 3 期。

[104] 景体华：《2004～2005 中国区域经济发展报告》，社会科学文献出版社 2005 年版。

[105] 康红蕾：《以公共服务均等化统筹城乡发展——福利经济学中的理论解释与借鉴》，载于《福建论坛》（社科教育版）2008 年第 1 期。

[106] 科技部中部崛起科技发展战略研究课题组、中南大学中国中部崛起发展战略研究中心：《中部崛起科技发展战略研究》，中国经济出版社 2007 年版。

[107] 孔勤：《统筹城乡发展的制约因素及思考》，载于《经济与社会发展》2010 年第 6 期。

[108] 雷莉萍：《县域经济的发展是实现中原崛起的基石》，载于《中国市场》2006 年第 41 期。

[109] 黎开锋：《影响中部崛起的税收因素与政策建议》，载于《湖北社会科学》2008 年第 11 期。

[110] 黎苑楚：《统筹城乡发展的新内涵》，载于《科技进步与对策》2010 年第 10 期。

[111] 黎苑楚：《"中部崛起"进程中的统筹城乡发展研究》，载于《农业经济问题》2010 年第 7 期。

[112] 李本和：《新形势下统筹安徽区域协调发展研究》，载于《理论建设》2010 年第 3 期。

[113] 李炳坤：《关于统筹城乡发展的几点思考》，载于《中国发展观察》2007 年第 12 期。

[114] 李博：《实施中部崛起战略的税收政策思考》，载于《科技资讯》2007 年第 29 期。

［115］李春洋：《区域空间增长结构：从双核主导到双圈联动——论双改革试验区背景下的大武汉经济区战略》，载于《学习与实践》2008年第4期。

［116］李虹：《区域创新体系的构成及其动力机制分析》，载于《科学与科学技术管理》2004年第2期。

［117］李立华：《区域乘数效应与中国区域协调发展机制的安排》，载于《经济评论》2007年第6期。

［118］李丽萍、郭宝华：《关于宜居城市的理论探讨》，载于《社会学问题》2006年第2期。

［119］李明贤、匡远配：《"两型社会"建设的金融支撑体系构建研究》，载于《湖南北社会科学》2008年第5期。

［120］李松龄、刘宛晨：《新型工业化与制度创新》，载于《湖南师范大学社会科学学报》2003年第5期。

［121］李晓冰：《推进城乡统筹发展　建设社会主义新农村的思考》，载于《经济问题探索》2007年第11期。

［122］李晓西：《新世纪中国经济报告》，人民出版社2006年版。

［123］李新安：《中部地区经济发展方式的机制转变研究——基于产业创新的视角》，载于《经济经纬》2008年第4期。

［124］李新家：《形成消费、投资、出口协调拉动的增长格局》，载于《经济日报》2007年第12期。

［125］李新健、吴春梅、李小玲：《中部崛起战略选择研究——基于湖北省和江苏省的对比分析》，载于《改革与战略》2010年第2期。

［126］李占风、袁知英：《我国消费、投资、净出口与经济增长》，载于《统计研究》2009年第26期。

［127］李振京：《我国统筹城乡发展的内在动力与"十二五"时期改革思路》，载于《中国经贸导刊》2010年第10期。

［128］李焯章、郭凡、李磊：《发挥产业政策导向作用推动中部地区产业结构布局调整》，载于《经济问题探索》2004年第11期。

［129］梁红：《消费投资出口支撑经济增长》，载于《亚太经济时报》2003年A11。

［130］梁小琴：《城乡统筹的改革样本——成都市统筹城乡发展、推进城乡一体化调查报告》，载于《决策导刊》2010年第4期。

［131］刘桂花：《区域协调互动中的地方政府职能及其实现模式研究》，载于《理论与改革》2008年第25期。

［132］刘海宁：《发展社区公共就业服务功能　构建和谐城市》，载于《理

论界》2008 年第 1 期。

[133] 刘海涛、熊滨：《中部地区发展优势与劣势比较分析》，载于《江西行政学院学报》2004 年第 8 期。

[134] 刘江：《以科学发展观为指导 做好长江三角洲地区、京津冀都市圈区域规划工作》，载于《宏观经济管理》2005 年第 1 期。

[135] 刘榕沧、赵志耘、夏杰长：《促进经济增长方式转变的财政政策选择》，中国财政经济出版社 2000 年版。

[136] 刘水林、雷兴虎：《论区域协调发展的基本理念》，载于《中南财经政法大学学报》2006 年第 1 期。

[137] 刘卫东、张玉斌：《区域资源结构、产业结构与空间结构的协调机制初探》，载于《经济地理》1997 年第 12 期。

[138] 刘勇：《论服务业与制造业的协同发展》，载于《学习与探索》2007 年第 6 期。

[139] 刘永梅：《浅析中部崛起与武汉产业结构的调整》，载于《科技资讯》2007 年第 7 期。

[140] 刘永庆、王刚：《中部崛起过程中政策矛盾现象分析与对策研究》，载于《经济研究导刊》2010 年第 15 期。

[141] 刘镇：《中部区域发展的路径与策略探讨》，载于《改革与战略》2004 年第 9 期。

[142] 柳思维：《国外统筹城乡发展理论研究述评》，载于《财经理论与实践》2007 年第 6 期。

[143] 娄括征：《中国的工业化进程》，载于《辽宁行政学院学报》2005 年第 11 期。

[144] 陆才胜：《统筹城乡发展与建设社会主义新农村》，载于《中共贵州省委党校学报》2007 年第 2 期。

[145] 陆大道：《中国区域发展的理论与实践》，科学出版社 2003 年版。

[146] 陆晓晖：《我国统筹城乡发展的理论基础与政策建议》，载于《湖北经济学院学报》（人文社会科学版）2009 年第 7 期。

[147] 路甬祥：《国家创新体系的再思考》，载于《求是》2002 年第 5 期。

[148] 吕政：《我国新型工业化道路探讨》，载于《经济与管理研究》2003 年第 2 期。

[149] 吕政、郭克莎、张其仔：《论我国传统工业化道路的经验与教训》，载于《中国工业经济》2003 年第 1 期。

[150] 马蔡琛：《促进中部崛起协调区域发展的财税政策》，载于《税务研

究》2008 年第 5 期。

[151] 马健：《产业融合：信息化推动新型工业化的战略选择》，载于《华东经济管理》2008 年第 2 期。

[152] 马云泽、刘春辉：《新型工业化道路的推进主体与推进机制》，载于《南通大学学报》2010 年第 2 期。

[153] 梅国平、毛小兵：《我国自然资源利用的绩效评价研究》，载于《江西社会科学》2008 年第 11 期。

[154] [美] H. 钱纳里等著，吴奇等译：《工业化和经济增长的比较研究》，生活·读书·新知三联书店上海分店 1995 年版。

[155] [美] W. W. 罗斯托著，贺力平等译：《从起飞进入持续增长的经济学》，四川人民出版社 1989 年版。

[156] 孟昊：《消费与投资对中国经济增长贡献的比较分析》，载于《生产力研究》2005 年第 8 期。

[157] 苗月新：《中部崛起与西部开发的财政收支分析》，载于《中央财经大学学报》2005 年第 10 期。

[158] 莫岳云：《毛泽东与中国工业化进程》，载于《广西大学学报（哲学社会科学版）》1994 年第 2 期。

[159] 南昌大学中国中部经济发展研究中心：《中部发展与区域合作》，北京出版社 2005 年版。

[160] 南昌大学中国中部经济发展研究中心：《中国中部经济发展报告（2009）》，经济科学出版社 2010 年版。

[161] 南方网：《新型工业化离不开第三产业》（http://www.southcn.com/news/china/gdspcn/200305080567.htm）。

[162] 宁建新：《企业核心能力的构建于提升》，中国物资出版社 2002 年版。

[163] 欧阳涛：《长株潭两型社会建设中统筹城乡发展问题探讨》，载于《发展研究》2009 年第 8 期。

[164] 潘燕、李利：《中国工业化进程 50 年》，载于《瞭望新闻周刊》1999 年第 39 期。

[165] 彭荣胜：《区域经济协调发展的内涵、机制与评价研究》，河南大学人文地理学院博士论文，2007 年。

[166] 彭荣胜：《中部经济崛起中城市群的选择与培育》，载于《商业时代》2006 年第 21 期。

[167] 彭森：《中国统筹城乡综合配套改革需突破五大问题》，载于《中国集体经济》2010 年第 15 期。

［168］彭志龙：《高投资率给经济带来的负面影响》，载于《中国国情国力》2003 年第 7 期。

［169］綦良群、孙凯：《高新技术产业和传统产业系统发展机理研究》，载于《科学学与科学技术管理》2006 年第 6 期。

［170］秦柳：《实现区域协调要构建三大机制》，载于《区域经济》2008 年第 8 期。

［171］覃平、高玉泉：《湖南东西部经济差异及协调发展机制探讨》，载于《怀化学院学报》2007 年第 12 期。

［172］全春：《产业转移与中部地区工业结构演化》，载于《求是》2005 年第 4 期。

［173］任保平、洪银兴：《新型工业化与城乡二元工业化的协调发展》，载于《当代财经》2004 年第 3 期。

［174］任保平：《新型工业化：中国经济发展战略的创新》，载于《经济学家》2003 年第 4 期。

［175］任胜钢、陈晓红：《三个战略层面把握中部崛起的契机》，载于《求索》2005 年第 5 期。

［176］任胜刚、魏峰：《中部地区高新技术产业发展选择的实证研究》，载于《研究与发展管理》2008 年第 8 期。

［177］任卫峰：《低碳经济与环境金融创新》，载于《上海经济研究》2008 年第 3 期。

［178］任晓东、安岗：《政府管理创新与职能转变——以大连市为例》，载于《东北财经大学学报》2006 年第 2 期。

［179］沈少博：《中部崛起战略影响下的山西区域经济发展路径探析》，载于《技术经济与管理研究》2010 年第 3 期。

［180］沈小贤：《产业创新网络的比较研究——以传统和高新产业为例》，载于《特区经济》2007 年第 1 期。

［181］桑佳嘉、秦洁：《河南经济发展现状研究》，载于《北方经贸》，2010 年第 2 期。

［182］山东省商务厅：《我国中部地区外资吸引力增强》（http：//www.shandongbusiness. gov. cn/index/content/sid/26018. html）。

［183］山西省统计信息网（http：//www. stats-sx. gov. cn）。

［184］上海财经大学区域经济研究中心：《2007 中国区域经济发展报告——中部塌陷与中部崛起》，上海人民出版社 2007 年版。

［185］石奇：《产业创新全球化：问题、理论与区域整合》，载于《产业经

济研究》2006年第1期。

[186] 十七大报告辅导读本编写组：《十七大报告辅导读本》，人民出版社2007年版。

[187] 宋清华：《中部崛起与金融生态环境建设》，载于《武汉金融》2005年第8期。

[188] 宋帅官：《新兴产业：推进新型工业化和产业转型的战略选择》，载于《工业技术经济》2010年第6期。

[189] 搜狐财经：《山西：充分重视消费在中部崛起中的拉动作用》（http：// business. sohu. com/20060713/n244246796. shtml）。

[190] 苏龙：《农村金融业服务统筹城乡发展的障碍及路径》，载于《当代经济》2010年第15期。

[191] 隋映辉：《出口带动经济增长——亚洲新兴工业化国家与地区发展的若干经验》，载于《科学与管理》1994年第14期。

[192] 孙海燕、王富喜：《区域协调发展的理论基础探究》，载于《经济地理》2008年第6期。

[193] 孙洪磊、张泽伟：《天津滨海新区管理体制改革全景式解析》（http：// news. xinhuanet. com/politics/2009 – 11/09/content_12419799. html）。

[194] 谭俊玲：《统筹城乡发展，促进工业化和城市化协调发展的思考》，载于《山西农业科学》2008年第6期。

[195] 汤玉权：《以财政均等化统筹城乡发展——以国家整合为视角》，载于《贵州社会科学》2007年第8期。

[196] 童中贤、熊柏隆、田高平、肖琳子：《长株潭大城市群中心城市选择研究》，收录于罗海藩主编：《长株潭城市群转型》，社会科学文献出版社2007年版。

[197] 汪秀婷：《国外产业创新模式对我国产业创新的借鉴》，载于《武汉理工大学学报》2007年第8期。

[198] 汪秀婷：《中部区域产业创新途径探讨》，载于《武汉理工大学学报》2006年第9期。

[199] 王必达：《后发优势与区域发展》，复旦大学出版社2004年版。

[200] 王斌义：《中部高技术产业跨越式发展的探讨》，载于《集团经济研究》2006年第7期。

[201] 汪波、方丽：《区域经济发展的协调度评价实证分析》，载于《中国地质大学学报》2004年第6期。

[202] 王国华：《基本公共服务标准化　政府统筹城乡发展的一种可行性选

择》，载于《中国城市经济》2008 年第 8 期。

[203] 王浩、薛龙义：《山西经济发展与生态环境协调发展探究》，载于
《山西师范大学学报》2009 年第 3 期。

[204] 王乐夫、倪星：《我国经济社会转型期的政府管理创新研究》，载于
《学术研究》2005 年第 11 期。

[205] 王鲁宁等：《中国工业化道路思想的探索和发展》，载于《理论学刊》
1995 年第 2 期。

[206] 王梦奎：《中国工业化的基本思想和政策取向》，载于《管理世界》
2003 年第 7 期。

[207] 王琴梅：《区域协调发展内涵新解》，载于《甘肃社会科学》2007 年
第 6 期。

[208] 王清华：《基于统筹城乡发展的农村改革路径思考》，载于《中州学
刊》2010 年第 4 期。

[209] 王全春：《产业转移与中部地区产业结构研究》，人民出版社 2008
年版。

[210] 王如松、迟计、欧阳志云：《中小城镇可持续发展的生态整合方法》，
气象出版社 2001 年版。

[211] 王婷、郑仁泉：《中部区域省际经济合作前景探析》，载于《江西社
会科学》2008 年第 12 期。

[212] 王维澄、李连仲：《社会主义市场经济教程》，北京大学出版社 2002
年版。

[213] 王维平：《经济政策创新与区域经济协调发展》，中国社会科学出版
社 2006 年版。

[214] 王晓玲、孙德林：《纵论中部崛起：江西信息化比较研究与发展对
策》，载于《南昌航空工业学院学报》2003 年第 5 期。

[215] 王兴平：《中国城市新产业空间：发展机制与空间组织》，科学出版
社 2005 年版。

[216] 王兴平、崔功豪：《中国城市开发区的空间规模与效益研究》，载于
《城市规划》2003 年第 9 期。

[217] 微风劲、易浪波：《中部崛起之人力资源开发》，载于《决策参考》
2005 年第 7 期。

[218] 魏后凯：《21 世纪中西部工业发展战略》，河南人民出版社 2000
年版。

[219] 魏后凯：《促进中部崛起的科学基础与国家援助政策》，载于《经济

经纬》2006 年第 1 期。

[220] 吴晓、黄银芳：《绿色金融理论在长株潭"两型社会"建设中的应用研究》，载于《金融经济》2009 年第 6 期。

[221] 吴颖、刘志迎：《产业融合——突破传统范式的产业创新》，载于《科技管理研究》2005 年第 2 期。

[222] 吴忠权：《贵州经济社会发展与政府管理创新》，载于《黔南民族师范学院学报》2008 年第 4 期。

[223] 吴忠泽：《依靠科技进步和创新促进中部地区崛起》，载于《中国软科学》2005 年第 6 期。

[224] 武力：《中国工业化道路选择的历史分析》，载于《教学与研究》2004 年第 4 期。

[225] 武力、温锐：《1949 年以来中国工业化的"轻、重"之辨》，载于《经济研究》2006 年第 9 期。

[226] 席小瑾：《我国资源税经济效应实证分析》，载于《合作经济与科技》2010 年第 8 期。

[227] 夏春萍：《中部地区统筹城乡发展水平的实证分析》，载于《山西财经大学学报》2010 年第 1 期。

[228] 夏德孝、张道宏：《区域协调发展理论的研究综述》，载于《生产力研究》2008 年第 1 期。

[229] 向新民：《新型工业化需要现代市场化的融资机制》，载于《浙江学刊》2003 年第 6 期。

[230] 肖安民：《武汉城市圈经济社会发展报告（2009～2010）》，社会科学文献出版社 2010 年版。

[231] 肖卫：《城市群中统筹城乡发展研究——以长株潭城市群为例》，载于《城市发展研究》2009 年第 11 期。

[232] 徐承红、刘攀：《成渝经济区区域协调发展之路》，载于《电子科技大学学报》（社科版）2007 年第 5 期。

[233] 许红琳：《促进消费投资出口协调拉动》，载于《发展研究》2008 年第 9 期。

[234] 许永兵：《消费需求影响经济增长的实证研究》，载于《经济与管理》2006 年第 5 期。

[235] 许玉峰：《走新型工业化道路，促进中部科学发展》，载于《改革与开放》2010 年第 6 期。

[236] 阎金明：《论我国经济高速增长与出口发展的关系问题》，载于《国

际经贸研究》1993 年第 2 期。

[237] 颜新建:《推进湖南新型工业化进程的财政政策研究》,湖南大学硕士学位论文,2007 年。

[238] 杨开忠:《中国区域发研究》,海洋出版社 1989 年版。

[239] 杨秩:《试论创新驱动型产业政策》,载于《改革与战略》2008 年第 2 期。

[240] 杨俊宴、陈雯:《长江三角洲区域协调重大问题的调查研究》,载于《城市规划》2007 年第 9 期。

[241] 杨玉秀:《演化经济视角下的企业创新分析》,载于《社科纵横》2007 年第 8 期。

[242] 湖南省社会科学院课题组:《要素创新驱动中国特色新型工业化研究》,湖南人民出版社 2008 年版。

[243] [英] 马歇尔著,朱志泰、陈良璧译:《经济学原理(上册)》,商务印书馆 1981 年版。

[244] 于海颖、詹原瑞:《加入 WTO 后我国投资消费和出口作用分析》,载于《市场经济研究》2002 年第 5 期。

[245] 于丽静、张婷:《中部地区产业结构布局现状与调整对策》,载于《科技情报开发与经济》2007 年第 7 期。

[246] 于立深:《区域协调发展的契约治理模式》,载于《浙江学刊》2006 年第 5 期。

[247] 于霞芬:《嘉兴市建设统筹城乡社会保障体系的探索》,载于《嘉兴学院学报》2010 年第 4 期。

[248] 俞国琴:《国内外产业转移理论回顾与评述》,载于《长江论坛》2007 年第 5 期。

[249] 俞明南:《现在企业管理(第四版)》,大连理工大学出版社 2002 年版。

[250] 俞云峰:《统筹城乡发展与城市化:日韩两国的经验及启示》,载于《生产力研究》2010 年第 1 期。

[251] 原磊、常丽萍、赵红:《企业自主创新路径——基于演化范式的分析》,载于《科技情报开发与经济》2008 年第 12 期。

[252] 袁岳驷:《统筹城乡经济发展的机制研究》,载于《经济与管理》2009 年第 10 期。

[253] 袁璋:《我国中部地区农业产业结构演进及调整优化方向研究》,中国农业科学院博士论文,2006 年。

[254] 袁志刚、范剑勇：《1978 年以来中国的工业化进程及其地区差异分析》，载于《管理世界》2003 年第 7 期。

[255] 岳朝敏：《关于成渝新特区的几点思考》（http：//www.china.com.cn/economic/zhuanti/qyjj/2008 - 07/09/content_15979774.html）。

[256] 曾培炎：《2020 年前经济建设和改革的主要任务》，载于《人民日报》2002 年 12 月 6 日。

[257] 张佰瑞：《我国区域协调发展度的评价研究》，载于《工业技术经济》2007 年第 9 期。

[258] 张彩霞、梁婉君：《区域 PERD 协调发展的综合评价指标体系研究》，载于《经济与管理》2006 年第 4 期。

[259] 张季：《用制度创新统筹城乡发展》，载于《求是》2008 年第 9 期。

[260] 张晋青、李靖宇：《论中部地区在新一轮崛起中的战略定位》，载于《河南科技大学》（社会科学版）2010 年第 2 期。

[261] 张珺、刘德学：《基于全球生产网络的开放式产业创新体系构建》，载于《科技管理研究》2007 年第 2 期。

[262] 张军：《经济增长能否持续？》，载于《经济观察报》2004 年 4 月 1 日。

[263] 张克俊：《继续深入推进统筹城乡综合配套改革的宏观战略思考》，载于《理论与改革》2010 年第 4 期。

[264] 张丽宾：《构建就业保障新机制》，载于《中国劳动保障》2009 年第 2 期。

[265] 张丽华、李锋：《中部崛起路线图厘定》，载于《国土资源导刊》（湖南）2010 年第 1 期。

[266] 张立彦：《我国消费需求变动趋势分析与政策建议》，载于《北方经贸》2006 年第 10 期。

[267] 张萍：《长株潭城市群：25 年曲折发展历程》，收录于《长株潭城市群发展报告——区域经济一体化政策研究》，社会科学文献出版社 2008 年版。

[268] 张平华：《中国企业管理创新（第四版）》，大连理工大学出版社 2002 年版。

[269] 张琦：《中部六省区域创新系统绩效的实证研究》，合肥工业大学硕士论文，2006 年。

[270] 张锐、林宪斋：《中国中部地区发展报告（2010）》，社会科学文献出版社 2010 年版。

[271] 张润霞：《如何构建中部地区现代服务业体系》，载于《商业经济》2008 年第 11 期。

［272］张素伦：《区域协调发展法律机制研究——以中部崛起为视角》，载于《郑州经济管理干部学院学报》2007 年第 4 期。

［273］张巍：《欧美生态税经验对我国的启示》，载于《经济视角（下）》2010 年第 7 期。

［274］张伟、贾岩：《新型工业化、自主创新与投融资支持》，载于《济南大学学报》（社会科学版）2006 年第 3 期。

［275］张晓雯：《国外统筹城乡发展的经验对我国的启示》，载于《成都行政学院学报》2009 年第 4 期。

［276］张艳：《农村富余劳动力城市就业中的问题及建议》，载于《北方经济》2008 年第 4 期。

［277］张要杰：《统筹城乡发展的重点和难点：农村公共物品供给》，载于《中国城市经济》2010 年第 5 期。

［278］张友伦：《英国工业革命》，天津人民出版社 1980 年版。

［279］张治河、谢忠泉、周国华、张传波：《产业创新的理论综述与发展》，载于《技术经济》2008 年第 1 期。

［280］张治河、胡树华、金鑫、谢忠泉：《产业创新系统模型的构建于分析》，载于《科研管理》2006 年第 3 期。

［281］赵保佑：《统筹城乡协调发展的国际经验与启示》，载于《学术论坛》2008 年第 3 期。

［282］赵惠芳、王冲、国安、徐晟：《中部省份现代服务业发展水平评价》，载于《统计与决策》2007 年第 10 期。

［283］赵凌云：《2006 年中国中部地区发展报告》，社会科学文献出版社 2007 年版。

［284］赵凌云：《2006 年中国中部地区发展报告》，社会科学文献出版社 2007 年版。

［285］赵伟等：《通向市场经济工业国之路》，西北大学出版社 1993 年版。

［286］郑凌志：《统筹城乡发展中农村土地制度改革几个问题的思考》，载于《四川改革》2009 年第 7 期。

［287］郑仰南、石永恒、唐宏：《中部地区经济崛起的路径依赖与选择》，载于《学习与探索》2006 年第 1 期。

［288］政策法规局：《长沙大河西先导区"两型产业"发展规划》（http：//www.cshtz.gov.cn）。

［289］中国教育与人力资源问题报告课题组：《从人口大国迈向人力资源强国》，高等教育出版社 2003 年版。

［290］中国科技发展战略小组：《中国区域创新能力报告》，经济管理出版社 2002 年版。

［291］中国科学院可持续发展战略研究组：《2006 中国可持续发展战略报告：建设资源节约型和环境友好型社会》，科学出版社 2007 年版。

［292］中国社会科学院农村发展研究所城乡统筹研究课题组：《统筹城乡发展评价及其政策建议》，载于《重庆社会科学》2009 年第 11 期。

［293］中国社会科学院农村发展研究所：《中国农村经济形势分析与预测》，社会科学文献出版社 2008 年版。

［294］中华人民共和国教育部科学技术司：《2008 年高等学校科技统计资料汇编》，高等教育出版社 2009 年版。

［295］钟滨海：《新经济下的产业创新》，吉林大学出版社 2005 年版。

［296］周叔莲：《新条件下的中国工业化》，载于《技术经济与管理研究》2006 年第 6 期。

［297］周学馨：《统筹城乡中改善民生的制度创新研究》，载于《中共云南省委党校学报》2008 年第 3 期。

［298］周振华：《产业融合与新型工业化道路》，载于《天津社会科学》2004 年第 3 期。

［299］朱华：《我国经济社会协调发展评价体系构建与实际测度研究》，同济大学经济与管理学院博士论文，2009 年。

［300］朱廷春：《四川丘陵地区新型工业化道路研究》，四川大学博士论文，2005 年。

［301］邹至庄：《中国经济转型》，中国人民大学出版社 2001 年版。

后 记

　　促进中部地区崛起是党的十七大提出的国家层面战略，我非常荣幸能在这样的时代背景下，肩负中部人的责任，主持完成了教育部的哲学社会科学重大课题"中部崛起过程中的新型工业化研究"。

　　本书的研究其实远远超过了课题的三年起止期间，自2001年，国家提出中部崛起战略之初，我便率领我们团队组建了"中南大学中国中部崛起战略研究中心"，2008年又组建了"两型社会研究中心"，承担了一系列相关课题。正是长期的研究积累，使我带领的课题组在承担这项课题期间取得了一系列的重要成果，多项研究报告得到了国家和省部领导的重要批示和肯定，一些研究成果中的政策建议也被企业集团、政府有关部门采纳和运用。

　　本书同时也是集体创作的成果。我要感谢课题团队对本书研究所做的辛苦工作，团队由多个小组组成，分别负责总报告的7篇和5个子课题，课题组主要成员担任各子课题组组长，他们是：曹兴教授、胡振华教授、游达明教授、洪开荣教授、任胜钢教授、关健教授、冷俊峰副教授、吴运迪博士；此外，武汉大学党委书记李健教授、武汉理工大学的胡树华教授、湖南科技大学的刘友金教授、湖南省社科院的罗波阳研究员、湖南商学院的柳思维教授等为本书的研究思路、写作指导提供了专业的意见和建议，分享了他们宝贵的研究经验。中南大学商学院还有一些青年教师、博士生、研究生也积极参与了课题，在此不能一一列举，一并表示感谢。

　　课题在中期检查和结题评审中得到了很多专家的宝贵意见，这让我们在后期的文稿修改完善中获益良多。此外，在本书的写作过程中，我们参阅了大量国内外学者的文献成果，在此，对文献作者表示诚挚的谢意，引用资料在参考文献中进行了列举，如有遗漏，敬请谅解。书稿的出版得到了经济科学出版社的大力支持与协助，也对他们表示深深的感谢。

教育部哲学社會科學研究重大課題攻關項目
成果出版列表

书　名	首席专家
《马克思主义基础理论若干重大问题研究》	陈先达
《马克思主义理论学科体系建构与建设研究》	张雷声
《马克思主义整体性研究》	逄锦聚
《当代中国人精神生活研究》	童世骏
《弘扬与培育民族精神研究》	杨叔子
《当代科学哲学的发展趋势》	郭贵春
《面向知识表示与推理的自然语言逻辑》	鞠实儿
《当代宗教冲突与对话研究》	张志刚
《马克思主义文艺理论中国化研究》	朱立元
《历史题材创新和改编中的重大问题研究》	童庆炳
《现代中西高校公共艺术教育比较研究》	曾繁仁
《楚地出土戰國簡册〔十四種〕》	陳　偉
《中国市场经济发展研究》	刘　伟
《全球经济调整中的中国经济增长与宏观调控体系研究》	黄　达
《中国特大都市圈与世界制造业中心研究》	李廉水
《中国产业竞争力研究》	赵彦云
《东北老工业基地资源型城市发展接续产业问题研究》	宋冬林
《中国加入区域经济一体化研究》	黄卫平
《金融体制改革和货币问题研究》	王广谦
《人民币均衡汇率问题研究》	姜波克
《我国土地制度与社会经济协调发展研究》	黄祖辉
《南水北调工程与中部地区经济社会可持续发展研究》	杨云彦
《产业集聚与区域经济协调发展研究》	王　珺
《中国民营经济制度创新与发展》	李维安
《中国现代服务经济理论与发展战略研究》	陈　宪
《中国转型期的社会风险及公共危机管理研究》	丁烈云
《面向公共服务的电子政务管理体系研究》	孙宝文
《人文社会科学研究成果评价体系研究》	刘大椿
《中国工业化、城镇化进程中的农村土地问题研究》	曲福田

书　名	首席专家
《东北老工业基地改造与振兴研究》	程　伟
《中部崛起过程中的新型工业化研究》	陈晓红
《全面建设小康社会进程中的我国就业发展战略研究》	曾湘泉
《自主创新战略与国际竞争力研究》	吴贵生
《转轨经济中的反行政性垄断与促进竞争政策研究》	于良春
《中国现代服务经济理论与发展战略研究》	陈　宪
《我国民法典体系问题研究》	王利明
《中国司法制度的基础理论问题研究》	陈光中
《多元化纠纷解决机制与和谐社会的构建》	范　愉
《中国和平发展的重大国际法律问题研究》	曾令良
《中国法制现代化的理论与实践》	徐显明
《生活质量的指标构建与现状评价》	周长城
《中国公民人文素质研究》	石亚军
《城市化进程中的重大社会问题及其对策研究》	李　强
《中国农村与农民问题前沿研究》	徐　勇
《中国边疆治理研究》	周　平
《中国大众媒介的传播效果与公信力研究》	喻国明
《媒介素养：理念、认知、参与》	陆　晔
《创新型国家的知识信息服务体系研究》	胡昌平
《数字信息资源规划、管理与利用研究》	马费成
《新闻传媒发展与建构和谐社会关系研究》	罗以澄
《数字传播技术与媒体产业发展研究》	黄升民
《教育投入、资源配置与人力资本收益》	闵维方
《创新人才与教育创新研究》	林崇德
《中国农村教育发展指标体系研究》	袁桂林
《高校思想政治理论课程建设研究》	顾海良
《网络思想政治教育研究》	张再兴
《高校招生考试制度改革研究》	刘海峰
《基础教育改革与中国教育学理论重建研究》	叶　澜
《公共财政框架下公共教育财政制度研究》	王善迈
《中国青少年心理健康素质调查研究》	沈德立

＊为即将出版图书